교육심리학

신종호 · 김민성 · 최지영 · 허유성 · 이지은 공저

교육과학사

머리말

'교육심리학'이란 어떤 학문일까에 대한 학자들 간의 오랜 논쟁을 떠나 교육심리학이 무엇인가를 자문해보면 다양한 교육 문제와 결정에 대한 심리학적 연구 영역이라 할 수 있다. 교육에서 일어나는 다양한 사태(事態) 중 심리적 현상에 대한 체계적 분석을 통해 보다 나은 의사결정을 할 수 있도록 돕는 학문이 바로 교육심리학인 것이다. 특히 교수-학습 과정에 개입하는 다양한 심리적 요소들에 대한 체계적 연구를 통해 보다 효과적이고 매력적인 교수-학습 환경 및 활동을 돕는 것이 교육심리학이 지금까지 해 온 가장 중요한 공헌 중 하나인 것이다.

이처럼 '살아 있는' 학문으로서 교육심리학이 되기 위해서는 학문의 실천적 가치가 매우 중요하다. 교육심리학은 교육 현장 변화를 위해 교육학의 어느 하위학문 분야보다 실천적 가치를 중시하고, 이를 위해 학자들이 노력해 온 분야라고 할 수 있다. 이 책에서도 '살아 있는 교육심리학'의 실천적 가치를 전달하기 위해 가능한 한 교육심리학 이론이나 연구의 소개에만 국한하지 않고, 이를 어떻게 교육현장에서의 다양한 문제들에 대한 이해 및 진단 그리고 해결책 도출을 위한 의사결정 과정에 적용할 수 있을지를 중요하게 다루고자 하였다.

구체적으로 각 장의 마지막에 '사례 분석' 부분을 두어 각 장을 통해 학습한 내용을 실제 교육 문제나 현상에 대한 분석과 교육적 의사결정 과정에 적용해 보는 연습을 할 수 있도록 하였다. 이를 통해 교육을 보는 교육심리학 안목을 넓히고 깊게 할 수 있도록 하였다. 이는 최근 현장의 교육문제를 중심으로 이를 분석, 진단, 의사결정하는 능력을 평가하는 교원임용고시를 준비하는 학생들에게도 실질적인 도움이 될 것으로 기대한다.

이 책이 출판되기까지 여러 측면에서 지원을 아끼지 않으신 김동규 교육과학사 사장님과 더 좋은 책으로 거듭날 수 있도록 마음으로 기다려주신 정경식 부장님께 감사를 드린다. 또한 이 책을 준비하고 출판하기까지 여러 일들을 도와준 서울대학교, 조선대학교, 한남대학교 대학원생들에게 감사하며, 특히 전체 일들을 총괄해준 민지연 선생에게 감사의 말을 꼭 전하고자 한다.

마지막으로 이 책이 교육현장에서 다양한 학생들을 가르치고 지도할 예비교사 및 현직교사들에게 조금이라도 실질적 도움이 되기를 바랄 뿐이다.

2015년 저자 일동

차 례

머리말 3

제1장 교육장면에서의 의사결정과 교육심리학 12

1 교육심리학의 정의: 교수-학습 vs. 의사결정을 중심으로 … 15
2 교육장면에서의 의사결정 … 19
3 교육과학으로서의 교육심리학 연구 방법 … 29
4 사례 분석 … 35
5 주요 개념 … 37
6 연습문제 … 38

제2장 발달의 기초 42

1 발달의 개념과 발달의 원리 … 45
2 뇌와 발달 … 55
3 아동과 청소년 시기의 뇌 발달 … 58
4 성인의 뇌 발달과 관련된 뇌 기반 학습의 의의 … 59
5 발달의 생태학적 환경 … 60
6 사례 분석 … 64
7 주요 개념 … 67
8 연습문제 … 68

제3장 인지의 발달 — 74

1 인지발달이론 … 77
2 피아제와 비고츠키 이론의 차이점 … 94
3 사례 분석 … 95
4 주요 개념 … 97
5 연습문제 … 99

제4장 성격 및 사회성 발달 — 106

1 성격발달에 대한 에릭슨(Erikson)의 심리사회적 발달이론 … 109
2 자신과 타인에 대한 이해 … 116
3 도덕성 발달이론 … 119
4 사례 분석 … 130
5 주요 개념 … 132
6 연습문제 … 133

제5장 행동변화와 학습 — 140

1 행동변화와 학습이론 … 143
2 고전적 조건화 학습이론 … 144
3 조작적 조건화 학습이론 … 152
4 사회인지 학습이론 … 164
5 습관 형성과 변화: 행동주의 대 인지이론 … 176
6 사례 분석 … 179
7 주요 개념 … 182
8 연습문제 … 184

제6장 인지변화와 사고력 — 192

1 학습에 대한 행동주의와 인지주의의 차이 … 195
2 정보처리모형에서 본 학습 … 200
3 학습과정에 영향을 미치는 요인 … 211
4 학습결과의 인출 및 활용에 영향을 미치는 요인 … 215
5 학습에 대한 최근 인지적 접근: 구성주의의 교육적 적용 … 221
6 사례 분석 … 226
7 주요 개념 … 228
8 연습문제 … 231

제7장 문제해결과 학습 — 236

1 개념학습과 전이 … 239
2 문제해결을 보는 제 관점 … 247
3 문제해결의 과정과 영향을 미치는 요인 … 250
4 상황학습과 전이, 문제해결 … 260
5 사례 분석 … 263
6 주요 개념 … 265
7 연습문제 … 267

제8장 개인차-지능과 창의성 — 270

1 지능에 대한 이해 … 273
2 창의성에 대한 이해 … 292
3 사례 분석 … 309
4 주요 개념 … 311
5 연습문제 … 313

제9장 다양한 학습자를 고려한 교육 — 320

1 '다양성', '차이', '다름'으로 채워진 풍요로운 교실 … 323
2 집단화, 무리화로 교실을 바라보게 되는 이유 … 328
3 다양한 학습자가 있는 교실에서 교사의 역할 … 340
4 사례 분석 … 350
5 주요 개념 … 352
6 연습문제 … 353

제10장 '좋은 교사'에 대한 이해 — 358

1 '좋은 교사'란? … 361
2 '좋은 교사'의 사례 … 373
3 교사공동체의 역할 … 381
4 사례 분석 … 382
5 주요 개념 … 385
6 연습문제 … 385

제11장 좋은 수업 — 390

1 좋은 수업 … 393
2 수업분석 … 407
3 좋은 수업을 파악하기 위한 다른 접근들 … 419
4 사례 분석 … 421
5 주요 개념 … 424
6 연습문제 … 425

제12장 좋은 수업환경과 테크놀로지 — 430

1 좋은 수업환경의 특성 … 433
2 수업 효과를 높이는 교수학습 테크놀로지의 활용 … 439
3 사례 분석 … 457
4 주요 개념 … 458
5 연습문제 … 459

제13장 심리 상담을 통한 학생이해 — 466

1 교사의 지원과 관심이 필요한 학생 … 469
2 학생 생활지도 및 상담 … 470
3 학생 유형별 생활지도 및 상담 도구를 활용한 의사결정 전략 … 474
4 사례 분석 … 499
5 주요 개념 … 501
6 연습문제 … 502

제14장 학습동기와 학업상담 — 506

1 동기의 정의 … 509
2 내재동기와 외재동기 … 511
3 매슬로우의 욕구위계이론 … 518
4 인지주의 동기이론 … 520
5 학습동기와 학업상담 … 531
6 사례 분석 … 538
7 주요 개념 … 541
8 연습문제 … 542

제15장 학교폭력 및 비행행동 552

1 학교폭력의 개념, 유형 및 실태 … 555
2 학교폭력의 이론적 관점 … 563
3 학교폭력의 가해자와 피해자의 심리적 특징 … 565
4 학교폭력 및 청소년의 비행관련 요인 … 566
5 학교폭력 개입과 대처 … 569
6 사례 분석 … 571
7 주요 개념 … 572
8 연습문제 … 574

부록 … 579
정답 및 해설 … 607
찾아보기 … 631

제1장

교육장면에서의 의사결정과 교육심리학

다음은 교수–학습 상황에서 교사가 잘못된 의사결정을 내려 오히려 일이 악화된 사례이다. 특정 상황에서 어떻게 의사결정을 하느냐에 따라 매우 다른 결과를 초래한다는 점을 염두에 두고 다음의 사례를 읽으면서 교사의 잘못된 의사결정으로 인해 나타나는 문제점들을 생각해 보자.

김 교사는 무엇을 잘못했는가?

C시의 한 중학교를 첫 근무지로 발령받아 근무하게 된 신임교사 김 교사는 아이들에 대한 사랑이 많아 항상 교사를 꿈꿔왔고, 아이들에게 평생 기억되는 훌륭한 교사가 되겠다는 다짐과 함께 교편을 잡았다. 의욕에 불타있던 김 교사는 아이들에게 하나라도 더 가르쳐주어야겠다는 각오와 함께 열정적으로 수업을 했고, 학생들이 각자 문제를 푸는 시간에도 이들을 세심하게 관찰하였다.

김 교사는 조금이라도 어려워하는 모습을 보이는 학생이 있으면 먼저 다가가 어떻게 문제를 해결하면 좋을지에 대해 자세히 설명해주거나 조언을 아끼지 않았다. 김 교사의 적극적인 도움은 학생들의 이해를 돕고 수업에 더욱 집중하게 만드는 효과를 보이는 듯 했다. 어느 정도 시간이 지나자 학생들은 새로운 문제가 제시되었을 때 스스로 문제를 풀려고 시도하기보다는 김 교사에게 먼저 도움을 요청하는 모습을 보이기 시작하였다.

중간고사 결과를 확인한 김 교사는 놀라지 않을 수 없었다. 자신이 맡은 반 학생들의 성적이 대체로 낮았고, 심지어 여러 번 자세한 설명과 함께 많은 도움을 주었다고 생각했던 단원에서의 오답률이 가장 높았기 때문이다. 김 교사는 이러한 상황에 당황하며 무엇이 잘못된 것인지 고민하기 시작했다.

1 교육심리학의 정의: 교수-학습 vs. 의사결정을 중심으로

가. "교수-학습"을 중심으로 한 전통적 정의

전통적인 관점에서 교육심리학은 교육의 실천 영역인 학습과 교수 활동, 이러한 활동에 관여하는 학생과 교사, 그리고 학습환경에서의 심리적 현상을 주 연구대상으로 삼아 왔다. 이에 기반하여 정의하자면 교육심리학이란 교육 현장에 내재해 있는 심리적 과정과 요소들을 과학적으로 연구하고, 이를 보다 효과적인 교수-학습 실천을 위해 적용하려는 학문 영역이라고 할 수 있다. 비록 심리학의 방법과 이론을 적용하지만 일반화된 정의나 법칙을 지향하는 심리학과는 달리, 교육심리학은 바람직한 방향으로의 교육이라는 가치를 지향한다. 또한 실험실이나 통제된 장소가 아닌 다양한 맥락이 어우러진 교육현장에서 주로 연구를 수행한다는 특징을 갖는다. 따라서 전통적 관점에서 교육심리학은 교수-학습 과정에 대한 심리적 연구를 바탕으로 이를 개선하기 위한 새로운 지식을 생성하는 학문영역이라고 할 수 있다(Lefrancois, 2000; Woolfolk, 2010).

나. "의사결정"을 중심으로 한 정의

교육은 다양한 의사결정이 이루어지고 이것이 집행되는 장이다. 교육에서의 의사결정은 교수-학습과 관련한 의사결정뿐만 아니라 학생지도와 관련한 의사결정, 학부모 협력과 관련한 의사결정, 학교문화 변화와 관련한 의사결정, 교육정책 수립을 위한 의사결정 등 다양하다. 교육심리학을 더 넓은 관점에서 정의하면 교수-학습 상황을 넘어서 다양한 교육 상황에서 이루어지는 의사결정에 개재하는 여러 심리적 과정과 요소들을 연구하고, 보다 효과적이면서 실제적인 의사결정이 이루어지도록 돕는 학문 영역이라고 할 수 있다.

이 교재의 성격에 맞추어 교실 상황으로 의사결정 정의를 적용해보면, 교사들은 가르치는 활동을 준비하고 진행하는 과정뿐만 아니라 다양한 상황에서 의사결정을 해야 한다. 이때 올바른 의사결정을 위해서는 의사결정을 해야 하는 내용뿐만 아니라 이와 관련된 사람들과 환경 요인들에 대한 충분히 지식과 고려가 있어야 한다. 또한 의사결정 과정에 개입하는 여러 가지 편견 또는 제한점에 대한 이해도 갖추고 있어야 한다.

앞의 사례에서 김 교사는 열정을 가지고 학생들을 가르쳤으나 잘못된 의사결정으로 인해 곤란함에 처하게 되었다. 학생들이 학습과정에서 겪는 어려움에 민감하게 반응하고 더 많은 것을 가르쳐주고 싶은 의욕에 적극적으로 학생들을 도와주었지만, 오히려 학생들에게 필요 이상의 도움을 제공하여 학생들의 자기효능감과 학습동기를 저하시키는 결과를 초래했다. 교사는 학생들이 언제 도움이 필요하고, 필요하지 않은지를 민감하게 구별하여 도움제공에 관한 적절한 의사결정을 내려야 한다. 김 교사는 학생들의 능력수준과 문제의 난이도를 고려하여 시간이 걸리더라도 스스로 고민하여 문제를 해결할 수 있는 상황인지, 외부의 도움이 있어야만 문제를 해결할 수 있는 상황인지에 대한 합리적인 판단이 필요했다.

이 책에서는 교육심리학 이론과 다양한 연구결과를 이와 같은 의사결정을 중심으로 한 관점에서 다루고자 하며, 학교 상황에서 다양한 의사결정을 해야 하는 교사나 교육행정가들이 죽은 지식이 아닌 살아 있는 지식으로서 이 책에서 다루고 있는 내용들을 구체화하도록 돕고자 한다.

교육심리학을 토대를 만든 학자들

교육심리학이 하나의 독립된 학문으로 체계가 갖추어지기 시작한 것은 20세기 들어와서이다. 교육심리학이라는 학문 영역의 기반을 구축하는 데에는 윌리엄 제임스(William James), 아동연구로 유명한 스탠리 홀(Granville Stanley Hall), 개인차 연구의 대가 제임스 카텔(James McKeen Cattell)이 매우 큰 공헌을 했다. 이후 교육심리학을 독자적인 학문분야로 확립한 학자는 바로 교육심리학의 아버지로 불리는 에드워드 손다이크(Edward Lee Thorndike)로, 그는 교육에 과학적, 실용적 실험 연구와 심리학 원리를 적용하여 과거의 단순한 관찰이나 정보 수집에 지나지 않는 비교 연구의 한계를 극복하고 과학으로서 교육심리학의 기틀을 다졌다.

윌리엄 제임스(William James, 1842–1910)

제임스는 기능주의 심리학의 선구자이자 미국에 과학적 심리학을 최초로 소개한 학자이다. 부유한 집안에서 태어나 일생 동안 유럽여행을 15번도 넘게 다녔으며 독일어와 불어 실력이 훌륭했고 하버드대 교수로 대부분의 삶을 보낸 부유한 엘리트였다. 여기까지만 읽으면 그의 삶은 순탄대로였을 것 같지만 꼭 그렇지도 않다. 젊은 시절에는 그는 눈, 허리, 위장, 피부질환으로 고생했으며 또한 음치였다. 자살을 생각할 정도로 우울증 진단을 받기도 했다. 자신의 병을 치료하기 위해 26세가 되던 해에 독일로 건너간 그는 1869년에 하버드 대학교(Harvard University)에서 의학박사 학위를 취득했으나 자신이 의학이 아닌 철학 및 심리학에 진정한 흥미가 있음을 깨닫는다. 그는 대부분의 경력을 하버드대 교수로 보냈으며 생리학, 해부학, 심리학, 철학 등 다양한 과목을 가르치고 유명한 학자들과 클럽을 만들어 철학적인 논쟁을 즐겼다. 1910년 심장질환으로 숨을 거둘 때까지 테오도어 루즈벨트(Theodore Roosevelt), 스탠리 홀, 모리스 고언(Morris Raphael Cohen), 월터 리프만(Walter Lippmann), 알레인 로크(Alain Locke), 클래런스 루이스(Clarence Irving Lewis) 등 많은 제자들을 양성하였다. 그는 과학적 심리학과 실험심리학에 대한 자신의 생각을 담은 ≪심리학의 원리≫(The Principles of Psychology, 1890)을 출판하고, 미국 최초로 하버드대에 실험심리학과를 개설하는 등 심리학 역사에 큰 기여를 하였다.

스탠리 홀(Granville Stanley Hall, 1844–1924)

발달심리학의 창시자라고도 불리는 홀은 아동에 대한 각별한 관심과 함께 아동연구라는 분야를 중심으로 교육심리학의 토대를 마련한 미국 심리학 역사의 중요한 인물이다. 그는 미국 서부 매사추세츠(Massachusetts)의 보수적인 프로테스탄트 가정에서 자랐으며 윌리엄스 대학(Williams College), 유니언 신학대학교(Union Theological Seminary), 독일의 몇몇 학회, 그리고 마지막으로 하버드대의 윌리엄 제임스에게 수학하였다. 그는 '어린이의 마음을 구성하는 것이 무엇인가'라는 의문을 가지고 연구를 시작했는데, 어린이에 대한 사랑과 관심 때문이라기보다는 사회적 진화에 대한 개인적 관심에 의해 연구를 시작했다고 한다. 그는 당대까지 관련 분야에서 자주 쓰이지 않던 질문지 조사법을 활용한 비교연구를 통해 사람들이 어린이의 마음에 대해 가지고 있던 잘못된 상식을 뒤엎었다. 그는 질문지를 활용하여 어린이들이 자연현상, 동물, 신체 부위에 대해 어떤 생각과 개념을 가지고 있는지 확인하는 연구를 통해 어린이들이 생각보다 얕은 지식을 가지고 있으며, 동시에 오개념(misconception)을 가지고 있을 확률도 크다는 것을 발견했다. 또한 청소년을 대상으로 한 연구를 통해 "청소년기는 이제 다시 태어나는, 보다 높고 더 완전한 인간적인 특성이 탄생하는 시기"라는 명언을 남기기도 했다. 그에 의하면 청소년기는 진화에 의해 지워진 제약에서 벗어나 자신의 개인성을 형성하고, 폭 넓은 범위에서 인간의 가능성을 실현할 수 있는 단계인 것이다. 이처럼 그는 아동기에서 청소년기에 이르기까지 특정 발달시기의 중요성과 시사점을 연구한 최초의 교육심리학자이다.

제임스 카텔(James McKeen Cattell, 1860-1944)

카텔은 펜실베니아(Pennsylvania)의 부유한 가정에서 태어나, 16세에 라피엣 대학교(Lafayette College)에 입학하여 영문학을 수학하였다. 그는 과학과 수학에도 놀라운 재능을 보였지만 영문학에 집중하였다. 그는 대학원 공부를 위해 입학한 독일 라이프찌히 대학교(Universitat Leipzig)에서 빌헬름 분트(Wilhelm Maximilian Wundt)를 만나 심리학에 관심을 가지게 되었다. 이후 독일에서 심리학을 전공으로 분트의 조수로 일을 하면서 지능에 관한 연구의 장을 만들게 된다. 그는 독일에서 심리학 논문을 게재하는 첫 미국인이 되었는데, 이때 게재한 논문의 제목은 ≪심리측정조사≫(Psychometrische Untersuchungen, 1886)이다. 독일에서 박사학위를 받은 후 미국으로 돌아와 펜실베니아 대학교(University of Pennsylvania) 심리학과 교수가 되었으며 1895년 미국심리학회 회장이 되었다. 그는 찰스 다윈(Charles Darwin)의 영향을 받아 우생학적 신념을 가지고 있었으며, 이러한 신념은 그의 개인차 심리학 연구에 영향을 주었다. 이후 카텔은 독립적으로 인간의 기억용량, 반응시간 등을 측정하는 지능 검사(Mental tests)를 도입하였으며, 이후 컬럼비아 대학교(Columbia University)로 옮기면서 그곳에서 모든 신입생들의 지능을 측정하기도 하였다. 그는 50여 년 동안 Science지의 편집장을 하면서 '과학으로서의 심리학'을 과학자들에게 널리 알렸으며, 심리학의 경험연구 학술지 수를 증가시키는 데에 큰 공헌을 하였다.

에드워드 손다이크(Edward Lee Thorndike, 1874-1949)

손다이크는 일생의 모든 교육을 미국에서 받은 최초의 미국 심리학자이며, 동물심리학과 실험심리학 연구의 발전에 기여한 핵심적인 학자로 손꼽힌다. 그는 1893년 웨슬리언 대학교(Wesleyan University)에 입학하여 문학에 관심을 보이기도 했으나, 제임스의 ≪심리학의 원리≫를 읽고 감명을 받아 하버드대 대학원에서 심리학을 전공하였다. 대학원 시절 그는 유난히 동물연구에 관심이 많았는데, 하숙집 침실에서 병아리를 부화시키려다가 집주인에게 쫓겨날 위기에 처하기도 했다. 그러나 그는 포기하지 않고 병아리를 연구실로 데려와 부화작업을 지속하기 위해 노력하였는데, 이러한 그의 끈질긴 열정에 감명 받은 제임스는 그에게 자기 집 지하실에서 동물연구를 계속하도록 허락해주었다. 당시 제임스의 부인은 이 사실을 매우 탐탁치 않아했지만, 아이들은 그의 동물연구를 매우 좋아했다고 한다. 손다이크의 동물연구에 대한 남다른 열정은 컬럼비아대의 카텔을 만나 더욱 빛을 발하게 된다. 카텔의 지도하에 그의 주 관심사였던 동물실험을 본격적으로 수행하였고, ≪동물의 지능≫(Animal Intelligence, a Experimental Study of Associative Process in Animals, 1899)을 발표하여 학계의 주목을 받았다. 이후에도 체계적이고 과학적인 동물 연구를 지속하여 마침내 행동주의의 대표 이론인 시행착오 학습이론을 수립하게 된다. 그는 관찰법 위주의 교육심리학 연구에 과학적인 실험법을 도입한 최초의 학자이며, 최초의 교육심리학 교과서인 ≪교육심리학≫(Educational Psychology, 1903)을 저술하면서 교육심리학의 아버지로 불리게 되었다.

2 교육장면에서의 의사결정

가. 상식 vs. 과학에 근거한 의사결정: 우리가 갖고 있는 상식과 과학적 사실은 어떻게 다른가?

교육장면에서 올바른 의사결정을 내리기 위해서는 과학적 사실에 근거해야 한다.

교육장면에서 어떤 현상이나 사건에 대해 판단을 내릴 때 일반적으로 통용되는 상식이 아닌 경험과학연구에 의해 확인된 사실에 근거해야 하는 이유는 바로 올바른 의사결정을 내리기 위해서이다. 의사결정을 내리는 여러 교육적 상황들을 살펴보자.

상황 1. 고등학교에서 과학을 가르치는 김 교사는 다음 주 수업내용인 '밀도'를 학생들에게 어떤 방식으로 가르칠지 고민이다. 고등학생이나 된 아이들에게 물과 기름을 가지고 직접 시연해주며 설명해야 하는지, 원리와 공식만으로 설명해줘도 괜찮을지 판단이 서지 않기 때문이다.

여러분이라면 어떤 결정을 내리겠는가? 일반적으로 사람들은 중 · 고등학생이라면 충분히 논리적이고 추상적인 사고를 할 수 있을 것이며, 직접 시연을 통해 과학적 원리를 설명하는 건 아직 인지발달이 충분히 이루어지지 않은 저학년 학생들에게 필요한 교수방법이라고 생각한다. 따라서 많은 고등학교 교사들이 '밀도'와 같은 개념을 가르칠 때, 단순히 공식을 가지고 차분히 설명하는 것에 그친다. 하지만 만일 김 교사가 이러한 상식에 따라 단순 설명하는 방식을 채택했다면 나중에 실망할 가능성이 크다. 사실 대부분의 중 · 고등학생들은 추상적인 사고 수준에 머물러 있지 않으며 심지어 구체적인 설명조차도 이해하기 어려울 수 있다(Alexander, 2006; Cole, Cole, & Lightfoot, 2005). 따라서 '밀도'의 개념을 공식으로만 배운 학생들은 공식에 따라 문제를 풀려고만 할 뿐이지 질량, 무게, 밀도에 대해 정확한 이해를 하지 못할 수 있다. 청소년의 인지발달에 관한 과학적인 연구 결과를 알았다면 김 교사는 여러 가지의 크기의 컵과 물, 그리고 기름을 준비하여 보다 생생하게 '밀도'를 설명하기로 결정할 것이다.

상황 2. 중학교에서 수학을 가르치는 신 교사는 봄 학기 수업 시간에 학생들이 자신의 설명을 잘 이해하지 못하는 것 같아 매우 힘들었다. 이에 신 교사는 여름방학 동안 교과 내용을 더 심도 있게 공부해야 할지, 아니면 교과내용을 잘 가르칠 수 있는 교수법에 대한 연수를 들어야할지 고민하다가 교과내용을 더욱 열심히 공부하기로 결정하였다.

많은 사람들은 '교과내용을 정확하고 풍부하게 알고 있어야 학생들을 잘 가르칠 수 있다'고 믿는다. 이러한 상식에 근거해 신 교사는 여름방학동안 수학교과 내용을 심도 있게 공부하기로 결정했다. 그러나 교사가 학생들을 제대로 가르치지 못하는 것은 교과 내용에 대한 심화된 지식이 부족하기 때문에 발생하기도 하지만, 교과 지식을 효과적으로 전달할 수 있는 교수법을 모를 때에도 마찬가지의 결과를 가져온다. 따라서 유능한 교사가 되기 위해서는 교과에 대한 지식뿐만 아니라 교과내용을 학생들에게 효과적으로 전달할 수 있는 교수법에 관한 지식도 필요하다(Darling-Hammond & Baratz-Snowdon, 2005). 신 교사가 만일 자신이 맡은 교과에 대한 풍부하고 심화된 전문지식들을 보유하고 있다면, 교과내용에 관한 학습보다는 교수법에 관한 연수를 선택하는 것이 올바른 선택이 될 것이다. 연수에서 배운 내용을 바탕으로 교과내용을 학생들에게 좀 더 쉽고 구체적으로 설명하는 노력을 보다 더 기울일 필요가 있다.

상황 3. 올해 고등학교에 진학하는 아들을 두고 있는 김 씨는 요즘 큰 고민에 빠져 있다. 생각했던 것보다 아들의 성적이 좋게 나와서 옆 동네에 위치한 외국어고나 과학고와 같은 특수목적고에 보낼 수 있을 것 같아서이다. 하지만 특수목적고에 진학하면 뛰어난 아이들 속에 기가 눌려 실력을 제대로 발휘하지 못하고 도태될 것 같다는 불안감 때문에 일반계 고등학교에 진학을 시켜야 할지 고민을 거듭하고 있다.

위의 상황을 보면 용의 꼬리가 될 것인지, 뱀의 머리가 될 것인지 선택해야 하는 상황으로 보인다. 많은 부모들이 자신의 자녀가 공부를 잘하는 학생들과 같은 반이 되면, 이들과의 비교를 통해 학업에 대한 자신감이 떨어질 것이라 생각한다. 이러한 효과를 '작은 연못-큰 물고기 효과'(Big-fish-little-pond effect)라고 한다. 똑같은 크기의 물고기라도 사는 연못에 따라 큰 물고기가 될 수도, 작은 물고기가 될 수도 있듯이, 뛰어난 학생들 속에서 공부할 때 자기개념이나 자존감이 낮아지게 된다는 이론이다. 그러나 특수목적고에 진학한다고 해서 반드시 자신감이나 흥미를 잃어버리게 되는 것일까?

최근 연구에서 '작은 연못-큰 물고기 효과'는 절대적인 현상이 아니며, 오히려 우수한 학생들과의 상호작용을 통해 학업과 관련된 자신감을 잃지 않고 여러 이득을 얻을 수 있다는 결과가 확인되었다(Makel, Lee, Olszewski-Kubilius, & Putallaz, 2012). 이들의 연구에 따르면 평소 학업성취도가 낮은 학생의 경우에는 우수한 학생들을 모아 놓은 반에 소속된 경우 학업에 대한 자신감을 잃고 성적까지 크게 감소할 수 있지만, 높은 수준의 성취를 보이는 학생의 경우에 이와 같은 효과는 오히려 급격하게 감소하였다.

상황 4. 문학을 가르치는 권 교사는 은지가 비유와 은유의 차이에 대해 이해를 잘하지 못해 학습지를 푸는 데 어려움을 겪고 있는 것을 보았다. 권 교사는 은지가 스스로 문제를 해결할 수 있을 때까지 시간이 걸려도 기다려야 하는지, 아니면 도움을 주어야 하는지 혼동되기 시작했다.

많은 사람들이 학생 스스로의 힘으로 탐구하고 깨닫는 것을 이상적인 학습이라고 생각하는 경향이 있다. 도움을 제공하는 것은 학생들이 스스로 능력을 발달시키는 것을 저해한다고 생각하기 때문이다. 만일 이와 같은 일반적 상식에 비추어 판단했다면, 권 교사는 은지의 어려움을 못 본 체하고 은지가 스스로 모르는 내용을 습득할 때까지 그저 지켜보기만 했을 것이다. 그러나 비고스키(Vygotsky)나 반두라(Bandura)와 같은 사회인지학습이론가들의 연구에 따르면, 학생들은 학습능력의 발달을 위해 사회문화적 자원이 많은 성인의 도움을 받을 필요가 있다. 학생이 혼자 힘으로 학습내용을 완전하게 이해하기란 쉽지 않으며, 그러한 능력이 발달되기까지는 분명히 타인의 도움이 필요하기 때문이다. 그러므로 학생이 학습내용을 이해하거나 습득하는 과정에서 어려움에 직면했을 때, 아무런 도움을 주지 않는 것만이 반드시 좋은 해결책은 아니다. 교사는 매 수업시간마다 학생을 관찰한 경험들을 바탕으로 현재 학생이 타인의 도움을 받아 이해를 발전시킬 수 있는 영역에 있는지, 혹은 스스로 학습내용을 습득할 수 있지만 잠시 어려움에 부딪힌 것인지를 면밀히 파악한 후에 적절한 도움을 주어야 할 것이다.

상황 5. 중학교에서 영어교과를 담당하는 최 교사는 학생들을 어떻게 수업에 적극적으로 참여하게 할 수 있을지 고민이다. 최 교사는 요즘 유행하는 텔레비전 프로그램을 보며 유머감각을 키우고 여러 가지 색분필과 시각자료를 준비하여 수업내용을 흥미롭게 전달하고자 노력하였지만, 학생들은 여전히 영어수업에 흥미를 느끼지 못하고 있다.

일반적으로 사람들은 흥미를 느끼는 것에 몰입하는 경향이 있다고 알고 있다. 학생들의 교과에 대한 흥미 향상을 위해 최 교사는 자신의 교수방법의 변화를 시도하였다. 그러나 최 교사는 색분필 사용, 유머활용 등 외적인 전달방법의 변화만을 시도하였을 뿐, 학생들로 하여금 학습내용 자체에 흥미를 느끼고, 유의미하게 지각하도록 유도하지 못했다. 구성주의 이론에 따르면 학생들은 학습내용에 대하여 스스로 의미를 부여할 수 있는 능동성을 지니고 있으며, 유의미 학습이 일어났을 때 학습에 더욱 몰입하고 흥미를 느낀다. 유의미학습은 학습하는 내용이 실세계 또는 자기 자신과 연결될 때 일어나므로, 최 교사는 전달 방식에 초점을 맞추기보다는 학습내용을 학생들의 일상생활 또는 학생들 자신과 어떻게 연결지을 수 있을지를 고민해볼 필요가 있다.

나. 의사결정 과정에서 교사의 전문적 판단의 필요성

의사결정 과정에서 연구들과 이론들은 교사에게 구체적인 정답을 주진 않는다.

하지만 교육심리학 분야에서 이루어진 수많은 연구들과 이론들은 교육장면에서 필요한 교수 절차에 대한 일반적인 경향성을 설명하는 것에 불과하며, 교사들의 모든 구체적인 의사결정에 답을 줄 수는 없다. 예를 들어, 수업 시간에 교사가 학생에게 질문을 한다고 가정하자. 교사는 질문을 하고 학생이 답을 할 때까지 기다려야 하는가, 아니면 수업 진행의 원활함을 위해 답을 독촉해야 하는가? 로우(Rowe, 1974)의 연구에서는 질문에 대답하기 위해 생각할 시간을 충분히 주는 것이 학생들의 인지 활동을 활발하게 하는 데 도움이 된다고 한다. 반면에 쿠닌(Kounin, 1970)의 연구는 지연된 수업진행 속도만큼 학생들의 문제행동의 출현빈도가 높아진다고 주장한다. 여러분이 교사라면 어떠한 선택을 하겠는가?

교육장면에서의 의사결정 과정에는 교사의 비판적 관점, 실제적 관점, 그리고 반성적 사고가 요구된다.

비판적 관점 연구결과를 교육장면에 적용하기 전에 먼저 교실이나 학습 장면의 상황적 맥락을 고려해야 한다. 예를 들어, 교사의 칭찬은 학생들의 동기를 유발하는 데 효과적이라는 연구결과는 교사들이 항상 학생들을 칭찬해야 한다는 의미일까? 쉬운 과제를 수행하는 데 있어 교사의 칭찬은 오히려 학생으로 하여금 자신의 능력에 대한 의심을 불러와 동기를 떨어뜨리는 결과도 가져올 수 있다. 학생들에게 질문을 하는 것도 순서대로 시키는 것이 더 효과적인지, 순서를 예측할 수 없도록 무선적으로 시키는 것이 더 나은지는 그때의 상황에 따라 달라질 수 있다.

실제적 관점 교사는 그때그때 상황에 맞게 효율적인 의사결정을 내려야 할 필요가 있다. 예를 들어, 수업 시간에 끊임없이 옆 친구와 대화를 하는 학생에게 교사는 어떤 행동을 취해야 할까? 학생을 혼내는 것이 나을까, 수업에 방해가 되는 요소를 제거할까, 아니면 다른 집중할 거리를 제공하는 게 나을까?

반성적 사고 교사는 자신의 교수법에 대한 피드백을 체계적으로 받기가 어렵다. 따라서 자신의 교수행동에 대해 비판적으로 자기평가하는 반성적 태도는 매우 중요하다. 올바른 반성적 사고를 위해서는 구체적인 수업목표 수립 여부와 중요도에 대한 반성, 학생들의 이해를 돕는 교수방법에 대한 반성, 학생들의 동기유발에 대한 반성 등이 이루어져야 한다.

다. 의사결정 편향(Simon, 1955)이란?

교사들은 교육장면에서 의사결정을 하는 데 있어 수많은 이론과 연구결과들을 참고로 하여 전문적 판단을 해야 한다. 하지만 인간의 판단과 의사결정 과정에서 발생하는 편향과 어림법은 인간의 생활 영역 전체를 아우르는 인간의 보편적인 속성이며, 교육의 영역에도 마찬가지로 적용될 수 있다. 교육상황에서 중요한 의사결정자로서 교사가 합리적이고 올바른 판단과 결정을 내리기 위해서는 먼저 의사결정과정에서 나타나는 편향은 무엇이 있으며, 어떠한 태도와 자세를 갖추어야 하는지에 대해 살펴볼 필요가 있다.

편향: 의사결정 상황에서의 판단과 결정이 비합리적으로 한쪽으로 치우치는 현상

인간의 내적 인지 체계는 합리적이고 이상적인 대안을 선택하기보다 스스로가 만족하고 받아들일만한 순간과 수준에 맞춰 판단을 내리고 결정을 내리게 된다. 이러한 과정에서 나타나는 현상이 곧 편향(Bias)이다. 이러한 현상은 때로는 심각한 오류처럼 보이지만, 대부분의 경우에는 우리의 일상적인 판단과 결정 과정에서 자연스럽게 영향력을 행사한다.

행동경제학의 창시자

인간의 판단과 의사결정에 관한 다양한 실험 연구를 통해 대니얼 카네만(Daniel Kahneman)과 아모스 츠버스키(Amos Tversky)는 행동경제학이라는 새로운 학문 분야를 제시하였다.

대니얼 카네만(Daniel Kahneman, 1934-)

카네만은 현대 주류 경제학의 흐름에 맞서 불확실한 조건에서의 인간의 판단 및 의사결정에 관한 선구적인 심리학적 실험 연구를 통해 행동경제학이라 불리는 새로운 분야를 개척하면서 경제학, 심리학 연구를 한 차원 끌어올린 이스라엘 태생의 인지심리학자, 경제학자이다. 이스라엘 출신의 동료 심리학자인 츠버스키와 함께 많은 연구를 했으며, 2002년에는 노벨 경제학상을 공동 수상하기도 하였다. 어린 시절에 프랑스에 거주하다가 파리가 독일군에게 점령당하면서 나치의 공포를 몸소 겪기도 하였다. 후에 예루살렘의 히브리 대학교(Hebrew University of Jerusalem)에서 심리학과 수학을 전공하고 캘리포니아 대학교 버클리 캠퍼스(University of California, Berkeley)에서 박사학위를 수여받았다. 그는 1970년대부터 츠버스키와 함께 불확실한 조건에서의 판단과 의사결정에 관한 연구를 시작하여 여러 놀라운 결과들을 발표하기 시작했으며 그들이 발표한 어림법과 편향(Heuristics and bias) 이론과 전망 이론(Prospect theory)은 세계인의 주목을 받았다. 그들의 연구는 경제학과 심리학의 여러 분야에 큰 공헌을 하였으며, 현재까지도 그의 학풍을 이어받은 제자들이 행동경제학과 의사결정 분야에서 큰 활약을 보여주고 있다. 그의 학문적 파트너이자 평생의 동반자였던 츠버스키와의 각별한 우정도 자주 회자되는데, 츠버스키가 1996년에 세상을 떠난 후에 크게 상심하며 그를 기리고, 이후의 연구를 통해 발간된 다수의 저작에서 지속적으로 그의 이름을 언급하며 업적을 그에게로 돌리는 모습을 발견할 수 있다.

아모스 츠버스키(Amos Tversky, 1937-1996)

츠버스키(Amos Tversky)는 그의 동료인 카네만과 함께 불확실한 상황에서 인간이 나타내는 인지적 오류와 편향 등의 연구로 큰 학문적 공헌을 한 이스라엘의 심리학자이자 인지과학자이다. 1965년에 미시건대학교(University of Michigan)에서 박사학위를 받고 예루살렘의 히브리 대학교(Hebrew University of Jerusalem)에서 강의를 하다가 후에 스텐포드대학교(Stanford University)에서 강의하였다. 카네만과 함께 어림법과 편향이론(Heuristics and bias) 이론과 전망 이론(Prospect theory)로 많은 세계인의 주목을 받았으며 1984년에 맥아더상(MacArthur Fellowship)을 수상하기도 하였다. 츠버스키는 안타깝게도 1996년에 세상을 떠나게 되었다.

출처: http://www.aistudy.co.kr/pioneer/Kahneman.D.htm, http://www.aistudy.co.kr/pioneer/Tversky.A.htm

라. 교육상황에서의 의사결정 편향 현상

우리는 매일매일 판단과 의사결정을 내리며 산다. 하지만 항상 올바른 선택을 하는 건 아니다. 학교에서 부딪히게 되는 많은 상황 속에서 교사와 학생은 직관이나, 잘못된 추론, 정서 상태에 따라 비합리적인 의사결정을 내리기 쉽다. 이처럼 다양한 교육상황에서 발생하는 대표적인 의사결정 편향 현상을 살펴보면 아래와 같다.

주요 이론	설명
전망 이론 (Prospect theory)	이득손실맥락(Focus on gain/Loss framing): 의사결정 과정에서 이득손실맥락에 갇혀 손실에 더욱 민감한 반응을 하게 되는 경향성을 증명하는 이론
어림법/편향 (Heuristic/Bias)	대표성 어림법(Representativeness heuristic): 대표적이고 눈에 띄는 속성을 가지는, 보다 자연스러울 것으로 판단되는 요소에 주의를 기울여서 다소 비합리적인 판단과 결정에 이르는 현상
	가용성 어림법(Availability heuristic): 기억 속의 친숙성처럼 무의식적으로 떠오르는 판단 기준에 맞추어 특정 사건의 가능성을 판단하는 경향성
	닻 효과(Anchoring effect): 사전에 접촉한 수치나 확률 등의 정보가 닻과 같은 역할을 하여 추후의 의사결정에 영향을 미치는 현상
정서 예측 (Affective forecasting)	개인의 행동과 의사결정은 특정한 정서 상태를 유발하게 되고, 이는 작은 부분을 크게 과장해 여기에 초점을 두어 생각하는 현상

1) 전망 이론(Prospect theory)

이득손실맥락에서 보면, 사람들은 무엇을 얻거나 잃는 것과 관련된 판단을 할 때 손실에 더욱 민감하게 반응한다.

전망 이론은 사람들이 의사결정을 하는 과정에서 이득손실맥락에 갇힌 상태에 머무르는 경우가 많음을 지적한다. 같은 상황이라도 대안을 어떤 방식으로 제시하느냐에 따라 사람들의 선택이 정반대로 바뀐다는 것이다. 이를 틀 효과(framing effect)라고 한다. 시험을 치고 나서 문제를 하나 틀리고 우는 아이와 하나밖에 안 틀렸다고 웃는 아이를 보면 자신이 가진 관점에 따라 다른 판단을 내리는 틀 효과를 확인할 수 있다.

교육장면에서도 전망 이론과 관련된 현상들은 쉽게 확인할 수 있다. 아이들은 선택과목을 결정할 때, 자신이 좋아하거나 도전적인 과목보다는 위험부담이 적은 과목을 더 선택하는 경향이 있다. 아이들이 도전적인 과제를 선호하지 않는 현상 또한 도전을 통해 얻는 것보다 자존감 하락이나 낮은 점수 등과 같은 손실상황이 더 커 보이기 때문이다.

2) 어림법/편향(Heuristics/Bias)

마음의 두 시스템: 직관적인 시스템1과 분석적인 시스템2

우리의 마음에는 크게 두 가지 시스템이 존재하는데(Evans & Frankish, 2009), 시스템1은 직관적이고 재빠른 판단과 관련된 것으로 자동적이고 무의식적으로 작동하는 시스템을 말한다. 시스템2는 분석적이고 신중한 판단과 관련된 것으로 복잡한 계산을 포함해서 관심과 노력이 요구되는 정신 활동에 주로 활용되는 시스템이다. 쉽게 말해 시스템1은 직관적 예측을, 시스템2는 이성적 예측을 가져온다고 생각할 수 있다.

대표성 어림법: 대표적이고 눈에 띄는 속성을 가지는, 보다 자연스러울 것으로 판단되는 요소에 주의를 기울여서 다소 비합리적인 판단과 결정에 이르는 현상(Tversky & Kahneman, 1974)

우리는 주어진 문제 상황에서 객관적인 정보에 의해 판단을 내리기보다는 막연한 이미지나 개인적 경험에 몰입하여 결정을 내리거나 표본의 크기와 관련된 정보를 무시한 채로 판단을 내리는 오류를 범하곤 한다. 학교 현장에서 이러한 대표성 어림법에 의한 비합리적인 의사결정은 매우 큰 영향을 미칠 수 있다.

선택형 시험에 의한 전통적인 평가 방식에 대한 대안으로 제시된 수행평가(performance assessment)에 대해 한 번 생각해보자. 수행평가란 교사가 학생이 학습과제를 수행하는 과정이나 그 결과를 보고, 그 학생의 지식이나 기능이나 태도 등에 대해 전문적으로 판단하는 평가방식이다(한국교육평가학회, 2004). 역동적 평가 또는 자기반성적 평가라고 이해되기도 하는 이러한 평가방식은 객관적이고 체계적인 평가지표를 통한 정량적 평가가 아닌 정성적 평가를 통해 이루어지기 때문에, 교사가 학생들을 평가하고자 할 때 교사 자신의 개인적인 경험에 의존하게 된다. 평소 수업 태도가 나쁘거나 불량하다고 생각해온 학생들의 산출물을 평가하게 될 때 평소 이미지에 근거하여 비합리적인 판단을 내릴 가능성이 높다.

가용성 어림법: 기억 속의 친숙성처럼 무의식적으로 떠오르는 판단 기준에 맞추어 특정 사건의 가능성을 판단하는 경향성

사람들은 어떤 의사결정이나 판단을 내림에 있어서 보다 쉽게 떠올릴 수 있고(인출 용이성), 많이 사용해 본(탐색 가능성) 정보에 초점을 두어 편향적인 사고를 하게 되어, 실제로는 아무런 관련이 없는 사건인데도 불구하고 사건들 사이의 관련성을 과대 추정하여 실제로 존재하지 않는 상관관계를 만들어내곤 한다. 예를 들어, 수업을 할 때 앞자리에 커다란 안경을 쓰고 있는 학생이 보이면 교사는 그 학생이 전교에서 상위권에 속하는 모범생이라고 생각해버린다. 그리고 맨 뒤에 앉아 있는 덩치가 크고 머리에 힘을 준 학생은 당연히 공부에 별 관심이 없는 노는 학생으로 생각해버리는 경우가 있다.

닻 효과: 특정 사항에 대한 정보가 없는 경우에 그와 관련이 있을 것으로 판단되는 수치나 확률과 같은 정보를 받게 되면 그것이 마치 닻과 같은 역할을 하게 되어 판단에 영향을 미치는 현상

배가 특정한 장소에 정박할 때에 닻을 내려 해당 장소에서 벗어나지 않으려 하는 것처럼 우리의 마음에도 일종의 '닻'이 존재한다. 이는 학습상황에서도 마찬가지이다. 교사가 학습량을 결정하는 상황에서 학생들이 20문제를 해결하기를 원하는 경우에 기준을 어떻게 제시하느냐에 따라 학생들의 성취도가 달라질 수 있다. 이 상황에서 다른 반 학생들이 보통 10문제를 풀었다고 말했을 때보다 30문제를 풀었다고 말할 때에 학생들이 더 많은 문제를 해결하게 될 가능성이 크다.

3) 정서 예측(Affective forecasting)

개인의 행동과 의사결정은 특정한 정서 상태를 유발하게 되고, 이는 작은 부분을 크게 과장해 여기에 초점을 두어 생각하도록 하여 잘못된 정서적 예측이 발생하곤 한다.

우리는 미래에는 별로 소용도 없고 금방 버릴 물건을 현재 유행하기 때문에 사거나, 봉급을 올려준다는 말에 당장 그만두고 싶었던 직장에 다시 매이기도 하며, 미래에는 시큰둥한 관계가 될 사람과 '일생의 단 한 번'이라는 생각으로 열애에 빠지기도 한다. 특히 남과 자신을 비교하는 성향이 강한 사람이 이러한 오류를 범하는 경우가 많은데, 잘생기거나 똑똑한 사람을 보면 그 사람이 가지고 있는 사소한 특징만 보고 그 사람의 행복을 과장하여 예측하고 이를 자신과 비교하여 쉽게 좌절감을 느끼게 된다.

교사의 경우에는 업무 특성상 항상 동료 교사 및 학생 등과 같은 주변의 사람들과 상호작용을 하고 그에 따라 여러 가지 정서적 경험을 하게 되는데, 그에 따라 이와 같은 오류를 범하는 경우가 많다. 다른 교사가 가르치는 수업의 단편적인 측면만 보고 자신의 수업과 비교함으로 자신의 수업에 대한 학생들의 만족도를 과소평가하여 쉽게 좌절감에 빠질 수 있다.

3 교육과학으로서의 교육심리학 연구 방법

가. 경험과학연구 접근이 왜 중요한가?

교육심리학은 여러 영역에 대한 문제들을 다루며, 교사들이 학생들에게 직접적으로 교육심리학의 원리와 이론들을 적용한다는 점에서 신중한 접근이 필요하다.

가르치고 배우는 과정은 결코 단순하지 않다. 가르치는 내용, 학습자의 특성, 교사의 교수방법, 학교 환경 등 고려해야 할 변인들이 다양하게 존재하기 때문이다. 교사는 이와 같은 다양한 변인들이 상호작용하는 과정에서 수많은 도전과 문제들에 부딪히게 된다. 교육심리학은 교사로 하여금 가르치고 배우는 과정의 복잡한 역동에 대하여 이해할 수 있게 해주고, 교수-학습과정에서 부딪히는 다양한 문제들을 정의하고, 원인을 찾고, 이를 올바르게 해결하고 평가할 수 있도록 도와준다. 이처럼 교육심리학은 교사가 당면한 문제들을 지혜롭게 해결하고, 학생들을 보다 올바른 방향으로

교육에서의 경험과학연구에 대한 이슈

경험과학연구라는 개념은 과학적 접근 방식인 실험 연구를 통해 현상이나 결과를 검증할 수 있다고 여긴다. 심리학을 과학의 위치로 끌어올리는 데 큰 기여를 한 분트(Wilhelm Maximilian Wundt, 1832~1920)에서부터 심리학 연구에 있어서 엄격한 실천적 및 과학적 분석을 적용해야 할 것을 주장하고 정서와 지능, 도덕성 발달에 관한 연구들에 실험 연구를 적용하여 기억과 훈련의 전이 등에 대해 중요한 연구들을 수행한 바 있는 제임스(William James, 1842~1910)까지 많은 학자들이 실험 연구 방법을 사용하였다.

하지만 '경험과학기반'이라는 말은 무선설계를 이용한 과학적인 실험 연구만을 의미하는 것은 아니다(Liston, Whitcomb, & Borko, 2007). 실험 연구를 통해 교육 분야에 적용 가능한 일반적 법칙들이 상당수 만들어진 것은 사실이지만, 연구방법의 엄격성만을 강조함에 따라 오히려 교수-학습에 관한 우리의 관점을 좁히고 왜곡시킨 측면도 존재한다. 다양한 변인들이 혼재하는 교실 또는 교육 상황에 관한 연구는 관심 있는 변인 이외에는 모두 통제하여 연구를 실시하는 실험실 연구와는 그 성격이 다를 수밖에 없다. 실험실 연구처럼 하나의 연구를 위해 수천 명의 학생으로 무선적으로 서로 다른 교육환경에 배정할 수는 없기 때문이다(Sloane, 2008).

경험과학기반이라는 개념에는 하나의 현상을 설명하기 위해 타당성 있는 연구를 실시하는 것을 의미하는 것이지, 반드시 실험 연구만을 실시해야 한다는 것을 의미하는 것은 아니다. 경험과학연구를 위해서는 먼저 의미 있는 연구문제를 제기하고, 효과적인 연구방법들에 대해 탐색하고, 연구 과정이 정당하고 타당했는지를 살피는 것이 가장 중요할 것이다.

이를 위해서는 다양한 방법을 활용한 연구들이 필요하다. 실제로 많은 교육전문가들은 다양한 방법을 활용한 연구가 필요하다고 주장하고 있으며(Ball & Forzine, 2007), 교수-학습 현상에 대한 문제의 답을 찾기 위해서는 기술 연구, 상관 연구, 실험 연구, 심지어 질적 연구 방법까지 고루 활용되어야 할 것이다.

이끌어가기 위한 효과적이고 적극적인 의사결정자로서 기능할 수 있도록 안내해주는 길잡이라고 할 수 있다.

따라서 교육심리학 연구들의 연구방법은 매우 신뢰롭고 타당해야 할 필요가 있다. 경험과 측정에 근거한 자료들을 바탕으로 현실에서 일어나는 현상의 원리를 밝히는 연구를 바로 경험과학연구라고 한다(Newton, 1999). 경험과학연구는 귀납적이고 경험적인 진리를 추구하기 때문에 경험과학적 지식은 확고부동한 것이 아니며, 언제나 반증될 가능성을 갖고 있다. 즉, 새롭게 얻어진 연구 결과에 따라 과거의 지식이 수정되거나 폐기될 수 있다. 이러한 경험과학연구 방법들로 기술 연구, 상관 연구, 실험 연구, 질적 연구, 현장 연구를 들 수 있다.

나. 경험과학연구방법

기술 연구는 특정 현상을 기술(descriptive)하기 위해 면담, 관찰, 설문 등을 이용하는 연구방법이다.

기술 연구를 위해 면담, 관찰, 설문 등을 이용하는데, 예를 들면 갑자기 성적이 떨어진 학생과의 면담을 통해 성적 하락의 원인을 직접적으로 확인하고, 새로운 수업 내용의 효과를 확인하기 위해 학생들의 수업참여도를 관찰하고, 초등학생들의 학교 폭력 노출에 대한 정보를 파악하기 위해 정기적으로 학생들과 교사들을 대상으로 설문으로 실시하는 등의 방법들이 기술 연구의 한 예이다.

기술 연구를 수행함에 있어 다음과 같은 점을 반드시 고려해야 한다. 첫째, 연구에 참여한 사람들과 자료 수집을 위해 사용된 도구를 분명하고 구체적으로 보고해야 한다(McMillan, 2000). 둘째, 기술 연구의 결과를 미래 행동을 예측하는 데 그대로 적용해서는 안 된다. 기술 연구는 교육 현상과 관련하여 가치 있는 정보를 제공해 준다는 점에서 중요한 의미를 가지지만, 우리로 하여금 미래를 예측할 수 있도록 해주거나 현상과 관련된 변인들 간의 관계에 대한 설명을 제공해주지는 않는다. 기술 연구는 말 그대로 특정 현상에 대한 '기술'이며, 미래 행동의 예측을 위해 변인들 간의 관계를 구체적으로 확인하기 위해서는 상관이나 실험과 같은 방법을 추가적으로 수행해야 한다.

상관 연구는 서로 밀접한 관련성을 보일 것으로 판단되는 둘 혹은 그 이상의 변인들 간에 존재하는 관련성을 확인하는 연구방법이다.

일정한 방향성을 가지고 함께 변화하는 모습을 보일 때 우리는 변인들 간에 상관이 있다고 말한다. 이러한 상관은 정적 상관(완벽한 경우 1)에서 부적 상관(완벽한 경우 -1) 사이의 수치로 표현된다. 변인 중 하나가 증가할 때 나머지 한 변인도 함께 증가하는 정적 상관은 광고를 통해 자주 노출되는 상품일수록 판매량이 많아지는 경우를 말하며, 이와는 반대로 두 변인 중 하나가 증가할 때 나머지 한 변인은 감소하는 부적 상관은 인터넷 서점이 활성화 될수록 동네 서점의 판매량은 감소하는 것과 같다.

상관은 우리가 알고 있는 한 변인을 이용하여 다른 변인을 예측하게 해 준다는 점에서 가치가 있다. 하지만 상관 연구는 두 변인 간의 관계를 기술할 뿐이지, 한 변인이 다른 변인의 변화를 가져오는 인과관계를 설명해주지는 않는다는 제한점을 갖고 있다(Gall, Gall, & Borg, 2003; McMillan, 2000). 따라서 변인들 간의 인과관계를 확인하기 위해서는 실험 연구와 같은 방법이 추가적으로 수행되어야 한다.

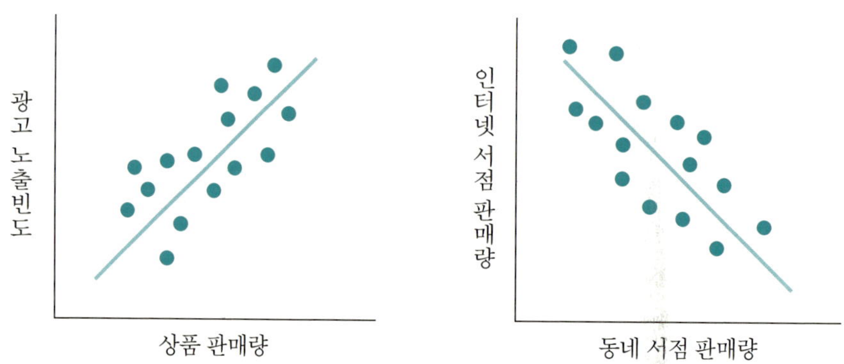

그림 1-1 **정적 상관과 부적 상관의 예**

실험 연구는 한 변인을 체계적으로 조작하는 것이 다른 변인의 변화를 가져오는지를 확인함으로써 두 변인 간의 인과관계를 확인하는 연구이다.

실험 연구는 특정한 한 변인이 다른 변인에 영향을 미치는지, 즉 두 변인 사이에 인과관계가 존재하는지 확인하기 위해 수행하는 연구로, 연구자가 관심을 가지고 밝히고자 하는 변인 이외의 다른 조건들은 통제한 실험 상황에서 한 변인에 대한 조작이 다른 변인에 어떤 변화를 일으키는지 확인하는 방식으로 이루어진다. 실험에는 크게 세 가지 변인이 포함되는데, 연구자가 특정한 변인에 영향을 미칠 것으로 판단하는 원인변인인 독립변인, 독립변인에 의해 영향을 받아 효과가 나타나는 변인인 종속변인, 연구자가 관심을 가지는 독립변인 이외에 종속변인에 영향을 미칠 여지가 있는 기타의 변인인 외생변인이 있다. 이와 관련하여 실험 상황에서 독립변인의 처치를 받는 집단을 실험집단이라 하고, 실험집단에서 나타나는 효과를 파악하기 위해 다른 처치를 하여 비교대상이 되는 집단을 비교집단이라고 한다. 반면 아무런 처치가 주어지지 않은 상태의 집단을 통제집단이라고 한다.

과학 교과에 대한 학습만화를 활용한 수업 방식(원인)이 강의식 수업 방식보다 학생들의 높은 학업성취(결과)를 가져온다는 연구 결과(Dalacosta, Kamariotaki-Paparrigopoulou, Palyvos, & Spyrellis, 2009)를 가지고 실험 연구를 설명해보자. 연구자는 실험집단과 비교집단으로 구분하여, 실험집단에는 질량, 부피, 밀도를 가르치는 학습만화를 15분 동안 시청하도록 하고, 비교집단에는 질량, 부피, 밀도에 대한 교사의 설명을 듣도록 한다. 학습 후 실험집단과 비교집단의 학생들에게 학습한 내용에 대한 설문에 응답하도록 한 결과, 실험집단의 학생들이 비교집단의 학생들보다 상대적으로 학습한 내용을 잘 기억하고, 보다 구체적인 과학 지식의 이해 수준이 증가함을 확인하였다. 즉 '학습 만화의 시청'과 '과학 교과에서의 학업성취'라는 두 변인 간의 인과관계를 말할 수 있게 된 것이다.

실험 연구는 인과관계를 확인할 수 있다는 점에서 다양한 교육 현상들의 원인을 파악하는데 매우 중요하다. 하지만 다른 연구방법론과 마찬가지로 실험 연구의 결과를 수용하기 위해서는 다음과 같은 유의점들을 고려할 필요가 있다. 첫째, 무선배정(random assignment)과 적절한 표본(sample)의 크기이다. 무선배정이란 피험자를 연구자가 실험집단과 비교집단에 본인의 뜻대로 할당하지 않고 무작위로 할당하는 것이다. 이는 각 피험자가 실험집단 혹은 비교집단에 속하게 될 확률이 모두 같다는 것을 의미한다. 예를 들어, 앞서 살펴본 학습만화 시청하는 실험집단과 강의식 수업에 참여하는 비교집단의 경우에 과학을 잘하는 학생들이 실험집단에만 대거 포함되어있다면 학습만화를 이용한 수업방법이 더욱 효과적이었다고 말하기 어렵다. 또한 적절한 표본의 크기를 갖추고 실험 연구를 수행하면 실험집단과 비교집단의 차이를 보다 객관적으로 파악할 수 있다. 예를 들면, 30명의 학생을 15명씩 두 집단으로 무선 배정하는 것보다 100명의 학생을 각각 50명씩 무선 배정하는 것이 실험집단과 비교집단 간의 차이를 보다 정확하게 밝힐 수 있다.

둘째, 연구결과에 영향을 미칠 수 있는 외생변인의 통제가 제대로 이루어졌는지를 확인해야 한다. 위 연구의 경우, 연구자는 학습 방법에 관심을 두고 있는데, 이와 관련이 없는 요인인 학습만화에 등장하는 등장인물의 친숙도나 학생의 선행학습여부 등도 학생들의 학습내용이해정도에 영향을 줄 수 있기에 이에 대한 엄격한 통제가 필요하다.

마지막으로 실험집단에 가해진 처치 즉, 독립변인의 조작과정에 대한 분명하고 구체적인 설명이 기술되어 있어야만 한다. 예를 들어, 위 연구의 경우 실험집단에 속한 학생들이 학습만화를 몇 분 동안 시청하고 어떤 내용의 학습내용을 시청하였는지에 대해 구체적으로 제시해야 한다. 실험처치에 대한 명확한 기술은 연구의 타당성을 높인다.

현장 연구는 특정한 학교나 학급과 관련된 문제에 대해 해답을 얻기 위해 설계, 실시되는 응용연구의 한 형태이다.

교사들이 자신의 지식을 확장하는 또 다른 방법으로서 자신이 수업을 하고 있는 현장 학급에서 직접 연구를 수행해보는 것을 생각해 볼 수 있다. 현장 연구는 교사들, 학교행정가들, 또는 다른 교육전문가들에 의해 수행될 수 있으며, 기술, 상관, 실험 연구방법 등을 아울러 활용하여 이루어질 수 있다. 교사들은 현장 연구를 수행함으로써 연구가 무엇인지에 대해 배울 수 있을 뿐만 아니라, 어떻게 이론과 실제가 연결될 수 있는 지에 대해서도 이해할 수 있게 된다(Sagor, 2000; Schon, 1983).

이러한 현장 연구의 주목적은 특정한 학급 또는 학교 내에서의 교육 실제를 향상시키는 것이다(McMillan, 2000). 또한 현장 연구는 학습과 교수에 관한 지식체계의 확장에 있어서 교육전문가로서 교사들의 참여를 확대해 줄 뿐만 아니라, 교사들의 전문성을 확장시키는 데 중요한 공헌을 한다고 볼 수 있다.

4 사례 분석

사례 1 사례를 기반으로 한 의사결정에 영향을 미치는 요인들에 대한 확인

올해 고등학교에 부임하게 된 신임교사인 박 교사는 교사생활을 시작하는 첫 학기에 첫 번째 제자로 고등학교 3학년 학생들을 맞이하게 되었다. 어느덧 2학기가 되어 박 교사의 반에 소속된 학생들이 입학을 원하는 대학교에 원서를 넣는 입시 시즌이 찾아왔다. 박 교사는 많은 학생들이 고민하고 불안해하는 모습을 보고 이들에게 도움을 주고자 개별적인 대학 입시 상담을 진행하여 각 학생들의 현재 학업성취도 수준을 보고 충분히 노려볼 수 있는 대학에 대한 정보를 제공해주고자 하였다.

대입 상담과 관련된 경험이 거의 전무하여 관련된 노하우를 갖추지 못하고 있던 박 교사는 모르는 일에 부딪히면 과거의 전례를 살펴보는 것이 최고라는 자기만의 지론에 따라 대입 상담의 기준을 마련하는 데에 작년의 대입결과를 참고하였다. 그리하여 학생들의 최근 모의고사 성적을 살펴보고 이를 작년의 주요 대학교 커트라인과 비교하여 학생의 수준을 가늠하여 지원 가능한 대학교를 권장하는 상담을 실시하였다. 많은 학생들은 자신들을 위해 열심히 노력하는 박 교사의 모습을 보며 긍정적인 반응을 나타냈다.

그러나 입시를 마친 후에 청천벽력 같은 소식이 들려왔다. 전국 학생들의 대학교 지원 현황과 경쟁률이 발표되었는데, 박 교사 반의 학생들이 자신의 수준에 비해 터무니없을 정도로 낮은 수준의 대학교에 대거 지원한 것으로 확인된 것이다. 박 교사는 이러한 소식을 듣고 놀라움을 금치 못했고 학생들은 박 교사에 대한 원망을 느꼈지만 그가 얼마나 노력했는지를 알기에 겉으로 불만을 나타낼 수는 없었다.

질문 1: 위 사례에서 박 교사의 대입 상담 관련 의사결정에 영향을 미친 요인들은 무엇인가?

질문 2: 이 장에 언급된 의사결정 편향 중 위 사례에 가장 부합하는 것은 무엇이며, 이유는 무엇인가?

질문 3: 위 사례에서 박 교사가 합리적인 의사결정을 내리기 위해 어떤 여건이 갖춰져야 했을까?

사례 2 교육 상황에 적합한 연구방법에 대한 확인

이 교사는 오랜 기간 동안 교직에 몸담으면서 학교 현장에서 나타나는 다양한 교육 현상에 호기심을 가지게 되어 연구자의 관점에서 평소에 관심을 가지고 있던 주제에 대한 연구를 진행하겠다는 결심을 하게 되었다. 그가 평소에 관심을 가지고 있던 연구 주제는 '타고난 머리가 좋은 학생들이 계속 공부를 잘하는가, 아니면 타고난 지능보다 성실하게 노력을 기울여 공부하는 학생들이 더 공부를 잘할 수 있는가' 였다.

이 교사는 이 연구문제를 해결하기 위해 상관 연구를 진행했는데, 학생들의 지능검사 결과를 정리하여 학생들의 타고난 지능을 나타내는 변수로 삼고 최근의 모의고사 성적을 정리하여 학업성취도를 나타내는 변수로 삼았다. 그리고 통계 프로그램을 사용하여 두 변수 사이의 상관계수를 계산하였다. 그 결과 매우 높은 수치의 상관계수가 도출되었고, 이 교사는 이 결과를 스스로 생각하고 있던 가설인 '타고난 지능이 학업 성취도에 큰 영향을 미친다.'를 지지하는 것으로 해석하여 타고난 머리가 좋은 학생이 공부를 잘한다는 결론을 내렸다.

이 교사는 무언가를 성취한 것 같은 기분이 들어서 뿌듯해하다가 문득 다음과 같은 의문을 떠올렸다. '반대로 학업성취도가 학생의 지능에 미치는 영향은 어떻게 될까? 학생의 지능은 성적과 관계없이 이미 정해진 선천적인 요인이기에 학업성취도가 타고난 지능에 영향을 미친다는 것은 상식에 맞지 않는다. 그런데 두 변수의 순서를 바꿔서 상관계수를 구해봤자 아까 구한 값과 같은 값이 나올 것이라는 것을 떠올릴 수 있었다. 이러한 사실을 깨달은 이후에 이 교사는 과연 어디서부터 무엇이 잘못된 것인지 반성해보기 시작했다.

질문 1: 위에 제시된 사례를 토대로 하여 상관관계와 인과관계의 차이점에 대해 논하시오.

질문 2: 위 사례에서 이 교사가 잘못 적용한 연구방법은 무엇이며, 어떤 방법을 활용하는 것이 바람직한가?

질문 3: 이 교사가 제시한 연구문제를 해결하기 위한 연구 계획을 간단히 서술해 보시오.

5 주요 개념

주요개념	설명
교육심리학 (Educational psychology)	교수-학습과정을 이해하고 심리학적 지식을 바탕으로 교수-학습과정을 개선하고자 하는 독자적인 영역
의사결정 (Decision making)	개인의 믿음 체계를 바탕으로 주어진 대안에 대해 의도나 행동이 추구하는 방향을 기반으로 평가하여 결정하는 과정
편향 (Bias)	의사결정상황에서 내리는 판단과 결정이 비합리적으로 한 쪽으로 치우치는 현상
어림법 (Heuristic)	문제를 해결함에 있어서 사용하는 정확하고 구체적이지 않은 직관적이고 편의적인 어림셈
전망 이론 (Prospect theory)	의사결정상황에 처한 개인이 이득과 손실을 상이한 차원과 맥락에서 받아들이는 현상을 보여주는 이론
시스템1 (System1)	우리의 마음을 구성하는 시스템 중 직관적이고 재빠른 판단과 관련된 자동적인 시스템
시스템2 (System2)	우리의 마음을 구성하는 시스템 중 분석적이고 신중한 판단과 관련된 시스템
대표성 어림법 (Representativeness heuristic)	다른 정보에 비해 대표적이고 눈에 띄는 속성을 가지는 요소에 주의를 기울여 성급한 판단에 이르는 경향성
가용성 어림법 (Availability heuristic)	개인의 마음에 더욱 잘 떠오르고 심적으로 조작하기 쉬운 성질의 정보에 치중하여 성급한 판단에 이르게 되는 경향성
닻 효과 (Anchoring)	특정 사항에 대한 정보를 가지고 있지 않은 경우에 그와 관련성이 있을 것으로 판단되는 관련 수치나 확률 등의 정보가 판단과 결정에 큰 영향을 미치는 현상

정서 예측 (Affective forecasting)	개인이 특정 상황에 처해 있을 정서 상태를 예측하는 것과 실제 경험 후에 해당 정서를 느끼는 것 사이에 발견되는 괴리
경험과학연구 (Empirical scientific research)	경험과 측정에 근거한 증거를 사용하여 현상의 원리를 밝히는 연구
기술 연구 (Descriptive research)	특정 상황이나 현상에서 나타나는 특징이나 상태를 기술하기 위한 설문, 조사, 면접, 관찰 등을 이용하는 연구
상관 연구 (Correlation research)	둘 혹은 그 이상의 변인들 사이에 존재하는 관련성을 밝히기 위한 방법을 활용하는 연구
정적 상관 (Positive correlation)	특정 변수와 다른 변수 사이에 같은 방향으로 비례하는 상관관계가 나타나는 것
부적 상관 (Negative correlation)	특정 변수와 다른 변수 사이에 반대 방향으로 비례하는 상관관계가 나타나는 것
실험 연구 (Experimental research)	한 변인을 체계적으로 조작하는 것이 다른 변인의 변화를 가져오는지를 확인하여 두 변인 사이에 존재하는 인과관계를 확인하는 연구
무선배정 (Random assignment)	실험에 참여하는 피험자가 실험집단과 통제집단에 속하게 될 확률이 모두 같도록 집단을 할당하는 것
현장 연구 (Action research)	특정한 현장과 관련된 문제에 대한 해답을 얻기 위해 실제 필드상에서 설계되고 실시되는 응용연구의 한 형태

6 연습문제

1. 다음은 효과적인 질문 기법에 관한 일련의 연구 결과들에서 도출한 내용이다.

> 질문할 때 교사는 자주 질문하되, 가능한 한 모든 학생을 골고루 호명하여 소수 학생이 응답 기회를 독점하지 않게 해야 한다. 또한 질문을 먼저 하되 응답할 학생을 호명하기 전과 후에 잠시 침묵하여 생각할 수 있는 시간을 주어야 하며, 학생을 적절히 격려하여 참여를 유도해야 한다. 그러나 질문 내용이 기초 기능의 연습에 관련된 것이라면 대답은 빠를수록 좋다.

위 내용에 근거해서 판단할 때, 수업 상황에서 교사가 바르게 사용한 질문 전략을 〈보기〉에서 모두 고른 것은?

〈보기〉

ㄱ. 주 교사: 학생들에게 간단한 암산 문제를 제시하고 가급적 빠른 시간 내에 대답하도록 하였다.
ㄴ. 장 교사: 만유인력의 법칙에 대해 질문하고 호명한 학생이 당황하여 대답을 못하자 안심시킨 후 좀 더 알아듣기 쉽게 질문하였다.
ㄷ. 조 교사: 지구과학 수업 중 질문하기 전에 먼저 한 학생을 지목하여 일어서게 한 후, 지층의 형성 과정에 관해 질문하고 설명하게 하였다.
ㄹ. 정 교사: 특수한 역사적 사건의 의의에 관해 질문하고 잠시 학생들에게 생각할 시간을 준 다음, 학생들을 한 명씩 호명하여 각자의 생각을 말하게 하였다.

① ㄱ, ㄴ ② ㄴ, ㄷ ③ ㄷ, ㄹ ④ ㄱ, ㄴ, ㄹ ⑤ ㄱ, ㄷ, ㄹ

2. 실험결과의 내적 타당도(internal validity)를 위협하는 요인과 그에 대한 설명으로 옳지 않은 것은?

① 피험자의 선발: 실험집단과 비교집단의 피험자들을 선발할 때 동질성이 결여되어 나타나는 영향을 말한다.
② 통계적 회귀: 한 피험자가 여러 가지 실험처치를 받음으로써 이전의 처치 경험이 이후의 처치 효과에 미치는 영향을 말한다.
③ 성숙: 실험처치 이외에 시간의 흐름에 따라 나타나는 피험자의 신체적?정신적 변화가 피험자의 반응에 영향을 주는 것을 말한다.
④ 측정도구: 사전검사와 사후검사에서 사용한 검사도구가 달라지거나, 관찰자나 채점자의 변화로 인하여 실험에서 얻은 측정치에 변화가 생기는 것을 말한다.

3. 다음의 김 교사가 수행한 연구에 대한 진술로 옳은 것을 〈보기〉에서 모두 고르면?

김 교사는 교수법(토론식, 강의식)이 우리나라 초등학교 3학년의 읽기능력에 미치는 영향을 알아보기 위해, 자신이 재직 중인 학교의 3학년 학생들을 대상으로 편의상 1반부터 3반까지의 학생들은 토론식 교수법으로, 4반부터 6반까지의 학생들은 강의식 교수법으로 가르친 후 읽기검사를 실시해 읽기능력의 차이를 분석하였다.

〈보기〉

ㄱ. 종속변수는 초등학교 3학년 학생의 읽기능력이다.
ㄴ. 독립변수 간 상호작용 효과를 검증하기 위해 교수법을 토론식과 강의식으로 구분하였다.
ㄷ. 무선표집(random sampling)을 하지 않았으므로 연구결과의 일반화가 제한된다.
ㄹ. 같은 학교 학생들로 두 집단(토론식, 강의식)을 구성하였으므로, 피험자 선발(selection)이 내적 타당도 위협요인으로 작용하지 않는다.

① ㄱ, ㄴ ② ㄱ, ㄷ ③ ㄱ, ㄴ, ㄹ ④ ㄱ, ㄷ, ㄹ ⑤ ㄴ, ㄷ, ㄹ

참고문헌

한국교육평가학회 (2004). 교육평가용어사전. 서울: 학지사.

Alexander, P. (2006). *Psychology in learning and instruction*. Upper Saddler River, NJ: Merrill/Pearson.

Ball, D., & Forzine, F. (2007). What makes education research "educational"? *Educational Researcher*, *36*(9), 529-540.

Cole, M., Cole, S. R., & Lightfoot, C. (2005). *The development of children* (5th ed.). New York, NY: W. H. Freeman.

Dalacosta, K., Kamariotaki-Paparrigopoulou, M., Palyvos, J. A. & Spyrellis, N. (2009). Multimedia application with animated cartoons for teaching science in elementary education. *Computers & Education*, *52*(4), 741-748.

Darling-Hammond, L., & Baratz-Snowdon, J. (2005). *A good teacher in every classroom: Preparing the highly qualified teachers our children deserve*. San Francisco, CA: John Wiley & Sons.

Evans, J., & Frankish, K. (2009). *Two minds: Dual processes and beyond*. New York, NY: Oxford University Press.

Gall, M. D., Gall, J. P., & Borg, W. R. (2003). *Educational research: An introduction* (7th ed.). Boston, MA: Allyn-Bacon.

Kounin, J. (1970). *Discipline and group management in classrooms.* New York, NY: Holt, Rinehart & Winston.

Lefrancois, G. R. (2000). *Psychology for teaching* (8th ed.). Belmont, CA: Wadsworth.

Liston, D., Whitcomb, J., & Borko, H. (2007). NCLB and scientifically-based research: Opportunities lost and found. *Journal of Teacher Education, 58*(2), 99-107.

Makel, M. C., Lee, S. Y., Olszewski-Kubilius, P., & Putallaz, M. (2012). Changing the pond, not the fish: Following high-ability students across different educational environments. *Journal of Educational Psychology, 104* (3), 778-792.

McMillan, J. H. (2000). *Educational research: Fundamentals for the consumer* (3th ed.). New York, NY: Longman.

Newton, I. (1999). *The principia: Mathematical principles of natural philosophy*, I. B. Cohen, A. Whitman, & J. Budenz (trans.), Berkeley, CA: University of California Press.

Rowe, M. (1974). Wait-time and rewards as instructional variables, their influence on language, logic, and fate control: Part I. Wait-time. *Journal of Research in Science Teaching, 11*(4), 81-94.

Sagor, R. (2000). *Guiding school improvement with action research.* Alexandria, VA: Association of Supervision and Curriculum Development.

Schon, D. A. (1983). *The reflective practitioner: How professionals think in action.* New York, NY: Basic Books.

Simon, H. A. (1955). A behavioral model of rational choice. *The Quarterly Journal of Economics*, LXIX, 99-118.

Sloane, F. (2008). Through the looking glass: Experiments, quasi-experiments, and the medical model. *Educational Researcher, 37*(1), 41-46.

Tversky, A., & Kahneman, D. (1974). Judgment under uncertainty: Heuristics and biases, *Science, 185*, 1124-1131.

Woolfolk, A. (2010). *Educational psychology* (11th ed.). Boston, MA: Allyn & Bacon.

제2장

발달의 기초

사람은 나이가 들어서도 계속 발달을 하는 걸까?

서진이 이야기: 서진이는 교육학과 1학년 학생이다. 어렸을 때는 잘 몰랐는데 대학교에 오고 나서 부모님을 생각하니 이제 중년기에 접어드셔서 그런지 예전과는 다르게 몸이 아프실 때가 많아 걱정이다. 서진이는 문득 인간이 어린 시절에만 성장과 발달이 이루어지고 성인기 이후에는 점차 몸과 마음이 쇠퇴해져만 가는 것 같다는 생각이 들었다. 또 얼마 전 어버이날에 가족끼리 식사를 하였는데, 부모님이 부쩍 늙으신 것 같아서 울적했던 기억이 나면서 서진이는 인생이 너무 허무하다는 생각이 들었다.

어린 시절에는 인간의 발달이 급격하게 이루어지기 때문에 하루 밤 사이에도 많은 변화를 관찰할 수 있다. 가령 어제까지 아빠를 보고 아무 말을 못했던 아이가 오늘 아침 출근하는 아빠에게 '빠빠'라고 했을 때, 부모는 말로 표현할 수 없는 벅찬 감동을 느낀다. 또한 항상 엄마 손을 잡고 한 발자국 한 발자국 힘겹게 내딛던 아이가 엄마의 손을 놓고 제 발로 걷기 시작할 때도 부모가 가장 감격스러워 하는 순간 중의 하나이다. 이처럼 어린 시절에는 하루가 다르게 빠르게 성장하는 모습을 보인다. 반면 성인이 되면 발달이 멈춘 것 같이 보이기도 하고, 심지어 쇠퇴하는 것 같은 느낌이 들기도 한다. 그렇다면 사람은 나이가 들면 더 이상 발달하기는 힘들고 퇴보만 하는 것일까?

1 발달의 개념과 발달의 원리

학습자의 발달적 특성을 이해하는 것은 왜 중요한가?

누구나 교사라면 자신이 가르치는 학습자의 지적인 능력, 심리 · 정서적 상태, 인간관계, 가정환경 등에 관심이 있다. 특히 교사는 학습자의 발달적 특성을 이해하는 것이 중요하다. 왜냐하면 학습자에게 가르치고자 하는 내용과 방법이 학습자의 현재 발달 수준과 환경을 고려한 것이라야 적절한 교육이 이루어지고, 교사가 다양한 교육 상황에서 효과적이고 실제적인 의사결정을 할 수 있기 때문이다. 따라서 학습자들에게 교과내용을 효과적으로 가르치기 위해서는 교사가 교과의 내용과 교수방법을 잘 알고 있어야 할 뿐만 아니라 교과를 배우는 학습자들의 인지적, 정서적, 사회적 발달 특성 등을 충분히 고려할 수 있어야 한다. 교사가 가르치는 학습자가 초등학생이나 중 · 고등학생일수도 있고 대학생이나 성인 학습자일수도 있기 때문에, 연령대에 따라 신체 및 인지발달뿐만 아니라 정서 발달과 사회성 발달 등의 양상이 다를 수 있다. 따라서 교사는 인간발달의 전반적인 특징과 더불어 자신이 가르치는 학습자의 발달적 특성을 제대로 이해해야 한다.

가. 발달의 개념

발달은 생명이 시작되는 수정의 순간부터 죽을 때까지 개인의 전 생애를 거쳐 일어나는 모든 변화의 양상과 과정이다(송명자, 2011).

발달(development)의 개념을 정의할 때, 중요하게 고려해야 할 점이 있다. 우선 발달은 인간이 살아가는 동안에 특정한 시기에만 일어나는 것이 아니다. 발달은 인간이 아직 이 세상에 태어나기 전인 난자와 정자의 수정단계에서부터 시작되어 죽을 때까지 지속된다. 이러한 발달의 지속성으로 인해 발달은 "자궁에서 무덤까지" 이루어진다고 일컬어지기도 한다(Shaffer, 2002). 또한 발달은 인간의 긍정적 변화뿐만 아니라 부정적 변화까지도 포함한다. 예전에는 아동기와 청소년기에 나타나는 긍정적 변화, 즉 양적으로 증대되고, 기능이 좋아지고, 구조가 복잡해지는 변화를 주로 발달의 개념으로 이해했으나 1980년대 후반부터 노년기에 나타나는 쇠퇴현상 같은 부정적 변화도 발달의 개념에 포함해야 한다는 주장이 대두되었다. 물론 노년기에도 부정적 변화만이 일어나는 것이 아니고, 인지적 측면에서 우수한 문제해결능력이나 지혜와 같은 성숙한 사고가 발달하는 등 다양한 발달 영역에서 긍정적 변화가 이루어진다(Baltes, 1987).

발달은 성숙(maturation)과 성장(growth) 과는 어떻게 다른가?

발달과 유사한 개념으로 성숙과 성장을 들 수 있다. 성숙과 성장은 발달 개념과 밀접한 관련이 있지만, 어떠한 측면을 강조하느냐에 따라 차이가 있다. 우선 성숙은 주로 유전인자에 따라 일어나는 발달적 전개과정을 의미한다(Crain, 1992). 다른 시대, 다른 장소에서 태어난 인간들이 서로 비슷한 이유는 인간이 공통적으로 가지고 있는 성숙에 대한 청사진 때문이다. 인간은 누구나 성숙에 대한 청사진이 있기 때문에 특정한 나이가 되면 비슷한 경험을 하게 된다. 예를 들어 경제적 사정이 좋지 않은 가정에서 태어난 아이와 경제적으로 부유한 가정에서 태어난 아이는 모두 가정의 경제적 사정과는 상관없이 약 한 살이 되면 걷게 된다. 이러한 현상은 연습이나 훈련의 결과가 아니라 인간이 가지고 태어나는 성숙 프로그램에 의한 것이다(Shaffer, 2002).

한편 성장은 주로 신체적 특성의 긍정적 변화를 사용할 때 강조되는 개념이다. 예를 들어 요즘 병원에 있는 성장클리닉은 키와 같이 눈에 띄는 신체적 특성을 증진시키는데 필요한 진료와 치료를 하는 곳을 의미한다. 그러나 최근에는 경제 성장이나 지적 성장이라는 용어도 사용되고 있듯이 성장과 발달을 혼용해서 쓰기도 하는 등 성장과 발달 개념의 구분이 엄격하게 이루어지고 있지 않고 점차 약해지는 추세이다(송명자, 2011).

발달의 결정적 시기(critical period) 대 민감기(sensitive period)

그동안 뇌과학 분야의 연구결과들이 축적되면서 인간의 뇌가 상당히 적응적이며 유연하다는 사실이 밝혀져왔다. 즉 생애 초기에 손상을 당한 뇌 부위가 있다고 해도 나이가 들면서 회복할 수 있다는 것이다. 그런데 어떤 환경적 자극이 특정한 뇌발달에 가장 중요하게 영향을 미치는 제한된 기간이 있다는 주장이 있다. 이러한 주장은 결정적 시기 개념과 관련이 있다. 결정적 시기(critical period)는 아동이 특정한 적응 행동을 획득하기 위해 생물학적으로 준비되고 적절한 자극을 주는 환경의 지원이 필요한 제한된 기간을 의미한다. 그동안 많은 연구자들은 이와 관련된 인간의 인지적 능력이나 사회적 행동에 대해 탐색해왔다. 예를 들어 만일 어떤 아동이 어린 시절에 신체적 자극이나 사회적 자극 또는 적절한 음식을 박탈당했다면 그 아동의 지능은 손상되는가 또는 만일 아동기 초기에 언어가 숙달되지 않으면 아동의 언어습득 능력이 감소하는가 등의 문제를 탐색해왔다(Berk, 2003).

한편 결정적 시기 개념이 인간발달을 설명하는 데 있어 너무 엄격하다는 이유로 민감기(sensitive period)라는 용어를 사용하는 연구자들이 있다(Bornstein, 1989). 이와 관련하여 OECD의 「뇌와 학습」 프로젝트(2002)에서도 3세 경이 뇌발달에 있어서 결정적 시기라는 주장에 대한 뇌 과학적 근거가 충분하지 않다고 보고하고 있다. 민감기는 특정능력이 나타나기 위한 최적의 시기이며, 환경적 영향에 특히 민감하다(Berk, 2003). 이 두 가지 개념의 차이를 살펴보면, 결정적 시기는 특정 시기에 적절한 발달이 이루어지지 않으면 거의 회복이 어렵다는 측면을 강조하는 반면 민감기는 특정 시기가 발달이 잘 일어날 수 있는 최적의 시기일 수 있지만, 그렇다고 해서 이후에 해당 영역에서의 회복이 불가능한 것은 아니라는 점을 강조하고 있다.

결정적 시기에 관한 실험 소개

1. 각인 실험: 로렌쯔(Lorenz)는 거위가 생후 초기에 처음으로 본 사람이나 움직이는 물체를 어미 새로 인식하고 뒤를 따라다니는 현상을 발견하고, 이러한 현상이 변경되거나 돌이킬 수 없다는 의미에서 각인(imprinting)이라고 하였다(정옥분, 정순화, 황현주, 2009). [그림 2-1]은 부화된 오리가 결정적 시기에 로렌쯔를 처음으로 보고 그를 어미로 생각하고 따라가는 모습이다.
   다음에 제시되어 있는 로렌쯔의 결정적 시기에 대한 동영상 자료를 활용하면 좀 더 이해하기가 쉬울 것이다: http://www.youtube.com/watch?v=

그림 2-1 **Lorenz의 각인 실험**

사진 출처: 한국과학기술원 뇌과학연구센터http://bsrc.kaist.ac.kr/board/read.cgi?board=Drhan&y_number=29&nnew=2

2UIU9XH-mUI, http://www.youtube.com/watch?v=eqZmW7uIPW4

2. 고양이와 원숭이의 시지각 발달 사례: 동물의 시지각 발달에 결정적 시기가 있다는 사실은 몇몇 동물시험을 통해 입증되었다. 우선 생후 3개월 동안 새끼 고양이의 한쪽 눈을 바늘로 꿰맨 후에 나중에 눈을 풀어주어도 시력이 회복되지 않았다(Hubel & Wiesel, 1970; 김인규 외, 2009, 재인용). 원숭이의 경우에는 생후 6개월 동안 한쪽 눈을 바늘로 꿰맨 후에 나중에 눈을 풀어주어도 아무것도 볼 수 없게 되었다. 반면 큰 원숭이의 한 쪽 눈을 6개월 동안 꿰맨 경우에 시력을 잃지는 않았다(Bruer, 1999; 김인규 외, 2009, 재인용).
새끼고양이의 경우, 시력발달을 위한 결정적 시기에 시력발달에 필요한 환경적 자극(예, 빛)을 박탈했기 때문에 결정적 시기 이후에 시력발달에 필요한 자극을 준다고 해도 시력이 회복되지 않는다. 반면 성인 고양이의 경우에는 이미 시력이 충분히 발달되었고 시력발달에 대한 결정적 시기를 지났기 때문에 한동안 눈을 바늘로 꿰맨 다고 해도 시력이 크게 손상되지는 않는다.

3. 인간의 언어학습 사례: 인간의 언어학습에도 결정적 시기가 있다. 언어를 습득하는 시기인 18개월부터 사춘기 사이에 언어의 결정적 시기가 존재하고, 특히 아동은 약 5세까지 언어를 쉽게 습득할 수 있다(Lenneberg, 1967; 신명희 외, 2013, 재인용). 또한 청각장애인의 인공와우 수술에 관한 연구(Chin, 2003)에서 영·유아시기에 수술하는 것이 성인기에 수술하는 것보다 좋은 결과가 나온 것은 인간의 언어발달에 결정적 시기가 있다는 것을 보여준다.

한편 외국어 학습의 경우를 살펴보면, 사람들은 외국어를 배울 때 특정 외국어의 독특한 발음을 어려워한다. 특정 언어의 독특한 발음을 배우는 데에는 결정적 시기가 있기 때문에 (Bortfeld & Whitehurst, 2001; 신종호 외, 2011, 재인용) 어린 시절에 외국어를 배운 아이들은 모국어가 아닌 외국어를 쉽게 발음할 수 있지만 성인기에 새로운 외국어를 배우게 되면 외국어의 특정 발음을 정확하게 내기가 쉽지 않다. 예를 들어 비영어권에 있는 성인들이 성인기에 영어를 배우면 영어의 'L'과 'R' 발음을 정확히 구분해서 내기가 힘들다. 이러한 현상은 외국어 습득에 필요한 결정적 시기가 있다는 것을 의미한다.

나. 발달의 원리

많은 학자들이 합의하고 있는 주요한 발달의 원리에 대해 살펴보기로 하자.

발달은 유전과 환경의 상호작용에 의해 이루어진다.

발달은 유전과 환경의 상호작용에 의해 이루어지며 이러한 발달의 원리는 천성(nature) 대 양육(nurture)의 논쟁으로 불린다. 천성(nature)은 인간이 생물학적으로 타고난 자질, 특히 부모에게 물려받은 유전자를 의미하며, 이러한 유전자는 우리의 용모, 성격, 지능, 정신건강 등과 같은 일반적인 특성뿐만 아니라 정치적 태도와 같은 특정한 것에 대한 선호에도 광범위하게 영향을 미친다. 한편 양육(nurture)은 인간발달에 영향을 미치는 물리적, 사회적 환경을 모두 포함한다. 즉 태내기의 엄마 자궁, 어린 시절의 가정환경, 우리가 다니는 학교, 우리가 살고 있는 지역사회, 우리가 상호작용하는 많은 사람들이 인간발달에 영향을 주는 환경이라고 할 수 있다(Siegler et al., 2014).

인간의 발달이 유전과 환경의 지속적인 상호작용에 의해 이루어진다고 보는 관점이 대두되면서 인간발달에 관해서 더 이상 '유전이 더 중요한가' 또는 '환경이 더 중요한가'와 같은 논쟁은 의미가 없어졌다. 유전과 환경의 상호작용의 관점에서 보면 유전과 환경 중에서 어느 것이 인간발달에 더 중요한가를 질문하기 보다는 유전과 환경이 어떻게 함께 인간발달에 영향을 미치는가에 관심을 갖는 것이 중요하기 때문이다(Siegler et al., 2014).

유전론을 지지하는 연구

▶▶ 쌍생아 연구: 쌍생아를 대상으로 지적 능력에 대한 유전의 영향을 탐색한 연구 결과(Wilson, 1978, 1983)에 따르면, 일란성 쌍생아와 이란성 쌍생아의 경우에 생후 1년 동안은 인지적인 면에서 유사한 모습을 보이지만, 18개월경에 이르면 일란성 쌍생아들이 이란성 쌍생아들에 비해 지적 능력이 더 유사하게 나타났다. 특히 일란성 쌍생아의 경우, 3세에서 15세까지 지속적으로 지적 능력 부분에서 상당히 유사한 것을 알 수 있다. 반면 이란성의 경우에는 3세경에 유사하다가 이후 서로 다른 지적 양상을 보였다(Wilson, 1983).

Jim과 Jim 이야기: 또 다른 쌍생아 연구에서는 어느 쌍생아 형제가 4세가 되던 해에 각기 다른 가정으로 입양되었다. 서로 모르는 사이였던, 두 가정의 양부모는 입양한 아이에게 모두 제임스라는 이름을 붙였다. 사람들은 아이들을 짐(Jim)이라고 불렀고, 두 형제는 18세에 둘 다 똑같이 긴장성 두통에 시달렸다. 또한 둘 다 수학은 잘했지만 철자법에는 약했고, 어른이 되어서는 둘 다 법 집행관이 되겠다는 목표를 가지고 비슷한 경력을 쌓아 나갔다(Carter, 2009). 이와 같은 쌍생아 형제 사례는 환경의 영향보다 유전의 영향이 지적 능력에 영향을 많이 미친다는 사실을 보여준다.

Giggle Sisters 이야기: 어릴 때 헤어졌다가 성인이 되어 다시 만난 쌍생아 다프네(Daphne)와 바바라(Barbara)는 만날 때 마다 서로를 웃기며 잘 웃어서 사람들은 자매를 깔깔대며 잘 웃는 자매(giggle sisters)라고 불렀다. 다프네와 바바라는 서로 다른 가정으로 입양되었는데, 입양된 가족들 중에서는 다프네와 바바라처럼 웃긴 사람이 없었다. 다프네와 바바라는 스트레스를 받으면 웃으면서 스트레스를 해소하였고 둘 다 정치에도 별로 관심이 없는 등 공통점을 많이 보여주었다(Santrock, 2004).

▸▸ 입양아 연구: 지적 능력에 대한 유전의 영향을 입증하는 또 다른 예로는 입양아 연구를 들 수 있다. 입양 아동의 IQ는 입양한 부모의 IQ보다 그들의 생물학적 부모의 IQ와 더 상관이 높다. 입양아들은 입양 부모보다 생물학적 부모와 유전자를 공유하기 때문이다(Shaffer, 2002).

환경론을 지지하는 연구

▸▸ 고아원 아동 연구: 볼비(Bowlby)는 제2차 세계대전 후 고아원에서 성장한 아동들이 타인과 친밀하고 지속적인 애착 관계를 형성하는 데 어려움을 겪는다는 것을 발견했다(정옥분, 2010). 볼비는 아동이 양육자와 안전하게 애착을 형성해야 안정감을 느끼고, 신뢰로운 관계를 형성할 수 있게 된다고 보았다. 즉 부모와 영아 간에 정서적인 유대감이 잘 발달하게 될 때 아동은 타인과도 정서적으로 안정된 관계를 맺을 수 있다. 그런데 고아원이나 시설에서 이러한 경험을 충분히 하지 못한 아동의 경우는 모성실조를 경험할 가능성이 높다고 할 수 있다.

▸▸ 플린효과(Flynn effect): 플린효과는 James Flynn(1987, 1996)이 모든 국가의 국민의 평균 IQ가 1940년대 이후로 10년에 3점씩 높아진 현상을 발견하면서 자신의 이름을 붙인 것이다. 플린효과는 인간의 지적 능력에 있어서 환경의 중

요성을 입증한 것이다. 예를 들면 전반적인 교육수준 및 지식의 향상이나 여러번 검사를 받으면서 검사에 능숙해지는 경향 등이 IQ점수를 높이는 데 영향을 주었을 가능성이 있다.

유전과 환경의 상호작용을 지지하는 입장

유전과 환경의 상호작용을 강조하는 입장에서는 환경적 스트레스 요인의 부정적 효과가 유전적으로 병에 걸리기 쉬운 체질을 가진 사람이나 특정한 정신병을 가진 사람에게 더 두드러지게 나타난다고 본다. 예를 들어 일반적으로 입양아 연구에서는 아동을 낳은 부모가 아동을 기른 부모와 다르기 때문에 유전과 환경의 영향을 구분하여 연구하는 경우가 많다. 그러나 핀란드의 한 정신병원에서 자신의 생물학적 부모가 정신분열증 또는 편집증 중 하나 이상의 진단을 받은 입양아동을 대상으로 한 연구(Tienari, Wahlberg, & Wynne, 2006)에 따르면, 유전과 환경의 상호작용에 대해 보다 깊이 있게 이해할 수 있다. 자신을 낳은 생물학적 부모가 정신분열증이었고 동시에 문제가 있는 가정으로 입양된 경우에 아동이 정신분열증이 나타날 가능성이 높은 것으로 드러났다. 즉 유전적으로 매우 위험한 입양아들이 유전적으로 적은 위험을 가진 아동에 비해 그들이 입양된 가정에서 문제가 있을 때 더 민감하게 반응하였다.

인간 발달에 대한 유전과 환경의 영향에 대한 논의는 유전적 영향을 보여주는 연구들, 환경적 영향을 보여주는 연구들에서 유전과 환경의 상호작용에 대한 연구로 이어졌고, 최근에는 유전과 환경의 상호작용을 주장하는 것도 유전과 환경을 이분법적으로 생각하는 것이기 때문에 인간발달을 통합적으로 설명하는 데 적절하지 않다고 보는 관점이 대두되고 있다. 예를 들어 인간의 발달과정을 좀 더 역동적으로 바라봐야 한다는 입장인 역동적 체제 이론이 그것이다.

인간발달에 대한 역동적 입장

역동적 체제 이론(Dynamic System Theory)은 20여년전에 처음 등장했지만, 최근에 와서야 인간발달을 연구하는 많은 학자들에 의해 수용되고 있는 메타이론이라고 할 수 있다(Kim & Sankey, 2009). 역동적 체제 이론(Thelen & Smith, 1994)에서는

Piaget가 이야기한 것처럼 발달이 짧은 전환기를 거쳐 일련의 비교적 안정된 사고 단계들을 거친다고 보지 않고, 발달을 끊임없는 변화과정으로 이해하고, 순간순간 상황에 따라 자기조직화(self-organizing)하는 통합적인 과정으로 본다. 또한 신경생리학적 수준부터 문화적 수준에 이르기까지 인간발달에 대한 다층적 구조를 고려하고, 인지의 체화성(embodied)에 주목하고 있다. 역동적 체제 이론에서는 행동을 중시하는데, 행동이 곧 체화된 인지를 반영하는 것으로 본다. 이처럼 최신의 인간발달이론은 과거의 이분법이 가져오는 폐해를 넘어서 보다 역동적인 관계에 주목하고 있다(Kim & Sankey, 2010; Siegler et al., 2014).

발달에는 순서와 방향성이 있다.

인간의 발달에는 순서와 방향성이 있다. 첫째, 머리 쪽에서 아래쪽으로 발달한다(송명자, 2011). 신생아의 머리는 몸에 비해 매우 크지만 성장하면서 머리의 비율이 몸에 비해 작아지는 것은 이 원리에 따른 것이다. 즉 인간의 머리와 목 부분이 먼저 발달하고, 몸과 다리가 나중에 발달하기 때문에 몸에 비해 머리의 비율이 자라면서 점점 작아진다.

둘째, 발달은 중심에서 말초 방향으로 진행된다(송명자, 2011). 즉 어린 시절에는 신체의 중심부가 먼저 발달한 후에 말초신경이 발달한다. 예를 들어 영아는 몸통과 팔의 근육을 먼저 발달시킨 후에 손과 손가락 운동을 할 수 있게 된다. 셋째, 일반적인 것이 먼저 발달하고 특수하고 구체적인 것이 나중에 발달한다. 예를 들어 어린 시절에는 물건을 잡을 때 몸 전체를 사용하거나 손바닥으로 잡으려고 시도하지만, 점차 크면서 손가락 두세 개를 이용해서 물건을 잡을 수 있게 된다. 대근육이 먼저 발달하고 소근육이 나중에 발달하는 것이 이에 해당한다.

발달은 계속해서 일어나지만, 속도는 일정하지 않다.

발달은 지속적으로 이루어지지만, 속도차이가 있다. 특정 영역에서의 발달이 아무리 더디게 일어나는 것처럼 보여도 인간의 발달은 연속적으로 이루어지기 때문에 중지되는 시점은 없다. 발달 속도가 일정하지 않은 점과 관련된 예로는, 신체영역에서의 발달과 관련된 예를 들 수 있는데, 어린 아이들이 어느 시기에는 체중이 급격하게 증가하고 또 어느 시기에는 신장이 급격하게 증가하는 시기가 있다. 어린 아이들이 특정 시기에 대체로 홀쭉해 보이는 것은 체중의 증가속도에 비해 신장의 증가속도가 빠르기 때문이다. 또한 유아기에 어휘력이 갑자기 풍부해진다든지, 청소년기에 신장과 체중이 급격하게 증가하는 현상도 발달의 속도가 일정하지 않다는 것을 보여주는 증거가 된다(정옥분, 2010).

발달에는 개인차가 있다.

발달에는 개인차가 있기 때문에 사람들은 서로 다르고, 심지어 일란성 쌍생아일지라도 많은 부분에서 차이가 있다. 발달에 개인차가 있다는 것은 크게 두 가지 부분으로 설명할 수 있다. 첫째는 개인 내에서의 개인차이다. 둘째, 개인 간에 존재하는 개인차이다. 우선 개인 내에서의 개인차를 이해하기 위해서는 발달에는 다양한 영역이 있다는 점을 고려해야 한다. 신체발달, 인지발달, 성격 및 사회성 발달, 정서발달 등 여러 영역에서 고르게 발달해야 조화로운 심신을 형성할 수 있는데 여러 발달 영역이 조화를 이루지 못하고 발달영역별로 차이가 많이 나는 경우가 있다. 예를 들어 신체발달은 잘 이루어졌는데, 인지발달은 더디게 이루어지는 경우를 들 수 있다.

한편 개인 간에 존재하는 개인차와 관련해서는 최종도달단계(how far)와 발달속도(how fast)에서의 개인차를 고려할 수 있다. 최종도달단계는 개인마다 인생을 살아가면서 최대로 발달할 수 있는 범위가 정해져 있다는 것이다. 자신의 잠재력을 100% 발휘하면서 인생을 살아가는 사람은 거의 없겠지만, 사람들마다 열심히 노력했을 때 최대한 발달할 수 있는 범위에 차이가 있다는 것이다. 다만 최대로 발달할 수 있는 범위와 실제 그 사람이 발달한 수준과는 차이가 있을 수 있다. 충분히 더 발달할 수 있는 범위를 타고난 사람이라도 노력하지 않으면 자신의 잠재력의 아주 작은 부분만 발휘하며 살아가게 되기 때문이다.

또한 개인마다 발달하는 속도에서 차이가 있는데, 이러한 발달속도에서의 차이로 인해 만숙아와 조숙아의 사례를 확인할 수 있다. 또래들에 비해서 느린 속도로 발달하는 아이가 만숙아이고, 빠른 속도로 발달하는 아이가 조숙아이다.

발달의 각 측면은 상호관련성이 있다.

발달의 개인차를 설명하는 과정에서도 언급되었듯이 인간은 발달의 여러 측면에서 조화롭게 발달하는 것이 중요하다. 왜냐하면 발달의 각 측면은 서로 영향을 주고받기 때문이다. 예를 들어 인지발달은 잘 이루어졌는데 정서발달이 제대로 이루어지지 않았다면, 정서조절이 잘 되지 않아 자신과 남에게 해가 되는 행동을 하여 자신의 명석한 두뇌가 빛을 볼 기회를 잃을 수도 있기 때문이다.

2 뇌와 발달

가. 신경발달과 뇌가소성

뇌 발달에는 가소성이 있다.

인간의 발달을 이해하는 과정에서 가소성이라는 단어를 자주 접하게 된다. 가소성은 영어로는 plasticity이고 한자로는 可塑性이라고 한다. 국립국어원 표준국어대사전에 따르면 가소성은 '고체가 외부에서 탄성 한계 이상의 힘을 받아 형태가 바뀐 뒤 그 힘이 없어져도 본래의 모양으로 돌아가지 않는 성질'이다. 한자를 풀이하면 점토(塑)라고 할 만한(可) 성질(性)이라는 뜻이다. 점토에 외부의 힘을 가하면 여러 형태로 변형되는데, 이 때 외부에서 더 이상 힘을 가하지 않아도 원래의 점토 모양으로 되돌아가지 않는다는 의미이고, 이러한 점토의 성질과 같은 특성을 가소성이라고 한다.

인간의 뇌 발달은 유전적 요인뿐만 아니라 환경적 요인에 의해서도 영향을 받는다. 인간의 뇌에 가소성이 있다는 의미는 인간의 뇌가 환경의 영향을 받아 구조와 기능이 변화될 수 있다는 것을 의미한다. 인간의 뇌의 구조가 경험이나 학습을 통해 재조직될 수 있다는 사실은 수학분야에서 수학자들의 장기적인 집중훈련 후의 뇌의 구조적 변화를 보여준 연구 결과를 통해 입증된 바 있다. Aydin과 그의 동료 연구자들은 오랜 기간 동안 수학자로서 학회활동을 한 수학자들과 통제집단 간의 회백질과 백질의 밀도를 비교한 결과, 수학자들이 통제집단에 비해 좌측 하전두엽과 양측 하두정엽에서 회백질 밀도가 유의하게 증가되어 있음을 발견하였다(Aydin et al., 2007; 김동일 외, 2011, 재인용). 뇌 과학 연구의 초기에는 많은 과학자들이 뇌의 불변성에 대한 믿음 때문에 '가소성' 이라는 단어를 사용하는 것을 꺼려했다. 그러나 뇌 과학에 대한 연구가 진행되면서 점차 뇌의 가소성을 지지하는 연구결과들이 축적되었다. 가령 연구자들은 어린 아동이 항상 타고난 그들의 정신적 능력에 머무르지 않는 다는 사실과 뇌의 한 부분이 손상되어도 다른 부분이 그것을 대체한다는 사실을 발견하게 되었다(Doidge, 2010).

회복 가소성과 적응 가소성: 뇌의 가소성 개념은 크게 회복 가소성과 적응 가소성으로 구분할 수 있는데, 우선 회복 가소성은 주로 아동기에 뇌가 손상되면 뇌는 자체적인 변화와 적응의 과정을 통해 스스로 잃어버린 기능을 회복하거나, 손상되지 않은 뇌의 다른 부위에서 그 기능을 회복해 나가는 것을 말한다. 예를 들어 뇌졸중을 앓고 있는 아동의 경우, 언어 영역과 관련된 뇌 부위가 손상되어도 재활훈련을 통해 뇌의 다른 부위에서 언어 기능을 담당할 수 있다. 사고나 병 때문에 뇌의 특정 부위가 손상되었을 때, 뇌의 다른 부분에서 그 기능을 대신 담당할 수 있다. 반면 성인의 경우에는 뇌의 회복 가소성이 감소하기 때문에 뇌의 특정 부위가 손상되면 그 부위에서 담당했던 기능을 뇌의 다른 부위에서 담당하기가 어렵다. 한편 적응 가소성은 새로운 경험을 통해 뉴런의 시냅스가 강화되거나 약화되어 뇌의 기능과 구조가 변화되는 것을 말한다. 즉 성인의 경우에도 새로운 경험과 훈련을 많이 하고 새로운 지식을 얻기 위해 노력하면 뇌의 기능과 구조가 변화할 수 있다(신명희 외, 2013).

나. 뇌 발달에서의 초기 경험의 중요성

뇌 발달과정에서는 경험, 특히 초기 경험이 중요하다.

뇌가 어떻게 형성되어야 하는가에 대해서는 유전자가 대략적인 지침을 제공하지만, 뇌의 구체적인 구조를 대부분 결정하는 것은 초기 경험이다. 그만큼 뇌 발달과정에서 경험의 역할이 중요하다.

Rosenzweig와 동료 연구자들은(1969) 갓 태어난 침팬지를 16개월 동안 어둠 속에서 사육하는 실험을 실시했다. 그 결과 침팬지의 망막과 시신경을 구성하는 뉴런이 위축되었다. 이 실험을 통해 연구자들은 동물의 시각 박탈이 7개월을 넘지 않으면 시신경이 회복될 수 있지만, 1년 이상 시각이 박탈되면 자극을 못받은 뉴런이 퇴화되면서 시력을 상실하는 것을 발견했다.

어린 시절에 뇌성장이 급격하게 이루어진다.

신경세포(뉴런: neuron)은 세포 내에서 정보를 보내고 조정하는 역할을 하며, 세포체, 수상돌기, 축색돌기로 이루어진다. 이 중에서 세포체는 세포의 핵을 가지고 있으면서 수상돌기를 통해 들어오는 정보를 통합한다. 수상돌기는 가지모양으로 되어 있고, 다른 신경 세포로부터 정보를 수용하는 역할을 한다. 축색돌기는 좁고 길게 뻗은 관 모양으로 되어 있고 정보를 다른 신경에 전달하는 역할을 한다. 축색돌기를 일종의 지방세포인 수초로 둘러싸는 과정을 수초화라고 하는 데, 축색돌기가 수초화되어 있으면 자극의 전달속도가 빨라지고 보다 효과적으로 환경에 반응할 수 있다(김인규 외, 2009). 출생 후 처음 몇 년 동안 수초화가 매우 급속하게 진행되지만 뇌의 일부 영역들은 십대 중반에서 후반 또는 성인기 초기가 되어야 완전히 수초화된다. 예를 들어 시각 경로의 수초화는 출생 후 급격하게 이루어져서 생후 6개월 내에 완성되고, 청각 경로의 수초화는 영아가 4~5세 될 때까지도 계속된다(신명희 외, 2013).

사용된 시냅스는 강화되어 계속 존재하지만 사용하지 않은 시냅스는 사라진다.

인간의 발달 과정에서 시냅스의 생성과 소멸과정이 계속되는데, 뇌 영역에 따라 차이가 있다. 이미 사용된 시냅스는 강화되지만, 사용하지 않은 시냅스는 소멸된다. 이처럼 자주 사용하지 않아서 시냅스가 사라지는 것을 시냅스 가지치기(synaptic pruning)라고 한다. 예를 들어 시각 피질의 시냅스는 생후 4개월경에 가장 많이 생성되고 그 이후부터 학령 전 연령까지 점진적으로 감소한다. 청각과 언어를 담당하는 뇌 영역에서는 이러한 과정이 좀 더 늦게 진행된다. 전전두엽 피질에서는 생후 1년경에 시냅스가 가장 많이 생성되며, 청소년기까지 시냅스가 계속 생성된다 (Santrock, 2004).

3 아동과 청소년 시기의 뇌 발달

청소년기에는 전두엽이 계속 발달하는 중이다.

아동과 청소년의 사고와 행동은 그들의 뇌발달 수준과 관련이 있다. 일반적으로 10대가 되면 공간, 감각, 청각, 언어를 관장하는 두정엽과 측두엽은 비교적 성숙해지는 반면 전전두엽 피질은 뇌에서 가장 마지막에 성숙되는 부분이기 때문에 청소년의 전전두엽 피질은 여전히 발달 중이고 상당히 많은 성장을 할 수 있다(Carter, 2009). [그림 2-2]는 대뇌피질 구조를 나타낸 것이다. 20세가 될 때까지 계속 발달하는 전두엽은 대부분의 의식적 사고과정과 관련되며 문제해결과 의사결정, 계획, 욕구충족

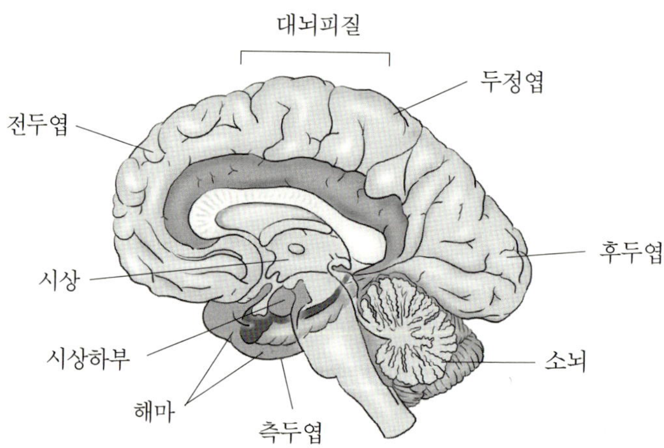

그림 2-2 대뇌피질의 구조

출처: Oscar-Berman & Marinkovic, 2003, p. 127.

지연, 충동적 행동 조절을 하는 데에 중요한 역할을 한다. 따라서 이러한 전두엽의 발달 상태를 고려하면 청소년들이 때로 과속이나 약물 사용과 같이 경솔하고 충동적인 행동을 하는 것을 설명할 수 있다. 전두엽이 성인이 될 때까지 계속 발달한다는 것은 대다수의 청소년들이 신체적인 측면에서는 비록 성인과 비슷한 모습을 보인다고 해도 판단능력은 여전히 발달 중이기 때문에 의사결정과정에서 실수를 할 가능성이 많다는 점을 의미한다. 따라서 청소년을 대하는 부모와 교사가 뇌 발달과 관련된 청소년의 이러한 특징을 고려해서 청소년들의 의사결정과 합리적 판단에 도움이 되는 적절한 교육적 지침을 마련하는 일이 중요하다.

4 성인의 뇌 발달과 관련된 뇌 기반 학습의 의의

아동기와 청소년시기가 뇌 발달에 중요한 시기이지만, 성인기 이후에도 어떠한 경험과 집중적인 훈련을 하느냐에 따라 뇌의 구조와 기능이 변화한다.

영국 런던 택시 운전사 연구(Woollett, & Maguire, 2009)

성인기의 경험이 뇌 발달에 영향을 준다는 사실은 런던의 택시 운전사를 대상으로 수행된 연구(Woollett & Maguire, 2009)에서 알 수 있다. 영국 런던에서 택시운전 자격증을 취득하기 위해서는 런던중심부에 있는 Charing Cross 기차역을 중심으로 반지름 6마일 내에 있는 약 25000개의 복잡하고 불규칙한 도로 배치에 대한 지식을 학습해야만 한다. 이러한 공간에 대한 학습은 대략 3~4년에 걸쳐 이루어지며, 일반적으로 그 이후에 공식적인 런던 택시운전 자격증을 획득하게 된다.

이 연구에서는 영국 런던의 택시 운전사 16명과 일반인 50명을 대상으로 자기공명영상(MRI)으로 뇌의 구조를 탐색한 결과, 런던 택시 운전사들의 해마(기억담당 뇌부위) 뒷부분이 일반인보다 크다는 연구 결과가 나왔다. 특히 운전 경력이 긴 운전사일수록 더욱 컸고, 이것은 곧 길 찾기 훈련으로 뇌세포가 그만큼 늘어난 것을 의미한다. 또한 택시운전 경력이 오래될수록 해마의 회백질 부피가 더 컸고, 이러한 사실은 길 찾기 훈련을 통해 뇌세포가 그 만큼 증가한 것을 의미하며, 결국 운전경험이 뇌의 구조적 차이를 만들어 냈다는 점을 시사한다(Wollett & Maguire, 2011).

성인의 저글링 훈련

2004년 네이처에는 신체 건강한 20대 성인에게 양손으로 3개의 공을 순차적으로 잡아 돌리는 저글링(juggling) 훈련을 3개월 동안 시키고, 저글링 훈련 전에 찍은 뇌 MRI와 석 달 훈련 후에 찍은 MRI 사진을 비교한 연구가 소개되었다. 연구 결과에 따르면 저글링 훈련 뒤에 신경 줄기가 모여 있는 뇌 피질이 두꺼워졌다. 즉 저글링 훈련을 통해 양손과 뇌의 조화 기능만 향상된 것이 아니라 뇌 구조가 바뀌는 현상이 나타난 것이다. 또한 저글링을 통해 뇌 조직이 두꺼워졌던 사람들에게 저글링 훈련을 3개월 동안 하지 못하게 한 후, 다시 뇌 MRI를 찍었더니 커졌던 그 부위가 원상태로 돌아왔다. 이러한 현상은 뇌 훈련을 하면 뇌 조직이 커지고, 안 하면 다시 줄어든다는 의미이다.

출처: http://www.ox.ac.uk/media/news_releases_for_journalists/091011.html

5 발달의 생태학적 환경

브론펜브레너의 생태학적 체계이론(ecological systems theory)은 인간 발달에 대한 사회문화적 관점을 제공한다.

브론펜브레너의 이론이 나오기 이전에는 아동 심리학자들은 아동을, 사회학자는 가족을, 인류학자는 사회를, 경제학자는 경제체제를, 정치학자는 구조를 따로 따로 연구했다면 브론펜브레너는 인간발달의 생태학의 개념을 확장시켜서 가족부터 경제 및 정치 구조에 이르는 이러한 환경을 아동기와 성인기를 포괄하는 전생애의 한 부분으로 여겼다. 즉 그의 이론적 입장은 부모-자녀관계를 포함한 대인관계가 사회적 진공상태에서 존재하는 것이 아니라 더 큰 공동체, 사회, 경제 및 정치적 사회 구조에 속해있다고 본다(Ceci, 2006).

브론펜브레너 생애 소개

브론펜브레너 Urie Bronfenbrenner(1917~2005)

사진 출처: http://www.bctr.cornell.edu/about-us/urie-bronfenbrenner/

브론펜브레너는 1917년 러시아의 모스코바에서 태어난 후, 6살 때 미국으로 건너갔다. 그는 뉴욕에서 고등학교를 졸업한 후에 코넬대학교에서 1938년에 심리학과 음악을 복수전공하여 학사학위를 받았다. 이후 1940년에 하버드대학교에서 석사를 마치고 1942년에 미시간대학교에서 박사학위를 받았다. 박사학위를 받은 후에, 그는 미국 군대에서 심리학자로 한동안 일하게 된다. 이후 워싱턴 DC에 있는 임상심리학 훈련프로그램에서 임상심리학자로, 미시간대학에서 2년간 조교수로 근무한 후, 1948년에 코넬대학교 교수로 부임하여 평생을 근무하였다. 대표적인 저서로는 'Two Worlds of Childhood: U.S. and U.S.S.R', ' The State of Americans: This Generation and the Next', 'The Ecology of Human Development: Experiments by Nature and Design' 등이 있다.

참고문헌: Ceci(2006)

이처럼 브론펜브레너(1979)는 실험실 환경에서 주로 연구하는 학자들이 종종 간과하는 자연 환경이 인간발달에 영향을 미치는 주요 요인이라는 점을 강조하였다. 그는 환경을 '러시아 인형세트처럼 하나의 인형이 그 다음 인형에 들어 있는 일련의 겹겹의 구조(nested structure)'라고 정의하고 있다. 이와 같이 인간은 가족과 같은 가장 직접적인 환경부터 자신이 살고 있는 사회문화적 환경의 영향을 받는 등 여러 겹의 환경의 영향을 받아 발달한다. 브론펜브레너는 인간은 일련의 환경 체계 내에서 발달하고, 환경 체계내의 여러 요인들은 서로 상호작용하면서 개인과 상호작용하여 인간발달에 중요한 영향을 미친다고 보았다(Shaffer, 2000).

브론펜브레너가 주장하는 생태학적 환경은 한 구조 안에 다음 구조가 끼어 있는 동심원 구조로 표현할 수 있다. 동심원에 포함된 구조는 각각 미시체계, 중간체계, 외체계, 거시체계로 구분된다(Bronfenbrenner, 1979).

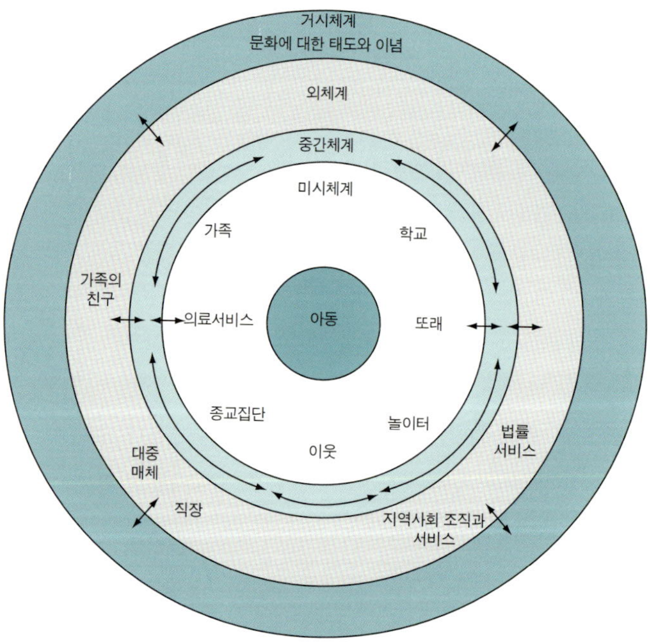

그림 2-3 브론펜브레너의 생태학적 환경

미시체계(Microsystem)는 아동이 개인적으로 경험하는 가장 직접적인 환경이다.

미시체계는 가족, 학교, 또래, 놀이터 등과 같이 아동의 발달에 직접적으로 영향을 미치는 요인들을 포함한다(Bronfenbrenner, 1979). 미시체계 중에서도 가족은 아동 발달에 있어서 가장 결정적인 요소이다. 미시체계에는 예를 들어 아동이 살고 있는 집의 크기, 놀이터 시설, 학교도서관 장서 수 등과 같은 물리적 특성을 포함하기도 하고, 부모의 양육 방식 및 교육수준, 학교에서의 교사의 교육철학, 이웃의 사회경제적 수준 등도 포함된다.

미시체계 내에서는 아동과 부모, 친구, 교사 등과 같은 사회적 구성원 간에 주로 직접적으로 상호작용이 이루어진다. 이러한 상호작용 과정에서 아동은 단순히 환경의 영향만을 받는 수동적 존재가 아니라 자신이 경험하는 환경에 대해 영향을 미치면서 환경을 재구성해 나간다. 따라서 개인과 환경 간의 상호작용은 상호호혜성(reciprocity) 또는 양방향성(bidirectional)의 특징을 지닌다(Bronfenbrenner, 1979). 예를 들어 아동은 부모의 영향을 받기도 하지만 아동의 기질이 부모의 양육태도나 부모 간의 관계에 영향을 주어 부모-자녀 간의 상호관계의 성격이 달라지기도 한다.

중간체계(Mesosystem)는 미시체계들 간의 상호관계로 이루어진다.

중간체계는 미시체계를 구성하는 다양한 환경 간의 상호관계로 구성된 체계이다. 즉 미시체계에 속하는 가족, 학교, 또래 집단 같은 미시체계들 간의 상호관계를 나타낸다(Bronfenbrenner, 1979). 예를 들어 가정에서 부모와 안전하고 조화로운 애착관계를 형성한 아동은 또래들과 잘 어울리고 친밀한 관계를 형성할 수 있다(Kerns, Klepec, & Cole, 1996). 또는 부모가 열심히 공부하는 것을 격려하고, 자녀의 교사와도 긍정적인 관계를 맺는다면 아동이 학업적인 면에서 잘 적응해 나갈 수 있다(Luster & McAdoo, 1996).

외체계(Exosystem)는 발달하는 개인이 직접적으로 경험하지는 않지만, 개인이 간접적으로 그 환경내에서 발생하는 사건에게 영향을 주거나 영향을 받는 환경이다.

외체계에는 부모의 직장, 부모의 친구 등이 포함된다(Bronfenbrenner, 1979).

아동은 외체계에는 직접 참여하지 않지만, 이러한 외체계는 아동의 발달에 영향을 미친다. 부모의 직장은 여러가지 측면에서 아동에게 영향을 줄 수 있다. 예를 들어 부모의 직장이 유연하게 근무시간을 조정할 수 있는 환경이라면 자녀와 더 많은 상호작용이 가능할 것이다. 또한 부모가 직장생활에서 자신의 일을 즐겁게 할 때, 자녀와의 상호작용에서 긍정적인 정서적 관계를 형성하는 경향이 있다(Raver, 2003).

거시체계(Macrosystem)는 미시체계, 중간체계, 외체계를 포괄하는 체계이며 개인이 살고 있는 사회문화적 환경을 포함한다.

거시체계는 미시체계, 중간체계, 외체계에 영향을 주는 신념, 가치, 관습 등을 의미한다(Bronfenbrenner, 1979). 즉 거시체계는 각 문화권 고유의 가치와 신념을 포함하며, 아동이 어떻게 다루어져야 하고, 아동에게 무엇을 가르쳐야 하는지, 그들이 추구해야 할 목표가 무엇인지를 제시해 주는 거대한 이데올로기와 같은 것이다(Shaffer, 2000). 거시체계는 일반적으로 다른 체계보다 더 안정적이지만, 사회변화에 따라 변하기도 한다.

6 사례 분석

사례 1 **다음은 중학교 남학생의 발달에 관한 사례이다.**

> 진성이는 중학교 2학년 남학생이다. 공부도 잘하고 운동도 잘해서 평소에는 친구들하고 잘 지내는 편이다. 그런데 가끔 게임을 하거나 운동을 하다가 다른 친구들에게 갑자기 화를 내서 친구들이 당황하는 경우가 있다. 친구가 한 말 때문에 순간적으로 기분이 나빠서 참지 못하는 것 같다. 또 어떤 날은 아무 말도 하지 않고 하루 종일 혼자 지내다가도 다음 날은 기분이 좋아서 싱글벙글 하기도 한다. 친구들은 학기 초에는 진성이에게 호감을 갖고 잘 지내려고 하다가도 시간이 지나면서 변덕스러워 보이는 진성이가 부담스러워서 같이 운동하자고 말하기가 꺼려지는 경우가 많다.

질문: 위 사례에서 진성이가 보이는 문제는 어떠한 발달의 원리에 의해 설명할 수 있을까?

사례 2 **다음에 제시되는 내용은 최근 사회적으로 유행하고 있는 '중 2병'에 대한 신문기사이다.**

최근 우리 사회에서는 중2병이라는 말이 유행이다. 원래 '중2병' 이란 단어는 일본의 한 라디오 방송이 '중학교 2학년 시기에 주로 하는 행동' 을 주제로 프로그램을 진행하면서 만들어졌다고 한다. 당시 청취자들은 "자신이 남보다 우월하다고 생각하고, 서양 음악을 듣기 시작하며, 맛도 없는 커피를 마시려 하고, 사회와 역사에 대한 의식을 갖춘 것처럼 '미국은 추잡해' 라고 말하는 것"이라며 중2병 증상들을 소개했다. 미국에서도 '2학년 병(sophomoric illness)' 이란 말이 있다. 주로 고교나 대학 2학년 때 겪는 증세를 일컫지만 단어에 '아는 체하는' 이란 의미가 담겨 있다. 국내에서는 2010년 인기 웹툰 '싸우자 귀신아' 에 중2병이 등장하면서 화제를 모았다. 이 웹툰에는 "중2병이란 세상에서 자신이 제일 불행하고 고독하며 세상을 등진 존재라 여기는 증상을 몇 학년 더 먹은 사람들이 비꼬아 만든 신조어"라는 정의가 등장한다. 더 나아가 중2병이라는 단어는 중학생들 뿐만 아니라 분노를 잘 조절하지 못하는 성인을 의미하기도 한다.

(출처: 중앙일보, 2013년 4월 6일)

질문: 신문기사내용처럼 중학생들이 자신이 다른 사람보다 우월하다고 생각하는 것, 그리고 분노를 잘 조절하지 못하는 것 등을 청소년의 뇌발달과 관련해서 설명해보시오.

사례 3 **다음에 제시된 신문기사는 페닐케톤뇨증 사례에 관한 것이다.**

[페닐케톤뇨증 사례]

"너무 먹고 싶다 길래 몰래 빵 한 조각을 줬습니다. 차마 그걸 바로 먹지 못하고 손에 들고 다니면서 빵 냄새만 맡더군요. 냄새가 너무 좋다면서요. 외국에는 저단백빵, 저단백과자, 저단백스파게티까지 나와있는데... 이 아이들이 먹을 것이 우리나라에는 거의 없습니다"

A씨의 딸은 선천성 대사질환의 일종인 '페닐케톤뇨증(PKU)' 을 앓고 있다. 그 동안 A씨는 고생하는 딸을 위해 일본에서 수입한 저 단백 즉석 밥을 먹여왔지만 너무 맛이 없어서 아이가 외면할 때마다 가슴이 아팠다.

'페닐케톤뇨증' 은 음식 속 단백질(단백질 성분의 일종인 페닐알라닌)을 먹으면 소화, 흡수되는 과정에서 생기는 대사물질이 뇌나 신체에 심각한 손상을 주는 질환이다. 때문에 '페닐케톤뇨증' 환자는 사람들이 흔히 먹는 빵과 밥, 고기반찬 등을 섭취하면 음식이 체내에서 독처럼 작용하게 된다.

따라서 A씨의 딸은 단백질성분만 낮춘 저단백밥, 단백질이 함유량이 낮은 야채 반찬만을 먹는다. 보통 아이들이 좋아하는 고기나 햄, 소시지 등은 그저 냄새만 맡을 뿐이다. 심지어 일반 밀가루로 만든 빵과 과자도 먹어서는 안 된다.

저단백 식이요법을 하지 않고 일반인들이 먹는 음식을 그대로 먹으면, 페닐알라닌 대사산물이 혈액과 뇌 속에 축적돼 지능지수가 저하되기 때문이다. 심지어 생후 1년까지 치료를 시작하지 않으면 지능지수는 50 이하로 떨어지기도 한다.

(출처: 경향신문, 2009년 11월 17일)

질문: 위 사례는 유전과 환경의 관계에 대해 어떤 시사점을 준다고 생각하는가?

7 주요 개념

주요개념	설명
발달 (Development)	생명이 시작되는 수정의 순간부터 죽을 때까지 개인의 전 생애를 거쳐 일어나는 모든 변화의 양상과 과정
성숙 (Maturation)	유전인자에 따라 일어나는 발달적 전개과정
성장 (Growth)	신체적 특성의 긍정적 변화
결정적 시기 (Critical period)	아동이 특정한 적응 행동을 획득하기 위해 생물학적으로 준비되고 적절한 자극을 주는 환경의 지원이 필요한 제한된 기간
민감기 (Sensitive period)	특정능력이 나타나기 위한 최적의 시기
천성 (Nature)	생물학적으로 타고난 자질
양육 (Nurture)	인간발달에 영향을 미치는 물리적, 사회적 환경
가소성 (Plasticity)	인간의 뇌가 환경의 영향을 받아 구조와 기능이 변화될 수 있는 유연성
회복 가소성 (Restoring plasticity)	뇌손상 후 자체적인 변화와 적응을 통해 잃어버린 기능을 어느 정도 회복하는 능력
적응 가소성 (Adaptive plasticity)	새로운 경험과 환경을 통해 뉴런의 시냅스가 강화되거나 약화되어 기능과 구조가 변화되는 능력
뉴런 (Neuron)	세포 내에서 정보를 보내고 조정하는 역할을 하며, 세포체, 수상돌기, 축색돌기로 구성
수상돌기 (Dendrite)	다른 신경세포로부터 정보를 수용하는 세포질의 돌기
축색돌기 (Axon)	정보와 신호를 다른 신경에 전달하는 통로의 역할
수초 (Myelin sheath)	축색돌기 주변에 형성된 지방세포층

수초화 (Myelination)	축색돌기를 수초로 둘러 싸는 과정
전두엽 (Frontal lobe)	대뇌반구의 일부로 문제해결과 의사결정, 계획, 욕구충족 지연, 충동적 행동 조절에서 중요한 역할 담당
Bronfenbrener의 생태학적 체계이론 (Ecological system theory)	개인을 둘러싸고 있는 각기 다른 수준의 환경이 동시에 아동발달에 영향을 준다고 제안하는 관점
미시체계 (Microsystem)	아동이 개인적으로 경험하는 가장 직접적인 환경
중간체계 (Mesosystem)	아동이 참여하는 다양한 미시체계들 간의 상호관계
외체계 (Exosystem)	발달하는 개인이 직접적으로 경험하지는 않지만, 개인이 간접적으로 그 환경 내에서 발생하는 사건에게 영향을 주거나 영향을 받는 환경
거시체계 (Macrosystem)	미시체계, 중간체계, 외체계를 포괄하며 개인이 살고 있는 사회문화적 환경을 포함

8 연습문제

1. 경험이나 훈련에 관계없이 유전적 기제의 작용에 의해 결정되는 생물학적 과정은?

① 발달 ② 변화 ③ 성장 ④ 성숙 ⑤ 학습

2. 개인에게 직접 영향을 미치며 성장과 함께 변화하는 생태학적 환경은?

① 대상체계 ② 미시체계 ③ 중간체계 ④ 외체계 ⑤ 거시체계

3. 인간발달의 원리로 옳은 것은?

① 인간발달의 순서는 말초에서 중심으로 이루어진다.
② 정서적 발달은 성격 발달과 관련이 없다.
③ 인간발달은 분화의 과정이면서 통합의 과정이다.
④ 인간발달은 적절한 환경과 자극만 제공되면 언제든지 이루어진다.
⑤ 인간발달은 전체적인 활동이 나타나기 이전에 세분화된 활동이 먼저 나타난다.

4. 다음의 〈보기〉 중 인간발달의 원리에 관한 설명으로 옳은 것은?

가. 발달은 유전과 환경의 상호작용이다.
나. 발달은 일정한 속도로 일어난다.
다. 발달은 개인차가 있다.
라. 발달은 순서와 방향성을 가진다.
마. 발달에서 노년기는 제외된다.

① 가, 나 ② 가, 나, 다 ③ 가, 다, 라 ④ 가, 다, 마 ⑤ 다, 라, 마

5. 인간의 뇌발달과 관련하여 옳게 설명한 것은?

① 인간의 뇌발달은 초기 생성된 뉴런에서 결정된다.
② 뇌 발달과정에서 특히 초기 경험이 중요하다.
③ 아동보다 성인이 뇌 손상에 대한 회복이 빠르다.
④ 뇌 발달과정에서 퇴화는 일어나지 않는다.
⑤ 뇌의 성장은 초등학교 시기 가장 활발하다.

6. 다음 중 브론펜브레너의 생태학적 체계이론에 대한 설명으로 옳은 것은?

① 미시체계는 아동과 직접적인 상호작용을 맺으며, 아동이 성장함에 따라 변화한다.
② 중간체계에 속하는 것으로는 형제관계, 이웃친구와의 관계, 부모의 직장 등이 있다.
③ 아동은 외체계에 주체적으로 참여하며 영향을 미친다.
④ 거시체계는 인류 공동의 가치로 절대 변화하지 않는다.
⑤ 미시체계에서 아동은 주로 환경의 영향을 받는 존재이다.

참고문헌

김동일, 김이내, 신재현, 이기정(2011). 수학 기술 중재 효과성 연구의 동향과 과제: 뇌 영상기법을 중심으로. 교육심리연구, 25(3), 475-499.

김인규 외 공역(2009). 인간의 학습. 시그마프레스.

송명자(2011). 발달심리학. 학지사.

신명희 외(2013). 발달심리학. 학지사.

신종호 외 공역(2011). 교육심리학. 학지사.

정옥분(2010). 아동발달의 이해. 학지사.

정옥분, 정순화, 황현주(2009). 애착과 발달. 학지사.

Aydin, K., Ucar, A., Oguz, K. K., Okur, O. O., Agayev, A., Unal, Z., Yilmaz, S., & Ozturk, C. (2007). Increased gray matter density in the parietal cortex of mathematicians: A voxel-based morphometry study. *American Journal of Neuroradiology, 28*, 1859-1864.

Baltes, P. B. (1987). Theoretical propositions of life-span developmental psychology: On the dynamics between growth and decline. *Developmental Psychology, 23*(5), 611-626.

Berk, L. E. (2003). *Child Development*, 6th Edition, Boston, Pearson Education, Inc.

Bornstein, M. H. (1989). Sensitive periods in development: Structural characteristics and causal interpretations. *Psychological Bulletin, 105*, 179-197.

Bronfenbrenner, U. (1979). *The ecology of human development.* Cambridge, MA: Harvard University Press.

Carter, R. (2009). *The Brain Book*, London: Dorling Kindersley.

Carter, R. (2010). *Mapping the mind.* London: Phoenix.

Ceci, S. J. (2006). Urie Bronfenbrenner(1917-2005). *American Psychologist, 61*(2), 173-174.

Chin, S. B. (2003). Children's consonant inventories after extended cochlear implant use. *Journal of Speech, Language, and Hearing Research, 46*, 849-862.

Crain, W. (1992). *Theories of development: Concepts and applications.* New Jersey: Englewood Cliffs.

Doidge, N. (2010). *The brain that changes itself.* Melbourne: Scribe.

Flynn, J. R. (1987). Massive IQ gains in 14 nations: What IQ tests really measure. *Psychological Bulletin, 101*, 171-191.

Flynn, J. R. (1996) What environmental factors affect intelligence: The relevance of IQ gains over time. In D. K. Detterman (Ed.), *Current topics in human intelligence*, Vol. 5, The environment, Norwood NJ: Ablex.

Geake, J. G. (2009). *The brain at school: Educational neuroscience in the classroom.* Maidenhead, England: McGraw Hill.

Hubel, D. H., & Wiesel, T. N. (1970). Stereoscopic vision in macaque monkey. Cells sensitive to binocular depth in area 18 of the macaque monkey cortex. *Nature, 225*, 41-42.

Huttenlocher, P. R., & Dabholkar, A. S. (1997). Regional differences in synaptogenesis in human cerebral cortex. *Journal of Comparative Neurology, 37*(2), 167-178.

Kerns, K. A., Klepec, L., & Cole, A. (1996). Peer relationships and preadolescents' perceptions of security in the child-mother relationship. *Developmental Psychology, 32*, 457-466.

Kim, M., & Sankey, D. (2009). Towards a dynamic systems approach to moral development and moral education: A response to the JME Special Issue. September 2008. *Journal of Moral Education, 38*(3), 283-298.

Kim, M., & Sankey, D. (2010). The dynamics of emergent self-organisation: Reconceptualising child development in teacher education. *Australian Journal of Teacher Education, 35*(4), 79-98.

Luster, T., & McAdoo, H. (1996). Family and child influences on educational attainment: A secondary analysis of the High/Scope Perry Preschool data. *Developmental Psychology, 32*(1), 26-39.

Organisation for Economic Co-operation and Development(2002). *Understanding the Brain: Towards a New Learning Science.* Paris: OECD.

Oscar-Berman, M., & Marinkovic, K. (2003). Alcoholism and the brain: An overview. *Alcohol Research and Health, 27*(2), 125-133.

Raver, C. C. (2003). Does work pay psychologically as well as economically? The role of employment in predicting depressive symptoms and parenting among low-income families. *Child Development, 74*(6), 1720-1736.

Rosenzweig, M. R. (1969). Effect of heredity and environment on brain chemistry, brain anatomy, and learning ability in the rat. In M. Monosevitz, G. Lindzey, & D. D.

Thiessen (Eds.), *Behavioral genetics*. New York: Appleton-Century-Crofts.

Santrock, J. W. (2004). *Child development*, 10th edition, New York: McGraw-Hill Inc.

Santrock, J. W. (2010). *Adolescence*. 13th edition. New York: NT. McGraw-Hill Inc.

Shaffer, D. R. (2002). *Developmental psychology: Childhood and Adolescence*, 6th Edition, Cengage learning, Inc.

Shaffer, D. R. (2000). *Social and personality development*, 4th Edition, Belmont, CA: Wadsworth.

Siegler, R., DeLoache, J., Eisenberg, N., & Saffran, J. (2014). *How children develop*. 4th Edition. New York: Worth Publishers.

Thelen, E., & Smith, L. B. (1994). *A dynamic systems approach to the development of cognition and action*. Cambridge, MA: MIT Press.

Tienari, P., Wahlberg, K.-E, & Wynne, L. C. (2006). Finnish adoption study of schizophrenia: Implications for family intervention. *Families, Systems, & Health*, *24*(4), 442-451.

Wilson, R. S. (1978). Synchronies in mental development: An epigenetic perspective. *Science*, *202*, 939-948.

Wilson, R. S. (1983). The Louisville twin study: Developmental synchronies in behavior. *Child Development*, *54*, 298-316.

Woollett, K., & Maguire, E. A. (2009). Navigational expertise may compromise anterograde associative memory. *Neuropsychologia*, *47*(4), 1088-1095.

Woollett, K., & Maguire, E. A. (2011). Acquiring "the Knowledge" of London' s layout drives structural brain changes. *Current Biology*, *21*, 2109-2114.

제3장

인지의 발달

우리의 경험은 우연에 의한 것이 아닐 수도 있다!

우리는 살면서 몇 가지 공통적인 경험을 하게 된다.

- 아주 어린 시절 기억도 잘 나지 않지만 엄마가 이불로 얼굴을 가리고 있다가 얼굴을 보여주면서 '까꿍' 놀이를 해서 까르르 웃으며 너무 좋아했던 경험
- 인형을 등에 업고 '아이구 우리 애기, 내가 잘 돌봐줄께' 했던 경험
- 엄마나 내 친구도 항상 나와 똑 같은 생각을 할 것이라고 믿었던 경험
- 동그란 모양의 찰흙을 빈대떡처럼 납작하게 만들고 나서 더 무거울 거라고 생각했던 경험
- 머리를 짧게 자르고 학교에 가던 날, 친구들이 내 머리를 보고 놀릴 거라고 걱정했던 경험
- 나는 특별한 존재이기 때문에 내가 느끼는 이 감정을 세상 누구도 이해하지 못할 거라고 생각했던 경험
- 만일 이 세상에서 몇 가지만 변화되어도 이 세상이 좀 더 정의로운 세상이 될 것이라고 생각하면서 사회의 모순에 분노했던 경험

위에 나열된 경험들은 대부분의 사람들이 살면서 한 두 번씩은 겪게 되는 경험들이다. 왜 사람들은 이런 경험을 하게 되는 것일까? 이 중에서 어떤 경험은 비교적 어린 시절에 겪게 되고, 또 다른 경험들은 청소년시기에 주로 나타나는 경험들이다. 그렇다면 사람들이 하는 경험들은 그 사람들의 나이와 관련이 있는 것일까? 아니 좀 더 정확하게 얘기하면 나이와 관련 있는 것이 아니라 세상을 이해하는 그 사람의 지적 능력과 관련이 있는 것은 아닐까? 여러분의 생각은 어떤가요?

1 인지발달이론

인간의 지적 능력의 발달은 대체로 연령에 따라 증가하는 경향이 있다.

인지발달이 연령에 따라 증가한다는 사실을 강조하는 이론을 인지발달이론이라고 한다. 대표적인 인지발달이론에는 피아제의 인지발달이론과 비고츠키의 사회문화이론이 있다. 두 학자 모두 인간의 지적 능력이 나이가 들면서 발달해간다는 점을 강조한다는 점에서 공통점이 있지만, 발달이 어떠한 방식으로 일어나는가, 즉 발달의 기제를 설명하는 방식에는 차이가 있다.

그렇다면 학습자의 인지발달특성을 이해하는 것은 어떤 점에서 의미가 있을까? 피아제와 비고츠키의 이론에 근거하여 인지발달의 전반적 양상과 연령에 따른 인지적 측면을 제대로 이해한다면 교육적 의사결정이 필요한 상황에서 관련지식을 유용하게 적용할 수 있을 것이다. 가령 특정 사물이나 현상에 대한 아동의 태도 및 생각, 행동 또는 다른 사람들과의 관계에서 나타나는 갈등의 근원을 지적 능력의 특징과 한계를 통해 이해할 수 있다. 또한 학습문제나 대인관계와 관련하여 교사의 의사결정과 문제해결이 필요할 때, 학생의 인지발달 특성에 대한 지식이 교사의 판단에 도움을 줄 수 있다.

가. 피아제(Piaget)의 인지발달이론

피아제의 이론은 발생론적 인식론(genetic epistemology)에 기반을 두고 있다.

발생론적 인식론은 인간의 지식이 어떻게 생겨나는가를 설명하는 학문이다. 피아제의 연구는 발생론적 인식론에 근거를 두고 있는데, 피아제는 어떻게 지식이 성장하는가에 관심이 있었다. 피아제는 백지상태의 인간이 태어나서 맨 처음에 어떻게 개념을 습득해가는가, 인간의 지식체계가 어떠한 기제를 통해 발달해 가는가에 관심이 있었기 때문에 그의 이론을 발생론적 인식론이라고 한다.

피아제 생애 소개

사진 출처: Jean Piaget Society
http://www.piaget.org/aboutPiaget.html

피아제 Jean Piaget(1896~1980)

피아제는 1896년 8월 9일에 스위스의 뇌샤텔(Neuchâtel)에서 태어나서 1980년 9월 16일 제네바(Geneva)에서 생을 마감했다. 피아제는 장남이었고, 그의 아버지는 대학에서 중세 문학 교수로 재직하였다. 그는 뇌샤텔 라틴 고등학교에 다니던 11세에 공원에서 본 백피증을 가진 참새에 대한 짧은 논문을 발표했다. 그가 당시에 작성한 이 짧은 논문은 그가 이후 60여권의 책과 수백편의 논문을 쓰게 되는 계기가 되었다. 또한 연체동물에 대한 그의 관심은 그가 잘 알려진 연체동물학자가 된 시기인 청소년 후기까지 지속되었다. 그는 자신이 관심을 가졌던 분야에서 많은 논문을 발표했다.

피아제는 고등학교 졸업 후에 뇌샤텔 대학에서 자연과학을 공부했고, 그곳에서 1918년에 생물학 박사학위를 취득했다. 박사학위 취득 후에 그는 취리히 대학에서 정신분석학을 한 학기 공부하다가 이후 프랑스의 비네 연구소로 가서 Burt의 지능검사를 표준화했다. 1921년에는 스위스 제네바에 있는 루소연구소 소장이 되었다. 1923년에 그는 Valentine Châtenay와 결혼해서 이후 Jacqueline, Lucienne, Laurent 등 세 명의 자녀를 낳았다. 그의 자녀들은 피아제가 연구한 지적 발달과 언어발달에 있어 원천이 되었다.

피아제는 여러 기관에서 지속적으로, 어떤 경우에는 동시에 교수나 소장 등의 여러 개의 책임 있는 역할을 병행해왔다. 1925년부터 1929년까지 뇌샤텔 대학에서 심리학, 사회학, 과학철학 교수, 1929년부터 1939년까지 제네바대학에서 과학적 사고 교수, 1929년부터 1967년까지 유네스코 국제교육국(International Bureau of Education)소장, 1938년부터 1951년까지 로잔대학교에서 심리학과 사회학 교수, 제네바 대학에서 1939년부터 1952년까지 사회학 교수, 1940년부터 1971년까지 실험심리학 교수로 일했고, 1952년부터 1963년까지 소르본 대학에서 초청 받은 유일한 스위스인이었다.

1955년에 그는 국제 발생론적 인식론 센터를 설립했고 그가 사망할 때까지 센터를 운영했다. 발달심리학과 발생론적 인식론에 대한 그의 연구들은 '지식이 어떻게 성장하는가' 라는 질문과 관련된다. 그 질문에 대해 그는 지식의 성장은 보다 낮고 덜 강력한 논리적 사고 방식이 성인기가 되면서 보다 높고 보다 강력한 것으로 대체되는 식으로 논리적 구조가 점진적으로 구성되는 것이라고 보았다. 그러므로 아동의 논리와 사고 방식은 기본적으로 성인과는 전적으로 다르다고 본다. 피아제는 1936년에 하버드 대학에서 명예학위를 받은 이래로 30여개가 넘는 명예 학위를 받았으며, 유럽인으로서는 최초로 미국심리학회의 최우수 과학 공로상(Distinguished Scientific Contribution Award)을 수상했다.

참고문헌: Jean Piaget Society Website: http://www.piaget.org/aboutPiaget.html
Oxford Bibiliographies Website: http://www.oxfordbibliographies.com/view/document/obo-9780199791231/obo-9780199791231-0085.xml?rskey=zjn9JX&result=

피아제의 인지발달이론의 주요 개념으로는 도식, 조직화, 동화, 조절, 적응, 불평형 및 평형화를 들 수 있다.

- 도식(scheme)은 사고의 기본단위, 조직화된 행동 및 사고형태를 의미한다(예, 잡기도식: 물건을 잡는 일반 능력, 모든 잡기 행위를 가능하게 하는 인지적 구조).
- 조직화(organization)는 자신의 경험이나 지식을 체계화시키려는 선천적인 경향성이다.
- 동화(assimilation)는 자신의 기존 도식에 맞추어 새로운 지식이나 정보를 수용하는 것이다.
- 조절(accommodation)은 자신의 기존 도식을 새로운 지식이나 정보에 부합되도록 변화시키는 것이다.
- 적응(adaptation)은 동화와 조절의 과정을 거쳐 환경에 요구에 맞는 도식을 형성하는 과정이다.
- 불평형(disequilibrium)은 사람의 사고과정과 환경사건 사이의 불균형 혹은 모순을 의미하며, 평형화(equilibrium)는 동화와 조절의 과정을 거쳐서 불평형한 상태를 벗어나 인지적 균형상태를 이루는 것을 의미한다.

아동은 어떻게 복잡한 도식을 발달시키고 지적으로 성장하는가?

피아제는 인간은 살아가면서 동화와 조절의 과정을 거쳐 환경에 적응해나간다고 보았고, 아동도 매우 적극적이고 능동적으로 이러한 동화와 조절의 과정을 거쳐 지적 발달을 이루어간다고 보았다. 이처럼 아동은 동화와 조절의 과정을 거쳐서 특정 개념을 좀 더 잘 이해하게 된다. 평형화는 보통 세 가지 국면을 거쳐 이루어진다(Siegler et al., 2014). 우선 아동은 평형화 상태에서 특정 개념이나 현상을 이해할 수 있다. 즉 사람들은 누구나 새로운 경험을 하게 되면 자신의 기존 도식을 활용하여 새로운 경험을 이해하려고 한다. 이 상태에서 아동은 자신이 관찰한 것과 그 현상을 이해하는 것 사이에 불일치를 경험하지 않는다. 그런데 기존 도식이 새로운 경험을 이해하는 데 적합하지 않을 때가 있다. 아동은 새로운 정보가 자신의 기존 도식에 맞지 않는다는 것을 경험하면서 불평형상태가 된다. 이 때 이처럼 새로운 경험과 기존 도식 사이가 불평형 상태가 되면, 아동은 자신의 기존 도식을 새로운 경험을 이해하는 데 적합한 방식으로 수정할 필요가 있다. 따라서 자신이 기존에 가지고 있는 지식을 보다 정교하게 발달시켜서 새로운 지식을 이해할 수 있는 평형화상태를 추구하게 된다. 아동은 이러한 동화와 조절의 과정을 지속적으로 거치면서 지적으로 성장하게 된다.

동화와 조절의 과정을 거친 평형화의 예시

동화와 조절의 과정을 거친 평형화의 예를 들어보면 우선 빨기 도식과 관련된 예를 들 수 있다. 어린 아이는 빨기 반사와 같은 반사행동의 도식을 가지고 엄마 젖을 빨 수 있다. 즉 자신의 입에 닿는 것을 힘주어서 빠는 빨기 도식을 가지고 모유를 먹을 수 있다. 그런데 엄마 젖이 아닌 젖병을 빨게 되면 엄마 젖보다 더 힘 있게 빨아야 우유를 먹을 수 있기 때문에 기존의 자신의 행동 도식을 변화시킬 필요가 있다.

또 다른 예를 들어보면 동물만이 살아있는 생물이라고 생각하는 아동이 있다고 가정해보자. 이 아동이 자라나는 식물을 보게 될 때 '도대체 살아있다는 것이 무엇인가?' 에 대해 혼란을 경험할 수 있다. 결국 그 아이는 식물에 대한 새로운 정보를 가지고 생물에 대해 자신이 가지고 있던 기존 지식을 조절함으로써 동물과 식물 둘 다 보다 적응적인 방식으로 움직이는 생명체라는 사실을 깨닫게 된다(Siegler et al., 2014).

피아제는 인간의 인지발달이 4단계를 거쳐 이루어진다고 보았다.

피아제는 서로 다른 연령대에 있는 아동들은 질적으로 다른 방식으로 사고한다고 보았다. 즉 아동들은 감각동작기, 전조작기, 구체적 조작기, 형식적 조작기의 4단계를 순서대로 거친다고 보았다.

감각동작기(sensorimotor stage, 출생~2세)

감각동작기에 있는 아이는 감각과 동작에 의존해서 자신을 둘러싸고 있는 세계를 이해한다. 즉 감각과 운동반응을 협응시키면서 행동도식을 주로 발달시킨다. 피아제는 영아가 이 시기에 모델이 보여주는 새로운 반응을 모방할 수 있다고 보았으며, 모방이 적응적 활동이라고 보았다. 또한 신생아들은 빨기와 잡기와 같은 기본적인 반사행동을 통해 배고픔과 같은 생물학적 요구를 충족시키는 반면 영아들은 커가면서 갖고 싶은 장난감을 잡는 등 목표지향적인 행동을 할 수 있게 된다(Shaffer, 2000; Wadsworth, 1996). 한편 감각동작기에서 주목할 만한 성과 중 하나는 영아가 8, 9개월 경에 대상영속성(object permanence) 개념을 획득하는 것이다. 대상영속성이란 대상이 더 이상 보이지 않아도 그 대상이 계속해서 존재한다는 것을 이해하는 것을 의미한다.

▶▶ 대상영속성은 영아의 정서애착발달에 있어서 매우 중요한 역할을 한다. 대상영속성이 없는 아이는 엄마가 담요나 천으로 얼굴을 가리고 있다가 내리면서 '까꿍' 하고 말을 하면 웃으면서 좋아한다. 그 이유는 담요나 천으로 얼굴을 가리고 있을 때는 엄마가 없었다가(대상영속성이 없기 때문에 아이는 그렇게 느낀다) 담요나 천을 내리면 다시 엄마가 나타났기 때문에 신기하고 재미있어서 웃는 것이다. 이러한 아이의 대상영속성은 애착형성과정과 관련이 있다. 어린 아이들은 아주 어렸을 때는 모든 사람들을 구별하지 못하고 웃거나 울거나 하는 사회적 반응을 보인다. 그러다가 자신이 친숙한 사람에게 더 애착하는 모습을 보이지만 낯선 사람에 대해서는 경계하지 않는 모습을 보인다. 이 시기는 주 양육자에 대한 애착이 완전하게 이루어지지 않는 시기이기 때문이다. 대상영속성이 획득되기 시작하면 아이들은 주 양육자에 대해 강한 애착을 보이고 다른 사람들에 대해서는 낯을 심하게 가리게 된다. 대상영속성이 완전히 획득되면 비로소 어머니가 외출해도 떼쓰거나 불안한 모습을 보이지 않게 된다(Bowlby, 1982; 정옥분 외, 2009, 재인용).

전조작기(preoperational stage, 2~7세)

전조작기에 있는 아동은 표상과 상징을 사용하여 사고할 수 있게 된다. 그러나 중심화, 자기중심성, 비가역성 등의 인지적 한계를 보인다. 전조작기에 있는 아동은 표상적, 상징적 사고가 두드러지는데, 피아제는 특히 언어가 가장 유연한 정신적 표상의 수단이라고 보았다. 그러나 피아제는 아동의 인지적 변화에서 언어가 기본적인 요소라고는 생각하지 않았다. 피아제는 감각동작기의 행위가 아동이 경험한 것에 대한 내적 심상을 가질 수 있게 하고, 그 다음에 아동이 그것에 이름을 붙인다고 생각했다(Piaget, 1952; Berk, 2013, 재인용). 전조작기에 나타나는 상징적 사고는 대상과 경험을 표상하는 과정에서 상징(심상과 단어)을 사용하는 것을 의미한다. 가령 2~3세 아동은 자신의 경험을 표상하는 데 심상과 단어를 사용할 수 있기 때문에 과거의 사건을 재구성하고 눈에 보이지 않는 대상에 대해서도 비교하거나 생각하는 것이 가능하다(Shaffer, 2000). 서너살 된 아이가 아이스크림 막대기를 가지고 총 싸움을 하거나 카드를 가지고 휴대폰 놀이를 하는 것을 본 적이 있을 것이다. 그것은 그 아이들이 상징적 표상을 할 수 있는 능력이 있다는 것을 보여준다. 상징적 표상은 하나의 물체를 사용해서 다른 물체를 나타내는 능력이기 때문이다(Siegler et al., 2014).

이 시기를 전조작기라고 부른 이유는 피아제가 주로 전조작기 아동의 사고의 한계에 주목하고 있기 때문이다. 피아제는 전조작기에 있는 학령 전 아동은 논리적인 사고를 가능하게 하는 인지적 조작(인지적 더하기와 빼기와 같은 내적 정신활동)을 아직 못한다고 보았다(Shaffer, 2000). 즉 이 시기에는 논리적인 조작이 가능하지 않기 때문에 전조작기라고 부른다. '조작' 이란 정신적 조작(mental operation)을 의미하며, 과거에 일어났던 사건들을 내면화시켜 서로 관련지을 수 있는, 즉 논리적인 관계를 고려할 수 있는 것을 뜻한다.

전조작기에 있는 아동은 어떤 상황에서 다른 중요한 특징은 무시하고 두드러진 한 가지 측면에만 초점을 맞추는 경향이 있다. 이러한 전조작기 아동의 사고를 중심화(centration)라고 한다. 예를 들어 전조작기에 있는 아동은 대체로 액체 보존 실험에서 물의 높이에만 집중하고 물의 높이 변화와 보완적 관계에 있는 물의 넓이 변화를 고려하지 못한다. 이처럼 전조작기의 아동은 눈에 잘 보이는 한 가지 측면만을 집중해서 지각하는 경향이 있다.

전조작기에 있는 아동의 사고의 한계점으로는 자기중심성(egocentrism)을 보인다는 것이다. 자기중심성이란 다른 사람의 관점을 고려하지 못하고 자신의 관점으로

만 세상을 이해하는 경향성을 의미한다. 피아제가 보기에 전조작기에 있는 아동은 다른 사람의 관점을 무시하고 자신의 관점에만 집중하기 때문에 종종 다른 사람들도 자신과 같은 방식으로 지각하고 생각한다고 보았다. 피아제는 세 산 실험을 통해 전조작기 아동의 자기중심성을 설명하고 있다(Piaget & Inhelder, 1956/1977; Siegler et al., 2014, 재인용).

또한 전조작기에 있는 아동의 사고의 한계점으로 비가역성을 들 수 있다. 가역성(reversibility)은 어떤 문제에서 일련의 단계를 고려할 수 있고, 머리 속으로 그 단계들을 거꾸로 생각해서 출발점으로 되돌아갈 수 있는 능력인데(Berk, 2013), 전조작기 아동은 가역적 사고를 하기 힘들다. 예를 들어 전조작기에 있는 아동은 액체 보존 실험에서 원래 컵에 물을 다시 담는 것을 머리 속으로 상상하기가 힘들기 때문에 두 컵에 같은 양의 물이 있다는 것을 깨닫지 못한다.

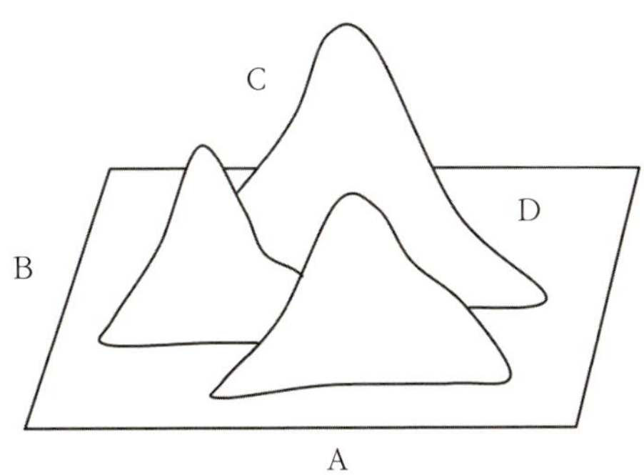

만일 4세 정도 된 아동이 A에 있다고 가정해보자. 그 아동에게 산이 어떻게 보이냐고 물으면 자신에게 보이는 대로 말할 것이다. 그 때 아동의 반대편인 C지점에 인형을 앉혀 놓고 인형은 산이 어떻게 보이겠냐고 질문한다면 그 아동은 A지점에서 자신이 본 대로 얘기할 것이다. B 또는 D의 위치에 인형을 놓고 같은 질문을 해도 마찬가지로 대답할 것이다. 피아제 이론에 따르면 이 연령대의 아동은 자기중심성을 벗어나지 못하기 때문에 다른 사람의 관점을 이해하지 못한다.

그림 3-1 피아제의 세 산 실험

구체적 조작기(concrete operational stage, 7～11세 또는 12세)

구체적 조작기에 있는 아동은 탈중심화의 특징을 보이고 가역적 사고가 가능하며 보존개념을 획득하게 된다. 또한 자기중심성에서 벗어나게 되고, 분류와 서열화, 논리적 사고가 가능하게 된다.

전조작기에 있는 아동과 다르게 구체적 조작기에 있는 아동은 어떤 상황에서 두드러진 한 가지 측면에만 초점을 맞추는 것이 아니라 두 개 이상의 측면을 동시에 고려할 수 있게 되어 탈중심화가 가능하다. 또한 가역적 사고가 가능하여 머릿속으로 일련의 단계를 거꾸로 생각해서 출발점으로 되돌아갈 수 있다. 이렇게 탈중심화와 가역적 사고가 가능한 구체적 조작기의 아동은 보존개념을 형성하게 된다. 보존개념은 외적인 모습이 바뀌어도 물체의 특정한 물리적 속성은 여전히 같다는 사실을 이해하는 것을 의미한다(Berk, 2013). 예를 들어 액체 보존개념 실험에서 같은 양의 물이 담긴 두 개 컵에 있던 물을 하나는 길고 폭이 좁은 컵에, 또 하나는 짧고 폭이 넓은 컵에 부은 다음, 아동에게 어느 컵에 있는 물이 더 많은지 물어볼 수 있다. 이 때 구체적 조작기의 아동은 높이와 넓이의 두 가지 측면을 모두 고려할 수 있는 탈중심화가 가능하고, 서로 다른 모양의 두 개의 컵에 물을 붓기 전에 같은 모양의 컵에 들어 있는 물을 생각할 수 있는 가역적 사고가 가능하기 때문에 서로 다른 모양의 두 개의 컵에 있는 물의 양이 같다고 대답한다. 그 아동은 액체에 대한 보존개념을 형성했기 때문이다.

그런데 보존개념의 대상(수, 길이, 액체, 질량, 면적 등)에 따라 보존개념을 형성하는 연령에 차이가 있다. 피아제는 대부분의 보존개념은 구체적 조작기에 일어나지만, 일부 보존개념은 다른 보존개념에 비해 빨리 형성되어 보존개념별로 같은 구체적 조작기 내에서도 획득시기에 차이가 있다는 점을 나타내기 위해 수평적 격차(horizontal decalage)라는 말을 사용하였다.

또한 전조작기에 있는 아동과는 다르게 구체적 조작기에 있는 아동은 자기중심성에서 벗어나 다른 사람의 관점을 고려하게 된다. 분류와 서열화도 가능해지는데, 특히 여러 가지 기준을 고려하여 사물을 분류하는 중다분류를 할 수 있게 된다.

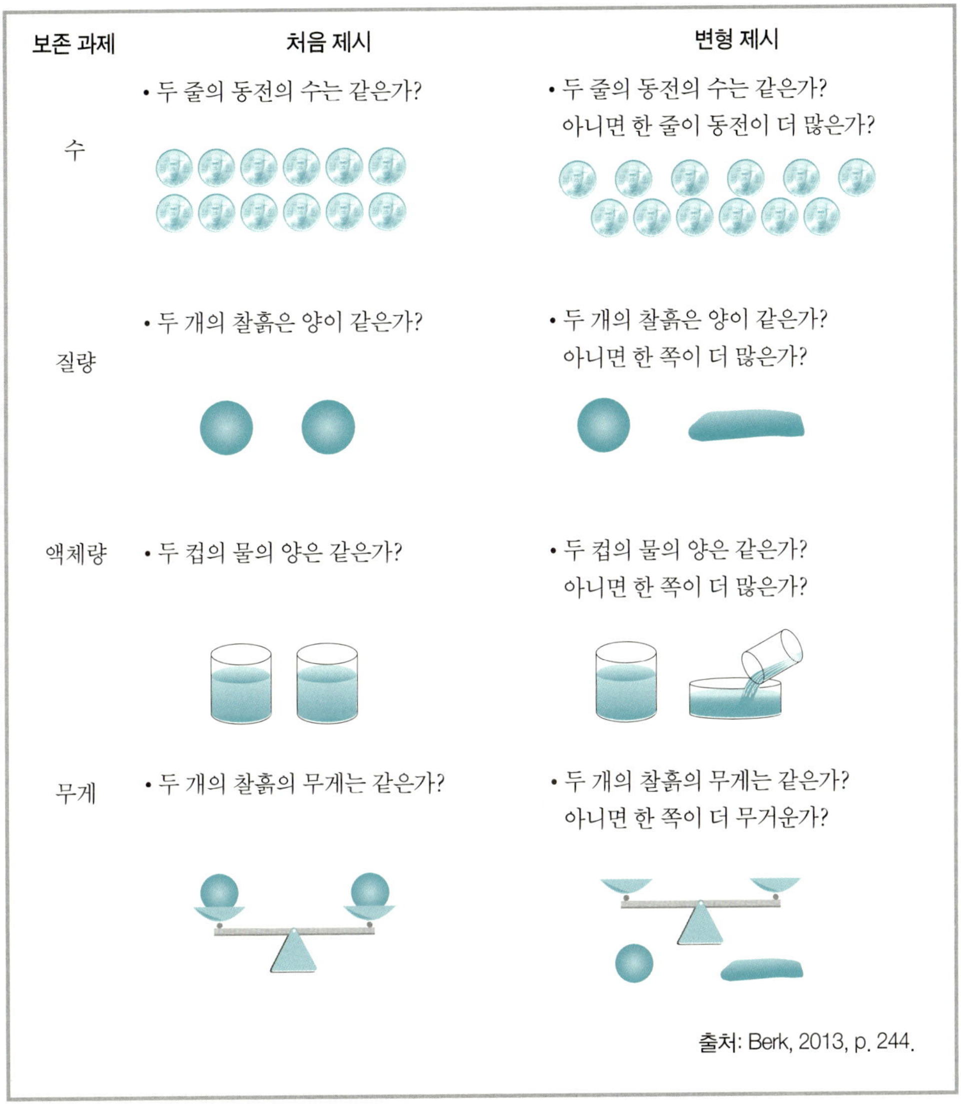

그림 3-2 피아제의 보존 과제

* 자기중심성은 아동기 이후에 사라지는가?

〈청소년기의 자기중심성〉

- 엘킨드(Elkind)의 자기중심성 이론에 의하면 청소년들은 형식적 조작기 사고의 발달과 가설설정능력이 획득되면 두 가지 왜곡된 신념을 갖게 된다. 이러한 왜곡된 신념은 보통 11~12세에 시작하여 15~16세 절정을 이루고, 이후 감소한다. 청소년기의 두 가지 인지적 왜곡은 상상의 청중과 개인적 우화이다.

- 상상의 청중(imaginary audience)

상상의 청중은 항상 누군가 자신을 지켜보고 있고, 관심을 갖고 있다고 믿는 경향이다. 자신이 타인의 관심의 초점이 된다고 생각하고, 강한 자의식을 가지게 된다.

- 개인적 우화(personal fable)

개인적 우화는 자신을 대단히 중요한 존재로 여기고, 자신의 감정이나 욕구가 독특하다고 생각하여 자신을 예외적인 존재로 지각하는 것이다. 따라서 개인적 우화에 지나치게 집착하면 다른 사람은 다 죽어도 자신은 결코 죽지 않을 것이라는 생각때문에 위험한 행동을 하게 된다.

그렇다면 이러한 청소년기의 인지적 왜곡은 어떻게 극복할 수 있는가?

청소년기의 인지적 왜곡은 다양한 사회적 경험을 통한 사고의 전환에 의해 극복할 수 있다. 우선 사회적 상호작용을 통해 상상의 청중이 아닌 실제 청중의 반응을 경험하게 되면서 사고의 방향을 수정할 수 있다. 또한 다른 사람과의 상호작용을 통해 자신의 감정과 사고가 자신만의 독특한 경험이 아니라 다른 사람도 비슷한 경험을 할 수 있다는 것을 깨닫게 되면서 개인적 우화를 극복하게 된다.

출처: 김춘경, 이수연, 최웅용(2008)

피아제는 7~8세 경에 이르면 중다분류가 가능하다고 보았다. 이 실험에서는 아동에게 작은 카드를 하나씩 보여주면서 왼쪽에 있는 빈칸에 어느 그림이 올 수 있는가를 질문한다. 각 문항에서 아동은 다음과 같은 질문을 받는다. 첫째, 빈칸에 적합한 그림은 무엇인가? 둘째, 왜 그 그림을 선택했는지 설명하라. 셋째, 다른 카드 한 두 장을 제시하면서 이 카드들도 괜찮지 않은지를 질문한다(선택의 안정성을 확인하기 위한 질문).

출처: Inhelder & Piaget, 1964, p. 160, p. 161.

그림 3-3 중다분류조작 실험

형식적 조작기 (formal operational stage, 11세 또는 12세~)

형식적 조작기의 특징은 추상적이고 가설-연역적 사고가 가능하며, 이상주의적 사고를 할 수 있다는 것이다. 형식적 조작기의 아동은 추상적인 사고가 가능하기 때문에 추상적 개념을 이해할 수 있다. 또한 가설-연역적 사고를 할 수 있는데, 다음에 제시되는 예를 살펴보자.

코끼리는 쥐보다 크다.

개는 쥐보다 크다.
따라서 코끼리는 개보다 크다.
쥐는 개보다 크다.
개는 코끼리보다 크다.
따라서 쥐는 코끼리보다 크다.

형식적 조작기 이전 단계에 있는 구체적 조작기에 있는 아이들은 첫 번째 예가 논리적이라고 생각하는 경향이 있다. 왜냐하면 첫 번째 예에서는 모든 진술문 각각이 참이기 때문이다. 반대로 두 번째는 각 진술문이 거짓이고 비논리적이기 때문에 고려할 필요가 없다고 생각한다. 반면 형식적 조작기에 있는 아동은 첫 번째 예에서 결론에 대한 진술문이 이전 전제들을 따르지 않고 있다는 점에 주목한다. 비록 첫 번째 예의 마지막 진술문 자체가 참이라고 해도 말이다. 반면 두 번째 예의 결론은 비록 그 진술문이 거짓이라고 해도 주어진 전제를 따르고 있다고 본다. 다시 말하면, 형식적 조작기에 있는 아동은 진실과 논리를 구분할 수 있고, 전제가 되는 진술문의 참, 거짓을 떠나서 주장들을 평가할 수 있다. 따라서 가설-연역적 추론은 사람들이 어떤 전제를 받아들이는가의 여부와 상관없이 일련의 전제들의 논리적 함의를 고려할 수 있게 한다(Moshman, 2011).

형식적 조작기에 나타나는 가설-연역적 사고와 이상주의적 사고는 형식적 조작기의 아동들이 자신의 삶과 관련된 다양한 가능성을 현실과의 관련성 속에서 고려하고 평가하기 때문에 가능하다. 예를 들어 성역할에 대한 인식을 생각해보자. 모든 문화에서 아동은 남성과 여성에게 적합한 역할에 대해 배우게 된다. 예를 들어 만일 의료계에 종사하는 여성은 주로 의사가 아닌 간호사로 여겨지는 문화가 있다고 가정해보자. 그 문화권에 있는 어린 아동은 외과 의사가 되려고 하는 여자아이가 있을 때 실제 그 사회의 성역할과 관련해서 가능성을 평가하려고 할 것이기 때문에 그 여자 아이의 생각을 이상하고 부적절한 것으로 여길 것이다. 반면 형식적 조작기에 있는 아동들은 다양한 성 역할에 대해 상상할 수 있다. 자신이 속한 사회에서 실제 성역할이 어떻게 이루어지느냐가 많은 가능성 중의 하나는 실현하는 것으로 볼 수 있다. 다른 가능성들과 관련해서 현실이 평가되고 고려된다. 형식적 조작기에서는 그래서 급진적인 관점의 전환이 이루어진다. 현실과 관련된 가능성을 고려하기 보다는 많은 가능성들과 관련해서 현실이 고려된다(Moshman, 2011). 이처럼 형식적 조작기에 있는 아이들은 자발적이고 체계적인 방식으로 가능성들을 생각해내고, 이러한 가능성의 관점에서 현실을 바꾸려고 하기 때문에 이상주의적 사고가 나타난다.

피아제 이론에 대한 평가

피아제 이론은 인간의 인지발달단계를 이해하는 데 있어서 가장 영향력 있는 이론중의 하나이며, 교육과정과 학습에 적용할 수 있는 교육적 시사점이 많은 이론이다. 한편 피아제 이후의 학자들은 피아제 이론이 어린 아동의 지적 능력을 과소평가하고 있다고 비판한다. 피아제가 주장한 것보다 어린 아동들이 실제로 더 높은 지적 수준을 보인다는 것이다. 예를 들어 대상영속성의 경우, 피아제는 대략 생후 8, 9개월 이후에 나타난다고 보았는데, 어떤 연구에서는 3개월 된 아이가 대상영속성 개념을 가지고 있는 것처럼 보이는 경우가 있다(Baillargeon, 1987). 또한 피아제 이론에 따르면 같은 단계 내에서는 아동의 사고가 일관성이 있어야 하는데, 실제로는 그렇지 않기 때문에 피아제가 주장하는 단계이론에 대한 문제를 제기하는 경우도 있다.

나. 비고츠키(Vygotsky)의 사회문화이론

비고츠키의 이론은 왜 사회문화이론인가?

비고츠키의 이론을 사회문화이론이라고 부르는 이유는 인지발달과정에서 사회적 상호작용, 문화적 맥락 등을 중시하기 때문이다. 비고츠키는 인지발달은 사회적 상호작용의 결과라고 하였고, 교사와 성인의 역할을 중시했다. 그는 교사와 성인을 통해 문화가 다음 세대에 전달되는 방식에 관심을 가졌다.

근접발달영역(Zone of Proximal Development: ZPD)은 실제적 발달 수준과 잠재적 발달 수준 간의 간격이다. 즉 학습자가 독립적으로 해결할 수 있는 것과 다른 사람

비고츠키 생애 소개

사진 출처: Wikipedia
http://en.wikipedia.org/wiki/Lev_Vygotsky

비고츠키 Lev Vygotsky(1896~1934)

비고츠키는 1896년에 벨라루스의 오르샤(Orsha)에서 태어나 모스크바에서 생을 마감했다. 그의 은행원인 아버지와 교사인 어머니 밑에서 7명의 형제들과 함께 성장하였다. 비고츠키의 가족들은 모여서 토론하기를 좋아했는데 이러한 가족 분위기의 영향을 받아 비고츠키는 친구들과의 논쟁에서 늘 주도적인 역할을 담당했다.

그는 모스크바 대학에서 법학을 전공하던 중에 1917년 러시아 혁명을 경험하게 되었다. 학생 활동가로서의 그의 경험은 그가 교육을 통한 아동발달에 대한 생각을 발달시키게 했다. 그는 또한 개인과 정치 발전에 있어서 사회적 지지와 다른 사람과의 협력이 중요하다는 사실을 깨닫게 되었다.

대학을 졸업한 후에, 비고츠키는 교사가 되어 Gomel의 한 고등학교에서 문학을, 지방사범대학에서 심리학을 가르쳤으며 신체장애아를 위한 교육에도 관심을 가졌다. 이후 1924년에 모스크바 심리학연구소의 연구원이 되어 본격적인 연구 활동을 진행하였으며 1925년에 예술심리학(The Psychology of Art)를 출간하였다. 그는 루리아(Alexander Luria)와 레온티에프(Alexei Leontiev)와 함께 인지발달에 대한 심리학적 연구를 진행했다. 특히 비고츠키는 Gesell, Werner, Piaget의 저서들을 접하고 그들이 강조한 내적 인지발달의 중요성을 인지함과 동시에 사회역사적 맥락에서의 발달을 고려하였다. 그는 1934년에 38세의 나이에 폐결핵으로 짧은 생을 마감했지만, 그의 사회문화이론은 발달심리학과 교육심리학 분야에서 중요한 시사점을 주고 있다.

참고문헌: 송명자(2011).
Peterson(2010).

의 도움을 받아 해결할 수 있는 것 간의 차이를 말한다.

비고츠키는 기존에 아동의 정신 발달을 연구하는 학자들이 아동에게 여러 검사를 하거나 다양한 난이도의 과업을 수행하도록 한 후, 아동이 혼자서 할 수 있는 정도를 정신 능력의 지표로 보았다는 점에 주목하고 있다. 즉 우리가 만일 아동이 혼자서 할 수 있는 것에만 관심을 갖는다면 교사가 문제를 해결하는 방법을 보여주거나 다른 아이들과 협력해서 아동이 문제를 해결하는 것은 아동의 정신발달과 관련하여 중요하게 생각하지 않는다는 것이다. 이와 관련하여 비고츠키는 어떤 의미에서 보면 아동이 혼자서 할 수 있는 것보다 다른 사람의 도움으로 할 수 있는 것이 아동의 정신발달을 더 잘 보여준다고 보았다(Vygotsky, 1978).

또한 비고츠키는 실제 연령이 10세인 두 아동의 정신연령을 비교하면서 근접발달영역을 설명하고 있다. 가령 실제 나이가 10세인 두 아동의 정신연령이 8세라고 가정할 수 있다는 것이다. 두 아동의 정신연령이 8세라는 의미는 8세 아동들이 풀 수 있는 난이도의 표준화된 과업을 두 아동이 독립적으로 해결할 수 있다는 것이다. 현재 두 아동이 독립적으로 해결할 수 있는 과제에 초점을 맞춘다면 이후 두 아동을 위한 학교학습과정이 동일한 과정을 밟게 될 확률이 크다. 반면 두 아동에게 문제를 다루는 다양한 방식을 보여주고 아동들에게 따라 해보라고 했을 때, 두 아동이 해결할 수 있는 문제의 수준이 다를 수 있다. 예를 들어 첫 번째 아동은 안내자의 도움을 받아 12세 아동이 풀 수 있는 수준의 과제를 해결할 수 있는 반면 두 번째 아동은 9세 아동이 풀 수 있는 문제를 다룰 수 있다는 것이다. 이러한 경우에 과연 두 아동은 같은 수준의 정신 능력을 가졌다고 말할 수 있을까? 그렇지 않을 것이다. 이러한 경우에 첫 번째 아동은 8세(독립적인 문제해결이 가능한 나이)와 12세(성인의 안내 또는 능력 있는 또래와의 협력을 통해 문제해결이 가능한 나이) 간의 차이가 근접발달영역이 되는 것이고, 두 번째 아동은 8세와 9세간의 차이가 근접발달영역이 된다. 즉 근접발달영역은 실제적 발달 수준과 잠재적 발달 수준 간의 간격이다(Vygotsky, 1978).

비고츠키에 의하면 근접 발달영역이라고 일컫는 영역에서 인지발달이 일어난다. 이 영역에서 섬세한 가르침이 이루어져야 하고 새로운 인지 성장이 발생하는 것으로 기대된다.

> 아직 성숙되지는 않았지만 성숙 과정에 있는 기능, 내일 성숙할 것이지만 미발달 상태에 있는 기능, 이 기능들은 발달의 열매라기보다는 발달의 싹이라고 할 수 있다(Vygotsky, 1978, 86-87).

그림 3-4 발판 또는 비계의 사전적 의미

http://en.wikipedia.org/wiki/Scaffolding

발판(또는 비계)은 근접발달영역에 따라 향상될 수 있도록 수업에서 학습자에게 주는 힌트, 지원 등을 의미한다. 발판은 원래 높은 빌딩을 지을 때, 공사장의 인부들이 더 높은 곳에 올라가기 위해 만들어 놓은 것을 의미한다. 일단 빌딩의 기본 구조가 완성되면, 그것은 제거되고, 나중에 필요한 때 쓰이게 된다. 이와 마찬가지로 아동은 학습과정에서 아동 자신이 생각할 수 있는 것보다 더 높은 수준에서 생각하도록 도와주는 성인의 도움을 받을 수 있다 (Wood, Bruner, & Ross, 1976). 따라서 발판은 인지적 성장을 촉진시키기 위한 사회적 협력의 한 특징이다. 성인이나 아동보다 유능한 또래가 아동 스스로 그 문제를 잘 해결할 수 있도록 도움을 제공하는 것이다.

근접발달영역의 적용 사례

피겨 스케이팅 코치가 어느 정도 기본 점프를 할 수 있는 선수들에게 더블 악셀(2회전 반) 점프를 가르치는 상황을 생각해볼 수 있다. 선수들은 이미 빙상에서 적절한 속도를 가한 후 무릎의 탄력을 이용해서 공중에서 더블(2회전) 점프를 하는 법을 알고 있다. 코치는 각 선수들의 장단점을 확인해서 더블 악셀 점프를 할 수 있도록 도움을 줄 수 있다. 아직 선수들 혼자서는 더블 악셀 점프를 할 수 없지만 코치로부터 스케이팅의 속도, 점프의 높이, 공중 회전시 몸의 움직임 등에 대한 힌트와 정보를 제공받는다면 선수들은 연습을 통해 혼자서도 더블 악셀 점프를 할 수 있을 것이다.

비고츠키의 사회문화이론에 의하면 인지발달은 사회적 조절에서 자기조절로 전환되는 것을 의미한다.

비고츠키의 이론에 따르면 아동의 근접발달영역에서의 수행은 그 아동에 비해 보다 유능한 다른 사람, 예를 들어 교사나 아동보다 능력 있는 또래가 도움을 주었을 때 촉진될 수 있다. 아동의 인지발달은 점차 사회적 국면에서 개인적 국면으로 전환되는데, 처음에는 타인의 도움을 받게 되지만(사회적 조절) 점차적으로 타인의 도움이 필요하지 않게 되면서 타인의 도움없이 혼자서 수행할 수 있게 된다(자기조절).

역동적 평가

비고츠키의 근접발달영역 개념은 기존의 IQ 검사와 같은 고정된 평가와는 달리 성인의 도움을 받은 후에 아동이 얼마나 더 잘할 수 있는지를 측정하는 역동적 평가(dynamic assessment)와 관련이 있다. 전통적인 평가에서는 주로 교사가 교실에서 학생의 실제적 발달 수준을 평가한다. 즉 어느 누구의 도움도 받지 않고 주어진 과제나 검사를 학생들이 어느 정도 완성할 수 있는지를 평가한다. 전통적 평가방식에 대한 대안으로 볼 수 있는 역동적 평가는 학생들이 이미 알고 있는 것을 평가하기보다 성인의 도움을 받아 어떤 새로운 것을 학습할 수 있는 능력을 평가하는 것이다. 따라서 역동적 평가는 일반적으로 세 가지 과정을 거치게 된다. 첫째, 학생이 초기에 혼자서 할 수 없는 과제를 확인하고, 둘째, 과제와 관련된 행동 및 사고과정에 대해 심층적으로 가르치고 연습하도록 한 후, 셋째, 각 학생이 심층적으로 배운 내용을 토대로 어느 정도 향상되었는지를 파악하는 것이다(Ormrod, 2011). 다시 말하면, 일반적으로 역동적 검사는 사전검사-개입-재검사의 순으로 이루어진다(Berk, 2013).

비고츠키 이론에 대한 평가

비고츠키 이론은 인지발달에 있어서 사회문화적 영향을 강조하고 있다. 특히 아동의 인지발달과정에서 교사와 성인의 가르침과 개입이 매우 중요한 역할을 한다는 점을 강조하고 있다. 한편 비고츠키의 이론에 대한 비판으로는 아동이 어떻게 사회적 경험을 내면화하여 그들의 인지적 기능을 발달시키는 지가 분명하지 않다는 비판(Moll, 1994)이 있다. 즉 어떻게 인지적 변화가 일어나는지를 제대로 설명하고 있지 못하다는 것이다.

2 피아제와 비고츠키 이론의 차이점

피아제와 비고츠키의 이론은 산에 오르는 상황에 비유해서 설명할 수 있다(Smith, Dockrell, & Tomlinson, 2000). 산에 오를 때 우리는 비교적 완만한 경사 길로 올라갈 수도 있고 바위를 타고 가파르게 올라갈 수도 있다. 혼자갈수도 있고 누군가의 도움을 받아 올라갈 수도 있다. 그러나 그 방법들은 모두 같은 산을 오르는 다른 길이라고 할 수 있다. 피아제나 비고츠키 모두 일련의 단계나 과정을 거쳐서 발달이 일어난다고 보았다는 점에서는 공통점이 있다. 그러나 몇 가지 점에서는 중요한 차이가 있다.

인지발달에 대한 피아제와 비고츠키의 입장의 차이점은 무엇인가?

피아제는 인지발달과정에서 아동이 스스로 탐구자가 되어 세상을 적극적으로 이해하려고 노력하는 것이 중요하다고 보았다. 반면 비고츠키는 이러한 개인적 탐색보다도 아동에게 도움을 줄 수 있는 성인이나 유능한 또래와의 상호작용이 더 중요하다고 보았다.

언어와 사고의 관계에 대한 피아제와 비고츠키의 입장의 차이는 무엇인가?

피아제는 대체로 언어의 중요성을 과소평가한 반면 비고츠키는 언어와 사고가 긴밀하게 관련된 것으로 보았다. 특히 비고츠키는 사고를 곧 내면화된 언어라고 보았고, 내면화된 언어는 아동이 자신의 행동과 문제해결을 조정하는 세 번째 국면에서 중요한 역할을 한다고 보았다. 아동이 자신의 행동과 문제해결을 조정하는 과정을 살펴보면, 첫째, 아동의 행동은 다른 사람의 말에 의해 통제된다. 그 다음에 아동의 행동은 자신의 사적 언어(private speech)에 의해 통제된다. 즉 마치 이전에 그들의 부모가 아동에게 말했던 것처럼 아동이 스스로 자신에게 큰 소리로 무엇을 해야 할지를 말한다. 마지막으로 아동의 행동은 내면화된 사적언어(사고)에 의해 통제된다. 이 때 아동은 스스로 자신에게 조용히 무엇을 해야 할지 말한다(Siegler et al., 2014).

사적언어에 대한 피아제와 비고츠키의 입장의 차이는 무엇인가?

피아제는 자기중심적 언어(egocentric speech)가 어린 아동이 다른 사람의 관점을 취하기 어렵다는 것을 나타내주는 징표라고 생각했다. 이러한 자기중심적 언어는 듣는 사람의 이해여부와는 상관없이 자기 자신에게 말하는 형태로 나타난다. 피아제는 자기중심적 언어는 나이가 들면서 인지발달이 점차 이루어지고 사회적 경험이 많아지면서 사라지게 된다고 보았다. 반면 비고츠키는 피아제와는 다르게 이러한 자기중심적 언어가 아동의 사고와 적절한 행동을 선택하는 것을 돕는 역할을 한다고 보았다. 비고츠키는 자기중심적 언어가 문제해결 및 계획, 추상적 사고, 자기 반성 등 모든 고차원적인 인지과정의 토대가 된다고 보았다. 비고츠키는 이러한 자기중심적 언어는 나이가 들면서 줄어들고 점차 내면화되어 내적 언어로 바뀐다고 보았다. 비고츠키의 입장을 지지하는 많은 연구결과들이 축적되면서 자기중심적 언어라는 용어대신 사적 언어(private speech)라는 용어가 사용되고 있다(Berk, 2013).

3 사례 분석

사례 1 다음에 제시된 신문기사 내용을 읽어보자.

최근 선행학습 금지 관련 법안이 국회를 통과했다. 국회 교육문화체육관광위원회는 2014년 2월 18일 전체회의를 열고 '공교육 정상화 촉진 및 선행교육 규제에 관한 특별법안'을 통과시켰다. 법안이 통과되면 6개월 안에 시행령이 만들어져서 8월 정도부터는 본격적으로 시행된다.

특별법이 시행되면 초중고교는 정규 교육과정을 벗어난 선행학습을 할 수 없다. 또 선행학습을 유발하는 평가도 금지된다. 예를 들면 그 동안 자주 논란이 됐던 외국어고등학교 등에서의 특정 학년 수준을 넘어선 시험 문제 출제 등이 원천적으로 차단된다. 이 법안은 초중고교 및 대학의 입학시험 등 전형이 각급 학교 입학 단계 이전 교육과정 범위와 수준에서 벗어나지 않도록 규정했다.

출처: 2014년 2월 19일 동아일보 '반쪽' 선행학습 금지

질문: 인지발달이론에 근거하여 선행학습이 어떠한 의미와 문제가 있을 수 있는지 논의해보자.

사례 2 넌 왜 혼잣말을 하니?

네 살 된 경민이는 아빠가 새로 사주신 조립식 장난감을 가지고 혼자 놀고 있다. 장난감을 조립하는 것이 쉽지 않아서 경민이는 이리 저리 궁리하다가 '아 이렇게 하면 되네' 라고 혼잣말을 하면서 조립을 해나갔다. 피아제와 비고츠키가 경민이가 장난감을 가지고 놀면서 혼잣말을 하는 모습을 옆에서 지켜보고 있다.

질문: 피아제와 비고츠키의 이론에 따르면, 경민이가 혼잣말을 하는 모습은 어떻게 해석할 수 있을까?

사례 3 "앞에 가는 차가 우리 차보다 빨라요."

오늘은 모처럼 주말을 맞이하여 아빠와 아들이 함께 할머니 댁에 가는 중이다. 고속도로에서 아빠의 차는 시속 100킬로미터로 달리고 있고, 100미터 앞에 다른 차가 달리고 있다. 아빠 차와 앞 차는 계속해서 일정한 간격을 유지하면서 달리고 있다.

- 아빠: (앞차를 가리키며) 누가 더 빨리 달리고 있니? 우리 차니? 저 차니? 아니면 두 차가 같은 속도로 가고 있니?
- 아들: 앞차가 더 빨리 달리고 있어요.
- 아빠: 왜 그렇게 생각해?
- 아들: 우리 차 앞에 있으니까요.
- 아빠: 음… 사실 우리는 같은 속도로 달리고 있는 거란다.
- 아들: 네?

질문: 피아제 이론에 따르면 아들은 왜 앞차가 더 빨리 달리고 싶다고 생각한 것일까? 그리고 왜 아빠의 설명에 놀란 것일까?

4 주요 개념

주요개념	설명
발생론적 인식론 (Genetic epistemology)	인간의 지식이 어떻게 생겨나는가를 설명하는 학문
도식 (Scheme)	사고의 기본단위, 조직화된 행동 및 사고형태
조직화 (Organization)	자신의 경험이나 지식을 체계화시키려는 선천적인 경향성
동화 (Assimilation)	자신의 기존 도식에 맞추어 새로운 지식이나 정보를 수용하는 것
조절 (Accommodation)	자신의 기존 도식을 새로운 지식이나 정보에 부합되도록 변화시키는 것
적응 (Adaptation)	동화와 조절의 과정을 거쳐 환경에 요구에 맞는 도식을 형성하는 과정
불평형 (Diseguilibrium)	사람의 사고과정과 환경사건 사이의 불균형 또는 모순
평형화 (Equilibrium)	동화와 조절의 과정을 거쳐서 불평형한 상태를 벗어나 인지적 균형상태를 이루는 것
대상영속성 (Object permanence)	대상이 더 이상 보이지 않아도 그 대상이 계속해서 존재한다는 것을 이해하는 것
상징적 사고 (Symbolic thought)	대상과 경험을 표상하는 데 상징(심상과 단어)을 사용하는 능력
정신적 조작 (Mental operation)	과거에 일어났던 사건들을 내면화시켜 서로 관련지을 수 있는, 즉 논리적인 관계를 고려할 수 있는 것을 의미함
중심화 (Centration)	어떤 상황에서 다른 중요한 특징은 무시하고 두드러진 한가지 측면에만 초점을 맞추는 경향
자기중심성 (Egocentrism)	다른 사람의 관점을 고려하지 못하고 자신의 관점으로만 세상을 이해하는 경향성
가역성 (Reversibility)	어떤 문제에서 일련의 단계를 고려할 수 있고, 머리 속으로 그 단계들을 거꾸로 생각해서 출발점으로 되돌아갈 수 있는 능력

탈중심화 (Decentration)	어떤 상황에서 두드러진 한 가지 측면에만 초점을 맞추는 것이 아니라 두 개 이상의 측면을 동시에 고려할 수 있는 것
보존 개념 (Conservation)	어떤 물체의 외적인 모습이 바뀌어도 물체의 특정한 물리적 속성은 여전히 같다는 사실을 이해하는 것
수평적 격차 (Horizontal decalage)	동일한 논리적 조작상태 있음에도 논리적 조작의 대상에 따라 개념의 획득 시기가 달라지는 현상
중다분류 (Multiplicative classification)	여러 가지 기준을 고려하여 사물을 분류하는 과정
상상의 청중 (Imaginary audience)	항상 누군가 자신을 지켜보고 있고, 관심을 갖고 있다고 믿는 경향
개인적 우화 (Personal fable)	자신을 대단히 중요한 존재로 여기고, 자신의 감정이나 욕구가 독특하다고 생각하여 자신을 예외적인 존재로 지각하는 것
감각동작기 (Sensorimotor stage)	출생에서 2세까지로, 감각과 동작에 의존해서 자신을 둘러싸고 있는 세계를 이해하는 시기
전조작기 (Preoperational stage)	2세에서 7세까지로, 상징적 사고가 가능하나, 중심화, 자기중심성, 비가역성 등의 인지적 한계를 보이는 시기
구체적 조작기 (Concrete operational stage)	7세에서 11, 12세까지로, 아동이 탈중심화, 가역적 사고, 보존개념을 획득하게 되고, 분류 및 서열화, 논리적 사고가 가능해지는 시기
형식적 조작기 (Formal operatonal stage)	11, 12세에서 성인기까지로, 추상적, 가설연역적 사고, 이상적 사고가 가능한 시기
사회문화이론(Sociocultural theory of development)	인지발달과정에서 사회적 상호작용과 문화적 맥락을 중시하는 이론
실제적 발달 수준 (Actual developmental level)	아동이 혼자 문제를 해결할 수 있는 수준
잠재적 발달 수준 (Potential developmental level)	다른 사람(성인이나 또래)의 도움을 받아 문제를 해결하는 수준
근접발달영역 (Zone of proximal development)	학습자가 혼자 해결할 수 있는 실제적 발달 수준과 다른 사람의 도움을 받아 해결할 수 있는 잠재적 발달 수준간의 간격
발판 또는 비계 (Scaffolding)	성인이나 아동보다 유능한 또래가 아동 스스로 그 문제를 잘 해결할 수 있도록 도움을 제공하는 것
사적언어 (Private speech)	자기 자신에게 말하는 혼자말
역동적 평가 (Dynamic assessment)	학생들이 이미 알고 있는 것을 평가하기보다 성인의 도움을 받아 어떤 새로운 것을 학습할 수 있는 능력을 평가하는 것

5 연습문제

1. 다음의 〈보기〉는 비고츠키(Vygotsky)가 말하는 사적언어(private speech)에 대한 설명이다. 맞는 것만으로 묶은 것은?

> 가. 인지적 미성숙의 표시이다.
> 나. 자신의 행동과 사고를 안내한다.
> 다. 나이가 들어감에 따라 점차 증가한다.
> 라. 과제가 어렵고 혼동될 때 많이 사용한다.

① 가, 나　② 가, 다　③ 나, 다　④ 나, 라

2. 〈보기〉의 대화 내용에 근거할 때, 진수의 인지 발달 단계는?

> 교사: 진수야, 그림 속에는 장미꽃이 몇 송이나 있지?
> 진수: 여덟 송이요.
> 교사: 국화꽃은 몇송이지?
> 진수: 다섯 송이요.
> 교사: 장미꽃과 국화꽃 중에서 어느 것이 더 많을까?
> 진수: 장미꽃이요.
> 교사: 그러면 장미꽃이 많을까, 꽃이 많을까?
> 진수: 장미꽃이요.
> 교사: 왜 그렇게 생각하지?
> 진수: 그냥 그래요.

① 감각 운동기　② 전조작기　③ 구체적 조작기　④ 형식적 조작기

3. 비고츠키(L. Vygotsky)의 관점에 부합하지 않는 것은?

① 언어가 사고를 발달시키기보다는 사고가 언어 발달을 촉진한다.

② 교사의 역할은 역동적 평가를 통해 학습 잠재력을 확인하는 일이다.

③ 교사는 협력적인 학습 환경을 조성함으로서 아동의 학습을 촉진할 수 있다.

④ 아동의 인지 발달은 더 성숙하고 유능한 사람과의 상호작용을 통해 촉진될 수 있다.

4. 다섯 살 된 아이가 동물원에 가서 처음으로 너구리를 보고 "강아지다!"라고 외쳤다. 이런 현상을 설명하기에 가장 적절한 개념은?

① 조절 ② 동화 ③ 조건화 ④ 자동화

5. 피아제(J. Piaget)의 인지발달 단계 중 전조작기의 특징을 〈보기〉에서 고르면?

가. 대상영속성이 나타난다.
나. 가설 · 연역적으로 추론한다.
다. 사고와 언어가 자기중심적이다.
라. 상징을 형성하고 사용하는 능력이 발달하기 시작한다.

① 가, 나 ② 가, 다 ③ 나, 라 ④ 다, 라

6. 〈보기〉의 내용이 설명하는 것은?

- 피아제(J. Piaget) 인지발달 이론의 주요 개념이다.
- 인지구조를 균형 있게 유지하려는 경향성을 의미한다.
- 동화와 조절이 기본적인 기제이다.

① 일반화 ② 조건화 ③ 부호화 ④ 평형화

7. 비고츠키(L. Vygotsky)의 인지발달 이론과 거리가 먼 것은?

① 아동의 인지발달에는 근접발달영역이 존재한다.

② 아동의 인지발달은 사회적 상호작용의 결과이다.

③ 교사의 도움은 아동의 인지발달에 중요한 역할을 한다.

④ 아동의 인지발달은 자극과 반응 간의 연합에 의한 결과이다.

8. 〈보기〉에서 비고츠키(L. Vygotsky)의 견해와 부합하는 것을 고르면?

> 가. 적절한 학습이 발달을 촉진한다.
> 나. 언어가 사고발달을 촉진하기 보다는 사고가 언어발달을 촉진한다.
> 다. 아동은 혼자서 세계에 대한 폭넓은 이해를 구성하는 '작은 과학자'이다.
> 라. 아동의 인지발달을 위해 성인이나 유능한 또래와의 협동이 필요하다.

① 가, 다 ② 가, 라 ③ 나, 다 ④ 나, 라

9. 영희의 행동특징을 피아제(J. Piaget)의 인지발달 이론에 기초하여 파악한 교사가 영희의 발달단계에 맞게 지도한 교수활동이라고 할 수 없는 것은?

> 영희는 요즘 들어 물건 정리에 재미를 붙인 듯하다. 학급 문고의 책들을 위인전과 동화책으로 나누어 다른 칸에 꽂더니 곧 위인전은 두꺼운 순서대로, 동화책은 표지의 색깔별로 정리하고 있다. 책 정리 다음에는 친구들의 연필을 모두 모아서 길이대로 늘어놓는다.

① 교실과 교무실의 크기를 비교하게 한 후, 면적의 차이를 가르쳤다.
② 친척이라는 추상적인 개념은 가계도 그림 자료를 활용하여 설명하였다.
③ 오징어와 문어의 그림을 보고 공통점과 차이점을 설명해 보도록 하였다.
④ 감추기-찾기 놀이를 통해 눈에 보이지 않는 물건도 세상에 존재함을 알게 하였다.
⑤ 지도에 경계선을 그려가며 서울의 행정구역 단위인 구(區)와 동(洞)의 포함관계를 가르쳤다.

10. 비고츠키(Vygotsky)의 언어와 사고 발달에 대한 설명으로 옳지 않은 것은?

① 어려운 문제를 해결할 때, 내적 언어의 사용 빈도가 증가한다.
② 아동의 지적발달은 내적 언어와 사회적 언어 모두에 영향을 받는다.
③ 2세 경이 되면 사고와 언어가 결합되어, 언어는 점차 합리적으로 표현된다.
④ 사고는 언어에 선행하므로, 인지발달이 적절한 수준에 이르지 못하면 언어 학습의 효과가 없다.

11. 비고츠키(L. Vygotsky)의 인지발달에 관한 견해와 거리가 먼 것은?

① 인지발달은 사회문화적 맥락의 영향을 받는다.

② 인지발달은 변증법적 교류에 의해 이루어진다.

③ 근접발달영역은 잠재적(potential) 발달 수준과 실제적(actual) 발달 수준 사이의 영역을 의미한다.

④ 실제적 발달수준은 부모나 교사의 도움을 받아 과제를 해결할 수 있는 능력 수준을 의미한다.

12. 다음은 삐아제(J. Piaget) 이론의 인지발달 기제와 관련된 예화이다. ㉠, ㉡, ㉢에 해당하는 개념을 바르게 나열한 것은?

> 현아는 모둠 학습과제를 위해 디지털 카메라를 꺼내어 작동시켜 보았더니 고장이 나 있었다. 그래서 어머니께서 빌려다 주신 것을 사용하게 되었다. ㉠낯선 제품이었지만 평소 자기의 카메라를 다루던 방식으로 전원 스위치를 눌렀더니 작동이 되었다. 그러나 ㉡풍경모드로 전환하는 방식이 예전의 자기 것과는 달라 당황스러웠다. 현아는 ㉢기능버튼을 눌러 보고 새로운 제품의 사용방법을 익혔다. 그 결과 그 제품을 자유로이 다룰 수 있게 되었다.

	㉠	㉡	㉢
①	도식	조절	동화
②	조절	동화	도식
③	동화	비평형화	조절
④	조절	비평형화	동화

13. 유치원생인 수진이는 퍼즐 문제를 해결하면서 "아니야, 그것은 맞지 않아, 이렇게 하면 어떨까? 여기로? 아니다. 차라리 저기가 어떨까? 그 다음에는 어떻게 하지?"라고 혼잣말을 하였다. 수진이의 행동을 비고츠키(L. Vygotsky)의 견해에 비추어 해석할 때 가장 적절한 것은?

① 자기중심적 사고를 반영하고 있다.

② 언어가 사고로 내면화되는 과정이다.

③ 사고과정에 비계를 적극적으로 활용하고 있다.

④ 자기조절 및 인지적 통계가 불가능함을 반영하고 있다.

14. 〈보기〉는 인지발달에 관한 피아제(J. Piaget)와 비고츠키(L. Vygotsky)의 관점을 비교한 것이다. 옳은 진술을 모두 고른 것은?

> ㄱ. 피아제는 개인 내부에서 새로운 지식이 어떻게 구성되는가에 관심을 두었으나, 비고츠키는 문화의 맥락안에서 정신적 도구가 어떻게 매개되는가에 관심을 두었다.
> ㄴ. 피아제는 사회적 상호작용이 언어를 습득하고 생각을 교환하는 수단이라고 보았으나, 비고츠키는 사회적 상호작용이 인지구조를 검증하고 확인하는 수단이라고 보았다.
> ㄷ. 피아제는 교사가 아동의 평화를 깨뜨리는 경험을 제공해야 한다는 점을 시사하였으나, 비고츠키는 교사가 아동에게 발판을 제공하고 상호작용을 안내해야 한다는 점을 시사하였다.

① ㄱ, ㄴ ② ㄱ, ㄷ ③ ㄴ, ㄷ ④ ㄱ, ㄴ, ㄷ

15. 피아제(J. Piaget)의 인지발달 이론에 근거할 때, 빈칸에 공통적으로 들어갈 용어로 적절한 것은?

> • [ ]은/는 오류가 생기는 상황에 직면할 때 일어난다.
> • [ ]은/는 인지적 성장을 고무하기에 알맞은 정도로 유지되어야 한다. 그 이유는 문제가 너무 단순해서 학생들이 지루해 해서도 안 되고, 교수내용을 이해할 수 없어서 뒤쳐져서도 안 되기 때문이다.
> • 주먹만 한 스티로폼과 손톱만 한 유리구슬을 물속에 담그기 전과 후를 학생들에게 보여주었을 때, 학생들은 그 상황에서 '일어나야 한다고 생각하는 일'과 '실제로 일어나는 일' 사이의 [ ]를 경험한다.

① 동화(assimilation) ② 보존(conservation) ③ 가역성(reversibility)
④ 불평형(disequilibrium) ⑤ 자기중심화(egocentering)

16. 다음 문 교사의 생각에 근거가 되는 학자의 견해와 부합하는 것만을 〈보기〉에서 있는 대로 고른 것은?

> 문 교사는 금년 하계 방학 연수에서 학생들의 지능이나 인지발달 수준을 측정할 때, 그들이 이미 알고 있는 것이 아니라 학습에 대한 잠재적 능력을 측정해야 한다는 학자의 이론을 배웠다. 이 학자는 전통적인 지능검사의 한계를 지적하면서 근접발달영역(zone of proximal development)이라는 개념을 처음으로 주장했다. 연수 이후 문 교사는 학생들이 혼자서 해결할 수는 없지만 타인의 도움을 받으면 해결할 수 있는 근접발달영역에서 학습이 가장 효과적으로 이루어지며, 이 영역이야말로 교수 · 학습 및 평가 활동에서 강조되어야 한다고 생각하게 되었다.
>
> ㄱ. 인지발달은 언어발달에 선행한다.
> ㄴ. 적절한 학습이 인지발달을 촉진하다.
> ㄷ. 개인의 발달을 이해하기 위해서는 그 개인이 속해 있는 사회 · 문화적 환경을 이해하는 것이 중요하다.
> ㄹ. 평형화(equilibration)는 개인이 스스로 자신의 인지구조를 형성하고 재구성하는 인지발달의 핵심기능이다.

① ㄱ, ㄴ ② ㄴ, ㄷ ③ ㄷ, ㄹ ④ ㄱ, ㄴ, ㄷ ⑤ ㄱ, ㄷ, ㄹ

참고문헌

김춘경, 이수연, 최웅용(2008). 청소년상담. 서울: 학지사.

송명자(2011). 발달심리학. 서울: 학지사.

정옥분, 정순화, 황현주(2009). 애착과 발달. 서울: 학지사.

Baillargeon, R. (1987). Object performance in 3 1/2 and 4 1/2-month-old infants. *Developmental Psychology*, 23, 655-664.

Berk, L. E. (2013). *Child development* (9th ed.). Boston: Pearson.

Inhelder, B., & Piaget, J. (1964). *The early growth of logic in the child: Classification and seriation*. New York: W.W. Norton & Company Inc.

Moll, I. (1994). Reclaiming the natural line in Vygotsky' s theory of cognitive development. *Human Development, 37*, 333-342.

Moshman, D. (2011). *Adolescent rationality and development: Cognition, morality and identity* (3rd edition). New York: Psychology Press.

Ormrod, J. E. (2011). *Educational psychology: Developing leaners* (7th ed.). Boston: Pearson.

Peterson, C. C. (2010). *Looking Forward Through the Lifespan: Developmental Psychology*. (5th Ed). Frenchs Forest, NSW: Pearson.

Piaget, J. (1969). *The Early Growth of Logic in the Child*. New York: W. W. Norton & company.

Piaget, J. (1997). *The Language and Thought of the Child*. London: Routledge.

Shaffer, D. R. (2000). *Social and personality development*, 4th Edition, Belmont, CA: Wadsworth.

Siegler, R., DeLoache, J., Eisenberg, N., & Saffran, J. (2014). *How children develop*. 4th Edition. New York: Worth Publishers.

Smith, L., Dockrell, J., & Tomlinson, P. (2000). Introduction. In L. Smith, J. Dockrell & P. Tomlinson (Eds.) *Piaget, Vygotsky and beyond*, London, UK: Routledge, pp. 1-20.

Vygotsky, L. S. (1978). *Mind in society: The development of higher psychological processes*. Cambridge. MA: Harvard University Press.

Wadsworth, B. (1996). *Piaget's theory of cognitive and affective development: Foundations of constructivism* (5th Ed.). White Plains, NY: Longman Publishers.

Wood, D., Bruner, J. S., & Ross, G. (1976). The role of tutoring in problem solving. *Journal of Child Psychology and Psychiatry, and Allied Disciplines, 17*, 89-100.

Jean Piaget Society Website:
http://www.piaget.org/aboutPiaget.html

Oxford Bibliographies Website:
http://www.oxfordbibliographies.com/view/document/obo-9780199791231/obo-9780199791231-0085.xml?rskey=zjn9JX&result=

제4장

성격 및 사회성 발달

어른이 되어도 해결해야 하는 인생의 숙제가 있는 것일까?

서연이는 부모님과 오빠 1명이 있다. 어렸을 때부터 항상 집안 분위기가 따뜻하고 화목하다고 느꼈기 때문에 늘 집에 있으면 즐거웠다. 그런데 요즘 들어 서연이도 그렇고 다른 식구들도 걱정거리가 있는 것 같다. 나이가 들면 고민이 다 해결될 줄 알았는데, 다들 무슨 고민이 있는 걸까?

서연이는 초등학교 1학년이다. 유치원에 다닐 때는 친구들과 재미있게 잘 지냈는데 초등학교에 들어오니까 할 일이 너무 많다. 매일 담임 선생님은 내일 가지고 와야 할 준비물과 숙제를 칠판에 적어주신다. 담임선생님이 적어 주신 내용을 알림장에 적어서 집에 가져가면 엄마가 준비물을 챙겨주시고, 숙제를 하라고 하신다. 학원에 가기 전에 숙제를 빨리 마쳐야 내가 좋아하는 TV 프로그램을 볼 수 있다. 그런데 요즘 책상 앞에 앉아있으면 숙제가 너무 하기 싫다. 점점 더 해야 할 숙제가 많아지는 것 같고, 앞으로 공부를 잘 못하는 사람이 될 것 같은 생각이 들어 걱정이다.

서연이의 오빠인 서준이는 중학교 2학년이다. 다음 주에 중간고사가 시작되는데 시험공부를 하려고 하면 자꾸 '나는 누구지?' '나는 무엇을 위해, 왜 사는 걸까?' '앞으로 나는 어떤 일을 하며 살아야 될까'와 같은 질문이 많이 생긴다. 어제도 시험공부를 하려고 하는데 새벽 2시까지 이런저런 생각을 하느라 계획했던 공부를 하지 못했다.

서연이의 아빠는 대기업 부장으로 일하고 계신다. 그 동안 아내와 서연이, 서준이를 위해 열심히 일해왔는데, 요즘 들어 우울한 생각이 들 때가 있다. 회사의 구조조정 때문에 명예퇴직을 조만간 해야 될 지도 모르는 상황이라서 앞으로 우리 가족을 어떻게 부양할 수 있을까 고민이 된다. 서연이 엄마도 요즘 서연이와 서준이 때문에 고민이 많다. 서연이와 서준이가 공부를 알아서 잘 해주면 좋겠는데, 부모의 기대만큼 잘 따라주지 않는 것 같아 걱정이다. 특히 서준이는 요즘 들어 나쁜 친구들과 문자를 주고 받으면서 자주 어울리는 것 같다. 자식 교육을 제대로 못 시킨 것 같은 생각 때문에 울적한 마음이 든다.

서연이네 가족이 요즘 겪고 있는 문제는 단지 심각한 위기일까? 아니면 인간적인 성숙을 위해 풀어야 하는 인생의 숙제일까?

1 성격발달에 대한 에릭슨(Erikson)의 심리사회적 발달이론

왜 우리는 학습자의 성격 및 사회성 발달에 관심을 가져야 하는가?

교사는 교수-학습상황 뿐만 아니라 또래관계나 심리 및 행동적 문제를 포함한 학생들의 다양한 문제에 대한 생활지도와 관련된 상황에서도 합리적인 문제해결과 의사결정이 필요하다. 또한 실제로 초등학교나 중 · 고등학교에 다니는 학생들은 수업에 대한 이해정도나 공부 때문에 어려움을 겪는 경우가 많은데, 학업과 관련된 이러한 문제들이 개인의 성격이나 자신과 타인에 대한 태도, 가치판단의 문제와 긴밀히 연관이 있다는 점을 이해할 필요가 있다. 따라서 교사가 학습자의 성격 발달과 사회성 발달에 관한 정확하고 충분한 지식을 갖추고 있을 때, 학생들에게 도움이 되는 방식으로 적절하게 의사결정을 할 수 있을 것이다.

가. 심리사회적 발달단계별 특징

에릭슨의 이론은 왜 심리사회적 발달이론이라고 부르는가?

에릭슨은 사람들이 살면서 평생 8개의 중요한 위기에 직면한다고 보았다. 각각의 위기는 발달과정에서의 성숙과 생의 특정시점에서 사람들이 경험하는 사회적 요구에 의해 생의 특정 시기에 나타난다. 각각의 위기를 성공적으로 해결해야만 다음 단계의 위기를 만족스럽게 해결할 수 있다. 에릭슨은 프로이드의 발달단계와는 다르게 성인후기까지 포함하여 인간발달단계를 다루고 있다. 에릭슨은 성인들이 경험하는 자녀양육, 은퇴, 직장에서의 좌절, 죽음에 대한 생각 등은 아동과 청소년이 경험하는 문제와는 다르다고 보았다.

에릭슨 생애 소개

사진 출처: 위키피디아

에릭슨 Erik Erikson(1902~1994)

에릭슨은 1902년에 독일의 프랑크푸르트(Frankfurt)에서 태어났다. 에릭슨은 어머니가 재혼한 후 양부 밑에서 어린 시절을 보내게 된다. 에릭슨의 양부에 대한 주변 사람들의 평판이 좋은 편이었고, 그가 에릭슨의 어머니와 결혼할 때 자신이 에릭슨의 생물학적 아빠가 되어 주겠다고 약속했다. 그러나, 에릭슨의 양부는 에릭슨을 입양할 때 필요한 법적 절차를 몇 년이나 더 늦게 진행하였고, 에릭슨이 40세가 되어서야 법적 서류에서 에릭슨이 아들이라는 사실을 인정했다. 에릭슨은 아동은 어른이 어떤 의식적 태도를 보이거나 표면적인 행동을 한다고 해도 어른의 진짜 감정을 감지할 수 있는 신기한 능력을 가졌다고 토로한 바 있다. 아마 에릭슨에 대한 양부의 이중적인 태도가 에릭슨에게 그대로 전해져서 에릭슨은 많은 분노와 화를 경험했을 것이다. 에릭슨은 덴마크인의 외모를 가졌는데, 부모와는 다른 외양적 특징 때문에 주변의 이웃들이 안 좋은 이야기들을 했고 에릭슨이 자라면서 이러한 일들이 그를 더욱 의심과 혼돈에 빠뜨렸다. 이러한 개인적 경험이 에릭슨이 정체감 위기에 대해 관심을 갖게 한 것으로 알려져 있다.

에릭슨은 자신의 커리어를 구축하는 데 오랜 시간이 걸렸다. 에릭슨은 미술에 대한 관심 때문에 대학을 가는 대신 유럽을 돌아다녔다. 이 시기에 그는 프로이드의 딸인 안나 프로이드가 운영하는 학교에서 강사로 일하게 되면서 정신분석학 공부를 시작하게 되었다. 그는 1930년대 초에 히틀러 치하의 독일을 떠나 미국으로 가서 Austen Riggs 센터, 하버드 심리클리닉, 캘리포니아 대학의 아동복지연구소, 예일 대학의 게젤 아동발달연구소, 피츠버그에 있는 서양 정신의학연구소 등에서 일했다. 대표 저서로는 'Childhood and Society', 'Young Man Luther', 'Gandhi's Truth', 'Identity, Youth and Crisis' 등이 있다.

참고문헌: Burston(2007)

에릭슨은 사람들이 출생부터 노년기까지 살아가면서 8개의 중요한 위기에 직면한다고 보았다.

에릭슨은 인간은 특정한 시기에 충족시키고자 하는 욕구가 있는데, 이러한 욕구가 환경에서 잘 충족되기도 하고, 좌절되기도 한다고 보았다. 만일 주어진 환경에서 개인의 욕구가 충족되는 경험을 많이 하면 긍정적인 방향으로 성격발달이 이루어지지만, 욕구가 좌절되는 경험을 많이 하면 부정적인 방향으로 성격발달이 이루어진다는 것이다. 〈표 4-1〉은 이러한 에릭슨의 심리사회적 단계와 위기를 설명하고 있다.

표 4-1 에릭슨의 심리사회적 단계와 위기

대략적 연령	에릭슨의 단계 또는 심리사회적인 위기	에릭슨의 관점 : 주요 사건 및 사회적 요인
출생~1년	기본적 신뢰감 대 불신감	영아는 자신의 기본적 요구를 들어주는 타인을 신뢰하는 법을 배워야 한다. 만약 양육자가 영아의 욕구를 들어주는 것을 거부하거나 일관성이 없게 대한다면, 영아는 자신이 살고 있는 이 세상이 신뢰롭지 못하고 믿을만하지 않은 사람들로 가득 찬 위험한 곳이라고 생각할 것이다. 이 시기에는 엄마 또는 기본 양육자가 중요한 사회적 대리인이다.
1~3세	자율성 대 수치심 및 회의감	아동은 스스로 음식을 먹고 옷을 입고 자신의 위생을 스스로 챙기는 등 '자율적'이 되는 법을 배워야 한다. 이러한 독립성을 획득하지 못하면 아동은 자신의 능력에 대해 의심하게 되고, 수치심을 느낀다. 이 시기에는 부모가 중요한 사회적 대리인이다.
3~6세	주도성 대 죄의식	아동은 다 큰 아이처럼 행동하려고 하고, 자신의 역량을 넘어서는 책임감을 수용하려고 노력한다. 아동의 목표나 활동들은 때때로 부모와 다른 식구들의 목표 및 활동과 갈등을 일으킨다. 이러한 갈등을 겪을 때 아동은 스스로 죄의식을 느끼게 된다. 이 위기를 성공적으로 해결하기 위해서는 조화가 필요하다. 즉 아동은 자기주도성을 계속 가지고 있어야 하는 동시에 다른 사람들의 권위, 특혜, 목표를 침해하지 않는 방법을 배워야만 한다. 이 시기에는 가족이 중요한 사회적 대리인이다.
6~12세	근면성 대 열등감	아동은 중요한 사회적, 학문적 기술을 숙달시켜야 한다. 이 시기에 아동은 자신을 또래와 비교하게 된다. 만일 아동이 충분히 근면하다면, 아동은 자신감을 느끼게 하는 사회적, 학문적 기술을 획득할 것이다. 반면 이러한 중요한 특성을 습득하지 못하면 열등감을 느끼게 될 것이다. 이 시기에는 교사와 또래가 중요한 사회적 대리인이다.

12~20세	정체감 대 역할 혼돈	이 시기는 아동기와 성인기 사이에 있는 교차로이다. 청소년들은 "나는 누구인가?" 라는 질문에 사로잡힌다. 청소년들은 기본적인 사회적, 직업적 정체감을 확립해야 한다. 만일 그렇지 못하면 자신이 성인으로서 해야 할 역할에 대해 혼돈스러운 상태에 남아 있게 된다. 이 시기에는 또래집단이 중요한 사회적 대리인이다.
성인초기 (20~40세)	친밀감 대 고립감	이 단계의 주요 과업은 강력한 우정을 형성하고, 다른 사람과 사랑과 동료애(또는 공유된 정체감)를 획득해야 하는 시기이다. 우정이나 친밀한 관계를 형성하지 못하면 외로움이나 소외감을 느끼게 된다. 이 시기에는 애인, 배우자, 친한 친구(동성, 이성 친구 모두 포함)가 중요한 사회적 대리인이다.
성인중기 (40~65세)	생산성 대 침체감	이 단계에서 성인은 자신의 직장에서 점차 생산적인 과업을 맡게 되고, 가족 부양이나 젊은 사람들의 욕구를 보살펴주는 과업에 직면하게 된다. 이때 "생산성"의 기준은 자신의 문화에 의해 규정된다. 이러한 책임감을 감당하기 힘들거나, 기꺼이 책임지고 싶어 하지 않는 사람들은 침체되거나 자기중심적인 사람으로 남을 것이다. 이 시기에는 배우자, 자녀, 문화적 규범이 중요한 사회적 대리인이다.
성인후기 (노년기)	자아통합 대 절망감	보다 나이든 성인들은 삶을 되돌아볼 것이다. 즉 자신의 삶이 의미 있고, 생산적이며 행복한 경험이었는지 아니면 충족되지 않는 약속들과 실현되지 않은 목표들로 점철된 절망스러운 삶이었는지를 돌아보게 된다. 한 사람의 삶의 경험, 특히 사회적 경험이 이러한 삶의 마지막 위기의 결과를 결정할 것이다.

출처: Shaffer(2000), 42p

나. 청소년기의 일곱 가지 주요 과업

에릭슨은 청소년의 자아정체감 형성과정을 "정체감 대 역할 혼돈"의 위기로 규정하고, 이와 관련하여 청소년기에 극복해야 할 일곱 개의 주요 과업을 제시하였다(Erikson, 1968; 송명자, 2011, 재인용).

▶▶ 첫째, 시간조망 대 혼돈(time perspective vs. time confusion)이다. 시간조망이란 과거와 현재의 자기를 인정하고 이를 바탕으로 미래를 설계할 수 있는 능력을 의미한다. 시간조망이 제대로 이루어지면 하루를 체계적으로 계획할 수 있고, 시간조망이 점차 확장되어 인생 전반에 대해 안정적인 설계를 할 수 있게 된다. 반면 시간조망이 제대로 이루어지지 않으면 계속해서 과거만 회상

하거나 앞날에 대한 계획을 제대로 세울 수 없게 된다.

▶▶ 둘째, 자아확신 대 무감각이다(self-certainty vs. apathy). 청소년기에는 자신의 외모를 포함하여 자신이 지닌 여러 특성을 철저하게 점검하여 자신의 가치를 확인해야 한다. 자기 점검을 한다는 것은 자신의 있는 그대로의 모습을 인식하고 받아들여야한다는 것이기 때문에 자신에 대한 회의가 들며 고통스러운 자의식을 경험하게 된다. 청소년들이 간혹 스스로 긍정적으로 생각하는 한 가지 특성에 집착하고 나머지 특성들은 상관없다는 듯이 허세를 부리기로 하고, 또는 다른 특성들에 대해 무관심해 보이는 것을 볼 수 있는데, 두 경우 모두 자신의 가치에 대해 자아 확신이 없고 자아의식에 직면하지 않으려는 경향이라고 할 수 있다.

▶▶ 셋째, 역할실험 대 부정적 정체성이다(role experimentation vs. negative identity). 역할실험은 청소년의 직업적 정체성을 탐색하는 과정에서 필수적이다. 이 시기에는 이상적인 자기상에 매몰되어 지나치게 높고 비현실적인 역할실험에 뛰어들기 때문에 역할실험에 실패할 가능성이 있다. 역할실험에 실패하여 부정적 정체성을 갖게 되면 자신의 가능성과 잠재력을 충분히 탐색할 기회를 놓치고 역할고착에 빠질 수 있다.

▶▶ 넷째, 성취기대 대 과업마비이다(anticipation of achievement vs. work paralysis). 성취기대는 자신이 시도하는 과업에 대해 성취할 수 있다는 긍정적인 기대를 가지고 꾸준히 과업에 몰두할 수 있는 역량을 기르는 것과 관련된다. 만일 자신에게 적절한 기대수준을 설정하지 못하고 노력해서 과업을 완수하는 경험을 하지 못하게 되면 자신에게 주어진 일을 제대로 해내지 못하는 과업마비에 빠져들게 된다.

▶▶ 다섯째, 성정체성 대 양성적 혼미(sexual identity vs. bisexual diffusion)이다.

이 시기에는 동성과 이성과의 만남을 통해 자신의 성역할 특성을 확인하고, 성역할 구분에 대한 태도를 결정하면서 성정체성을 확립하게 된다. 성정체성을 확립하지 못하면 자신의 성에 적합한 행위양식을 상실하게 되어 양성적 혼미 상태에 빠져들게 된다.

▶▶ 여섯째, 지도성의 극대화 대 권위혼미이다(leadership polarization vs. authority diffusion). 청소년의 정체감을 형성하는 데 있어 자신이 속한 사회의 권위구조 내에서 지도성을 발휘하거나 지도자를 적절히 따르는 능력은 중요하다. 권위에 대해 정당하게 평가할 수 있고, 자신이 지도자의 역할을 담당하게 되었을 때 제대로 된 지도성을 발휘하기 위해 열심히 준비하는 것이 청소년의 정체감 형성에 중요하다. 만일 지도성의 극대화에 실패하게 되면 자신의 역할에 수반되는 권위를 제대로 행사하지 못하고 지도성을 발휘하는 데 어려움을 느끼게 되어 권위혼미를 경험하게 된다.

▶▶ 마지막으로 관념의 극대화 대 이상의 혼미이다(ideological polarization vs. diffusion of ideals). 이 시기에는 전 생애에 걸친 개인적 삶과 사회생활의 뿌리가 될 기본적인 철학, 관념, 종교 등을 선택하고 확립해가는 시기이다. 관념의 극대화가 이루어지지 않으면 편견에 물들기 쉽고, 자기가 속한 집단의 신념과 가치에 지나치게 충실하게 되어 다른 사람의 신념이나 가치에 대해 배타적인 태도를 보일 수 있다.

에릭슨 이론의 의의와 한계

에릭슨 이론의 의의는 청소년 시기의 정체감을 강조함으로써 청소년 정체감에 대한 수 많은 연구를 촉발시켰고 영향을 주었다는 점이다. 반면 에릭슨 이론의 한계점 중의 하나는 그의 이론이 검증하기가 어렵다는 것이다. 에릭슨의 심리사회적 발달단계이론은 주로 자서전적 기억에 대한 연구에 의해 지지를 받았다. 한 연구(Conway & Holmes, 2004)에서는 62세에서 89세까지의 성인을 대상으로 그들의 삶에서 매 10년마다 세 가지 기억을 회상하도록 하였고, 연구자들은 그들의 기억이 에릭슨단계와 일관된다고 보고하였다. 예를 들어 10대에 대한 그들의 기억은 주로 정체감 혼란과 정체감 형성에 관한 기억이었다.

다. 정체감 상태

마샤(1966, 1967, 1976)는 정체감 상태(identity status)를 네 가지로 구분하고 있다.

에릭슨에 의하면 원래 정체감 상태는 청소년 후기에 나타나는 정체감 위기의 해결방식이다. 마샤(Marcia, 1967)는 표준화된 반구조화된 인터뷰 방법을 이용하여 직업, 종교, 정치의 세 영역에서의 의사결정시기(위기)의 유무와 투자정도(헌신 또는 몰입)에 따라 정체감 상태를 구분하였다. 즉 위기는 청소년기에 개인이 다양한 직업과 신념 중에 자신이 적극적으로 관여하고자 하는 것을 선택하는 시기를 의미한다. 반면 헌신은 어떤 직업이나 신념 영역에서 개인이 보여주는 헌신과 몰입의 정도를 의미한다. 마샤는 정체감 상태에 대한 인터뷰 방법을 사용하였는데, 대략 15분에서 30분 정도 걸리고, 예를 들어 직업 영역에서는 다음과 같은 인터뷰 문항을 사용하였다.

만일 더 나은 직업이 나타나면 당신은 _____이 되는 것을 포기할 의향이 있나요? (Marcia, 1967, p. 553)

연구대상자들은 직업, 종교, 정치 영역에서의 위기 및 헌신 정도를 평가받았고, 종교와 정치는 이념 영역으로 같이 범주화되었다. 이러한 결과를 토대로 마샤(1966, 1967, 1976)는 정체감 상태를 네 가지로 구분하였는데, 첫번째 상태는 정체감 성취(identity achievement)이다. 정체감 성취 상태에 있는 청소년은 직업과 이념적인 부분에서 위기의 시기를 겪고, 몰입하는 모습을 보인다. 이 상태에 있는 청소년은 여러 가지 직업에 대해 신중하게 고민하고 자신의 생각으로 결정을 내리며, 이념적인 부분에서도 자신의 과거 신념을 재 평가하고 자유롭게 행동할 수 있는 해결책을 마련한다(Marcia, 1966). 두번째 상태는 정체감 혼란(identity diffusion)이다. 정체감 혼란 상태에 있는 청소년들은 위기의 시기를 겪었을 수도 있고, 겪지 않았을 수도 있으나 직업과 이념적인 부분에서 전혀 몰입하고 있지 않다. 예를 들어 이 상태에 있는 청소년들이 비록 선호하는 직업을 언급한다고 해도 그들은 그 직업에 대해 구체적인 생각이 거의 없고, 쉽게 그 선택을 포기할 수 있다(Marcia, 1966). 이러한 정체감 성취와 정체감 혼란은 에릭슨에 의해서 설명된 바 있다. 마샤는 이외에도 두 개의 중간 상태를 더 제시하고 있다. 셋째, 정체감 유예(moratorium) 이다. 정체감 유예 상태에 있는 청소년은 아직 의사결정을 하지 못한 상태, 즉 위기의 과정에 놓여 있고, 여러 대안들을 놓고 고민중인 상태이다. 마지막으로 정체감 폐쇄(foreclosure) 상태에 있는 청소년은 위기는 경험하지 않고 헌신과 몰입을 하는 경우이다. 이 상태에 있는 청소년은 부모의 결정을 따라 자신의 직업을 선택하는 경우도 있다.

네 가지 정체감 상태의 특징을 비교해보면, 예를 들어 정체감 혼란은 분명한 자기 헌신이 없다는 특징이 있고, 정체감 혼란과 정체감 유예가 다른 점은 정체감 유예는 위기를 겪고 있는 중이고 헌신을 할 것을 고민중인 상태라는 점이다. 또한 정체감 폐쇄는 정체감 성취와는 다르게 어떤 위기의 시기도 거치지 않았다는 점이 특징이다.

마샤가 제시한 청소년의 정체감 상태는 고정된 것이 아니다. 예를 들어 정체감 혼란 상태에 있는 청소년이 정체감 유예 상태를 거쳐 정체감 성취 상태에 이를 수 있다. 또한 정체감이 일단 성취된 청소년이 정체감 혼란 상태에 이를 가능성은 적겠지만 어떤 심각한 환경적 변화로 인해 정체감 폐쇄에 있는 청소년이 정체감 혼란에 빠질 수는 있다(Marcia, 1967).

2 자신과 타인에 대한 이해

대인관계를 잘 형성하기 위해서는 사회인지와 관련된 능력이 필요하다.

사회인지(social cognition)는 자신을 둘러싼 다른 사람들이 다양한 상황에서 어떻게 생각하고, 행동하고, 반응하는지를 고려하는 것이다(Ormrod, 2011). 사회인지 중에서 가장 중요한 개념이 다른 사람의 입장이 되어 보는 관점채택능력이다.

건강한 자아개념과 자아존중감은 자아정체감을 형성하는 데 중요한 요소이다.

자아개념은 자신의 특성, 능력, 태도, 가치에 대한 개인의 믿음이며, 자아존중감은 자신의 가치에 대한 판단과 그 판단과 관련된 감정이다(Berk, 2013). 자아개념의 경우, 아동이 특히 학령기에 이르게 되면 다른 아동과 사회적 비교를 통해 자신을 평가하게 된다. 이 때 지나친 사회적 비교는 자아개념에 안 좋은 영향을 미치게 되어 부정적 자아정체감을 갖도록 한다. 한편 선행 연구결과들에 의하면, 자아존중감이 높은 아동은 또래들로부터 인기가 많고(Jacobs et al., 2002) 적응을 잘하는 반면 자아존중감이 낮은 아동은 여러 가지 측면에서 적응에 어려움을 겪는 것으로 나타났다(Robins et al., 2001). 청소년기의 부적절한 자아개념과 자아존중감의 손상은 청소년 비행의 원인을 제공하기도 한다. 청소년기의 부적절한 자아개념은 엘킨드가 주장한 청소년기의 자아중심성과 연결시켜 설명할 수 있다.

관점채택능력(perspective taking)은 다른 사람의 생각이나 느낌을 상상하여 이해하는 능력이다.

어린 아동은 아직 사회인지가 제한적이기 때문에 타인의 관점을 이해하지 못한다. 아동의 인지적 능력이 향상되면서 피아제가 이야기한 자기중심성에서 벗어날 때 비로소 관점채택능력이 발달된다(Burack et al., 2006).

셀만은 아동의 관점채택능력을 다섯 단계로 구분하고 있다.

〈셀만의 Holly 딜레마〉

8살 소녀인 Holly는 나무타기를 좋아한다. 그녀는 동네에서 나무를 가장 잘 탄다. 어느 날 그녀는 높은 나무에서 내려오다가 떨어졌으나 다치지는 않았다. Holly의 아빠는 Holly가 떨어지는 것을 보고 화가 나서 Holly에게 앞으로 다시는 나무에 올라가지 않겠다는 다짐을 받았다. 몇 일 후에 Holly는 친구인 Sean을 만났다. 그런데 Sean의 고양이가 나무에 걸려서 내려올 수가 없었다. 무슨 조치를 바로 취하지 않으면 고양이가 떨어질 것 같았다. Holly는 고양이를 데리고 내려올 정도로 나무를 잘 타는 유일한 사람이었지만 아빠와의 약속이 기억났다(Selman, & Byrne, 1974, p. 805).

아동들은 Holly의 딜레마를 듣고 그 딜레마를 다양한 관점에서 이해할 수 있는 능력이 있는지를 확인하기 위해 다음과 같은 질문에 대해 대답했다.

- Holly는 고양이에 대해 Sean이 어떻게 생각하고 있는지 알고 있는가? 왜 그런가?
- Holly는 아빠가 왜 그녀가 나무에 올라갔는지 이해할 것이라고 생각하는가? 왜 그런가?
- 만일 Holly와 아빠가 이 상황에 대해 의논했다면, 그들은 함께 어떤 결정을 내리겠는가? 왜 그런가?

관점채택능력은 5단계로 구분되며 각 발달단계의 특징은 다음과 같다.

관점채택 발달단계(Selman, 1980)

0단계는 미분화 단계(3~6세)이다. 이 단계는 자기중심적 관점채택의 단계로 이 단계의 아동은 자신과 다른 사람이 신체적으로 다른 것은 인식하지만 심리적으로 다르다는 것을 인식하지 못한다. 예를 들어 자신이 좋아하는 장난감을 엄마도 좋아할 것이라고 생각한다.

1단계는 주관적 관점채택 단계(5~9세)이다. 이 단계에서 아동은 다른 사람은 자신과 다른 사회적 정보를 가지고 있어서 관점이 다르다고 생각한다.

2단계는 상호적 관점채택 단계(7~12세)이다. 이 단계에서 아동은 다른 사람의 입장이 되어 볼 수 있고, 다른 사람의 관점에서 자신의 생각이나 감정, 행동을 이해할 수 있다. 예를 들어 내가 어떻게 행동할 때 친구가 화를 낸다는 것을 안다. 그러나 아직 이 단계에서는 자신과 상대방의 관점을 벗어나 제3자의 입장을 취하지는 못한다.

3단계는 제3자적 관점채택 단계(10~15세)이다. 이 단계에서 아동은 자신과 다른 사람의 관계에서 더 나아가 제3자적 관점에서 바라볼 수 있다.

4단계는 사회적 관점채택 단계(12세 이후)이다. 이 단계에서 아동은 사람들의 생각은 그 사람이 믿는 사회적 가치, 관습, 법, 가치관에 의해 영향을 받는다는 사실을 이해하게 된다.

3 도덕성 발달이론

가. 도덕성에 대한 다양한 이론적 접근

도덕성에 관한 이론은 크게 정신분석학, 행동주의, 사회인지이론, 인지발달이론으로 구분할 수 있다.

정신분석학은 주로 도덕성의 정의적 측면을, 인지발달이론은 도덕성의 인지적 측면을, 행동주의와 사회인지이론은 도덕성의 행동적 측면을 강조한다.

도덕성에 대한 정신분석학적 관점에서는 도덕성의 내면화 과정을 중시한다.

프로이트의 정신분석학 이론에 따르면, 성격발달 단계 중에서 남근기에서 나타나는 동일시 개념이 중요한 의미를 갖는다. 프로이트 이론에 따르면, 남자 아이들이 어머니를 사랑하는 마음을 갖게 되면서 아버지와 경쟁구도에 있게 된다. 그런데 자신의 경쟁자인 아버지는 너무나 강력한 존재이기 때문에 결국 아동은 어머니를 포기하게 된다. 그리고 자신도 아버지처럼 강한 힘을 가진 사람이 되어야겠다고 생각하며 아버지의 모습과 태도를 따라하게 된다. 즉 아버지를 동일시하게 되고 아버지가 금지한 일을 하게 될 때 양심의 가책을 느끼면서 도덕성의 근원인 초자아가 발달하게 된다.

도덕성에 대한 행동주의 관점에서는 도덕적 행동의 습득을 강조한다.

행동주의 이론은 인간의 사고보다는 인간의 행동에 관심이 있다. 도덕성의 경우에도 옳고 그름을 판단할 수 있는 도덕적 사고나 정서보다도 실제 도덕적 행동을 하는 것에 관심이 있다. 따라서 사람들의 도덕행동을 촉진시키기 위해 강화계획이나 행동수정 및 행동조형 등의 방법을 사용하는 것이 중요하다고 생각한다.

사회인지이론에서는 도덕적 행동을 하는 데 있어서 모방의 효과를 강조한다.

사회인지이론에서는 다른 사람의 행동을 관찰하는 것만으로도 인간의 행동은 영향을 받을 수 있다고 본다. 따라서 아동과 가장 많은 시간을 보내는 교사, 부모, 친구가 어떤 행동을 하느냐가 중요하다. 다른 사람뿐만 아니라 대중매체의 영향도 많이 받기 때문에 대중 매체 속의 인물들이 자기중심적인 행동보다 친사회적 행동을 많이 하면 아동에게 긍정적인 영향을 줄 수 있다.

인지발달이론에서는 도덕적 추론을 중시한다.

인지발달이론에서는 도덕발달에서 외적으로 주어진 도덕규범을 내면화하는 것보다 스스로의 도덕적 추론과정을 거쳐 내적으로 구성하는 것이 중요하다고 본다. 도덕행동이나 감정보다 도덕판단에 초점을 맞추며 연령이 증가하면서 도덕판단능력이 발달한다고 본다. 도덕성에 대한 인지발달이론의 대표적인 학자는 피아제와 콜버그를 들 수 있다.

나. 피아제의 도덕성 발달이론

피아제는 도덕성을 타율적 도덕성과 자율적 도덕성으로 구분하였다.

피아제는 도덕성을 타율적 도덕성과 자율적 도덕성으로 구분하고, 타율적 도덕성 단계에 있는 아이들은 인지적 성숙과 사회적 경험을 통해 자율적 도덕성 단계로 나아간다고 보았다.

▸▸ 발생론적 인식론자인 피아제는 아동이 어떻게 도덕적 규칙을 이해하고 존중하게 되는지에 관심을 가졌다. 어린 아동은 권위 있는 어른이나 부모에 의해서 도덕성을 사회화시킨다. 또한 자신이 규칙을 지키지 않으면 받게 되는 제

재를 두려워하게 되면서 집단의 규칙과 권위를 받아들이게 된다. 피아제는 아동이 어른의 감독에서 벗어나 또래들과 게임하며 협동하는 시간을 보내는 등 또래들과 사회적 관계를 갖게 되면서 아동이 점차 다른 사람을 존중하는 마음을 갖게 되고 규칙을 지키게 된다고 보았다(Haidt, 2008). 예를 들어 또래와의 관계에서 공정성, 정의, 도덕적 책임감에 대한 생각을 갖게 되고, 사회적 삶에서 규칙이 중요하다는 생각을 하게 된다는 것이다. 이러한 점에 기반하여 피아제는 두 가지의 도덕발달단계를 주장하였다(Lapsley, 2006).

▶▶ 타율적 도덕성 단계(heteronomous stage)에서는 어린 아동이 성인의 힘과 권위를 일방적으로 존경한다. 이러한 관계에 내재되어 있는 불평등은 아동이 자신의 관심보다 어른의 생각을 더 중시하도록 한다. 또한 피아제는 아동들이 구슬놀이 규칙을 이해하는 것을 분석하였는데, 어린 아동들은 구슬놀이를 일련의 규칙에 따라 해야 하고 규칙은 위반할 수 없고, 변하지 않는 것으로 여기는 경향이 있었다. 또한 이 단계에서는 어떤 행동의 의도보다 결과를 중시한다. 이후 아동들은 자율적 도덕성 단계에 이른다.

▶▶ 자율적 도덕성 단계(autonomous stage)에서는 협동의 도덕성이 나타난다. 아동들은 규칙이 변할 수 있고, 외적 권위에 의해서라기보다 상호동의를 통해 협력해서 바꿀 수 있다고 생각한다. 그리고 이러한 생각이 서로 연대할 수 있는 근거가 된다. 협동의 도덕성은 서로 동등한 관계에 있는 또래들 간의 연대의 맥락에서 나타나기 시작한다. 이 단계에서는 평등과 상호존중의 개념이 중요하게 등장하고 사람들은 협상하고, 갈등을 해결할 수 있다(Rest, 1983). 또한 이 단계에서 아동들은 행동의 의도를 중시하게 된다.

누가 더 나쁜가?

A는 엄마를 도와드리려다가 컵을 여러개 깼다. B는 엄마 몰래 사탕을 먹으려다가 컵을 1개 깼다. A와 B 중에서 누가 더 나쁘다고 할 수 있는가? 피아제의 도덕성 이론에 따르면 타율적 도덕성 단계에 있는 어린 아동들은 A가 더 잘못했다고 생각한다. 왜냐하면 타율적 도덕성 단계에 있는 아동은 행동의 의도보다 결과를 중시하기 때문이다. 반면 자율적 도덕성 단계에 있는 아동들은 B가 더 잘못했다고 생각한다. 자율적 도덕성 단계에서는 행동의 의도를 고려할 수 있기 때문이다.

그림 4-1 행동의 의도와 결과에 따른 도덕적 판단

다. 콜버그(Kohlberg)의 도덕성 발달이론

콜버그는 사람들의 응답내용보다는 사람들이 자신의 결정을 정당화하기 위해 사용하는 논리와 사고구조에 관심이 있었다.

콜버그는 사람들이 자신의 결정을 정당화하기 위해 사용하는 논리와 사고구조를 파악하기 위해 도덕적 딜레마를 들려주고 일련의 질문을 토대로 인터뷰를 실시하였다. 콜버그는 10세, 13세, 16세의 72명의 남학생들을 대상으로 인터뷰를 실시했다. 인터뷰를 할 때 연구참여자들에게 도덕적 딜레마가 포함되어 있는 이야기를 들려주는 것으로 시작했다. 대표적인 딜레마가 하인쯔 딜레마이다. 연구참여자들에게 암에 걸려 죽어가는 부인을 둔 남편 하인쯔의 이야기를 들려주고 난 후에, '하인쯔는 약을 훔쳐야만 하는가?' '그것은 옳은 일인가? 나쁜 일인가?' '그 이유는 무엇인가?' '만일 남편이 다른 방법으로는 약을 구할 수 없다면 부인을 위해 약을 훔치는 것이 남편의 의무인가?' '이렇게 하는 것이 좋은 남편인가?' '가격에 대한 상한선에 대해 법적 근거가 없을 때 약사가 그렇게 높게 가격을 책정할 권리가 있는가?' '그 이유는 무엇인가?' 등의 질문을 하였다(Craig, 1974). 콜버그는 연구참여자들의 반응을 분석하여 3수준, 6단계의 도덕발달단계를 제시하였다.

> 하인쯔 딜레마
>
> **훔칠 것인가? 훔치지 않을 것인가?**
>
> 유럽에 사는 한 여인이 특별한 암에 걸려서 거의 죽음에 이르렀다. 의사들이 그녀를 살릴 수 있다고 생각하는 약이 하나 있었다. 그 약은 일종의 라듐으로 같은 마을에 사는 약사가 최근에 발견하였다. 그 약을 만드는 데 돈이 많이 들었는데, 약사는 약을 만드는 데 든 비용보다 10배나 더 많은 돈을 요구했다. 그는 라듐을 200달러에 구입해서 2000달러를 달라고 했다. 아픈 여인의 남편인 하인쯔는 그가 아는 모든 사람을 찾아가서 돈을 빌렸지만, 약사가 요구하는 약값의 절반인 1000달러밖에 구하지 못했다. 그는 약사에게 아내가 죽어가고 있으니 좀 싸게 팔 수 없겠냐고, 나중에 나머지 돈을 갚겠다고 부탁했다. 그러나 약사는 "그건 안돼요. 내가 이 약을 발견했기 때문에 난 이 약을 팔아서 돈을 벌 거예요."라고 했다. 하인쯔는 절망했고 결국 그의 아내를 위해 약을 훔치기로 결심하고 가게로 침입했다.

출처: Kohlberg(1963).

콜버그 생애 소개

사진출처: http://www.youtube.com/watch?v=Wm34XKECHNM History of Psychology Course at the University of Waterloo.

콜버그 Lawrence Kohlberg(1927~1987)

콜버그는 1927년 10월 25일에 미국 뉴욕 주 브롱스빌(Bronxville)에서 출생하였다. 부유한 집안 환경 덕분으로 콜버그는 유명한 대학 예비학교를 다니게 되었으나 고등학교 졸업 후 대학진학을 포기하고 바로 선원생활을 시작하였다. 이 시기에 콜버그는 유럽의 유태인들을 팔레스타인으로 이주시키는 일을 도왔다. 이러한 경험이 그가 도덕성 발달에 관심을 갖게 된 계기가 되었을 것이다.

선원생활을 한 후, 그는 1948년 시카고 대학교에 입학하여 임상심리학과 아동발달에 대한 관심을 갖게 되면서 같은 대학교 대학원 심리학과에 진학하였다. 이후 피아제의 도덕성 발달이론에 영향을 받아 아동의 도덕적 사고가 어떻게 발달하는지에 대해 관심을 갖게 되면서 도덕성 발달에 관한 박사학위논문을 발표하였다. 박사학위 취득 후에 그는 예일 대학교와 시카고 대학교를 거쳐 하버드 대학교에서 교수로 재직하였다. 하버드 대학교에서 콜버그는 하버드 도덕교육연구센터(Center for Moral Development and Education)를 설립하고 도덕성 발달에 관한 다양한 연구를 수행하였다.

그러나 불행히도 그는 연구자로서 한창 활발하게 활동하던 시기에 중앙아메리카여행 중 어떤 병에 감염되었는데, 죽기 전까지 현기증과 메스꺼움 때문에 늘 괴로워했고 점점 심해지는 고통으로 우울증이 더 심각해졌다. 1987년 1월에 행방불명 되었던 그의 주검이 보스톤 교외에서 발견되었다.

참고문헌: 문용린(1988)

콜버그의 도덕발달이론에서는 3수준 6단계의 도덕발달단계를 제시하고 있다.

콜버그는 사람이 나이가 들면서 점차 높은 도덕발달단계에 이르게 된다고 보았고, 3수준 6단계의 도덕발달단계를 제시하였다. 수준별로 각각 두개의 도덕단계로 구성되어 있어 총 6단계의 도덕발달단계가 있다고 보았다. 콜버그는 각 단계는 서로 질적으로 다른 추론 양식을 나타내며, 단계 순서는 변하지 않고 항상 같은 순서대로 발달한다고 보았다. 또한 개인이 더 높은 도덕추론 단계에 도달하면 이전의 낮은 단계로 후퇴하지 않는다고 보았다.

콜버그의 세 가지 도덕수준과 6단계들의 기본 주제와 특징은 다음과 같다 (Kohlberg, 1968; Kohlberg, 1981).

수준1: 전인습적 수준(preconventional level)

이 수준에 있는 아동은 행위의 결과에 의해 또는 규칙을 만드는 권위있고 힘있는 인물에 의해 좋은 것과 나쁜 것, 옳고 그름을 판단한다. 이 수준은 두 가지 단계의 도덕성으로 구분된다.

1단계: 처벌과 복종 지향

이 단계에서는 행동의 물리적 결과에 의해 옳고 그름을 판단한다. 처벌을 피하고 권위를 무조건 따르는 것이 옳은 것으로 간주된다.

2단계: 도구적 상대주의 지향

이 단계에 있는 사람에게 있어서 옳은 행동이란 자신의 욕구를 도구적으로 만족시키는 것이다. 종종 다른 사람의 욕구를 만족시키기도 하지만, 그들에게 있어서 인간관계는 시장과 비슷한 것으로 여겨진다. 그래서 이 단계를 시장교환의 단계라고도 한다. 공정성, 상호호혜성, 공평한 분배의 요소가 존재하지만 그들은 항상 물리적, 실용적인 방식으로 해석한다. 상호호혜성은 "당신이 내 등을 긁으면 나도 당신 등을 긁어주겠다"는 식으로 해석된다.

수준2: 인습적 수준(conventional level)

이 수준에 있는 아동은 순응주의자로 묘사될 수 있다. 이 수준에서는 개인의 가족, 자신이 속한 집단, 국가가 기대하는 바와 규칙을 잘 유지하는 것이 옳은 것으로 간주된다. 이러한 태도는 개인이 사회 질서에 대해 순응하는 것뿐만 아니라 자신이 속한 사회의 질서를 유지하고 지지하고 정당화하는 형태로 나타나기도 한다.

3단계: 착한 소년 착한 소녀 지향

이 단계에서 옳은 행동은 다른 사람을 기쁘게 하거나 돕고 그들에게 인정받는 것이다. 대부분의 사람이 그렇게 하는 "자연스러운" 행동을 따라하며, 정형화된 이미지에 순응한다. 이 단계에서는 좋은 남편, 책임감 있는 아들, 사랑스런 아내, 믿을만한 친구 등과 같은 사회적 역할에 내재된 관습적 기대를 자신과 동일시한다.

4단계: 사회질서유지 지향

이 단계에서는 권위, 정해진 규칙, 법과 사회질서유지를 중요하게 생각한다. 옳은 행동은 자신의 의무를 다하는 것, 권위에 대한 존경을 보이는 것, 주어진 사회질서를 유지하는 것 등으로 구성된다.

수준3: 후인습적 수준(post conventional level)

이 수준은 가장 상위의 도덕추론 수준으로서 그 자체로 타당성이 있는 자율적 도덕 원리와 가치를 추구한다.

5단계: 사회계약 지향

이 단계에서 옳은 행동은 전체 사회에 의해 비판적으로 검토되고 합의된 기준과 일반적인 개인의 권리에 의해서 규정된다. 개인의 가치와 의견의 상대성을 명확히 인식하고 합의에 이르는 절차적 규칙을 강조한다. 이 단계에서는 사회적 유용성을 합리적으로 고려할 때 법이 변할 수 있는 것이라는 점을 중시한다. 이것은 4단계에서 법과 질서를 고정된 것으로 보는 것과는 다르다.

6단계: 보편적 윤리 원칙 지향

이 단계에서 옳음은 논리적 포괄성, 보편성, 일관성에 호소하는 자신이 선택한 윤리적 원칙에 따른 양심의 결정으로 규정된다. 이러한 원칙들은 보편적인 정의의 원칙, 인권의 호혜성과 평등성, 인간의 존엄성을 존중하는 것 등을 포함하는 추상적이고 윤리적인 규칙이다.

콜버그와 피아제 이론에 대한 평가

피아제와 콜버그의 도덕성발달이론은 교사와 부모에게 중요한 교육적 시사점을 준다. 우선 아동이 잘못된 행동을 했을 때, 아동은 자신이 왜 그런 행동을 했는지를 설명하는 기회를 가져야 한다. 성인과 아동은 아동이 왜 그러한 행동을 했는지, 그 이유에 대해 함께 평가할 수 있다. 예를 들어 어떤 아동이 잘못된 행동을 했을 때 부모가 그 아동에게 잘못된 행동을 했으니 벌로 저녁을 먹지 말고 방에 가서 자라고 할 수 있다. 이 경우에 벌을 받은 아동은 자신의 잘못된 행동이 왜 잘못된 것인지를 이해할 수 없다. 교사와 부모는 아동의 도덕성발달단계와 관점을 이해할 필요가 있다. 또한 콜버그의 이론은 도덕교육에 대해 중요한 시사점을 가지고 있다. 콜버그는 도덕성 발달에 있어서 대화와 토론이 중요하다고 보았다. 대화와 토론을 통해 자신과 다른 관점을 접할 수 있고 도덕적 사고능력을 향상시킬 수 있기 때문이다(Craig, 1974).

한편 피아제 이후의 학자들이 유사한 실험을 한 결과, 어린 아동들도 행위자의 의도를 고려할 수 있다는 결과가 제시되었다. 따라서 피아제가 원래 가정했던 것보다 더 어린 아동들도 어떤 행동의 결과만이 아니라 동기와 의도까지도 고려할 수 있다는 것을 알 수 있다.

콜버그의 이론에 대해서는 문화적 편견과 성적 편향에 대한 비판이 대두되었다. 즉 콜버그 이론이 서구 사회의 남성의 이상적인 정의의 윤리를 반영하는 측면이 있기 때문에 비서구권 문화와 여성의 도덕성을 제대로 측정하지 못한다는 것이다. 또한 콜버그 이론에 대한 비판 중에서 가장 대표적인 것은 도덕적 판단과 도덕적 행동과의 관계에 관한 것이다. 비록 콜버그가 무엇이 옳은지 아는 사람은 그에 따라 행동을 할 것이라고 주장하면서 한 개인의 도덕판단(지식)이 그의 행동을 이끌어 낸다고 주장하고 있다고 해도, 콜버그는 도덕적 판단과 도덕적 행동의 인과성을 보여주지 못하고 있다(Craig, 1974). 또한 피아제와 콜버그의 인지발달이론은 도덕성에서 정서적인 측면을 고려하지 못한다는 비판을 받고 있다.

콜버그 이후의 도덕성 발달이론

▶▶ 길리건의 배려의 도덕성

길리건은 콜버그의 도덕성 발달이론에서 3단계에 해당하는 착한 소년 착한 소녀 지향단계는 전통적으로 여성에게 요구되는 배려와 보살핌에 관한 것이라고 보았다. 이러한 도덕성을 길리건은 배려의 도덕성이라고 하였다(Gilligan, 1982). 콜버그의 도덕성 이론이 정의(Justice)에 입각하여 이루어진 이론이라고 한다면 길리건은 배려(care)의 도덕성 이론을 주장하였다. 길리건의 이론에 따르면, 모든 사람은 두 가지 종류의 도덕성 즉 배려의 도덕성과 정의의 도덕성을 발달시키게 된다. 배려와 정의의 도덕성이 모두 높은 사람이 있는 반면 둘 다 낮은 사람이 있다는 것이다. 반면 배려의 도덕성은 높은 데 정의의 도덕성은 낮은 사람도 있고, 그 반대로 정의의 도덕성은 높은 데 배려의 도덕성은 낮은 사람도 있다.

▶▶ 레스트의 도덕성의 4구성요소모델

레스트는 콜버그가 주장한 도덕적 추론능력만으로는 도덕적 행동으로 나아가기 힘든 경우가 있다고 하였다. 레스트는 도덕성 기능이 제대로 이루어지기 위해서는 도덕적 민감성(moral sensitivity), 도덕적 판단력(moral judgment), 도덕적 동기화(moral motivation), 도덕적 품성(moral character) 등의 4개의 요소가 함께 상호작용해야 된다고 보았다. 이 중에 한 가지 요소라도 부족하면 도덕적인 행동을 하기가 어렵다고 보았다.

표 4-2 레스트의 도덕성의 4구성요소모델

레스트의 도덕성의 4구성요소	요소별 정의
도덕적 민감성	어떤 상황을 도덕적인 상황으로 지각하고 해석하기
도덕적 판단력	어떤 행동이 가장 도덕적으로 옳은 것인지 판단하기
도덕적 동기화	도덕적 가치를 다른 가치들에 비해 우선시하기
도덕적 품성	도덕적 선택을 행동으로 옮기는데 필요한 자아강도, 인내력, 용기, 자기통제력 등의 품성

출처: Rest & Narváez, 1994.

4 사례 분석

사례 1 진수의 위기

대학교 3학년에 재학 중인 진수는 어렸을 때부터 소설가가 되고 싶은 꿈이 있었기 때문에 국문학과에 진학했다. 학과 전공공부가 적성에도 잘 맞고 재미있어서 성적도 상당히 좋은 편이다. 그런데 요즘 진수는 고민이 생겼다. 학과 내에서 소설가가 되고 싶은 자신의 꿈에 대해 진지하게 얘기를 나눌 만한 친구가 없기 때문이다. 또한 학과 내에서 주최하는 다양한 행사에도 적극적으로 참여한 적이 없어 과에 소속감을 느끼지 못하고 늘 주변인 같은 자신을 발견하게 된다. 진수는 요즘 자신의 이야기를 함께 나눌 사람이 없어서 이 세상 사람들과는 단절된 채 혼자서 이상한 섬에 있는 것 같은 느낌이 들 때가 많아 걱정이다.

질문: 에릭슨의 이론에 따르면 진수의 심리사회적 위기는 무엇이고, 어떻게 그 위기를 극복할 수 있을까?

사례 2 나는 왜 교사가 되고 싶어 했을까?

영어교육과에 다니고 있는 수미는 올해 대학교 2학년이 되었다. 주변 친구들은 벌써 임용시험 준비를 본격적으로 해야 한다면서 인터넷 강의도 듣고, 방학 때는 노량진 학원에서 잘 가르친다고 소문난 강의를 들을 계획도 세우도 있다. 그런데 수미는 요즘 들어 부쩍 자신이 교사로서 적성이 있는지에 대해 회의가 많이 든다. 곰곰이 생각해보면 영어교육과를 선택한 것도, 교사가 되겠다고 마음먹은 것도 자신의 선택보다는 부모님의 영향이 컸다. 부모님이 모두 교사이고, 특히 어머니는 중학교 영어선생님이기 때문에 어려서부터 엄마가 '너도 나와 같이 영어교사를 하면 좋겠다'고 하시는 말씀을 들으면서 영어공부를 열심히 하게 되었다. 그러면서 막연히 나는 당연히 교사가 될 것이라고 생각했다.

수미는 지금까지 살아오면서 한번도 진지하게 자신이 무엇을 잘할 수 있는지, 무엇을 하고 싶어하는지에 대해 고민해보지 못하고 진로를 결정한 것 같아 후회가 많이 된다. 학과 공부도 점점 재미가 없어지고, 나중에 교사가 된다고 해도 학생들과 매일 마주할 생각을 하니 걱정이 태산이다.

질문: 마샤의 자아정체감 이론에 따르면 수미는 어떤 상태이고, 무엇이 문제인가?

사례 3 하인쯔 딜레마 다시 생각해보기

유럽에 사는 한 여인이 특별한 암에 걸려서 거의 죽음에 이르렀다. 의사들이 그녀를 살릴 수 있다고 생각하는 약이 하나 있었다. 그 약은 일종의 라듐으로 같은 마을에 사는 약사가 최근에 발견하였다. 그 약을 만드는 데 돈이 많이 들었는데, 약사는 약을 만드는 데 든 비용보다 10배나 더 많은 돈을 요구했다. 그는 라듐을 200달러에 구입해서 2000달러를 달라고 했다. 아픈 여인의 남편인 하인쯔는 그가 아는 모든 사람을 찾아가서 돈을 빌렸지만, 약사가 요구하는 약 값의 절반인 1000달러밖에 구하지 못했다. 그는 약사에게 아내가 죽어가고 있으니 좀 싸게 팔 수 없겠냐고, 나중에 나머지 돈을 갚겠다고 부탁했다. 그러나 약사는 "그건 안돼요. 내가 이 약을 발견했기 때문에 난 이 약을 팔아서 돈을 벌거예요" 라고 했다. 하인쯔는 절망했고 결국 그의 아내를 위해 약을 훔치기로 결심하고 가게로 침입했다.

질문: 콜버그의 이론에 따르면 이 상황에서 당신의 친구가 부인을 위해 약을 훔치겠다고 한다면 그 친구의 도덕성 수준은 약을 훔치지 않겠다는 사람에 비해 높은 편이라고 할 수 있는가? 아니면 낮은 편인가? 그 이유는 무엇인가?

5 주요 개념

주요개념	설명
정체감 성취 (Identity achievement)	개인이 직업과 이념적인 부분에서 위기의 시기를 겪고, 몰입하는 모습을 보이는 상태
정체감 혼란 (Identity diffusion)	위기의 시기를 겪었을 수도 있고, 겪지 않았을 수도 있으나 직업과 이념적인 부분에서 전혀 몰입하고 있지 않은 상태
정체감 유예 (Moratorium)	아직 의사결정을 하지 못하고, 여러 대안을 놓고 고민 중인 상태
정체감 폐쇄 (Foreclosure)	위기는 경험하지 않고 헌신과 몰입을 하는 상태
사회인지 (Social cognition)	자신을 둘러싼 다른 사람들이 다양한 상황에서 어떻게 생각하고, 행동하고, 반응하는지를 고려하는 것
자아개념 (Self concept)	자신의 특성, 능력, 태도, 가치에 대한 개인의 믿음
자아존중감 (Self esteem)	자신의 가치에 대한 판단과 그 판단과 관련된 감정
관점채택능력 (Perspective taking)	다른 사람의 생각이나 느낌을 상상하여 이해하는 능력
타율적 도덕성단계 (Heteronomous stage)	어린 아동이 성인의 힘과 권위를 일방적으로 존경하며, 행동의 의도보다 결과를 중시하는 단계
자율적 도덕성단계 (Automomous stage)	협동의 도덕성이 나타나며 상호동의, 상호존중, 평등의 개념을 중시하고, 행동의 의도를 중시하는 단계
전인습적 수준 (Preconventional level)	행동의 결과에 의해 또는 규칙을 만드는 권위있는 힘있는 인물에 의해 옳고 그름을 판단하는 수준
처벌과 복종 지향(Punishment and obedience orientation)	행동의 물리적 결과에 의해 옳고 그름을 판단하고, 처벌을 피하고 권위를 무조건 따르는 것이 옳은 것으로 간주되는 단계
도구적 상대주의 지향 (Instrumental relativist orientation)	자신의 욕구를 도구적으로 만족시키는 것을 옳은 행동으로 여기는 단계
인습적 수준 (Conventional level)	개인의 가족, 자신이 속한 집단, 국가가 기대하는 바와 규칙을 잘 유지하는 것이 옳은 것으로 간주되는 수준

착한 소년 착한 소녀 지향 (Good boy nice girl orientation)	다른 사람을 기쁘게 하거나 돕고 그들에게 인정받는 것이 옳은 행동으로 간주되는 단계
사회질서유지지향 (Law and order orientation)	권위, 정해진 규칙, 법과 사회질서를 중요하게 생각하는 단계
후인습적 수준 (Postconventional level)	가장 상위의 도덕추론 수준으로서 그 자체로 타당성이 있는 자율적 도덕원리와 가치를 추구하는 수준
사회계약 지향 (Social contract orientation)	사회적으로 검토되고 합의된 규칙에 의해 도덕적 추론을 하는 단계
보편적 윤리원칙 지향 (Universal ethical principle orientation)	보편적인 정의의 원칙, 인권의 호혜성과 평등성, 인간의 존엄성 등의 윤리적 원칙에 따라 도덕적 추론을 하는 단계
도덕적 민감성 (Moral sensitivity)	어떤 상황을 도덕적인 상황으로 지각하고 해석하기
도덕적 판단력 (Moral judgment)	어떤 행동이 가장 도덕적으로 옳은 것인지 판단하기
도덕적 동기화 (Moral motivation)	도덕적 가치를 다른 가치들에 비해 우선시하기
도덕적 품성 (Moral character)	도덕적 선택을 행동으로 옮기는 데 필요한 자아강도, 인내력, 용기, 자기통제력 등의 품성

6 연습문제

1. 다음 〈보기〉는 에릭슨(Erikson)이 주장하는 심리 사회적 발달을 촉진하기 위한 지도 방법이다. 어떤 성격의 발달과 가장 관련이 있는가?

> • 학생이 자신의 성취를 확인할 수 있도록 한다.
> • 독립심과 책임감을 보일 수 있는 기회를 준다.
> • 어려운 과제의 완성에 대한 기쁨을 경험하게 한다.

① 신뢰감 ② 생산성
③ 근면성 ④ 자아 정체감

2. 콜버그(Kohlberg)의 도덕적 추론 단계에 비추어 볼 때, 〈보기〉와 같이 주어진 상황에 대답한 아동이 속하는 단계는?

> • 상황
> : 한 남자의 부인이 죽어가고 있었다. 부인을 살릴 수 있는 약은 있지만 너무 비싸고, 그것을 조제한 약사가 싼 가격에 약을 팔려고 하지 않았다. 어쩔 수 없이 남자는 그 약을 훔치려고 계획하였다. 이 행위가 정당한가? 그렇지 않은가?
>
> • 아동의 대답
> : "만일 남자가 약을 훔친다면 그것은 잘못된 것이다. 그렇게 하면 경찰에 잡혀서 감옥에 갈 것이기 때문이다."

① 처벌 복종 지향 단계　② 법과 질서 지향 단계
③ 사회적 계약 지향 단계　④ 보편적 원리 지향 단계

3. 마샤(J. Marcia)가 제시한 청소년기의 정체감 상태 중에서 〈보기〉에 해당하는 것은?

> • 정체감 위기를 경험하지 못했다.
> • 삶에 대한 방향감이 결여되어 있다.
> • 어떤 일을 하더라도 왜 하는지 모른다.
> • 타인들이 어떤 일을 왜 하는지에 관심이 없다.

① 정체감 혼미　② 정체감 유실　③ 정체감 유지　④ 정체감 확립

4. 〈보기〉와 같은 특징을 보이는 콜버그(L. Kohlberg)의 도덕성 발달 단계는?

> • 자신의 욕구가 옳고 그름을 결정하는 기준이 된다.
> • 도덕적 행위는 자신과 타인을 만족시키는 수단이라고 생각한다.
> • "네가 내 등을 긁어 주었으니 나도 너의 등을 긁어 줄게."와 같은 입장에서 도덕적 판단을 한다.

① 2단계: 개인적 보상 지향　② 3단계: 착한소년 – 착한소녀 지향단계

③ 4단계: 법과 질서 지향 ④ 5단계: 사회적 계약 지향

5. 에릭슨(E. Erikson)의 인성발달 이론에 근거할 때 (가)와 (나)에 들어갈 말로 가장 적합한 것끼리 짝지은 것은?

> '근면성 대 열등감' 단계의 아동은 지금까지의 가정이나 유치원 이외의 더 큰 세계로 나아가면서 인지적 · 사회적 능력의 개발이라는 새로운 과제에 직면하게 된다. 학업뿐만 아니라 또래 및 성인과의 상호작용에서 근면성을 발휘하게 되면 (가) 를 갖게 되는 반면, 이들 과제 수행에 어려움을 겪거나 실패하면 열등감을 갖게 될 수도 있다. 이 단계의 심리 · 사회적 위기를 잘 극복한 아동은 긍정적인 자아개념을 획득하고 (나) 을 갖게 되어 능동적이고 활발한 성격을 형성하게 된다.

	(가)	(나)
①	자신감	유능감
②	자신감	의지력
③	자율성	신뢰감
④	자율성	의지력
⑤	친밀감	유능감

6. 에릭슨(E. Erikson)의 자아 정체감(ego-identity) 발달에 관한 견해 중 옳은 것은?

① 정체감 확립은 아동기의 중요한 발달과업이다.
② 정체감은 삶을 완성하고 회고하는 단계에서 확립될 수 있다.
③ 심리적 유예기는 정체감 형성을 위해 대안적인 탐색을 계속 진행하는 시기이다.
④ 정체감 확립은 부모나 교사의 권유에 따라 자신의 진로나 역할 방향을 성급히 선택한 상태이다.

7. 〈보기〉는 콜버그(L. Kohlberg)의 도덕발달 단계 중 일부 단계의 도덕적 판단 근거를 기술한 것이다. 발달 순서대로 바르게 나열한 것은?

> ㄱ. 물질적 보상과 벌 ㄴ. 타인의 칭찬과 인정
> ㄷ. 사회적 관습과 법 ㄹ. 보편적 도덕원리와 양심

① ㄱ - ㄴ - ㄷ - ㄹ

② ㄱ - ㄷ - ㄴ - ㄹ

③ ㄷ - ㄱ - ㄴ - ㄹ

④ ㄷ - ㄴ - ㄱ - ㄹ

8. 다음 밑줄 친 '콜버그(L. Kohlberg)의 도덕성 발달수준'에 대한 설명으로 옳은 것을 〈보기〉에서 고른 것은?

> 콜비(A. Colby) 등(1983)의 연구 결과에 의하면, 청소년기 초기에는 전인습 수준의 비율이 급격하게 감소하고, 17세 이후에는 대부분이 인습 수준에 도달하는 것으로 나타났다.
>
> ㄱ. 자신의 욕구나 다른 사람의 욕구를 충족하는 것이 옳은 행위라고 판단한다.
> ㄴ. 법이나 규칙을 준수하고 사회 질서를 유지하는 행위를 옳은 행위라고 판단한다.
> ㄷ. 벌을 피할 수 있거나 힘 있는 사람에게 복종하는 것 자체가 도덕적 가치를 갖는 것으로 본다.
> ㄹ. 다른 사람을 도와주고 기쁘게 해 주며, 다른 사람으로부터 인정받는 것을 도덕적 판단의 기초로 삼는다.
> ㅁ. 법이나 규칙을 융통성 있는 도구로 생각하며, 개인의 권리를 존중하고 사회 전체가 인정하는 기준을 준수하는 것이 옳은 행위라고 판단한다.

① ㄱ, ㄴ ② ㄱ, ㄷ ③ ㄴ, ㄹ ④ ㄷ, ㅁ ⑤ ㄹ, ㅁ

참고문헌

문용린(1988). 콜버그의 생애와 사상: 그의 일주기를 맞으면서. 교육개발, 56, 102-108.
송명자(2011). 발달심리학. 학지사.
정옥분(2010). 아동발달의 이해. 학지사.

Berk, L. E. (2013). *Child development* (9th ed.). Boston: Pearson.

Burack, J., Flanagan, T., Peled, T., Sutton, J., Zygmuntowicz, C., & Manley, J. (2006). Social perspective-taking skills in maltreated children and adolescents. *Developmental Psychology, 42*, 207-217.

Burston, D. (2007). *Erik Erikson and the American psyche: Ego, ethics, and evolution*. Lanham, MD: Jason Aronson.

Conway, M. A., & Holmes, A. (2004). Psychosocial stages and the accessibility of autobiographical memories across the life cycle. *Journal of Personality, 72*, 461-480.

Craig, R. (1974). Lawrence Kohlberg and moral development: Some reflections. *Educational Theory, 24*(2), 121-129.

Eisenberg, N., Fabes, R., & Spinrad, T. (2006). Prosocial development. In N. Eisenberg (Vol. Ed.), *Handbook of Child Psychology: Vol. 3. Social, emotional, and personality development* (6th ed., pp. 646-718). Hoboken, NJ: John Wiley Sons.

Erikson, E. H. (1962). *Young Man Luther*. New York: W. W. Norton & company.

Erikson, E. H. (1963). *Childhood and Society*. New York: W. W. Norton & company.

Gilligan, C. (1982). *In a different voice: Psychological theory and women's development*. Cambridge, MA: Harvard University Press.

Haidt, J. (2008). Morality. *Perspective on Psychological Science, 3*(1), 65-72.

Jacobs, J. E., Lanza, S., Osgood, D. W., Eccles, J. S., & Wigfield, A. (2002). Changes in children' s self-competence and values: Gender and domain differences across grades one through twelve. *Child Development, 73*, 509-527.

Kohlberg, L. (1963). The development of children's orientations toward a moral order: I. Sequences in the development of moral thought. *Vita Humana, 6*, 11-33.

Kohlberg, L. (1968). The child as a moral philosopher. *Psychology Today, 2*(4), 24-30.

Kohlberg, L. (1981). *Essays on moral development Vol. I. The philosophy of moral development: Moral stages and the idea of justice*. San Francisco: Harper & Row.

Lapsley, D. (2006). Moral stage theory. In M. Killen & J. Smetana (Eds.), *Handbook of moral development* (pp. 37-66). Mahwah, NJ: Lawrence Erlbaum Associate.

Marcia, J. E. (1966). Development and validation of ego-identity status. *Journal of Personality and Social Psychology, 3*(5), 551-558.

Marcia, J. E. (1967). Ego identity status: relationship to change in self-esteem, "general maladjustment," and authoritarianism. *Journal of Personality, 35*, 118-133.

Marcia, J. E. (1976). Identity six years after: a follow-up study, *Journal of Youth and*

Adolescence, 5(2), 145–160.

Marcia, J. E. (1980). Identity in adolescence. In J. Adelson (Ed.), *Handbook of adolescent psychology* (pp. 159–187). New York: Wiley.

Meeus, W. (1996). Studies on identity development in adolescence: An overview of research and some new data. *Journal of Youth and Adolescence, 25*, 569–598.

Rest, J. (1979). Development in judging moral issues. Minneapolis: University of Minnesota.

Rest, J. R., & Narváez, D. (1994). *Moral Development in the Professions: Psychology and Applied Ethics*, Lawrence Erlbaum Associates, Publishers.

Rest, J., Narváez, D., Thoma, S. J., & Bebeau, M. J. (1999). DIT2: Devising and testing a revised instrument of moral judgment. *Journal of Educational Psychology, 89*(3), 498–507.

Robins, R. W., Tracy, J. L., Trzesniewski, K., Potter, J., & Gosling, S. D. (2001). Personality correlates of self-esteem. *Journal of Research in Personality, 35*, 463–482.

Schult, C. A. (2002). Children' s understanding of the distinction between intentions and desires. *Child Development, 73*, 1737–1747.

Selman, R. L. (1980). *The growth of interpersonal understanding*. New York: Academic press.

Selman, R. L., & Byrne, D. F. (1974). A Structural-developmental analysis of levels of role taking in middle childhood. *Child Development, 45*, 803–806.

Shaffer, D. R. (2000). *Social and personality development*, 4th Edition, Belmont, CA: Wadsworth.

Thoma, S. J. (2006). Research on the Defining Issues Test In M. Killen & J. Smetana (Eds.), *Handbook of moral development* (pp. 67–91). Mahwah, NJ: Lawrence Erlbaum Associates.

제5장

행동변화와 학습

민재는 6개월 전 집단따돌림 문제로 상담처분을 받은 아이였다. 정학 대신에 6개월 동안 상담을 받기로 한 것이었다. 처음에는 씩씩대며 대꾸도 않던 민재였지만 시간이 흘러 마지막 상담 회기가 되자 처음으로 먼저 말을 꺼낸다.

"고맙습니다. 선생님."

"고맙다는 말을 들으니 내가 더 고맙네. 마지막이라고 생각하니 아쉽기라도 한 거야?" 장난스레 물었지만 민재의 변화된 모습에 임 교사는 내심 뿌듯함을 느꼈다.

"아쉬운... 것도 있고 제가 그동안 선생님을 많이 힘들게 했잖아요. 더 이상 애들 괴롭히거나 때리지 않기로 약속해 놓고 선생님이 조금만 소홀하다 싶으면 금방 또 말썽피우고…. 그래도 다시 믿어주시고 목표행동도 같이 정해서 실천해보고…. 요즘은 제가 많이 변한 게 느껴져요."

"힘들게 한 걸 알긴 아는 모양이네~(웃음)" 임 교사의 말에 민재도 같이 웃었다.

"너도 변화하느라 힘들었고 함께 많이 노력했다는 거 선생님도 잘 알고 있어. 새로운 친구들이랑은 요즘 어때?" 처음 민재는 집단따돌림의 가해자가 되어 또래로부터 인정과 소속감을 느끼고 싶어 했지만 최근에는 농구동아리에서 새로운 친구들을 여럿 사귀었다.

"처음에는 폭력적인 행동이 가끔 나타나서 좀 힘들었는데요, 폭행을 하면 동아리에서 퇴출될 수 있다고 생각하니 자제가 많이 되더라고요. 지금 생각해보면 어릴 때부터 아버지의 폭력을 보고 자라서 남을 때리는 것에 많이 둔감해져 있었던 것 같아요."

"이제는 스스로를 돌아볼 줄도 아는구나?" 민재의 성찰에 임 교사는 이번에도 칭찬을 한다.

"선생님은 참 칭찬을 잘하세요. 들으면 기분도 좋고요. 참, 선생님, 예전에는 제가 폭력적인 행동을 자제할 때마다 칭찬을 해주셨는데 요즘에는 뜸하게 칭찬해주시던데요? 애정이 식으신 거 아니에요?" 민재가 서운한 듯 묻는다.

"애정이 식긴~ 녀석도 참. 내가 뜸하게 칭찬한 덕에 이제는 칭찬이 없이도 폭력을 자제하게 된 거야. 이제는 폭력을 자제하는 게 너의 습관이 된 것 같구나.(웃음)"

교육심리학에서 학습이라는 용어는 공부를 의미하는 일반적인 개념에 비해 보다 광범위하게 사용되며, 후천적인 경험이나 연습을 통해 개인의 사고나 행동 등이 총체적으로 변화하는 것을 의미한다. 즉 말하는 것, 인사하는 것처럼 우리가 일상생활 속에서 하게 되는 대부분의 인간 행동은 후천적인 경험의 영향을 받아 학습된 결과이다. 행동변화를 설명하는 대표적인 학습이론으로는 고전적 조건화이론과 조작적 조건화이론으로 대표되는 행동주의 학습이론을 들 수 있고, 행동 변화가 사회적 상황에서의 관찰과 내적 인지변화를 수반한다는 관점을 지닌 사회인지 학습이론으로 구분된다. 먼저 행동 변화를 설명하는 학습이론의 대표적인 특징을 살펴보고, 각각의 내용과 원리에 대해 구체적으로 살펴보도록 하자.

1 행동변화와 학습이론

행동주의 학습이론은 "자극(S)과 반응(R)의 연합"과 "행동에 뒤따르는 결과"를 통한 행동 변화에 관심을 갖는다.

행동주의 학습이론은 학습을 경험의 결과로 인해 발생한 것으로 보며, 개인이 특정한 경험을 통해 받게 된 자극(Stimulus)과 반응(Response) 사이의 연합 관계인 조건화(conditioning)와 행동에 뒤따르는 결과물의 기능이라는 관점에서 강화(reinforcement)라는 용어로 학습을 설명한다(Skinner, 1953; Gredler, 2001). 이때 학습이란 자극-반응 결합이나 강화 경험을 통한 행동의 변화 과정을 의미하며, 학습의 결과는 관찰 가능한 비교적 지속적인 행동이어야 한다. 따라서 학습자의 머릿속에 있는 지식이나 인지구조, 사고 과정 등은 고려되지 않으며, 유의미한 행동의 변화가 병행되지 않는다면 학습은 발생하지 않았다고 본다. 이러한 학습에는 고전적 조건화와 조작적 조건화라는 두 가지 기본적인 학습이론이 있다.

사회인지 학습이론은 "관찰"을 통한 내적 사고체계와 행동의 변화에 관심을 갖는다.

행동주의 학습이론에 따르면 인간의 행동은 자극과 반응의 연합 또는 강화에 의한 학습의 결과이지만, 실제 생활을 살펴보면 조건화나 강화 없이도 행동학습이 이루어지는 경우들을 발견할 수가 있다. 예를 들어, 친구가 교사에게 칭찬받는 모습을 본 학생이 친구의 행동을 따라한다거나, 폭력적인 영상물을 보고 공격적인 행동을 따라하는 모습 등은 직접적인 강화나 보상을 통해 학습되었다고 보기 어렵다. 이처럼 개인의 주변에 있는 다른 사람들의 행동을 관찰하고, 관찰의 결과로서 학습자의 내적 사고체계가 변화되고, 이것이 행동의 변화를 가져오는 일련의 과정을 학습이라고 보는 관점이 바로 사회인지 학습이론이다(Bandura, 1986, 1997). 행동주의 학습이론이 강화나 처벌과 같은 직접적인 환경 자극에 의한 반응으로서 초래되는 행동의 변화에 초점을 두는 반면에, 사회인지 학습이론은 학습자에게 직접적인 자극 없이 단순히 타인을 관찰하는 것만으로도 행동이 변화할 수 있다고 제안한다. 사회인지 학습이론은 기본적으로 행동주의에서 비롯되었지만 학습에 대한 관점과 관련하여 〈표 5-1〉과 같은 차이점을 가지고 있다.

표 5-1 행동주의 학습이론과 사회인지 학습이론의 비교

구분	행동주의 학습이론	사회인지 학습이론
학습에 대한 관점	관찰 가능한 행동의 변화	정신구조(기대, 신념)의 변화
환경과 개인의 관계	개인이 환경으로부터 일방적인 영향을 받는 관계	개인과 환경이 서로 영향을 주고받는 관계
강화와 처벌에 대한 해석	강화인과 처벌인은 행동변화에 영향을 미치는 직접적 요인	강화인과 처벌인은 신념과 기대를 통해 행동에 영향을 미치는 간접적 요인
행동변화의 관찰	행동변화를 관찰하기까지는 학습 여부에 대한 설명 불가능	학습은 정신구조의 변화이므로 학습의 결과가 반드시 행동변화로 나타날 필요는 없음

2 고전적 조건화 학습이론

고전적 조건화의 원리를 발견한 파블로프의 개 실험

아이반 페트로비치 파블로프(Ivan Petrovich Pavlov, 1849-1936)

파블로프는 1849년 러시아의 한 작은 마을에서 태어났다. 어렸을 때 크게 다친 그는 11살이 될 때까지 정식 학교 교육을 받지 못하지만 끝내 1870년 생리학도로 상트페테르부르크(St. Petersburg) 대학에 입학한다. 소화 생리학에 관심을 가진 파블로프는 개의 타액과 위액 분비를 측정하기 위해 누관(fistula)이라는 기발한 도구를 하여 개의 타액을 계량적으로 측정할 수 있게 했다. 연구 수행 도중 그는 개들이 입 속에 음식물이 없을 때에도 침을 흘리는 것을 발견했고 이 같은 추가적인 타액 분비가 실험자의 모습과 소리에 대한 반응임에 주목하였다. 파블로프는 뇌 속에 새로운 연결이 형성되는 새로운 현상을 연구할 수 있다는 흥분에 사로잡혀 그에게 노벨상 수상의 영예를 안겨 준 소화 연구를 그만 둔다. 대신 자극과 음식을 주의 깊게 짝지우고, 짝짓기의 조건이 타액 분비에 어떤 영향을 미치는지를 관찰하기 시작한다. 그는 음식에 연이은 종소리가 반복적으로 제시되면 나중에는 종소리만 제시되어도 개가 침을 흘리게 되는데, 이는 개가 음식과 종소리를 연합하고 있음을 반영하는 결과라고 믿게 된다. 이후 관련 연구가 방대하게 수행되고 이러한 원리는 국제회의에서 1903년 발표된다. 특히 왓슨(John B. Watson)에 의해 서양에까지 그의 연구가 알려지면서 조건화(conditioning)라는 개념은 행동주의 심리학의 핵심 키워드가 된다. 그의 고전적 조건화 개념은 인간이 스스로를 어떻게 지각하는지를 알게 해주었으며 여전히 현대 행동주의 행동치료의 중심 개념으로 자리하고 있다. 그는 임종을 지키던 제자에게 자신의 죽음을 기록으로 남겨 생의 마지막 단계에 대한 주관적인 경험을 증거로 남겨주길 요청했을 정도로 죽는 순간까지도 학문적 열정을 보였다. 그는 86세의 나이로 생을 마감했으며 그의 실험실은 박물관으로 보존되고 있다.

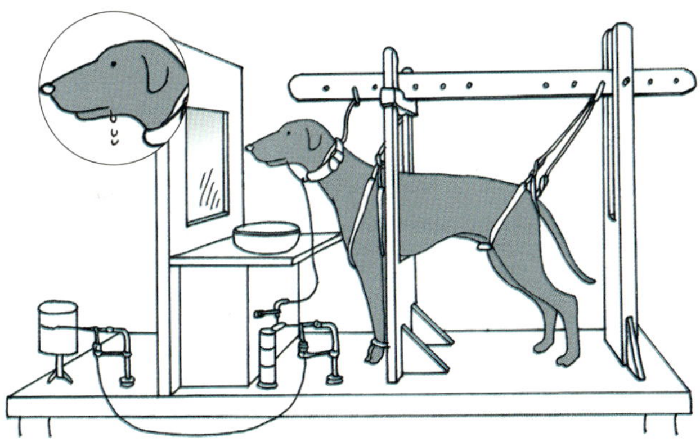

고전적 조건화는 중립적인 자극이 무조건자극과 연합되어 특정한 반응을 유발하는 조건자극이 형성되는 현상을 말한다.

고전적 조건화는 파블로프의 유명한 개 실험을 근거로 하고 있다. 개에게 음식을 제공했을 때 침을 흘린다는 것은 자연적 생리적 현상인데, 종을 치면서 음식을 주는 일을 반복하게 되면 종소리라는 자극과 침을 흘리는 반응 간에 연합이 형성되어 결국 종만 쳐도 개가 침을 흘린다는 것이다. 이러한 연합을 고전적 조건화(classical conditioning)라고 부른다.

고전적 조건화의 행동 학습 기제: 무조건자극, 무조건반응, 중립자극, 조건자극, 조건반응

고전적 조건화가 어떻게 일어나는지 이해하기 위해서는 고전적 조건화를 구성하는 자극과 반응의 종류를 먼저 이해해야 한다. 자극은 중립자극, 무조건자극, 조건자극으로 분류되며, 반응은 무조건반응과 조건반응으로 분류된다. 반사적이고 자동적으로 일어나는, 그리고 생리적, 정서적 반응을 유발하는 자극을 무조건자극(unconditioned stimulus; US)이라 하며, 이때의 반응을 무조건반응(unconditioned response; UR)이라고 한다. 조건화를 통해 생리적, 정서적 반응을 유발하는 자극을 조건자극(conditioned stimulus; CS), 이전의 중립자극에 대한 학습된 반응을 조건반응(conditioned response; CR)이라고 한다. 중립자극(neutral stimulus; NS)은 조건화 이전에는 생리적 또는 정서적 반응을 유발하지 못하지만 조건화를 통해 반응을 유발하게 되는 자극을 의미한다.

파블로프의 개 실험에서 개는 고기를 보자마자 침을 흘리는데 이러한 자동적인 반응이 바로 무조건반응이며, 침을 유발하는 고기는 무조건자극이 된다. 이때까지 종소리는 타액 분비라는 무조건반응을 가져오지 않는 중립자극이다. 하지만 종소리와 함께 고기(무조건자극)를 주는 과정을 반복한다면, 종소리와 고기의 두 자극이 연합되는 조건화가 이루어지게 된다. 그럼 이제 종소리만 들어도 침(조건반응)을 흘리게 된다. 바로 중립자극인 종소리가 조건화를 통해 조건자극이 된 것이다.

가. 교육 상황에서의 고전적 조건화 사례

이러한 고전적 조건화의 예는 무엇이 있을까? 어릴 적 부모가 돈가스를 사 주겠다는 말에 집을 나섰다가 치과에 가서 충치 치료를 받았던 경험이 여러 번 있었던 사람은 이후 돈가스를 좋아하지 않을 가능성이 많다. 이는 돈가스(중립자극)와 주사(무조건자극)가 연합되어 돈가스가 조건자극이 되고 공포감이나 거부감이 조건반응으로 형성되어서이다. 또한 어떤 사람과의 관계에서 실수나 기분 나쁜 경험으로 인해 그 사람에 대해 부정적인 감정을 갖게 되어 이후 만남을 피하게 되는데, 이러한 대인회피 행동도 고전적 조건화의 결과이다. 이러한 정서 반응이 어떻게 학습되는지를 좀 더 자세히 살펴보자.

고전적 조건화를 통한 부정적 정서 학습

고전적 조건화는 공포나 불안과 같은 정서반응을 형성하는 데 매우 큰 영향을 미친다. 예를 들어, 새에게 갑작스러운 공격을 받은 경험이 있는 어린이는 길가의 흔한 비둘기를 보고도 공포반응을 보일 수 있다. 파블로프는 고전적 조건화가 불안이나 더 심각한 심리 장애를 유발할 수 있다고 생각했다. 실제로 그의 실험에서 지나치게 어려운 훈련을 요구받은 개들이 잦은 실수나 이상 행동(낑낑대며 짖기, 계속 서성거리기, 주변 물어뜯기)을 보이며 신경증 환자와 유사한 행동 패턴을 나타냈다.

교육에서도 고전적 조건화를 통한 부정적 정서 학습이 발생할 수 있다. 흔히 볼 수 있는 예로 시험 불안이 있다. 어린 시절에는 시험에 대한 특별한 반응이 없었던 학생이 여러 번의 시험에서 부정적인 정서를 경험하면서 시험만 생각하면 땀이 나고 심장이 빨리 뛰는 불안 증상을 나타내게 된다. 중립자극이었던 시험이 시험 실패(무조건자극)로 인한 좌절감(무조건반응)과 연합되어 이제는 시험을 생각만 해도 불안감이 드는 조건반응을 일으키게 되는 것이다. 이러한 현상은 고전적 조건형성을 통해 불안을 학습한 것이라고 할 수 있다. 파블로프의 개 실험과 시험 불안의 사례에서 확인할 수 있는 무조건자극, 무조건반응, 조건자극, 조건반응을 표로 나타내면 다음과 같다(〈표 5-2〉).

표 5-2 파블로프의 개 실험과 시험 불안 사례에서의 무조건자극, 무조건반응, 조건자극, 조건반응

	구분	파블로프의 실험	시험 불안 사례
조건화 이전	무조건자극(US)	음식	시험 실패
	무조건반응(UR)	음식을 보고 침 흘리기	시험 실패에 대한 좌절감
조건화 이후	조건자극(CS)	종소리	시험
	조건반응(CR)	종소리를 듣고 침 흘리기	시험 불안

고전적 조건화를 통한 긍정적 정서 학습

고전적 조건화를 통해 긍정적 정서를 의도적으로 학습시키는 경우도 있다. 흔히 광고에는 매력적인 인물이나 즐거움을 주는 배경이 자주 등장한다. 많은 광고업자들은 상품을 긍정적 정서를 불러일으키는 무조건자극과 교묘하게 짝지음으로써 소비자들이 상품을 더 많이 구매하도록 만든다.

교육에서도 고전적 조건화를 통해 긍정적 정서를 학습할 수 있다. 예를 들어, 상담실이나 양호실을 따뜻하고 안정적인 분위기로 꾸며 놓으면 학생들은 그 안에서 편안함을 느낀다. 처음에는 상담실이 어떠한 반응도 이끌어내지 못하는 자극이었지만 상담실의 안정적인 분위기와 그 안에서의 편안함이 연합되면서 이제는 학생들이 상담실을 떠올리기만 해도 편안함을 느끼게 되는 것이다.

학교폭력과 고전적 조건화 문제

오늘날 우리는 TV, 영화와 같은 언론매체들을 통해 폭력적이고 성적인 자극을 손쉽게 접할 수 있다. 언론매체들은 사람들의 이목을 끌기 위해 점점 더 새롭고 자극적인 내용으로 프로그램을 구성하기 때문에 처음에는 폭력적이거나 성적인 자극에 대하여 거부감을 가지고 있던 사람들도 지속적인 자극 노출로 자극에 점점 무뎌진다. 따라서 잔인한 학교폭력을 저지른 가해자들이 범죄의 심각성을 제대로 인식하지 못하거나 별일 아니라고 생각하게 되는 현상들은 폭력적인 자극에 대한 체계적 둔감화의 결과일 수 있다.

특히 폭력적이고 성적인 자극에 대해 멋있다거나 매력적이라고 반응하는 사회적 분위기는 학교폭력을 긍정적 정서와 연합시키게 된다. 자신의 조직을 위해 상대 조직원과 싸움을 하는 행동이 정의롭게 비춰지거나 성적인 강인함을 표현하는 것이 남자답다고 여겨지는 반면, 싸우지 않는 것은 비굴한 것이라고 여겨지는 사회에서는 학교폭력의 가해는 자부심이나 떳떳함, 학교폭력의 피해는 비굴함이나 창피함과 연합될 수 있다. 처음에는 부정적인 정서와 연합되었던 학교폭력이 긍정적인 정서로 대체되어 재연합되면서 이제는 학교폭력이 긍정적인 정서를 유발시키는 것이다. 학교폭력의 피해가 비굴함과 연합되면 피해를 입은 학생들이 자신의 피해를 주변에 알리지 못하는 데 영향을 미칠 수 있다.

나. 행동변화를 위한 구체적 전략

더 이상 강화되지 않는 행동은 빈도가 감소하는 현상을 소거라고 한다.

앞서 이야기했듯 시험(CS)에 따른 부정적 결과(예, 중요한 기회의 상실, 부모나 주변 사람들로부터의 지나친 걱정 등: US)와 그로 인한 불안의 발생이 반복적으로 짝지어지면 시험은 불안과 연합된다. 따라서 단순히 시험 상황에 처하기만 해도 그 학생은 불안 반응을 보일 것이다. 하지만 시험 이후 부정적인 결과가 제시되지 않는다면, 그리고 이러한 경험이 반복된다면 그 학생은 어떻게 될까? 이처럼, 무조건자극 없이 조건자극만을 계속적으로 제시하여 이미 습득되었던 조건반응의 강도가 약해지는 현상을 소거(extinction)라 한다. 소거 역시 조건자극 뒤에 아무런 결과가 수반되지 않는다는 것에 대한 일종의 학습으로 생각할 수 있다.

자발적 회복이란 소거되었던 조건반응이 일시적으로 활발하게 나타나는 현상을 말한다.

소거 후 일정 시간이 지난 후에 조건자극을 다시 제시하면 어떻게 될까? 대부분 다시 반응을 보일 것이다. 이처럼 일정 시간의 휴식 후에 소거되었던 조건반응이 다시 강하게 나타나는 현상을 자발적 회복(spontaneous recovery)이라 한다. 물론 조건반응의 크기는 소거 이전보다 낮으며 지속기간도 일시적이다. 시험 불안을 가졌던 학생이 한참 동안 시험이 없는 상황에서 생활하다가, 다시 시험 상황에 처하면 다시 불안감을 강하게 경험하는 현상이 바로 자발적 회복의 대표적 예이다. 한편, 소거되었던 조건반응이 다시 나타난다는 사실은 학습이 휴식에 의해 무효화되는 것이 아니라 일시적으로 차단된 것임을 알 수 있다.

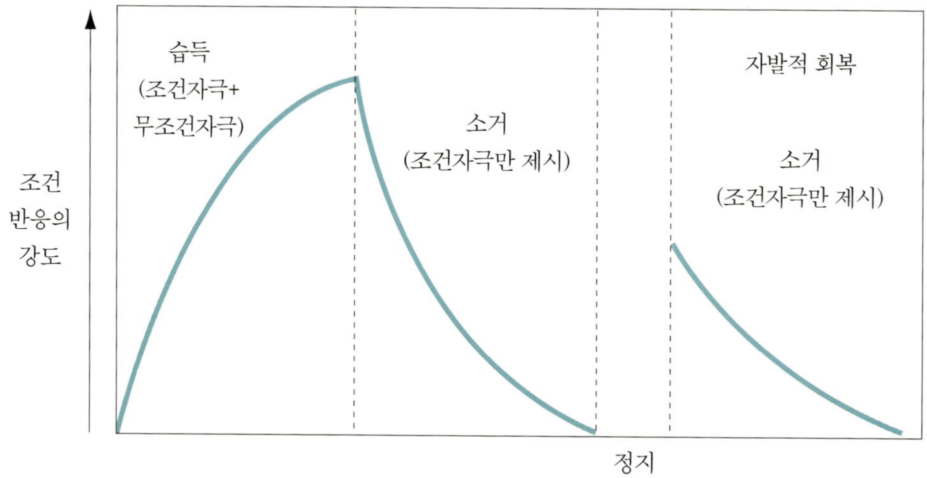

그림 5-1 습득, 소거, 자발적 회복

자극 일반화란 조건자극과 유사한 자극이 동일한 조건반응을 이끌어내는 것을 의미한다.

예를 들어 파블로프의 개는 조건화에 사용된 종소리가 아닌, 다른 종류의 종소리를 듣고도 침을 흘렸다고 한다. 마찬가지로 필기시험 상황에서만 불안을 나타내던 학생이 발표 상황에서도 불안 반응을 보이기도 한다. 이와 같이 특정 자극과 반응을 연합한 유기체가 원래의 자극과 유사한 새로운 자극에 대해 비슷한 반응을 보이는 것을 자극 일반화(stimulus generalization)라고 한다.

자극 변별이란 유사한 두 자극의 차이를 식별하여 각각 다르게 반응하는 것이다.

하지만 두 가지 자극에 대해 상이한 결과를 반복적으로 경험한다면 어떻게 될까? 즉, 필기시험에 대해서는 부정적인 결과가, 발표에 대해서는 긍정적인 결과가 반복적으로 주어진다면 그 학생은 어떻게 될까? 아마도 두 자극에 대해 점차 상이한 반응을 보이기 시작할 것이다. 즉, 필기시험 상황에서는 불안을, 발표 상황에서는 자신감을 느낄 것이다. 이와 같이 유사한 두 자극의 차이를 식별하여 각각 다르게 반응하는 현상이 바로 자극 변별(stimulus discrimination)이다. 자극 변별 역시 소거와 마찬가지로 새로운 연합을 형성하는 것이라고 볼 수 있다.

부적응 행동변화 기법으로서 체계적 둔감법

공포 제거 연구의 한 가지 시사점은 공포를 제거하기 위해서는 공포 자극을 즐거운 경험과 연합시키라는 것이었다. 즐거운 감정은 공포와 양립할 수 없기 때문에 자극이 만약 즐거운 감정과 조건형성된다면 공포가 억제될 것이기 때문이다. 이것은 파블로프가 기술한 역조건형성 절차이기도 하다. 한 연구자는 역조건 형성을 실시하기 위해 토끼를 두려워하던 아이가 무엇인가 먹고 있는 즐거운 활동을 하고 있을 때 토끼를 보여주었다. 토끼를 너무 갑자기 보여주면 공포가 줄어들지 않을 것이기에 여러 날에 걸쳐 아주 점진적으로 보여주었다. 소년이 자신이 좋아하는 활동을 하는 동안 처음에는 토끼를 멀리에만 두었고 점차 소년의 의자 가까이로 토끼를 이동시켰다. 결국 소년의 토끼 공포는 사라졌고 나중에는 토끼와 놀기 위해 적극적인 모습을 보이기도 했다.

시험 불안을 가진 학생도 체계적 둔감법을 활용하여 불안 증상을 낮출 수 있다. 예를 들어 처음에는 맛있는 음식을 먹거나 재미있는 놀이를 하고 있을 때 시험이라는 단어를 가끔 떠올리도록 요청한다. 그리고 점차적으로 시험을 치를 때 사용할 의자나 책상을 상상하게 하고 시험 장소에 직접 가보게 한다. 물론 모든 과정은 갑작스럽거나 지나치지 않아야 하며 오랜 기간을 두고 점진적으로 진행되어야 한다. 이처럼 학생들의 공포나 불안을 줄이기 위하여 대상 반응을 이끄는 가장 약한 자극에서부터 점차 강한 자극을 다른 긍정적 경험과 함께 제시하는 방법을 체계적 둔감법이라고 한다.

자극 일반화의 한 사례: 왓슨의 'Little Albert' 연구

왓슨(John B. Watson)은 1920년에 유아의 공포조건형성을 연구했다. 피험자는 알버트(Albert)라는 이름의 한 유아로 후세에 리틀 알버트(Little Albert)로 불린다. 알버트는 울음이 거의 없는 정상적이 아이었다. 실험의 첫 단계로 왓슨은 알버트에게 흰 쥐를 보여주고 그것이 알버트에게 어떠한 공포 반응도 유발하지 않는다는 것을 확인하였다. 심지어 알버트는 흰 쥐와 함께 놀고 싶어했다. 이후 왓슨은 알버트를 대상으로 공포 행동에 대한 조건 형성을 실시했다. 왓슨은 알버트에게 흰 쥐를 제시하고 뒤이어 강한 공포를 유발하는 큰 소리를 매번 함께 들려주었다. 이후 알버트는 큰 소리가 제시되지 않아도 흰 쥐가 제시될 때마다 고통스러워했고 그 고통은 계속 증가하였다. 여덟 번째 시행에서 알버트의 행동은 다음과 같이 묘사되었다.

> 쥐가 제시되는 순간 아기는 울기 시작하였다. 거의 즉각적으로 급히 왼쪽으로 넘어졌지만 몸을 일으켜 너무나 빨리 기어가는 바람에 그를 붙잡는 것조차 어려웠다(Watson & Raynor, 1920, p. 5).

특히 이 공포 반응은 토끼와 같이 처음에는 중성적이었던 자극에까지 일반화되었으며, 알버트의 공포 반응은 시간이 지나도 사라지지 않았다.

3 조작적 조건화 학습이론

조작적 조건화의 스키너[1] 상자

프레더릭 스키너(Burrhus Frederic Skinner, 1904-1990)

스키너는 미국의 행동주의 심리학자이다. 1904년 펜실베니아주 서스퀴해나(Susquehanna, Pennsylvania)에서 태어났다. 1922년에 뉴욕 해밀턴 대학(Hamilton College in New York)에 입학하여 영문학을 공부하며 문학, 역사, 음악 및 예술을 즐기며 살았다. 그는 소설가가 되려고 하였으나 파블로프와 왓슨의 연구를 읽고 나서 행동과학자가 되기 위해 대학원에 진학하였다. 그는 쥐가 빗장을 누르고 문을 열게 하는 학습실험 상자인 '스키너 박스(Skinner Box)'를 고안하였으며 누적기록장치를 통해 유기체의 조작적 행동을 연구하였다. 그는 학습의 측정치로 반응률의 변화를 활용하였으며 손다이크(W. Thorndike)가 주관적으로 사용했던 용어를 보다 정확한 용어로 대체하였다. 그는 오늘날까지 가장 영향력 있는 행동주의 심리학자로 여겨진다. 그는 1968년 미국 국립과학

협회에서 공로상을 수상하였으며 1971년, 1990년에 미국심리학회에서 각각 골든 메달과 평생 공로상을 수상하였다. 그의 이론은 오늘날까지 심리학뿐만 아니라 다른 분야에도 영향을 주고 있으며, 특히 교육현장에서 그가 주창한 조작적 조건형성이론에 근거한 교수방법이 활용되고 있다. 그의 저서로는 ≪유기체의 행동≫(The Behavior of Organism, 1938), ≪과학과 인간행동 ≫(Science and Human Behavior, 1953), ≪자유와 존엄을 넘어서≫(Beyond Freedom and Dignity, 1971) 등이 있다.

조작적 조건화는 행동의 결과에 따라 이후 행동의 변화가 일어난다고 설명한다.

조작적 조건화(operant conditioning)는 행동에 뒤따르는 결과로 인해 대상행동이 변화한다고 본다. 고전적 조건형성에서의 주요 관심은 반응을 유발하는 자극에 있었다면 조작적 조건형성에서는 자극보다 행동에 대한 결과가 주된 관심사이다. 즉, 어떤 행동을 하고 난 뒤 관찰결과가 만족스러운지 불만족스러운지에 따라 행동의 빈도와 지속시간이 달라진다는 것이다. 조작적 조건화와 고전적 조건화를 비교한 내용이 〈표 5-3〉에 제시되어 있다.

표 5-3 조작적 조건화와 고전적 조건화의 비교

	고전적 조건화	조작적 조건화	
반응의 성격	불수의적, 정서적, 생리적	수의적, 자발적	
학습발생시기	조건자극과 무조건자극의 연합	조작적 행동과 그에 대한 보상 또는 벌	
사례	학습자가 교사의 따뜻함과 교실을 연합하면 교실이 긍정적으로 인식됨	강화	학생들이 적극적으로 발표를 할 때 칭찬을 하면 발표 행동 증가
		벌	학생들이 복도에서 뛸 때 꾸중을 하면 복도에서 뛰는 행동 감소

1) 출처: http://blogs.scientificamerican.com/cross-check/2012/06/01/why-b-f-skinner-like-freud-still-isnt-dead/

손다이크의 '효과의 법칙'

스키너에 앞서 손다이크(Thorndike, 1898)는 조작적 조건화를 설명하기 위해 '효과의 법칙'을 제안하였다. 이 법칙은 어떤 반응 후 보상이 주어지면 그 반응의 빈도가 높아지고, 반응 후에 벌이 주어지면 그 반응의 빈도가 낮아진다는 것이다. 즉, 조작적 조건화를 위한 가장 중요한 변수는 보상과 벌이며 보상과 벌은 행동 변화에 중요한 영향을 미친다는 것이다. 1989년에는 문제상자를 사용하여 고양이의 행동변화에 대해 실험하고 행동변화와 관련한 학습이론을 체계화하였다. 그는 문제상자 안에 굶주린 고양이를 가뒀다. 그는 고양이가 상자 안에 있는 지렛대를 누르고 나와 밖에 놓여 있는 생선을 먹을 수 있는지 확인하였다. 처음에는 고양이가 상자의 창살 사이로 발을 뻗거나 바닥을 할퀴는 등 생선을 먹기 위해 다양한 시도를 하였지만 성공하지 못했다. 이후 시행착오과정 끝에 우연히 빗장이 풀리면서 고양이는 밖으로 나와 생선을 먹을 수 있게 된다. 고양이가 다시 상자에 갇히게 되면 상자를 나오기 위한 과정을 반복하기는 하지만 빗장을 푸는 데 걸리는 시간은 처음에 걸렸던 시간보다 점차 점진적으로 짧아졌다. 이후 여러 차례의 시도 후에야 고양이는 상자에 갇히자마자 즉시 지렛대를 누르고 밖으로 나올 수 있었다고 한다. 이 실험을 통해 손다이크는 고양이가 지렛대를 누르면 보상으로 생선이 주어진다는 것을 여러 시행착오를 통해 학습하게 되고, 학습이 완전히 이루어진 다음에 상자에 다시 갇히게 되면 지렛대를 바로 누르고 밖으로 나오는 것을 관찰할 수 있었다.

가. 조작적 조건화의 행동 학습 기제

1) 강화 대 처벌

조작적 조건화에서 유기체가 만족하는 결과는 행동의 빈도를 증기시키는 반면 불만족한 결과는 행동의 빈도를 감소시킨다. 이 때 만족하는 결과를 강화물, 불만족한 결과를 벌이라고 한다.

강화: 긍정적인 행동의 빈도, 유지시간 및 강도를 증가시키는 것

강화(reinforcement)에는 정적 강화와 부적 강화, 두 종류가 있다. 정적 강화는 자극을 제시하여 해당 행동의 빈도나 강도를 증가시키는 것이다. 예를 들면 칭찬과 스티커는 아동의 다음 행동의 유발 빈도와 지속시간에 영향을 미치는 정적 강화이다.

부적 강화는 행동 뒤에 부정적 결과나 자극을 제거하여 행동의 빈도나 강도를 증가시키는 것이다. 화장실 청소가 기피하는 일이라면 이를 면제해줌으로써 바람직한 행동인 질서 지키기 행동을 강화할 수 있다.

벌: 부정적인 행동의 빈도, 유지시간 및 강도를 감소시키는 것

벌(punishment)은 수여성 처벌과 제거성 처벌로 나뉜다. 수여성 처벌은 부적절한 행동의 빈도를 감소시키기 위해 제시되는 꾸중, 체벌을 의미한다. 수여성 처벌은 적절한 방식으로 사용된다면 즉각적 효과를 기대할 수 있으나, 이에 대해 많은 학자들이 부정적 견해를 가지고 있다. 제거성 처벌은 행동이 일어난 후 선호하는 결과나 자극을 제거하는 것으로, 학생이 수업시간에 자리를 떠나 돌아다닌다면 쉬는 시간을 제한하거나 방과후에 남아있게 해 수업시간에 자리이탈 행동을 감소시키는 것을 예로 들 수 있다.

표 5-4 강화와 벌의 구분

자극 / 결과	자극제시	자극제거
행동 촉진	정적 강화 (칭찬, 성적, 스티커)	부적 강화 (학습규칙 잘 지킬 시 청소면제)
행동 감소	수여성 처벌 (꾸중, 체벌)	제거성 처벌 (수업시간에 자리 이탈하는 학생은 자유시간 박탈)

강화물의 유형: 일차 강화물과 이차 강화물

일차 강화물(primary reinforcer)은 인간의 기본적인 욕구를 충족시키는 강화물로, 음식, 안전, 따뜻함 등이 이에 해당한다. 이차 강화물(secondary reinforcer)은 다른 강화물과 연합하여 가치를 얻게 된 강화물이다. 성적은 그 자체로는 인간의 기본적인 욕구를 충족시키지 못하지만 학생이나 부모가 성적에 가치를 둠으로써 높은 성적이 안전, 만족감, 뿌듯함과 연합된다면 이차 강화물이 된다. 만약 학생이나 부모가 높은 성적에 가치를 두지 않는다면 교사가 아무리 수행평가 점수를 높게 주겠다는 이유로 학생의 긍정적 행동을 증가시키려 해도 결국은 실패할 것이다.

2) 강화계획

강화물을 제공하는 시기와 간격은 학습에 중요한 영향을 미친다. 교사는 강화물을 제공하는 시점과 패턴을 달리하여 여러 가지 강화계획을 세울 수 있다. 강화계획(reinforcement schedule)의 종류로는 고정비율계획(fixed ratio schedule), 변동비율계획(variable ratio schedule), 고정간격계획(fixed interval schedule), 변동간격계획(variable interval schedule)이 있다.

고정비율계획은 강화물을 일정 횟수의 행동 이후에 제시한다.

예를 들어, 교사가 매 5문제를 풀 때마다 칭찬을 해주기로 했다고 가정해보자. 얼마의 시간이 지났는지에 상관없이 학생들이 매 5문제를 끝내게 되면 교사로부터 칭찬이라는 강화를 받게 된다. 고정비율계획은 강화물을 받기위해 개인이 신속하게 반응하며 개인이 강화물을 원하는 한 꾸준한 반응을 유발할 수 있는 장점이 있다.

변동비율계획은 강화물을 고정적이지 않은 횟수 이후에 제시한다.

교사가 학급규칙을 잘 지킨 학생들에게 평균 5번에 한 번씩 청소를 면제해주는 강화계획을 세웠다고 하자. 이때 매 5번째마다 면제를 시켜주는 것이 아니라, 3번째, 4번째, 5번째 학급규칙을 지키는 행동을 했을 때, 하지만 전체적으로 평균 5번 학급규칙을 지킬 때마다 한 번씩 청소 면제를 해주는 것이다. 이 경우 학생들은 학급규칙을 몇 회 이상 잘 지켜야 청소를 면제 받는지 명시적으로 파악하기 어려울 수 있고, 이런 상황이라면 학생들은 평소 학급규칙을 최대한 많이 지키기 위해 노력할 것이다. 이처럼 변동비율계획으로 강화된 행동은 조금 더 노력하면 보상받을지 모른다는 믿음 때문에 쉽게 소거되지 않는다.

고정간격계획은 강화물을 특정한 시간간격을 두고 제시한다.

고정간격계획은 바람직한 행동이 일정한 시간 간격 사이에 발생했을 때 정확하게 그 시간이 경과한 시점에서 강화물을 제시하는 것이다. 예를 들면, 학생들이 발표를 위해 손들기 행동을 하는 경우 매 10분마다 칭찬을 해주는 것이다.

이와 유사한 사례가 바로 평소 공부를 하지 않던 학생이라도 중간고사가 다가오면 점차 공부시간을 늘리다가 시험 전날에는 벼락치기를 곧잘 시도하는 것이다. 이렇듯 고정간격계획으로 강화된 행동은 강화물이 제시되는 시기가 되면 반응이 폭발적으로 증가하였다가 시기가 지나면 급속하게 반응이 감소한다.

변동간격계획은 강화가 주어지는 시점을 예측할 수 없다.

변동간계계획은 바람직한 행동이 일정한 시간 간격 사이에 발생했을 때 평균적 시간 간격은 유지하면서 그 시간 간격 내에서 자유롭게 강화물을 제시하는 것이다. 예를 들면 학생들이 발표를 위해 손들기 행동을 하는 경우 그 행동이 일어나고 난후 2분, 6분, 12분 등, 평균 10분을 유지하면서 칭찬을 해주는 것이 이에 해당한다.

교사가 학생들의 필기노트를 매주 금요일마다 검사하는 것이 아니라, 예고 없이 검사한다면 학생들은 언제 검사를 받을지 알 수 없기 때문에 노트필기에 항상 신경을 쓸 것이다. 변동간격계획도 변동비율계획과 같이 행동을 오래 유지하는 데에는 효과적이며, 상대적으로 고정계획에 비해 행동의 소거가 어렵게 나타난다.

3) 처벌

신중하게 벌주기

교육 장면에서 처벌은 문제 행동을 감소시키기 위해 흔히 사용되는 방법이지만 강화에 비해 비효과적인 측면이 많다. 스키너는 처벌이 문제 행동을 일시적으로 억압할 뿐, 지속적인 효과가 없다고 주장하였다. 바람직하지 않은 행동에 대해 처벌을 받으면 일시적으로 그 행동이 억압되지만, 처벌의 위협이 사라지면 바람직하지 않은 행동은 다시 나타나기 마련이다. 따라서 처벌은 신체적 또는 정신적 위해가 가해지는 상황에서 이를 신속하게 중단시켜야 하는 경우에만 사용하는 것이 바람직할 것이다.

바람직한 행동에 대한 정보도 함께 제시하기

벌은 바람직하지 않은 행동이 무엇인지만 알려줄 뿐, 이를 대신하여 다른 어떤 행동을 해야 하는지를 안내하지는 못한다. 물론 처벌을 주지 않고 긍정적인 강화물만을 제공하는 것은 문제행동 개선에 비효율적이라고 주장하는 학자들도 있다 (Pfiffner, Rosen, & O' Leary, 1985). 하지만 처벌은 바람직한 행동에 대한 정보를 담고 있지 않기 때문에 강화를 통해 바람직한 행동을 직접적으로 증가시키는 것이 문제행동 개선에 더 효과적이다(Sears, Maccoby, & Lenin, 1957). 따라서 교사가 부득이하게 처벌을 사용한다면 바람직한 행동에 대한 적절한 정보를 추가로 제공하는 것이 바람직하다.

처벌의 일시적 효과를 보여주는 다양한 실험 연구들

• **스키너(1938)의 연구: 처벌의 일시적 효과**

스키너는 쥐들에게 먹이를 얻으려면 막대를 눌러야하는 훈련을 시킨 후 먹이 공급을 중단하여 반응을 소거시켰다. 그리고 소거기간 동안 막대를 누를 때마다 앞발을 때리는 벌을 주었다. 연구 결과 초기에 벌은 반응 소거에 매우 효과적인 것으로 드러났지만 처벌이 끝난 후 쥐들은 다시 점진적으로 반응 수를 더 많이 증가시켰다. 즉 처벌은 행동을 일시적으로 억압하는 기능은 하였지만 궁극적인 행동변화를 이끌지는 못하였다.

• **에스테스(William K. Estes, 1944)의 연구: 처벌 강도 및 소거 기간의 중요성**

에스테스는 여러 번의 실험을 통해 처벌의 강도가 약한 경우 효과가 짧게 지속되어 반응이 쉽게 회복되지만, 반대로 심한 처벌을 받았을 경우에는 처벌의 효과가 지속됨을 확인하였다. 즉 처벌의 강도가 처벌의 효과를 결정짓는 매우 중요한 요인이었다. 또한 이미 강화된 행동을 소거하기 위해서는 강화에 투자한 시간과 비슷할 정도로 충분히 긴 기간이 필요함을 밝히기도 했다. 하지만 실제 상황에서 잘못된 행동을 한다고 지나친 강도로 처벌을 제시할 수도 없으며, 이것이 교육적으로 바람직하지도 않을 것이다. 또한 처벌을 지속적으로 한다는 것은 심각하게 다른 정신적 문제를 유발할 가능성도 있어 주의해야 한다.

• **보와 처치(Erling E. Boe, Russell M. Church, 1967)의 연구: 행동-결과 간 수반성 확보의 중요성**

보와 처치는 쥐들에게 먹이를 얻으려면 막대를 눌러야 하는 훈련을 시킨 뒤 막대 누르는 행동을 소거시키기 위해 한 집단은 레버를 누를 때마다 전기 충격을 받게 하고(집단 1), 다른 한 집단은 전기 충격을 임의적으로 받게 하고(집단 2), 나머지 집단에게는 전기 충격을 전혀 가하지 않았다(집단 3). 연구 결과 집단 2와 3은 비슷한 정도로 레버 누르기 비율이 서서히 줄었으나 레버를 누를 때마다 전기 충격을 받은 집단 1은 소거기간 동안 레버 누르기 비율이 급속도로 줄었다. 즉, 바람직하지 않은 행동을 소거시키기 위해서는 해당 행동을 할 때마다 처벌이 주어져야 즉, 행동과 결과 간에 수반성이 확보되어야 한다. 하지만 일상적 상황에서 잘못된 행동이 일어날 때마다 처벌이 주어지기는 어려운 것이 사실이다.

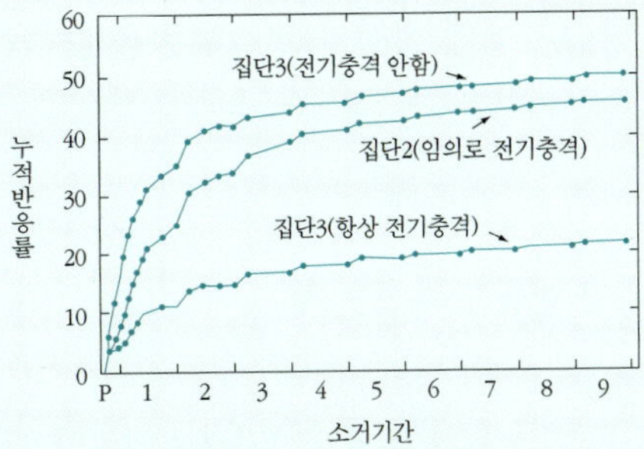

나. 교육에서의 조작적 조건화 이론 적용

교육 장면에서 조작적 조건화 이론을 적용하는 방법에는 토큰경제와 응용행동분석 등이 있다.

토큰경제란 적절한 행동을 토큰으로 강화하여 행동을 변화시키는 방법이다.

토큰경제(token economy)는 교사가 학생들의 학습효과 향상이나 행동수정을 목표로 할 때 자주 활용하는 방법이다. 바람직한 목표 행동이 발생할 경우 정해진 규칙에 따라 지급되는 토큰을 모아 이후 사물이나 특권으로 교환할 수 있다. 이 토큰은 다른 강화물과 계속적으로 연합되어 이차 강화물이 되기 때문에 효과적이다.

응용행동분석은 행동수정, 행동치료와 같은 용어로 사용되며 학생의 행동변화를 목적으로 행동주의원리를 단계적으로 적용하는 방법을 말한다.

응용행동분석(applied behavior analysis)은 문제행동이 과거 및 현재의 환경적인 상황 여건으로부터 유발된 결과이며, 학습자의 현재 환경을 수정한다면 생산적인 반응이 유발될 것이라는 가정에 기초를 두고 있다. 응용행동분석의 5단계를 적용하여 학습자에게 적절한 교실행동을 습득하도록 안내해보자.

응용행동분석 5단계

E교사는 담임학습의 민수가 자신이 바라고자 하는 행동을 하지 못하였을 때 과도하게 폭력적인 말과 행동을 하는 경향이 있다는 것을 알게 되었다.

① 목표행동을 확인한다.

첫 번째 단계는 교사가 변화시키고자 하는 학생의 행동을 확인하는 것이다. E교사는 민수의 행동에서 자신의 원하는 바를 언어로 표현하기, 소리 지르지 않기, 다른 학생 때리지 않기 등과 같은 세 개의 목표행동을 선정하였다.

② 기저선을 설정한다.

목표행동의 기저선을 설정하기 위해 목표로 하는 행동의 발생 빈도를 측정한다. 우선 기저선 시기를 설정하고 행동 발생 빈도를 측정한다. 예를 들어, 민수는 자신이 원하는 바를 15번 표현하지 않았고, 13번 소리를 질렀으며, 10번 다른 학생을 때렸다.

③ 강화인과 처벌인을 선택한다.

본격적인 행동변화과정에 들어가기에 앞서 교사는 학생에게 영향을 줄 수 있는 강화인과 처벌인을 모색해야 한다. 처벌보다 강화를 이용하는 것이 바람직하며 처벌은 필요한 경우에 한하여 미리 학생과 상의 후에 적용해야 한다. 예를 들어, E교사는 학급시간 중 공개적인 칭찬과 민수가 좋아하는 노래 부르는 시간을 확보해주는 것을 강화인으로 사용하였다.

④ 행동의 변화를 측정한다.

교사는 특정 기간 동안 대상 행동의 변화가 발생하는지 여부를 확인하기 위해 행동 변화를 측정하였다. 목표행동 확인표를 만들고 확인한다면 민수의 행동 변화를 체계적으로 기록할 수 있다.

⑤ 강화인의 빈도를 줄인다.

민수의 행동이 개선되기 시작하면 E교사는 강화인의 빈도를 점차 줄인다. 처음에는 계속적 강화계획을 사용하지만 점차 간헐적 강화계획을 사용하여 바람직한 행동을 유지하는 것이 바람직하다.

다. 바람직한 행동 수정

행동형성은 단계적으로 목표행동에 도달하기 위해 강화를 사용하는 방법이다.

주의집중력이 부족하여 수업시간에 독립적인 과제수행을 어려워하는 학생이 있다고 가정하자. 처음에는 2분 동안 풀 수 있는 과제를 제시하여 그것을 푼 순간 강화를 주다가, 해당 과제에 능숙해지면 점차 수행하는 시간이 오래 걸리는 과제를 제시하고 과제 수행이 끝나면 칭찬을 하도록 한다. 이 같은 방식을 행동형성(shaping)이라 칭하며, 단계적인 목표를 세부적으로 나누어 제시함으로써 최종목표에 도달할 수 있도록 조성하기 때문에 '조성'이라고 부르기도 한다.

프리맥 원리는 덜 선호하는 행동을 증가시키기 위해 선호하는 행동을 강화인으로 이용하는 것이다.

A교사가 "지금부터 30분 동안 수업에 집중한다면 수업을 10분 빨리 끝내서 더 쉬도록 하겠다."라고 말한다면 A교사는 프리맥 원리(premack principle) 또는 할머니의 법칙(grandma' s law)를 적용하고 있는 것이다. 수업 후 쉬는 행동은 학생들이 선호하는 행동이며, 수업에 집중하는 것은 학생들이 덜 선호하는 행동이다. 따라서 A교사는 선호하는 행동을 강화인으로 제공하여 학생들이 수업에 집중할 수 있도록 유도하는 프리맥을 원리를 적용하고 있는 것이다.

라. 바람직하지 않은 행동 수정

칭찬-무시 접근은 바람직하지 않은 행동에는 관심을 두지 않고, 바람직하지 않은 행동의 대안이 될 수 있는 긍정적 행동에 칭찬을 함으로써 부적절한 행동을 감소시키는 방법이다.

초등학교 4학년을 담당하는 김 교사는 효재가 가끔씩 스스로 해결할 수 있는 문제도 교사에게 도움을 요청한다는 사실을 파악하였다. 이때 교사는 쉬운 문제 상황에서 보내는 효재의 눈길을 무시함으로써 효재가 스스로 문제를 해결하도록 유도할 수 있다. 동시에 효재가 스스로 문제를 해결하는 순간을 포착하여 칭찬을 해줌으로써 효재의 의존적 학습행동을 감소시키고, 스스로 문제를 해결하고자 하는 학습행동은 증진시킬 수 있다.

포화란 정적 강화자극이라 할지라도 계속적으로 주어지면 더 이상 정적 강화자극으로서의 기능을 상실하고 반대의 효과를 나타내는 현상을 의미한다.

예를 들어, 수업시간에 문자보내기를 좋아하는 학생에게 수업시간 내내 문자를 보내도록 하거나 복도를 뛰어다니길 좋아하는 학생에게 하루종일 복도를 뛰어다니게 한다면, 그 학생은 더 이상 수업시간에 문자를 보내거나 복도를 뛰어다니는 행동에 흥미를 느끼지 못할 것이다. 이를 포화(satiation)라 일컫는다.

반응대가란 바람직하지 않은 행동에 대한 대가로 강화인을 제거하는 것이다.

예를 들어, 수민이네 학급에서는 학급 회비를 모았다가 학기 말에 학생들에게 다시 돌려주는데, 이때 학급규칙을 잘 지킨 학생에게는 2만 원을, 잘 지키지 않은 학생에게는 벌금으로 5천 원을 제하고 남은 만 5천 원만 돌려준다고 가정하자. 만약 학생들이 학급규칙을 잘 지키지 않았다면 그 대가로 학기가 끝난 뒤 2만 원을 오롯이 받지 못하고 차감된 금액만을 돌려받을 수 있다. 이 경우 학급규칙을 어기는 행동이 감소하는데, 이러한 경우를 반응대가(response cost)라고 한다.

사회적 격리란 바람직하지 않은 행동 발생 시 강화인으로부터 분리하는 것이다.

주로 어린 아동들에게 적용되며 제거성 처벌의 한 형태이다. 예를 들어, B교사가 수업시간에 계속 다른 친구를 괴롭히거나 시끄럽게 떠드는 학생을 교실 밖으로 내보낸다고 가정하자. 교사는 수업장면으로부터 해당 학생을 분리시켜 다른 친구를 괴롭히거나 말을 거는 기회를 제거함으로써 이후 이 문제행동을 하지 못하도록 할 수 있다. 이때 중요한 것은 사회적 격리 상황 자체가 보상을 주는 상황이어서는 안 된다. 즉 교실 밖에 나가 있으므로 교실 내에 있을 때보다 더 편안한 심리적 상황을 학생에게 만들어 준다면 사회적 격리 자체는 효과적으로 작동하지 않는다.

마. 행동변화를 위한 구체적 전략

1) 교사는 학생에게 바라는 행동을 구체적으로 명시해야 한다.

교사는 학생들에게 바라는 행동을 미리 제시해야 하며, 나아가 최종 목표로 하는 행동을 관찰 가능한 표현으로 기술해야 한다. 교사가 학생에게 바라는 행동을 명확하게 부여하면 학생이 자신이 목표로 하는 바를 구체적으로 설정하는 데 도움이 된다.

2) 외적강화물은 적절한 강화인이 없을 때에만 활용해야 한다.

학생의 모든 행동을 강화하는 것은 불필요하며 불가능하다. 또한 수업장면에서 강화가 반복적으로 사용된다면 그 효과는 점차 감소한다. 최상의 강화물은 외적인 것이 아니라 과제를 끝낸 뒤 느끼게 되는 성취감, 이해가 잘 되지 않는 부분을 명확하게 이해한 뒤 느끼게 되는 만족감 등 내적인 요인이다. 그러나 내적인 성취감, 만족감 등은 쉽게 얻어지는 것이 아니다. 따라서 학생들이 고민하는 과정에서 그들이 이룩한 작은 향상에 대해 외적강화를 제공하는 것이 필요한 것이다. 하지만 외적강화보다는 내적강화가 더 적극적으로 활용될 수 있도록 하는 것이 바람직할 것이다.

3) 강화는 목표행동이 형성될 때까지 실시하되, 점진적으로 강화를 철회해야 한다.

연속강화는 행동형성에 효과적이지만 언제까지나 연속강화를 제공하는 것은 현실적으로 불가능하다. 또한 사전에 연속적으로 강화 받은 행동은 강화가 중단되면 빠르게 소거되는 경향이 있기 때문에 목표행동의 지속을 위해서는 간헐적 강화계획을 세울 필요가 있다. 이를 통해 잦은 강화가 없이도 목표행동이 오랫동안 유지되는 습관화 단계에 이르면 강화는 결국 철회되어야 한다. 강화물 없이도 학생이 목표행동을 하는 것이 교사의 궁극적인 목표이기 때문이다.

4 사회인지 학습이론

인지행동주의의 창시자 반두라

앨버트 반두라(Albert Bandura, 1925~)

사회인지 학습이론을 창시하였으며, 1925년 캐나다의 앨버타 북부 먼대어(Mundare in northern Alberta, Canada)에서 태어나 성장하였다. 반두라는 아이오와에서 학습이론가 스펜스(Kenneth Spence)와 함께 공부했으며, 1952년 임상신경심리학자 벤튼(Arthur L. Benton)의 지도하에 임상심리학으로 박사학위를 취득하였다. 심리학을 처음 시작하였을 때, 반두라는 학습이라는 주제에 관심이 있었다. 행동주의가 주류이던 당시 대부분의 학습연구는 자극-반응 관계로서의 직접학습과 환경이 행동에 일방적으로 영향을 준다는 생각이 주를 이루고 있었다. 그러나 반두라는 모든 학습이 자극-반응의 관계만으로 설명될 수 없다고 생각하였으며, 행동주의학습 이론가들이 인간학습의 중요한 부분을 놓치고 있다고 생각했다. 그는 대표적 연구인 보보인형 실험을 통해 직접 경험이 아닌 관찰을 통해서도 학습이 가능함을 밝혔으며, 기대, 자기효능감과 같은 인지적 기능이 학습의 중요한 기제임을 강조하였다. 또한 환경이 행동에 미치는 영향뿐 아니라 개인과 행동, 환경이 서로 영향을 미칠 수 있다는 상보적 인과관계(reciprocal causation)를 주장하기도 하였다. 반두라는 엄격한 행동주의 시대에 학습에 사회적, 인지적 개념을 도입한 "인지 행동주의의 아버지"로 불린다. 인지행동주의의 창시자로서 반두라의 행보는 이론의 명칭이 행동주의를 기반으로 한 '관찰학습'에서 사회적 개념을 도입한 '사회학습이론'으로, 그리고 이후 여기에 인지적 개념을 추가한 '사회인지 학습이론'으로 변화를 거듭한 것을 통해서도 알 수 있다. 그는 노숙자에서 테러에 이르기까지 폭넓은 영역에 관한 연구를 수행하였으며, 프로이트(Freud)와 스키너(Skinner) 다음으로 2002년까지 논문에서 가장 자주 인용되는 심리학자 중 3위를 차지했다.

사회인지 학습이론은 개인이 관찰을 통해 무엇이 강화받는지를 인식하게 되고, 이를 통해 형성된 기대에 의해 행동이 학습된다는 이론이다.

행동주의 관점에서 학습이란 자극이 유발한 반응의 결과 또는 행동에 뒤따르는 결과물에 의한 변화이며, 이 과정에서 인간의 정신적, 인지적 측면은 완전히 부인된다. 그러나 사회인지 학습이론가들은 학습이란 로봇이나 기계가 움직이는 것처럼 외부의 자극에 의해 자동적으로 유발되는 것이 아니라, 타인과의 상호작용 과정에서 형성된 사고 과정의 결과라는 것에 초점을 맞춘다. 개인은 직접적으로 행동을 하지 않아도 관찰을 통해 무엇이 강화 받을지를 '인식'하고, 같은 방식으로 행동했을 때 동일한 강화가 주어질 것이라는 '기대'를 한다는 것이다. 만일 어떤 사건들이 상호 연관되어 있다고 생각하지 않는다면 사람들은 단순한 자극과 반응의 연합에 의해 영향을 받지 않을 것이다. 어떤 자극이 학습자의 행동을 증가시킬 수 있었던 것은 그 자극이 '예측'의 기능을 가지고 있기 때문이다. 또한 우리가 획득하는 대부분의 정보는 타인과의 상호작용에서 온다. 사회인지 학습이론은 사회적 상호작용과 학습자의 인지적 능동성을 강조했다는 점에서 학습자와 학습을 더욱 잘 설명할 수 있는 새로운 시각을 제시해 주었다.

반두라의 상보적 인과관계(reciprocal causation)란 인간의 행동을 결정하는 요소인 행동, 환경, 개인 요소가 상호적인 관계임을 의미한다.

만약 "인간이 왜 그러한 방식으로 행동하는가?"라는 질문을 던진다면, 이에 대해 행동주의자들은 환경이 그러한 행동을 유발했기 때문이라고 대답할 것이다. 그러나 사회인지 학습이론은 똑같은 질문에 대하여 행동, 환경, 개인이 서로 상호작용한 결과라고 대답한다. 반두라는 인간의 행동을 결정하는 요소로 행동과 환경뿐만 아니라 개인 요소가 존재한다고 보았으며, 이들의 관계는 일방적인 것이 아니라 상호적이라고 보았다.

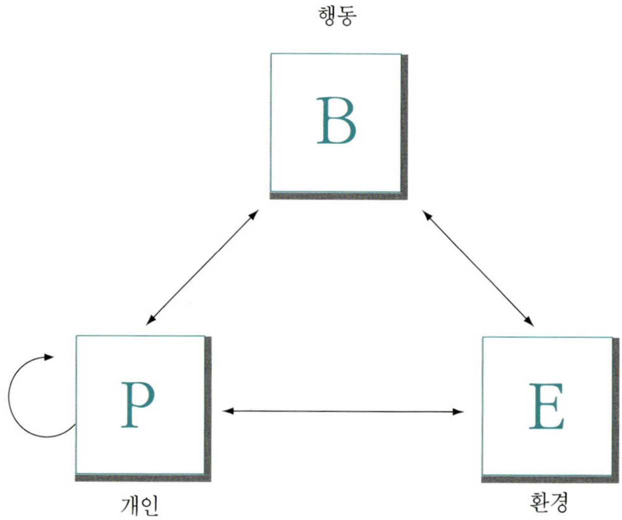

그림 5-2 반두라의 상보적 인과관계

반두라는 보보인형 실험연구로 관찰만으로도 학습은 일어나며, 강화는 수행 변인일 뿐 학습 변인은 아님을 증명하였다.

반두라는 강화이론이 모방학습을 온전히 설명할 수 없으며, 새로운 행동방식이 사회적으로 확산되는 데 상징적 모델의 역할이 중요하다고 판단하였다. 그는 모델을 관찰하는 것만으로도 학습이 가능하며, 강화는 모델을 통해 학습한 행동을 수행하는 데는 영향을 주지만 모델의 반응 자체를 학습하는 것에는 영향을 미치지 않는다는 가설을 입증하기 위해 보보인형 연구를 수행했다.

반두라(1965)의 보보인형 실험

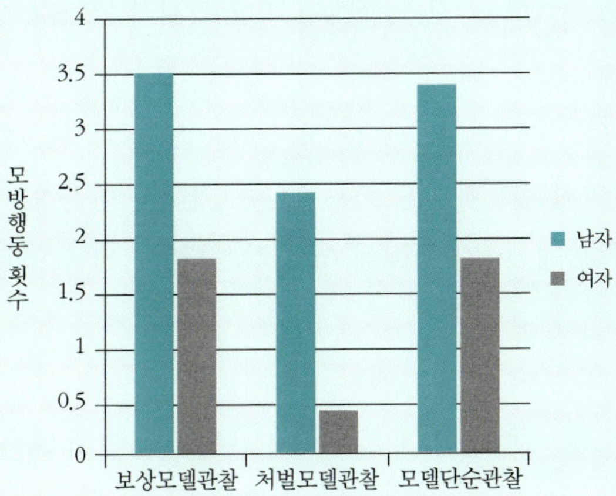

반두라(1965)의 보보인형 실험의 참여자는 스탠포드대학(Stanford University) 부속학교의 아이들 총 66명으로, 이들은 22명씩 세 그룹으로 나뉘어 각기 다른 비디오를 시청하였다. 비디오 속의 모델들은 보보라는 이름의 플라스틱 인형과 함께 등장한다. 첫 번째 그룹의 아이들은 비디오를 통해 보보인형에게 4가지 방식의 언어적, 신체적 공격을 가한 후, 보상(사탕, 탄산음료, 칭찬 등)을 받는 모델을 관찰한다. 두 번째 그룹의 아이들은 보보인형에게 똑같은 공격을 가한 뒤 처벌(꾸중, 엉덩이 맞기 등)을 받는 모델의 비디오를 관찰한다. 세 번째로 통제 집단의 아이들은 공격적인 행동 후 보상이나 처벌을 받지 않는 모델을 관찰한다. 이후 아이들은 비디오를 통해 각기 다른 모델을 관찰한 뒤, 잠시 후 모델이 있던 놀이방에서 다양한 장난감들(보보인형과 함께 모델이 공격행동을 보일 때 사용했던 장난감 포함)을 10분 동안 가지고 놀도록 한다. 아이들의 모방행동은 5초 단위로 평가된다.

연구 결과는 행동주의자들이 주장하는 것만큼 강화가 학습의 절대적 요소가 아님을 지지해주었다. 처벌받은 모델 집단에 비해 보상받은 모델 집단에서 모방행동이 더 많이 나타났으나, 처벌이나 보상이 없었던 통제 집단 역시 보상을 제공받은 모델 집단만큼이나 공격 행동을 많이 나타내었다(연구결과 그림 참조).

가. 반두라 이론의 주요 개념

행동을 이끄는 것은 강화 그 자체가 아니라 기대이다.

사회인지 학습이론에 따르면 사람들은 어떤 행동이 강화를 받을지, 혹은 처벌을 받을지 알고 있을 때에만 기대(expectation)를 형성할 수 있다(Bandura, 1986). 열심히 공부했을 때 실력이 향상된다는 사실을 아는 학생들은 실력 향상에 대한 기대를 형성하게 되며, 형성된 기대는 직접적인 강화가 주어지지 않더라도 학습자들이 장시간 열심히 공부할 수 있도록 만든다. 학생들은 단지 실력향상이라는 강화인에 반응하는 것이 아니라 기대에 의해 반응한다. 즉 행동-결과 관계에 대한 인지적 평가가 개인의 행동을 결정하는 것이다.

기대가 행동을 이끈다는 사실은 교사에게 중요한 시사점을 준다. 교사는 학생들에게 어떤 행동이 강화를 받는지 미리 설명해줌으로써 올바른 기대를 형성하도록 도와야 하며, 학생에게 강화를 제공할 때, 어떤 행동에 의해 강화되었는지를 명료하게 밝혀주어야 한다.

자기효능감은 과제를 성공적으로 수행하는 데 요구되는 개인의 능력에 대한 자신의 판단 또는 신념이다.

사람들은 비슷한 과제에 대한 과거의 수행, 본보기 관찰(모델링), 사회적 설득, 심리적 상태에 영향을 받아 자기효능감(self-efficacy)을 형성한다. 자기효능감은 활동의 선택, 노력, 과제 지속력, 전략사용 등 학습자의 학습동기에 차이를 가져온다. 일반적으로 자기효능감이 높은 학생들은 어려운 과제에 도전하며, 노력과 끈기를 보이고, 목표 달성을 위해 효과적인 전략을 사용한다. 예를 들어, 5m 다이빙에 높은 자기효능감을 가진 선수는 7m 다이빙이라는 더 높은 목표를 설정하고 보다 도전적인 활동을 시도할 것이다. 또한 새로운 목표를 달성하기 위해 더 오랜 시간 더 많은 노력을 들일 것이며 자세교정, 불안극복 훈련 등 도움이 되는 전략을 활용할 것이다. 반면 자기효능감이 낮은 선수는 난이도가 높은 과제를 회피하거나 쉽게 포기하며, 노력을 덜 기울이고 비효율적인 전략을 사용할 것이다.

자기조절은 학습자가 스스로 설정한 목표를 달성하기 위해 체계적으로 인지, 행동, 정서를 조절하고 유지하는 과정이다.

사회인지학습이론에서는 학습자가 목표를 설정하고, 이를 달성하기 위해 체계적으로 자신의 생각과 감정, 그리고 행동을 조절하는 자기조절을 강조한다. 예를 들면,

상희는 고대 건축양식에 대해 공부하다가 혼동되는 부분이 있어 모호함을 해소하고 싶은 동기가 생겼다. 상희는 도서관에 가서 도움이 될 만한 서적을 빌려왔고, 인터넷 검색으로 필요한 자료를 모았으며 학교 선생님께 질문하기 위해 질문 목록을 만들었다. 이처럼 자기조절능력이 뛰어난 학습자는 자신의 학습활동에 적극적이며, 책임감을 가진다. 사회인지 학습이론에 따르면 자기조절학습(self-regulated learning)은 목표설정, 자기관찰, 자기판단, 자기반응으로 구성된다(Bandura, 1986).

▶▶ 목표설정　목표설정은 수행에 대한 질적 또는 양적인 기준을 세우는 것이다. 목표는 구체성, 곤란성, 근접성에 따라 다양한 형태로 설정할 수 있으며, 학습자에게 행위의 방향을 제공하고 스스로 학습과정을 평가하도록 돕는다. 학습자가 설정한 도전적 목표가 교사에 의해 부여된 목표보다 자기조절학습에 훨씬 더 효과적이다. 그러나 일반적으로 학생들은 쉬운 목표를 설정하는 경향이 있기 때문에 교사의 조력이 필요하다.

▶▶ 자기관찰　자신의 행동을 판단 및 평가하기에 앞서 학생들은 스스로의 전략 사용, 행동, 동기 수준을 관찰해야 한다. 예를 들어 최종목표를 구성하는 하위 행동 요목들을 체크리스트로 만든 후, 이를 체크하면서 자신이 현재 어떤 상태에 있는지를 모니터링 할 수 있다.

▶▶ 자기판단　자기조절 과정에서 학생들은 자신이 설정한 목표를 기준으로 바람직한 행동을 하고 있는지, 동기가 적절히 유지되고 있는지, 효과적인 인지 전략을 사용하고 있는지에 대한 자기관찰을 적극적으로 수행해야 한다. 이러한 자기평가 기술을 익히기 위해서 학생들은 메타인지를 적극적으로 활용해야 한다. 즉 자신의 목표가 무엇인지, 목표 달성을 위해 필요한 전략들은 무엇인지 알고 있어야 한다.

▶▶ 자기반응　학습자는 자신의 수행 결과에 대한 평가를 바탕으로 자신의 동기

와 행동에 대한 중요한 정보를 얻을 수 있다. 예를 들어, 수학문제 풀이에서 만점을 받은 학생은 수학문제해결 능력에 대한 자기효능감을 높게 지각할 것이다. 자기반응은 다음 학습과정에서의 보다 적극적인 행동을 의미하며, 연속되는 다음 학습활동에 대한 자기 관찰과 평가를 더 성공적으로 수행하는 중요한 요인이 된다. 만일 수학문제 풀이에서 비효과적인 전략사용, 목표의 부적절성으로 인해 좋은 점수를 받지 못했다면 학습자는 성공적인 다음 학습을 위해 전략과 목표를 수정해야 한다. 이처럼 자기평가를 근거로 적절한 자기반응을 계획하고 실천하는 능력은 자기조절학습에서 중요한 요인이 된다.

나. 관찰학습과 대리학습

관찰학습은 성공적인 모델의 행동을 관찰하고 모방함으로써 학습하는 것을 의미한다.

학생들은 모델의 행동을 관찰한 후 그 행동을 그대로 모방했을 때 원하는 결과를 얻을 수 있다는 기대에 의해 동기화된다(Bandura, 1986). 다른 사람들의 행동을 관찰하여 새로운 기술을 익히는 것은 학습 장면뿐 아니라 일상생활에서도 보편적이며, 특

표 5-5 모델링의 유형

종류	설명	예시
직접 모델링	실제로 모델을 관찰하고 모델이 하는 행동을 그대로 모방하는 것	민지는 수학시간에 선생님이 칠판에 적은 공식을 그대로 사용하여 수학문제를 풀어보았다.
상징적 모델링	책, 연극, 영화, TV 등 매체를 통해 모델을 관찰하고 모델의 행동을 모방하는 것	석우는 요즘 인기 있는 아이돌 가수의 헤어스타일과 옷차림을 따라 하기 시작했다.
종합적 모델링	행동을 부분적으로 관찰한 후 이를 종합하여 일련의 행동으로 발전시키는 것	다희는 의자 위에 올라가 손에 닿지 않는 전등을 교체하는 아버지를 관찰했다. 그리고 화장실 세면대에서 손을 씻는 사람들도 관찰했다. 다희는 플라스틱 의자를 화장실에 가져와 그 위에 올라갔고, 손이 닿지 않았던 세면대에서 손을 씻을 수 있었다.

히 교사와 부모들은 아동이 학습 시 관찰하게 되는 중요한 모델들이다. 관찰학습에는 대개 모델링 개념이 포함되는데, 모델링은 한 명 또는 여러 사람의 모델을 관찰한 결과로 발생한 행동, 인지, 정서 변화를 의미한다(Schunk, 2004). 모델링의 다양한 형태를 정리하여 제시하면 〈표 5-5〉와 같다.

대리학습은 다른 사람이 행동한 후에 보상을 받는지 처벌을 받는지를 관찰하여 자신의 행동을 적절히 조절함으로써 학습하는 과정을 일컫는다.

대리학습이 관찰학습과 다른 점은 모델이 어떤 행동을 한 것에 대해 강화를 받는지 아니면 벌을 받는지를 관찰하여 행동의 결과를 대리 경험함으로써 학습이 이루어진다는 점이다. 대리학습은 대리 강화와 대리처벌로 분류된다. 대리강화란 모델의 특정 행동이나 반응이 강화 받았을 때, 관찰자가 모델이 겪은 결과를 공감적으로 함께 경험하는 것을 의미한다(Mower, 1960). 반대로 대리처벌이란 모델의 특정 행동이나 반응이 처벌 받았을 때, 관찰자가 그 처벌을 마치 자신에게 일어난 일처럼 경험하는 것을 의미한다.

앞서 소개한 보보인형 실험에서 똑같은 공격행동을 한 모델이 보상을 받느냐, 처벌을 받느냐에 따라 아이들의 학습행동에 차이가 발생하는 것을 보았을 것이다. 이처럼 모델의 행동 그 자체를 관찰하는 것뿐만 아니라, 모델이 행동한 이후 어떤 결과를 얻느냐 또한 관찰자가 모델의 행동을 학습하는 데 매우 중요한 요소이다. 반두라의 대리학습의 원리는 실제 학급에서 교사들이 자주 활용하는 학생 지도방법 중 하나이다.

다. 관찰학습의 단계: 주의집중, 파지, 재생산, 동기

관찰자들은 관찰학습을 통해 구체적인 자극-반응 연합이 아니라 주로 모델 행동

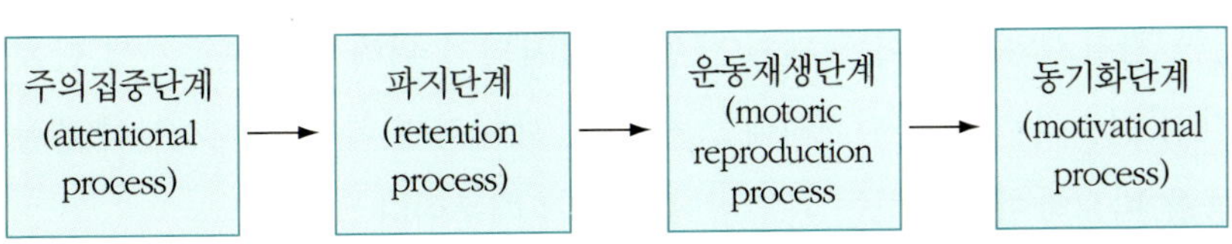

에 대한 인지적 이해 및 기억, 그리고 연습을 통해 대상 행동을 학습한다. 즉 모델링의 과정을 통해 학습이 일어나며 다음 4가지 하위 단계를 통해 관찰학습이 이루어진다.

주의집중단계는 학습자들이 모방하고자 하는 모델의 행동에 주의를 기울이는 단계이다.

단순히 모델에 노출시키는 그 자체로는 학습자들로 하여금 모델의 여러 특성들 중에서 가장 적절한 특성을 선택하여 학습하도록 만들 수 없다. 따라서 학습자의 주의를 끄는 모델의 주요 특성이 무엇인지를 아는 것은 중요하다. 예를 들어 모델이 해당 분야에 전문성 또는 권위를 갖거나 신체적으로 매력적인 경우, 혹은 학습자와 연령대나 출생지가 비슷한 경우 보다 쉽게 학습자의 주의를 끌 수 있다.

파지단계는 관찰한 내용을 상징적 표상 형태로 저장하는 단계이다.

학습자가 관찰한 내용은 성공적으로 학습자의 도식에 저장되어야 한다. 관찰한 결과를 기억하는 일련의 과정을 파지라고 하며, 이때 언어와 이미지로 모델의 행동을 부호화하는 경우 어느 한 기제만을 사용하는 경우보다 더 성공적인 파지 결과를 가져온다.

운동재생단계는 파지한 내용을 머릿속으로 연습해 보거나 또는 실제 행동으로 옮겨 보는 단계이다.

일반적으로 파지한 내용은 30초 정도면 기억 속에서 사라진다. 이때 인지적 시연(cognitive rehearsal)을 통해 파지한 내용을 머릿속으로 반복하여 연습하면 파지한 내용이 기억에서 지워지지 않고 장기기억으로 옮겨진다. 이러한 과정을 통해 저장된 기억은 영구적으로 유지된다. 이러한 재생산 방법에는 전화번호를 반복해서 말로 소리내어 암송해본다든가, 실제로 몸을 이용하여 반복적으로 연습하는 방법 등이 있다. 반두라는 관찰자의 행동이 모델의 행동과 일치되기 위해서는 운동재생 단계에서 일정 기간의 인지적 시연이 필요하다고 하였다. 왜냐하면 학습자는 자신의 행동과 모델의 행동을 비교하여 교정하는 과정이 필요하기 때문이다.

동기화단계는 학습된 행동을 실제로 행동으로 드러내 보이기 위한 내적 과정이다.

긍정적인 유인가가 학습자에게 제공될 때, 비로소 관찰학습을 통해 학습된 행동이 실제 행동으로 관찰될 수 있다. 즉, 이전에 알고 있었지만 겉으로 드러나지 않은 행동들이 긍정적 유인가를 통해 실제 행동으로 나타나는 것이 동기화 과정이다. 강화물은 학습한 결과를 행동으로 드러내기 위해 활용될 수 있을 뿐만 아니라, 학습자로 하여금 무엇에 주의집중을 하고, 어떤 것을 파지하고 시연할지를 결정하는 데 모두 영향을 미친다.

라. 관찰학습에 영향을 미치는 요인

결과의 일관성에 따라 관찰학습의 정도가 달라진다.

관찰학습에서 모델의 행동에 대한 결과의 일관성은 매우 중요하다. 모델의 행동을 일관되게 강화하거나 처벌하면, 비일관적일 때보다 관찰학습이 더 효과적으로 형성된다. 모델의 공격적 행동이 일관성 있게 강화를 받으면 관찰자는 행동을 모방하는 경향이 강해지고, 모델의 공격적인 행동이 일관성 있게 처벌 받으면 행동을 모방하는 경향이 줄어든다. 이는 일관된 강화 또는 처벌이 관찰자로 하여금 자신이 모델링한 행동을 이후 실제 했을 때 발생할 결과에 대한 강한 믿음을 주기 때문이다.

일관된 강화의 중요성 연구

로즈크랜스와 하텁(Mary A. Rosekrans, & Willard W. Hartup, 1967)은 반두라의 대리학습 개념에서 나아가 일관된 강화의 중요성을 밝히는 연구를 진행하였다. 이 연구의 목적은 아이들이 사회적 모델의 공격행동을 모방하는 데 일관된 강화의 효과를 입증하는 것이다.

참여자는 36~71개월된 64명의 아이들로 4가지 조건(모델이 공격행동 후 일관된 강화를 받는 조건, 모델이 공격행동 후 일관된 처벌을 받는 조건, 모델이 공격행동 후 비일관적인 강화를 받는 조건, 모델이 없는 조건)에 무작위로 배치된다. 아이들은 보보인형과 점토인형 그리고 여러 가지 장남감이 있는 놀이방에서 공격적인 행동을 하는 모델을 관찰하며, 이때 모델의 신체적, 언어적 공격행동은 4

단계로 진행되었다.

모델의 행동과 그에 따른 결과를 관찰한 이후, 아동의 모방행동은 아이들의 놀이행동이 어떻게 변하는지를 관찰함으로써 측정되었다. 아이들의 행동은 15초 간격으로 총 40회 평가되었으며, 평가 항목은 신체적 공격성 모방, 언어적 공격성 모방, 부분적 모방, 모방 없음으로 크게 4가지로 분류되었다.

연구결과, 일관된 강화를 받은 모델을 관찰한 아동의 경우 공격성 모방이 증가하였고, 일관된 처벌을 받은 모델을 관찰한 아동의 경우 공격성 모방이 감소하였다. 그러나 비일관된 강화를 받은 모델을 관찰한 아동과 모델을 관찰하지 않은 아동 간에는 차이가 없었다. 연구 결과는 대리강화와 처벌의 추가적인 효과를 보여준다. 즉, 단순히 강화를 받느냐, 처벌을 받느냐를 넘어서 일관된 강화가 관찰학습에 중요한 영향을 미침을 보여주는 연구결과다.

모델의 특성은 관찰자의 주의집중에 영향을 미친다.

같은 사회적 집단 안에서도 외모, 성별, 권위, 능력 등에 따라 어떤 구성원들은 다른 구성원들보다 좀 더 큰 관심을 받게 된다. 모델의 특성은 관찰자로 하여금 모델이 하는 행동에 더욱 주의집중하도록 만들기 때문에 모델링에 영향을 미칠 수 있다. 모델이 능력 있고, 매력 있고, 높은 지위나 힘을 갖고 있을 때 관찰학습이 더욱 촉진된다(Bandura, 1986). 아이들이 조용하고 존재감 없는 친구보다 인기가 많은 반의 또래를 더 자주 따라하고, 잘 알려지지 않은 연예인보다 톱스타의 행동을 모방하는 이유가 여기에 있다. 바론(Robert A. Baron, 1970)은 연구를 통해 모델이 매력적이고 능력이 있는 경우에 관찰자는 더 빠르고 자주 모델의 행동을 학습한다는 것을 보여주었다.

또한 관찰자는 자신과 유사한 측면이 있는 또래 모델의 행동을 더 잘 따라하는 경향을 갖는다. 아이들은 자신과 성별이나 성적 등 주요한 특성에서 차이가 많이 나는 친구보다, 성별이 같거나 성적이 비슷한 친구의 행동을 더 잘 따라한다.

관찰자는 자신의 상황에서 기능적인 가치가 있는 행동을 더 잘 모델링한다.

다양한 모델들이 하는 행동의 기능적 가치(functional value)가 어떤 모델에 주의를 집중해야 하고 어떤 모델을 무시해야 할지 결정한다(Bandura, 1977). 아이들은 어릴 때, 부모님의 행동을 곧잘 따라하지만 헤어스타일이나 옷차림은 또래나 아이돌 스타의 것을 따라한다. 직장인인 아버지에게 정장을 입고 넥타이를 매고 출근하는 것은 때와 장소에 맞는 옷차림이 되지만, 아이들에게는 그렇지 않기 때문이다. 결국 사람들은 어떤 행동이 모델에게 유용했는지보다는 모델의 행동이 현재 자신에게 얼마나 유용한가에 따라 모델링 여부를 결정한다.

마. 관찰학습과 관련해 생각해야 할 점들

관찰만으로 새로운 행동을 학습할 수 있다.

우리는 시간과 노력이 많이 드는 반복적인 학습과정을 겪지 않고도 모델의 행동과 그에 따른 결과를 관찰하는 것만으로도 다양한 새로운 행동을 학습할 수 있다.

특정 행동을 학습하기는 하지만 수행하지 않도록 반응의 제지를 가져올 수 있다.

관찰자는 모델이 어떤 행동을 해서 처벌 받는 모습을 관찰하는 경우 그 행동을 학습하기는 하지만 수행하지 않을 수 있다. 대개 처벌 받는 행위는 사회적, 도덕적 규범에 어긋나는 경우가 많으므로 대리처벌은 규범이나 규칙을 습득하는 데 도움을 줄 수 있다.

과거에 억제된 행동의 탈제지 효과가 나타날 수 있다.

이전의 대리공포 또는 대리처벌에 의해 특정 행동이 억제된 경우에 그 행동이 다시금 강화를 받거나 또는 처벌을 유발하지 않는 것을 관찰하게 되면 억제되었던 행동이 다시 발생될 수 있다. 수업시간에 딴 짓을 하다가 혼난 친구를 보고 집중을 잘 하다가도, 이후 다른 친구들이 처벌 받지 않는 모습을 관찰하면 다시 수업에 집중하지 않는 행동이 나타날 수 있다.

잠재되어 있던 과거의 학습 행동이 모델의 행동을 단서로 발현될 수 있다.

모델이 특정 반응을 수행함은 관찰자가 이전에 학습한 유사한 행동을 할 가능성을 증가시킨다. 우리는 응원하는 야구팀의 응원가와 율동을 이미 알고 있다. 그러나 평소에는 그 행동이 잠재되어 있다가 야구장에서 응원단장과 치어리더들이 응원하는 모습을 보면 우리도 따라서 응원가를 부르고 동작을 따라하면서 자신의 팀을 응원하게 된다. 이때 응원단장과 치어리더들이 응원하는 모습을 관찰하는 것은 학습을 유발하는 것이 아니라 이미 학습한 행동을 촉진하는 기제로 작용한다.

5 습관 형성과 변화: 행동주의 대 인지이론

가. 행동주의와 인지주의는 습관의 형성에 있어 무엇을 강조하는가?

올해에 대학교에 입학한 새내기인 B군은 대학교의 수업을 듣는 것과 관련하여 심각한 고민에 빠졌다. 대학교에 입학하여 맞는 첫 학기인 지난 학기에 B군이 들은 수업 중 대부분의 수업은 그 과정에 조별 발표를 포함하고 있었다. 본래 남들 앞에 나서지 못하는 소심한 성격을 가지고 있으면서 사회 공포증을 가지고 있던 B군은 숨조차 돌릴 수 없는 긴장감에 발표를 하는 순간마다 정신을 차릴 수 없었고, 대부분의 발표를 습관적으로 망쳐버렸다. 특히 B군이 짝사랑하는 여학생과 함께 듣는 한 수업에서 극도로 긴장하여 땀을 뻘뻘 흘리며 발표를 망쳐버린 기억은 그에게 쉽게 떨치기 힘든 상처가 되었다. 이러한 아픈 기억을 가지고 있는 B군은 이어지는 다음 학기에는 절대로 조별 발표가 있는 수업을 듣지 않으리라 결정했지만 B군이 속한 전공의 특성상 발표를 하지 않는 수업을 찾는 것은 불가능했다. 단순하고 일시적인 하나의 사건을 넘어서 사회공포증과 같은 하나의 습관이 되어 버린 B군의 발표 불안은 그에게 매우 심각한 문제로 다가왔고, 2학기 개강이 얼마 남지 않은 현재 상황까지 고민을 계속하고 있다.

위의 사례는 학업 상황에서 발생하는 사회공포증으로 인해 고통을 받고 있는 한 학생의 이야기를 다루고 있다. 남들 앞에 나서기를 극도로 두려워하는 B군은 이미 지난 학기에 발표만 했다 하면 습관적으로 발생하는 극도의 긴장감과 불안에 의해 다수의 발표를 망쳐버렸다. 이러한 B군의 습관형성에 대해 행동주의자와 인지주의자는 상이한 진단을 제시한다.

> 행동주의자들은 자극과 반응의 연합이 반복적으로 일어남에 따라 습관이 형성된다고 보지만, 인지주의자들은 개인이 가진 고유한 사고로 인해 습관이 형성된다고 설명한다.

행동주의자의 관점에서 B군이 불안을 느끼는 습관은 남들 앞에 나서서 발표를 하는 상황이 B군에게 부정적인 결과와 긴밀하게 연합됨에 따라 형성된 것이다. 이전에 발표를 했던 경험의 결과, 매우 부정적인 피드백을 받거나 친구들로부터 손가락질을 받아서 차후의 발표활동이 영향을 받는 것일 수 있다. 이러한 문제를 해결하기 위해서는 현재 B군에게 형성되어 있는 부정적인 습관의 연합을 약화시키는 방법을 활용할 수 있다. 예를 들면, 편안한 환경에서 B군이 발표를 하도록 한 후에 매우 긍정적인 피드백을 준다면 이전의 연합이 약화되고, 긍정적인 발표 행동을 강화시킬 수도 있을 것이다.

인지주의자의 관점에서는 B군이 불안을 느끼는 원인은 그가 발표 상황에 대한 왜곡된 인지적 도식을 가지고 있기 때문으로 볼 수 있다. 많은 사회공포증 환자가 그러하듯이 B군의 경우에도 발표 상황에서 '내가 실수를 한다면 분명히 모든 사람이 나를 바보라고 생각할 거야.', '나는 남들 앞에서 망가지는 모습을 보여선 절대 안 돼.'와 같은 비합리적인 형태의 인지적 도식을 가지고 있고, 이것이 고도의 불안감과 긴장, 그리고 발표 실패로 이어지게 되어 잘못된 습관으로 굳어지게 된 것으로 본다. 이러한 문제를 해결하기 위해 사용할 수 있는 방법은 B군이 가지고 있는 인지적 도식을 보다 합리적인 인지적 도식을 새로 구축하도록 하는 것이다. 예를 들어, 이 상황에서 B군이 전에 발표를 했던 수업 수강생들에게 B군의 발표에 대해 실제로 부정적으로 기억하는 사람이 있는지를 확인한다. 조사 결과, 다수의 수강생들의 의견이 B군의 생각과 다름을 직면하게 함으로써 보다 적극적이고 합리적인 생각을 갖도록 하며, 이러한 생각이 더 나은 수행결과를 가져올 수 있음을 경험하도록 도울 수 있을 것이다.

나. 잘못된 습관을 교정하기 위한 방법으로는 어떠한 방법이 있겠는가?

사회인지학습이론을 활용하여 잘못된 습관을 교정하는 방법

반두라와 그의 동료들은 여러 가지 심리적 장애를 치료하는 데 모델링이 효과가 있는지를 확인하기 위하여 많은 연구를 실시했다. 예컨대 반두라와 동료들(Bandura, Grusec, & Menlove, 1967)은 개에 대하여 강한 공포심을 갖고 있는 아동에게 개와 더불어 공포 없이 상호작용하고 있는 동료들을 보여주었다. 개에 대한 신체적 구속을 완화하고 그리고 모델이 개와 더불어 상호작용을 얼마만큼 직접적으로 하느냐를 변화시킴으로써 모델의 행동이 나타내 보이는 공포 유발적인 성격을 매 회마다 증가시켜갔다. 동료 모델이 개와 더불어 두려움 없이 상호작용하는 것을 본 아동은 통제집단의 아동보다 접근 반응을 유의하게 더 많이 할 수 있었다. 처치집단 아동들의 3분의 2가 우리 안에서 개와 더불어 혼자 머물 수 있었지만, 통제 집단의 아동 중에는 그렇게 할 수 있는 아동이 없었다. 또한 처치의 효과는 낯선 개에게도 일반화되었으며, 효과는 실험 1개월 후까지도 여전히 계속된다는 것을 발견하였다.

개에 대한 공포를 완화하는 반두라의 연구와 마찬가지로, 발표 불안을 감소시키기 위해 모델링을 활용할 수 있다. 발표 불안을 겪는 학생들에게 불안해하지 않고 자신 있게 발표하는 모델을 보여주면서, 발표 시간, 청중의 수, 제스처 사용, 보조 기기 사용, 청중과의 대화 등을 보다 높은 강도로 다음과 같이 변화시킨다.

1단계	3명의 청중 앞에서 1분 동안 짧은 스피치를 하는 모델을 보여준다.
2단계	8명의 청중 앞에서 5분 동안 관심 주제에 대한 발표를 하면서 다양한 제스처를 활용하는 모델을 보여준다.
3단계	15명의 청중 앞에서 10분 동안 준비한 PPT와 동영상을 활용하여 발표하는 모델을 보여준다.
4단계	30명의 청중 앞에서 20분간 다양한 보조기기와 제스처를 사용하여 발표한 이후, 약 5분간 청중과 토론시간을 갖는 모델을 보여준다.

모델링의 순서처럼 발표 불안이 있는 학생이 단계적으로 실제 발표를 수행하도록 한다. 모델이 두려움 없이 발표를 수행하는 것을 지켜본 학생들은 모델을 관찰하

지 않은 학생들보다 발표 불안을 더 효과적으로 극복할 수 있을 것이다.

행동과 행동에 뒤따르는 결과가 있음을 알 수 있도록 수반성 계약을 맺을 수 있다.

어떤 특정행동이 특정한 결과를 유발할 것이라는 것을 알고 있을 때 강화는 효과적으로 작용한다. 예를 들면, 초등학생들은 "수업시간에 적극적으로 참여한 모둠이 급식시간에 제일 앞줄에 서게 될 것이다."라는 말을 들을 때 더욱 바람직한 행동을 하게 될 것이다. 학생에게 반응-결과 수반성을 전달하는 방법 중 하나는 수반성 계약(contingency contract)을 맺는 것이다. 이 계약이 성립되기 위해서 교사는 학생들과 문제행동에 대한 대안으로서 바람직한 행동을 확인하여 동의해야 한다. 예를 들면, 친구들에게 무례한 행동이나 말을 하는 것을 문제행동으로 설정한다면 바람직한 행동은 친구들에게 친절하고 정중하게 말하는 것이 학생들이 보여주어야 할 바람직한 행동이 된다. 교사와 학생은 학생이 수행할 행동과 그에 대한 강화인을 작성하여 계약서를 작성하고 서명한다. 수반성 계약은 매우 다양한 학업 및 사회 행동을 향상시키는 데 매우 효과적이다(Brooke & Ruthren, 1984).

6 사례 분석

사례 1

영어말하기 수행평가를 마치고 돌아온 안 교사는 걱정스러운 표정으로 김 교사에게 말을 건넸다.

"김 선생, 재윤이에게 혹시 무슨 문제라도 있는 거야?" 한 달 전쯤 수학 시험을 치르던 재윤이가 갑자기 식은땀을 흘리며 복통을 호소한 사건 이후로 재윤을 유심히 관찰해온 김 교사는 안 교사의 질문에 갑자기 심각해졌다.

"재윤이가 또 무슨… 영어 수행평가 시간에 무슨 일이라도 있었던 거야?"

"너무 놀라지는 말고…. 오늘 영어말하기 평가하려고 한 사람씩 앞에 나가서 영어로 자기소개하는 걸 시켰는데 재윤이가 자기 차례가 되니까 갑자기 식은땀을 막 흘리면서 얼굴이 새파래지는 거야. 곧 쓰러질 것 같아서 양호실로 옮겼어." 안 교사가 대답했다.

"사실 한 달 전쯤 수학 시험에서도 재윤이한테 비슷한 증상이 나타났었거든. 필기시험 볼 때만 그러는 줄 알았는데 이제는 발표를 할 때도 그러네. 재윤의 부모님과도 얘기를 해봤는데 조금 놀랐었어. 재윤의 몸에 이상이 있었다는 것보다는 그래서 수학 시험을 잘 봤냐고 물으시는 거야. 어릴 때부터 성적부담을 심하게 주신 것 같더라고."

"그럼 혹시 성적부담 때문에 재윤이가…." 안타까운 얼굴로 안 교사가 말을 이었다.

"그렇다고 이렇게 계속 시험을 안 볼 수도 없고…. 불안 증상이 점점 심해지는 것 같은데 이제 어떻게 해야 하나?

질문 1: 재윤은 평가를 받는 상황에서 왜 불안증상을 나타내게 된 것일까? 이를 고전적 조건화 관점에서 설명한다면?

질문 2: 필기시험에서만 불안을 느끼던 재윤이가 말하기시험에서도 불안을 느끼는 이유는 뭘까?

질문 3: 재윤이가 불안을 낮추기 위해서는 어떻게 해야 할까?

사례 2

수업이 끝나 교무실로 돌아온 최 교사는 자신의 담당한 학급에서 며칠 전에 자리를 바꿨던 터라 담임교사인 자신의 수업 이외에 다른 교과시간 동안 학생들의 수업태도가 궁금하여 이 교사에게 말을 건넸다.

"우리 반 수업태도 어때요?"

"네, 전체적으로 괜찮은 것 같아요."

"아 다행이에요. 자리를 바꾼 이후로 조금 걱정하고 있었어요."

"그런데 2모둠 쪽이 걱정이에요. 나리, 민경이, 민수요. 나리와 민경이는 이번에 자리를 바꾸면서 가까이 앉게 되었잖아요. 그로 인해 사이가 좋아진 것은 좋은 일인데, 그 둘로 인해 주변 아이들까지 수업에 집중을 하지 않아 걱정이에요."

"그래요? 따돌림을 당했던 민경이를 나리가 도와줄 수 있을 것 같아 가까이 배정한 건데…"

" 확실히 둘의 사이는 좋아지고 민경이도 점점 친구들과 친해지는 것 같은데 수업시간에 몰래 수다를 떨고, 특히 조별활동 시간에 주변 친구들에게 방해가 될 정도로 시끄러워요."

"아참, 민수는 어떤가요?"

"수업시간에 앉아있기를 힘들어하는 것 같아요."

"ADHD는 아니라고 하던데 민수의 주의집중력이 짧은 것 같아요."

"네. 나리와 민경이를 집중시키면 다시 민수가 수업분위기를 산만하게 하고… 요즘 최 선생님 학급에서 수업하기가 조금 힘들어요."

질문 1: 최 교사와 이 교사는 민경과 나리가 수업에 집중하도록 하기 위해 어떤 전략을 사용할 수 있을까? 이를 조작적 행동주의와 사회인지 학습이론의 관점에서 제안한다면?

질문 2: 최 교사와 이 교사가 민수에게 스스로를 통제하는 경험을 갖도록 하는 것은 민수의 무엇(1)을 길러 스스로가 무엇(2)을 느낄 수 있도록 하기 위함이다. 무엇에 들어갈 적절한 단어는 무엇인가?

질문 3: 주의집중력이 짧고 산만한 민수가 수업에 집중하도록 하기 위해 어떤 전략을 사용할 수 있을까? 이를 자기조절의 관점에서 제안한다면?

7 주요 개념

주요 개념	설명
학습 (Learning)	후천적 경험과 연습 등을 통한 개인의 사고 및 행동의 영구적인 변화
행동주의 학습이론 (Behavioral learning theory)	관찰 가능한 행동의 변화에 관심을 둔 학습이론
사회인지 학습이론 (Social cognitive learning theory)	관찰을 통한 내적 사고체계와 행동의 변화에 관심을 둔 학습이론
고전적 조건화 (Classical conditioning)	특수한 자극과 반응의 연합을 통해 생물학적이고 본능적인 신경 반사 작용이나 정서 반응을 유도하는 방법
무조건반응 (UR)	훈련 없이도 생기는 반응
무조건자극 (US)	훈련 없이도 반응을 유발하는 자극
조건반응 (CR)	훈련의 결과로 생기는 반응
조건자극 (CS)	훈련을 통해 반응을 유발하는 자극
소거 (Extinction)	무조건자극 없이 조건자극만을 계속적으로 제시하면 이미 습득되었던 조건반응의 강도가 점차 약화되고 결국에는 완전히 사라지는 현상
자발적 회복 (Spontaneous recovery)	추가적인 훈련 없이 어느 정도의 휴식을 가진 후에 소거되었던 반응이 다시 나타나는 현상
자극일반화 (Stimulus generalization)	특정 자극에 대해 반응하는 것을 학습한 유기체가 원래의 자극과 유사한 새로운 자극에 대해 비슷한 반응을 보이는 현상
자극변별 (Stimulus discrimination)	유사한 두 자극의 차이를 식별하여 자극에 대해 서로 다르게 반응하는 현상
체계적 둔감화 (Systematic desensitization)	반응을 이끄는 가장 약한 자극에서부터 점차 강한 자극을 제시함으로써 자극에 대한 반응을 둔감하게 만드는 방법
조작적 조건화 (Operant conditioning)	행동이 이루어진 뒤에 나타나는 결과(일종의 자극)를 조작함으로써 개인의 행동을 유도하는 방법

효과의 법칙 (Law of effect)	어떤 반응 후 보상이 주어지면 그 반응의 빈도가 높아지고, 반응 후에 벌이 주어지면 그 반응의 빈도는 낮아진다는 원리
강화 (Reinforcement)	만족할만한 결과로 인해 행동의 빈도가 증가하는 현상
처벌 (Punishment)	불만족스러운 결과로 인해 행동의 빈도가 감소하는 현상
일차강화물 (Primary reinforcer)	인간의 기본적인 욕구를 만족시키는 강화물(예. 음식, 안전, 따뜻함)
이차강화물 (Secondary reinforcer)	다른 강화물과 연합하여 가치를 얻게 된 강화물(예. 성적, 돈)
정적강화 (Positive reinforcement)	선호하는 자극을 제시하여 행동의 강도를 증가시키는 것
부적강화 (Negative reinforcement)	자극을 제거하여 행동의 강도를 증가시키는 것
수여성 벌 (Presentation punishment)	자극을 제시하여 부절적한 행동의 강도를 감소시키는 것
제거성 벌 (Removal punishment)	선호하는 자극을 제거하여 부적절한 행동의 강도를 감소시키는 것
고정비율계획 (Fixed ratio schedule)	강화물을 일정한 횟수 이후에 제시하는 강화계획
변동비율계획 (Variable ratio schedule)	행동이 강화를 받지만 그 비율이 고정적이지 않은 강화계획
고정간격계획 (fixed interval schedule)	특정한 시간간격을 둔 강화계획
변동간격계획 (Variable interval schedule)	강화가 주어지는 시점이 예측 불가한 강화계획
토큰경제 (Token economy)	학생의 적절한 행동을 토큰으로 강화하여 행동을 변화시키는 방법
응용행동분석 (Applier behavior analysis)	학생의 행동변화를 목적으로 행동주의원리를 단계적으로 적용하는 것
행동형성 (Shaping)	점진적으로 목표행동에 도달하기 위해 강화를 사용하는 방법
프리맥 원리 (Premack principle)	더 선호하는 행동이 덜 선호하는 행동의 강화인으로 작용할 수 있다는 원리

칭찬-무시 접근	학생의 바람직한 행동에는 주의를 기울이고 바람직하지 않은 행동에는 관심을 두지 않음으로써 적절한 행동은 증가시키고 부적절한 행동을 감소시키는 방법
포화 (Satiation)	강화를 너무 자주 사용하여 더 이상 행동을 강화할 수 없는 상태
반응대가 (Response cost)	바람직하지 않은 행동을 할 때 이미 주어진 정적 강화인을 회수하는 것
사회적 격리 (Social isolation)	학생을 교실 밖으로 나가 수업장면으로부터 분리시키는 것
관찰학습 (Observational learning)	사회인지 학습이론에서 매우 핵심적인 개념으로 성공적인 모델의 행동을 관찰하고 모방함으로써 학습하는 것
대리학습 (Vicarious learning)	직접 상이나 벌을 받지 않고 다른 사람이 행동한 후에 보상을 받는지 벌을 받는지를 관찰하여 자신의 행동을 적절히 조절함으로써 학습하는 과정
대리강화 (Vicarious reinforcement)	모델의 특정 행동이나 반응이 강화 받았을 때, 관찰자가 모델이 겪은 결과를 공감적으로 함께 경험하는 것
대리처벌 (Vicarious punishment)	모델의 특정 행동이나 반응이 처벌 받았을 때, 관찰자가 그 처벌을 마치 자신에게 일어난 일처럼 경험하는 것

8 연습문제

1. 응용행동분석의 한 기법인 행동조성(shaping)에 관한 설명으로 가장 적절한 것은?

① 고전적 조건형성의 원리를 이용해서 행동을 변화시킨다.

② 역조건형성을 통해 나쁜 습관을 바람직한 습관으로 대치한다.

③ 상반행동(incompatible behavior)을 강화하여 문제행동을 감소시킨다.

④ 상대적으로 선호도가 높은 활동을 강화물로 사용하여 선호도가 낮은 활동을 증가시킨다.

⑤ 차별적 강화를 이용하여 목표행동에 도달할 때까지 목표와 근접한 행동들을 점진적으로 형성해 간다.

2. 〈보기〉는 초등학교 교사가 행동주의 학습이론을 교실 수업에 적용한 사례들을 제시한 것이다. 고전적 조건형성의 원리에 기초하고 있는 교사의 행동을 고른 것은?

〈보기〉

ㄱ. 김 교사 – 수학 시간에 학생들에게 "1/2+1/4=?"의 문제를 내 주고 먼저 풀이 과정에 대한 시범을 보인 후, 학습의 모든 학생이 다 풀 수 있을 때까지 연습을 시켰다.
ㄴ. 박 교사 – 신학기 첫날부터 매일 아침, 반 학생들에게 반갑게 미소를 짓고 등을 다독이며 친근감을 표시하고, 자주 유머를 사용하여 그들을 즐겁게 해 주려고 노력하였다.
ㄷ. 정 교사 – 반 학생들에게 과제를 제시한 후 교실을 돌아다니면서, 조용히 과제를 수행하고 있는 학생에게 도서상품권을 나누어 주고 서점에서 책을 살 때 사용하도록 하였다.
ㄹ. 최 교사 – 일제고사를 앞둔 학생들에게 시험범위는 물론 문제형식과 수험요령 등 관련 정보를 자세히 알려 주고, 시험 직전에는 심호흡을 유도하여 그들의 불안감을 해소해 주려고 노력하였다.

① ㄱ, ㄴ ② ㄱ, ㄷ ③ ㄴ, ㄷ ④ ㄴ, ㄹ ⑤ ㄷ, ㄹ

3. 효과적인 교수 · 학습을 위해 행동주의 관점에서 강화를 사용하고자 할 때 올바른 방법은?

① 새로운 주제의 초기 학습 단계라면 계속강화계획보다 간헐강화계획을 사용한다.
② 학생의 나쁜 습관을 없애고자 한다면 그 행동을 보일 때 부적강화를 사용한다.
③ 학습이 진행되는 동안 점진적으로 강화의 제시 횟수를 줄이고 제시 간격을 넓힌다.
④ 강화 제공의 시점을 특별히 정해두지 않았다면 즉시강화보다 지연강화를 사용한다.
⑤ 학습자의 반응 지속성을 높이기 위해서는 변동강화계획보다 고정강화계획을 사용한다.

4. 다음 세 명의 교사가 학생의 행동 특성을 변화시키기 위해 제안한 상담기법으로 가장 적절하게 연결된 것은?

김 교사: 명수는 숙제를 해오지 않는 경우가 많습니다. 이 문제를 해결하기 위해 부모님과 의논해서, 숙제를 모두 마치면 명수가 좋아하는 인터넷 게임을 할 수 있도록 해주는 것이 좋을 것 같습니다.
박 교사: 영수는 교사의 지속적인 칭찬이 있을 때에는 주의집중하거나 과제물을 챙겨오는 등 긍정적 행동변화를 보이지만, 그 행동이 계속 유지되지 못하는 경향이 있습니다. 긍정적 행동변화를 지속시키기 위해 매번 칭찬하기보다는 가끔씩 하는 것이 좋을 것 같습니다.
서 교사: 진수는 학교에서 당번이 되어 화장실 청소하는 것을 매우 싫어합니다. 그리고 과제물을 챙겨 오지 않는 경우가 빈번하여 학습에 지장을 초래하곤 합니다. 진수가 과제물을 잘 챙겨 오도록 하기 위해, 과제물을 챙겨 올 경우 화장실 청소를 면제해 주는 방법이 좋을 것 같습니다.

김 교사	박 교사	서 교사
① 정적강화	체계적 둔감화	부적강화
② 정적강화	간헐적강화	타임아웃
③ 행동조성	자기조절	모방학습
④ 프리맥의 강화원리	간헐적강화	부적강화
⑤ 프리맥의 강화원리	간헐적강화	타임아웃

5. 놀기를 좋아하고 수학공부를 싫어하는 민지에게 어머니께서는 "수학 공부를 2시간 하면, 1시간 놀 수 있도록 해주겠다" 고 말씀하셨다. 민지의 어머니가 적용한 강화 기법은?

① 비율 강화 ② 사회적 강화 ③ 행동 연쇄법 ④ 프리맥(Premack) 원리

6. 다음과 같은 강화계획의 유형은?

> 스티커 10장을 모으면 '환경왕' 메달을 수여하기도 하고, 교실 바닥의 쓰레기를 줍거나 거울을 닦는 등 환경 미화를 위한 바람직한 행동을 한 번 할 때마다 스티커를 하나씩 주었다.

① 고정비율 ② 고정간격 ③ 변동간격 ④ 변동비율

7. 박 교사는 학생들에게 "여러분, 지금부터 30분 동안 인터넷에서 유럽의 도시 사진을 찾아보세요. 5개를 찾을 때마다 손을 들면 내가 스티커를 붙여 주겠어요."라고 말했다. 박교사가 사용한 강화 계획은?

① 고정간격 ② 고정비율 ③ 변동간격 ④ 변동비율

8. 〈보기〉는 조작적 조건형성의 원리에 기초하여 현수의 부적응 행동을 교정하기 위해 김 교사가 실행한 조치들이다. 순서가 바르게 제시된 것은?

〈보기〉

ㄱ. 김 교사는 '욕하기'. '자리에서 이탈하기', '친구와 사이좋게 지내기' 등 3개의 표적행동을 설정하였다.

ㄴ. 김 교사는 현수가 이탈하는 행동에 대한 추가적 개입을 계획하였다. 즉 그는 별도의 장소를 지정

하여 현수가 자리를 뜨고 싶을 때 갈 수 있도록 허용하였다.

ㄷ. 김 교사는 배려와 칭찬을 일차적 강화인으로 사용하였으며, 바람직하지 않은 행동이 줄어들지 않을 경우에는 처벌하였다. 또한 현수에게 자신의 행동을 스스로 점검하게 하였다.

ㄹ. 김 교사는 일정 기간 현수의 행동을 관찰하여 기초선 자료를 수집하였다. 행동의 발생 빈도는 '욕하기' 20회, '자리에서 이탈하기' 15회, '친구와 사이좋게 지내기' 2회로 나타났다.

ㅁ. 김 교사는 강화와 처벌 그리고 자기 점검의 효과를 알아보기 위해 행동의 변화를 측정하였다. 그 결과 2주 후에는 '욕하기'가 13회로 감소하였으며, 또한 '자리에서 이탈하기'를 제외한 나머지 행동에서 긍정적 효과를 보였다.

① ㄱ-ㄴ-ㄷ-ㄹ-ㅁ ② ㄱ-ㄴ-ㄹ-ㄷ-ㅁ ③ ㄱ-ㄹ-ㄴ-ㅁ-ㄷ ④ ㄱ-ㄹ-ㄷ-ㅁ-ㄴ

9. 〈보기〉에 해당하는 반두라(Bandura)의 관찰학습 과정의 단계는?

- 인지적 내적 시연이 이루어진다.
- 관찰된 모델의 행동이 시각적이거나 언어적인 형태로 부호화된다.
- 관찰된 모델의 행동에 따라 자신이 행동하는 것을 마음 속으로 상상해 본다.

① 파지 ② 일반화 ③ 주의집중 ④ 동기유발

10. 다음 김 교사의 학급행동 관리 전략을 뒷받침하는 가장 적절한 이론은?

김 교사는 학생들에게 수업 중에 질문이나 대답을 할 때는 손을 들어 허락을 받은 후 발표를 하도록 규칙을 정하였다. 그는 수업 첫 날에 질문하고 대답을 할 때 손을 드는 학생들을 적극적으로 칭찬하였다. 그러자 1주일 후에는 학급의 모든 학생들이 이 규칙을 따르기 시작하였다.

① 조건반사이론 ② 통찰학습이론 ③ 사회학습이론 ④ 정보처리이론

11. 〈보기〉의 조건화 과정에서 무조건자극, 중립자극 및 조건자극에 해당하는 요소들을 바르게 짝지은 것은?

〈보기〉

1995년에 가영이는 A중학교에 입학하였다. 그곳에서 가영이는 담임선생님의 칭찬을 받으면서 즐거운 학교생활을 보냈고, 성적도 향상되었다. 3년이 경과한 1998년에 가영이는 고등학교에 진학했는데, 등하교 시 전에 다녔던 A중학교를 지날 때마다 그 학교에서의 좋은 일들이 떠올라 유쾌해졌다.

	무조건자극	중립자극	조건자극
①	칭찬	A중학교(1998년)	A중학교(입학시)
②	A중학교(입학시	A중학교(1998년)	칭찬
③	칭찬	A중학교(입학시)	A중학교(1998년)
④	A중학교(1998년)	A중학교(입학시)	칭찬

12. 다음은 4명의 학생에게 총 10차례의 시험에서 성적이 우수한 경우에 각각 적용한 칭찬방식을 나타낸 것이다. 누구에게 칭찬의 효과가 가장 오래 지속되겠는가?

구분	1차	2차	3차	4차	5차	6차	7차	8차	9차	10차
A학생	●	○	●		○	●	○	●	○	●
B학생	●		●	●			●		●	
C학생	●	○	○	●	○	○		●	○	○
D학생	●	○	●	●	○	○	○	●	○	●

●: 시험을 잘 본 것에 칭찬을 함

○: 시험을 잘 보았으나 칭찬을 하지 않음

① A학생 ② B학생 ③ C학생 ④ D학생

참고문헌

Bandura, A. (1965). Influence of models' reinforcement contingencies on the acquisition of imitative responses. *Journal of Personality and Social Psychology, 1*(6), 589-595.

Bandura, A. (1977). *Social learning theory.* Englewood Cliffs, NJ: Prentice-Hall

Bandura, A. (1986). *Social foundations of thought and action: A social cognitive theory.* Englewood Cliffs, NJ: Prentice-Hall.

Bandura, A. (1997). *Self-efficacy: The exercise of control.* New York, NY: Freeman.

Bandura, A., Grusec, J. E., & Menlove, F. L. (1967). Some social determinants of self-monitoring reinforcement systems. *Journal of Personality and Social Psychology, 5*(4), 449-455.

Baron, R. A. (1970). Attraction toward the model and model's competence as determinants of adult imitative behavior. *Journal of Personality and Social Psychology, 14*(4), 345-351.

Boe, E. E., & Church, R. M. (1967). Permanent effects of punishment during extinction. *Journal of Comparative and Physiological Psychology, 63*(3), 486-492.

Brooke, R. R., & Ruthven, A. J. (1984). The effects of contingency contracting on student performance in a PSI class. *Teaching of Psychology, 11*(2), 87-89.

Estes, W. K. (1944). An experimental study of punishment. *Psychological Monographs: General and Applied*, 57(3), i-40.

Gredler, M. E. (2001). *Learning and instruction: Theory into practice* (4th ed.). Upper Saddle River, NJ: Prentice-Hall.

Mower, O. (1960). *Learning theory and the symbolic processes.* Hoboken, NJ: John Wiley & Sons Inc.

Pfiffner, L. J., Rosen, L. A., & O'Leary, S. G. (1985). The efficacy of an all-positive approach to classroom management. *Journal of Applied Behavior Analysis, 18*(3), 257-261.

Rosekrans, M. A., & Hartup, W. W. (1967). Imitative influences of consistent and inconsistent response consequences to a model on aggressive behavior in children. *Journal of Personality and Social Psychology, 7*(4), 429-434.

Schunk, D. (2004). *Learning theories: An educational perspective* (4th ed.). Upper Saddle River, NJ: Merrill/Pearson.

Sears, R. R., Maccoby, E. E., & Levin, H. (1957). *Patterns of child rearing.* Evanston, IL: Row,

Peterson.

Skinner, B. F. (1938). *The behavior of organisms: An experimental analysis*. Oxford, England: Appleton-Century.

Skinner, B. F. (1953). *Science and human behavior*. New York, NY: Simon and Schuster.

Thorndike, E. L. (1898). *Animal intelligence: An experimental study of the associative processes in animals* (Psychological Review, Monograph Supplements, No. 8). New York, NY: Macmillan.

Watson, J. B., & Raynor, R. (1920). Conditioned emotional reactions. *Journal of Experimental Psychology, 3*(1), 1-14.

제6장

인지변화와 사고력

평소 조용하기만 하던 민식이가 전국토론대회에서 금상을 수상한 이후로 교무실에서는 민식이에 대한 이야기가 무성하다.

"이번에 전국토론대회에서 금상을 받은 학생이 김 선생님 반 학생 민식이가 맞지요? 저는 처음에 동명이인인줄 알았잖아요." 지나가던 임 교사가 민식이네 반 담임선생님에게 웃으며 말을 건냈다.

"호호, 그러게요. 저도 민식이에게 그런 재주가 있는 줄 전혀 몰랐네요. 개인발표나 조별토론을 시켜도 딱히 두드러진 모습을 보인 적이 없어서 민식이가 금상을 받았다는 소식에 저도 좀 의외였어요." 김 교사도 임 교사의 말에 맞장구치며 말을 이어나간다.

"수상소감을 들어보니까 민식이가 어릴 때부터 신문을 꾸준히 읽었고 또 중학교 때에는 논리토론 동아리에서 활동 하면서 사고력을 키워온 것 같더라고요."

"아…… 그랬군요. 신문 읽기나 동아리 활동 같은 것들이 겉으로 보기에는 학생들을 변화시키지는 못하는 것처럼 보여도 차근차근 실력이 되어가고 있었나 보네요." 임 교사는 다시 한 번 잠재적 학습의 효과를 실감했다.

"처음 교사로 부임했을 때에는 학생들에게 반응이 없으면 '내가 교육을 하고는 있는 건가'라는 생각이 들었는데 이렇게 민식이 같은 아이를 만나다 보니 학생들이 꼭 학습한 내용들을 겉으로 드러내는 것만은 아니라는 생각이 들더라고요."

1 학습에 대한 행동주의와 인지주의의 차이

가. 인지주의 학습이론이란?

인지주의에 따르면 학습은 자극과 반응의 단순한 연합이 아닌 정신구조의 변화이다.

인간의 행동을 자극과 반응의 단순 연합으로 바라보는 행동주의에 대한 반발의 일환으로 제기된 인지주의는 인간의 내적 인지기능에 초점을 두어 인간의 행동을 설명하고 있다. 이러한 입장에서 학습은 개인의 정신구조의 변화로 설명된다. 구체적으로 살펴보면, 인지이론에서 바라보는 학습은 학습자가 기억에 관한 인지구조(cognitive structure)를 형성하면서 발생한다. 이때 인간은 외부의 자극이 함축하는 의미를 밝히는 과정을 통해 사고를 형성하며, 이러한 사고에 의해 특정 행동이 유발된다는 것을 기본 가정으로 하고 있다. 이러한 인지주의에는 형태주의이론, 기호학습이론, 정보처리이론 등이 포함되며 현대의 학습심리와 임상심리 분야에서 주류를 이루고 있다.

외현적인 행동상의 변화가 관찰되지 않더라도 학습은 일어날 수 있다.

개인의 정신구조의 변화를 학습이라고 보는 인지주의 학습이론에 의하면 외적 자극이 없어도 행동상에 변화가 나타나지 않아도 학습이 일어날 수 있다. 이러한 개인의 정신구조는 개인의 내면에 자리 잡은 여러 가지 인지적 요인들을 통칭하며 도식이나 신념, 기대, 목표 등이 포함된다.

따라서 표면적으로는 행동에 즉각적인 변화가 나타나지 않더라도 의미 있는 학습이 발생할 수 있으며 학습이 잠재된 형태로 얼마든지 나타날 수 있게 된다. 더불어 외부 자극이나 앞선 행동의 결과가 학습을 위한 필연적인 요인이 아니라는 입장을 취하면서 개인의 내면에 자리 잡은 정신구조의 중요성을 강조한다. 인지주의 학습이론의 주요 원리를 제시하면 다음과 같다.

원리	내용
학습자의 적극성	인간은 환경에 영향을 받지만 세상을 이해하고자 노력하는 능동적이고 목표 지향적인 존재임
사전 지식 의존성	이미 소유한 지식 혹은 신념에 크게 의존하여 정보를 새롭게 해석함
지식의 재구성	정보를 있는 그대로 받아들이는 것이 아니라 사전 지식과의 연관성을 토대로 새롭게 재구성하여 받아들임
학습에 대한 정의	행동 변화가 아닌 정신구조의 변화
행동잠재력의 변화로서의 학습	학습은 시행착오를 통한 가시적인 행동 변화가 아니라, 이러한 직접적인 경험을 넘어선 행동잠재력의 변화

나. 행동주의 학습이론과의 차이점

학습을 바라보는 행동주의와 인지주의는 학습자에 대한 관점, 지식의 기능, 의식과 동기를 바라보는 관점, 연구방법론과 교육관을 기준으로 비교하여 살펴볼 수 있다.

학습자는 환경에 지배되기보다는 환경을 지배하는 존재이다.

행동주의 이론에서는 학습을 자극과 반응의 연합으로 설명하기 때문에 학습자를 외부자극에 영향을 받는 수동적인 존재로 여기는 반면, 인지주의 학습이론에서는 개인의 정신구조가 사고와 행동을 규정한다고 본다. 따라서 학습자는 외부 환경에 지배받는 것이 아닌, 자신의 정신구조에 따라 오히려 환경을 이용하고 지배하는 존재로 가정된다.

지식은 자극과 반응의 연합들이 모인 집합체를 넘어 정신적인 구조와 도식을 변화시키는 자극으로 기능한다.

행동주의 학습이론에서는 지식을 외부의 자극과 이에 대한 반응들이 모인 집합체로 본다. 즉 A라는 자극에는 B라고 반응하는 연합들이 바로 지식이 되는 것이다. 반면에 인지주의 학습이론에서의 지식은 정신적인 구조와 도식을 변화시키는 과정이며 동시에 그 결과이다. 따라서 학습은 기존의 정신구조를 변화하고 확장시킴으로써 발생된다고 본다.

개인의 의식과 동기는 관찰이 불가능하지만 탐구되어야 할 영역이다.

행동주의에서는 실제 관찰이 불가능한 것에는 기본적으로 관심을 두지 않는다. 따라서 개인의 내면 깊숙이 자리하는 의식이나 동기에 대해서는 논하지 않는다. 반면 인지주의에서는 개인의 의식을 매우 중요한 문제로 다루었으며, 행동의 변화는 내적 사고체계의 변화를 보여주는 결과물이라 생각한다. 따라서 직접적 관찰은 불가능하지만 내적 사고체계의 변화를 보여주는 결과들을 중심으로 인지변화에 대해 탐색하고자 한다.

인지주의에서는 비교적 덜 엄격하더라도 정신구조의 변화를 살피는 다양한 연구방법론을 활용하며, 이 때 교육은 어떤 자극을 제시하는가보다는 학습자가 자신의 정신구조를 어떻게 확장하는지에 관심을 둔다.

행동주의는 행동의 가시적인 변화를 확인하는 것을 매우 중요하게 생각하기 때문에 엄격한 실험연구를 통해 유의미한 행동 변화를 검증하고자 하였다. 또한 학습자가 수동적인 입장에서 자극과 반응의 연합을 지속하는 것이 일반적인 교육의 모습이라는 입장을 취한다. 이때 자극과 반응 사이의 연합이 얼마나 강하게 이루어졌는지, 그리고 교육자가 의도하는 반응이 수월하게 나타나는지를 중요하게 본다. 하지만 인지주의에서는 실험연구뿐 아니라 관찰연구나 사고발성법(think aloud)과 같이 비교적 덜 엄격하더라도 정신구조의 변화를 살펴볼 수 있는 다양한 연구방법론을 활용한다. 이때 학생들에게 어떤 자극을 주어야 하는지는 학생들이 주어진 상황 속에서 자신의 정신구조를 어떻게 확장시키는 지에 교육의 초점을 둔다. 즉, 인지주의에서는 학습의 과정에서 필연적으로 발생하는 정신적인 탐색과 조절의 과정을 허용하고 조장하는 것이 교육이라는 입장을 취한다.

	행동주의 학습이론	인지주의 학습이론
학습자	수동적인 존재 (환경에 의해 지배받음)	적극적인 존재 (환경을 지배)
지식	자극과 반응의 연합이 모인 집합체	정신적인 구조와 도식을 변화시키는 자극이자 그 결과물
의식과 동기	관심을 두지 않음	탐구되어야 할 영역
연구방법론	실험연구를 통한 행동의 유의미한 변화 탐색	사고발성법과 같이 내적 사고의 변화를 확인할 수 있는 다양한 연구방법론
교육관	바람직한 방향으로의 행동변화를 위한 체계적 접근	개인의 내적 사고 체계를 능동적으로 구성해가도록 돕는 활동

다. 인지심리학의 발전

이러한 인지주의 학습이론은 형태주의 심리학, 피아제의 인지발달이론, 정보처리이론을 기반으로 발전하였다.

형태주의 심리학은 "전체는 부분의 합 이상"이라고 주장하는 심리학파이다.

형태주의 심리학에서는 "전체는 부분의 합 이상"이라는 원리를 기본으로, 우리가 지각하는 세상이 개별적인 외부자극의 합 그 이상이라고 주장한다. 즉, 우리는 세상을 지각할 때에 외부자극을 단순히 합하는 것 이상의 작업을 수행한다는 뜻이다. 다음에 제시되는 그림을 보면 우리가 무의식적인 근접성의 원리, 유사성의 원리, 연속성의 원리, 폐쇄성의 원리에 의해 자극을 받아들이고 이해하고 있음을 알 수 있다.

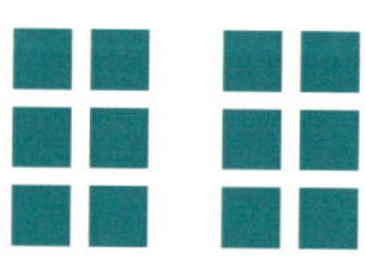

근접성의 원리: 근접해 있는 정보를 하나의 통합된 형태로 지각
우리는 위의 그림을 보며 '전부 12개의 사각형이 있구나.'라고 생각하는 대신에 '각각 6개의 정사각형으로 이루어진 2개의 기둥이 있구나.'라고 생각한다. 우리는 자신도 모르는 사이에, 근접해 있는 자극 정보들을 하나의 통합된 형태로 지각한다.

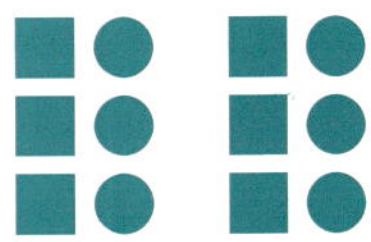	유사성의 원리: 유사한 형태의 자극을 통합하여 하나의 형태로 지각 우리는 위의 그림을 보며 2가지 종류로 이루어진 4개의 기둥을 떠올린다. 12개의 독립적인 자극 혹은 사각형-원-사각형-원이 3층을 이루는 구조를 떠올릴 수도 있는데 말이다. 우리는 자신도 모르는 사이에 유사한 형태의 자극들을 통합하여 하나의 기둥으로서 인식하고 있다.
	연속성의 원리: 연속된 자극 정보를 하나의 형태로 지각 우리는 위의 그림을 보며 하얀색 원 6개로 구성된 곡선과 2개의 검은색 원으로 구성된 직선을 떠올린다. 자신도 모르는 사이에 편안함을 주는 연속된 자극 정보를 하나의 형태로 지각하는 것이다.
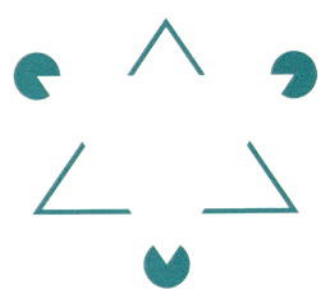	폐쇄성의 원리: 불완전한 대상이라도 보다 완전한 형태로 대상을 지각 우리는 위의 그림을 보며 가운데에 실제로 존재하지도 않는 하얀색의 역삼각형을 지각한다. 위와 마찬가지로 우리는 자신도 모르는 사이에 불완전한 형태의 대상이라도 보다 단순하면서도 완결된 형태로 대상을 지각하고 있다.

피아제의 인지발달이론에서 인간은 세상을 이해하고자 노력하는 적극적인 존재이다.

피아제의 인지발달이론에 따르면 인간은 기존에 알던 세상과 새롭게 알게 된 세상 간에 균형을 이루고자 하는 욕구(평형화)를 가지고 있다. 기본적으로는 새롭게 알게 된 세상을 기존에 알던 세상의 틀(도식)에 맞추어 이해(동화)하고자 하지만 둘의 간극이 커서 기존에 알던 세상을 변형하거나 확장(조절)해야 하는 경우도 생긴다. 인간은 이러한 과정을 통해 새로운 환경에 적응하고 성장해 나간다는 입장이다.

정보처리이론에서 인간은 컴퓨터와 같이 정보를 체계적으로 처리하고 관리하는 존재이다.

인지심리학이 정보처리이론에까지 이르면 인간은 컴퓨터에 비유된다. 이때 인간은 원하는 정보를 선택적으로 받아들이고 받아들인 정보를 기억하기 쉽게 저장한 뒤 적절한 때에 저장된 정보를 꺼내는 과정 모두를 주도한다. 따라서 인간은 더 이상 외부자극에 일방적으로 영향을 받는 존재가 아니라 자극을 임의로 해석함으로써 오히려 외부에 영향을 미치는 존재로 여겨진다.

2 정보처리모형에서 본 학습

가장 널리 받아들여지고 있는 인지모델인 정보처리이론을 통해 학습과 기억에 대해 구체적으로 살펴보고자 한다. 정보처리이론에서는 사람이 단순히 자극에 반응만 하는 것이 아니라 받아들인 정보를 적극적으로 처리한다고 믿는다. 따라서 자극에 따른 반사적 반응(고전적 조건화), 반응과 결과와의 연합(도구적/조작적 조건화)으로 인간의 모든 행동을 설명하려고 했던 행동주의이론과는 접근 방식이 상당히 다르다.

가. 정보처리이론의 등장 배경

기억과 망각에 관한 연구에서 시작된 정보처리이론

"공부한 내용은 시간이 지나면 왜 잊혀질까?" 이 물음에 답하기 위해 독일의 심리학자 에빙하우스(Ebbinghaus)는 1880년대에 일찍이 인간의 망각 과정에 관심을 가졌다. 그는 기억과 망각의 과정을 정밀하게 기술하기 시작했으며, 다수의 연구를 통해 최소한 한 가지 유형의 기억을 측정할 수 있음을 증명하려고 하였다.

비슷한 시기에 미국의 심리학자인 윌리엄 제임스(William James) 또한 두 가지 종류의 서로 다른 기억이 있다고 가정하였다. 새로운 단어를 기억한다든지 새로 사귄 친구의 휴대전화 번호를 기억하는 것과 같은 일차적 기억(primary memory)과 자신의 휴대전화 번호를 생각해내려고 하거나 1주일 전 오늘 했던 일을 회상하는 것과 같이 잊어버렸던 정보를 되살려내는 이차적 기억(secondary memory)이 이에 해당된다.

그러나 기억 연구는 가시적으로 관찰 가능한 행동만을 연구했던 행동주의 시대에는 주목을 받기 어려웠다. 행동주의가 물러나고 인지심리학이 주목받기 시작한 1970년대가 되어서야 다시 활발해질 수 있었다. 또한 기억이나 문제해결과 같은 복잡한 활동을 설명하지 못했던 행동주의의 한계와 사람의 마음에 대한 새로운 모델을 제시한 컴퓨터의 등장으로 성장한 인지심리학을 바탕으로, 정보처리이론은 다시 연구자들의 관심을 끌기 시작하였다.

정보처리이론에서는 인간 학습에 대한 모형으로 컴퓨터를 활용하여 설명한다.

인간의 사고과정과 컴퓨터의 정보처리 과정을 비교해 보자. 인간은 어떠한 사건을 기억하기 위해 정보를 획득하고(encoding: 부호화), 내용을 변화시켜 저장하며(storage: 저장), 이후 필요할 때 이를 인출한다(retrieval: 회상). 이는 컴퓨터가 입력 장치(키보드, 마우스)로 정보를 받아들이고, 기억 장치(하드디스크)에 저장해 두었다가 출력 장치(프린터, 모니터)로 정보를 활용하는 과정과 매우 유사하다고 할 수 있다. 하지만 우리의 기억은 컴퓨터에 비해 문자 그대로 정보를 저장하기보다는 우리의 경험이나 사전지식에 근거해 정보가 담고 있는 내용을 새롭게 재해석하고 구성하는 특징을 갖는다.

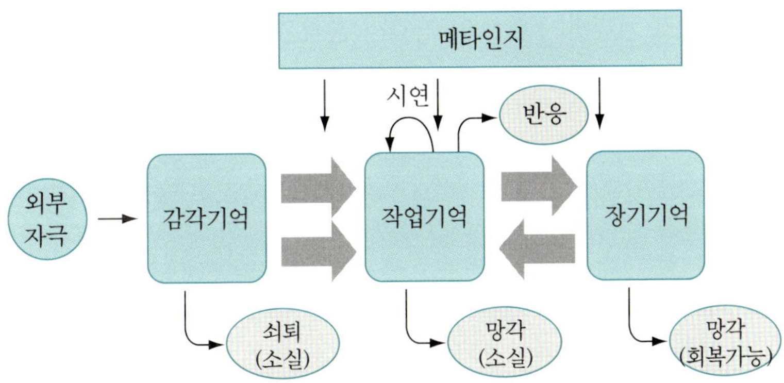

이러한 기억모형은 정보가 보관되는 기억저장소, 정보가 처리되는 인지과정, 그리고 인지과정에 대한 자각과 통제인 메타인지로 구분된다. 각각을 살펴보도록 하자.

나. 정보처리이론: 기억저장소

인간의 사고과정을 컴퓨터에 비유한 정보처리이론은 자극이 기억체계 속에 어떻게 입력되고, 저장을 위해 어떻게 선택 및 조직되는지, 어떻게 인출되는지를 설명하는 학습이론이라고 할 수 있다. 이에 따르면, 인간에게는 정보가 보관, 유지되는 세 가지 유형의 기억저장소, 달리 말해 일종의 창고가 존재한다고 할 수 있다. 기억저장소에는 감각기억, 작업기억, 장기기억이 있다.

기억의 첫 번째 저장소는 감각기억(sensory memory)으로 환경으로부터 감각을 통해 들어온 자극이 처리될 때까지 정보를 잠시 유지하는 정보저장소이다.

감각기억의 용량에는 거의 한계가 없어 모든 자극이 입력되지만, 아주 짧은 시간 동안 유지된다. 시각 정보의 경우에는 약 0.2초, 청각 정보의 경우에는 약 2~4초 동안만 정보가 유지된다. 어두운 밤, 막대기에 불을 붙여 불꽃놀이를 즐긴 경험이 있다면 당신은 아마도 감각기억의 존재를 눈치챘을지 모른다. 불꽃이 핀 막대기로 빠르게 원을 그리면 불빛이 몇몇 점들로 빛나는 것이 아니라 밝게 빛나는 연속적인 원으로 보이기 때문이다. 이 같은 잔상은 시각 감각기억의 존재를 시사한다. 하지만 감각기억에 저장된 정보를 바로 처리하지 않으면 기억의 흔적은 사라진다. 감각기억에 파지된 정보에 주의를 기울이면 비로소 작업기억으로 정보가 이동된다.

두 번째 저장소인 작업기억(working memory)은 새로운 정보를 처리하고 의미 있게 만드는 동안 일시적으로 이를 저장하는 공간이다.

작업기억은 새로운 정보 즉, 단어나 아이디어 등과 같은 정보를 처리하고 저장하는 공간으로 컴퓨터의 중앙처리장치와 비슷하다. 작업기억은 새로운 정보의 처리뿐 아니라 장기기억에서 인출된 정보가 활성화되는 장소로 마음의 작업대이자 지식을 구성하는 장소라고도 할 수 있다. 초기에 작업기억은 단기기억(short-term memory)이라고도 불렸지만, 단순히 단기적으로 정보를 유지하는 기억고 기능을 넘어 의미 분석과 구성이라는 적극적 사고활동이 진행된다는 측면에서 최근에는 주로 작업기억이라고 부른다.

작업기억의 특징으로 정보유지 시간이 20~30초로 제한된다는 점과 정보처리 용량이 5~9개의 단위로 제한된다는 점을 들 수 있다. 우리는 이를 "마법의 숫자(magic number) 7±2"라고 부른다. 이러한 작업기억은 중앙집행기, 음운고리, 시공간 잡기장, 임시완충기(episodic buffer)로 구성되어 있다(Baddeley, 2000). 중앙집행기는 주의를 관리하고, 계획을 세우며, 정보를 인출하고 통합하는 기능을 담당하고, 음운고리는 단어와 소리를 암송하여 작업기억에 담아두는 체계를 말한다. 시공간 잡기장은 심상을 조작하는 장소로, 'p를 180도 회전시키면 b가 될까'라는 문제해결을 위해 마음속에서 이미지를 변형시켜볼 때 이때 이미지 조작과 정보 유지가 이루어지는 공간을 의미한다. 임시완충기는 언어적 작업기억과 시공간적 작업기억 간의 통합 또는 연결되는 정보를 일시적으로 저장하거나, 장기기억에서 인출한 정보와 새롭게 처리되는 정보를 통합할 때 그 연결정보를 일시적으로 저장하는 장소이다.

이러한 작업기억의 용량과 정보유지의 한계 때문에 반복적으로 암송하는 시연(rehearsal)이나 청킹(chunking)과 같은 전략들을 통해 보관된 정보를 계속 유지할 수 있다.

제한된 작업기억의 용량을 증가시키기 위한 방법에는 청킹, 시연, 자동화가 있다

사람들은 친숙하지 않은 내용을 기억할 때에 대략 7개 정도의 항목들만을 회상할 수 있다. 다만 해당 내용을 좀 더 크고 고차원적인 단위로 조합함으로써 단기기억의 용량을 증가시킬 수도 있는데, 이를 청킹(chunking)이라고 한다. 당신은 'DOGHAMNOTEAT'보다는 'DOG-HAM-NOT-EAT'이 외우기 쉬울 것이다. 이처럼 자극들을 친숙한 군단위로 묶어주면 작업기억에서 처리할 수 있는 용량이 늘어난다.

또 다른 방법으로 시연(rehearsal)을 들 수 있다. 이는 입력한 정보를 반복해서 생각하거나 말로 되뇌는 것을 말한다. 예를 들어 114에 전화번호 문의를 한 경우, 안내원이 알려준 번호로 전화를 걸 때까지 숫자를 잊지 않기 위해 계속 중얼거린 경험이 있을 것이다. 이처럼 시연 과정을 거칠 경우 입력된 정보는 30초 이상 작업기억에 유지될 수 있다. 짧게 유지되지만 모든 정보가 입력되는 감각기억과는 달리 작업기억 단계에서는 원하는 정보를 선택적으로 입력할 수 있으며, 노력 정도에 따라 더 많은 내용을 더 오래 기억할 수 있다.

마지막으로, 제한된 작업기억 용량을 증가시키는데 사용할 수 있는 방법으로 자동화(automatization)을 들 수 있다. 자동화는 기억해야 하는 내용이나 기능을 여러 번 반복함으로써 처리해야 할 일을 의식적 노력 없이 처리하는 것을 의미한다. 여러 번 반복을 통해 내용 처리나 기능 수행에 있어 자동화가 이루어지면 이 내용을 처리하는 데 투입되는 정신적 에너지를 절약함으로써 다른 새로운 내용의 처리에 더 많은 정신적 에너지를 투입할 수 있게 되고, 이를 통해 제한된 작업기억 용량을 증가시킬 수 있다.

장기기억(long-term memory)은 정보를 반영구적으로 저장하는 저장소이다.

미국 911 테러, 일본 대지진, 세월호 사고 등을 생각해 보자. 아마도 여러분은 이 사건들이 일어났을 때 어디에서 무엇을 하고 있었는지, 당시에 어떤 느낌을 받았는지에 대해 지금도 생생하게 기억할 것이다. 이렇게 오랜 시간 저장되고 기억해낼 수 있는 정보는 바로 지식과 도식의 형태로 장기기억에 저장되어 있다. 이때의 도식(scheme)이란 수많은 정보를 유의미한 범주로 조직하는 인지구조 혹은 지식구조를 말하는데, 개념들 간의 연결이 많을수록 새로운 정보를 배울 수 있는 용량은 더욱 커진다.

다. 정보처리이론: 인지처리과정

아래의 그림은 외부로부터 들어온 정보가 처리되는 과정을 도식화한 그림이다. 감각기억으로 들어온 정보는 주의와 지각을 통해 작업기억으로 전이되고, 이때 시연을 통해 정보가 계속 유지되면서 새로운 지식이 장기기억으로 통합되도록 부호화하거나 기존의 지식을 회상 또는 활성화하게 된다. 이러한 일련의 과정을 우리는 인지처리과정이라고 부른다.

주의(attention)란 자극에 의식적으로 초점을 두는 과정이며, 지각(perception)은 자극에 의미를 부여하고 반응하는 과정을 말한다.

수업 시간에 자리에 앉아 있더라도 교사의 말에 귀 기울이지 않으면 수업내용을 기억하기는 어렵다. 우리는 무언가를 지각하고 기억하기 위해서는 먼저 자극에 주의를 기울여야 한다.

하지만 주의는 선택적으로 이루어진다는 특징이 있다. 당신이 큰 연회장에서 열린 한 모임에 참석하고 있다고 상상해 보자. 아마도 많은 사람들이 당신 주위에 서서 다양한 내용의 이야기를 나누겠지만, 당신은 사람들이 하는 대화를 모두 듣는 것이 아니라 자신이 관심 있어 하는 한 가지 대화만을 들을 것이다. 이를 심리학자들은 '칵테일 파티(cocktail party)' 현상이라고 부른다. 이처럼 우리는 주위의 수많은 자극과 정보들 중에서 일부를 선택적으로 처리한다. 따라서 학습은 수많은 자극들 속에서 자신이 학습해야 할 주 내용에 대해 주의를 기울이고 유지시키는 것에서부터 시작된다.

선택적 주의는 일상생활에서 결정적인 역할을 한다. 퇴근길의 지하철 안에서 신문을 읽는 사람을 생각해 보자. 지하철이 달리면서 내는 덜컹거리는 소리, 옆에 앉은 사람이 씹고 있는 껌의 달콤한 냄새, 허기가 져서 꼬르륵대는 위의 느낌, 일요일에 있을 회사 야유회 등의 물리적 자극과 생각들 속에서도 신문을 읽을 수 있는 것은 주위의 모든 자극들에 똑같이 주의를 기울이는 것이 아니라, 특정 자극에만 선택적으로 주의를 집중하기 때문에 가능한 것이다.

시연(rehearsal)은 정보를 유지하기 위해 마음속으로 또는 소리 내어 정보를 반복하는 과정이다.

이러한 시연에는 두 가지 종류가 있는데, 새로운 정보를 단순히 반복해서 외우는 유지형 시연(maintenance rehearsal)과 새로운 정보의 의미에 초점을 두고 처리하는 정교형 시연(elaborative rehearsal)으로 나뉜다. 정보는 유지형 시연보다는 정교형 시연을 통해서 장기기억으로 더 잘 전이된다.

시연은 새로운 정보를 작업기억에 유지시키는 데 도움을 줄 뿐만 아니라, 장기기억으로 정보를 이동시키는 데에도 도움을 준다. 예를 들어, 우리는 새로운 전화번호(예, 575-8249)를 보고 그 번호를 누를 때까지 머릿속에서 이를 몇 번에 걸쳐 반복함으로써 그 번호를 작업기억에 유지시킨다. 그러나 이 같은 유지형 시연을 사용하는 것의 가장 큰 단점은 장기기억 속에 있는 기존의 지식과 새로운 정보와의 연결을 촉진하지 못하여 기계적 학습을 유발할 수 있다는 것이다. 이 경우 전화번호를 그냥 숫자로 반복하는 것이 아니라, 의미를 부여하는 정교형 시연을 사용하면 보다 효과적으로 번호를 외울 수 있게 된다. 예를 들면, 위 '575-8249'를 '꼬치오-빨리사구'처럼 약간의 변형된 의미를 부여하여 시연하게 되면 보다 효과적으로 정보를 처리할 수 있게 된다.

부호화(encoding)란 제시된 정보를 처리 가능한 형태로 변형하는 과정이다.

정보가 제시될 때 우리 마음이 하는 첫 번째 일은 정보를 처리 가능한 형태로 부호화하는 것이다. 이때 정보를 장기기억 속에 단순히 저장시키는 것이 아니라, 기존의 지식과 연결지어 유의미한 학습이 일어나도록 하는 것이 중요하다. 유의미한 부호화는 심상, 조직화, 정교화 등과 같은 방법을 통해 이루어진다. 이같은 방법을 이용하게 되면 단순한 시연을 하는 것보다 정보에 대한 기억이 월등히 효과적으로 이루어질 수 있게 된다.

▶▶ 유의미 학습이란, 자신이 가지고 있는 기억과 새로운 정보를 연합하여 정보의 의미를 찾는 과정을 의미한다.

사람들은 새로운 정보를 장기기억에 이미 저장되어 있는 유사하거나 유관한 지식과 연합하여 해당 정보의 의미를 찾고 구성하고자 한다. 이를 유의미 학습이라고 부른다. 유의미 학습은 정보의 저장과 인출 모두를 촉진하는 것으로 나타났는데, 유의미하게 학습된 정보는 더 빨리 저장되고 더 쉽게 기억된다(Anderson, 1995).

예를 들어 보자. 다음 여덟 개 낱말의 조합이 있다.

조합1: 름대다국운아한민

조합2: 아름다운대한민국

두 조합은 정확히 같은 길이로, 같은 낱말을 포함하고 있다. 그러나 조합 1보다 2가 더 쉽게 기억된다는 사실을 알 수 있다. '아름다운'이라는 단어는 우리가 이미 알고 있는 단어와 연관되며 우리는 학습 시 습득했던 의미를 조합2에 부여할 수 있다. 그러나 조합 1의 경우는 우리가 이미 알고 있는 단어들과의 연결고리가 없고, 주어진

자료 그 자체로 단순하게 기억해야 하기 때문에 더 어려움을 느끼는 것이다.

▶▶ 심상(imagery)은 정보에 대한 시각적 이미지를 머릿속에 표상하는 과정이다.

심상은 시각을 활용한 정보 저장의 한 형태로 개념에 대한 정신적 이미지를 만드는 과정이다. 이중부호화이론(dual coding theory)에 따르면 학습자는 정보를 저장할 때, 언어와 이미지의 최소한 두 가지 방식을 사용하며 이는 정보의 저장뿐만 아니라 인출 및 활용을 촉진한다(Sadoski & Paivio, 2001). 한 가지 정보에 대하여 텍스트와 그림이라는 두 가지 형태의 자료를 제시하면 학생들은 해당 정보를 보다 온전한 형태로 저장할 수 있다. 예를 들어, 눈에 보이지 않는 인간의 뇌에 대해서 학습한다고 가정해 보자. 전두엽, 후두엽, 측두엽, 뇌량 등의 개념을 언어 자료인 글로만 읽었을 때보다 시각 자료인 뇌 모형과 함께 보았을 때, 뇌의 구조에 대해 이해하기가 훨씬 용이하다. 교사들은 학생들의 심상 전략을 촉진하기 위해 학습 자료로 사진, 영상, 그림, 도표, 다이어그램, 모형, 차트 등을 활용할 수 있다.

▶▶ 조직화는 관련 있는 내용을 공통 범주나 유형으로 묶는 과정이다.

정보를 조직화하여 정리하면 복잡한 정보들 간의 관계를 쉽게 이해하거나 기억할 수 있기 때문에 인지적 부하가 줄어들고 부호화가 더 효과적으로 일어난다(Mayer, 2008). 다양한 정보 조각들을 서로 연결하여 내적으로 조직화할 때, 학습자는 새로운 정보 덩어리를 보다 효과적으로 저장하고 기억할 수 있다. 이러한 조직화의 유형으로는 도표, 행렬표, 개념지도, 모형, 개요 등이 있다. 예를 들어, 과학 시간에 태양계의 행성에 대해 학습할 때 각 행성의 구성 물질, 표면 온도, 밝기 등에 따라 구분하여 도표로 작성하거나, 눈으로 직접 관찰할 수 없는 원자구조를 학습할 때 이를 모형으로 나타내는 등의 방법은 학습내용을 이해하고 기억하는 데 매우 효과적이다.

▶▶ 정교화는 기존에 가지고 있던 정보를 새로운 정보에 연결하여 정보를 유의미한 형태로 저장하는 과정이다.

사회교과 시간에 학생들에게 유럽 지도에서 이탈리아의 위치를 기억하도록 하기 위해 교사가 이탈리아의 국가 모양이 장화를 닮았다고 제시할 수 있다. 이 때 교사는 학생들이 이미 알고 있는 '장화'라는 개념을 '이탈리아'라는 정보와 연결하여 제시함으로써 학생들의 기억을 도운 것이다. 또한 이 장에서 정보처리이론에서는 인간 학습에 대한 모형으로 컴퓨터를 활용하여 설명한다고 제시하였다. 우리는 컴퓨터에 입력한 정보가 저장되고 산출되는 과정을 파악하고 있기 때문에 정보처리이론에서 설명하는 인간의 정보처리과정을 보다 쉽게 이해할 수 있다. 이처럼 정교화는 새로운 내용에 대한 이해를 위해 다른 유관 정보와 연결시켜 이를 보다 구체화하고 의미 있게 만드는 활동이라고 할 수 있다.

인출(retrieval)이란 장기기억 속에 있는 정보를 꺼내고자 탐색하는 과정을 의미하여 인출단서와 단서 과부하가 인출여부를 결정한다.

우리는 어떤 사람의 이름을 알고 있고 또 금방 기억할 것 같은데도 혀끝에서만 맴돌다가 끝내 말하지 못하는 경험을 해본 적이 있을 것이다. 이런 현상을 '설단현상'(tip-of-the-tongue phenomenon)이라고 한다(Brown & McNeill, 1966).

TV에서 방영되는 퀴즈 프로그램에서도 출연자들이 정답을 맞추지 못하고 한동안 망설이다가 사회자가 힌트를 주면 기억난 듯 버튼을 눌러 답을 말하는 경우를 종종 볼 수 있다. 힌트는 곧, 특정한 정보에 접근하는 것을 도와주는 자극인 인출단서(retrieval cue)이다. 교사들도 많은 경우 답을 알고 있지만 쉽게 입 밖으로 꺼내지 못하는 학생들에게 힌트를 제시하며 답을 맞히도록 유도하곤 한다. 이처럼 인출에 실패한 기억도 인출단서를 제시함으로써 되살아날 수 있다.

한편, 단서 과부하(cue overload)란 인출을 어렵게 하는 요인으로 하나의 인출단서에 너무 많은 수의 기억이 연결된 상태를 의미한다. 이런 경우에는 하나의 기억이 활성화되면 그것과 연결된 다른 기억들이 함께 활성화되어 기억이 인출될 가능성은 더 낮아지기 때문이다. 예를 들어, 여러 도서관에 가지 않고 특정 도서관에서 가끔 공부하는 학생은 그 도서관에서 공부한 경험을 생생하게 기억하겠지만, 여러 도서관에서 자주 공부를 하는 학생은 이 도서관들과 연합된 기억들이 많기 때문에 특정 도서관에서 있었던 경험을 기억하는 것이 상대적으로 더 어려울 수 있다.

라. 정보처리이론: 메타인지(상위인지)

메타인지(meta cognition)란 자신의 인지과정에 대한 자각과 통제로 자신의 사고를 확인하고 점검하여 조절하는 기능을 한다.

'메타(meta)'란 이후(after), 혹은 넘어서(beyond)라는 뜻의 접두사이다. 교육 분야에서 '메타'는 '사건의 범위를 초월하여 생각하는 또는 한 발 떨어져서 생각하는'의 의미로 사용된다. 인지가 단순히 지식이나 행동을 의미한다면, 메타인지는 지식이나 행동에 대한 검토, 계획, 활용 및 선택을 의미한다. 우리는 흔히 메타인지를 '사고에 대한 사고(thinking about thinking)', '인지에 대한 인지(cognition about cognition)'라고 표현한다. 메타인지의 구체적인 활동은 다음과 같다.

계획	• 계획 활동의 전반적인 순서를 결정함 • 적절한 인지 전략이나 활동 방법을 선택함
점검	• 자신의 인지적 상태를 점검함 • 인지 전략의 진행 상태를 점검함
조절	• 부적절한 인지 전략을 수정함 • 부적절한 학습 방법을 수정함
평가	• 자신의 인지 상태의 변화 정도를 평가함 • 자신의 인지 상태의 목표 도달 정도를 평가함 • 사용한 인지 전략의 유용성을 평가함

메타인지를 적극적으로 활용하는 학생은 자신의 인지과정에 대한 지식, 학습, 기억을 증진시키기 위해 학습과 인지과정을 조절할 수 있다(Ormrod, 2012). 메타인지 활동의 적극성은 공부를 잘하는 학생과 못하는 학생을 구분 짓는 중요한 특성 중 하나이다. 일반적으로 메타인지적 특성을 많이 보이는 학생들은 그렇지 않은 학생들보다 더 효과적으로 학습활동을 한다(이성진 외, 2009).

메타인지가 학습에서 중요한 이유

메타인지의 장점은 다음과 같다. 첫째, 스스로 효과적인 학습 환경을 창조할 수 있다. 학습과정에서 주의집중하는 것이 중요하다는 것을 아는 학습자는 수업시간에 앞자리에 앉거나 학습을 방해하는 물건을 책상위에 두지 않는 등 학습효과를 최대화하는 학습환경을 조성한다.

둘째, 더 정확하고 확실하게 학습할 수 있다. 자신의 학습과정에 대해 인지하는 학습자는 자신이 모르는 부분에 대해 명확하게 지각하고 학습내용에 대한 이해를 점검하기 위해 문제를 풀거나 애매모호한 부분이 명확해지도록 교사에게 도움을 구할 것이다.

셋째, 작업기억의 정보처리를 조절할 수 있다. 작업기억용량의 한계를 잘 아는 학습자는 학습한 모든 내용을 부호화하여 장기기억으로 저장할 수 없다는 사실을 안다. 따라서 중요한 내용을 놓치지 않도록 자신의 정보처리과정을 수시로 점검하고 필요 시 메모를 하는 등 적절한 학습전략을 사용할 수 있다.

넷째, 유의미한 학습이 촉진된다. 적극적인 메타인지활동에 참여하는 학생들은 정보들이 긴밀한 연결고리 관계를 가질 때 더 효과적으로 부호화된다는 사실을 알고, 이미 학습한 사전지식과 새롭게 배우는 정보 간의 의미 있는 연결고리를 찾아 학습의 효과를 높이고자 노력하게 된다.

마. 장기기억 속의 저장 유형

장기기억은 선언적 지식, 절차적 지식, 조건적 지식이라는 세 가지 종류의 지식을 보관한다.

선언적 지식(declarative knowledge)은 "~을 아는 것"으로 사실, 정의, 절차, 규칙에 대한 지식을 의미한다. 이는 의미기억과 일화기억으로 나뉜다. 전자는 개념, 원리, 관계에 대한 지식(예: 한글날은 10월 9일이다, 고래는 포유류 동물이다, '7×7=49')에 관한 기억이라면, 후자는 개인적으로 경험한 사건이나 에피소드에 대한 기억(예: 작년 여름 휴가 장소, 초등학교 학예회 때 부른 노래)을 말한다. 절차적 지식(procedural knowledge)은 "과제를 수행하는 방법"에 대한 지식으로, 예를 들어, 이차방정식 문제를 푸는 것, 자전거 타는 것 등과 같이 어떤 것을 하는 방법에 대해 아는 것을 말한다.

조건적 지식(conditional knowledge)은 선언적 지식과 절차적 지식을 "언제, 왜, 어떻게 사용하는지"에 관한 지식으로 특정 과제를 수행할 때, 그 과제에 맞게 선언적 지식과 절차적 지식을 적절히 구사할 줄 아는 것을 의미한다.

장기기억의 내용은 암묵적 기억과 명시적 기억으로 구성되어 있다.

암묵적 기억(implicit memory)이란 행동이나 사고에 영향을 미치지만, 우리가 그것을 기억한다는 사실을 의식하지 못하는 기억인 반면, 명시적 기억(explicit memory)은 이전의 경험들중에 의식적으로 생각해 낼 수 있는 기억을 의미한다. 언뜻 생각하기에 의도하지 않은 회상이 존재하는지에 의문을 가질 수 있다. 하지만 우리는 흔히 어제 본 TV 프로그램이나 새로 생긴 식당에 대해 이야기하는 도중에 갑자기 고등학교 수학여행 때 있었던 사건이 떠오르기도 한다. 또한 자전거 타는 방법을 배우고 나면, 몇 년이 지나도 자연스럽게 자전거를 탈 수 있는 것도 암묵적으로 저장된 장기기억의 한 예가 된다.

3 학습과정에 영향을 미치는 요인

가. 사전지식

사전지식은 학습자가 이미 알고 있는 지식으로 학습내용의 정교화에 영향을 준다.

학습에 영향을 주는 가장 중요한 요인은 바로 학습자가 이미 알고 있는 지식이다. 사전지식과 새로운 지식이 서로 연결되려면 사전지식이 활성화되어야 한다. 사전지식의 활성화는 학생들이 장기기억으로부터 작업기억으로 관련된 지식을 인출하도록 촉진하는 수단이 된다.

사전지식은 일반학습 능력에 비해 학생들이 얼마나 배울 수 있는지를 더 잘 예측해 준다. 특정 주제에 대해서 정확하고 폭넓은 지식을 가지고 있는 학습자는 탄탄하고 연결고리가 많은 잘 조직된 도식을 가지고 있다. 장기기억 안에 이미 큰 정보 덩어리를 저장해서 가지고 있는 학습자는 이를 새로운 경험과 관련지을 수 있기 때문에 유의미한 학습과 정교화 과정에 쉽게 참여할 수 있다.

반면 학습하고자 하는 내용과 관련된 지식이 부족한 학습자는 효율성이 떨어지는 단순 암기전략에 의존해야만 한다. 예를 들어, 역사 시간에 3.1 운동에 대해 학습한 적이 있는 학습자는 이후 대한민국 임시정부와 초대 대통령에 대해 학습하거나 국어 시간에 독립선언문에 대해서 배울 때 우리나라의 항일독립운동에 대해 유의미한 학습이 쉽게 일어나지만, 만일 이러한 사전지식이 없다면 3.1 운동과 또 다른 독립운동들과의 관계를 연결 짓지 못하고 단편적인 지식의 암기만을 하려고 노력하게 된다.

나. 다양한 학습전략

학습과정에 영향을 주는 다양한 학습전략으로는 필기, 요약하기, 요지파악, 자기참조, 기억술, 장소법, 걸이단어법 등이 있다.

필기는 정보처리 용량의 한계를 보완하기 위해 제시된 정보들을 기록하는 과정이다.

학습자는 수업시간에 많은 양의 정보를 제공받지만 정보처리 용량의 한계로 인해 제시된 정보를 모두 장기기억으로 저장할 수는 없다. 이러한 한계를 보완하기 위해 학습자는 제시된 필기노트는 이러한 한계를 보완해주는 정보의 물리적 저장고 역할을 한다(Ormrod, 2012). 수업시간에 제시된 정보들이 노트에 기록되면 나중에 언제든지 다시 볼 수 있기 때문에 장기기억의 오류 가능성에 대한 효과적인 보완책이 된다. 가장 효과적인 노트방법은 교사가 학생들에게 스스로 메모할 수 있도록 중요한 내용의 범주를 강의시작 전에 제시하는 것이다.

요약하기는 정보에 대한 핵심과 요점을 간략하게 나타내는 과정이다.

요약하기는 제시된 정보에 대한 핵심과 요점을 축약, 통합, 추상화하여 간략하게 나타내는 것이다. 요약하기는 학습과 기억을 촉진할 수 있지만, 그 효과는 전략을 어떻게 사용하느냐에 달려 있다(Wittrock & Alesandrini, 1990). 효과적인 요약을 위해 교사는 학생들에서 구조화된 문단 내용을 단계적으로 요약하고 이를 통합하는 과정을 익힐 수 있게 해야 하며, 각자 작성한 요약들을 서로 비교하며 토론하게 하는 방법을 사용할 수 있다.

〈요약하기 지도 방법〉

- 각 문단의 핵심문장을 찾거나 만들어본다.
- 세세한 내용을 포섭하는 상위개념을 찾아낸다.
- 그러한 상위개념을 보완하는 정보를 찾는다.
- 사소하고 중복되는 정보를 제거한다.

요지파악은 학습자가 학습내용 중 중요한 부분을 알고 학습하는 과정이다.

학습자는 정해진 시간 내에 정보처리 용량 이상의 내용을 학습해야 하므로 학습과정에서 스스로 중요한 내용을 선별해야만 한다. 강의나 교재에 있는 표식(signal)은 중요한 부분을 찾는 학습자에게 단서가 된다. 일단 요점이 파악되면 밑줄을 긋거나 강조표시를 하여 학습내용 속에서 요지를 쉽게 파악할 수 있다.

자기참조는 학습내용과 자신을 연관하여 학습의 효과를 극대화시키는 방법이다.

로저스, 퀴퍼와 커커(Rogers, Kuiper, & Kirker, 1977)의 연구에 따르면, 자기참조를 활용했을 때가 그렇지 않을 때보다 정보의 기억량이 더 많다고 한다. 형용사 목록을 주고 단어의 피상적인 특성을 생각하도록 요구했을 때보다 의미 질문과 같이 새로운 단어를 이미 알고 있는 지식과 연결하도록 했을 때 그 내용을 더 많이 기억했다고 한다. 그러나 의미 질문을 했을 때보다 자기참조 질문을 했을 때(즉, 자신과 단어를 연관 짓도록 요구했을 때) 단어를 가장 많이 기억했다. 즉, 피상적 학습보다는 일반적인 유의미학습이, 일반적인 유의미학습보다는 자신과의 연결고리가 있는 유의미학습이 훨씬 효과적이다.

기억술은 정보를 저장하고 인출하는 데 도움이 되는 전략이다.

기억술이란 회상을 돕는 모든 장치를 가리킨다. 기억술은 낯선 단어들의 긴 목록, 문법규칙, 철자법, 수학 개념 등이 들어간 난해한 자료를 학습하고 회상하는 데 도움을 주는 장치이다. 기억술을 활용하는 데 대단한 노력이 필요하지만, 정규적으로 사용했을 때 정보의 저장과 인출에 효과적이다.

기억술의 효과적인 방법은 다음과 같다. 첫째, 기억술은 학습 자료에 구조 혹은 조직을 부여한다. 둘째, 학습자가 이미 알고 있는 정보(숫자체계나 익숙한 운율)에 새로운 자료를 연결시키도록 도와준다. 셋째, 회상단서를 제공하여 나중에 학습자가 그 정보를 손쉽게 찾도록 도와준다. 여기에서는 장소법과 걸이단어법에 대해 간략히 소개하고자 한다.

장소법은 회상할 정보와 정보가 놓여있는 장소를 연합하여 기억하여 회상할 때 장소를 보면서 고정시켜두었던 정보를 떠올리는 방법이다.

예를 들어, 당신이 장을 보기 위해 몇 가지 물건의 목록을 기억해야 한다고 가정하자. 당신은 우유, 생선, 달걀, 오이, 치약, 양말을 사야 하고 마트에 가는 길에 작은 공원을 지나서 간다. 물건의 목록을 기억하기 위해 먼저 벤치 위에 커다란 우유팩을 놓고, 작은 호수에는 팔딱거리는 생선을 놓는다. 커다란 소나무에는 달걀을 주렁주렁 매달아 놓는다. 이런 식으로 오이, 치약, 양말까지 모두 특정 장소에 고정시켜두면 마트로 가는 길에 공원을 지나치면서 물건의 목록을 잊어버리지 않고 떠올릴 수 있다.

걸이단어법은 옷걸이에 옷을 걸 듯 정보를 걸이에 걸고 걸이목록을 저장하여 회상할 때 걸이목록을 통해 정보를 인출하는 방법이다.

목록에 포함된 단어들을 순서대로 기억해야 할 때 이 단어들을 순서대로 외우고 이를 보다 의미를 갖게 기억하는 방법이 바로 걸이단어법이다. 외워야 할 단어들을 번호가 붙어 있는 각 걸이에 순서대로 걸어놓고 이를 기억하고 이후 회상하는 방법으로, 이때 먼저 걸이단어를 학습자가 만들어 놓아야 한다. 예를 들어, 숫자 1[일]과 발음이 비슷한 '길'을, 숫자 2[이]와 발음이 비슷한 '비'를, 숫자 3[삼]과 4[사]는 '잠'과 '파'

를 걸이단어로 정하여 이를 기억해 둔다. 이후 순서대로 자신이 외워야 할 단어목록이 '우유팩', '생선', '달걀', '오이'라고 할 때 이를 걸이단어와 연계하여 하나의 정보로서 외우는 것이다. 다음의 표는 이들 단어를 걸이단어법으로 외우는 경우의 예를 보여주는 것이다.

〈걸이단어법 활용예시〉

걸이목록	저장해야 할 정보
일-길	길 위를 뛰어가는 우유팩 모습
이-비	생선 비가 내리는 모습
삼-잠	달걀을 끌어안고 잠자는 모습
사-파	파와 손을 잡고 가는 오이친구의 모습

4 학습결과의 인출 및 활용에 영향을 미치는 요인

가. 망각에 대한 제 관점

망각은 저장한 정보를 소실하거나 인출할 수 없는 상태를 의미한다.

망각은 사람들의 일상생활의 한 부분이자 학습의 중요한 요인이다. 예를 들어, 영어단어를 외울 때 전날 외운 영어단어 30개가 다음날 거의 생각나지 않는 경험을 한 적이 있을 것이다.

이러한 망각을 과학적으로 연구한 최초의 인물은 바로 에빙하우스(Ebbinghaus)이다. 그는 자기 자신이 피험자가 되어 이전학습의 영향을 받지 않기 위해서 무의미단어(nonsense word)를 가지고 연구하였다. 아래의 그림은 에빙하우스의 망각곡선(1885)이며, 시간경과에 따른 정보의 보유와 소실을 그래프로 나타낸 것이다.

우리는 때때로 장기기억에 저장되어 있는 정보의 인출에도 실패하곤 한다. 망각

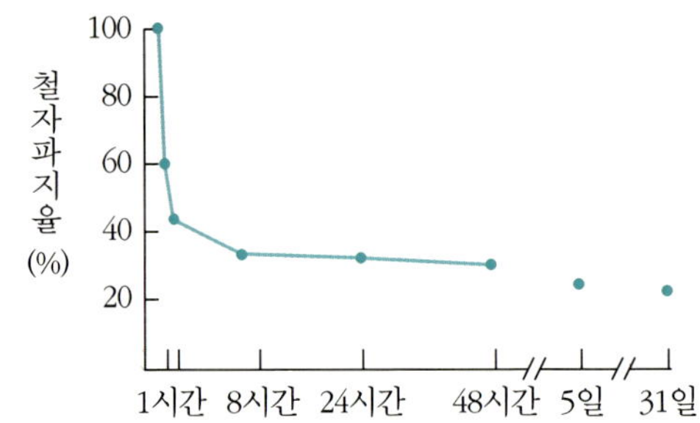

그래프를 보면 철자를 외운 지 1시간 후에는 참여자들이 외운 철자들의 60%를 잊어버렸다. 그는 이러한 망각곡선의 급격한 기울기로 미루어볼 때, 망각은 무엇을 학습한 후 매우 빨리 일어나는 현상이라고 결론내렸다. 그러나 의미 있는 내용을 기억하는 경우에는 망각곡선이 그렇게 급격한 기울기를 보이지 않는다.

을 설명하는 다음의 이론들을 통해 망각의 원인을 알아보자.

쇠잔이론(decay theory)은 처음에 학습한 정보의 기억흔적이 사라짐에 따라 망각이 일어난다고 본다.

쇠잔이란 시간이 지남에 따라 기억의 흔적이 사라져버리는 것을 말한다. 즉 단순히 시간이 흘러감에 따라 잊어버리게 되는 것이다. 라이트만(Reitman, 1971, 1974)은 음탐지 과제를 이용한 실험을 통해 쇠잔이론을 설명하였다. 실험에서는 참가자들에게 다섯 개의 단어를 화면에 2초 동안 제시한 후, 화면이 사라지면 15초 동안 이어폰을 통해 아주 작은 소리가 들릴 때마다 반응단추를 누르는 음탐지 과제를 수행하도록 하였다. 음탐지 과제 수행 후, 다시 참가자들에게 앞서 보았던 다섯 개 단어를 회상하도록 하였더니 단어 회상률이 25% 감소하였다. 음탐지 과제는 앞서 제시된 단어에 대한 학습에 방해가 되지 않았음에도 실험 참가자들은 기억을 유지하지 못했다. 이는 처음 제시된 단어를 보고 형성된 기억흔적이 이후 별도의 유지과정이 없었고, 시간이 지남에 따라 이들 정보에 대한 기억흔적이 사라져 일어난 현상으로 볼 수 있다.

간섭이론(interference theory)은 이전에 한 학습이나, 이후에 한 학습이 현재의 이해를 방해하기 때문에 정보가 소실된다고 주장한다.

기억흔적이 점차 사라짐에 따라 망각현상이 일어난다고 설명하는 쇠잔이론에 반해, 간섭이론은 한 정보에 대한 기억흔적이 다른 정보에 대한 기억흔적으로 대체되기 때문에 망각이 일어난다고 설명한다. 즉 경쟁하는 다른 정보 때문에 잊어버리게 되는 것이다. 이러한 간섭은 순행간섭과 역행간섭으로 나뉜다. 순행간섭은 이전의 학습이 새로운 정보의 학습을 방해하는 현상을 의미한다. 예를 들어, 영어 단어의 과거형에 대해서 "-ed"를 붙이면 과거형이 된다고 배운 학생이 'write'의 과거형인 'wrote'를 'writed'라고 기억하는 것이 바로 순행간섭의 한 예이다. 반대로 역행간섭은 새로운 학습이 이전에 학습한 내용의 기억을 방해할 때 일어나는 간섭을 의미한다. 예외형 과거동사들인 wrote, took, read 등을 학습한 후, fail의 과거형인 failed를 떠올리지 못한다면 역행간섭이 일어났다고 볼 수 있다.

인출실패이론(retrieval failure theory)은 처음 부호화되었던 정보와 인출단서와의 잘못된 만남이 망각의 원인임을 설명하는 이론이다.

인출실패이론은 저장된 정보를 인출할 수 있는 단서가 부족하기 때문에 망각이 일어난다고 본다. 즉 저장된 정보와 부합된 인출단서를 찾지 못해 제대로 인출되지 않는 것을 망각이라고 본다. 머릿속으로는 아는데 입 끝에서 맴돌기만 할 뿐, 표현이 안 되는 것과 같은 설단현상(tip of the tongue phenomenon)이 대표적인 현상이다. 이러한 인출이 어려운 이유는 정보를 처음 부호화할 때 제대로 조직화하지 못하거나, 저장된 정보를 인출하는데 영향을 미치는 적절한 인출단서가 존재하지 않기 때문이다.

털빙과 펄스턴(Tulving & Pearlstone, 1966)은 단서 회상과 자유 회상을 비교한 실험을 통해, 자극 단서가 제공된 단서 회상 집단이 자유 회상 집단보다 단어목록들을 더 잘 기억하는 것을 확인한 바 있다.

정보를 입력하는 맥락 또한 망각에 영향을 미친다. 부호화의 특수성 원리에 따르면, 정보를 부호화했던 맥락이 인출하는 맥락과 유사할수록 인출의 가능성은 커진다('다'절의 맥락의존기억 참고). 따라서 시험 공부할 때 평소 시험 장소와 유사한 장소의 예를 들면, 교실이나 도서관 등과 같은 곳을 이용하는 것도 암기한 내용을 잘 떠올리는 데 도움이 된다.

나. 인출에 대한 교육적 시사점

부호화보다 인출이 학습내용의 기억에 오히려 효과적일 수 있다. 이러한 대표적인 예가 시험효과이다.

정보처리이론에 따르면 인출은 저장된 정보를 찾아내는 활동으로 인식되어 왔다. 그러나 최근 부호화보다 인출을 통해 기억을 증진시킬 수 있다는 연구결과들이 보고되고 있다. 인출효과를 가장 대표적으로 보여주는 현상은 시험효과(testing effect)이다. 시험효과란 시험을 통해 학생들에게 인출기회를 제공하여 학습내용의 기억을 향상시키는 방법을 의미한다. 시험을 통한 인출연습은 학습을 촉진시키며 장기적인 학습내용 유지에 긍정적인 영향을 준다. 시험효과가 학습을 촉진시킴에도 불구

시험효과를 보여주는 실험 연구

• 학습촉진효과

뢰디거와 카픽(Roediger & Kapicke, 2006)에 따르면 시험은 학습한 내용을 평가하는 기능뿐만 아니라 학습을 촉진시킨다. 그는 학생들에게 읽기 지문을 학습하게 한 뒤, 두 집단으로 나눠 한 집단은 그것을 다시 학습하였고, 다른 한 집단에게는 시험 보는 것처럼 기억하는 것을 쓰도록 요청하였다. 5분 후, 2일 후, 1주일 후, 두 집단 모두 피드백이 제공되는 시험을 보았을 때, 5분 후 두 집단의 회상률은 차이가 없지만 2일 후, 1주일 후 결과를 보면 학습 후 시험형식으로 학습 내용을 회상한 집단의 회상률이 더 높은 것으로 확인되었다. 이 실험은 학습 맥락에서 복습보다는 학습내용을 인출할 수 있는 전략이 더 효과적임을 보여준다.

• 인출시기에 따른 시험효과의 영향

뢰디거(Roediger)와 카픽(Karpicke)은 학습 후 바로 학습내용을 회상할 때에는 시험 학습보다 반복 학습상황에서 학습내용에 대한 회상률이 높게 나타난다고 한다. 그러나 학습 후 시간이 어느 정도 지난 후에는 반복학습 집단이 학습한 내용을 기억하는 데 더 높은 자신감을 보였지만, 시험학습 집단의 학습내용 기억률이 더 높았다고 한다. 시험형식의 복습이 인출을 통해 기억을 더 정교화시키는 역할을 한다고 할 수 있다.

하고 시험의 기능을 효과적으로 활용하지 못하고 있다. 교사는 시험이 평가의 기능뿐만 아니라 학습을 촉진할 수 있는 기제가 있음을 인식하고, 학습자들이 시험효과에 대해 인식하고 활용할 수 있도록 안내해야 한다.

다. 학습 환경(학습조건과 검사조건의 상호작용)

학습자가 정보를 입력하는 환경 또한 학습에 영향을 준다. 이러한 정보의 입력 단계, 즉 정보를 부호화하는 과정에서의 특징뿐만 아니라 학습자의 정서나 기분 상태에 따라서 정보의 인출 정도는 달라질 수 있다.

맥락의존기억: 학습장면과 검사장면 간의 유사성에 따라 기억회상률이 달라진다.

기억과 연합되는 단서들 중에는 기억이 형성되는 맥락으로부터 온 단서들이 존재한다. 따라서 이미 장기기억에 저장한 지식을 회상해야 할 때, 이러한 맥락 단서들이 재생되면 표적 기억을 활성화시키기가 쉽다. 이러한 맥락효과를 고든과 베들리(Godden & Baddeley, 1975)는 실제 검증한 바 있다. 그들은 잠수부들에게 서로 관련이 없는 단어 40개를 해변과 수중 20피트 지점에서 외우도록 하였다. 해변 환경에서 단어를 외운 잠수부들은 마른 환경에서 더 많은 단어를 회상하였고, 수중 환경에서

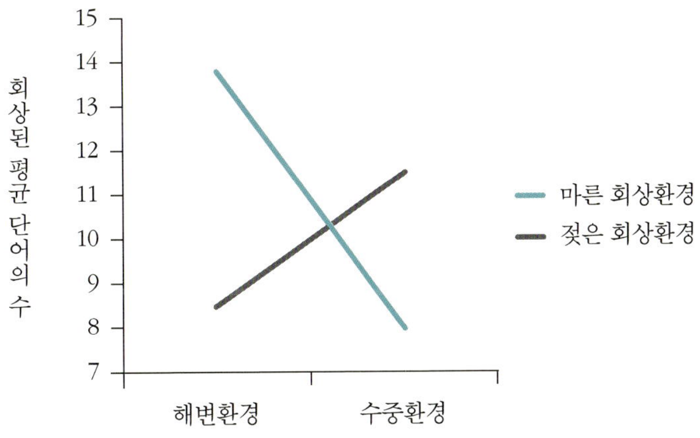

그림 6-1 고든과 베들리(1975)의 실험 결과

단어를 외운 잠수부들은 젖은 환경에서 더 많은 단어를 회상하였다. 학습이 일어났던 맥락과 유사한 맥락에서 기억을 더 잘하는 맥락효과가 일어난 것이다.

상태의존기억: 사람들은 학습 시와 검사 시의 정서적 및 물리적 상태가 일치할 때 정보를 더 잘 기억해낸다.

굿윈과 동료들(Goodwin et al., 1969)은 연구를 통해 기억이 상태에 의존한다는 것을 증명했다. 연구에서 참여자들은 술이 취한 상태와 멀쩡한 상태에서 단어를 학습한다. 이후 두 학습 집단에서 참여자의 반에게는 술이 취한 상태에서, 나머지 반에게는 멀쩡한 상태에서 단어를 회상하도록 요구한다. 술이 취한 상태에서 학습한 참여자는 술이 취한 상태에서 검사를 받았을 때, 멀쩡한 상태에서 학습한 참여자는 멀쩡한 상태에서 검사를 받았을 때 단어 회상을 더 잘했다.

기분의존효과: 학습장면과 검사장면 간의 기분에 따라 기억회상률이 달라진다.

학습할 때의 기분과 검사를 실시할 때의 기분 간에는 상호관련성이 있다. 바우어와 동료들(Bower, Monteiro, & Gilligan, 1978)은 학습이 일어난 맥락에서의 정서와 검사 맥락에서의 정서가 일치할 때 참여자들이 정보를 더 잘 기억해낸다는 사실을 발견했다. 그들은 먼저 최면술을 통해 한 집단에게는 자신의 일생 중 즐거웠던 일을 떠올리게 하여 긍정적인 감정을 유발하고, 또 다른 집단에게는 충격적인 일을 떠올리도록 하여 부정적인 감정을 유발하였다. 이후 유발된 정서 상태를 유지하면서 단어를 학습하도록 한 후, 다른 조건의 정서 상태에서 단어를 회상하도록 요구하였다. 그 결과, 긍정적 정서 상태에서 단어를 암기한 경우에는 긍정적 정서가 유발된 검사 장면에서 단어를 더 잘 기억하였고, 부정적 정서 상태에서 단어를 암기한 경우에는 부정적 정서가 유발된 검사 장면에서 단어를 더 잘 기억해냈다.

기분일치효과: 학습맥락과 검사맥락간의 정서적 유사성에 따라 기억이 달라진다.

즐거운 내용은 즐거운 상태에서, 슬픈 내용은 슬픈 상태에서 인출하기 쉽다. 이러한 기분일치효과를 연구한 건 바로 티즈데일과 러셀(Teasdale & Russell, 1983)이

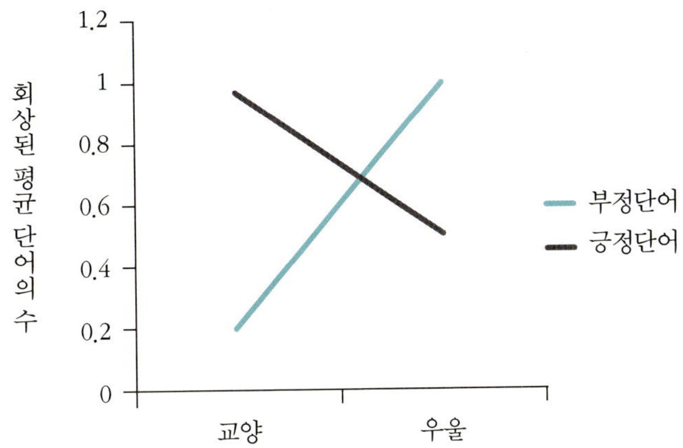

그림 6-2 **티즈데일과 러셀(1983)의 실험 결과**

다. 그들은 참여자들에게 긍정적, 부정적, 중립적인 단어 목록을 정상 상태에서 학습하도록 하고, 검사 상황에서는 긍정적이거나 부정적인 정서를 유발했다. 참여자들은 검사 당시의 기분 상태가 긍정적이면 긍정적인 단어를, 검사 당시의 기분 상태가 부정적이면 부정적인 단어를 더 많이 회상하는 경향을 보였다. 즉, 참여자들은 검사 상황에서 자신이 느끼는 정서와 일치하는 단어들을 더 많이 기억해냈다. 이는 검사 상황에서의 기분이 그 정서와 연결된 기억들을 점화시키기 때문이라고 할 수 있다.

5 학습에 대한 최근 인지적 접근: 구성주의의 교육적 적용

가. 구성주의 학습이론이란?

구성주의 학습이론은 개인이 스스로 지식을 구성한다는 관점을 취하며 학습자가 제공된 정보나 자료를 토대로 의미를 재구성하는 과정을 강조한다.

구성주의는 행동주의이론이 강조하는 것처럼 강화가 없어도, 그리고 사회인지이론이 주장하는 것처럼 모방이 일어나지 않아도 학습이 가능하다는 것을 설명해 줌으로써 학습에 대한 이해의 폭을 넓혀주었다. 구성주의는 인지학습이론가인 피아제와 사회학습이론가인 비고츠키(Vygotsky)의 연구에 의해 주요한 영향을 받았다. 이러한 구성주의는 인지적 구성주의와 사회적 구성주의로 구분하여 살펴볼 수 있다.

인지적 구성주의는 개인의 인지적 구조 변화에 관심을 둔 구성주의 관점이다.

인지적 구성주의는 지식의 형성 과정에서 인간의 인지적 작용을 주요 요인으로 보고 있으며, 상대적으로 사회문화적 측면과 역할은 거의 관심을 두지 않는다. 피아제(Piaget)가 주장한 인지발달이론에 의하면, 인간들은 환경과의 상호작용 속에서 동화와 조절을 통해 기존의 스키마를 변경시킴으로써 새로운 의미를 구성한다. 두 학습자의 대화를 살펴보자.

지민: 새가 날아간다!
준우: 지민아, 새가 아니라 비행기야.
지민: 날아다니는 것은 새가 아냐? 저기 봐. 날개도 있잖아.
준우: 새가 날아다니는 건 맞지만, 동물이 아닌 것도 날 수 있어. 저건 비행기야.

지민이는 비행기를 보고 자신의 머릿속에 존재하던 새라는 도식에 인지적 불균형이 발생했다. 지민이는 기존의 지식에 새로운 의미를 부여하여 스키마를 구성하고 인지적 평형상태를 유지할 것이다. 이 과정을 통해 지민이의 인지구조는 보다 확장될 것이다.

사회적 구성주의는 지식구성의 사회문화적 요인, 언어, 타인의 역할에 관심을 둔 구성주의 관점이다.

사회적 구성주의에 따르면 학습자들이 사회적 맥락 내에서 먼저 지식을 구성하고 이후에 개인이 그 지식을 자기 것으로 내면화한다고 주장한다. 이러한 원리는 비고츠키의 근접발달영역(zone of proximal development)이라는 개념에서 잘 나타난다. 근접발달영역은 학습자가 혼자서 문제를 해결할 수 있는 수준과 교사나 또래 등

보다 유능한 타인의 도움을 받아 문제를 해결할 수 있는 수준 간 차이를 말한다. 학습자는 타인과의 상호작용을 통해 문제를 해결하는 중재학습 경험을 통해서 학습내용을 내면화하게 되고, 이 과정에서 지식의 구성이 촉진된다. 사회적 구성주의 관점에서 교사는 학습자들이 문제해결을 위한 활발한 토론과 협력이 이루어질 수 있는 학습환경을 만드는 것이다.

나. 구성주의에 기초한 수업이론

이러한 구성주의에 기초한 수업이론으로는 인지적 도제학습, 상보적 교수학습, 문제해결학습, 상황학습, 협동학습 등이 있다. 이들 각각에 대해 간략히 살펴보고자 한자.

인지적 도제학습은 초보 학습자가 전문가와 함께 학습하는 과정이다.

전통적 도제학습은 눈에 보이는 외현적인 기술과 지식을 관찰하고 모방함으로써 초보자가 전문가로 도약하는 학습의 형태를 말한다. 이에 반해 인지적 도제학습은 학습내용으로 눈에 보이지 않는 정신적 능력의 발달에 초점을 맞춘다. 인지적 도제학습에서 교사의 역할은 시범을 통해 내적인 사고과정을 외현화하여 학생들이 이를 내면화할 수 있도록 지원하는 것이다. 이러한 인지적 도제의 구성요소로는 모델링, 비계설정, 언어화, 복잡성 증가가 있다.

- 모델링(modeling): 교사들이 문제를 해결하는 방법과 같은 기술을 시연할 때 동시에 말로 묘사함으로써 그들의 생각을 본보기로 제시한다.
- 비계설정(scaffolding): 학생이 과제를 수행할 때, 교사들은 질문을 하고 학생들의 과제 수행을 지원한다. 점차 학생들의 기량이 증가함에 따라 비계의 양을 줄여나간다.
- 언어화(verbalization): 교사들은 학생들이 그들의 이해를 발전시켜 나갈 때 말로 생각을 표현하도록 격려한다. 또 이것은 교사들이 학생들의 기술과 생각 모두

를 평가할 수 있도록 한다.

- 복잡성 증가(increasing complexity): 학생들의 기량이 증가해감에 따라 교사는 그들에게 좀 더 도전적인 문제나 다른 과제를 보여준다.

상보적 교수학습이란 읽기학습 시 활용되는 수업모형으로 교사와 학생이 번갈아가면서 교사역할을 하고 대화를 통해 이루어지는 학습을 의미한다.

상보적 교수는 전통적 교수법과 비교했을 때 학습 내용에 대한 폭넓은 이해, 기술과 지식의 지속성, 교실학습을 실생활에 적용하는 일반화의 측면에서 매우 효과적이다(Palinscar & Brown, 1984). 소그룹 읽기 수업에서 교사는 학습자가 가진 배경지식을 활성화하기 위해 문장을 읽고 글의 내용에 대해 질문을 던지고, 내용을 요약하고, 모호한 개념들을 명료화하여 앞으로 배울 내용을 예측하는 등 학습자들이 배워야 할 전략들을 시범으로 보여준다. 이어서 학습자와 교사는 번갈아가면서 교사의 역할을 맡게 되며 학습자가 교사의 역할이 되었을 때, 교사가 시범으로 보였던 전략들을 수행하게 된다. 만약 학습자들이 교사의 역할을 수행하는 데 어려움을 느끼면 교사가 구조화된 문장이나 질문을 제공할 수 있다. 학습자들이 이 과정에 점차 익숙해지면 교사의 도움이 줄어들어도 스스로의 힘으로 전략을 수행할 수 있게 된다. 이처럼 상보적 교수의 특징은 수업의 초기단계는 교사의 시범으로 이루어지지만, 점차 학생 스스로 사고전략들을 자신의 것으로 내면화하여 학습이 이뤄진다는 점이다.

이처럼 상보적 교수에서는 글을 읽고 내용을 이해하는 것뿐만 아니라, 활동을 평가하고 자신의 읽기수준에 맞게 전략을 수정하는 것과 같은 높은 수준의 인지 능력을 필요로 하는 전략을 습득하도록 하여 최종적으로 자기주도적인 학습자로 나아가게 한다는 장점이 있다.

문제해결학습은 실생활문제를 바탕으로 상황에 대한 추론 능력 및 문제해결능력을 향상시키는 것을 목적으로 하는 학습방법이다.

학습자들이 지속적으로 실생활 문제에 노출되고, 교사를 통해 문제해결 전략을 모델링하게 되면 문제를 규명하고, 오류를 확인하고, 문제를 해결하기 위해 적절한 행동이나 처치를 선택할 수 있게 된다. 문제기반학습에 장기간 참여하게 되면 학습자는 정보를 더욱 잘 기억할 수 있으며, 과학적인 지식을 실용적인 문제해결에 더 잘 적용할 수 있다. 또한 문제해결학습의 장점은 학습자의 내재적인 흥미를 향상시키며 자기주도학습을 촉진 및 유지한다는 것이다.

1950년대 이후 인지 심리학자들과 컴퓨터 전문가들이 문제해결과정에서 사용할 수 있는 일련의 전략들을 체계적으로 연구해 왔다. 브렌스퍼드와 스테인(Bransford & Stein, 1993)은 IDEAL이라는 다섯 가지 문제해결단계를 개발하였다.

- Identify problems and opportunities: 문제와 가능성 확인
- Define goals and represent the problem: 목표의 정의와 문제의 표상
- Explore possible strategies: 가능한 전략 탐색
- Anticipate outcomes and act: 결과 예상과 실행
- Look back and learn: 검토와 학습

상황학습은 실제적인 상황이나 맥락 속에서의 경험과 학습과정에 초점을 두고 다양한 사례를 활용하여 학습자의 능동적인 문제해결을 유도하는 학습방법이다.

상황학습에 따르면, 이전에 학습이 일어났던 상황과 매우 다른 상황에서는 전이가 발생하기 어렵다. 예를 들어 한적한 시골에서 운전을 배운 경우, 학습이 일어난 상황과 전혀 다른 복잡한 도시에서는 운전을 못할 수도 있다. 또한 교실에서 산수를 배운 학생이 실제로 가게에서 물건을 계산할 때는 배운 내용을 적용하지 못할 수 있다. 따라서 상황학습에서 특히 강조하는 점은 교실에서 학습한 것과 교실 밖에서 필요로 되는 것 사이에 관계를 형성해주어야 한다는 것이다(Anderson, Reder, & Simon, 1996).

협동학습은 두 사람 또는 그 이상의 학습자들이 함께 협력하여 과제를 완수하는 것을 의미한다.

학습자는 혼자일때 보다 함께 활동할 때 더 좋은 수행을 보인다. 이때의 협동학습은 다음의 두 가지 전제 조건을 만족해야 한다. 협동이 잘 이루어졌을 때 보상을 받

을 수 있는 구조여야 하며, 여러 명이 함께 수행할 수 있는 과제가 제시되어야 협동이 가능하다. 협동학습의 필수 조건으로는 공동의 목표 설정, 신뢰에 기초한 집단 구성원들 간의 긍정적 상호의존관계를 들 수 있다.

6 사례 분석

사례 1

A고등학교 1학년인 현수는 고등학교 입학 후 처음으로 본 모의고사 점수를 보고 낙담을 하였다. 중학생 때까지 줄곧 공부를 잘한다고 생각했고 학교에서 배우는 문법과 교과내용에 충실했다. 그러나 첫 모의고사에서 처음으로 보는 낯선 단어들이 많았고 시험지에 있는 문제를 다 풀기에는 시간이 부족하였다. 현수는 우선 영어단어를 외우기로 다짐하고 하루에 영어단어를 50개씩 외우기 시작하였다. 현수는 매일 한 시간 이상 열심히 단어를 외웠지만 다음 날 절반 이상을 기억하지 못하여 외우기를 반복하였다. 일주일이 지나 현수는 자신이 약 300개의 단어를 기억할 것을 예상하였으나, 현수는 단어책의 앞쪽에 있는 것을 더 잘 기억하고 있었으며 약 40~50개의 단어만 기억하고 있었다. 현수는 선생님께 도움을 청해보기로 결심하였다.

A고등학교의 1학년 영어를 담당하는 이 교사는 교무실로 힘없이 들어오는 현수의 모습을 보았다. 현수는 매일 2시간씩 50개의 단어를 외웠지만 일주일이 지나자 50개도 채 기억하지 못하는 자신의 모습에 낙담하고 있었다. 이 교사는 방과 후에 면담시간을 가질 것을 제안했다.

방과후 시간에 현수를 만난 이 교사는 단어를 효과적으로 외우는 방법을 제시하였다. 단어를 보기만 하는 것보다 단어가 쓰는 예문을 찾아보고 그것이 활용되는 사례를 사진이나 그림으로 확인해 보는 방법도 제시하였다.

질문 1: 위 사례에서 현수가 단어를 잘 기억하지 못하는 이유는 어떤 이론으로 설명할 수 있을까?

질문 2: 위 사례에서 이 교사가 제안한 방법을 설명할 수 있는 이론을 제시하시오.

질문 3: 위 사례에서 이 교사가 제안한 방법 외에 현수에게 제안할 수 있는 효과적인 전략은 무엇이 있을까?

사례 2

B중학교 사회교과를 담당하는 박 교사는 요즘 학생들이 수업에 집중하지 않아 고민이다. 약 30명의 학생들 중 소수의 몇 명만 박 교사의 수업에 참여하고 있었다. 수업에 대한 흥미를 높이기 위해 실제적 맥락에서 교과개념을 다루고자 다양한 시각자료를 제시해보았지만 학생들은 여전히 그의 수업에 집중하지 않았다. 박 교사는 동료교사인 강 교사에게 수업에 대한 조언을 구하기로 결심하였다. 강 교사는 학생들은 이미 지식을 자신에게 유의미하게 구성할 수 있다는 점을 강조하였다. 우선 그는 학급분위기 조성을 위해 학생들이 활발한 토론을 할 수 있도록 책상배치를 바꿀 것을 제안하였다. 강 교사는 박 교사에게 수업시간에 개념을 활용할 수 있는 문제를 제시하고 팀을 짜서 또래끼리 상호작용하여 문제를 해결할 수 있는 수업방식을 제안하였다.

질문 1: 강 교사가 제안하고 있는 방법이 근거하고 있는 이론에 대해 설명하시오.

질문 2: 강 교사가 제안한 방법 외에 활용할 수 있는 전략에 대해 제시하시오.

7 주요 개념

주요 개념	설명
간섭이론 (Interference theory)	망각의 원인을 기억흔적의 대체로 보는 이론
감각기억 (Sensory memory)	외부 정보가 처리되기 전 잠깐 동안 유지하고 있는 정보저장고
구성주의 (Constructivism)	학습자 스스로 지식을 구성한다는 학습이론
근접성의 원리 (The proximity principle)	인간은 공간적으로 근접해 있는 정보를 통합된 형태로 지각
기분의존효과 (Mood-dependent effect)	학습한 내용에서 드러나는 정서와 학습자의 정서가 일치할 때 기억이 증진되는 효과
기억술 (Mnemonic)	회상을 돕는 보조장치
망각 (Forgetting)	정보를 인출할 수 없는 상태
맥락의존기억 (Context-dependent memory)	학습한 내용을 회상해야 할 때, 학습 시 형성되는 맥락단서가 인출상황에 영향을 미치는 과정, 학습상황과 검사상황에서 동일한 맥락일 때 더 잘 기억
메타인지 (Metacognition)	생각에 대한 생각, 자신의 사고를 확인하고 점검하여 조절하는 기능
명시적 기억 (Explicit memory)	의도적으로 기억하고자 하는 것을 기억
문제해결학습 (Problem-solving learning)	문제와 마주하고 문제해결전략을 교사를 통해 모델링하며 문제해결방법을 학습하는 방법
부호화 (Encoding)	장기기억 속에 정보를 떠올리는 과정
사전지식 (Prior knowledge)	이미 알고 있는 지식
사회적 구성주의 (Social constructivism)	타인과의 상호작용을 통해 지식을 구조화한다고 보는 이론

상보적 교수 (Reciprocal teaching)	교사와 학생이 교대로 교사역할을 하면서 대화를 통해 학습을 하는 방법
상태의존기억 (State-dependent memory)	학습상황에서의 상태가 인출시의 상태에 영향을 주어, 학습상황과 검사상황에서 동일한 상태일 때 더 잘 기억
상황학습 (Situated learning)	실제적인 맥락 속에서 실제적 경험과 학습자 참여를 통한 방법
선언적 기억 (Declarative memory)	단어, 사건 등 정보에 대한 장기기억
쇠잔이론 (Decay theory)	망각의 원인을 기억흔적의 사라짐으로 보는 이론
순행간섭 (Proactive interference)	이전의 학습이 다음의 학습을 방해할 때 일어나는 현상
시연 (Rehearsal)	반복을 통해 정보를 보유하려고 하는 과정
시험효과 (Testing effect)	시험을 실시하여 정보를 인출하게 하는 과정, 단순복습보다 회상률이 높음
심상 (Imagery)	정보를 시각적 이미지로 만드는 과정
암묵적 기억 (Implicit memory)	의도적으로 기억하지 않으려고 했던 것 기억
역행간섭 (Retroactine interference)	새로운 학습이 이전의 학습을 방해할 때 일어나는 현상
연속성의 원리 (Law of continuity)	인간은 정보를 연속된 형태로 조직화하여 지각
요약하기 (Summarizing)	정보의 핵심을 간략하게 나타내는 과정
유사성의 원리 (Law of similarity)	인간은 비슷한 자극을 통합하여 지각
유의미학습 (Meaningful learning)	새로운 정보를 기존지식과 관련하여 새로운 의미를 찾는 학습과정
이중부호화이론 (Dual-coding theory)	장기기억 속에 정보가 시각적인 것과 언어적인 것의 두 형태로 저장된다는 이론
인지적 구성주의 (Cognitive constructivism)	인간 내부의 인지적 작용을 통해 지식을 구조화한다고 보는 이론

인지적 도제 (Cognitive apprenticeship)	지식과 기술이 부족한 학습자가 전문가와 함께 학습하는 과정
인지주의 (Cognitive theory)	인간의 내적인 사고과정을 중심으로 인간의 행동과 사고를 설명하는 관점
인지주의 학습 (Cognitive learning theory)	내적인 인지과정을 통한 사고와 행동의 변화
인출 (Retrieval)	저장된 정보를 이끌어내는 과정
인출단서 (Retrieval cues)	기억 속에 있는 특정정보를 이끌어낼 수 있도록 도와주는 자극
인출실패이론 (Retrieval failure theory)	망각의 원인을 인출과정상의 오류로 보는 이론
자기참조효과 (Self-referent effect)	새로운 정보 학습 시, 자신과 관련하여 정보를 저장하여 학습화는 과정으로 일반적인 학습보다 효과적
작업기억 (Working memory)	정보처리과정에서 제한된 양의 정보를 처리하는 정보저장고, 의도적 사고활동과 관련
장기기억 (Long-term memory)	장기간 많은 정보를 저장하는 정보저장고
정보처리이론 (Information processing theory)	인간의 인지과정을 컴퓨터 정보처리과정으로 보는 이론
조직화 (Organization)	관련 있는 정보들을 공통범주나 유형으로 구분하는 과정
주의 (Attention)	특정 자극에 집중하는 과정
지각 (Perception)	자극에 대한 의미부여에 사용하는 과정
칵테일파티 현상 (Cocktail party effect)	수많은 자극과 정보 중 중요하다고 생각하는 정보를 선택적으로 처리하는 현상
폐쇄성의 원리 (Law of closure)	인간은 특정대상을 불완전한 형태도 완전한 형태로 조직화하여 지각

8 연습문제

1. 인지전략 또는 메타인지 전략과 이를 활용한 수업방법의 연결이 옳지 않은 것은?

전략	수업방법
① 발췌(abstracting)	배운 내용을 적은 공책에 학습 자료에서 찾은 예나 삽화 등을 추가하여 정리하도록 하였다.
② 도식화(schematizing)	학습 자료에서 주요 개념들을 찾아 개념도를 그려보도록 하였다.
③ 인지적 점검(monitoring)	오답 공책을 만들어 자신의 부족한 부분에 대해 확인하고 그 원인을 분석하도록 하였다.
④ 조직화(organizing)	책의 목차를 훑어보면서 앞으로 배우게 될 내용의 위계를 파악하도록 하였다.
⑤ 정교화(elaborating)	배운 개념을 학생 스스로 비유적으로 표현하고나 자신의 언어로 말해보게 하였다.

2. 음식 만들기 수업에 교사가 적용한 교수 기법 중 정보처리이론과 관련이 깊은 것을 〈보기〉에서 모두 고른 것은?

〈보기〉

ㄱ. 자료를 제시하고 요리법을 설명하면서 중요한 부분에 밑줄을 그어 주의를 유도하였다.
ㄴ. 음식을 만드는 데 필요한 재료 목록을 제시하고 유사한 항목끼리 묶어 기억하도록 하였다.
ㄷ. 음식을 만다는 주요 과정을 랩 가사로 만든 후 학생이 익숙한 노래 가락에 맞추어 부르게 하였다.
ㄹ. 음식 만들기를 성공적으로 수행한 학생에게는 자신이 평소 하고 싶었던 게임을 하도록 허용하였다.

① ㄱ, ㄷ ② ㄴ, ㄹ ③ ㄷ, ㄹ ④ ㄱ, ㄴ, ㄷ ⑤ ㄱ, ㄷ, ㄹ

3. 다음은 학습자의 정보처리과정에 관한 모형이다. ㉠과 관련된 설명으로 옳은 것은?

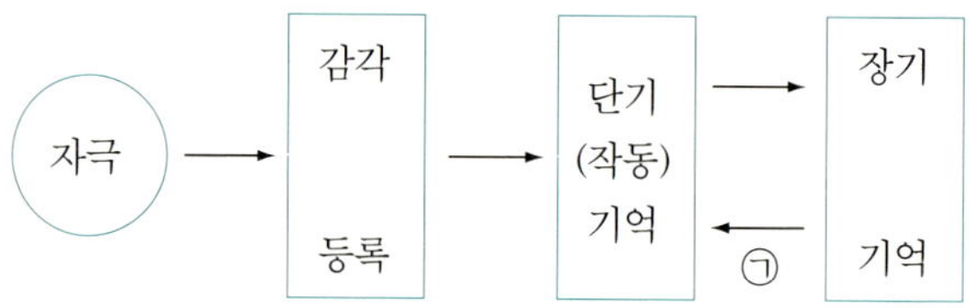

① 정보를 부호화(encoding)한다.

② 정보를 반복해서 읽고 암기한다.

③ 외부에서 유입된 정보를 일시적으로 보유한다.

④ 생각이 날 듯 말 듯 혀끝에서 맴도는 현상이 발생할 수 있다.

4. 〈보기〉의 학습자 활동을 바르게 연결한 것은?

> 현아는 갑자기 자신이 읽고 있는 자료를 이해하지 못하고 있다는 막연한 느낌을 가졌다(A). 그리고 무엇이 잘못되었는지를 확실히 파악하기 위해 어떻게 해야 할지 방법을 생각했다(B). 그래서 현아는 자료를 꼼꼼히 읽으며 살펴보았다(C). 그 후 자신이 왜 글을 읽는지, 개념파악이 잘 되지 않았는지를 다시 생각해 보고(D), 부분 부분을 읽어보기 시작하였다(E).

	A	B	C	D	E
①	메타인지	메타인지	인지	메타인지	인지
②	인지	인지	메타인지	인지	메타인지
③	메타인지	인지	메타인지	메타인지	메타인지
④	인지	인지	인지	메타인지	인지

5. 구성주의에 입각한 교수 학습 활동과 가장 거리가 먼 것은?

① 학생 입장에서 중요하고 의미 있는 과제를 제시한다.

② 학생들이 알고 있는 지식을 최대한 활용하도록 장려한다.

③ 학생들이 토론을 통해 서로의 학습에 기여할 수 있도록 한다.

④ 학생들에게 학습 목표에 도달할 수 있는 최적의 방법을 분명하게 제시한다.

6. 〈보기〉의 메타인지에 관한 설명 중, 바른 것끼리 묶은 것은?

> 가. 상위인지에는 개인차가 나타나지 않는다.
> 나. 상위인지의 주요한 기술은 계획, 점검, 평가 등이다.
> 다. 상위인지는 자신의 사고 과정에 대한 인식(지식)이다.
> 라. 상위인지는 추리, 이해, 문제해결 과정에 영향을 주지만, 학습과는 무관하다.

① 가, 나 ② 가, 라 ③ 나, 다 ④ 다, 라

7. 다음은 인간의 정보처리 모형을 제시한 것이다. (가)에 대한 설명이 아닌 것은?

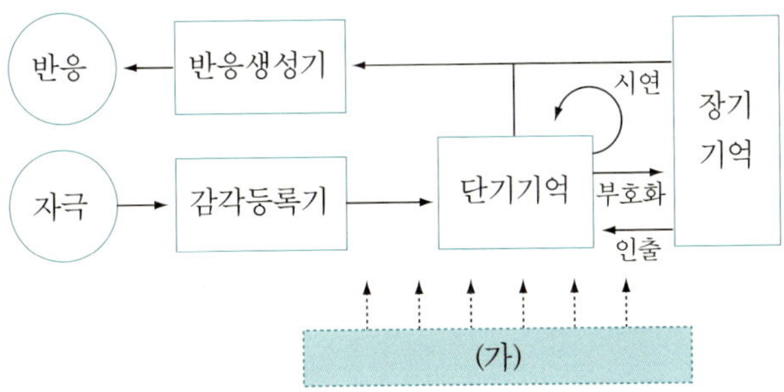

① 정신체계 내에서 정보의 흐름을 통제한다.
② 정신체계의 의식적이고 반성적인 부분이다.
③ 감각등록기부터 입력된 정보를 의미적 부호로 변환한다.
④ 감각입력정보 중에서 무엇에 주의를 기울일 것인지를 결정한다.
⑤ 효율적인 정보처리를 위한 전략을 선택하고 적용하며 모니터한다.

8. 학생들이 책을 읽는 동안 글자를 해독하는데 지나치게 집중을 하면 읽고 있는 내용의 의미를 잘 파악하지 못하는 경우가 있다. 이런 현상이 일어나는 원인은?

① 단기기억의 제한된 용량
② 감각등록기의 제한된 용량
③ 장기기억의 무제한적 용량
④ 메타인지 능력의 무제한적 용량

9. 〈보기〉 중 정교화와 조직화 전략의 공통적인 기능은?

ㄱ. 수업내용의 이해를 도와준다.
ㄴ. 작업기억 공간을 유지시켜 준다.
ㄷ. 장기기억의 용량을 확장시켜 준다.
ㄹ. 정보의 인출을 용이하게 한다.

① ㄱ, ㄷ ② ㄱ, ㄹ ③ ㄴ, ㄷ ④ ㄴ, ㄹ

10. 교사가 칠판에 판사를 하면서 학습내용을 설명할 경우 학생들은 필기에 집중하여 교사의 설명을 듣지 못한다. 이런 현상과 가장 관계가 깊은 것은?

① 감각등록기 ② 정교화 ③ 부호화 ④ 장기기억

참고문헌

이성진, 임진영, 여태철, 김동일, 신종호, 김동민, 김민성, 이윤주(2011). 교육심리학서설(3판). 서울: 교육과학사.

Anderson, J. R. (1995). *Learning and memory*. New York, NY: John Wiley.

Anderson, J. R., Reder, L. M., & Simon, H. A. (1996). Situated learning and education. *Educational Researcher, 25*(4), 5-11.

Baddeley, A. D. (2000). The episodic buffer: A new component of working memory?. *Trends in Cognitive Sciences, 4*(11), 417-423.

Bower, G. H., Monteiro, K. P., & Gilligan, S. G. (1978). Emotional mood as a context for learning and recall. *Journal of Verbal Learning and Verbal Behavior, 17*(5), 573-585.

Brown, R., & McNeill, D. (1966). The "tip of the tongue" phenomenon. *Journal of Verbal Learning and Verbal Behavior, 5*(4), 325-337.

Bransford, J. D., & Stein, B. S. (1993). *The IDEAL Problem Solver* (2nd ed.). New York, NY: W. H. Freeman.

Ebbinghaus, H. (1885). *Memory: A contribution to experimental psychology.* New York, NY: Dover.

Godden, D. R., & Baddeley, A. D. (1975). Context-dependent memory in two natural environments: On land and underwater. *British Journal of Psychology, 66*(3), 325-331.

Goodwin, D. W., Powell, B., Bremer, D., Hoine, H., & Stern, J. (1969). Alcohol and recall: State-dependent effects in man. *Science, 163*(3873), 1358-1360.

Karpicke, J. D., & Roediger, H. L. (2007). Expanding retrieval practice promotes short-term retention, but equally spaced retrieval enhances long-term retention. *Journal of Experimental Psychology: Learning, Memory, and Cognition, 33*(4), 704.

Karpicke, J. D., & Roediger, H. L. (2008). The critical importance of retrieval for learning. *Science, 319*(5865), 966-968.

Mayer, R. E. (2008). *Learning and instruction* (2nd ed.). Upper Saddle River, NJ: Pearson.

Ormrod, W. M. (2012). *Edward III.* New Haven, CT: Yale University Press.

Palinscar, A. S., & Brown, A. L. (1984). Reciprocal teaching of comprehension-fostering and comprehension-monitoring activities. *Cognition and Instruction, 1*(2), 117-175.

Reitman, J. S. (1971). Mechanisms of forgetting in short term memory. *Cognitive Psychology, 2*, 185-195.

Reitman, J. S. (1974). Without surreptitious rehearsal, information in short term memory decays. *Journal of Verbal Learning and Verbal Behaviour, 13*, 365-377.

Roediger, H. L., & Karpicke, J. D. (2006). Test-enhanced learning taking memory tests improves long-term retention. *Psychological Science, 17*(3), 249-255.

Rogers, T. B., Kuiper, N. A., & Kirker, W. S. (1977). Self-reference and the encoding of personal information. *Journal of Personality and Social Psychology, 35*(9), 677-688.

Sadoski, M., & Paivio, A. (2001). *Imagery and text: A dual coding theory of reading and writing.* Mahwah, NJ: Lawrence Erlbaum_Associates.

Teasdale, J. D., & Russell, M. L. (1983). Differential effects of induced mood on the recall of positive, negative and neutral words. *British Journal of Clinical Psychology, 22*(3), 163-171.

Tulving, E., & Pearlstone, Z. (1966). Availability versus accessibility of information in memory for words. *Journal of Verbal Learning and Verbal Behavior, 5*, 381-391.

Wittrock, M. C., & Alesandrini, K. (1990). Generation of summaries and analogies and analytic and holistic abilities. *American Educational Research Journal, 27*(3), 489-502.

제7장

문제해결과 학습

"왜 이해를 못 하니?"

올해 초등학교에 부임하게 된 김 교사는 여러 가지 큰 고민에 빠져 있다. 김 교사는 1학년 학생들을 가르치게 되었는데, 수업 시간에 문제를 해결하기 위해 설명을 시도하면 그가 의도한대로 제대로 알아듣는 학생이 없었다. 결코 이보다 더욱 쉽게 설명해 줄 수 없다는 생각이 들 정도로 열심히 설명했지만, 학생들은 이런 자신의 마음을 몰라주고 여전히 갸우뚱한 표정을 짓고 있었다. 초등교육과를 졸업하여 교사로서 전문성을 가지고 있다고 자신했던 그였지만 실제로 교직 현장에 나와 보니 김 교사는 미숙한 신입교사에 불과했다. 김 교사는 죄책감과 회의감이 들기 시작했다.

그러던 어느 날, 김 교사는 한 예능 프로그램에서 유명한 가수인 Y씨가 캠핑 이후에 자신의 아들과 이야기를 나누는 장면을 유심히 지켜보았다. 보물찾기 미션에서 Y씨 부자가 보물로 탄산음료 2병을 찾았는데, 이를 보고 아들은 실망을 머금은 목소리로 말했다. "이게 무슨 보물이야! 그냥 매일 마시는 음료수잖아." 아이의 관점에서 보물이란 일상에서 볼 수 없는, 휘황찬란한 것이어야 했다. 아버지인 Y씨는 이와 같은 상황에서 "미션에서 보물이라고 했으니 보물이지!"와 같이 자신의 관점을 내세우지 않고, 아이의 눈높이에 맞추어 차근차근 설명하기 시작했다. "아빠가 이 탄산음료가 왜 보물인지 알려줄까?"라고 말문을 튼 후에 "우리가 지금 어디에 있지? 아무 것도 없는 무인도잖아. 아까 목마를 때 우리 아들이 음료수 마시고 싶다고 말하는 것을 들었는데, 그때는 마실 수 없었지. 왜냐하면 무인도에서는 음료수를 구할 수가 없으니까. 그런데 우리는 그렇게 찾기 힘든 음료수를 찾았잖아. 영화에 나오는 보물처럼 반짝반짝 거리지는 않지만 찾기 힘들고 꼭 필요한 것이니까 음료수도 보물이 될 수 있지 않을까?"라고 설명하였다. 그러자 아들은 아빠의 설명을 이해하고 곧 웃음을 되찾았다.

김 교사는 이 장면을 보고 자신의 교수과정에 어떤 문제가 있었는지 곧 깨닫게 되었다. 자신이 보는 문제 상황과 아이들이 보는 문제 상황은 눈높이 자체가 다를 수 있다는 사실을 간과했던 것이다. 지금껏 아이들이 이해할 수 없는 관점으로 설명을 진행하다 보니 내용이 제대로 전달되지 못한 것이다. 김 교사는 아이들의 눈높이에 맞춘 친숙한 상황으로 학습 내용을 전이시켜 차분하게 설명하는 것의 중요성을 깨닫고, 바로 다음날부터 이를 실천해보기로 결심했다.

1 개념학습과 전이

개념(Concept)은 동일한 속성을 가진 대상들을 하나로 묶은 범주이다.

토마토는 채소인가 과일인가? 무엇이 토마토를 채소라고 하게 만드는가? 여러분은 토마토가 과일이 아닌 채소라는 사실을 어떻게 학습했는가? 토마토뿐만 아니라 우리가 알고 있는 대부분의 지식은 다양한 개념들과 개념들 간 관계에 의해 학습된다. 개념은 독립적인 한 단어로 학습할 수도 있고 여러 개념을 묶는 범주로 학습할 수도 있다. 예를 들어 토마토의 경우, 빨간색, 둥근 모양과 같은 속성을 가진 하나의 단어이면서 가지, 오이, 고구마와 함께 채소라는 범주 내에 포함된다. 토마토, 가지, 오이, 고구마와 같이 범주에 속하는 개별 대상들도 개념에 속하지만, 범주 자체인 채소 역시 하나의 개념이 될 수 있다. 개념은 무수히 많은 정보들을 처리하기 용이한 크기로 조직하는 기능을 하기 때문에 보다 추상적이고 진보된 형태의 학습을 위해 개념을 학습하는 것은 매우 중요하다.

가. 개념학습에 대한 관점들

이러한 개념을 형성하는 과정에 대해 학자들을 각자 다른 입장을 제시하였다. 개념 형성에 대해 개념의 정의적 특성에 초점을 둔 규칙지향이론과 개념의 특징적 특성에 초점을 둔 원형이론과 실례이론을 각각 살펴보자.

규칙지향이론은 공통적인 특성에 근거하여 개념들을 범주화하는 이론을 말한다.

먼저 '독신녀'라는 단어를 보자. 독신녀는 여자, 결혼을 하지 않은, 성인과 같은 세 개의 속성으로 구성되어 있다. 이 중의 어느 한 속성이 없는 경우에는 범주가 적용되지 않는다. 예를 들어 결혼하지 않았지만, 성인이 아닌 여자는 독신녀가 아니다. 또한 성인여성이지만 결혼을 한 경우도 독신녀가 아니다. 결혼을 하지 않은 성인 남자도 독신녀라고 부르지 않는다. 반대로 어떤 사람이 이 세 속성을 모두 가지고 있다면 충분조건이 되므로 그녀는 자동적으로 독신녀이다. 이 관점에 따르면, 여자이고 결혼을 하지 않고 성인이면서 동시에 독신녀가 아닐 수는 없으며 머리가 길고 짧은 것, 직장에 근무하거나 무직인 것 등은 독신녀를 분류할 때 중요한 특성으로 작용하지 않는다.

▶▶ 규칙지향이론의 한계점: 전형성의 차이는 어떻게 설명하는가?

규칙지향이론은 대상의 속성이 분명하다는 점에서 개념을 학습하는 데 효과적이지만 범주에 대해 완벽한 설명을 제시해주지는 않는다. 예를 들이, '새'라는 개념을 생각해보면, 같은 속성을 가지고 있는 비둘기와 키위새, 펭귄 중 사람들은 비둘기가 새로서 가장 전형적인 속성을 갖춘 개념이라고 생각한다. 이처럼 새의 범주에 속하는 여러 예들은 전형성의 정도가 다르다. 이어서 설명하는 원형이론에서 이에 대한 해답을 들을 수 있다.

원형이론(prototype theory)은 범주를 대표하는 전형적인 모델의 속성에 기초해 개념을 분류하는 것이다.

각 개념에 속하는 특징은 공통적으로 존재하기는 하지만 항상 존재하지는 않는다. 예를 들면 학생이라는 개념은 대체로 학교에 다니고 있고, 교과서로 공부하며, 학령기 나이에 속하는 사람을 원형으로 생각할 수 있다. 그러나 학생이 꼭 학교로 명명된 기관에 다녀야만 하는 것은 아니며, 교과서가 아닌 체험을 통해 배울 수도 있고, 연령이 60대 이상일 수도 있다.

원형은 범주를 가장 잘 대표하는 전형적인 모델로 기능하면서 이후 다른 개념을 범주화하고 학습하는데 기준이 되거나 보기의 역할을 한다. 이 이론은 앞서 사람들이 왜 비둘기를 키위새나 펭귄보다 전형적인 새라고 생각하는지에 대한 해답을 제공한다. 원형이론에 따르면, 어떤 대상이 원형과 충분히 유사한 경우 범주의 한 예로 분류될 수 있다.

실례이론은 학습자가 경험을 통해 축적한 실제 예시를 바탕으로 개념을 학습하고 범주화하는 것이다.

실례(exemplars)란 경험을 통해 축적한 이미지나 일화 기억이다. 예를 들어, 만약 여러분이 장미 같기도 하고 국화 같기도 한 꽃을 본다면 여러분은 그동안 봐왔던 장미과의 꽃과 국화과의 꽃들을 떠올려본 후, 장미와 더 유사한 경우 장미의 한 종류로 인식할 것이다. 상황이론에 따르면 학습자들은 여러 개념들을 접하면서 반드시 하나의 대표적인 원형을 형성할 필요가 없다. 오히려 학습자들은 다양한 사례를 통해 보다 유연하게 개념을 학습할 수 있다.

나. 교육에의 적용: 개념도

개념도란 개념들 간의 위계나 관계를 시각적으로 조직화한 지도를 말한다.

학습자가 새로이 접하는 개념이 기존의 개념구조에 의해 해석되고 포섭될 때 비로소 단순 암기 학습이 아닌 유의미학습이 발생한다. 따라서 학습자의 인지구조와 같은 형태로 개념들의 구조를 조직하여 제시한다면 새 개념에 대한 유의미학습은 향상될 것이다.

이러한 추론을 바탕으로 개념도가 등장하였다. 개념도는 개념이 포함된 상자와 개념들의 관계를 나타내는 선분으로 구성되며, 대개 가장 포괄절인 상위 개념이 최상단에 위치하고 하위개념들이 단계에 따라 위계적으로 위치하는 구조이다.

개념을 효과적으로 가르치기 위한 교수법: 개념도 활용

개념도는 1970년대 이후, 교수-학습에서 폭넓게 활용되고 있으며, 다양한 교과 영역, 학습 환경에 걸쳐 그 효과성이 입증되었다. 개념도는 학습자뿐만 아니라 교사에게도 유용하다. 학생들은 스스로 개념 간 관계를 시각적으로 나타내 봄으로써 보다 능동적으로 지식을 구성할 수 있으며, 교사들은 학생들이 작성한 개념도를 바탕으로 개념과 개념 간 관계에 대한 학생들의 이해정도를 평가할 수 있다.

다. 학습의 전이

전이(transfer)란 특정 장면에서 학습한 지식이나 기술이 새로운 장면의 학습이나 행동으로 옮겨져 새로이 영향을 미치는 현상을 말한다.

특정 교과나 장면에서의 학습(지식, 기능, 태도, 행동)은 다른 교과나 장면의 학습에 자연스레 옮겨가서 영향을 주는 것을 종종 살펴볼 수 있다. 이렇게 특정 경험이나 지식이 새로운 장면의 학습이나 문제해결에 영향을 미칠 때 이를 전이라고 한다.

1) 전이이론

형식도야설(the of formal discipline)은 정신능력이 훈련으로 도야되며, 이것이 광범위한 영역으로 확대된다고 제안한다.

능력심리학(faculty psychology)에서는 인간의 정신이 기억력, 주의력, 추리력, 의지력, 상상력 등의 기초능력으로 구성되어 있고 신체훈련으로 근육을 단련시킬 수 있는 것처럼 정신능력도 훈련으로 연마할 수 있으며, 이것이 새로운 장면에 광범위하고 자동적으로 전이된다고 주장한다. 형식도야설은 이러한 관점과 유사하게 개인의 연습과 훈련을 통해 정신능력을 향상시킬 수 있고, 궁극적으로는 지적인 인간의 형성이 가능하다고 주장한다.

동일요소설(theory of identical elements)은 여러 학습과제 사이에 동일한 요소가 존재하는 경우에만 전이가 일어난다고 보는 입장이다.

자전거를 잘 타는 사람이 오토바이도 잘 타는 것이나, 덧셈을 잘하는 사람이 곱셈도 잘하는 것을 보면 두 학습 사이에 공통적인 요소가 존재한다는 것을 알 수 있다. 한 자릿수 덧셈을 학습한 후 두 자릿수 덧셈을 더 잘 학습하는 것은 한 자릿수 덧셈이 두 자릿수 덧셈의 기초기능이기 때문이다. 동일요소설에 따르면 라틴어 학습이 영어 학습을 촉진하는 것은 형식도야설이 주장하는 것처럼 라틴어 학습을 통해 정신능력이 높아졌기 때문이 아니라, 라틴어와 영어에 동일한 요소가 포함되기 때문이다.

동일요소설은 특수한 조건에서만 능력이나 기능이 전이된다는 특수전이관점

(specific transfer of specific skills)을 토대로 한다. 이에 따르면 학습과제 사이에 유사성의 정도가 높을수록 전이가 많이 일어난다. 이 이론의 관점에서 보면 학생이 사회에서 수행해야 할 기능과 유사한 형태의 과제를 수행하는 식으로 교육과정을 구성해야 한다.

일반화설(theory of generalization)은 선행학습에서 획득된 원리나 법칙을 후속학습에 활용할 수 있을 때 전이가 일어난다고 주장하는 이론이다.

일반화설에 따르면 전이의 가장 중요한 조건은 선행학습과 후속학습 사이의 동일요소에 대한 지식이 아니라 일반원리에 대한 지식이다. 그러므로 전이는 두 학습장면에 유사한 법칙이나 원리가 포함되어 있을 때만 일어난다. 특히 두 학습의 구체적 특성이 다를수록 일반원리의 중요성은 더 높아진다.

일반화설은 다음에 설명할 형태이조설과 상당히 비슷하지만 약간의 차이점이 있다. 일반화설은 전이에 대한 기계적 이론으로, 일반화의 과정을 거치면 전이가 자동적으로 일어남을 주장한다. 그러나 형태이조설에 따르면 일반화의 과정을 거치더라도 자동적으로 전이가 일어나는 것은 아니다. 이 관점에서 전이가 일어나려면 관계를 통찰하고 그 통찰을 활용하려는 욕구가 있어야 한다.

형태이조설은 통찰(insight)을 전이의 결정적인 요인으로 보는 이론이다.

형태이조설은 선행학습장면에서 역학적 관계에 대한 통찰이 발생해야 다른 장면으로의 전이가 가능하다고 주장한다. 이 이론에 따르면 두 학습장면이 동일 요소나 동일 원리를 포함하고 있다고 해서 전이가 자동적으로 일어나지 않는다. 형태이조설에 따르면, 전이는 후속학습이 선행학습과 동일한 일반 원리나 전략을 요구할 때 일어나므로 두 학습장면 사이의 역학적 관계를 능동적으로 파악해야 한다는 점을 강조한다. 이때의 전이는 동일요소설이나 일반화설이 주장하는 것처럼 기계적으로 발생하지 않는다.

메타인지이론은 전이의 과정에서 '인지과정에 대한 지식'을 의미하는 메타인지(meta-cognition)의 역할을 강조한다.

메타인지는 인지과정을 점검, 조절, 통제하는 과정으로, 특히 선행지식을 새로운 학습내용과 연결할 때 전이가 발생한다고 제안한다. 메타인지는 문제의 요구를 파악하고, 해결방안을 수립하며, 적절한 해결전략을 선택하고, 목표를 향한 진행을 점검하며, 필요시 해결방안을 수정하는 과정을 포함한다. 따라서 전이를 촉진하려면 문제해결자가 선행지식을 새로운 문제를 해결하는 데 적용하는 능동적인 역할을 해야 하며, 자신의 인지과정을 인식하고 점검, 조절할 수 있어야 한다. 더불어 다양한 인지전략을 언제 어떻게 활용할 수 있는가를 학습할 때 전이가 촉진된다.

상황학습이론에 따르면 학습은 맥락 의존적이며 상황 속에 존재하므로, 전이가 일어나려면 새로운 장면이 원래 학습장면과 비슷해야 한다.

지식이나 기능이 상황의존적인 성격을 갖고 있다는 사실은 수많은 연구에서 입증되고 있다. 예를 들어, 거리에서 껌이나 과자를 파는 아이들은 물건 값을 받고 거스름돈을 계산하는 데 별 문제가 없지만 그러한 계산방법을 학교의 수학수업에 전이시키지 못한다고 한다(Nunes, Schliemann, & Carraher, 1993). 목수도 목공일을 하면서 배운 수학개념이 다른 상황에 적용될 수 있다는 것을 잘 인식하지 못한다(Millroy, 1991). 상황학습이론에 따르면 학교학습활동이 실생활장면과 유사할수록 전이가 촉진된다. 그러므로 전이를 촉진하려면 학습장면이 실제상황과 최대한 비슷해야 한다. 상황학습이론이 실제적 과제(authentic task)를 중시하는 이유가 여기에 있다.

2) 전이의 유형

전이는 문제해결을 도와주거나 아니면 방해할 수 있다. 정적 전이는 어떤 상황에서의 학습이 다른 상황에서의 학습을 촉진할 때 발생하고, 부적 전이는 이와 반대로 학습을 방해할 때 일어난다. 이외에도 전이는 일반 전이와 특수 전이, 수평적 전이와 수직적 전이로도 구분할 수 있다.

정적 전이(positive transfer): 이전의 학습이 다른 상황에서의 학습을 촉진하는 현상

학생들은 때로 이전에 학습한 내용을 활용하여 다른 상황에서의 새로운 학습을 시도한다. 예를 들어, 중학교 영어 수업에서 접속사와 대명사의 개념을 학습했던 학습자는 고등학교 영어 수업에서 관계대명사를 학습할 때, 이전에 배운 개념들을 적용하여 새로운 개념을 보다 쉽게 이해할 수 있다. 이처럼 이전의 다른 상황에서 학습한 내용이 새로운 학습을 촉진하는 현장을 정적 전이라고 한다.

부적 전이(negative transfer): 이전의 학습이 다른 상황에서의 학습을 방해하는 현상

부적 전이는 이전에 학습한 내용과 매우 비슷하지만 완전히 다른 반응을 요구하는 상황에서 발생한다. 예를 들어, 우편물을 보낼 때, 기존 주소가 아닌 새로운 도로명 주소를 요구하는 경우에 이전에 익숙하게 사용하던 주소명이 새로운 형태의 주소명 학습에 방해가 될 수 있다.

일반 전이(general transfer): 특정한 상황에서 학습한 지식, 기능, 법칙을 완전히 새로운 장면에 적용하는 것

일반전이는 이전에 학습한 과제에서 사용했던 학습전략을 현재의 학습과제에 적용할 때 발생한다. 예를 들어, 개념지도를 활용하여 과학과목을 공부한 학생이 이를 사회 과목에도 적용하여 비슷한 효과를 얻는 것은 일반 전이의 예로 볼 수 있다.

특수 전이(specific transfer): 특정한 상황에서 학습한 지식, 기능, 법칙 등을 매우 유사한 장면에 적용하는 것

특수전이는 학습 과제들 간 구체적인 특성이 유사한 경우에 발생한다. 어떤 학생이 영어 문법을 학습한 경험이 있는 경우에 일본어보다는 중국어 문법학습이 보다 쉬울 수 있다. 이는 영어 문법과 중국어 문법이 그 구조상 비슷한 특성을 보이기 때문이다. 특수전이는 일반전이에 비해 빈번하게 발생하며, 교수-학습과정에 적용하기가 용이하다.

수평적 전이(horizontal transfer): 선행학습과 후속학습의 수준이 비슷한 경우에 나타나는 전이

일반적으로 수평적 전이는 특정 교과의 학습이 다른 교과의 학습에 영향을 미칠 때 나타난다. 역사시간에 학습한 3 · 1 운동에 대한 지식이 국어시간의 독립선언문 학습에 영향을 미치는 것은 수평적 전이이다.

수직적 전이(vertical transfer): 위계관계가 분명한 학습과제 사이에서 나타나는 전이

선행학습이 후속학습의 기초가 될 경우 수직적 전이가 일어난다. 구구단 학습이 분수학습에 영향을 주는 현상은 수직적 전이에 해당된다. 교육과정을 계열화할 때는 수직적 전이가 일어나도록 해야 한다.

3) 전이에 영향을 미치는 요인

다음과 같은 개인 및 환경 요인이 학습자의 전이 능력에 영향을 미치는 것으로 알려져 있다.

개인 요인	환경 요인
선행학습 수준 메타인지 능력	학습상황 사이의 유사성 학습맥락 및 경험의 다양성

▶▶ 선행학습 수준

학습자는 새로이 학습하게 되는 내용과 관련된 사전지식을 가지고 있을 때 보다 효과적으로 학습할 수 있다. 따라서 전이가 잘 일어나도록 하기 위해서는 이전 학습에 대한 깊은 이해가 선행되어야 하며, 사전지식이 유의미하게 조직되어야 한다. 앞서 6장에서 소개한 조직화, 심상화와 같은 인지전략들을 활용하여 선행학습이 보다 깊은 수준으로 이뤄지도록 할 수 있다.

▶▶ 메타인지 능력

메타인지이론에 따르면 전이는 학습자가 자신의 인지과정을 인식, 점검 및 조절하고 다양한 인지전략을 언제 어떻게 활용하는지를 알 수 있을 때 잘 일어난다. 따라서 문제해결자는 전이를 촉진하기 위하여 선행지식을 새로운 문제해결에 어떻게 적용할 것인지를 판단하기 위해 능동적으로 참여해야 한다.

▶▶ 학습상황 사이의 유사성

선행학습 장면과 새로운 학습장면이 유사할수록 전이가 촉진된다. 상황학습이론에 따르면 학습은 맥락 의존적이어서 전이가 일어나려면 새로운 장면이 선행학습 장면과 비슷해야 한다. 반면에 새로운 장면이 선행학습 장면과 완전히 다르면 전이가 일어나지 않을 수 있다. 동일요소설이나 일반화설을 보더라도 두 상황 간에 동일한 요소나 일반화될 수 있는 공통점이 없다면 전이는 불가능하다.

▶▶ 학습맥락 및 경험의 다양성

다양한 사례와 충분한 연습기회를 제공할수록 전이가 촉진된다. 선행학습 시에 다양한 사례가 함께 제시된다면 다양한 사례가 새로운 학습장면을 포함하고 있을 가능성이 커지며, 둘의 간극을 좁히고 공통점을 더욱 구체적으로 생각해볼 수 있기 때문이다. 충분한 연습기회는 학습자에게 다양한 경험을 제공함으로써 응용력을 넓힐 것이다.

2 문제해결을 보는 제 관점

가. 시행착오이론

시행착오이론: 문제 상황에서 시행착오를 통한 점진적인 해결책을 획득하는 원리에 대한 설명을 제공하는 이론

손다이크(Thorndike)는 동물의 지능에 대한 연구를 바탕으로 문제해결과정이 점

진적 해결 과정이라는 점을 발견하였다. 시행착오이론의 관점에서 문제해결이란, 순간적인 깨달음이 아니라 시행착오의 축적에 따라 점차적으로 목표 상태에 도달하는 것이다. 시행착오과정은 다양한 시도가 가능한 상황에서 문제해결과 직접적으로 연결된 효과적인 방법을 추려내는 과정이며, 문제해결 및 학습과정에서 반복과 연습을 통한 시행착오는 매우 중요하다.

▸▸ 문제상자실험

손다이크는 동물이 특정 반응을 하면 도피할 수 있도록 제작한 상자 안에 동물을 넣고, 도피행동을 어떻게 학습하는지 실험했다. 이를 문제해결관점에서 본다면 실험 장면에서 동물은 '감금'이라는 문제 상황에 직면했고, '도피'라는 해결책을 찾기 위해 능동적으로 행동한다. 상자 안에서 할 수 있는 행동의 수는 무한하지만 문제를 해결할 수 있는 행동은 제한되어있다. 실험에 사용된 상자의 가운데에는 막대기를 꽂아두거나 위에다 줄을 달아두었기 때문에 막대기를 밀거나 줄을 당기면 문제상자에서 도피할 수 있다.

문제상자 실험 결과 그래프를 보면, 탈출에 걸리는 시간이 때로는 감소하고 때로는 증가하는 것을 통해 고양이가 시행착오를 경험하고 있음을 알 수 있다. 또한 문제

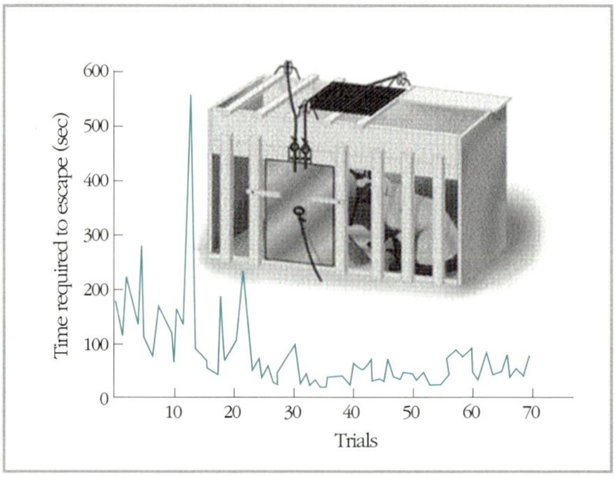

〈문제상자 실험 결과〉

상자를 탈출하는 데 걸리는 시간이 특정 순간을 기점으로 급격하게 감소하는 것이 아니라, 시행착오를 바탕으로 점진적으로 감소한다는 것을 알 수 있다. 즉, 고양이는 매우 체계적인 시행착오 과정들을 통해 문제해결방법을 학습하게 된 것이다.

나. 통찰이론

통찰이론: 문제의 해결이 시행착오 과정에 의해서가 아니라 자연스러운 인간의 사고과정 중에 파생됨을 주장하는 이론

많은 사람들이 학습과 문제해결과정에서 "아하!"를 외치는 순간적인 깨달음을 경험한 적이 있을 것이다. 형태주의 이론가들은 학습과 문제해결이 인간의 사고과정 중 자연스럽게 파생되는 것이며, 학습은 통찰적(insightful)으로 이루어진다고 보았다.

쾰러 생애 소개

울프강 쾰러(Wolfgang Köhler, 1887-1967)

쾰러는 독일의 심리학자로 종래 유일한 학습이론이었던 시행착오설에 대신하는 '통찰' 이론을 제창한 학자이다. 베를린 대학(University of Berlin)에서 학위를 받았고, 1910년 코프카(Kurt Koffka, 1886-1941)와 함께 프랑크푸르트 대학(University of Frankfurt)의 베르트하이머(Max Wertheimer, 1880-1943)를 방문하여 게슈탈트 심리학(Gestalt psychology 또는 형태심리학)을 접하게 된다. 1913년 테네리파 섬의 유인원 연구소를 방문하였다가 1차 세계대전으로 섬에서 나오지 못하게 되자 1920년까지 그는 그곳에 머물면서 침팬지의 학습에 대해 연구하였다. 이때 저술한 《Intelligenzprufungen an Menschenaffen, 1917》(유인원(類人猿)의 지혜)는 인지학습분야의 고전적 보고서로 평가받는다. 이후 1920~33년까지 베를린 대학의 교수로 있으면서 베르트하이머, 코프카, 레빈(Kurt Lewin, 1890-1947) 등과 함께 이른바 베를린 학파를 형성하고 1921년부터는 베르트하이머 등과 함께 Psychologische Forschung(심리학 학술지)를 발간하는 등 심리학 전반에 많은 영향을 미쳤다. 그 중에서도 특히 게슈탈트 심리학의 체계적 이론화를 지향하고, 흔적 가설과 장이론의 도입을 시도하는 등 학파 제일의 이론가로서 종횡무진의 활약을 보였다. 1935년 나치즘의 박해를 피해 미국으로 이주하여 사망할 때까지 스와드모어 대학(Swarthmore College)에서 교수로 있었다.

▶▶ 침팬지 실험

〈Kohler의 침팬지 실험〉

쾰러는 막대기가 놓인 방에 침팬지를 넣어두고 볼 수 있지만 손에 닿지 않는 곳에 바나나를 두었다. 침팬지는 손을 내밀어 바나나를 잡으려고 하였지만 실패하였다. 침팬지는 껑충 뛰거나 우리 안을 왔다갔다 하며 다양한 시도를 했지만 바나나를 잡을 수 없었다. 여러 시도 끝에 침팬지는 주변을 둘러보기 시작했다. 침팬지는 막대기를 발견했고, 막대기로 멀리 떨어진 바나나를 끌어당겨 마침내 바나나를 먹을 수 있었다. 막대를 연결하여 문제를 해결하는 복잡한 과제를 제시하였으나 침팬지는 그 문제도 해결하였다. 쾰러는 침팬지가 서서히 문제 해결과정에 다가가는 것이 아니라 어느 순간에 즉각적으로 문제를 해결한다는 사실을 발견했고, 침팬지가 자극-반응 연합형성으로 인해 문제를 해결한 것이 아님에 주목하였다. 침팬지는 통찰경험을 통해 바나나 획득이라는 목적 달성을 위한 수단으로서 막대기를 연결하게 된 것이다. 쾰러의 침팬지 실험처럼 통찰학습이란 유기체가 문제를 숙고함으로써 갑작스럽게 해결방안을 깨닫는 문제해결학습을 의미한다.

3 문제해결의 과정과 영향을 미치는 요인

문제해결과정이란 문제상황에 직면했을 때, 현재 상태를 목표로 하는 상태로 변화시키기 위해 수단과 방법을 모색하고 적용하는 일련의 과정을 말한다. 예를 들어 다음과 같은 상황을 생각해 보자.

철수는 학교 근처에서 자취생활을 하고 있다. 평소 꼼꼼한 성격 때문에 외출할 때마다 항상 방문을 잠그고 다니던 철수는 어느 날 자신도 모르게 방 열쇠를 방 안에 둔

채 문을 잠가버리고 말았다. 철수는 어떻게 하면 방문을 열 수 있을지 곰곰이 생각했다.

위 상황에서 철수는 갑작스럽게 예상치도 못했던 문제상황에 봉착하게 되었다. 이때 철수의 관점에서 문제는 자신의 방문이 잠긴 상태에서 열쇠를 가지고 있지 않다는 것이고, 목표는 무사히 방문을 열고 다시 방에 들어가는 것이다. 철수는 문제상황을 해결하기 위해 여러 가지 방법을 취할 수 있는데, 이러한 방법들을 활용하여 문제를 해결하고 목표에 도달하는 과정을 문제해결과정이라 한다.

가. 문제의 유형

문제의 유형은 얼마나 명료하게 구조화되어 있는가에 따라 크게 두 가지 종류로 나눌 수 있다.

유형	특징
구조화된 문제	• 목표상태가 명확하게 제시되어 있다. • 문제해결방법이 명료하며, 문제해결에 필요한 충분한 정보가 제시되어 있다. • 정답이 하나이다.
비구조화된 문제	• 목표상태가 모호하다. • 문제해결방법이 복잡하며, 문제해결에 필요한 정보가 충분히 제시되어 있지 않다. • 정답이 여러 개일 수 있다.

예를 들어, X-1=0이라는 방정식 문제가 있을 때, 목표 상태는 'X' 값을 구하는 것이며, 문제해결방법은 '이항'이라는 정해진 공식을 사용하는 것이다. 또한 문제의 답은 언제나 '1'이 된다. 이러한 유형의 문제를 구조화된 문제(well-structured problem)라고 한다. 반면, "사이가 틀어진 친구와 어떻게 관계를 회복할 것인가?"와 같은 문제는 '관계 회복'이라는 목표 상태의 의미가 모호하며, 공식화된 문제해결방법이 정해져 있지 않다. 또한 목표 달성에 있어 친구와 대화의 기회를 만들거나, 선생님과의 상담을 통해 도움을 받거나, 사과의 편지를 쓰는 등 다양한 해결책이 존재할

수 있다. 이러한 유형의 문제를 비구조화된 문제(ill-structured problem)라고 한다. 대개 학교 학습에서 다루는 문제들은 방정식 문제와 같이 구조화되어 있는 반면, 일상생활에서 접하게 되는 문제들은 비구조화된 문제들인 경우가 많다.

나. 문제해결단계

앞서 언급한 철수의 사례처럼 개인은 문제상황을 해결하고 목표에 도달하기 위해 문제 확인, 문제표상, 전략선택, 전략실행, 결과평가와 같은 일련의 문제해결단계를 거치게 된다. 이를 모형으로 도식화하여 나타내면 다음과 같다.

문제 확인 → 문제 표상 → 전략 선택 → 전략 실행 → 결과 평가

단계1. 문제를 확인하기(문제 인식 및 정의 단계)

문제상황에 처한 개인은 가장 먼저 현재 상황에서 자신에게 주어진 문제가 무엇인지 확인하게 된다. 이러한 확인 과정은 자신에게 주어진 문제는 무엇이며, 어떠한 형태를 가지고 있고, 과거에 유사한 문제를 경험해 본 적이 있는지 생각하는 과정 등을 포함한다. 문제 확인의 방해 요소로는 문제를 정확히 이해하기 전에 해결방식을 미리 짐작하기, 과거의 문제 해결방식만을 고수하기, 위험을 최소화하고 안정적인 방법만을 찾기 등이 있다.

단계2. 문제에 관한 정보를 조직하고 표상하기(문제 표상 단계)

문제의 표상은 앞 단계에서 확인한 문제를 보다 의미 있는 형태로 명료화하는 작업을 말한다. 문제를 어떻게 표상하는지에 따라 적절한 전략 사용과 효과적인 평가가 가능하기 때문에 문제를 보다 명료하고 의미 있게 표상하는 것은 매우 중요하다. 문제 표상은 문제해결과정에서 전문가와 초보자 간 가장 차이가 나타나는 단계이기도 하다. 문제 표상방법에는 다음과 같이 세 가지 방법이 있다.

▶▶ 보다 의미 있는 말로 다시 말하기

구조화된 문제보다 비구조화된 문제해결이 보다 곤란한 이유는 문제의 함축성으로 인해 목표설정 과정에서 모호함이 발생하기 때문이다. 따라서 문제를 이해하고, 내포되어 있는 요소들을 보다 의미 있는 말로 재진술하는 것은 목표를 보다 명확하게 설정하고 문제를 해결하는 데 도움이 된다.

▶▶ 선행 문제와 연관 짓기

현재 개인이 마주하고 있는 문제와 유사한 형태의 문제를 이전에 맞닥뜨리고 해결해 본 경험이 있는 경우에 문제 표상이 훨씬 용이할 수 있다. 직면한 문제를 과거의 선행 문제와 연관시키게 되면 문제상황이 함축하고 있는 요소 중 다수를 사전에 간파하여 보다 쉽게 문제해결에 이를 수 있다.

▶▶ 시각적 형태로 표상하기

단순히 문제를 머릿속에 떠올리는 것보다 이를 시각화하면 더욱 직접적이고 구체적인 표상이 가능해진다. 문제가 구체적이고 생동감 있게 표상되었을 때, 적절한 해결 전략을 적용하기가 용이해지며 선행지식과의 연결도 보다 효과적으로 이뤄질 수 있다.

단계3. 문제해결을 위한 전략을 세우고 선택하기(전략 선택 단계)

문제를 이해하고 적절한 형태로 표상한 이후에는 본격적으로 문제를 해결하기 위한 적절한 전략을 선택하여 이를 문제상황에 적용시킬 준비를 해야 한다. 문제상황을 해결하기 위한 전략에는 다양한 방법들이 존재하는데, 보다 구체적인 내용은 뒤의 '문제해결전략' 부분에서 다루도록 하겠다.

단계4. 문제해결을 위한 전략을 수행하기(전략 실행 단계)

적절한 전략을 선택한 후에는 이를 문제상황에 적용해야 한다. 전략 실행 단계에서는 이전 단계에서 선택한 전략이 정확한 절차와 방법에 따라 실행될 수 있도록 주의가 요구된다. 대체로 이전 단계에서 효과적인 전략을 선택했다면 전략의 실행은 매우 성공적일 것이다.

단계5. 문제해결을 점검하고 평가하기(결과 평가 단계)

전략을 선택하고 이를 실행한 후에 개인은 문제해결에 대한 결과를 맞이하게 된다. 문제해결의 각 단계가 적절하게 이루어져야만 성공적인 문제해결이 가능하기 때문에 어느 단계에서 성패의 원인이 발생했는지 확인하는 것은 매우 중요하다. 합리적인 문제해결자는 문제해결에 실패했을 때뿐만 아니라, 성공했을 때에도 자신의 문제해결과정을 객관적으로 평가하여 미래의 유사한 문제상황에 적용하기 위해 노력할 것이다.

다. 문제해결전략

문제를 확인하고 표상한 뒤에는 문제해결을 위한 전략을 선택해야 한다. 문제해결을 위한 방법에는 알고리즘(algorithm)과 어림법(heuristic)이 있다.

알고리즘(algorithm)은 정해진 규칙과 절차에 따라 신속하고 정확하게 문제를 해결하는 방법이다.

알고리즘은 우리가 학창시절 수학시간에 배웠던 수많은 공식과 풀이기법을 떠올려보면 쉽게 이해할 수 있다. 예를 들어, '한 반의 정원이 100명인 반에서 철수는 5등을 했다. 그렇다면 철수는 반에서 상위 몇 %안에 들어가는 것인가?'라는 질문을 들었다고 생각해 보자. 우리는 이 질문을 듣고 나서 '5/100×100'이라는 공식을 적용하여 바로 상위 5% 안에 든다는 정답을 도출할 수 있다.

어림법(heuristic)은 문제해결을 위한 비규정적이고 직관적인 전략이라고 할 수 있다.

모든 문제를 알고리즘만을 이용해서 풀 수는 없다. 앞서 언급했던 구조화된 또는 잘 정의된 문제에 한해서만 알고리즘을 이용하여 문제를 해결할 수 있다. 비구조화된 또는 잘 정의되지 않은 문제의 경우에는 다른 방법이 필요하다. 이때 적용될 수 있는 문제해결전략으로 어림법을 들 수 있다. 어림법을 통해 반드시 문제가 해결되는 것은 아니지만, 과제가 복잡하고 친숙하지 않을 경우 알고리즘보다는 어림법이 문제해결에 더 효과적인 경우가 많다.

일반적으로 가장 많이 사용되는 어림법으로 수단-목표 분석과 유추하기를 들 수 있다.

▶▶ 수단-목표 분석은 현재 상태와 목표 상태의 차이를 인식하고, 이를 좁힐 수 있는 적절한 전략과 방법을 탐색하여 문제를 해결하는 전략이다.

문제에 처한 개인은 이를 해결하기 위해 자신이 놓인 현재 상태와 최종적으로 도달하고자 하는 목표 상태를 먼저 확인한다. 그러나 현재 상태에서 목표 상태로 한 번에 도약하기는 쉽지 않기 때문에 상위목표를 여러 단계의 하위목표로 세분화한 후, 각 하위목표를 달성할 수 있는 적절한 수단을 탐색하여 적용할 수 있다. 예를 들어, 피아노를 이용하여 자기가 원하는 곡을 근사하게 연주하고 싶어하는 A학생이 있다고 생각해 보자. 이 학생의 경우 현재 피아노를 전혀 칠 줄 모르는 상태이며, 심지어 악보도 읽을 줄 모른다. 그런데 A학생이 목표로 하는 상태는 피아노를 자유자재로 연주하여 자신이 좋아하는 곡을 마음껏 치는 것이다. 현재 상태와 목표 상태의 괴리 상황에서 A학생은 상위 목표를 세분화하여 악보 읽는 법 배우기, 피아노를 손에 익히기, 악보에 맞춰 피아노 치기 등의 하위목표를 세우고 각각의 단계에 맞는 학습법을 활용하여 하위목표를 달성할 수 있다. 하위목표의 달성은 결과적으로 '원하는 곡을 피아노로 연주하기'라는 상위목표 달성으로 귀결된다.

▶▶ 유추하기는 문제상황에 처한 개인이 마주한 문제를 기존에 경험한 적이 있는 보다 익숙하고 간편한 문제에 대응시켜 문제해결을 지원하는 전략이다.

유추를 사용하기 위해 가장 중요한 것은 처한 문제와 관련하여 개인이 이미 사전적으로 가지고 있는 경험이나 배경지식이다. 유추의 방법과 관련된 대표적인 사례를 살펴보자.

긱과 홀리오크(Mary Gick & Keith Holyoak, 1980)는 그들의 실험에서 피험자들에게 다음과 같은 문제를 제시했다.

> 당신은 의사이며, 위에 악성종양이 있는 환자를 치료해야 한다. 환자는 수술 받지 않으면 사망에 이르게 되며, 종양을 제거하기 위해 당신은 방사선을 활용할 수 있다. 그러나 강력한 방사선을 쓰면 종양을 제거할 수는 있지만, 다른 건강한 조직까지 파괴하게 되고, 낮은 강도의 방사선을 쓰면 종앙을 제거할 수 없다. 방사선으로 종양을 제거하는 동시에 건강한 조직의 파괴를 막으려면 어떻게 해야 할까?

이러한 문제가 제시되자 대부분의 피험자들은 마땅한 대책을 내놓지 못했다. 그러나 다음과 같은 제시문이 함께 주어지자 상황이 달라졌다.

> 한 독재가가 작은 나라를 다스리고 있었다. 그는 나라의 한 가운데에 위치한 요새에 살고 있었는데, 요새는 농장과 마을로 둘러싸여 있었다. 여러 갈래의 도로들이 농장과 마을을 가로질러 요새로 이어져 있었고, 독재자는 반란을 대비해 그 길목마다 지뢰를 심어놓았다. 반란군을 이끌던 한 장군은 독재자에 맞서 요새를 함락시키기로 결정하였지만 딜레마에 빠졌다. 반란군 전체가 공격하면 요새를 함락시킬 수 있지만, 농장과 마을에 피해가 발생하고, 반란군이 분산되면 요새를 함락시킬 수가 없었다. 장군은 반란군들을 여러 소대로 나누어 각 길목에 배치한 후, 지뢰를 피해 동시에 요새에 집결할 수 있도록 지시했고 이러한 방법으로 농장과 마을에 피해를 입히지 않는 동시에 요새를 함락시킬 수 있었다.

첫 번째 문제만 제시 받은 상황에서 피험자들은 문제를 해결하지 못했지만, 유사한 맥락과 해결책을 함축하고 있는 두 번째 이야기를 듣고 나서는 장군이 활용한 요새 함락 방식과 원리를 적용하여 약한 방사능을 여러 방향에서 한 곳으로 쏘아 악성 종양을 제거한다는 답을 낼 수 있었다.

라. 문제해결에 영향을 미치는 심리적 현상

문제해결은 때로는 주변 물체들을 새롭게 표상할 수 있는 문제해결자의 능력에 달려 있다. 하지만 사람들은 과거 경험으로부터 습득된 정보나 지식 등에 의해 사고방식을 형성하기 때문에 사고영역이 제한되거나 편협한 사고 경향이 만들어지기도 한다. 이를 심리적 관성이라 한다. 이처럼 문제를 해결하는 과정에서 심리적 관성으로 인해 문제를 해결하는 데 어려움을 겪는 것은 기능적 고착과 반응갖춤새 현상으로 설명할 수 있다.

기능적 고착(functional fixedness)은 습관적으로 사물을 사용하는 것에 익숙해져 있어 사물을 새로운 방식으로 사용할 수 있다고 생각하지 못하기 때문에 일어난다.

기능적 고착은 사물을 이전에 사용한 전략과 기능에 지나치게 고착된 나머지 새로운 문제를 해결하는 데 이를 활용하지 못해 문제해결에 실패하게 하는 요인으로 작용한다. 이는 마이어(Norman R. F. Maier, 1931)의 두 끈 문제와 던커(Karl Duncker, 1945)의 촛불 문제에서 확인할 수 있다.

당신은 위 그림과 같이 텅텅 비어 있는 큰 방 안에 들어와 있다. 그 방의 천장에는

Maier(1931)의 두 끈 문제

두 팔 넓이보다 긴 거리를 두고 두 개의 끈이 매달려 있다. 방 안에 들어간 사람은 이렇게 멀리 떨어져있는 두 끈을 잡아서 함께 묶어야 한다. 어떻게 이 문제를 해결할 수 있을까?

다행히도 이 방 안에는 의자 한 개와 펜치 한 개가 있다. 그렇다면 이 도구들을 활용하여 어떤 방법으로 이 문제를 해결할 수 있을까? 일반적으로 사람들은 먼저 의자에 올라가 두 끈을 잡으려하는 반면, 또 다른 도구인 펜치를 이용할 생각을 하지 못한다. 의자 위에 올라가는 것이 아니라 무거운 펜치를 줄에 매달아 추로 활용함으로써 문제를 해결할 수 있다. 하지만 펜치를 못을 뽑는 도구로만 생각함으로써 이를 추로 활용하지 못하는 기능적 고착이 발생하기 때문에 문제해결에 대부분 실패하고 만다.

던커(Duncker, 1945)의 촛불 문제

여기 성냥, 압정 한 상자, 양초가 있다. 이러한 재료들을 사용해 초를 벽에 붙이되, 촛농이 바닥에 떨어지지 않게 하려면 어떻게 해야 할까?

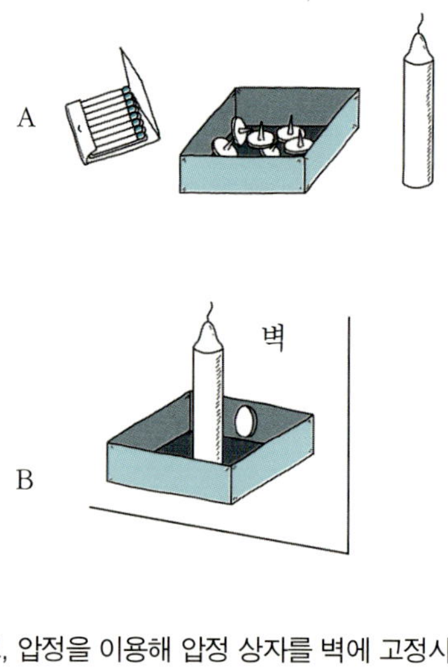

이 문제는 매우 쉽게 풀 수 있다. 먼저 압정 상자를 비우고, 압정을 이용해 압정 상자를 벽에 고정시킨 후 그 위에 초를 놓고 불을 붙이면 된다. 그러나 많은 사람들이 압정 상자를 압정을 담아두기 위한 도구로만 봤기 때문에 문제해결에 많은 시간을 소요하게 된다. 이처럼 기능적 고착이란 어떤 물체가 가장 많이 쓰이는 용도로만 그 물체를 받아들이는 경향으로, 이러한 고정관념으로 인해 압정 상자를 촛대로 사용하려는 발상의 전환이 쉽게 이루어지지 않는다.

반응 갖춤새란 문제해결과정에서 기계적인 사고를 하는 경향으로, 기존의 경험에 의존하여 똑같은 방법으로 새로운 문제를 해결하려고 하는 편견에 빠진 상태이다.

문제를 푸는 사람들은 그들의 경험으로 인해 문제해결에서 특정 문제해결방식을 선호하도록 편파될 수 있다. 문제해결의 이러한 편파성을 반응 갖춤새 효과(Response set effect 또는 독일어로 Einstellung effect)라고 한다. 이는 루친스(Abraham S. Luchins, 1942)의 물주전자 문제에 잘 나타나 있다. 물주전자 문제는 서로 용량이 다른 세 개의 물주전자를 가지고 정해진 목표량의 물을 만드는 문제이다. 문제를 해결하기 위해서 참여자들은 주전자에 물을 가득 채우거나 비우거나 옮겨 붓는 방법만 활용할 수 있다.

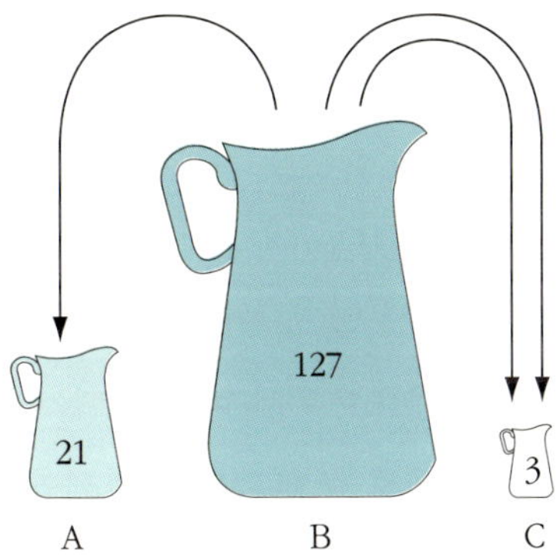

용기 A	용기 B	용기 C	목표양	해결방법
14	163	25	99	B-A-2C
18	43	10	5	B-A-2C
9	42	6	21	B-A-2C
23	49	3	20	B-A-2C A-C
28	76	3	25	A-C

참여자들은 10개의 문제를 해결하게 된다. 이때 제시된 10개의 문제 중 8번 문제를 제외한 모든 문제가 B-2C-A를 적용하면 해결가능하며, 6번과 10번의 경우 B-2C-A로도 해결되지만, 더욱 간단한 A-C만으로도 해결가능하고, 7번과 9번 역시 더욱 간단한 A+C만으로도 해결가능하다. 그러나 피험자들은 초반 문제들의 해결방법인 B-2C-A를 더 간단한 해결책이 있는 6, 7, 9, 10번 문제에까지 적용하려는 경향을 나타냈다.

부화효과란 문제에서 잠시 벗어나 있다가 다시 문제로 돌아오는 순간에 문제해결의 실마리를 발견하게 되는 현상을 말한다.

심리적 관성으로 인해 문제해결에 어려움을 겪을 수도 있지만, 반대로 문제해결을 촉진하는 심리적 현상도 있다. 문제해결 과정에서 실마리를 찾지 못하다가 한참의 시간 동안 문제 장면으로부터 떠나 있다 다시 돌아오면 그 해결책을 곧 발견하는 현상인 부화효과가 바로 그것이다.

이러한 부화효과는 아르키메데스의 일화로 설명할 수 있다. 어느 날 유명한 과학자였던 아르키메데스에게 왕이 왕관을 가져다주며 순금으로 만든 것인지 은이 섞인 것인지 판별해줄 것을 부탁하였다. 아르키메데스는 문제를 해결할 방법을 끊임없이 궁리하였으나 마땅한 대책을 떠올리지 못했다. 이 문제로 계속 끙끙대던 아르키메데스는 우연히 목욕을 하다가 욕조에서 물이 넘쳐흐르는 것을 보고 금과 은의 부피를 이용하여 왕관의 재료를 확인할 수 있는 방법을 찾게 되었고, '유레카'를 외치며 거리를 활보했다고 한다.

부화효과는 앞서 소개한 반응갖춤새와 밀접한 관련이 있다. 대체로 문제해결과정에서 특정한 방법만을 고수하는 경우에 문제해결에 진전이 없고, 어려움에 봉착하게 된다. 이때, 문제에서 잠시 벗어나 기존의 문제해결 방법으로부터 한 발짝 물러선 후에 다시 문제에 접근하게 되면, 반응갖춤새에서 벗어나 새로운 시각으로 문제에 접근할 수 있게 되어 문제해결의 실마리를 찾게 된다.

4 상황학습과 전이, 문제해결

가. 상황학습의 정의

상황학습(situated learning)은 학생의 인지 과정이 사회적인 맥락 속에서 이뤄진다는 것을 의미하며(Anderson, Reder, & Simon, 1996), 현실맥락과 연계된 학습을 강조한다. 상황학습에서는 지식이 맥락과 분리되어 개인 내적으로 구성되는 것이 아니라 사회적, 맥락적 요소들과 긴밀한 연결 관계 속에서 구성된다고 본다.

상황학습에서는 학습자들에게 다양한 지식을 활용하여 실제적인 문제를 해결해야 하는 '상황'을 제시한다. 예를 들어, 학생들이 선거의 원칙에 대해 배울 때, 교과서보다는 실질적인 학급회장 선거 상황을 제시함으로써 선거의 원칙을 습득하는 것을 강조한다.

나. 상황학습 측면에서 살펴본 전이

지식의 습득이 상황과 긴밀하게 연결되어 있다는 사실은 학습한 내용의 전이 과정 역시 상황에 의존한다는 결론으로 귀결될 수 있다. 고든과 베들리(Duncan R. Godden, & Alan D. Baddeley, 1975)는 잠수부들이 물 밖에서 학습한 경우에는 물 밖에서, 물속에서 학습한 경우에는 물속에서 배운 내용을 더 잘 기억해낸다는 사실을 발견했다. 그러나 학습한 내용의 전이가 온전히 특정한 맥락이나 상황에 의존하는 것은 아니다. 많은 연구들에서 습득된 지식이 맥락에 걸쳐 전이되기는 하지만, 학습에 유리한 특정한 맥락이 따로 존재하는 것은 아니며, 실제로 상황이 달라도 전이가 발생한다는 사실을 밝혔다.

따라서 상황학습 측면에서 전이를 유도하기 위해서는 교육훈련 상황이 현실적인 상황 맥락과 맞닿아 있어야 하며, 그러기 위해서는 지식이 응용될 실제 상황처럼 교육훈련도 구체적인 맥락에서 제공될 필요가 있다. 예를 들어, 수학시간에 나눗셈의 공식이나 원리를 설명할 때, 피자 한 판을 4명이서 나눠 먹는 상황을 함께 제공할 수 있다.

다. 문제해결과 상황학습

상황학습은 학습이 실세계와 동떨어져 독립적으로 존재하는 것이 아니라, 개인이 놓인 사회와 문화 속에서 발생하고 작동함을 전제로 한다. 상황학습의 이러한 특성은 일상생활에서 마주하는 문제상황을 강조한다는 점에서 문제해결과정과 연결될 수 있다.

이와 관련된 대표적인 사례로는 '재스퍼 시리즈(Jasper Woodbury Problem Solving Series)'가 있다. 이 프로그램은 벤더빌트 대학(Vanderbilt University)의 학습공학센터(Center for Technology Transfer and Commercialization)의 인지공학연구팀에서 개발한 상황학습 기반 이러닝 콘텐츠(e-learning contents)로 초등학교 5~6학년 대상으로 활용되고 있다.

주로 수학, 과학 영역에서 활용되며, 수학을 배우는 학생들이 딱딱한 논리와 추상적 사고가 아닌 실제적이고 흥미로운 문제해결의 과정을 통해 자연스럽게 문제 제시력, 문제해결력, 추론 능력, 효과적 의사소통 능력 등을 증진시킬 수 있도록 고안되었다. 이 프로그램의 가장 큰 목적은 교실에서 배운 이론적인 내용과 실재적인 문제해결 과정 사이의 간극을 메우고, 학습자들로 하여금 복잡한 실생활 문제를 해결할 수 있는 역량과 자신감을 함양하도록 것이다. 예를 들어, 재스퍼와 친구들은 여행계획을 짜는 과정에서 여행지까지의 거리 및 소요 시간, 비용 등을 계산하는 과정 또는 시청 방문 계획을 위한 예산 계획 과정에서 수학적 지식을 활용할 수 있다.

출처: http://www.vanderbilt.edu/cttc/technology/adventures-jasper-woodbury-videodisc-based-adventures-focus-mathematical-problem-finding

5 사례 분석

사례 1

경력 20년차인 조 교사와 경력 1년차인 최 교사는 같은 고등학교 물리교사이다. 조 교사와 최 교사는 "중력, 가속도, 힘"의 개념 및 문제해결 방법에 대하여 1차시 수업을 마친 후, 2차시 수업을 계획하고 있는 중이다. 다음은 조 교사와 최 교사의 수업 준비 과정이다.

조 교사	최 교사
조 교사는 지난 시간에 학생들의 테스트 결과가 나쁘다는 사실을 발견했다. 조 교사는 테스트 결과를 분석하였고, 학생들이 중력가속도 개념의 추상성 때문에 이해에 어려움이 있었다는 사실을 발견하였다. 조 교사는 우선 '학생들에게 어떻게 하면 중력가속도 개념을 더 구체적으로 이해시킬 수 있을까?'라는 질문에서부터 출발하였다. 조 교사는 보다 명료하게 개념을 설명하고, 개념과 연관된 일상생활 예시와 그림을 제공하는 동시에 이해가 안 되는 부분을 질의응답할 수 있는 시간을 마련하기로 마음먹었다. 조 교사는 수업에서 실제로 준비한 모든 것들을 실행하였고, 수업은 성공적이었다. 두 번째 테스트 결과, 학생들은 중력가속도 개념을 정확히 이해하였다.	최 교사는 지난 시간에 학생들의 테스트 결과가 나쁘다는 사실을 발견했다. 최 교사는 최선을 다해 수업을 했음에도 학생들의 시험 결과나 나빠 속이 상했다. 그러나 최 교사는 "더 열심히 수업준비를 해야겠어."라고 다짐했다. 최 교사는 해당 내용에 대하여 다양한 자료를 찾아 스스로 더 많이 공부했고, 학생들이 문제를 더 많이 풀어볼 수 있도록 연습문제의 양을 늘렸다. 또한 지난 시간에 설명했던 방식 그대로 학생들에게 여러 번 반복해서 설명해주기로 마음먹었다. 최 교사는 수업에서 실제로 준비한 것들을 실행하였으나, 수업은 성공적이지 못했다. 두 번째 테스트 결과, 학생들은 여전히 중력가속도 개념을 명료하게 이해하지 못했다.

질문 1: 조 교사와 최 교사의 2차시 수업결과에 차이가 나타난 가장 큰 이유가 무엇인지 문제해결 관점에서 설명하면?

질문 2: 조 교사는 어떤 문제해결 과정을 거쳐 수업을 준비하였는가? 각 단계와 그에 해당하는 조 교사의 행동은 무엇인가?

질문 3: 학생들의 개념이해를 돕기 위한 또 다른 전략에는 어떤 것들이 있을까? 이 장에서 학습한 주요 개념들을 적용하여 생각해 보자.

사례 2

김 교사는 생물의 종류에 대해서 수업을 한 뒤, 학생들에게 생물의 종류를 조류, 포유류, 어류로 나누어 적는 문제를 제시했다. 진수의 답을 확인한 김 교사는 진수가 개념을 혼동하고 있음을 발견했다. 김 교사는 어떻게 하면 진수에게 생물의 종류를 명확하게 이해시킬 수 있을지 고민이 되었다.

[문제 1] 다음 생물의 종류를 조류, 포유류, 어류로 분류하시오.

독수리, 까마귀, 비둘기, 박쥐, 고양이, 고래, 연어, 갈치, 가오리

진수의 답	정답
1) 조류: 독수리, 까마귀, 비둘기, 박쥐 2) 포유류: 고양이 3) 어류: 고래, 연어, 갈치, 가오리	1) 조류: 독수리, 까마귀, 비둘기 2) 포유류: 박쥐, 고양이, 고래 3) 어류: 연어, 갈치, 가오리

질문 1: 진수의 개념 혼동을 개념학습에 대한 관점들 중 어떤 이론으로 설명할 수 있을까?

질문 2: 진수의 개념이해를 도울 수 있는 시각적 조직자로 무엇을 활용할 수 있을까? 그것은 왜 유용한가?

질문 3: 김 교사는 진수에게 배운 내용을 적용할 수 있는 문제를 제시하였다. 배운 내용에 대한 문제를 풀어보는 것은 왜 중요한가? 전이이론과 관련지어 설명해 보라.

6 주요 개념

주요 개념	설명
개념 (Concept)	지식의 기본단위로 특정한 사물이나 대상들의 공통적이고 일반적 속성을 추출하여 이루어진 표상
개념도 (Concept map)	개념들 간의 포함관계나 위계를 지도형식으로 나타낸 시각적 조직
전이 (Transfer)	특정 상황에서의 학습 결과가 새로운 학습이나 행동에 영향을 미치는 현상
정적전이 (Positive transfer)	선행학습이 후속학습을 촉진하는 현상으로 긍정적인 방향으로 작동하는 전이
부적전이 (Negative transfer)	선행학습이 후속학습을 억제하는 현상으로 부정적인 방향으로 작동하는 전이
일반전이 (General transfer)	선행학습에서 획득한 지식, 기술, 법칙, 원리 등이 선행학습 상황과 다른 일반적인 학습영역에 발생하는 전이
특수전이 (Specific transfer)	선행학습에서 획득한 지식, 기술, 법칙, 원리 등이 선행학습상황과 매우 유사한 특수한 학습에 한해서 발생하는 전이
수평적 전이 (Horizontal transfer)	이미 학습한 내용과 다르긴 하지만 서로 비슷한 수준의 새로운 학습을 수행할 때 발생하는 전이
수직적 전이 (Vertical transfer)	위계가 낮은 학습에서 위계가 높은 학습으로 나타나는 전이
알고리즘 (Algorithm)	명확히 정의된 유한한 규칙, 단계, 절차를 적용하여 문제를 해결하는 방법
수단-목표분석 (Means-end analysis)	현재 상태와 목표 상태 간 차이를 인식하고 목표 상태에 도달할 수 있는 적절한 수단을 탐색하여 문제를 해결하는 방법
유추 (Analogy)	보다 익숙한 기존 경험이나 학습내용을 적용하여 유사점이 있는 새로운 문제를 해결하는 방법
기능적 고착 (Functional fixedness)	도구나 사물을 본래 기능과 용도로만 지각하여 효과적이고 창의적인 문제해결을 방해하는 현상
반응갖춤새 (Einstellung effect)	새로운 문제를 해결할 때, 기존 경험에서 가장 친숙했던 방식으로만 계속해서 반응하는 현상
부화효과 (Incubation effect)	문제해결을 위한 사고활동이 일어난 후, 이를 중단하고 잠시 휴식기를 가졌다가 다시 그 문제를 해결할 때 수행이 촉진되는 현상

개념도 작성 방법

개념도는 개념 간 관계를 지도의 형식을 빌려 나타낸 것으로 개념학습에 효과적이다. 예를 들어, 경제 수업에서 생산의 3요소에 대해 학습하였다면 다음과 같은 방법으로 개념도를 작성할 수 있다.

1. 학습한 개념들을 나열한다.
   - 실물자본, 자연자원, 노동, 생산의 3요소, 정신노동, 수자원, 숙련노동, 산림자원, 자본, 수산물자원, 고용노동, 광물자원, 화석연료, 육체노동, 화폐자본, 관광자원, 비숙련노동, 독립노동
2. 전체 개념을 포괄할 수 있는 최상위 개념을 설정한다.
   - 생산의 3요소: 재화의 생산에 필수적인 3가지 요소

3. 개념적 속성에 따라 최상위 개념으로부터 중위 개념들을 분류한다.
   - 자연자원: 소유권이 특정 개인에게 있지 않고, 자연 형태의 환경에서 발생하는 자원
   - 자본: 재화와 용역의 생산에 사용되는 자산
   - 노동: 직접 사용하기 위해서 혹은 교환을 위해서 생산물이나 서비스를 생산하는 활동

4. 중위 개념들과 포함관계에 있는 하위개념들을 분류한다.
   - 자연자원: 수자원, 산림자원, 수산물자원, 광물자원, 화석연료, 관광자원
   - 자본: 실물자본, 화폐자본
   - 노동: 육체노동, 정신노동, 숙련노동, 비숙련노동, 독립노동, 고용노동

이처럼 생산의 3요소에 포함되는 17개의 개념을 학습할 때, 각 개념의 위계 및 포함관계를 반영하여 개념도를 그리면 정보를 기억하기에 훨씬 용이하다. 개념도의 예시는 아래와 같다.

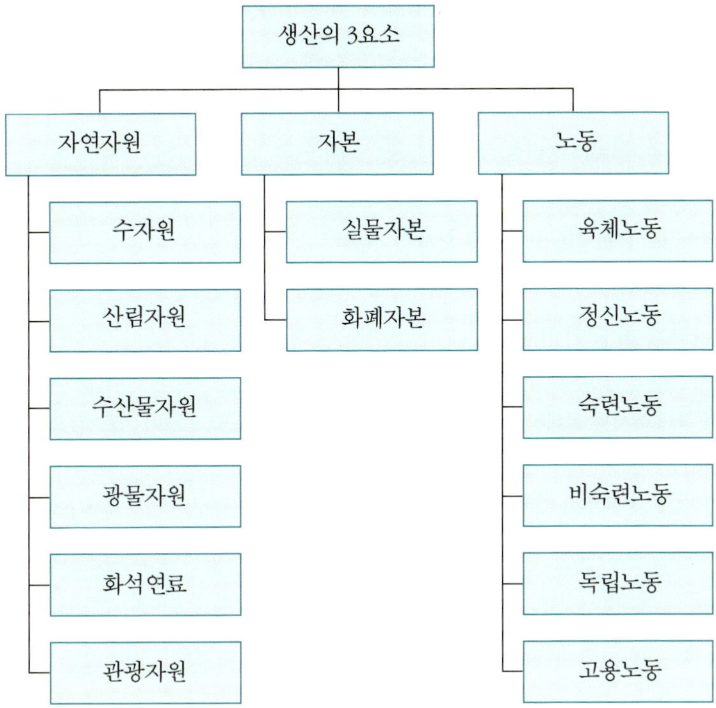

7 연습문제

1. 개념학습(concept learning)에 대한 설명으로 옳지 않은 것은?

① 개념학습에서 개념은 명칭, 규칙, 속성, 사례 등으로 구성되어 있다.

② 특정 사물이나 사건, 상징적 대상의 공통적 속성을 학습하는 것이다.

③ 단순한 사실의 기억보다는 이해력과 고차적 사고능력의 향상을 추구한다.

④ 일반적으로 희귀 사례, 반증 사례, 전형적 사례의 순서로 제시하는 것이 바람직하다.

2. 상황학습(situated learning)에 대한 설명으로 적절하지 않은 것은?

① 상황학습에서 활용되는 평가방법에는 포트폴리오(portfolio) 평가가 있다.
② 상황학습은 실제적인 문제를 포함하는 환경에서 이루어지는 문화 적응 과정이다.
③ '실행공동체'와 '정당한 주변적 참여'는 상황학습의 주요 개념이다.
④ 상황학습 환경을 설계할 때, 학습자간의 상호작용은 최소화하고 교사가 개별 학습자에게 정선된 학습 내용을 지속적으로 전달할 수 있도록 해야 한다.

3. 〈보기〉에 나타난 최 교사의 견해와 가장 일치하는 것은?

> • 진　영: 학교에서는 실생활에 도움도 되지 않는 수학을 왜 그렇게 많이 가르치지요?
> • 최 교사: 수학공부가 당장 쓸모는 없어 보여도 논리력을 길러주어 그 능력을 장래 여러 가지 일에 발휘할 수 있게 해주기 때문이지. 마치 운동을 열심히 하면 근력이 길러져서 힘든 일을 더 잘 할 수 있는 것과 같은 이치지.

① 형태이조설　② 수평전이설　③ 형식도야설　④ 동일요소설

4. 〈보기〉의 내용에 부합하는 학습 전이 이론은?

> • 두 학습과제 간에 원리가 동일하거나 유사할 때 전이가 이루어진다.
> • '지식의 구조'를 강조하는 브루너(J. S. Bruner) 등의 학문 중심 교육과정에서 지지되고 있다.
> • 수중 30cm 깊이에 있는 표적 맞추기 실험을 했을 때 굴절의 원리를 배운 학생들이 배우지 않은 학생들보다 표적을 잘 맞추었다.

① 일반화설　② 동일요소설　③ 형식도야설　④ 형태이조설

5. 문제해결과 관련된 심리적 현상에 대한 설명이다. 보기의 (가), (나)가 바르게 연결된 것은?

> (가) 문제해결과정에서 본인의 경험에 기초하여 가장 친숙한 방식으로 새로운 문제에 계속 반응하는 현상을 의미한다.
> (나) 간혹 우리는 도무지 문제해결의 기미가 보이지를 않아 그 문제를 얼마동안 생각하지 않고 제쳐 둘 때가 있다. 그런데 놀랍게도 얼마의 시간이 흐른 후에 그 문제를 다시 해결하려고 할 때 너무 쉽게 그 문제의 해결책을 발견할 때가 있다. 이러한 현상을 의미한다.

	(가)	(나)
①	기능적 고착	반응 갖춤새
②	반응 갖춤새	부화 효과
③	부화 효과	반응 갖춤새
④	기능적 고착	부화 효과

참고문헌

Anderson, J. R., Reder, L. M., & Simon, H. A. (1996). Situated learning and education. *Educational Researcher, 25*(4), 5-11.

Duncker, K. (1945). On problem solving. *Psychological Monographs, 58*(5), i-113.

Gick, M. L., & Holyoak, K. J. (1980). Analogical problem solving. *Cognitive Psychology, 12*(3), 306-355.

Godden, D. R., & Baddeley, A. D. (1975). Context-dependent memory in two natural environments: On land and underwater. *British Journal of Psychology, 66*(3), 325-331.

Luchins, A. S. (1942). Mechanization in problem solving: The effect of Einstellung. *Psychological Monographs, 54*(6), i-95.

Maier, N. R. F. (1931). Reasoning in humans: II. The solution of a problem and its appearance in consciousness. *Journal of Comparative Psychology, 12*(2), 181-194.

Millroy, W. L. (1991). An ethnographic study of the mathematical ideas of a group of carpenters. *Learning and Individual Differences, 3*(1), 1-25.

Nunes, T., Schliemann, A. D., & Carraher, D. W. (1993). *Street mathematics and school mathematics*. Cambridge, UK: Cambridge University Press.

제8장

개인차-지능과 창의성

프로이드와 아인슈타인의 재능과 창의성

유대인의 가정에서 태어난 프로이드는 어머니와 유모의 각별한 관심과 애정을 받으면서 자라났다. 매우 총명했던 프로이드는 김나지움 시절 7년 내내 최우등생이었다. 프로이드는 "나는 탐욕이라 해도 좋은 지적 욕구에 이끌렸다"라고 스스로 표현할 만큼 다양하고 폭넓은 독서를 통해 지식의 세계에 흠뻑 빠졌다. 언어지능이 뛰어났던 그는 명작들을 원어로 읽기 위해 프랑스어, 스페인어를 익혔고, 상상력이 풍부해서 여러 언어로 인물을 생생하게 그려냈다. 자연보다는 인간문제에 관심이 많았던 프로이트는 자신이 만났던 사람들, 그들의 감정과 야망, 내적 갈등, 인간관계의 갈등 등을 상세하고 활기차게 묘사하는 편지로 사람들과 교류하였다. 프로이드에게는 자신의 가슴 속 생각을 털어놓을 가까운 사람들이 주변에 있었다. 특히 학문적이고 정서적인 유대의 경우에는 특별한 한 사람과 맺기를 좋아하였다. 프로이드는 언어지능과 대인관계 지능이 우수해서 인간의 본성에 대해 남다른 관찰력을 보였고, 주로 언어에 기반하여 사고하였다.

아인슈타인은 프로이트와 달리 사물의 세계와 물리적 힘에 주로 관심을 기울였다. 프로이트가 사람들 간의 관계에 사로잡혔다면, 아인슈타인은 객관적 사물과의 관계에 매료되었다. 평생 그는 스스로에게 까다로운 질문을 제기하고 그것에 몰두했다. 어린 시절 그가 자신에게 던진 질문들이다. “사람이 빛과 같은 속도로 움직이면 어떤 일이 벌어질까?”, “엘리베이터가 아주 높은 곳에서 자유 낙하할 때, 안에 타고 있던 사람이 지닌 물건은 어떻게 될까?” 아인슈타인의 가정은 유대인이었지만 유대교 의식에 얽매이지 않은 자유로운 분위기를 지니고 있었다. 그런 탓인지 아인슈타인 역시 획일적이고 권위적인 독일의 교육을 혐오하여 교사들에게 반항적인 태도를 보이기도 하였다. 이런 그의 태도는 아이와 같은 천진난만한 모습을 평생동안 유지하도록 만들었다. 그는 자신이 흥미를 가진 주제에 몰두하였고 이미 16살에 학문적인 틀을 갖출 정도가 되었다. 대학에서도 그는 주류에 해당하는 과학강의를 좋아하지 않아 스스로 이론 물리학자들의 책을 찾아가며 공부했다. 그에게는 작은 공부모임에서 만난 친구들, 지속적으로 우정을 나눈 친구들이 있었다. 이들과의 대화는 아인슈타인의 혁신적인 업적에 영향을 미쳤다. 그는 남다른 집중력을 가졌으며 자신이 붙들고 있는 문제에서 잠시도 생각을 거두지 않았다. 논리-수학지능과 공간지능이 뛰어났던 아인슈타인은 자기의 생각을 다양한 표상을 통해 표현하는 것을 즐겼다(Gardner, 1993).

프로이드와 아인슈타인은 20세기를 대표하는 걸출한 인물들이다. 그들의 업적은 그들이 가진 서로 다른 재능에 기반을 두고 있다. 프로이드는 언어지능과 대인관계 능력에 기반하여 그의 학문세계를 펼쳤다면, 아인슈타인은 물리적 세계의 법칙을 파악하는 논리-수학지능이 뛰어났으며 자신의 생각을 언어 이외의 표상을 통해서 표현하는 것을 좋아하였다. 무엇보다도 이들은 자신이 관심있어 하는 주제에 몰입하였고, 자신이 하는 일을 즐기고 그 일에 몰입하는 열정적인 삶을 살았던 사람들이다.

지난 100년간 지능에 대한 연구는 인간이 가지고 있는 능력의 전반적인 측면을 이해하고 측정하고자 하는 노력의 산물이다. 창의성은 지능이 부각시키지 못했던 인간의 독창적이고 생산적인 능력의 측면을 가리킨다. 지능과 창의성의 연구들은 프로이드와 아인슈타인에게 나타나는 서로 다른 지능과 창의성의 모습을 어떻게 설명해 줄 수 있을까?

1 지능에 대한 이해

지능은 인간의 정신기능을 이해하기 위하여 고안된 개념으로, 인간의 지적능력을 '측정'하려는 노력과 더불어 본격적으로 사용된 개념이다. 지능을 연구하는 학자마다 지능을 바라보고 측정하는 방식이 다르듯이, 지능의 의미도 지능을 바라보는 관점, 측정하는 방식에 따라 달라진다. 대표적인 학자들이 규정하는 지능의 의미를 살펴보자.

- 복잡한 정신능력(Alfred Binet)
- 추상적 사고를 수행하는 능력(Lewis Terman)
- 목적을 향해 행동하고 합리적으로 사고하며, 환경을 효과적으로 다루는 개인의 집합적 능력(David Wechsler)
- 문화적으로 가치 있는 성과나 업적을 창조하거나 문제해결에 필요한 유용한 정보를 처리하는 능력(Howard Gardner)

지능이 이렇게 다양한 의미로 규정된다는 것은 시대에 따라, 학자에 따라 인간의 정신능력이 무엇인지를 바라보는 관점이 다르다는 것을 의미한다. 이는 지능검사의 점수에 따라 지능이 높고 낮은 것으로 평가하는 현재의 풍토 역시 역사상 특정 시점의 사람들 사이에 퍼져 있는 특정 관점일 수 있다는 것을 말해 준다. 아래에서는 지능의 의미가 지능연구를 통해서 어떻게 다르게 규정되는지를 살펴볼 것이다. 이 과정에서 우리 시대가 요청하는 지능의 의미가 무엇인지를 고민하는 시간이 되었으면 좋겠다.

가. 지능연구의 역사

지능은 지난 100여 년 동안 인간의 능력을 바라보는 개념으로 널리 사용되어 왔다. 최초의 지능검사인 비네검사가 제작된 이후 촉발된 지능에 대한 연구는 지능을 단일한 능력으로 바라볼 것인가, 여러 개의 독립된 요인의 구성체로 이해할 것인가라는 두 흐름으로 구분된다.

1) 단일능력: 스피어만의 일반요인이론(g요인설)

스피어만의 일반요인이론에서 지능은 일반요인과 특수요인으로 구성되어 있으며, 이 중 일반요인이 지능의 본질을 구성하는 능력이다.

1900년대 초 스피어만(Charles Spearman)은 당시 인지능력이나 정신능력을 측정하는 검사들을 분석하여 서로 다른 정신능력검사 점수 간에 상관이 높다는 것을 발견하였다. 이는 정신능력검사 간에 공통요인이 존재하기 때문이라고 생각한 스피어만은 이를 일반요인(g factor)라고 명명하였다. 일반요인은 모든 인지적 과제를 수행하는 데 필요한 정신의 에너지와 같은 것으로 '이해력'이나 '아이디어를 관계짓는 능력', '그러한 관계를 만드는 능력'을 가리킨다. 이러한 일반요인은 마치 냉장고와 세탁기를 작동시키는 전기에너지와 같이 모든 정신작용에 공통적으로 존재하는 일반적인 능력에 해당한다. 일반요인 이외에도 각각의 정신능력 검사만 독특하게 측정하는 능력인 특수요인(s factor)은 구체적인 과제에만 관여하는 지적인 능력이다(Spearman, 1914).

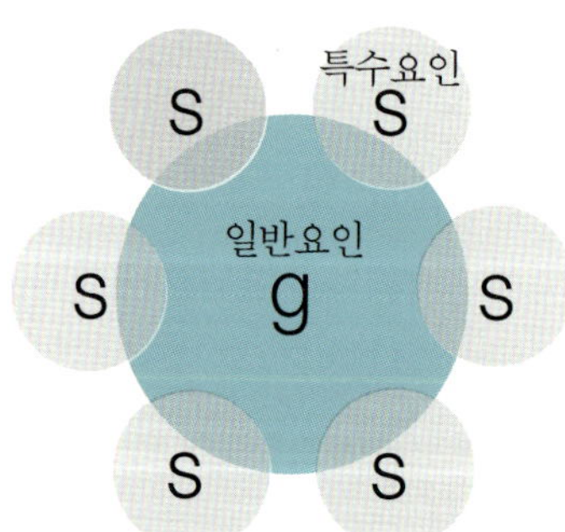

그림 8-1 스피어만의 일반지능이론

스피어만은 지능이 일반요인과 특수요인으로 구성되어 있다고 바라보았지만, 일반요인을 지능의 본질이라고 바라보았다는 점에서 지능의 단일능력설을 주장하였다고 할 수 있다. 일반요인이론은 일반요인이 고정적이고 변하지 않는 개인의 지적인 능력이라고 이해하였기 때문에, 지능은 유전적으로 결정되며 미래의 성취에도 영향을 미치는 결정적인 능력이라는 생각으로 연결되었다(황정규, 2010).

2) 지능의 다요인설

써스톤은 인간의 지능이 7가지 기본정신능력으로 구성되어 있다고 바라보았다.

사실상 지능이 단일능력으로 구성되었다고 바라보는 일반요인이론이 사회에 미친 파장은 적지 않은 것이었다. 지능이 단일하고 고정적인 능력이기 때문에 지능을 중심으로 개인의 능력을 서열화하고, 어린 나이에 아동의 평생의 진로를 미리 결정할 수 있다는 사회적인 분위기가 형성되었다(황정규, 2010). 이러한 분위기에 반대하며 지능은 단일하고 일반적인 능력이 아니라, 여러 개의 요인으로 구성된 복합적인 능력이라고 보는 학자들의 목소리가 커지기 시작하였다. 써스톤(L. L. Thurston)은 여러 가지 정신능력 검사 점수 간의 관련이 한 개 이상의 요인에 의해 설명될 수 있다고 생각하였다. 그는 지능이 언어요인, 수요인, 공간요인, 지각요인, 기억요인, 추리요인, 유창성요인 등의 7가지 기본정신능력(primary mental abilities)으로 구성되어 있다는 것을 보여주었다(황정규, 1997). 써스톤에 의해 밝혀진 7가지 기본정신능력은 즉 지능에 대한 관점을 변화시키는 데 기여하였다. 지능이 단일한 능력이 아닌, 서로 관련된 여러 가지 기본정신능력으로 구성되었다는 것을 보여준 것이다(황정규, 2010).

길포드의 지능구조모형은 지능이 작용, 내용, 산출의 세 차원의 조합인, 총 180여 개의 지능요인으로 구성되어 있다고 바라보았다.

길포드(J. P. Guildford)는 지능구조모형(structure of intellect model: SI)을 통해 지능이 세 가지 필수적인 차원으로 이루어져 있다는 것을 보여주었다. 지능의 세 가지 차원은, 정신작용의 '내용(contents)' 차원, 내용차원이 요구하는 '작용(operation)'의 차원, 정신작용이 내용에 작용하여 나타나는 결과, 즉 '산출(product)'의 차원이

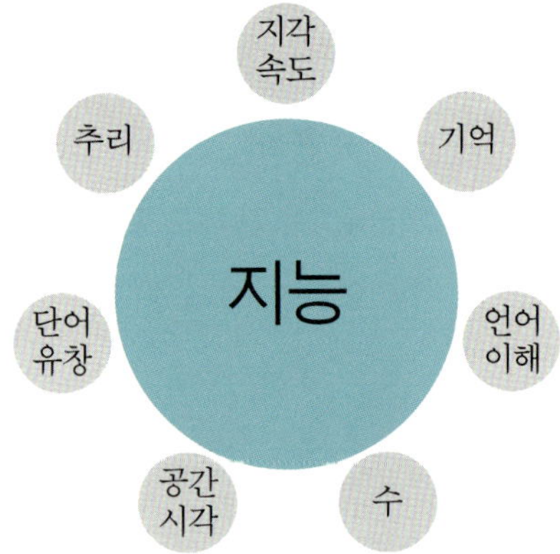

그림 8-2 써스톤의 기본정신능력

다. 내용차원은 시각, 청각, 상징, 의미, 행동의 요소로 구성되며, 작용차원은 인지(정보나 지식의 발견), 기억저장(정보나 지식의 저장), 기억파지(기억의 지속), 수렴적 사고(하나의 해결책으로 귀결되는 논리적 사고), 확산적 사고(다양한 해결책을 생각해 내는 사고), 평가(정보나 지식을 판단하는 사고), 산출차원은 단위, 유목, 관계, 체계, 변환, 함축으로 구성된다. 각 차원의 하위 요소들이 서로 교차하면서(5×6×6) 총 180여 개의 서로 다른 정신능력을 형성한다(Guildford, 1967; 황정규, 1997).

길포드의 지능구조모형은 정보의 투입(내용차원), 처리(작용차원), 결과(산출차원)라는 정보처리의 관점에서 지능을 바라보았다는 점에서 지능에 대한 관점을 확장하였다고 볼 수 있다. 뿐만 아니라, 확산적 사고라는 새로운 지능의 요소를 제안함으로써 창의적 사고에 대한 관심을 불러일으키는 역할을 하였다. 그러나 길포드의 지능구조모형은 지능이 단일요인이 아니라 180여 개의 서로 다른 정신능력으로 구성되어 있다는 것을 제시하기는 하였지만, 과연 인간의 정신능력의 실체를 반영하고 있는 것인지에 대한 실제적인 증거를 제시하지 못하였다. 실용적인 측면에서도 그 복잡성 때문에 널리 활용되지는 못하였다는 한계를 가지고 있다(황정규, 2010).

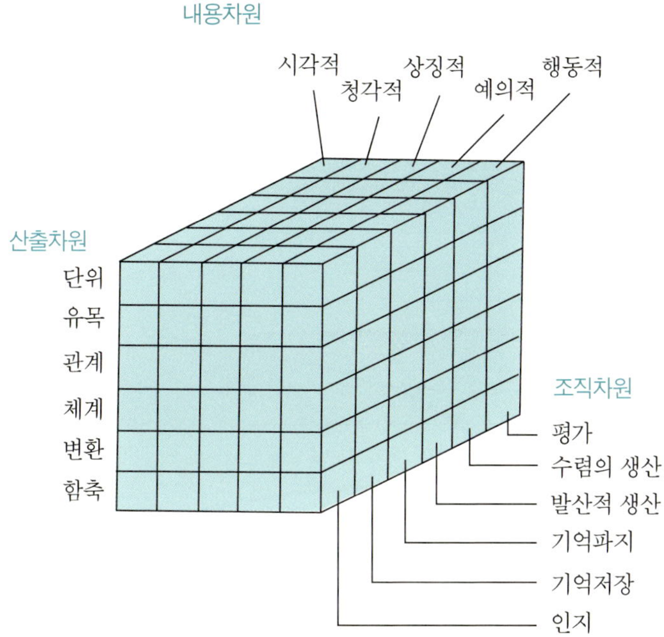

그림 8-3 길포드의 지적 구조 모형

캐텔은 지능의 일반요인이 유동적 지능, 결정적 지능으로 구성되어 있으며, 이 중 결정적 지능은 경험에 따라 변할 수 있다고 바라보았다.

캐텔(R. B. Cattell)은 일반요인 내에 서로 다른 성격의 지능인 유동적 지능(fluid ingelligence: gf)과 결정적 지능(crystallized intelligence: gc)이 존재한다는 것을 발견하였다. 유동적 지능은 유전적이고 생리적인 영향을 많이 받는 지능요인으로, 암기, 지각, 추리와 같은 정보의 관계를 파악하는 능력이나 기억력과 관련된 능력이다. 이에 비해 결정적 지능은 정보의 내용과 관련된 것으로, 언어능력, 문제해결능력, 논리적 추리력과 같이 경험의 영향을 많이 받는 능력이다(Cattell, 1963).

다음의 그래프에서 볼 수 있듯이, 유동적 지능은 신체의 성장곡선과 유사한 발달 경향을 보여준다. 인생 초기에 급속히 발달하여 10대 후반, 20대 초반에 절정을 이루지만 그 이후에 점차 감소하는 경향을 보인다. 이에 비해, 결정적 지능은 경험의 영향을 받는 능력이기 때문에 연령에 따라 서서히 증가하며 노인이 되어서도 감퇴율이 적은 편이다. 스피어만의 일반요인이론은 지능이 유전의 영향을 많이 받는 고정적인 능력이라고 강조하는 이론이라면, 캐텔의 지능이론은 지능이 유전의 영향도 받지만, 경험에 의해서도 변할 수 있다는 점을 부각시키는 이론이라고 할 수 있다.

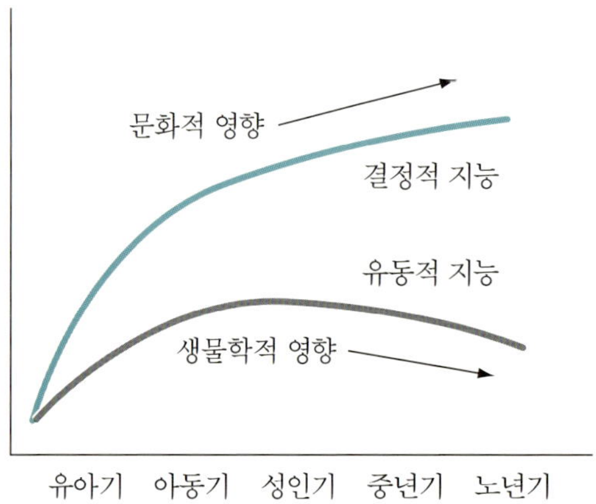

그림 8-4 유동적 지능과 결정적 지능의 발달곡선

3) 가드너의 다중지능이론

가드너의 다중지능이론은 지능이 사회문화적 맥락의 영향을 받는, 서로 독립적이며 다양한 능력으로 구성되어 있다고 바라본다.

하워드 가드너(Howard Gardner)는 종래의 지능검사가 훌륭한 체스선수, 세계적인 바이올리니스트, 뛰어난 운동선수의 재능을 식별하지 못한다고 생각하였다. 지능검사는 주로 학업성취와 관련된 언어, 논리, 공간지능을 주로 다루고 있으며, 심지어 그러한 능력조차도 일상생활에서 중요하게 발휘되는 형태로는 측정해 낼 수 없다고 비판하였다. 가드너는 지능을 "특정 문화권이나 사회에서 중요한 문제를 해결하거나 결과물을 만들어내는 능력"이라고 정의하고, 인간의 지능이 단일한 특성이 아니라 사회문화적 맥락의 영향을 받는 서로 독립적이며 다양한 유형의 능력으로 구성되어 있다는 다중지능이론(theory of multiple intelligence: MI이론)을 제안하였다(Gardner, 2006).

하워드 가드너(Howard Gardner)

하워드 가드너는 발달심리학으로 하버드 대학에서 박사학위를 받고 발달 및 신경심리학 관련 연구에 몰두하였다. 하버드 대학의 교수로 있으면서 25년간 '하버드 프로젝트 제로'의 공동 책임 연구자로 활동하면서 다중지능이론을 제안하였다. 프로젝트 제로 연구는 초기에는 아동의 재능과 창의성에 관한 것이었지만 이후에는 그 범위를 확장하여 그 광범위한 결과를 '다중지능'이라는 개념으로 이론화하였다. 1983년 〈마음의 틀(Frames of Mind)〉이 출간되면서 다중지능이론은 학교현장 및 연구자들의 지속적이고 높은 관심의 대상이 되었다. 창조적 거장들의 내면을 분석한 〈열정과 기질(Creating Minds)〉로도 널리 알려져 있다.

다중지능이론에는 8개의 독립적인 지능이 존재하며 각각의 지능의 가치는 문화나 시대에 따라 달라진다.

가드너는 서로 다른 독립적인 지능의 영역을 발굴하기 위해서 다양한 준거를 활용하였다. 예를 들어, 뇌를 다쳐 언어능력을 상실했음에도 음악적 능력이 존재한다는 것은 언어능력과 음악적 능력은 구분되는 지능임을 나타낸다. 음악적 재능은 어린 나이에도 꽃필 수 있는 능력인 반면에 자신을 성찰하는 지능은 나이가 들어서 발현되는 능력이다. 가드너는 인생에 걸쳐 특정 능력이 발현되는 시기가 다르다는 것도 이들이 서로 독립적으로 구분된 능력임을 나타낸다고 생각하였다. 이처럼 가드너는 뇌의 기능, 발달시기, 핵심활동의 존재 유무, 상징체계의 부호화 등 여러 준거를 바탕으로 8가지의 독립적인 지능을 제안하였다(〈표 8-1〉 참조). 개개인의 학습자는 이들 지능 중에서 한 가지 혹은 몇 가지 분야에서 강점 또는 약점을 지닌다. 각각의 지능은 다양한 문화와 시기에 따라 그 가치가 다르게 평가될 수 있다는 점에서 지능은 특정 사회와 문화의 영향을 받는다는 것을 알 수 있다.

표 8-1 다중지능이론의 8가지 지능 영역과 내용

지능의 영역	특성	직업유형
언어지능	단어의 소리, 리듬, 의미에 대한 감수성 언어의 다른 기능에 대한 민감성	웅변가 정치가 시인 소설가
논리수하지능	논리, 수학, 과학적 패턴에 대한 민감성과 식별력 논리적 정보를 분류, 주리하는 능력	과학자 수학자 세무사
음악지능	음의 변화에 민감하고 음의 유형을 잘 구분하는 능력. 음악뿐 아니라 소리 전체를 다루는 능력	작곡가 연주자 음악애호가 음악비평가
공간지능	형상과 심상 등 형태나 이미지와 관련된 지능. 색깔, 모양, 공간형태 등의 관계에 대한 민감성 시공간 세계를 정확하게 지각하고 변형할 수 있는 능력	항해사 조각가 건축가 실내장식가
신체운동지능	자신의 몸을 통제하는 능력 운동, 균형, 민첩성 등을 조절해 사물을 다루는 능력	무용가 운동선수 배우 장인
인간친화지능 (대인간 지능)	타인의 감정과 행동을 잘 이해해 적절하게 반응하는 능력	정치지도자 상담가
자기성찰지능 (개인내적 지능)	자신의 감정에 대한 접근, 감정들을 구별하는 능력, 자신의 몸과 감정상태를 잘 이해하고 자신을 잘 다스리는 능력	심리치료사 종교지도자
자연친화지능	식물이나 동물을 좋아하고 이를 잘 보존하기 위해 노력하며 채집이나 자연관찰을 즐김.	농부 식물, 동물학자

출처: Gardner & Hatch(1989)와 Gardner (2006), Armstrong(2000)을 참고하여 작성.

학습자는 누구나 강점지능과 약점지능을 가지고 있으며, 학생들의 서로 다른 강점지능을 중심으로 약점지능을 보완하는 교육방식이 필요하다.

다중지능이론은 신체운동지능, 자연친화지능, 자기성찰지능과 같이 지금까지는 지능으로 간주되지 않았던 능력들이 중요한 지능의 영역이라는 점을 부각시킴으로써 학생 하나하나가 가진 재능과 능력에 관심을 기울일 것을 촉구하였다. 지능에 대한 다중지능이론의 관점은 누구에게나 강점지능과 약점지능이 있다고 바라봄으로써 모든 학습자가 강점과 약점을 가진 평등한 존재라는 시각을 확산시켰다. 다중지능이론에 기반하여 학교현장에서는 지금까지 주로 언어나 논리수학적 지능의 향상에 초점을 맞추었던 것에서 벗어나 학생들의 서로 다른 강점지능을 계발하고, 이를 통해 약점지능을 보완하려는 새로운 수업방식에 관심을 가지게 되었다.

키스쿨(Key School)의 다중지능 실험

미국 인디애나 주의 키스쿨은 다중지능이론을 적용하여 8가지 지능을 골고루 자극하는 교육을 시도하였다. 음악, 미술, 체육교육의 비중이 다른 학교의 4배에 달하며, 10주 간격으로 새로운 주제(예. 시간과 공간의 변화, 환경에 대한 인식의 전환)를 정하여 학교의 활동이 이 주제를 중심으로 운영된다. 환경에 대한 인식의 전환이 주제로 정해지면 학교의 일부가 열대우림으로 꾸며지고 공해가 심한 현장을 답사한다. 관련된 주제로 다양한 프로젝트가 진행된다. '파드(pods)'는 학생의 흥미나 지적추구방식에 따라 학생 스스로 선택한 소집단으로, 학생들은 파드에 참여하여 자신이 관심 있어 하는 주제를 도제식으로 배우게 된다. '몰입의 방'은 학생이 스스로 선택한 활동을 놀이처럼 집중하여 수행할 수 있는 공간이다. 일주일에 몇 번씩 학생들은 몰입의 방에서 다양한 자료나 도구를 활용하여 자신만의 놀이세계로 빠지는 경험을 한다. 키스쿨은 지역사회의 인적자원을 활용하여 학생의 강점지능을 강화하고 약점지능을 보완하도록 돕는다(EBS 제작팀, 2009).

4) 스턴버그의 삼원지능이론

스턴버그의 삼원지능이론은 분석적 능력, 창의적 능력, 실제적 능력으로 구성되어 있으며, 성공지능이론으로 불리기도 한다.

앞서 소개된 지능이론은 지능을 구성하는 내용에 따라 지능을 이해하였다. 하지만 인간의 인지과정이 어떻게 이루어지는지에 대한 정보는 제공하지 못하였다. 스턴버그(R. J. Sternberg, 1977)는 지능의 본질을 이해하기 위해서는 인간의 인지과정을 탐색해야 한다고 생각하였다. 그래서 인지과제에 관련된 요소와 정보처리과정을 연결시켜 지능을 이해하고자 하였다. 스턴버그의 삼원지능이론(triarchic theory of

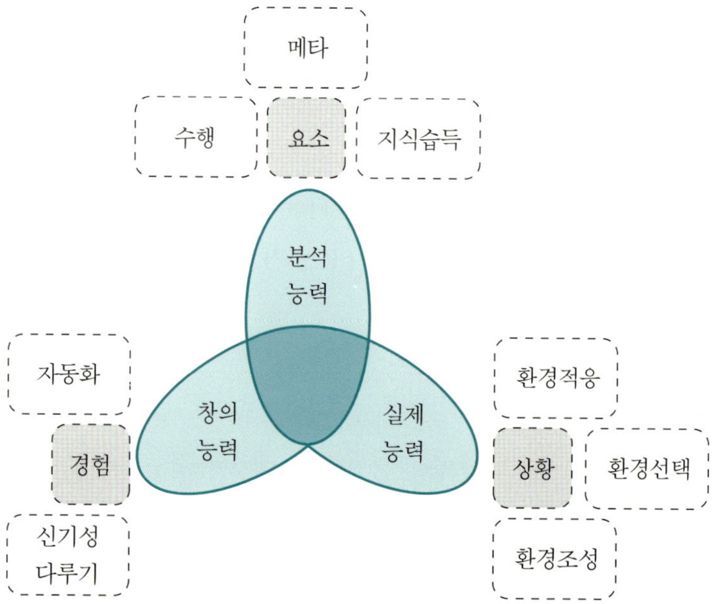

그림 8-5 스턴버그의 삼원지능이론

intelligence)은 지능이 분석적 능력, 창의적 능력, 실제적 능력의 세 가지 능력으로 구성되어 있다고 바라본다. 기존의 지능이론이 학업적 능력에 해당하는 분석적 능력을 주로 측정하였다면, 삼원지능이론은 실제의 삶 속에서 성공적인 삶을 영위하기 위해 필요한 지능이 무엇인가에 관심을 기울였다는 점에서 그의 이론은 '성공지능이론(theory of successful intelligence)'으로 불리기도 한다(하대현, 2005; Sternberg, 1999). 스턴버그의 삼원지능이론은 모든 인간에게 공통적으로 나타나는 보편적인 인지과정을 설명하고자 하였지만, 지능이 발현되는 구체적인 행동은 사회문화적 맥락에 따라 달라진다고 이해하였다.

스턴버그의 삼원지능이론은 요소하위이론, 경험하위이론, 상황하위이론으로 설명된다.

스턴버그는 지능을 개인의 순전한 능력으로 바라보지 않고 개인, 행동, 상황의 종합적인 영향으로 형성되고 발현되는 능력이라고 생각하였다. 스턴버그는 개인, 행동, 상황과 각각 연결된 하위이론, 즉 요소하위이론, 경험하위이론, 상황하위이론으로 분석적, 창의적, 실제적 지능의 인지과정을 체계화하였다.

분석적 능력은 정보나 사물을 분석, 평가, 비판, 비교 및 대조하는 데 필요한 능력이며, 요소하위이론으로 설명된다. 요소하위이론은 개인의 정신작용을 메타요소, 수행요소, 지식-획득요소로 설명한다. 메타요소는 다른 요소에게 무엇을 할 것인지를 지시하는 역할을 하며, 수행요소는 메타요소가 지시한 것을 수행하는 정보처리과정이다. 전통적인 검사가 가장 많이 측정하는 능력이 수행요소라고 할 수 있다. 지식-획득요소는 새로운 정보를 학습할 때 사용하는 인지과정으로 '학습하는 능력'을 지칭한다. 새로운 정보를 이해하기 위한 부호화의 과정, 다른 지식과 전체로 조합, 통합하는 과정, 이미 알고 있는 정보와 연결시키는 작용으로 구성된다.

창의적 능력은 무엇인가를 고안해 내고 발견하며 상상하고 가정하는 것과 관련된 능력으로, 경험하위이론으로 설명된다. 경험 속에서 지능을 발휘해야 하는 상황은 새로운 경험을 효과적으로 다루는 통찰력과 친숙한 상황이나 문제에서의 자동화 능력을 필요로 한다. 새로운 과제를 접할 때, 우리 안에 자동화되어 있는 능력이 없다면 새로운 경험을 다루는 능력은 떨어질 수밖에 없고, 너무나 자동화되어 있는 능력만 활용한다면 새로운 경험을 통해 발전할 가능성은 없어진다. 지적인 사람은 새로운 경험을 다루는 능력과 자동화된 능력을 균형 있게 활용하여 일상에서의 문제나 과제를 효과적으로 수행하게 된다.

실제적 지능은 적절한 아이디어를 찾아내고 실행하며 적용하고 활용하는 능력으로 상황하위이론으로 설명된다. 상황하위이론은 지능적인 행동이 사회문화적 환경, 맥락 속에서 그 기준이 정해진다는 점을 강조한다. 실제 세계에서 유목적적으로 행동하며(적응), 그 환경이 적절치 않을 때, 더 바람직한 환경을 선택하거나(환경적 선택), 상황이 수용하기 어렵거나 적절치 못할 때, 상황 자체를 변형(환경적 조형)하는 정신활동을 포함한다(Sternberg, 1985, 1986, 1999).

세 가지 능력을 균형있게 계발하기 위한 방식으로 교육이 이루어질 필요가 있다.

삼원지능이론(혹은 성공지능이론)은 현재의 학교교육이 이 세 가지 능력을 균형있게 계발할 필요성을 제안한다. 지식의 전달과 획득을 중심으로 이루어지는 교육활동은 지식을 창의적으로 활용할 수 있는 교육으로 전환되어야 한다. 분석적인 능력만 집중적으로 평가해왔던 학교교육의 평가방식도 창의적 능력과 실제적 능력을 종합적으로 평가하는 다면적 평가로 확대될 필요가 있다. 뿐만 아니라, 각 능력에 대한 개인차를 고려하여 강점을 가진 능력을 활용하여 다른 능력을 계발하는 개별화된 방식으로 교육에 접근하여야 할 필요가 있다(신종호, 권희경, 2004).

분석적, 창의적, 실제적 사고를 수업상황에 활용해 보면 〈표 8-2〉와 같다.

표 8-2 삼원지능이론의 적용: 수업에서의 활용

내용	분석적 능력	창의적 능력	실제적 능력
수학	$(3+\sqrt{2})$를 유리화하여 표현하기	제곱근의 성질을 이용하는 문항을 제작하여 보기	삼각함수를 통하여 대포의 발사 위치 측정하기
언어	이육사의 '절정'에서 나타나는 시대적인 배경	이육사의 '절정'을 현재의 시대에 맞게 바꾸어 써보기	이육사의 '절정'을 이용하여 독립운동가들을 홍보하는 영상물 제작하기
사회과	경제공황의 원인에 대해서 분석하기	경제공황을 막기 위해서 국가에서 할 수 있는 조치들은 어떤 것이 있을 수 있는가 생각해 보기	경제공황을 사전에 예방할 수 있는 제도적 장치를 고안해 보기
과학	중력에 차이에 따른 물체의 낙하속도 예측하기	다른 별에서 사과를 떨어뜨렸을 때 어떤 속도로 떨어질 것인지 예측해 보기	작용·반작용의 법칙에 대한 일상 속에서의 예시를 생각해 보기
미술	'모나리자'와 '게르니카'의 특징을 비교해보기	'게르니카'가 고흐에 의해서 제작되었다면 어떻게 바뀌었을지 생각해 보기	입체파 미술가들의 특징을 활용하여 전시회 홍보 포스터 제작해 보기

나. 지능의 측정

최초의 지능검사는 비네-시몬검사로 정신연령으로 지능의 정도를 나타낸다.

지능의 역사는 지능검사의 역사라고 할 만큼 지능에 대한 연구는 지능을 측정하려는 노력과 밀접하게 관련되어 있다. 최초의 지능검사는 1905년 프랑스 정부가 학습부진 아동들을 도와주기 위한 목적으로 비네(A. Binet)에게 의뢰하여 제작한 비네-시몬 검사이다. 비네-시몬(Binet-Simon) 검사는 검사의 결과를 해당 연령집단의 평균능력인 정신연령(MA: mental age)으로 나타냈다. 예를 들어, 평균적인 7세 아동이 풀 수 있는 문항에 대부분 정답을 하였고 8세 아동이 풀 수 있는 문제를 풀지 못했다면 그 아동은 실제 연령이 설사 5세, 8세, 10세일지라도 그 아동의 정신연령은 7세에 해당한다.

비율지능지수는 정신연령과 생활연령의 비율로 지능의 정도를 표현하였지만, 생활연령이 높아질 경우 적합하지 않은 것으로 나타났다.

1916년 스탠포드 대학의 터만(L. Terman) 교수는 비네-시몬검사를 미국상황에 맞게 표준화하여 스탠포드-비네(Stanford-Binet)검사를 제작하였다. 스탠포드-비네검사의 특징은 처음으로 지능지수인 IQ(intelligence quotient)를 사용하여 지능검사의 점수를 나타내었다는 것이다. IQ는 정신연령과 생활연령의 비율에 100을 곱한 값으로 비율지능지수로도 불린다. 예를 들어, 아동의 정신연령이 6세이고 생활연령이 5세라면 아동의 지능지수는 120이 되는 것이다.

$$\text{지능지수(IQ)} = \frac{\text{정신연령(MA)}}{\text{생활연령(CA)}} \times 100$$

지능지수의 사용으로 지능검사는 보편성, 실용성을 가지게 되어 교육이나 학문분야에 큰 영향을 끼치게 되었다(황정규, 2010). 그러나 스탠포드-비네검사에서 사용되는 지능지수는 연령에 따라 지능지수의 의미가 다르다는 문제점이 노출되었다. 생활연령은 지속적으로 증가하지만 정신연령은 13~15세 이후로는 거의 증가하지 않기 때문에 생활연령이 증가할수록 지능지수를 적용하는 것에는 무리가 따른다는 점이 밝혀졌다.

> 편차지능지수는 동일한 연령집단에서의 상대적인 위치로 피험자의 지능을 표현하는 방법으로 현재 대부분의 지능검사에서 활용되고 있는 지능지수이다.

정신연령을 기초로 계산되는 지능점수는 각 연령에서 동일한 의미를 갖지 않는다는 단점을 극복하기 위해 편차지능지수(Deviation IQ)라는 개념이 도입되었다. 편차지능지수는 동일한 연령집단에서의 상대적인 위치로 피험자의 지능을 표현하는 방법이다. 해당 연령집단을 모집단으로 한 검사점수의 정상분포를 평균이 100, 표준편차가 15 혹은 16이 되는 표준점수로 환산한 척도에서 개인의 지능지수를 계산한다. 예를 들어, 12세의 아동이 지능검사 점수가 100이라면 이것은 자신과 동일한 연령집단의 평균에 해당하는 점수이다. 만약 115점이라면 해당 연령집단의 점수분포의 평균에서 1 표준편차만큼 떨어진 곳에 위치하고 있다는 것을 나타낸다.

이처럼 편차지능지수는 자신의 연령집단 내에서 차지하는 상대적 위치를 알려준

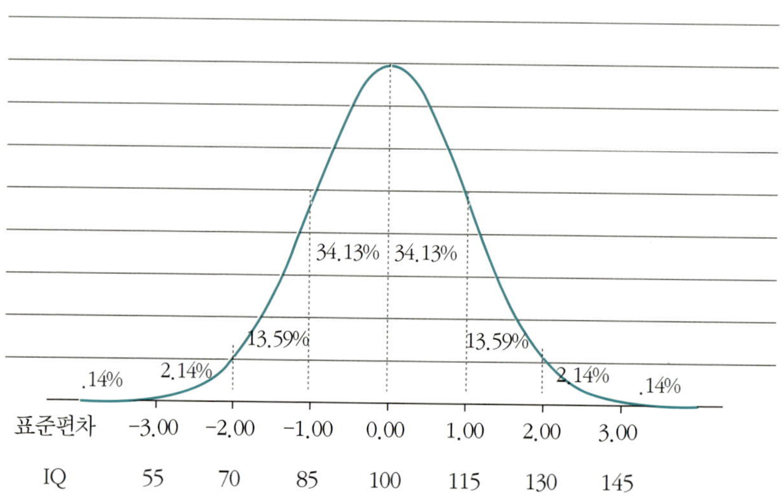

그림 8-6 편차지능지수

다는 점에서 원점수보다 더 많은 정보를 제공한다는 장점이 있다. 현재 활용되는 대부분의 검사는 편차지능지수를 활용하여 개인의 지능을 나타내고 있다.

개인지능검사와 집단지능검사의 장단점을 이해해야 하며, 특히 집단지능검사 점수는 신중하게 해석해야 한다.

지능검사는 실시대상에 따라 개인지능검사와 집단지능검사로 구분한다. 개인지능검사는 검사전문가가 피검사자 한 사람을 대상으로 실시된다. 피검사자의 수행을 빠짐없이 관찰하여 검사점수에 반영된 능력뿐 아니라 반영되지 않은 측면까지도 파악할 수 있는 검사이다. 그러나 검사를 진행하기 위해서는 검사자의 고도의 전문성이 요구되며, 또한 검사시간이 오래 걸리며 비용이 많이 든다는 단점이 있다. 이에 비해 집단지능검사는 한 번에 여러 사람의 지능을 측정할 수 있도록 주로 지필검사 형태로 구성되어 있어 실시하기가 쉽다는 경제적인 장점을 가지고 있다. 그러나 개인의 검사

표 8-3 스탠퍼드-비네검사(개정 5판)와 웩슬러 검사의 구성

스탠퍼드-비네검사(개정 5판)			웩슬러 검사(개정 4판)	
하위요소	비언어적 IQ	언어적 IQ	하위요소	
유동적 추론능력 (Fluid reasoning)	계열적/행렬적 물체검사	초기 추론능력 언어적 불합치검사 언어유추검사	언어이해	언어적 개념형성 검사
지식 (Knowledge)	절차적 지식 검사 그림 불합치 검사	어휘검사	지각 추론	비언어적/유동적 추론능력검사
수량적 추론능력 (Quantitative reasoning)	다양한 유형의 추론	다양한 유형의 추론	작업기억	기억, 집중, 조작, 계열 검사
시공간 처리능력 (Visual-spatial processing)	보드검사 패턴분석검사	상대적 위치 방향검사	처리속도	주의, 변별, 계열화 검사
작업기억 (Working memory)	공간/수량적 계열검사	단어/문장 기억검사 마지막 단어 기억검사		

출처: 황정규 외, 2011.

수행을 개별적으로 관찰할 수 없기 때문에 검사점수에 포함된 여러 가지 오차들의 원인을 알 수 없고, 결과적으로 오차 요인을 통제하기가 곤란하기 때문에 그 신뢰성이 떨어진다는 단점이 있다(황정규, 1984).

대표적인 개인지능검사에는 스탠포드-비네검사와 웩슬러 검사가 있다. 스탠포드-비네검사는 언어적 검사와 비언어적 검사로 구성되어 있으며, 2세부터 성인까지 연령에 따라 다른 구성으로 검사가 제작되어 있으며 오늘에 이르기까지 여러 번의 개정작업을 거처 널리 활용되고 있다. 웩슬러(Wechsler) 검사는 아동을 위한 검사(WPPSI), 7～16세까지 아동을 위한 검사(WISC), 성인용 검사(WAIS) 등 연령에 따라 세 종류의 검사가 사용되고 있다. 하위검사에는 언어검사와 동작(수행)검사가 있다.

문화가 지능에 미치는 영향을 고려한 문화평형검사를 제작하려는 노력이 지속되고 있다.

지능검사의 내용은 그 검사가 제작된 문화와 사회적 맥락의 영향을 받는다. 지능검사의 문항이 특정 사회나 문화의 내용을 포함한 것이라면, 사회적 배경이 다른 피험자는 해당 지능검사에서 좋은 점수를 받기 힘들 것이다. 예를 들어, 농촌 출신 아동은 도시 문화와 관련된 검사문항을 이해하는 데 어려움을 겪을 수 있다. 이러한 문화적 편향(cultural bias)을 고려하여 문화적인 요소가 개인의 지능에 미칠 수 있는 영향을 제거하거나 그 영향을 최소화한 문화평형검사(cultural-fair test)를 제작하려는 노력이 지속되고 있다.

문화평형검사는 대개 언어가 미치는 영향을 최소화하기 위해 그림, 도형, 공간재료 등을 활용하여 조립검사나 모양맞추기 검사, 숨겨진 그림찾기 검사의 형태로 제작된다. 위트킨(Witkin)의 숨겨진 그림찾기검사, 레이븐(Raven)의 행렬검사, 웩슬러 검사의 동작검사 등이 문화평형검사의 예라고 할 수 있다. Mercer와 Lewis(1979)가 개발한 SOMPA(System of Multicultural Pluralistic Assessment)는 5세에서 11세 아동들 중 특히 저소득층 아동들에게 유용한 검사로 웩슬러 검사의 지능점수와 부모면담, 부모질문지, 신체건강상태 검사 등을 활용하여 지능점수로 파악할 수 없는 아동의 지

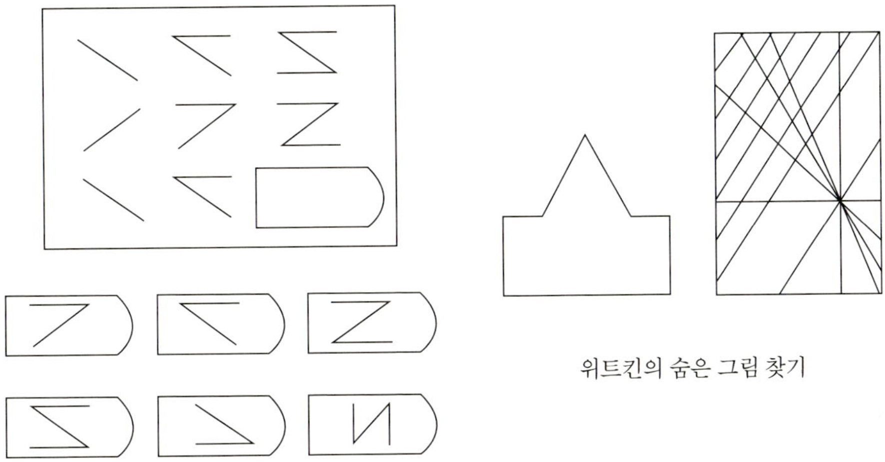

레이븐의 행렬검사

위트킨의 숨은 그림 찾기

그림 8-7 문화평형검사의 예시

적, 신체적 발달정도를 종합적으로 파악하는 방법이다.

다. 대안적 지능검사

역동적 검사는 현재의 고정된 능력뿐 아니라 잠재적인 능력까지 측정하고자 한다.

기존의 지능검사과정에서는 검사자와 피검사자 간의 상호작용이 이루어지지 않는다. 검사자의 개입이 피검사자의 능력을 제대로 측정하는 데 방해가 된다고 인식되었기 때문이다. 그러나 '역동적 검사'는 검사자와 피검사자의 역동적인 상호작용을 바탕으로 피검사자의 현재의 능력과 잠재적 능력까지를 동시에 측정할 수 있는 검사이다. 검사자의 도움을 통해 피검사자가 학습하는 과정, 몰랐던 부분을 새롭게 파악하게 되는 과정 등을 관찰하면서 피검사자의 가능성을 전망하는 검사방법이다. 검사자와 피검사자와의 상호작용 속에서 피검사자의 활동을 관찰하였을 때 피검자자에게 지금 발달하고 있는 능력이 무엇인지, 그 발달을 촉진시키기 위해 어떤 수업전략이나 도움이 필요한지를 발견할 수 있다(한순미, 1999). 역동적 평가의 대표적인 예는 특수

교육 분야에서 활용하는 학습잠재력평가도구(Learning potential assessment device: LPAD)이다(Feuerstein, 1979). 이 검사에서는 처음에는 아동에게 혼자 문제를 풀라고 지시하지만 혼자 힘으로 문제를 풀지 못할 때, 점차적으로 표준화된 힌트를 받게 된다. 아동의 수행에 따라 힌트가 더 제시되기도 한다. 검사–훈련–재검사의 형태로 아동의 잠재적 능력을 평가하게 된다.

디중지능이론에 기반한 검사는 현실의 맥락에서 학생들의 수행을 관찰하고 평가함으로써 이루어진다.

다중지능이론은 전통적인 지능검사가 오히려 실생활의 맥락에서 가치롭게 여겨지는 인간의 역량을 평가절하하는 부작용을 초래해 왔다(Gardner, 2006)고 지적하면서 탈맥락적이고 표준화된 지능검사에 비판적인 입장을 취한다. 수리력이나 추리력을 측정하는 지능검사에서는 좋은 점수를 받지 못한 아동이라도, 옷을 재단하거나 자신의 사업을 계획하거나 논쟁에서 자신의 주장을 뒷받침하는 근거를 찾는 데에는 충분한 능력을 지니고 있을 수 있다. 다중지능의 평가는 현실의 맥락에서 학생들이 문제를 해결하고 산물을 창조해내는 능력을 '관찰'하고 '평가' 함으로써 이루어진다. 학생들의 잠재된 지능이 드러나기 위해서는 개인차가 드러나며 학생들이 몰입할 수 있는 흥미로운 과제가 제시되어야 한다. 과제를 수행하는 과정에서 학생들의 수행을 관찰하고, 기록하고, 학생들의 사고나 느낌을 묻는 면접 등의 방법을 통해 학생의 강점지능과 약점지능을 파악하는 형태로 다중지능에 대한 평가가 이루어진다(Armstrong, 2000).

다중지능은 지능점수가 아닌 지능의 프로화일의 형태로 개별 학생이 나타내는 8개의 지능역영의 정도와 그 조합의 가능성을 살펴볼 수 있도록 그 결과를 제시한다. 가드너는 대조적인 프로화일 유형으로 레이저형과 서치라이트형을 확인하였다. 레이저형은 뉴턴이나 모차르트처럼 한 영역의 자극만 추구하는 유형으로 과학이나 예술에서 비범한 능력을 보이는 사람에게서 발견할 수 있다. 이에 비해, 서치라이트형은 다양한 지능영역이 골고루 균형을 이루는 유형으로 정치가나 사업가에게서 발견할 수 있는 유형이다.

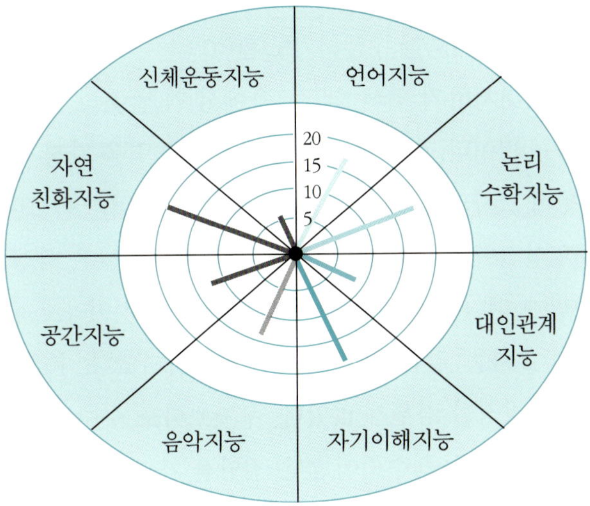

그림 8-8 다중지능의 프로화일 예시

라. 교육 현장에서 지능의 교육적 적용

지능검사는 개인의 모든 지적능력을 타당하게 평가하지는 못한다. 한계를 인식하고 참고자료의 하나로 활용하여야 한다.

지능검사를 통해 개별 학생의 지능을 이해하기 위해서는 지능검사가 가지는 한계를 잘 이해해야 한다. 지능검사는 지능 '그 자체'를 측정하는 것이 아니라, 표준화된 지필 검사문항에 의해서 측정가능한 지능의 부분만을 측정할 뿐이다. 지능검사의 결과가 개인의 모든 능력을 타당하게 반영할 수 없는 이유이다. 그리고 일회적으로 실시되어 얻게 된 지능검사의 결과는 검사 실시 당시의 상태를 반영할 뿐이다. 이러한 결과를 기반으로 학생의 미래의 능력까지 정확하게 예측한다고 보기에는 무리가 따른다. 따라서 지능검사에 의해 측정된 지능의 수준이 개별 학생이 지니는 현재와 미래의 잠재력과 문제해결력을 타당하게 대표하는 데 한계가 있다는 점을 분명하게 인식하고 학생의 능력을 이해하는 참고자료의 하나로 활용하는 게 바람직하다.

능력의 개인차에 기반한 수준별 수업은 운영의 편리함도 있지만, 교사의 차별적인 태도로 인해 부정적인 기능을 수행하기도 한다.

학생의 능력차에 대처하기 위해 학교교육에서 가장 흔하게 사용하는 방법은 수준별 수업을 진행하는 것이다. 수준별 수업은 유사한 능력을 가진 학생을 집단으로 편성하는 것이기 때문에 교사의 입장에서는 수준에 맞게 수업의 속도나 방법, 자료를 선택할 수 있다는 운영상의 편리함이 있다. 특히 학업수준이 낮은 학생들이 자신의 이해도에 맞는 수업을 받게 된다면 여러 면에서 이점이 있을 것이라고 예상할 수 있다. 그러나 수준별 수업의 효과는 일관되지 못한 것으로 나타났다. 특히 학업수준이 낮은 집단에서의 효과가 부정적일 경우가 많았다. 무엇보다도 수준별 집단에 따라 교사의 태도에서 차이가 나타났다. 능력수준이 높은 집단을 가르칠 때 교사는 생각할 거리가 있는 질문을 던지고 학생들의 반응을 참을성 있게 기다려주었다. 그런데 능력수준이 낮은 집단을 가르칠 때 교사들의 행동과 태도는 능력이 높은 집단을 가르칠 때와는 차이가 있었다. 가르침에 대한 열정도 떨어졌으며 단편적인 질문을 제시하거나 암기위주의 방식으로 수업을 진행하는 경향이 높았다. 교사들이 던지는 질문의 수준이나 학생들의 반응을 대하는 교사의 태도를 통해 학생들은 자신에 능력에 대한 교사의 기대를 읽어낼 수 있었다. 단편적인 질문, 쉬운 과제에 대한 교사의 도움, 교사의 통제적인 모습을 보며 학생들은 자신의 능력이 높지 않다는 것을 알게 되고 학습동기가 오히려 저하되었다(Eggen & Kauchak, 2010). 학생들의 지적인 능력수준도 중요하지만, 학생들의 능력에 대한 교사의 기대나 태도가 학생들의 학업에 미치는 영향 또한 간과할 수 없다는 것을 보여준다.

2 창의성에 대한 이해

현대 사회는 지식이나 기술이 가지고 있는 생산적인 힘과 가치에 크게 의존하고 있는 사회이다. 이러한 시대적 맥락에서는 주어진 지식이나 기술을 습득하는 것보다는 자신이 가진 지식과 기술을 통해 독창적이고 새로운 산출물을 만들어내는 창의성이 중요한 능력으로 부각된다. 창의성은 지능과 다른 관점에서 인간의 능력을 바라본다. 기존의 지식이나 사고방식에 갇혀 있지 않고 독창적인 사고를 바탕으로 새로운 것을 만들어내는 능력은 지능이 높은 것과는 구분되는 능력의 측면이다. 흔히 창의성은 능력이 탁월한 개인만이 지니는 특성이라고 여겨지는 경우가 많다. 그러나 누구에게나 창의성은 있으며 노력과 경험에 의해 계발될 수 있다.

가. 창의성의 정의

창의성은 새롭고 적절한 산출물을 생성해내는 능력으로 사회적 맥락 속에서 평가된다.

창의성에 대한 가장 일반적인 정의는 '새롭고 적절한 산물을 생산해 낼 수 있는 능력'(Sternberg & Lubart, 1999; Urban, 1995)이다. 여기서 산물은 모든 종류의 아이디어와 생산물을 의미하며, "산물이 새롭다"라고 하는 것은 기존의 것을 모방하지 않은 독창적인 면을 가져야 한다는 것이다. 그러나 새로운 것이라도 사회에서 유용하거나 가치가 있는 것이 아니라면 그것은 창의적인 것이라고 할 수 없다. 이때 유용성은 단순히 실용적인 관점에서의 유용성이 아니라 심미적, 기술적, 문화적, 과학적, 경제적 유용함 등을 포함한 보다 넓은 의미에서의 유용성을 의미한다(Feist, 2004). 이런 점에서 새로움과 유용성을 기준으로 하는 창의성은 구체적인 사회적 맥락에서 판단될 수 있는 것이다(Lubart & Guignard, 2004; Plucker & Beghetto, 2004).

창의성은 창의적 산출물을 만들어내는 능력과 과정 간의 상호작용이며, 개인의 독자적인 능력적 특성에 국한된 것이 아니라 사회적 과정의 영향을 받는다.

창의성은 개인의 내부에서 발현되는 능력일까? 사회적으로 다른 사람과 상호작용하면서 발휘되는 사회적 현상일까? 창의성은 개인의 특성에서 비롯되기도 하지만 사회문화적 맥락 속에서 이루어지는 사회적 현상이며, 집단적인 과정을 통해 발휘된다. 예를 들어, 스티브 잡스와 그의 친구 워즈니악이 개발한 애플 컴퓨터는 대형 컴퓨터만이 존재하던 시기에는 획기적인 산물이었다. 소형컴퓨터라는 이유뿐 아니라 애플 컴퓨터는 프로그램 내에 포함된 글씨체의 아름다움 때문에 디자인이나 출판계에서 각광을 받아왔다. 애플 컴퓨터에 그렇게 아름다운 글씨체를 포함시킬 수 있었던 것은 스티브 잡스가 잠시 다녔던 리드대학의 특별한 풍조 때문이었다. 리드대학은 서예와 관련된 다양한 강좌를 개설하였을 뿐 아니라 대학의 모든 표지물을 아름다운 글씨체로 장식하였다. 이러한 환경 속에서 스티브 잡스는 활자체의 역사와 예술적 아름다움에 매료되었고, 그것에 지속적인 관심을 기울였다.

스티브잡스의 집요히고 독창적인 성격과 문제해결능력이 중요하기도 하였지만 대형컴퓨터만이 존재하던 시대에 소형의 컴퓨터의 아이디어와 그에 대한 지식을 가지고 있었다는 점, 스스로의 힘으로는 접하기 힘들었을 활자체에 대한 문화를 접할 수 있었다는 점은 스티브잡스로 하여금 독창적이고 창의적인 산물을 창작하도록 지원하는 사회문화적 맥락이었다.

이처럼 창의성은 한 개인의 정신적 작용을 통해 진공 상태에서 나오는 것이 아니라, 다른 사람과 환경과의 끊임없이 상호작용하는 과정에서 나오는 특이한 결과이다(Vygotsky, 1990). 아래의 정의는 이러한 창의성의 측면을 잘 드러낸다.

> 창의성이란 특정 사회적 맥락 내에서 새롭고 유용한 결과물을 만들어내는 개인이나 집단의 능력과 과정 간의 상호작용이다(Plucker & Beghetto, 2004).

문지방이론: 창의성은 일정 수준 이상의 지능을 필요로 하지만, 그 이상의 지능수준에서는 지능과 창의성의 관계는 분명하게 나타나지 않는다.

창의적인 사람은 모두 지능이 뛰어난 사람일까? 지능과 창의성이 서로에게 포함되어 있다고 바라보거나 지능과 창의성이 동일한 능력이라고 바라보는 입장이 존재한다. 그러나 최근의 몇몇 연구들은 창의성이 일정 수준 이상의 지능을 필요로 하지만 지능지수(IQ)가 120 이상이면 지능과 창의성과의 관계가 일관되지 않다는 문지방이론(threshold theory)을 지지한다(Lubart, 1994). 터만(Terman, 1954; Terman & Oden, 1947)은 지능이 매우 뛰어난 사람들(IQ 140-200정도), 1,470명을 평생 추적하면서 연구했다. 이들 집단 중 독창적인 업적으로 사회에 공헌한 사람은 소수에 불과했다. 다수는 지극히 평범한 수준의 삶을 살았고 심지어 상당수의 사람들이 자신을 실패자로 여겼다고 한다. 지능점수 상위 1% 인물을 대상으로 했던 터만의 연구는 지능이 높다고 해서 그 지능의 수준이 창의적인 능력과 연결되는 것이 아니라는 것을 보여준다. 그러나 문지방이론에 대해 반박하는 연구들(예: Preckel, Holling, & Wiese, 2006)도 다수 존재한다는 점에서 창의성과 지능의 관계를 한 마디로 정의한다는 것이 쉬운 일이 아니라는 것을 알 수 있다.

나. 창의성 연구

창의성에 대한 연구는 창의적 인물, 사고과정, 산물, 환경을 중심으로 이루어져 왔고, 최근에는 이러한 측면의 상호작용에 의해 형성된다는 통합적 접근이 부각되고 있다.

창의성에 대한 연구는 창의적 인물, 창의적 사고과정, 창의적 산물, 창의적 환경 등 창의성의 서로 다른 측면을 중심으로 창의성을 살펴보거나 창의성이 개인적인 특성인지 사회적인 현상인지를 탐구하는 형태로 이루어져 왔다. 창의성을 어떠한 측면을 중심으로 바라보느냐에 따라 창의성의 정의나 성격은 달라질 수 있다. 오랫동안 창의성 연구는 새로운 산물을 만들어내는 개인의 사고과정이나 성격에 초점을 맞추어 왔다. 모든 과제나 분야에서 공통적인 창의성의 요소들을 도출하려고 하였기 때문이다. 그러나 최근 들어 창의성이 여러 측면의 상호작용에 의해 형성된다는 통합적 접근이 부각되고 있다.

1) 창의적 인물

창의적인 인물에 대한 연구는 창의적 인물의 공통적인 성격이나 특징을 도출해 내고자 하였다.

창의적인 인물에 대한 연구는 창의적 인물에게서 공통적으로 발견되는 성격이나 개인적 특성을 도출해 내고자 하였다. 스턴버그는 창의적인 사람들에게서 모호함을 견디는 태도, 장애물을 극복하고 성장하고자 하는 의지, 내재적 동기, 모험심, 인정에 대한 욕구 등을 발견할 수 있었다고 한다. 창의성 검사로 유명한 토랜스(E. Torrance, 1995)는 창의적인 인물은 자신의 꿈, 미래에 대한 열정으로 창의성의 원동력으로 삼는다고 하였다.

칙센트미하이(M. Csikszentmihalyi, 1996)는 창의적 인물이 서로 상반되는 성격적 특징을 동시에 가지고 있다고 하였다. 경우에 따라서는 공격적이기도 하고 때로는 협조적인 모습을 보인다는 것이다. 상황에 따라 보이는 상반되는 성격적 특징 자체가 창의성의 에너지의 역할을 한다.

아마빌(T. Amabile, 1983)은 창의적 인물이 자신이 활동하고 있는 분야에 대한 충분한 지식과 기술을 가지고 있으며, 창의적 산출물을 생산해내도록 하는 사고유형이나 작업방식, 확산적 사고를 지니고 있으며, 무엇보다도 과제에 대한 열정을 통해 무섭게 몰입하는 특성을 가지고 있다고 바라보았다. 아마빌은 창의적 인물을 성격적인 특성으로 바라보기보다는 특정 분야의 지식이나 기술, 창의성 관련 기술이나 능력, 내적 동기라는 세 가지 요소의 조합으로 바라보고자 하였다.

2) 창의적 사고과정

창의성을 사고과정으로 바라보는 관점은 창의성을 문제해결의 과정으로 보고 그 성격을 밝히고자 하였다.

창의성을 사고과정으로 바라보는 입장에서는 창의성을 문제해결의 과정으로 바라보고, 그 과정의 성격을 밝히려고 노력하였다. 왈라스(G. Wallas)는 준비, 배양, 영감, 검증단계로 창의적 사고과정의 특징을 이해하였다. 준비단계에서는 여러 가지 가능성을 탐색하고 다양한 방법으로 해결책을 모색한다. 배양단계에서는 논리적인 사고뿐 아니라 지적, 의지적, 정서적 기능을 결합하고 온 신경을 집중하여 문제를 새롭게 바라보고 다양한 요소의 조합을 시도한다. 배양단계에서 아이디어가 무르익으면서 영감단계에서는 기발하고 결정적인 아이디어가 떠오른다. 대부분 영감단계에서 산출된 아이디어로 창의성의 유무를 판단하지만 실제로는 준비와 부화라는 숙성의 단계, 즉 배양단계가 새로운 아이디어를 싹트게 하는 밑거름이 된다. 마지막 검증단계에서는 문제의 해결책이 적절한지를 검증하고 아이디어의 실현가능성과 적절성 여

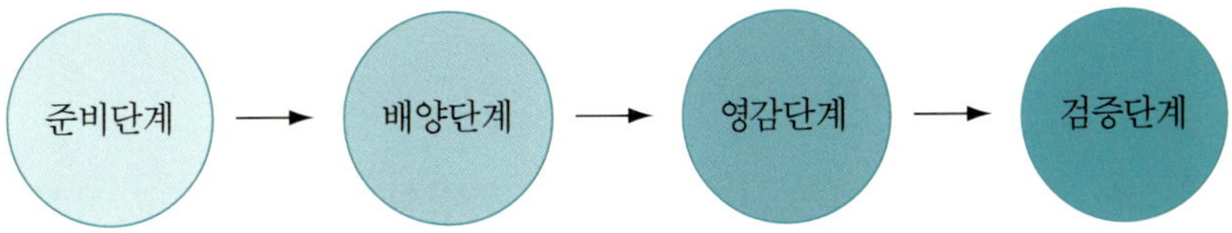

그림 8-9 왈라스의 창의적 사고과정

부를 판단하게 된다. 로스만(J. Rossman) 역시 창의성을 창의적인 사고과정의 측면에서 살펴보았다. 그는 창의적인 사고과정이 문제에 대한 관찰과 문제형성, 정보탐색, 해결책 형성, 해결책에 대한 검토와 더불어 새로운 아이디어 구상, 검증하는 단계를 거친다고 보았다(서울대학교 교육연구소, 1997).

3) 창의적 산물

창의적인 산물에 대한 연구는 창의적이라고 여겨지는 산출물이 가지는 공통점을 중심으로 창의성을 이해한다. 개인이나 집단이 만든 산출물을 관찰하고 평가함으로써 창의성의 여부를 판단한다.

창의적인 산물에 대한 연구는 창의적이라고 평가되는 산출물이 어떤 공통점을 가지고 있는지를 도출하여 창의성을 이해하고자 하는 접근방법이다. 개인이나 집단이 이루어 놓은 결과물을 직접 관찰하고 평가함으로써 창의성의 여부를 판단한다. 이때의 결과물은 유형의 것(예술품, 특허품)일 수도 있고 무형의 것(이론, 기법, 문제해결책)일 수도 있다. 창의적 산물에 대한 연구는 결과적으로 창의적인 산출물을 어떻게 객관적으로 측정하고 평가할 것인지에 대한 방안으로 연결되었다. 산출물의 창의성을 판단하기 위해 다양한 기준들이 제시되었다. 페이퍼(R. S. Pfeiffer)는 새롭고 독창적이고 해당 영역에서 뛰어난 수준의 성취를 보여주는 작품이 창의성을 판단하는 기준이라고 주장하였다. 맥키논(D. W. Mackinnon)은 새롭고 독창적이며, 현실에 적용가능하고 그 산물이나 반응이 심미적이며 인간의 새로운 조건을 생산해 낼 수 있을 때, 그러한 산출물이 창의적이라고 하였다(서울대학교 교육연구소, 1997).

4) 창의적 환경

창의적 환경은 창의적 사고를 격려하고 자율성을 지원하며 도전적이며 독립적인 태도를 지지하는 환경이다.

창의적 환경에 대한 연구는 어떠한 환경에서 창의성이 개발되고 저해되는지를 연구하여 창의성을 향상시키기 위한 환경적 요소를 파악하였다. 창의적인 환경에는 분위기(climate), 상황(situation), 장소(place) 등이 포함된다. 작업환경에 대한 연구에서는 창의적인 사고를 격려하는 분위기(조직, 상사, 업무팀), 자율성 지원, 충분한 자원, 도전적인 과제 등이 창의성을 향상시키는 환경적 요소라고 밝혔다(Amabile et al., 1996). 창의적 아동의 부모를 통해 가정환경의 특성을 조사한 연구에서는 창의적인 아동의 부모는 온화하고 지지적이며, 자아에 대해 긍정적인 생각을 가질 수 있도록 격려하였다. 그리고 즐거움, 기쁨을 자녀와 함께 나누며 자녀가 독립적으로 행동할 수 있도록 지원해 주었다(Amabile, 1989).

Google의 20% 시간

구글의 모든 직원은 업무 시간의 20% 즉, 일주일 중 하루를 업무와 무관하게 자신이 원하는 창의적인 일을 마음껏 할 수 있게 하여 직원으로부터 큰 호응과 지지를 얻고 있다. 누가 무엇을 하는지 묻는 사람도 없고, 또 정확히 20%만 시간을 쪼개 쓰는지 측정하는 사람도 없다. 관심 프로젝트가 돈이나 회사 매출에 연관성이 있어야 하는 것은 절대 아니며, 이러한 개개인의 프로젝트에 대해 물심양면의 지원을 하고 있다.

구글의 핵심경쟁력은 여기서 비롯되며, 구글의 로고 디자이너로 알려진 데시스 황의 대부분의 디자인도 그의 20% 시간활용을 통해 만들어진다고 한다. 구글의 성공비결이라고까지 일컬어지는 20% 시간은 구글의 초창기 시절부터 시행되어온 정책으로, 이를 통해 구글은 '창의성을 장려하라'는 '구글의 10가지 황금률' 중 하나인 경영방침을 성공적으로 수행해 왔다.

출처: http://blog.naver.com/cgw73/120061700132

5) 통합적 접근

창의성은 개인의 지적능력이나 성격에 국한된 것이 아니라, 사회문화적 환경의 영향을 받는다. 창의성에 대한 통합적 관점은 창의적 사고, 창의적 성격이 합쳐져서 개인의 창의적인 특성을 형성하지만 창의성이 발휘되는 사회문화적 맥락이 중요한 역할을 한다는 점을 고려하는 관점이다(Amabile, 1983; Sternberg & Lubart, 1999).

창의성의 체제모형은 개인, 영역, 활동현장의 상호작용 속에서 창의성이 형성된다고 바라본다.

18~19세기의 명망 있는 생물학자는 새로운 세계를 개척하는 탐험가이며 자연주의자였다. 그러나 20세기에는 연구실에서 수행하는 연구만으로도 생산적인 생물학자가 될 수 있게 되었다. 분자 생물학과 같은 새로운 영역과 분야가 생겨나면서 생물학자에게 요구되는 능력은 판이하게 달라졌기 때문이다. 이처럼 창의적인 산출물은 개인의 능력뿐 아니라 산출물이 나타나는 시대, 활동분야 등 사회적인 사건들의 영향을 받는다(Abuhamdeh & Csikszentmihalyi, 2004). 칙센트미하이(Csikszentmihalyi, 1996)는 창의성의 체제모형을 제안하면서, 창의성은 개인, 영역, 활동현장이라는 세 요소가 상호작용하는 하나의 시스템으로 이해해야 한다고 주장하였다.

'영역(domain)'은 개인이 활약하는 특정 분야나 학문 영역으로, 그 내에는 해당 영역이 요구하는 실천 양식이나 고유한 상징적 체계들과 전문성의 수준이 존재한다. '활동현장'(field)은 산물을 평가, 선별, 유포하는 등의 사람들로, 이들은 새로운 아이디어나 산출물이 그 영역에 적합한지, 해당 영역에서 인정될 수 있는지를 판단하는 역할을 한다. '개인(person)'은 해당 영역에서 활동하며 활동현장에 자신의 성과물을 제시하며 평가를 받는다. 개인은 영역의 행동 양식이나 절차를 변화시키는 일을 함으로써 활동현장의 변화를 일으키고 이러한 변화가 다시 영역 내로 포함될 때 창의성이 발생하게 된다(Abuhamdeh & Csikszentmihalyi, 2004; Gardner, 1993). 체제모형은, 창의성이 개인이 활동하는 현장과 영역에 영향을 받고, 개인의 능력은 현장과 영역에 또 다시 영향을 미치는 형태로 발현된다고 바라본다. 이에 따르면 창의성은 개인의 성격적 특성이나 재능 자체로 규정될 수 없고, 사회적 맥락과의 상호작용 속에서 그

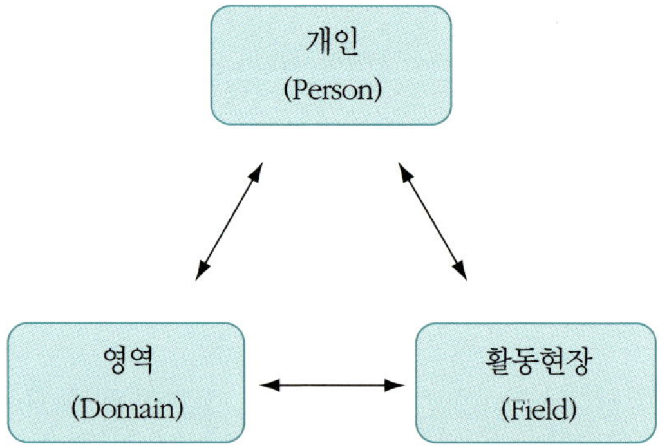

그림 8-10 칙센트미하이 창의성의 체제모델

특성과 형성과정을 살펴보아야 하는 인간의 능력이다.

다. 창의성 측정

창의성은 어떻게 측정할 수 있을까? 창의성을 측정하는 방법은 다양하다. 개인의 인지적, 성격적 특성을 검사하거나 개인이 창조해낸 산물의 평가를 통해서 창의성을 평가해볼 수 있다.

1) 창의적 사고검사

토랜스가 개발한 TTCT는 도형검사와 언어검사로 구성되며, 유창성, 유연성, 독창성, 정교성을 중심으로 창의성을 측정한다.

대표적인 창의성 검사는 토랜스(E. P. Torrance)에 의해 개발된 토랜스 창의성 검사(Torrance Test of Creative Thinking: TTCT)이다. 이 검사는 길포드가 제안한 확산적 사고를 중심으로 창의성을 측정한다. TTCT는 확산적 사고를 유창성, 유연성(혹은 융통성), 독창성, 정교성의 하위요소로 측정하며 도형검사와 언어검사로 구성된다. 이는 유치원에서부터 대학생, 성인에 이르기까지 사용할 수 있는 검사다.

표 8-4 창의성의 구성요소

확산적 사고의 주요변인	설명	측정의 예
유창성	주어진 문제에 대해 가능한 많은 아이디어를 만들어낼 수 있는 능력	O를 다양한 그림으로 변환시키기 각기 다른 반응의 수로 측정
융통성	다양한 방식으로 사고를 변화시켜 아이디어나 해결책을 만들어 낼 수 있는 능력	그림의 범주가 다양할수록 융통성이 높음
독창성	기존의 것과는 다른 참신하고 독특한 아이디어를 산출하는 능력	검사를 치른 사람의 5~10% 정도가 보이는 희귀한 반응을 할 때 독창성이 있다고 봄
정교성	처음 제안된 아이디어를 가다듬고 더 정교하게 표현하는 능력으로, 보다 유용하고 가치로운 것으로 발전시키는 능력	

S S S

1. 제목: ________ 1. 제목: ________ 1. 제목: ________

S S S

1. 제목: ________ 1. 제목: ________ 1. 제목: ________

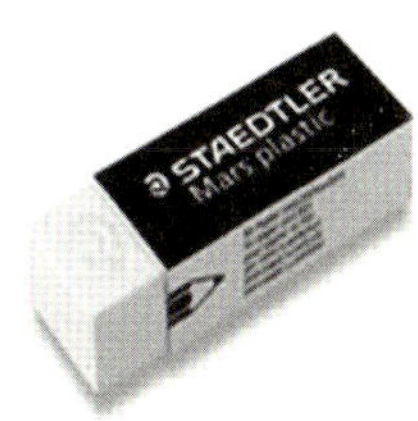

위 사진은 지우개입니다. 지우개를 무언가를 지우는 용도를 제외하고 새롭게 사용할 수 있는 용도에 대해서 말해보세요.

그림 8-11 창의성 도형검사(전경원, 2005)와 언어검사의 예

2) 창의적 성격검사

대표적인 창의적 성격검사에는 GIFT, GIFFI 검사가 있다.

창의적인 개인이 지닌 성격적 특성을 검사하는 도구들이 창의적 성격검사에 포함된다. 대표적인 검사로 Davis와 Rimm이 개발한 GIFT(Group Inventory For Finding Talent)와 GIFFI(Group Inventory For Finding Interest)가 있다(Davis & Rimm, 1982; Rimm & Davis, 1976).

※ 초등학교 3, 4학년용 GIFT 검사의 예시 문항

문항	예	아니요
1. 나는 내가 직접 노래를 만들어서 부르는 것을 좋아한다.		
2. 나는 혼자서 걷는 것을 좋아한다.		
3. 우리 부모님은 나와 함께 노는 것을 좋아하신다.		
4. 나는 질문을 많이 하는 편이다.		
5. 이야기를 지어내는 것은 시간 낭비이다.		

※ 고등학생용 GIFFI(II) 예시 문항

문항	아니요	약간	평균	평균 이상	매우
나는 혼자서 일하는 것을 좋아한다.					
유머감각이 뛰어나다.					
직접 노래 만드는 것을 좋아한다.					
좀 더 크면 여행을 많이 할 수 있는 직업을 갖고 싶다.					
우리 부모님은 나와 함께 하는 것을 좋아하신다.					

그림 8-12 창의적 성격검사의 예

3) 창의적 산물검사: 주관적인 측정방법

주관적 측정방법은 정형화되지 않은 일상의 과제수행을 관찰하고 이를 통해 창의성을 측정하며, 합의적 측정기법은 주관적 산출물을 객관적으로 판단하기 위한 평가절차이다.

일상생활의 다양한 산출물을 통해서도 창의성을 측정할 수 있다. '주관적 측정방법'은 정형화되지 않고 분명한 해결책이 없는 일상의 과제를 수행하는 것을 관찰하고 이를 통해 창의성을 측정하는 방법이다. 주관적 측정방법에서 흔히 사용되는 검사방법은 다음과 같다.

- 그림을 보여주고 이야기를 만들어 구술하게 하기
- 기존에 이미 알고 있는 이야기를 새로운 이야기로 창작하기
- 제공된 자료를 이용하여 콜라주 만들기
- 새롭고 재미있는 창의적인 수학문제 만들기

이상의 산출물들은 주관적인 산출물들이다. 피검사자 자신만의 방식으로 그림을 그리거나 이야기를 창작하게 된다. 아마빌은 이러한 주관적 산출물들 속에서도 창의성을 판단하기 위한 객관적인 절차가 필요하다고 보았다. 아마빌(Amabile, 1982)이 제안한 '합의적 측정기법'(Consensual Assessment Technique: CAT)은 산출물에 대한 사회적 평가를 통해 그 산출물을 만든 개인과 그 과정의 창의성을 판단하는 방법이다. 예를 들어, 피검사자로 하여금 이미 알려진 이야기를 바탕으로 새로운 이야기를 만들어내도록 한 후 이 분야의 전문가인 작가, 영화제작자, 만화가 등에게 5점 척도로 평가하도록 한다. 합의적 측정기법에서 평가의 신뢰성을 확보하기 위해서는 다음과 같은 조건이 필요하다.

- 과제는 특정한 전문적 기술을 요하지 않는 것이어야 한다.
- 창의적 산물을 평가하는 사람은 해당 영역에 대한 경험을 소유한 자여야 한다.
- 또한 평가자들 간에 독립적으로 평가가 진행되어야 하며,

• 창의성과 아울러 심미적 요소 또한 고려하여 평가해야 한다.

• 그리고 절대적인 기준에 의하지 않는, 다양한 차원에 근거한 종합적인 평가여야 한다.

라. 창의성 훈련 기법

1) 브레인스토밍 전략

브레인스토밍은 아이디어를 자유롭게 토의하는 기법으로 아이디어에 대해 평가하지 않는 것이 특징이다.

브레인스토밍(Brainstorming)은 창의적인 아이디어를 산출하기 위해 여러 사람의 아이디어를 자유롭게 토의하는 기법으로 아이디어를 내놓는 과정과 그것을 평가하는 과정을 분리시키는 것이 특징이다. 평가가 수반될 때 아이디어를 자유롭고 창의적으로 표현하기가 힘들어지기 때문이다(Osborn, 1963).

아이디어를 내놓는 과정에서 다음과 같은 점을 고려해야 한다.

1. 판단이나 평가를 유보하라
2. 다양한 아이디어를 개진하도록 하라. 하나의 아이디어에 종속되지 마라. 질보다 양.
3. 다른 아이디어와 자유롭게 결합하고 수정하라.
4. 다듬어지지 않은 의견을 내는 것을 장려하라. 자유롭게 얘기하라.

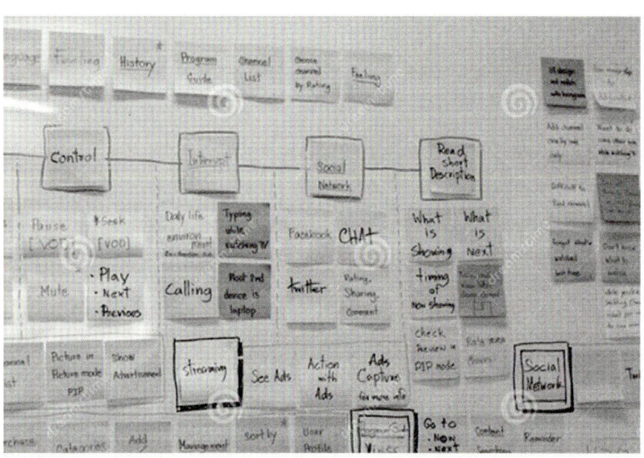

그림 8-13 포스트잇을 활용한 브레인스토밍 활동

포스트잇(post-it)을 활용하면 브레인스토밍 과정이 보다 용이하게 진행된다. 특히 발표하는 것이 불편하거나 천천히 생각하는 학생들에게는 먼저 자신의 생각을 포스트잇에 적게 하여 적은 내용을 발표하게 한다. 포스트잇은 아이디어를 분류하거나 연결시켜 새로운 아이디어를 생성하는 데 효과적인 도구가 된다.

2) 강제연결법

강제연결법은 서로 관련이 없는 물건을 강제로 연결하여 새로운 아이디어를 산출하는 방법이다.

강제연결법은 특정 물건과 관련이 없다고 생각하는 물건을 강제로 연결하여 새로운 아이디어를 산출하는 방식이다. 강제연결법의 절차는 아래와 같다.

표 8-5 강제연결법의 절차와 예시

강제연결법 절차	예시
1. 먼저 과제를 선택한다.	전기가 필요 없는 소형세탁기 만들기
2. 새로운 아이디어를 찾기 위해 강제로 연결할 '징검다리'를 선택한다.	공
3. '징검다리'에 대해 생각나는 것을 적는다	돌아간다. 찰 수 있다. 쉽게 들고 다닐 수 있다.
4. 생각나는 것과 과제를 강제로 연결한다.	발로 차는 세탁기 돌아가는 세탁기 들고 다닐 수 있는 소형 세탁기
5. 아이디어를 기록한다.	발로 차면 돌아가는 소형 세탁기

그림 8-14 물을 구하기 힘든 나라에서 사용하도록 제작된 세탁기(Swirl)

출처: http://blog.naver.com/PostView.nhn?blogId=karcherblog&logNo=40187187546

3) 육색사고모자 기법

육색사고모자 기법은 학생들이 서로 다른 사고와 태도로 활동에 참여함으로써 창의적인 아이디어를 협력하여 만들어 낼 수 있도록 한다.

육색사고모자 기법은 서로 다른 사고와 태도를 표시하는 색깔의 모자를 쓰고 해당 색깔의 역할을 수행하며 활동에 참여하도록 하는 기법이다. 특정 모자를 쓰면 그 색깔이 지칭하는 사고와 태도를 보여야 하기 때문에 자신이 평소에 잘 활용하지 않는 사고나 대도에 집중하게 되면서 집중력, 정교성, 유창성, 융통성을 기르는 활동이다.

표 8-6 육색사고모자 기법: 모자의 유형과 역할

모자	역할
흰색 모자	정보 제공
빨간 모자	감정표현
검정 모자	분석적, 비판적 사고
노란 모자	긍정적인 측면 부각
녹색 모자	창의적인 아이디어 부정적인 요인을 극복하는 아이디어 제공
파란 모자	사회자, 사고에 대한 사고

이처럼 육색사고모자기법은 간단한 방법을 통해 학생들의 동기를 유발시키고 참여를 유도할 수 있는 기법이다. 토론이나 회의 등에 자주 활용되며, 다각적인 측면에서 다른 사람의 사고와 경험을 인정하게 되고 관점을 전환하는 경험을 하게 되는 잇점을 가진다.

4) SCAMPER

SCAMPER는 새로운 아이디어를 이끌어내기 위한 체계적인 질문방법이다.

새로운 아이디어를 내는 행위를 자극하기 위한 체계적인 질문방법이다. 브레인스토밍을 창안한 오즈번(Osborn, 1963)이 아이디어를 이끌어내기 위한 질문들을 정리한 것을 Eberle(1972)가 다시 7개로 재조직하고 SCAMPER라고 명명하였다.

표 8-7 SCAMPER의 의미와 예시

약자	의미	설명	예
S	Substitute 다른 것으로 바꾸기	기존의 것을 다른 것으로 대체	도자기로 만든 칼
C	Combine 다른 것과 결합하기	두 가지 이상의 것을 결합해 새로운 것을 만들어냄	전기청소기에 물걸레 기능을 결합
A	Adapt 맞추기	어떤 것을 다른 분야의 조건이나 목적에 맞게 응용	상어비늘의 성질을 이용하여 만든 전신수영복 코끼리의 코의 움직임을 이용하여 굴착기 제작
M	Modify, Magnify, Minify 새롭게 변화시키기	어떤 것의 특성이나 모양 등을 변형, 확대 또는 축소하여 새로운 것을 생성	테블릿 PC는 컴퓨터를 축소한 것
P	Put to other use 다른 용도 찾기	다른 용도로 사용될 가능성을 생각	한지로 만든 가죽 옷
E	Eliminate 축소하거나 제거하기	어떤 것의 일부분을 제거해 봄으로써 새로운 것 생성	유선전화기 → 무선전화기
R	Rearrange-reverse 새로운 방식으로 배열하기	재배열하여 새로운 것 생성	무쇠솥뚜껑을 뒤집어 후라이팬으로 사용

마. 창의성을 함양하는 교육환경

창의성을 함양하는 교육환경은 학습자가 스스로 과제를 선택하고 마음껏 질문하고 실수하고 도전할 수 있도록 허용하는 특징을 가진다.

창의성을 함양하는 교육환경은 학생들이 내재적 동기를 가지도록 하며, 질문을 통해 사고를 자극하고 학생들이 마음껏 실수하고 도전할 수 있도록 허용적이라는 특징을 가진다. 무엇보다 교사가 학생들과 상호작용하는 방식은 학생들의 창의성을 자극하는 가장 영향력 있는 교육환경이다. 창의성을 자극하기 위해 교사가 학생을 어떠한 방식으로 지원해야 할지 아래의 사항을 통해 살펴보도록 하자(Sawyer et al., 2003).

1. 학생이 스스로 문제나 과제를 선택하도록 하라. 자신에게 주어진 문제를 다른 관점에서 바라보도록 도와라.
2. 질문을 하고 의문을 제기하는 것을 격려하라.
3. 자신의 아이디어를 다른 사람들에게 설명하도록 하라. 자신의 아이디어로 다른 사람을 설득할 기회를 제공하라.
4. 아이디어 생성을 격려하기 위해서는 파괴적이고 혹독한 비판이 아닌 건설적인 비판이 제기되는 환경을 조성하라.
5. 지식이 가진 장점과 한계를 인식하도록 도와라. 충분한 지식이 창의성의 기반이 되지만 지식 때문에 좁은 시야를 가질 수 있다는 점을 경계하도록 일깨워 주라.
6. 모호함을 견딜 수 있도록 격려하라.
7. 자기효능감을 가지도록 도와주라.
8. 좋아하는 것을 찾도록 도와주라.
9. 만족지연의 중요성을 가르치라.
10. 교사가 창의성의 모델이 되라.
11. 학생이 가장 흥미있어 하는 것으로 가장 못하는 것, 관심 없는 과목의 과제에 활용하도록 하라.
12. 실수를 허용하라.
13. 창의성에 대해 보상하라.
14. 다른 사람의 관점에서 생각하도록 가르치라.

3 사례 분석

사례 1 다음은 박 교사가 담당학급의 쌍둥이 남매인 철수와 영희의 어머니와 상담을 실시한 사례이다.

(2013년 특수교사 임용문제 중 지능관련 사례만 인용)

어머니: 선생님, 얼마 전에 외부 상담기관에서 받은 철수와 영희의 지능검사 결과에 대해 상의하고 싶어서 왔어요. 철수는 IQ가 130이라고 나왔는데 자기가 생각한 것보다 IQ가 높지 않다며 시무룩해 있네요. 영희는 IQ가 99로 나왔는데 자신의 IQ가 두 자리라고 속상해하고, 심지어 초등학교 때부터 늘 가지고 있던 간호사의 꿈을 포기한다면서 그동안 학교 공부는 철수보다 오히려 성실했던 아이가 더 이상 공부도 안 하려고 해요.

박 교사: 그런 일이 있었는지 몰랐습니다. 사실 IQ의 의미에 대한 자세한 설명 없이 검사 점수만 알려주게 되면 지금 철수나 영희처럼 IQ의 의미를 오해하는 경우가 많습니다. 아이들은 물론이고 일반 어른들도 IQ의 개념을 정확히 이해하기는 좀 어렵거든요.

박 교사: ① ____________________

질문 1: 박 교사가 IQ의 올바른 해석에 기반하여 철수와 영희의 IQ점수에 대해 어머니께 설명드린다면 ①에는 어떤 내용이 포함되어야 할까?

질문 2: 여러분이 박 교사의 입장이라면 철수와 영희에게 IQ 점수에 대해 무엇이라고 설명하겠는가? 스턴버그의 삼원지능이론(혹은 성공지능이론)의 관점에서 예상되는 박 교사의 발언을 적어 보시오.

사례 2 **헬렌켈러는 눈이 보이지 않고 귀가 들리지 않고 말을 할 수 없는 삼중고의 장애를 딛고 사회운동가로, 여성문학자로 우뚝 섰다. 가정교사였던 설리반 선생님의 교육은 대부분의 사람들이 받았던 교육과는 판이하게 다른 것이었다. 아래는 "헬렌켈러 자서전" 중 헬렌켈러가 설리반 선생님과의 에피소드를 묘사한 글이다.**

> 어쨌거나 나는 오래도록 정규 수업이라는 걸 받지 않았다. 매우 진지하고도 열심히 공부할 때에도 그것은 일이라기보다 놀이에 가까웠다. 선생님은 항상 모든 것을 아름다운 이야기나 시로 옮겨 가르치셨다. 선생님은 내가 좋아하고 흥미있어 하는 것을 자신 역시 어린 소년인 양 함께 느끼고 나누셨다… 우리는 실내보다 야외에서 공부하는 것을 더 좋아했다. 어린 시설의 수업을 떠올리면 들포도가 내뿜는 향기와 뒤섞여 늘 솔내음이 묻어난다. 나는 야생 튤립 그늘에 앉아 세상 모든 것은 저마다 교훈이 될 만한 것을 가지고 있음을 배웠다… 선생님은 찰흙으로 여기저기 도드라진 지도를 만들어서 만져보기만 해도 산등성이와 계곡을 구분하고 손가락으로 꾸불꾸불 강의 흐름을 짚어갈 수 있게 해주셨다… 내겐 이렇듯 살아 있는 일상이 교과서이자 학교였다. 시작은 단지 숱한 가능성 가운데 아주 미미한 것에 지나지 않았다. 그 하나하나를 열어 키워가신 이가 설리번, 내 선생님이었다. 그분이 와서 내 주변 모든 것에 사랑과 기쁨을 불어 넣어 의미로 충만케 하셨다. 선생님은 우리가 접촉하는 모든 것 속에 깃든 아름다움을 이끌어낼 기회를 무엇 하나 그냥 지나치시는 법이 없었을 뿐만 아니라, 내 삶을 즐겁고 유익한 것으로 만들기 위해 생각하고 행동하고 본을 보이기를 잠시도 쉬지 않으셨다. 〈Keller, 2008〉

질문 1: 설리반 선생님의 교육이 학생의 지능에 미치는 영향은 어떠할까? 가드너의 다중지능이론의 관점에서 논해 보시오.

질문 2: 창의적 인물과 창의적 환경에 대한 연구가 시사하는 바에 기반하여 설리반 선생님의 교육방식이 창의성 계발과 어떤 관련이 있을지 생각해 보시오.

4 주요 개념

주요 개념	설명
지능 (Intelligence)	인간의 정신기능을 이해하기 위하여 고안된 개념으로, 인간의 지적능력을 '측정'하려는 노력과 더불어 본격적으로 사용된 개념
일반요인 (g factor)	모든 인지적 과제를 수행하는 데 필요한 정신의 에너지와 같은 것
특수요인 (s factor)	구체적인 과제에만 관여하는 지적인 능력
기본정신능력 (Primary mental abilities)	써스톤(L. L. Thurston)이 밝혀낸 지능의 7가지 요인들을 의미함(언어요인, 수요인, 공간요인, 지각요인, 기억요인, 추리요인, 유창성 요인)
지능구조모형 (Structure of intellect model: SI)	길포드가 제안한 지능모형으로, 지능이 '작용', '내용', '산출'의 세 가지 차원으로 구성되어 있으며, 세 차원이 교차하면서(6×5×6) 총 180여 개의 서로 다른 지능요인을 형성함.
유동적 지능 (Fluid intelligence: gf)	유전적이고 생리적인 영향을 많이 받는 지능요인으로 암기, 지각, 추리와 같은 정보의 관계성이나 기억력과 관련된 능력
결정적 지능 (Crystallized intelligence: gc)	정보의 내용과 관련된 것으로, 언어능력, 문제해결능력, 논리적 추리력과 같이 경험의 영향을 많이 받는 능력
다중지능 (Multiple intelligence)	서로 독립적인 8가지의 영역으로 구성되어 있는 지능으로 언어지능, 논리수학지능, 음악지능, 공간지능, 신체운동지능, 인간친화지능(대인간지능), 자기성찰지능(자기이해지능), 자연친화지능으로 구성되어 있다.
삼원지능이론 (Triarchic theory of intelligence)	스턴버그가 제안한 지능이론으로, 지능이 분석적 능력, 창의적 능력, 실제적 능력으로 구성되어 있다고 바라본다.
성공지능 (Successful intelligence)	성공적인 삶을 이루는 데 필요한 지능으로, 기존의 전통적인 지능검사가 측정하는 분석능력뿐 아니라, 창의능력, 실제능력으로 구성되어 있다. 스턴버그의 삼원지능이론은 이런 점에서 성공지능이론으로도 불린다.
요소하위이론	분석적 능력을 설명하는 이론으로, 사물을 분석, 평가, 비판, 비교 및 대조하는 데 필요한 능력이다. 메타요소, 소행요소, 지식-획득요소로 이루어졌다.
경험하위이론	창의적 능력을 설명하는 이론으로, 지능을 발휘해야 하는 상황은 새로운 경험을 다루는 능력과 자동화되어 있는 능력을 균형있게 활용해야 한다는 것을 강조한다.

상황하위이론	실제적 지능을 설명하는 이론으로, 지능적인 행동은 실제 세계에 적응하고, 환경을 선택하고, 환경을 변형하는 정신활동을 포함한다.
정신연령 (MA: Mental age)	해당 연령집단이 가지고 있는 평균적인 정신능력
지능지수 (Intelligence quotient)	스탠포드-비네검사에서 처음 사용한 지능지수로, 생활연령과 정신연령의 비율로 지능을 나타냈다는 점에서 비율지능지수로 불린다.
편차지능지수 (Deviation IQ)	동일한 연령집단에서의 상대적인 위치로 피험자의 지능을 표현하는 방법
문화평형검사 (Cultural-fair test)	문화적 편향(cultural bias)을 고려하여 문화적인 요소가 개인의 지능에 미칠 수 있는 영향을 제거하거나 그 영향을 최소화한 지능검사
역동적 검사	검사자와 피검사자의 역동적인 상호작용을 바탕으로 피검사자의 현재의 능력과 잠재적 능력까지를 동시에 측정할 수 있는 검사
학습잠재력평가도구 (Learning potential assessment device: LPAD)	처음에는 아동에게 혼자 문제를 풀라고 지시하지만 혼자 힘으로 문제를 풀지 못할 때, 점차적으로 표준화된 힌트를 받게 된다. 아동의 수행에 따라 힌트가 더 제시되기도 한다. 검사-훈련-재검사의 형태로 아동의 잠재적 능력을 평가한다.
창의성 (Creativity)	새롭고 적절한 아이디어 또는 산물을 생산해내는 능력
문지방이론 (Threshold theory)	창의성이 일정 수준 이상의 지능을 필요로 하지만, 지능지수(IQ)가 120 이상이면 지능과 창의성과의 관계가 일관되지 않다는 이론
체제모형 (Systematic approach)	칙센트미하이가 제시한 것으로 창의성을 개인, 영역, 활동현장의 세 개의 하위요소 간의 상호작용을 통해서 접근한 이론
토랜스 창의성검사 (TTCT)	길포드가 제안한 확산적 사고를 중심으로 창의성을 측정한 대표적인 검사로, 도형검사와 언어검사로 구성된다.
합의적 측정기법 (Consensual assessment technique: CAT)	주관적인 산출물을 평가하기 위해 아마빌이 제안한 객관적인 판단절차이며 평가의 신뢰성을 확보하기 위한 조건을 제시하고 있다.

5 연습문제

1. 지능에 관한 학자들의 업적을 바르게 설명한 것은?

① 비네(A. Binet)는 세계 최초로 지능검사에 지능지수(IQ)를 도입하였다.

② 웩슬러(D. Wechsler)는 정신연령에 기초하여 지능지수(IQ)를 산출하였다.

③ 스턴버그(R. Sternberg)는 분석력, 창의력 등을 포함하는 성공지능이론을 제안하였다.

④ 가드너(H. Gardner)는 창의성의 지적 능력에 해당하는 확산적 사고를 지능의 요인에 추가하였다.

2. 지능이론에 대한 설명이 바르게 진술된 것은?

① 일반요인설(g): 지능은 내용, 조작, 산출의 상호결합으로 얻어지는 복합적인 능력이다.

② 지능구조(SOI)모형: 지능은 7개의 기본정신능력으로 형성되며, 측정가능한 것으로 구성된다.

③ 다중지능(MI)이론: 지능은 언어지능, 음악지능 등 서로 다른 독립적이고 상이한 유형의 능력으로 구성되어 있다.

④ 다요인(PMA)설: 지능은 일반요인과 특수요인으로 이루어지며, 일반요인으로 분류되는 능력은 모든 지적 과제수행에 관련된다.

3. 스턴버그(R. Sternberg)의 삼원지능이론에서 상황적 하위이론(contextual subtheory)에 부합하는 능력은?

① 새로운 지식을 획득하고 이를 논리적 과제 해결에 적용하는 분석적 능력

② 원만한 인간관계, 사회적 유능성, 뛰어난 적응력 등과 같은 실제적 능력

③ 서로 관련되어 있지 않은 사실들을 조합하여 새로운 아이디어를 새성하는 창의적 능력

④ 기존의 지능 개념과 유사한 것으로, 추상적이고 학업적인 문제 해결에 관여하는 메타인지적 능력

4. 최근에 대두된 다중지능(Multiple Intelligence), 정서지능(Emotional Intelligence), 도덕지능(Moral Intelligence), 성공지능(Successful Intelligence)에 관한 논의들은 지능을 어떤 능력으로 보려고 하는가?

① 학문적 수행 능력 ② 정의적 행동 능력

③ 실제적 삶의 영위 능력 ④ 언어, 논리, 수리적 사고 능력

5. 편차지능지수(Deviation IQ)를 전제로 한 진술 중 가장 적절한 것은?

① 나이가 들수록 지능지수는 점점 낮아지게 된다.

② 제작 연도가 오래된 지능검사에서 얻은 지능지수는 덜 신뢰롭다.

③ 지능지수가 각각 100인 10세 어린이와 12세 어린이의 지능은 같다.

④ 검사 전체보다 하위 영역(혹은 척도)별로 지능지수를 해석하는 것이 더 신뢰롭다.

6. 다음의 내용에서 교사가 활용한 지능이론은?

> 박 교사는 지난 여름방학 직무연수에서, 학습자에게는 최소한 한 가지 이상의 우세한 지능영역이 있으므로 학습자에게 약한 영역을 지도할 때 그에게 '상대적으로 우세한 영역의 지능을 활용' 할 수 있도록 교수 · 학습 활동을 다양화하는 것이 보다 효율적이라는 점을 시사하는 이론을 접했다. 박 교사는 그 때 대중가요를 좋아하고 음악은 잘 하지만, 글짓기를 싫어하는 미영이를 떠올렸다. 개학 후 미영이를 위해 좋아하는 노래의 가사를 창의적으로 바꾸어 보게 하고, 작은 음악회를 개최할 수 있도록 안내하는 교수 · 학습활동을 구성하였다.

① 다중지능이론 ② 도덕지능이론

③ 삼원지능이론 ④ 지능구조이론

7. 지능검사 결과를 바르게 해석하고 있는 교사는?

① 집단지능검사 결과 A학생의 IQ는 130으로 나타났다. 김 교사는 A학생을 영재아라고 판단하였다.

② 집단지능검사 결과 B학생의 IQ는 102이고 C학생의 IQ는 98이었다. 이 교사는 B학생이 C학생보다 지적 능력이 우수하다고 판단하였다.

③ K-WISC-III 검사 결과 D학생의 전제 IQ는 60으로 나타났다. 박 교사는 D학생이 경미한 수준의 정신지체를 보일 가능성이 있다고 판단하였다.

④ K-WISC-III 검사결과 E학생의 언어성 IQ는 113이고 동작성 IQ는 118이었다. 정 교사는 E학생이 충동적 성향을 보일 가능성이 있다고 판단하였다.

8. 〈보기〉의 창의력 검사 문항이 측정하는 능력은?

〈보기〉

바늘의 주된 용도는 옷을 깁는 것이다. 이 용도 외에 바늘의 다른 용도를 가능한 한 많이 써 보시오. (제한 시간 30초)

① 유창성 ② 정교성
③ 융통성 ④ 독창성

9. 창의성과 관련한 다음 진술 중 가장 적절한 것은?

① 유창성은 창의성의 주요 요소이다.
② 창의성은 학교 학업 성적에 영향을 주지 않는다.
③ 창의성이 높은 학생일수록 자신을 개방하려는 경향이 적다.
④ 지능이 높을수록 창의성이 높으며 그 상관계수는 약 .80 정도이다.

10. 창의성을 기르기 위한 수업 상황에서 교사가 사용할 수 있는 활동들을 〈보기〉에서 모두 고른 것은?

〈보기〉

가. 브레인스토밍을 통하여 논리적 판단력과 비판력을 기른다.
나. 일상적, 보편적 아이디어를 새롭게 변형, 조합, 개선시킨다.
다. 지속적인 반복 연습과 암기 학습으로 창의적 능력을 강화한다.
라. 변형, 조합, 은유, 유추적 결합 등으로 창의적 사고의 의미를 알게 된다.

① 가, 나 ② 가, 다 ③ 나, 라 ④ 다, 라

참고문헌

서울대학교 교육연구소(1997). 교육학대사전. 서울: 하우.

신종호, 권희경(2004). 성공지능의 교육적 의의와 활용가능성 탐색. 교육심리연구, 18(3), 121-138.

전경원(2005). 유아종합창의성검사. 서울: 학지사.

하대현(2005). R. Sternberg 지능이론의 발달: 의의, 국내연구 및 과제. 한국심리학회지: 사회문제, 11(1), 157-180.

한순미(1999). 비고츠키와 교육. 서울: 교육과학사.

황정규(1984). 학교학습과 교육평가. 서울: 교육과학사.

황정규(1997). 지능의 요인이론, 요소이론, 다지능이론의 비교분석. 교육심리연구, 11(1), 191-219.

황정규(2010). 인간의 지능. 서울: 학지사.

황정규, 서민원, 최종근, 김민성, 양명희, 김재철, 강태훈, 이대식, 김준엽, 신종호, 박인우, 김동일(2009). 교육평가의 이해. 서울: 학지사.

EBS 제작팀(2009). 아이의 사생활. 서울: 지식채널.

Abuhamdeh, S., & Csikszentmihalyi, M. (2004). The Artistic Personality: A Systems Perspective. In R. J. Sternberg, E. L. Grigorenko, & J. L. Singer (2004). Creativity: From potential to realization. American Psychological Association.

Amabile, T. M. (1982). Social psychology of creativity: A consensual assessment technique. *Journal of Personality and Social Psychology, 43*(5), 997-1013.

Amabile, T. M. (1983). The social psychology of creativity: A componential conceptualization. *Journal of personality and social psychology, 45*(2), 357-377.

Amabile, T. M. (1989). *Growing up creative nurturing a lifetime of creativity.* NY: CEF Press.

Amabile, T. M. Conti, R., Coon H., Lazenby, J., & Herron, M. (1996). Assessing the work environment for creativity. *Academy of Management Journal, 39*(5), 1154-1184.

Armstrong, T. (2000). Multiple intelligence in the classroom. Association for Supervision & Curriculum Development. 전윤식, 강영심 역(2004). 다중지능과 교육. 서울: 중앙적성출판사.

Cattell, R. V. (1963). Theory of fulid and crystallized intelligence: A critical experiment. *Journal of Educational Psychology, 54*, 1-22.

Csikszentmihalyi, M. (1996). *Creativity: Flow and the psychology of discovery and invention.* New York: Haper Collins.

Davis, G. A., & Rimm, S. (1982). Group inventory for finding interest(GIFFI) I and II: Instrument for identifying creative potential in the junior and senior high school. *Journal of Creative Behavior, 16*, 50-57.

Eberle, R. F. (1972). Developing imagination through scamper. *The Journal of Creative Behavior, 6*(3), 199-203.

Eggen, P. D., & Kauchak, D. (2010). *Educational psychology: Windows on classrooms* (8th ed.). 신종호, 김동민, 김정섭, 김종백, 도승이, 김지현, 서영석 (역) (2011). 교육심리학: 교육실제를 보는 창. 서울: 학지사.

Feist, G. J. (2004). The Evolved Fluid Specificity of Human Creative Talent.In R. J. Sternberg (Ed.), *The nature of creativity*(pp. 243-270). New York: Cambridge University Press.

Gardner, H. (1993). Creating minds: An anatomy of creativity seen through the lives of Freud, Einstein, Picasso, Stravinsky, Elliot, Graham, and Gandhi. New York: Basic Books.

Gardner, H. (2006). *Multiple intelligences: New horizons* (revised edition). New York: Basic Books.

Gardner & Hatch (1989). Multiple intelligences go to school. *Educational Researcher, 18*(8), 4-10.

Gruber, H. E., & Davis, S. N. (1988). 10 Inching our way up Mount Olympus: the evolving-systems approach to creative thinking. In R. J. Sternberg (Ed.), *The nature of creativity*(pp. 243-270). New York: Cambridge University Press.

Guilford, J. P. (1967). *The nature of human intelligence.* New York: McGraw-Hill Book Company.

Kaufman, J. C., & Baer, J. (2004). Hawking' s Haiku, Madonna' s Math: Why It Is Hard to Be Creative in Every Room of the House. In R. J. Sternberg, E. L. Grigorenko, & J. L. Singer (2004). Creativity: From potential to realization. American Psychological Association.

Keller, H. (2008). The story of my life. 박에스더(역). 헬렌켈러 자서전. 서울: 산해.

Lubart, T. I. (1994). Creativity. In R. J. Sternberg (Ed.), *Thinking and problem solving* (pp. 290-332). San Diego: Academic.

Lubart, T., & Guignard, J. H. (2004). The Generality-Specificity of Creativity: A Multivariate Approach. In R. J. Sternberg, E. L. Grigorenko, & J. L. Singer (2004). Creativity: From potential to realization. American Psychological Association.

Mercer, J. R., & Lewis, J. F. (1979). *System of multicultural pluralistic assessment* (SOMPA). Psychological Corporation.

Neisser, U., Boodoo, G., Bouchard Jr, T. J., Boykin, A. W., Brody, N., Ceci, S. J., & Urbina, S. (1996). Intelligence: Knowns and unknowns. *American psychologist, 51*(2), 77.

Osborn, A. F. (1963). *Applied imagination* (3rd ed.) New York: Scribner' s.

Plucker, J. A., & Beghetto, R. A. (2004). Why Creativity Is Domain General, Why It Looks Domain Specific, and Why the Distinction Does Not Matter. In R. J. Sternberg, E. L. Grigorenko, & J. L. Singer (2004). *Creativity: From potential to realization.* American Psychological Association.

Preckel, F., Holling, H., & Wiese, M. (2006). Relationship of intelligence and creativity in gifted and non-gifted students: An investigation of threshold theory. *Personality and individual differences, 40*(1), 159-170.

Rimm, S. B., & Daivis, G. A. (1976). GIFT: an instrument for the identification of creativity. *Journal of Creative Behavior, 10*, 178-182.

Root-Bernstein, R. S., & Root-Bernstein, M. M. (2004). Artistic scientists and scientific artists: The link between polymathy and creativity. In R. J. Sternberg, E. L. Grigorenko, & J. L. Singer (2004). *Creativity: From potential to realization* (pp. 127-151). American Psychological Association.

Sawyer, R. K., John-Steiner, V., Moran, S., Sternberg, R., Feldman, D. H., Csikszentmihalyi, N., & Nakamura, J. (2003). *Creativity and development.* New York: Oxford University Press.

Spearman, C. (1914). The theory of two factors. *Psychological Review, 21*(2), 101-115.

Sternberg, R. J. (1977). *Intelligence, information processing and analogical reasoning: The componential analysis fo human abilities.* Hillsdale, NJ: Erlbaum.

Sternberg, R. J. (1985). *Beyond IQ: A triarchic theory of human intelligence.* New York: Cambridge University Press.

Sternberg, R. J. (1986). *Intelligence applied: Understanding and increasing your own intellectual skills.* New York: Harcourt Brace Jovanovich.

Sternberg, R. J. (1999). Successful intelligence: Finding a balance. *Trends in Cognitive Science, 3*(11), 436-442.

Sternberg, R. J., & Lubart, T. I. (1999) The concept of creativity: Prospects and Paradigms. In R. J. Sternberg (ed.) *Handbook of Creativity*(pp. 3-16). London: Cambridge University

Press.

Terman, L. M. (1954). Scientists and nonscientists in a group of 800 gifted men. *Psychological Monographs: General and Applied, 68*, 1–44.

Terman, L. M., & Oden, M. H. (1947). *Genetic studies of genius: The gifted child grows up* (Vol. 4). Stanford, CA: Stanford University Press.

Torrance, E. P. (1995). *Why fly? A philosophy of creativity.* Norwood, NJ: Ablex.

Vygotsky, L. S. (1990). Imagination and creativity in childhoods. *Soviet Psychology, 28*, 84–96. (F. Smolucha, Trans.) (Original work written in 1930).

Wechsler, D. (1939). *The measurement of adult intelligence.* Baltimore, MD: William and Wilkins.

제9장

다양한 학습자를 고려한 교육

"나도, 너도, 우리도, 그들도 다르다. 그래서 재미있다."

〈오 교사가 보는 교실 풍경〉

고등학교에서 2학년 학생들에게 국사 과목을 가르치고 있는 오 교사에게 자신이 담당하고 있는 1반과 2반 학생 모두 그냥 요즘 애들이다. 오 교사에게 그들은 모두 공부하기를 싫어하고, 어떻게 하면 수업 시간에 딴짓을 할까 고민하는 학생들로 보인다. 물론 그 중에는 자신의 말을 잘 듣고, 공부 잘하는 학생들도 있다. 그러나 모범생들에 대해 오 교사가 아는 것은 딱 그만큼이다. 그에게 대부분의 학생들은 휴대폰 게임을 좋아하고, 공부를 싫어하며, 아이돌에 열광하는 철없는 학생들이다. 1반에 배치되어 있는 청각장애 학생은 그저 청각장애 2급 학생일 뿐이고, 2반에 있는 중국계 어머니를 가진 학생은 다문화 학생일 뿐이다. 다문화 학생이라는 것과 출석부의 이름만이 그들을 구분하는 유일한 기준이다. 나머지 학생들은 다 거기서 거기로 보인다. 오 교사가 보기에는 골칫거리 장애학생과 그렇지 않은 학생, 한국 문화와 역사에는 전혀 관심이 없는 것이 확실한 다문화 학생과 그렇지 않은 학생, 그리고 공부를 잘하는 학생과 학습된 무기력을 가진 공부 못하는 학생 외에 학생을 구별할 수 있는 방법을 잘 모르겠다. 그래서 오 교사는 3반과 4반을 가르치고 있는 박 교사가 학생들에 대해 이러쿵저러쿵 이야기를 할 때는 이해가 잘되지 않는다.

〈박 교사가 보는 교실 풍경〉

박 교사는 교실에 들어가면 마음이 들뜬다. 오늘은 또 누가 어떤 모습을 보여줄지 궁금해진다. 교실에 들어가자 베트남 어머니를 둔 영수가 친구들 앞에서 요즘 유행하는 걸 그룹 춤을 추고 있다. 친구들은 영수의 춤에 환호하고 영수는 더 신이나 유창한 한국말로 노래한다. 심지어 오래된 김광석의 노래를 아주 잘 부른다. 반면, 교실 맨 뒤에 앉아 있는 모범생 민준이는 멍하니 교실 밖을 바라보고 있다. 민준이는 수줍어 말을 잘 안 하지만 감수성이 매우 민감한 아이이다. 아마 몰래 가지고 온 책을 책상 위 국사 교과서 아래 두고 있을 것이다. 영수만큼 사회성이 좋지는 않지만 언젠가 좋은 작가가 되고 싶어 한다. 이번 학기에 1반에서 사정상 옮겨온 청각장애를 가진 송이는 그림 그리기를 좋아한다. 어제는 다른 반 친구가 귀머거리라고 놀려 많이 울었다. 그러나 영수와 민준이의 따뜻한 위로로 지금은 크게 신경 쓰지 않는다. 어머니처럼 화가가 되고 싶어 하고, 영수가 친구들 앞에서 K-POP 노래를 하거나 베트남 노래를 하면 가장 열렬히 박수를 친다. 모든 학생들이 민수, 송이, 영수만큼이나 다양해서 흥미롭다.

1 '다양성', '차이', '다름'으로 채워진 풍요로운 교실

가. 사회의 보편적 현상으로서의 '다양성'

교사들은 학교에서 다양한 학생을 만나게 된다. 사실 인류 진화의 역사는 어찌 보면 '다양성(diversity)' 확대의 역사로 볼 수 있을 만큼 우리가 만나는 사람들은 다양하다. [그림 9-1]에서 볼 수 있듯이, 진화는 직선적, 순서적으로 이루어진 것이 아니라 수많은 우연에 의한 다양성 확대의 결과로 볼 수 있다. 직선적인 과정을 거치면 보다 효율적으로 진화할 수 있을 것 같지만, 실제로는 진화 과정에서 예상치 못한 이유로 종이 사라질 가능성이 높다. 반면, 우연에 의해 발생하는 다양성은 종간의 장점과 단점을 보완하면서 진화한다. 이제 우리가 사는 곳곳에서 다양성은 보편적이며 매우 가치 있는 것이다.

그림 9-1 진화와 다양성

다양성은 수용과 존경을 내포한다. 다양성은 개개인이 독특하다는 것과 개개인 간의 차이를 인식하는 것이다.

다양성은 '개성', '다름', '낯섦', '차이'와 유사한 개념으로, '획일화', '집단화', '개성상실'과는 반대 개념이라고 할 수 있다. 현대 사회에서 우리는 개개인의 다양성을 중요한 가치로 인식하고 또 존중하는 모습을 보이지만, 사실은 많은 경우 이분법적인 사고로 다양성을 묵살하는 경우를 흔히 볼 수 있다. '다문화 학생'과 '비다문화 학생', '장애학생'과 '비장애학생', '모범생'과 '문제학생' 등이 좋은 사례라고 할 수 있다. 둘 사이에 위치한 무수히 다양한 학생들은 간과되는 경우가 많다. 철학자인 한병철(2014)은 이러한 현대 사회를 '투명사회(transparenzgesellschaft)'라고 지칭하면서, 이분법적 사고방식이 넘쳐나는 정보를 빠르고 효율적으로 처리하는 데는 효과적일 수 있지만 개개인의 다양성과 차이를 드러내는 데는 장애가 될 수 있다고 지적한다.

현대 사회에서 개개인의 다양성이 점점 그 가치를 잃어가는 것은 인정할 수밖에 없는 현실이더라도, 교사는 학생들을 유일하고 개성을 지닌 독특한 존재로 인식하고 대할 수 있어야 한다. 교사는 교실 내 다양성에 보다 민감하게 반응하고 민첩하게 대처할 필요가 있다. 즉, 교육전문가들은 다양한 학습자들을 독특한 유형의 학습자로 인식하고, 그들의 교육적 필요와 요구 그리고 현장 속에서 직면한 문제를 효과적으로 해결할 수 있도록 어떻게 지원할 것인가와 같은 중요한 의사결정 순간에 적절한 판단을 수행하기 위한 안목과 조망 역량을 갖추어야 한다. 이에 본 장에서는 교실 현장에서의 다양성의 가치와 이러한 가치를 잘 보지 못하도록 하는 방해요인들을 알아보고, 마지막으로 이를 극복하기 위한 교실 내 전략에 대해 간략하게 다룬다.

다양성에 영향을 미치는 요인은 매우 다양하고, 다양성은 사회적 보편 현상이다.

교실구성원의 다양성은 두 가지 측면에서 기인한다고 볼 수 있다. 첫째, 변화가 불가능한 요인들로 인해 나타난다. 성별, 인종, 나이, 지능, 타고난 기질 등이 여기에 속한다고 볼 수 있다. 단편적인 예를 들어 보면, 미국의 경우에 1972년 유색인종 비율이 22%였지만 2000년에는 39%, 그리고 2035년에는 구성원의 다수가 될 것으로 예측하고 있다(US Bureau of the Census, 2000). 이러한 변화는 우리나라 역시 시기와 속도에서 차이는 있지만 궁극적으로 미국과 유사한 패턴으로 변할 것이다. 우리나라 외국인 주민의 변화를 보면, 2006년 약 54만 명에서 2014년에는 약 157만 명으로 주민등록인구 대비 3.1%로 급속히 증가하고 있다(지방행정 종합정보공개시스템, 2007). 둘째, 변화 가능한 요인들에서 기인하기도 한다. 예를 들어, 학업성취 수준, 교육수준, 거주 지역, 경제적 수준, 종교, 학부모 학력, 성장경험 등이 여기에 속한다.

다양성은 개개인이 속한 보다 거시적인 사회·문화적 맥락, 역사적 경험, 국가의 구성과 체제, 경제구조, 정치구조 등의 영향을 직·간접적으로 받기도 한다. 이와 같은 요인들은 서로 상호작용을 거치면서 보다 복잡한 영향을 미친다. 예를 들어, 니스벳(Nisbett, 2011)은 인간의 사고가 문화에 따라 다를 수 있다고 주장한다. 그는 특정한 사회적 행위들은 특정한 세계관을 가지도록 하고, 그 세계관은 특정한 사고과정을 유발하고, 그 사고과정은 다시 원래의 사회적 행위들과 세계관을 강화하는 역할을 한다고 보았다. 그는 동양과 서양의 가장 큰 차이로 서양은 '자율성 중심' 그리고 동양은 '관계 중심'으로 특징지었다. 동·서양의 문화적 차이에 역사적 경험, 국가의 체제, 경제적 규모와 수준 등은 또 다른 다양성을 만들어 낸다.

이와 같이 매우 다양한 요인들에 의해 발생하는 사회구성원의 다양성 그리고 사회의 한 부분으로서의 교실 내 구성원의 다양성은 이제 매우 보편적인 현상이다. 더욱이 요인들 간의 상호작용까지 고려하면 다양성의 폭과 깊이는 우리의 인식을 벗어나는 수준이다.

나. 다양한 개개인이 살아 있는 교실

다양성은 교실에서도 보편적인 현상이다.

다양성의 보편성은 학교에서도 예외는 아니다. 학생들 모두 성별, 외모, 기질적 성격 등이 다르고, 성장한 가정환경, 지역의 문화와 분위기, 경제적 수준이 다르며, 성장과정에서 쌓은 가치관, 학습동기, 종교 등이 다르다. 각각의 요인들은 서로 상호작용하여 결국 어느 학생 하나 똑같지 않다. 다양성과 차이가 교실에 넘쳐날 수밖에 없다. 다양성은 개별 학생에게서 구체적인 인지적, 행동적, 사회·정서적 특성으로 발현되어 드러난다. 예를 들어, 앞에서 제시한 사례에서 오 교사 반에 있는 학생은 어떠한가? 오 교사가 보기에 대부분의 학생들은 매우 비슷하게 보였다. 그러나 학생마다 학교에 오는 이유에서 차이가 있을 수 있다. 어떤 학생은 자신이 원하는 직업을 얻기 위해서 학교에 오고, 어떤 학생은 영어 수업이 좋아서 학교에 기꺼이 오기도 한다. 반면 어떤 학생은 부모님의 기대와 요구 때문에 학교에 열심히 다니기도 한다. 또한 개별 학생들이 생각하는 옳고 그름과 도덕적 가치, 삶의 가치, 학습동기 수준 등은 더욱 다양할 것이다.

구성원들의 다양성은 서로를 배척하기보다는 어울려 보다 다양하고 풍부한 사회를 형성하는 중요한 기능을 수행한다. 사회는 이처럼 다양한 구성원들의 잠재력을 표출할 수 있는 환경을 만들기 위해 노력할 때 구성원들의 삶의 질은 물론 사회 자체도 성장 · 발전할 수 있다. 교실 상황에서도 이는 마찬가지이다.

앞 사례에서 박 교사에게 교실은 개개 학생의 다양성과 차이가 잘 어울려 드러나는 곳이다. 오 교사에게는 모두 비슷한 요즘 아이들, 다문화 학생, 장애학생으로 간단하고 명쾌하게 보이는 교실이 박 교사에게는 다양성이 넘치는 생동하는 교실이다. 오 교사가 보기에 한국가요는 알지도 못하고, 한국말도 어눌할 것 같은 중국계 어머니를 둔 다문화 학생 영수는 오히려 누구보다 한국가요를 더 좋아하고 유창한 한국말로 대화한다. 청각장애 학생 송이는 반에 있는 누구보다 그림을 잘 그리고 좋아한다. 박 교사에게는 그냥 요즘의 보통아이들 사이에는 작가를 꿈꾸는 학생도, 자신의 진로를 고민하며 밤샘을 하는 학생도 있다. 어느 학생 하나 동일하지 않다. 그리고 이것이 교실을 보다 풍요로운 곳으로 만드는 중요한 요인이다.

교실은 다양한 학습자를 통해 보다 풍부한 학습공간이 된다. 스펙트럼으로 보는 교실과 정규분포로 보는 교실은 다르다.

현재와 같이 학력중심, 성과중심의 학교에서 개개 학생들의 다양성과 차이의 가치를 인식하기란 쉽지 않다. 오히려 사회적 소수자에 대해서는 부당한 인식을 가지고 있는 경우를 종종 볼 수 있다. 학교 내에서는 공부를 잘하는 학생과 공부를 못 하는 학생으로 구분하는 경우가 흔하다. 우리 사회는 (+)와 (−)라는 마치 수직선 같은 하나의 연속선상에서 소수자를 놓고 보는 경향이 있다. 예를 들어, 지적 능력을 기준으로 본다면, 대부분의 학습자들은 유사하기보다는 다른 지적 능력을 보임에도 불구하고 지적장애를 가진 학습자들은 그 내부적 다양성에도 불구하고 동일하게 한 극단(−)에 위치할 것이라고 생각한다. 정서적 특성 역시 유사하다. 모든 학습자들이 다양한 수준의 불안 성향을 보이지만, 마치 정서장애 학생들은 모두 불안의 극단에 위치할 것이라고 생각한다. 아래 [그림 9-2]와 같이 '극단값으로 보는 비정상성' 관점으로 보는 경향이 있다.

그러나 사회적 소수자들을 하나의 연속체의 극단에 위치한 존재로 보기보다는 사회를 구성하는 하나의 '스펙트럼(spectrum)'상에 존재하는 다양한 구성원으로 보는 관점으로의 전환이 필요하다. 사회구성원을 하나의 스펙트럼에서 본다는 것은 (−)에서 (+)까지의 나쁜 혹은 좋은 것의 연속체가 아닌 다양한 속성을 가진 독특한 집단 혹은 개체로 이루어진 단일체로 본다. 단지, 하나의 스펙트럼을 공유하는 단일체라는 공통점만을 가진다.

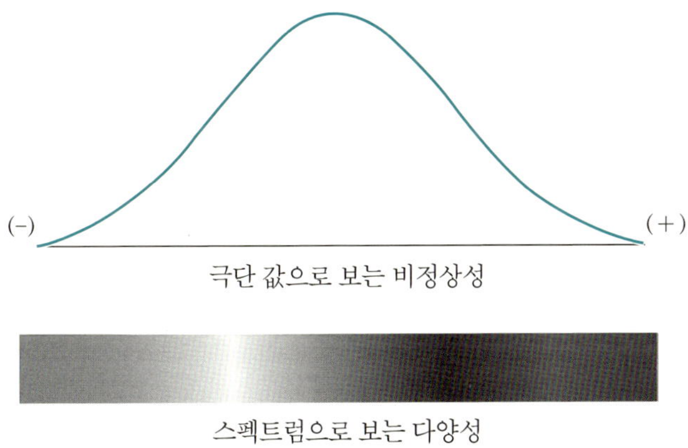

그림 9-2 다양성을 보는 두 가지 관점

스펙트럼으로 본다는 것은 구체적으로 무엇을 의미할까? 예를 들어, 장애를 다양성의 관점에서 본다면, '장애인'은 사회구성원들의 다양성의 범위를 크게 확대하는 기능을 한다고 볼 수 있다. 1990년대 인기가 대단했던 미국 영화 '늑대와 춤(Dancing with wolf)'을 보면, 인디언 부족들은 부족구성원들을 자기와 다른 비정상적인 객체로 보기보다는 하나의 독특한 특성을 지닌 다양한 사람의 하나로 간주한다. 예를 들어, '머리칼이 휘날리는 바람', '주먹 쥐고 일어서', '발로 차는 새', '열 마리의 곰' 등 그 사회는 모든 구성원들을 독특한 존재로 인식한다. 사회적 소수자를 지극히 의료적 혹은 개인적 차원의 접근을 벗어나 사회 · 문화적 영역의 문제로 인식하기 위해서는 무엇보다 '차이'와 '다양성'을 중요한 가치로 인식하는 의식전환이 필요하다.

2 집단화, 무리화로 교실을 바라보게 되는 이유

모든 학생들은 인지적, 정서적, 행동적 측면에서 서로 다르고, 나름의 장 · 단점을 가진 '독특한' 존재라는 사실을 잊게 만드는 위험 요소는 매우 다양하다. 다양성에 대한 사회적 인식 부족, 명명 효과, 타자화 현상, 편견과 고정관념, 잘못된 신념이나 신화, 교사의 동질화 등을 들 수 있다.

가. 다양성에 대한 사회적, 인식론적 이해의 틀 부족

우리 사회에서 다양한 학생들을 바라보는 시각은 매우 제한적이다. 다시 말해, 다양성이라는 관점에서 학생들을 인식하는 창으로서의 틀(framework)이 부족하다. 최근 다문화 이론을 통해 다양성을 보는 관점들이 소개되고 있지만 한계가 있다. 우리가 사회현상이나 구성원들을 볼 때는 그것들을 보다 정확하게 인식할 수 있는 틀이 필요하다. 그러나 교실 내 다양한 학습자를 어떻게 바라볼 것인가에 관한 유용한 '창'으로서의 인식론적 틀은 제한적인 상황이다. 또한 이러한 창이 다양하게 필요하다는 사회적 인식 역시 낮은 수준이다. 이러한 틀이 잘못하면 오히려 사회적 고정관념이나 특정한 관점에 매몰되는 문제가 있는 것도 사실이지만, 교실 내 다양한 학습자에 대한 사회적 담론을 풍부하게 담기 위해서는 보다 다양한 인식론적, 사회적 틀이 필요한 상황이다.

또한 인식론적 틀이 있더라도 여전히 제한된 틀 속에서 다양성을 보는 경우를 볼 수 있다. 예를 들어, 현실적인 상황에서 장애인에 대한 사회적 인식을 알아보기 위해 영화 속 장애인에 대한 시각을 분석한 이선자(2007)의 연구를 보면, 여전히 장애인을 바라보는 관점은 '의존적 모델'이나 '소수집단 모델'이 우세하게 나타났다(〈표 9-1〉 참조). 반면, '인간적 다양성 모델'의 관점에서 장애를 해석한 경우는 없었다. 이는 장애인을 다양한 인간의 한 유형으로 보기보다는 사회적 도움이 필요한 존재, 다수의 집단과 비교되는 소수집단의 관점에서 보고 있다는 것을 알 수 있다. 우리 사회, 특히 학교에서는 장애학생을 다양성을 가진 동등한 존재로 보기보다는 평균을 크게 벗어난 비정상을 대표하는 불편한 존재로 인식하는 경향이 있다.

표 9-1 영화 속 장애인을 보는 관점

영화제목	의존적 집단 모델	소수 집단 모델	인간적 다양성 모델
오아시스	○	○	-
조제, 호랑이 그리고 물고기	○	-	-
길버트 그레이프	○	-	-
나의 왼발	○	-	-
사이먼 비치	○	-	-
포레스트 검프	○	-	-
아이 앰 샘	○	○	-
레인맨	-	○	-
제8요일	-	○	-
말아톤	○	○	-

출처: 이선자, 2007, p. 94.

나. 명명(naming) 효과

명명은 의사소통의 수월성을 높였지만 집단화, 무리화를 촉진시키는 결과를 가져왔다.

명명(naming, labeling)에 따른 '편견', '선입견', '고정관념'은 우리 학교 현장에서 가장 흔히 볼 수 있는 다양성을 보지 못하게 하는 요인이라고 할 수 있다. 명명의 문제는 우리의 인지적 오류와 연관되어 있다(Petty et al., 2007). 예를 들어, '사람을 죽인 자'와 '살인자', '공부 못하는 사람'과 '학습장애' 하면 각각 어떤 생각이 떠오르는가? 예를 들어, '공부를 못하는 사람'이라고 서술적으로 표현하면, '왜 공부를 못하지?'와 같은 이유를 생각하지만, '학습장애'라고 명명하면 '무동기'와 '게으름'을 떠올리는 경향이 있다. 또한 사람들이 유명 연예인의 이름을 들으면 마치 그들에 대해 잘 안다고 생각하지만 과연 그럴까? 교육현장에서 교사들에게 가장 흔한 유혹은 이러한 명명에서 오는 잘못된 인식을 아무런 비판 없이 교사 자신도 수용하는 것이다. 학생의 이름을 알면 학생을 다 안다고 착각하는 것, 장애명(障碍名)을 알면 장애학생을 다 안다고 생각하는 것만큼 교육현장에서 위험한 것은 없다.

'명명이 이루어지면 문제의 원인은 그들의 명명 속에서만 찾는 경향을 보인다. 이는 문제해결의 왜곡을 초래한다.

우리들은 명명을 통해 사람들을 구분하는 데 익숙하다. 일단 명명을 통해 대다수의 사람들이 속한 집단과 그렇지 않은 집단을 구분하면 모든 문제의 원인은 자신과 다른 집단에서 찾는다. 그렇게 하는 것이 쉽고, 대다수의 사람들이 속한 집단에 미치는 부정적인 영향을 최소화하면 주류 집단은 오히려 문화적, 언어적, 사회적으로 보다 완결된 존재로 인식하게 되기 때문이다. 이러한 인식은 다양한 학생을 지도하고 지원하는 전략의 왜곡을 초래할 수 있다. 다시 말해, 문제의 원인과 결과를 전체적으로 보기보다는 제한된 영역에 국한해서 보게 된다. 모두 그런 것은 아니지만, 과연 다문화 학생의 언어능력이나 사회성이 부족한 것이 그들의 읽기능력이나 사회성 기술이 부족하기 때문일까? 다문화 학생과 일반학생의 갈등에서 일반 학생은 문제가 없는데 다문화 학생들이 그들과 관계를 시작, 지속하는 전반적인 사회적 기술이 부족하기 때문일까? 최근 사회적 현상을 보면, 꼭 그렇지만은 않은 것 같다. 너무 쉽게 '일반 학생'이라고 포괄적으로 정의한 학생들 때문에 다문화 학생이 소외되고, 배척당하고, 차별받는 경험을 했을 수도 있다.

최근 학교 내에서 다문화 학생은 따돌림은 물론 학교폭력의 주요 희생자가 되고 있다. 교사들도 책임에서 자유롭지 못하다. 교사는 의도적은 아니더라도 다문화 학생을 희생양으로 만드는 과정에서 모델 역할을 하는 경우도 있다. 다문화 가정 아동이 놓인 불리한 가정환경, 친절하지 않은 동료와 교사, 우호적이지 않은 학교문화에서 사회성 부족이 당연할 수 있다는 생각보다는 다문화 학생에게 문제의 원인을 돌리고, 해결책도 그들의 읽기, 말하기 역량 혹은 사회성 관련 역량을 높이는 것으로 단순화해서 보는 경향이 있다. 그럼 누가 문제이고, 누구를 변화시킬 것인가? 다문화 학생인가? 그렇지 않은 학생인가? 교사인가? 이러한 측면에서 교실 구성원의 다양성을 정당하게 인식하는 것은 매우 중요하다.

다. 타자화(他者化) 현상

자신이 속한 집단은 동질적이고 그렇지 않은 집단은 자신들과 크게 다른 존재로 인식한다.

사람들은 자신이 속한 집단은 매우 동질적이고, 그렇지 않은 집단에 속한 구성원들은 자신들과는 크게 다른 존재로 인식하는 경향이 있다. 자신들과 다르면 차이나 다양성이 아닌 비정상(disorder)이나 이상(deviance)으로 보는 경향도 강하다. 자신이 속하지 않은 집단을 매우 다른 집단으로 보는 관점에서는 두 가지 함정이 있다. 첫째, 자신이 속한 집단 내에 존재하는 다양성과 차이를 잘 보지 못한다. 예를 들어, 한 학급에 소속된 25명의 학생 중 장애나 다문화 학생 2~3명을 제외한 대부분의 학생은 매우 동질적인 집단으로 간주한다. 그러나 과연 그럴까? 일반 학생 20여 명은 과연 동질적인 집단일까? 오히려 일반학생 간에 보다 큰 차이를 보일 수 있다. 이와 마찬가지로 다른 집단 역시 매우 동질적인 집단으로 간주한다. 예를 들어, 학습부진아 집단 하면 그들 내부의 기질적, 환경적 요인에 의한 정서적, 사회적, 인지적 다양성에도 불구하고 그냥 '학습부진아'로 동질적인 집단이라고 간주한다.

둘째, 동시에 자신이 속하지 않은 집단을 지나치게 자신들과는 다른 집단이라고 간주한다. 예를 들어, 중국계 어머니를 가진 다문화 학생은 한국가요에는 관심이 없으며, 한국말에는 서툴고, 일반학생과는 다른 종류의 책이나 영화를 좋아할 것이라고 생각하기 쉽다. 또한 자신과 다른 집단에 대해 잘못된 사실이 통용되기도 한다. 다음 내용은 최근 사회적 관심이 늘고 있는 자폐 스펙트럼 장애에 대해 잘 알려진 사실과 오해들이다. 예를 들어, 오랫동안 자폐의 원인이 어머니의 차가운 양육태도 때문이라는 속설로 많은 자폐를 가진 아동의 부모님들이 지탄의 대상이 되기도 했다.

자폐에 대해 잘못 알려진 사실

- 정서의 문제임
- 어머니의 차가운 성격 때문임
- 가족의 소득, 삶의 유형과 연관됨
- 백신을 잘못 맞아 발생함
- 서번트 증후군(savant syndrome)은 모든 영역에서 매우 뛰어난 능력을 가지고 있음
- 애완동물 치료, 안아주기, 만화 그리기, 비타민 치료, 미술치료, 음악치료 등이 매우 효과적임

자폐에 대한 사실

- 1943년 존스 홉킨스 대학 의사인 Kanner에 의해 알려짐. 약 110명 당 1명이 해당함
- 3살 이내에 일반적으로 증상이 나타남
- 남자아이가 여자아이보다 4배(혹은 3배) 높음
- 유아 암보다 오히려 높은 비율임
- 알려진 치료법은 없음
- 의료적 발견방법 없음
- 일생 동안 나타남
- 어린이/유아 대상으로 가장 급속이 늘어나는 장애로 '91년에서 '99년 사이 1108%가 늘어남

라. 편견과 고정관념

편견과 고정관념은 다양성을 보지 못하게 하는 중요한 요인이다.

교실 속 다양성을 보지 못하는 중요한 이유는 우리가 가진 편견과 고정관념이 부정적인 영향을 미치기 때문이기도 하다. 편견(prejudice)이란 상대방이 특정 집단의 구성원이라는 이유만으로 상대방을 평가하여 지니게 되는 긍정적 혹은 부정적 감정이나 태도로 대체로 부정적인 특성을 지닌다. 이와 유사한 고정관념(stereotype)은 대상 범주집단에 대하여 그 집단구성원의 공통된 특징이라고 사회에서 널리 수용되고 있는 인식이라고 할 수 있다.

남자와 여자 중 누가 더 수다스러울까?

대부분의 사람들은 여자가 남자보다 수다스러울 것이라고 생각한다. 그러나 Mehl 등(2007)이 400여 명의 여대생과 남학생의 일상 대화를 녹음하여 두 집단의 하루 평균 발화 단어 수를 비교해봤더니 약 16,000 단어로 비록 남자가 약 500 단어를 덜 말하지만 통계학적으로 유의미한 차이는 없는 것으로 나왔다. 흥미롭게도 가장 수다스러운 사람은 하루 평균 47,000 단어를 말한 남자였다.

출처: Mehl et al., 2007.

스틸과 아론손(Steele & Aronson, 1995)의 연구에서는 편견을 통해 형성된 고정관념이 집단 구성원의 다양한 영역에 영향을 미친다는 것을 보여준다. 예를 들어, [그림 9-3]에서 아프리카계 학생에게 언어지능 수준을 보여주는 진단 시험이라고 했을 때는 그렇지 않고 일상적인 시험이라고 했을 때보다 훨씬 낮게 나타났다. 아프리카계 학생들은 스스로 자신들이 못할 것이라고 생각하고 이것이 실제 성취 수준에 영향을 미친 것이다. 또한 주어진 과제가 어려운 문제해결 과제라고 했을 때도 역시 점수에서 차이를 보였다. 이러한 연구결과는 고정관념이 타 집단뿐 아니라 집단 구성원 자

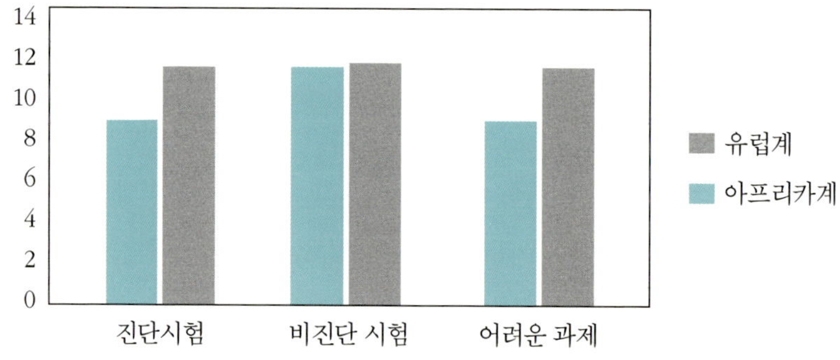

그림 9-3 사회적 고정관념이 성취수준에 미치는 영향

체의 인식에도 부정적인 영향을 미친다는 것을 보여준다.

고정관념이나 편견이 기억을 왜곡 시킨다는 연구도 있다. 벤지브 등(2014)이 연구참여자를 두 집단으로 나누어 한 집단에는 'ignorance'를, 다른 집단에는 'educated'란 단어를 제시한 후 얼굴 피부의 색조를 다르게 하여 제시하였다. 연구참여자들은 'educated'란 단어를 제시한 경우에 제시한 사진 중 피부 색조가 밝은, 즉 백인에 가까운 사진을 선택하는 것으로 나타났다.

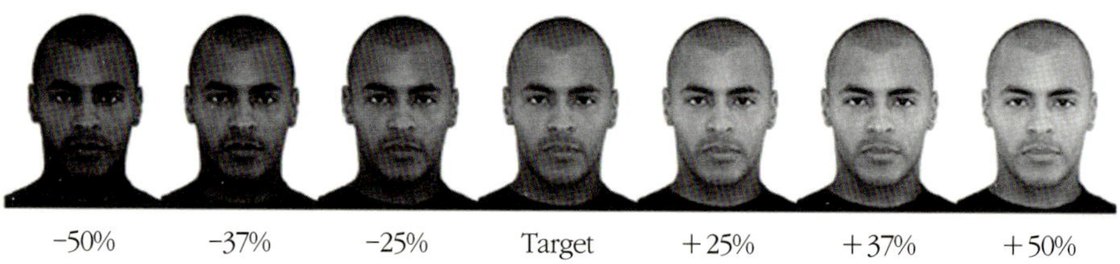

그림 9-4 피부 색조 편견 실험

출처: Ben-Zeev et al., 2014.

편견과 고정관념은 범주화의 산물이다.

사회적 편견과 고정관념은 우리 사회에서 끊임없이 이루어지고 있는 소위 범주화(categorization)에서 그 원인을 찾을 수 있다(Allport, 1954). 인간은 매 순간 대상자들을 범주화한다. 범주화는 의도적 활동이라기보다는 자동적으로 활성화된다. 이러한 자동적인 범주화는 정보처리의 효율성을 높이기도 하지만 범주 내의 차이는 줄이고 범주 간의 차이를 과장해서 확대하는 결과를 낳을 수 있다.

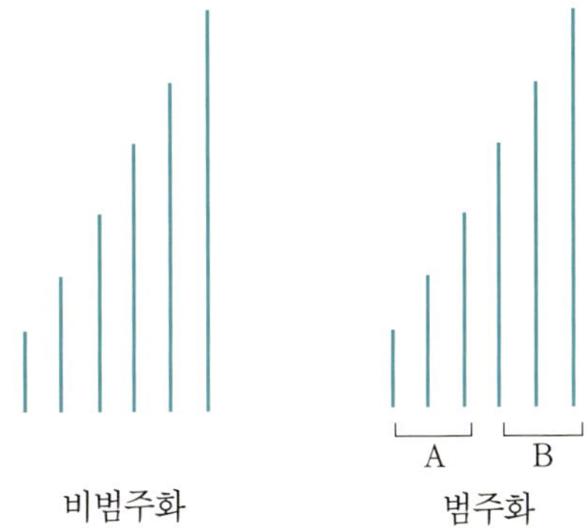

그림 9-5 범주화의 문제를 보여주는 연구

출처: Tajfel & Wilkes, 1963.

오래된 연구지만, 타즈펠과 윌키스(Tajfel & Wilkes, 1963)는 길이가 점점 길어지는 여러 선분들 가운데 비교적 짧은 선분들에는 'A', 비교적 긴 선분들에는 'B'라고 이름을 붙이고 사람들에게 각 선분들의 길이를 추정하게 하였다. 연구결과, 사람들은 'A' 선분들은 실제보다 더 짧게 지각하고, 'B' 선분들은 더 길게 지각하였다. 이러한 연구결과는 동일 집단에서는 유사성을 과장하여 인식하고, 다른 집단에 대해서는 차이를 과장하여 인식한다는 것을 보여준다.

골드버그(Goldberg, 1968) 역시 오래전 흥미로운 연구를 수행하였다. 그는 대학생들에게 논문을 주고 하나에는 남자이름(예를 들어, 김철수)을, 다른 하나에는 여자이름(예를 들어, 김영희)을 적었다. 이후 학생들에게 둘 중 더 잘 쓴 것을 선택하도록 했다. 연구결과, 남학생 이름을 적었을 때보다 높은 점수를 주는 것으로 나타났다. 흥미로운 것은 심지어 여학생 역시 남학생 이름이 적힌 논문에 보다 높은 점수를 주었다. 다른 연구에서는 남자, 여자 아이들에게 수학 시험에서 100점을 받았을 경우 그 이유를 물었다. 연구 결과, 남자 아이들은 자신의 능력 때문이라고 응답한 반면, 여학생들은 열심히 해서 좋은 성과를 얻었다고 인식하는 것으로 나타났다. 이처럼 사회의 다양한 영역에서 범주화와 이에 따른 편견 혹은 선입견이 존재한다고 볼 수 있다.

편견과 고정관념은 다양한 이유와 과정을 거쳐 생긴다.

사회적 소수자에 대해 편견과 고정관념은 왜 생기는가에 대해서는 다양한 관점이 존재한다. 간단히 보면, 첫째, 현실적으로 제한된 자원이나 재원을 가지고 보다 많이 가지려는 경쟁 속에서 일종의 희생양이 필요하다고 본다. 특히 사회구성원들이 자신들이 불행하다고 느끼거나 불안감이 높고, 약하고 힘없다고 느낄 때 다른 그룹에 대해 공격성과 편견을 보인다. 둘째, 사회적 소수자에 대한 잘못된 이해에서 기인한다. 사회적 소수자가 생기는 이유를 '생물학적 원인'으로만 보면 사회적 환경이나 문화를 바꾸려는 노력보다는 구성원들의 동정심을 유발하고, 소수자로서의 특성을 극복하기 어렵다고 보고 편견과 차별이 강화되는 현상이 나타난다. 셋째, 소수자의 특성을 개인의 통제력 부재로 보는 경우이다. 예를 들어, 도덕성의 부재, 분노 및 정서 조절의 실패 등 개인의 통제력 부재로 볼 경우, 사회구성원들은 그들에게 분노, 무시, 벌을 주는 행동을 한다. 넷째, 사회 · 심리적 원인으로 보는 관점이다. 즉, 부모의 양육 과정, 스트레스 등이 영향을 미친다고 본다. 다섯째, 건강, 아름다움 등에 대한 사회적 가치에서 편견이 생기기도 한다. 여섯째, 장애처럼 갖는 것에 대한 두려움이 편견으로 나타나기도 한다. 마지막으로, 편견을 사회적 학습으로 보기도 한다. 예를 들어, 우리 사회가 장애인에 대해 부정적인 편견과 고정관념을 갖게 된 것은 오랜 시간의 결과이다. 일반적으로 다음과 같은 과정을 거치게 된다.

편견과 고정관념이 생기는 과정

① 어떤 특징에 따라 묶어 동일 집단을 만들고, 그렇지 않은 경우 다른 집단으로 구분
② 구분과 분류는 인간의 사회적 인지에 대한 테마(성별, 종교 등)를 형성
③ 동일 그룹은 자신들을 과장하여 동일한 '우리'로 간주하고, 다른 그룹은 과장하여 매우 다른 동질적인 '그들'로 간주((illusion of out-group homogeneity)
④ 자신이 속한 집단의 구성원을 보며 자존감을 높임
⑤ 점점 '우리'는 '그들'과 다르다는 생각을 하게 됨. 사회에서 일종의 '스테레오타입'을 형성하여 신념화함
⑥ '그들'은 '우리'와 다르다는 이유만으로 배척의 대상이 됨. 그들에 대해 부정적 정서 형성
⑦ 다른 집단에 대한 부정적 태도를 반박하는 정보는 오히려 자신들의 태도를 강화

예를 들어, 장애인 집단에 대한 편견이 일단 생기면 일반적으로 다음의 과정을 거쳐 장애인을 차별하게 된다. 우선 장애인의 외모, 증상, 진단, 기술결여 등이 발생하

고 이를 차별의 단서로 활용한다. 많은 사람들이 위험하다 혹은 권리를 제한해야 한다고 인지하기 시작한다. 곧 이러한 인식이 고정관념화되고 인지적, 정서적 편견을 유발한다. 최종적으로 고용, 주거, 사회적 관계에 차별 행동을 유발한다.

범주화의 결과는 사회적 낙인이다.

사회적 소수자에 대한 범주화의 결과는 사회적 낙인(social stigma)으로 이어진다. 낙인(stigma)이란 고대 그리스 시대에 범죄자나 노예들에게 찍는 도장을 의미하는데, 특정 사람이나 집단을 시각적으로 쉽게 구분하기 위해 사용하였다. 낙인은 특정 사람이나 집단의 특성이 자신들과는 다르다는 인식에 기반한 특정 개인이나 집단에 대한 거부감이라고 볼 수 있다. 고프만(Goffman, 1963)은 사회적 낙인이 형성되는 주요 조건으로 특정 종족 집단에 속해 있다는 사실, 신체장애나 결함을 지닌 사람에 대한 낙인, 그리고 약물중독, 비행, 동성애 등 개인적 특징으로 인한 낙인을 제시하였다. 특히 개인이 통제 가능한 요인으로 인한 사회적 낙인은 개인이 통제 불가능한 낙인보다 사회적으로 가혹한 경향이 있다. 일반적으로 사회구성원들이 장애보다 약물중독이나 동성애에 대해 보다 부정적인 태도를 보이는 이유이다. 낙인 오명을 받은 사람은 사회적으로 회피 대상이 되며, 불합리한 취급을 받는 경향이 있다.

신종플루에 관한 김여라(2010)의 연구에 의하면, 신종플루에 대한 부정적 태도와 이미지는 신종플루 감염자에 대한 낙인 인식에 영향을 미치는 것으로 나타났다. 또한 신종플루 감염자에 대한 낙인 인식은 감염자에 대한 사회적 거리감을 높이는 것으로 나타났다. 사회적 낙인의 위험성은 이것이 피해자에게도 부정적인 영향을 미친다는 것이다. 예를 들어, 다른 사람들에게 정신병자나 전과자로 불리면 그 대상자는 그러한 칭호에 걸맞은 행동을 보이기 쉽다(Corrigan & Watson, 2002).

교실 내 다양한 학습자들은 양날의 칼에 의해 공격 받는 존재이다.

교실 내 다양한 학습자 중 대표적인 경우로 장애학생 혹은 다문화 학생을 들 수 있다. 교실 내에서 장애학생이나 다문화 학생 등 소위 흔하지 않은 학습자는 양날의 칼에 의해 공격을 받는 존재이다. 그들은 두 가지 측면에서 불리한 상황에 놓여 있다

(Corrigan & Watson, 2002). 첫째, 그들이 가진 장애 자체 때문이다. 장애(disability)란 매우 포괄적인 의미를 포함하지만, 일반적으로 인지적, 정서적, 신체적, 감각적, 발달적 혹은 이상의 것들의 중복으로 인한 손상(impairment)으로 인한 결과이다. 예를 들어, 다리가 없어서(impairment) 다른 사람처럼 걸을 수 없는 경우를 장애(disability)라고 할 수 있다. 따라서 장애로 인해 특정 과제를 수행할 때 상대적으로 손상이 덜한 학습자들과 똑같은 방법으로는 동일한 결과를 낳기 어렵다. 이러한 상황이 장애학생에게는 매우 불리하게 작용하여 불이익(handicap)을 당할 수 있다.

둘째, 장애학생은 위에서 언급한 사회적 편견과 고정관념 때문에 어려움을 겪는다. 사회적 편견(prejudice)이란 상대방이 특정 집단의 성원이라는 이유만으로 상대방을 평가하여 지니고 있는 태도에 따른 긍정적 혹은 부정적 감정이며 대체로 부정적인 특성을 지닌다. 차별(discrimination)은 같은 소속이 아니기 때문에 다른 사람들에 비해 받는 공정하지 못한 처우라고 할 수 있다. 이와 유사하나 고정관념은 대상 범주 집단에 대하여 그 집단구성원의 공통된 특징이라고 사회에서 널리 수용되고 있는 인식이다.

마. 잘못된 신념이나 신화

교육현장에는 우리가 인식하지 못하는 잘못된 신념 혹은 신화가 존재하기도 한다.

일반적으로 과학적인 근거와 논리적 추론과정의 뒷받침이 부족한 잘못된 신념을 우리는 흔히 '신화(myth)'라고 한다. 즉, 신화는 단순히 고대인의 사유나 표상이 반영된 '신' 혹은 '영웅'의 신비스러운 이야기와 같은 일반적인 개념이라기보다는 사회구성원들의 희망과 열망 · 염원, 즉 가치가 투영된 관념(notions)이나 신념(beliefs) 중 특히 부정적인 측면을 강조한 개념이다. 콤스(Combs, 1994) 역시 교육에서의 신화를 일반적으로 '참'이라고 믿고 있는 그릇된 또는 부정확한 신념이라고 정의한다. 즉, 실제 '참'이 아님에도 불구하고 사회구성원들에게 일반적으로 참이라고 받아들여지는 잘못된 신념이라는 것이다. 보울스(Bowles, 1989)는 종교적인 신념체계가 무너진 이후 현대 사회에서 개인들은 불안과 희망을 투영할 수 있는 것들이 필요하고, 이러한 것들이 구체화된 것이 신화라고 한다.

신화가 위험한 것은 구성원들이 그것을 사실이라고 믿는다는 것이다. 구체적으로 콤스(1994)는 신화가 가지고 있는 다섯 가지 특징이 얼마나 교육에서 부정적으로 기능할 수 있는지 설명하였다. 첫째, 사회구성원 대부분이 신화를 믿고 있기 때문에 사회구성원들은 흔히 신화에 대하여 세부적인 사실여부를 확인하지 않는다. 어느 누구도 그러한 신화에 대하여 의구심을 갖지 않는다. 신화는 어느 순간부터 대부분의 구성원들에 너무나도 자연스러운 것으로 확정적으로 받아들여진다. 신화는 자명(自明)한 것처럼 보인다. 둘째, 신화는 이분법적인 특징을 가진다. 많은 신화들이 이것 아니면 저것 둘 중 하나만 존재하는 것처럼 보이게 한다. 사회구성원들은 사건을 연속적인 것으로 보지 못한다. 도출되는 해결안은 당연히 극단적인 것을 선택하도록 강요한다. 극단적인 해결안은 쉽게 성공하기 어렵다. 셋째, 신화는 다소간의 사실 혹은 참을 내포하고 있다. 일부 사실들은 점점 정교화되면서 잘못된 신념들을 숨기는 역할을 한다. 넷째, 신화는 인간의 행동을 정당화시키며 자주 제도화된다. 처음에는 일부 전문가들의 반복적인 주장과 설득에서 시작한 신화는 점차 정교한 형태로 발전한다. 어떤 신화는 유행처럼 번지다 그 생명력이 다하면 그냥 사라지기도 하지만, 어떤 신화는 제도화되어 의문 없이 받아들여지기도 한다. 마지막으로 신화는 구성원들에게 원초적인 불안의식을 조장한다. 신화에 대해 의문을 제기하면 오히려 사회로부터 배척당하기도 한다. 따라서 보편적인 구성원들이 신화에 대해 의문을 제기하기란 쉽지 않다(허유성, 송경오, 2014 재인용).

바. 교사의 동질화 문제

마지막으로 현재 배출되는 교사의 동질화 역시 학교 현장에서 학생의 다양성을 보지 못하는 중요한 요인이라고 할 수 있다. 최근 초 · 중등 교원양성 기관에서 배출하는 교사는 매우 동질적인 특성을 보인다. 교육과정이 전국적으로 대동소이하고 비슷한 활동과 요건을 통해 교사로 배출된다. 또한 동일한 기준을 가진 시험을 거쳐 국 · 공립학교에 배치되기 때문에 배출 교사는 매우 유사한 특성을 가질 수밖에 없다.

교사의 동질화가 어느 정도 교사의 질을 관리할 수 있는 장점도 있지만, 학교 내 다양한 학습자들의 특징과 장·단점, 강점과 약점 등을 찾아내고 학생을 이해하는 데는 분명 부정적인 영향을 미칠 것이다.

3 다양한 학습자가 있는 교실에서 교사의 역할

교실 내 다양한 학습자를 어떻게 대할 것인가에 대한 사회적 관심이 높아지고 있는 상황에서 교육과정을 계획하고 수행하는 교사의 역할이 무엇보다 중요하다. 다양한 학습자가 공존하는 교실에서 개별 학생들이 자신들의 잠재력을 최대한 발휘하도록 지원하는 것은 교사의 역할이자 책임이다. 그러나 현재의 교실 상황에서 교사가 인지적으로뿐만 아니라 인종적, 문화적, 사회적으로 다양한 학생들이 공평한 환경에서 학습할 수 있도록 지원하는 것은 쉬운 일이 아니다.

교사는 무엇보다 다양한 학습자에게 동등한 학습기회와 학습자원을 제공해야 한다. 이 과정에서 교사는 다양한 학습자가 속한 공동체의 가치와 규범을 이해하고 존중하는 태도가 필요하다. 뱅크스(Banks, 1993)는 이를 '형평의 교육(equity pedagogy)'이라고 하였다. 사실 '형평(equity)'이란 쉬운 개념이 아니다. 고대 아리스토텔레스는 형평을 궁극적으로 법에 의해 실현될 수 있는 정의보다 상대적으로 '더 나은' (better) 정의를 실현하기 위해 필요한 개념이라고 보았다(이기범, 2014). 이를 교육적 상황에 적용해 보면, 교사가 보편성을 전제로 하지만 그 보편성이 적용될 수 없는 예외적인 경우에 교사가 그 상황을 알았으면 그렇게 행동할 것으로 여겨지는 방식으로 '교정(correction)'하는 것을 의미한다.

가. 사회적 편견과 고정관념에 대한 의도적 극복 노력

소수자에 대한 편견과 고정관념은 구성원의 의도적 노력으로 줄일 수 있다.

사회적 소수자에 대한 편견을 줄이기 위해서는, 첫째, 집단의 차이를 매우 가치 있는 것으로 인식하고, 다양성과 공평의 증진을 도모하는 접근 방법을 취할 필요가 있다. 이 관점에서는 다양한 집단의 특성을 존중하고 배우는 과정을 통해 다양성과 차이에 대한 이해의 폭을 넓힐 수 있다. 교육환경을 '친 다양성'이나 '친 차이'에 가치를 두는 환경으로 만들어야 한다. 러셀은 인습에 굴복하지 않는 인간으로부터 성립된 사회가 모두 획일적으로 되는 사회보다 가치 있는 사회라고 보았다.

둘째, 비주류집단의 권력 신장을 위한 교육과 함께 사회변혁과 정의(justice)를 위한 교육이 이루어져야 한다. 즉, 사회, 작게는 학교 내에 존재하는 실질적인 억압과 차별, 그리고 불평등을 해결할 수 있는 교육프로그램이 접목되어야 한다. 다양한 집단을 관통하는 현 사회의 정의, 차별, 다양성과 관련된 문제를 여러 가지 관점으로 조명하고 실질적인 변화를 유도하기 위한 방안을 구상할 수 있어야 한다. 이러한 접근은 단순히 소수자의 문제에 국한하기보다는 교육에서의 불평등, 부정의라는 거시적 관점에서 접근해야 실효성을 얻을 수 있을 것이다.

셋째, 관련 용어를 적절히 사용한다. 예를 들어, 장애를 개인의 차이로 설명하는 관점에서 장애인을 기술하는 것이 장애에 대한 부정적인 관점을 극복하고 그들의 장점과 잠재력 중심의 접근을 가능하게 할 것이다. 최근 미국심리학회에서도 구체적인 어려움이나 기구를 사용하여 장애인을 기술할 것을 권고하고 있다. 예를 들어, 장애인보다는 청각 장애를 가진 사람, 지체장애인보다는 휠체어를 사용하는 사람이 보다 적절하다고 지적한다. 〈표 9-2〉는 이러한 철학을 반영한 사람우선언어 내용 중 일부를 사례로 제시한 것이다. 이러한 노력을 통해 현재 이분법적으로 사용하고 있는 '장애'와 '비장애' 혹은 '정상'과 '비정상'의 획일적인 범주를 벗어날 수 있을 것이다.

표 9-2 사람우선언어(person first language)의 예

기존의 표현	사람우선언어 표현
• The handicapped or disabled.	• People with disabilities.
• He' s mentally retarded.	• He has a cognitive disability/diagnosis.
• She' s autistic.	• She has autism.
• She' s learning disabled.	• She has a learning disability.
• She is crippled.	• She has a physical disability.
• Normal kids.	• Children without disability.
• Brain damaged.	• Brain injury.
• Handicapped parking.	• Accessible parking.
• He's in special education.	• He receives special services.

출처: disabilityisnatural.com
※ 영어 표현이 사용 의도를 보다 잘 드러내어 그대로 제시함.

내가 사용하는 명명에 대한 반성적 고찰

우리 사회에서 '장애인(人)'이라는 용어 대신 '장애우(友)'라는 용어를 사용한다. 그러나 '장애우'가 장애인에 대한 사회의 부정적 명명의 효과를 일부 완화하는 효과는 있겠지만, 과연 '장애우'라는 용어가 장애인을 대신하는 용어로 적절할까? '장애우'라는 단어는 우리 사회의 '장애'에 대한 제한적 시각을 단적으로 보여준다. 사전적 의미로 '우(友)'는 "오래도록 친하게 사귀어 온 사람", "나이가 비슷한 또래이거나 아래인 사람을 낮추거나 가깝게 이르는 말", 혹은 "어른이 나이가 어린 사람을 친근하게 이르는 말"로 국어사전에서 정의하고 있다. '장애우'라는 명칭 역시 장애인을 우리와 다른 집단으로 범주화한 결과로 볼 수 있다. 예를 들어, "자연은 우리의 친구"라고 할 때 그 의미에는 자연이 좋지만 우리와는 다르다는 인식을 내포하고 있다. 따라서 '장애우'라는 명칭보다는 '장애인'이라는 명칭이 보다 적절해 보인다. 위에서 언급한 '사람우선언어'를 사용한다면 장애인보다도 시각장애를 가진 사람으로 표현하는 것이 보다 적절할 것이다.

넷째, 사회적 소수자에 대한 사회적 편견을 줄이는 좋은 방법은 그들과의 접촉의 양을 늘려 친밀도를 높이는 것이다(Bond, DiCandia, & McKinnon, 1988). 다음 [그림 9-6]은 정신병원 직원들이 환자의 인종에 따라 시간이 지남에 따라 인식이 어떻게 변하는가를 보여준다. 초기에 아프리카계 환자에 대해 부정적인 인식을 가지고 있던 직원들도 일상적인 접촉을 통해 약 한 달 후에는 부정적 인식이 크게 줄어들었다.

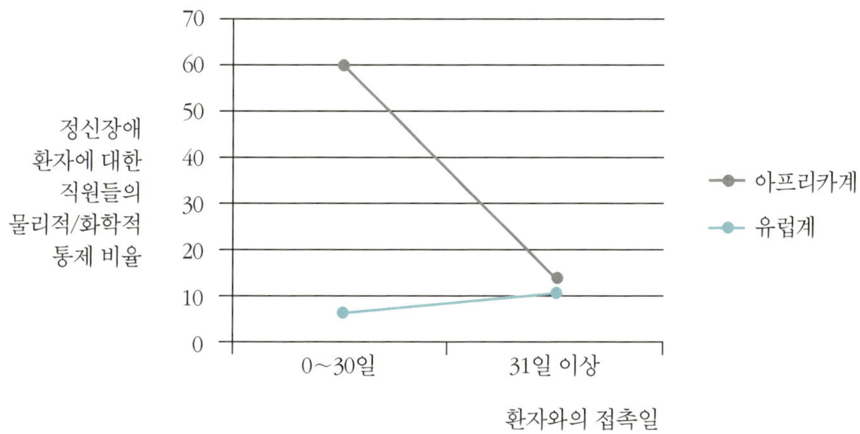

그림 9-6 접촉 경험과 사회적 편견

출처: Bond, Di Candia, & McKinnon(1988).

국내 중학생을 대상으로 다문화 수용 정도에 미치는 영향요인을 분석한 이자형과 김경근(2013)의 연구에 따르면, 학생들이 친구, 교사, 이웃 등과 친밀한 관계를 유지할수록, 시민의식이 발달되어 있을수록 문화적 배경이 다른 사람을 흔쾌하게 받아들일 가능성이 높아지는 것으로 나타났다. 이 과정에서 학교에서 실시하는 운동, 독서, 문화예술 관련 활동에 참여한 경험이 다문화 수용에 의미 있는 영향을 미치는 것으로 드러났다. 그러나 학생들의 국제이해 관련 활동에 참여한 경험은 다문화 수용성에 의미 있는 영향을 미치지 않는 것으로 나타났다.

나. 평등과 공평에 대한 민감성 향상

평등과 공평에 대한 교사의 민감성을 높일 필요가 있다. 다양성과 차이가 교육상황에서 가치를 인정받기 위해서는 소위 '평등'을 넘어 '공평'의 관점을 실현시켜야 한다. 평등과 공평은 소득과 분배 상황에 적용해 보면 이해하기 쉽다. 평등(equality)이란 생산 활동의 결과물을 각 개인에게 똑같이 분배하는 것을 의미한다. 반면에 공평(equity)은 각 개인의 생산에의 기여도에 비추어 차등 분배하는 것을 의미한다. 교육 상황에서는 이와는 반대로 적용할 수 있다. 즉, 평등은 모든 학생들에게 동일한 기회를 제공하거나 동일한 기준에서 평가하는 것이라면, 공평은 개개인의 다양성을 고려하여 차별화된 기회의 제공이나 평가의 적용을 의미한다. 학생들의 다양성을 조장하기 위해서는 공평을 실현하기 위한 보다 적극적인 교육적 노력이 필요하다. 그러나 교육상황에서 현실적으로 공평을 적용하는 것은 그리 쉬운 문제는 아니다. 예를 들어, 다문화 학생에게 유리한 평가기준을 받아들이기는 쉽지 않다. 만약 공평을 위한 적극적 노력이 없다면 다양성은 이상이나 일탈 정도로 간주되기 쉽다.

다. 교사가 갖추어야 할 역량

다양한 학습자가 있는 교실에서 교과 내용을 잘 알고, 토론을 진행하는 방법이나 기술에 능숙한 것만으로는 충분하지 않다. 교사의 학습자에 대한 태도, 기대수준, 다양한 학습자에 대한 지식 등은 학습자의 학업성취는 물론 기타 학교에서 요구하는 성취 영역에도 영향을 미친다. 웽글린스키(Wenglinsky, 2002)의 연구에 의하면, 교사가 다문화 교육, 특수교육, 제 2 외국어교육 등에 대한 준비가 되어 있을 때 학생들의 수학과 및 과학과의 학업성취 수준이 높아지는 것으로 나타났다.

다양한 학습자를 가르칠 때 교사가 갖추어야 할 모든 역량을 나열할 수 없지만, 뱅크스가 제시한 몇 가지 내용을 정리하면 다음과 같다. 첫째, 교사는 일단 다양한 학습자와 함께 생활할 수 있는 다양한 전략들을 알고 있어야 한다. 이 과정에서 자신이 가지고 있는 문화적, 사회적 가정들을 확인할 필요가 있다. 이에 대한 확인이 출발점이 되어야 한다. 둘째, 교사는 어떻게 학생들의 배경 정보에 대해 탐색해갈 수 있는가를 알고 있어야 한다. 이러한 학생들의 배경 정보에 대한 탐색을 바탕으로 의사결정이 이루어져야 한다. 셋째, 교사들은 '문화적 브로커(cultural broker)'의 역할을 수행할 수 있어야 한다. 즉, 다른 문화 시스템을 온전히 이해한 후 다른 문화적 틀에 맞게 해석할 수 있어야 한다.

마틴(Martines, 2008)은 특히 다문화 학교에서 교사들에게 필요한 역량을 다음과 같이 제시하였다. 첫째, 교사인 자신이 속한 집단의 규범, 가치, 전통, 관습에 대한 비판적인 이해, 둘째, 교사인 자신이 가지고 있는 편향, 편견이나 고정관념을 스스로 돌아볼 수 있는 능력, 셋째, 학생들이 속한 집단, 문화, 사회구조가 어떻게 관련되어 있는지에 대한 이해, 넷째, 문제상황을 해결하고 다양한 집단에 민감하게 개입하고 그들에게 적합한 교육환경을 제공할 수 있어야 한다.

라. 다양한 학생을 위한 통합교실의 실현

통합교육은 장애학생을 일반학급에 배치하는 것 이상이다.

통합교육의 당위성에 대해서는 많은 사람들이 동의하지만, 여전히 교육현장에서는 다양한 성공 및 실패 사례들을 볼 수 있다. 다음은 실제 어떤 학교에서 일어난 통합교육과 관련된 웃을 수 없는 사례를 제시한 것이다.

사례 1

모 학교의 교무회의의 중요한 안건은 이번에 새로 전학 오기로 한 장애학생을 어떤 반에 배정할 것인가에 관한 것이다. 교무회의에서 장애학생의 배정은 아주 간단한 방법으로 이루어졌다.

"제비뽑기"

사례 2

모 중학교의 3월 새 학기 첫날 첫 시간 후 급히 특수교사에게 달려온 윤리 교사:

"장애 학생을 제 수업에서 빼주세요… 아니 몰래 저만이라도 빼주세요…"

'통합교육(inclusive education)' 하면 떠오르는 것은 무엇인가? 그럼 '통합교육'이 아닌 것은 무엇일까? 개별아동의 특수성을 고려한다면 모든 교육이 통합교육이라고 할 수 있다. 장애학생이 일반학생과 함께 공부하는 경우 통합교육이라고 하지만 이는 일반학생과 장애학생 각각을 지나치게 동질적인 집단으로 보기 때문에 발생한 문제로 보인다. 학교나 교실에서 실시하는 모든 활동은 모든 학생에게 열려 있다. 모든 학생들은 또래들과 함께 동일한 기회를 제공받고 경험할 수 있다. 이 과정에서 장벽을 최소화하고 자원을 최대화하는 것이 중요할 뿐이다. 장애를 가진 아동의 통합교육은 이러한 광의의 통합교육의 한 유형으로 볼 수 있을 것이다. 통합교육을 이러한 관점에서 보면, 다양한 학습자를 위한 통합교육은 시혜나 특혜가 아닌 자연스러운 교육적 원리를 따르는 것이다.

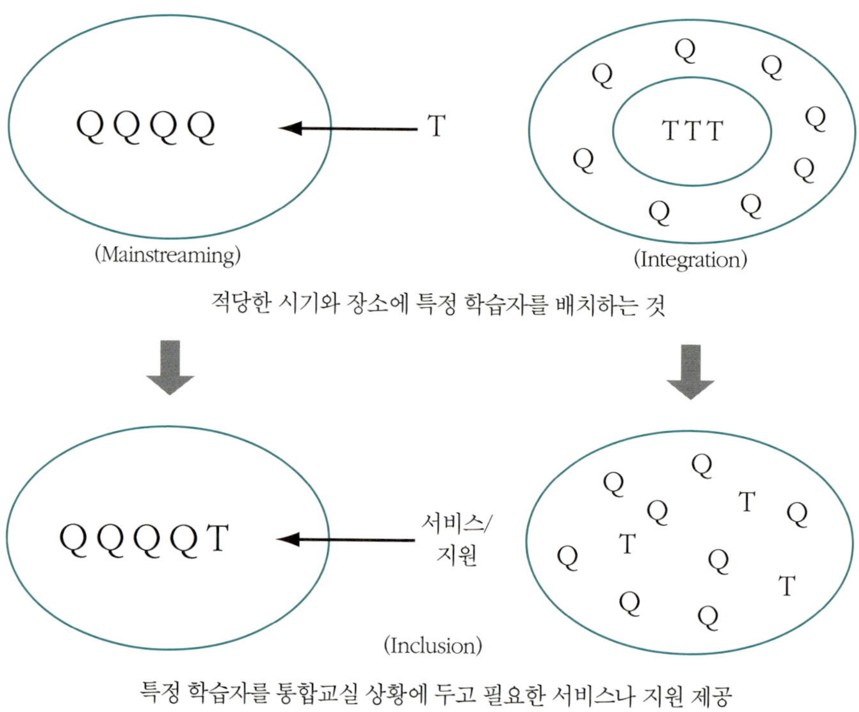

그림 9-7 **통합의 다양한 의미**

특히 장애학생의 통합교육에 대해서는 오랫동안 찬반 논쟁이 이어지고 있다. 아래 〈표 9-3〉은 장애학생 통합교육에 대한 핵심적인 찬성과 반대 이유를 정리한 것이다. 이와 같은 내용은 장애학생을 넘어 다양한 학습자에 대한 통합교육의 논리로도 어느 정도 적용가능하다.

표 9-3 통합교육에 대한 찬반

찬성	반대
• 장애학생들은 별도의 분리된 장소보다 통합교실에서 더 잘 배우고 생활함 • 장애학생들의 사회화에 도움을 줌 • 또래로부터 교사가 제공할 수 없는 도움을 받을 수 있음 • 학교에서 배우는 것은 학습만이 아님. 나이에 적합한 삶에 대해서 배움. 이 과정에서 적절한 모델링은 통합교실에서 가장 잘 일어남 • 다른 사람을 수용하고 차이를 존중하는 학습기회를 장애학생과 일반학생 모두에게 제공함 • 낙인 효과가 적음 • 일반교사와 특수교사 간의 배움이 발생 • 다양한 필요와 특성을 보이는 다양한 유형의 아이들을 경험하여 교육적 시야의 확대 • 좋은 교사에게 필요한 기술, 지식 등을 보다 정교화 할 기회를 얻음 • 특수교육과 일반교육의 불필요한 이원화 지양 • 교사, 전문가, 학생, 학부모 및 지역사회 간의 협력 활성화	• 모든 학생이 통합교육에서 가장 잘 배우는 것은 아님. 즉, 장애를 가진 모든 학생들이 통합교육 받는 것이 최상인가?에 대한 의문 • 어떤 학생들은 보다 개별화된 수업이 필요. 장애를 가진 학생들이 집중적인 특수교육을 받지 못함 • 통합교육을 계획하기에 불충분한 시간 • 다른 학생에게 부정적인 영향을 미침 • 낮은 기대수준 • 특수아동에게 보다 많은 시간 투자가 어려움 • 일반 학생들의 안전을 담보할 수 없음 • 통합교실에서는 장애를 가진 학생에게 요구되는 수준 이상의 자극이 상존함

다양한 학습자들의 학습지원을 위한 교수적합화

다양한 학습자에게 효과적인 교육을 위해서는 교육내용이나 방법 혹은 평가에서 조절과 수정 등이 필요하다. 교육과정, 교수활동, 평가 등에서 교사의 이러한 노력을 적합화(adaptation)라고 한다. 일반적으로 적합화는 조절과 수정을 포함하는데, 조절(accommodation)이란 교육내용 및 방법에 대한 지원 혹은 서비스로 학습 자료의 제공 등과 같은 활동을 들 수 있다. 수정(modification)은 교육과정 혹은 평가 등의 변화를 의미한다. 예를 들어, 과제의 종류를 다르게 하거나 다른 평가 체계를 적용하는 것 등이 여기에 속한다.

교수적합화는 교수환경, 교수집단, 교수방법, 교육내용, 그리고 평가방법을 대상으로 수행한다. 예를 들어, 교수환경 측면에서의 교수적합화는 조명, 소음, 자리배치, 교수자료 배치 등을 고려하며, 교수집단 측면에서는 소집단, 또래 지도, 협력학습 등의 요소를 고려할 수 있다. 교수방법에서는 과제의 양을 줄이거나 수업을 강의형 대신 게임형으로 변경할 수 있으며 역할 놀이, 체험학습, ICT 활용, 학습자료의 디자인, 크기, 구조화, 학습 양의 조절 등을 생각해 볼 수 있다. 교육내용 측면에서는 다중 수준 교육과정이나 중첩교육 과정을 적용할 수 있다. 마지막으로 평가방법에서는 글 대신 녹음으로 보고서 제출하는 방법 등이 가능하다.

부분참여의 원리

통합교육에서 장애학생을 포함하는 다양한 학생들에게는 수업활동에 참여하거나 전혀 참여하지 못하는 두 가지 선택만이 있는 것은 아니다. 예를 들어, 장애학생들도 비록 장애 때문에 제한된 수준이겠지만 어떠한 학습활동이든 참여하여 필요한 것을 습득할 수 있다. 이를 부분참여의 원리(principle of partial participation)라고 한다. 부분참여의 원리는 교수적합화를 통해 가능하다. 교수적합화를 통해 특히 중도·중복장애(sever disabilities)를 가진 학생들에게도 학습경험은 일반 학생과 차이가 있더라도 경험의 결과는 동일하도록 구성하는 것이 중요하다(이소현, 박은혜, 2008).

예를 들어, 수업시간에 복잡한 그림을 오리는 활동을 할 때 지체장애와 지적장애를 가진 철수를 위해 철수가 쉽게 가위질 할 수 있는 과제를 제시하는 것이 여기에 속한다. 그러나 가위질 대신 오려진 그림을 풀칠하여 붙이도록 하는 활동은 부분참여 원리에 위배된다. 마찬가지로 지체장애를 가진 학생이 체육 수업 중 달리기 활동 시간에 벤치에 앉아 있도록 하기보다는 짧은 거리를 달리도록 수정하는 것이 부분참여 원리에 적합하다. 이와 같이 부분참여 원리에서는 특히 학생들의 수동적인 참여나 단편적인 참여, 그리고 참여 자체를 못하도록 하는 것을 중요한 장애학생 교육 문제로 지적한다.

보편적 학습설계의 적용

보편적 학습설계(universal design for learning; UDL)란 건축이나 디자인 영역의 보편적 설계의 개념을 학습에 적용한 것이다. 보편적 설계에서는 공평한 사용, 사용상의 융통성, 간단하고 직관적인 사용, 쉽게 인지할 수 있는 정보, 오류에 대한 포용력, 물리적 노력의 최소화, 접근과 사용을 위한 충분한 공간을 포함하는 7가지 원칙을 포함한다(현주, 유지연, 전신영, 2010). 보편적 학습설계는 이러한 원리를 교육에 적

표 9-4 다양한 학습자 지원을 위한 보편적 학습설계

I. 다양한 방식의 표상 제공	II. 다양한 방식의 표현 수단 제공	III. 다양한 방식의 동기부여 제공
1. 인지방법의 다양한 선택권 제공 • 정보의 제시 방식을 학습자 스스로 최적화할 수 있는 옵션 • 청각정보의 대안을 제공하는 옵션 • 시각정보의 대안을 제공하는 옵션	4. 신체적 표현방식에 따른 선택권 제공 • 신체적 입력/반응에 대한 옵션 • 자료와 상호작용하는 방식 옵션 • 보조공학(AT)을 적용할 수 있는 옵션	7. 흥미를 돋는 선택권 제공 • 개인의 선택과 자율성을 증진시키는 옵션 • 학습자와의 관련성, 가치, 진정성을 증진시키는 옵션 • 위협이나 주의를 분산시킬만한 요소를 줄이는 옵션
2. 언어, 상징의 다양한 선택권 제공 • 어휘나 상징에 대한 정의를 제공하는 옵션 • 문법과 구조를 명확하게 하는 옵션 • 문자와 수학기호를 해독하는 옵션 • 범언어적인 이해를 돕는 옵션 • 비언어적인 수단으로 핵심개념을 묘사하는 옵션	5. 표현력과 유창성에 대한 선택권 제공 • 의사전달을 위한 매체 선택 옵션 • 작문과 문제해결을 위한 다양한 도구 옵션 • 연습과 수행을 위한 다양한 비계 설정 옵션	8. 지속적인 노력과 실행을 돕는 선택권 제공 • 목표나 목적을 부각시킬 수 있는 옵션 • 난이도와 학습지원의 수준을 다양하게 할 수 있는 옵션 • 의사소통과 상호 협력을 촉진시키는 옵션 • 숙달지향 피드백을 증가시키는 옵션
3. 이해를 돕기 위한 선택권 제공 • 배경지식 제공, 관련 지식을 활성화하는 옵션 제공 • 주요한 부분, 주제와 관계 등을 강조하는 옵션 • 정보 처리 과정을 길잡이 할 옵션 • 기억과 전이를 돕는 옵션	6. 자율적 실행기능에 따른 선택권 제공 • 효과적인 목표설정을 돕는 옵션 • 계획과 전략개발을 지원하는 옵션 • 정보와 자료관리를 촉진하는 옵션 • 스스로 진도를 점검할 수 있는 능력을 증진시키는 옵션	9. 자기조절 능력을 돕는 선택권 제공 • 개인의 목표설정과 기대치를 안내하는 옵션 • 극복하는 기술과 전략을 비계 설정하는 옵션 • 자기 평가와 성찰을 발전시켜나갈 수 있도록 하는 옵션

출처: 현주 외, 2010.

용하는 것으로, '모든 학습자는 다 다르다'라는 철학을 구현하는 방법 중 하나이다. 즉, 보편적 학습설계란 모든 학습자의 요구를 고려하여 각 학습자에게 적절한 교육과정, 교육방법, 교육환경을 설계하는 것을 의미한다.

이러한 보편적 학습설계는 많은 장점을 가지고 있다. 무엇보다 모든 학습자는 다 다르다는 관점을 수용하여 학교나 사회에서의 차별과 낙인효과를 줄일 수 있다. 한 집단만을 위한 것은 다른 집단에게는 차별이 될 수 있기 때문에 이를 피하면 소수의 학생에 대한 차별을 줄일 수 있다. 또한 소수의 학생을 위한 보편적 학습설계의 원리는 다수의 학생에게도 동일하게 유용할 수 있다. 예를 들어, 보편적 학습설계가 적용된 통합학급에서는 장애를 가진 학생뿐 아니라 다른 학습자들 역시 동일한 혜택을 누릴 수 있다.

4 사례 분석

사례 1

오 교사와 임 교사 모두 교사가 된지 3년이 지났다. 이제 제법 가르치는 것에 익숙해졌다고 생각하고 있었다. 그런데 이번 학기에 오 교사는 청각장애를 가진 학생을, 임 교사는 심각한 저시력 학생의 담임교사가 되었다. 두 교사가 직면한 문제를 해결하기 위해 적용한 문제해결 전략은 다음과 같이 요약할 수 있다.

오 교사	임 교사
오 교사는 청각장애를 가진 학생을 가르치기 위해 청각장애 학생과 관련된 특성에 대해 학습하였다. 청각장애를 가진 학생들이 일반학생과 인지적인 측면에서는 차이가 없다는 것을 알고, 자신의 수업에 큰 어려움 없이 참여할 수 있다고 생각하였다. 오 교사는 또한 청각장애를 가진 학생들이 정서적, 사회적 측면에서 어려움을 경험할 수 있다는 것을 알고 같은 반에 있는 학생 중 가장 성실하고 착한	임 교사는 저시력 학생에 대해 무엇보다 많은 배경정보가 필요하다는 것을 알고, 같은 학교 내에 있는 '학습도움실'에 있는 특수교사와 함께 저시력 학생 지원 전략을 수립하여 학생의 장단기 목표를 검토하였다. 이후 자신이 수업을 진행하고 있는 과학교실에 대한 정보를 수집하고, 과학수업과 관련하여 해당 학생의 학업수행능력 및 과제수행 시 겪는 어려움에 대한 정보를 수집하여 평가하였다. 이후

학생 1명을 선정하여 한 학기 동안 지속적으로 청각장애 학생의 도우미 역할을 수행하도록 하였다. 오 교사는 청각장애를 가진 학생이 일반학생과 인지적인 측면에서 비슷한 수준이라 그 외 영역(예를 들어, 중간고사 등)에서는 적합화가 필요하지 않았다.	학생의 필요와 요구에 적합한 학습목표를 설정하고, 수업참여 수준을 높이기 위해 교수환경, 교수집단, 교수방법, 교수내용, 평가방법을 적합화 하였다. 교수적합화를 통한 수업 이후 학생의 수업참여에 대해 질적 방법과 양적방법을 모두 활용하여 평가하였다.

질문 1: 오 교사와 최 교사의 문제해결 전략을 교수적합화의 관점에서 봤을 때 두 교사의 접근방법을 비교하여 설명하면?

질문 2: 오 교사와 임 교사의 문제해결 단계에서 차이점은 무엇인가? 임 교사의 문제해결 단계를 간단히 정리하면?

질문 3: 오 교사처럼 청각장애 학생이 수업에 통합된 경우 교실환경 및 교수방법과 관련하여 적용할 수 있는 전략에는 무엇이 있을까?

사례 2

박 교사가 새로 담임을 맡은 학급은 실로 복잡하다. 장애학생, 다문화 학생, 전학생, 소년원에 다녀온 학생 등 매우 다양한 유형의 학생들이 섞여 있다. 이러한 다양성은 서로 간에 충분히 알 수 없는 학기 초부터 학생들 간의 갈등으로 나타났다. 특히 교실 내 대다수를 차지하는 소위 일반적인 학생들은 처음 대하는 정서장애를 가진 학생과 소년원을 다녀 온 학생들에 대해 매우 부정적인 태도를 보였다. 두 학생에 대한 따돌림 현상이 3월 초부터 나타났다.

질문 1: 박 교사의 교실 내 장애학생과 소년원을 다녀 온 학생들에 대해 학급 내 학생들이 부정적인 태도를 보이는 이유는 무엇이라고 할 수 있는가?

질문 2: 박 교사는 어떻게 자신이 맡은 학급이 당면한 문제를 해결할 수 있을까?

5 주요 개념

주요 개념	설명
다양성 (Diversity)	수용과 존경을 내포한다. 다양성은 개개인이 독특하다는 것과 개개인 간의 차이를 인식하는 것
편견 (Prejudice)	상대방이 특정 집단의 성원이라는 이유만으로 상대방을 평가하여 지니고 있는 태도에 따른 긍정적 혹은 부정적 감정
고정관념 (Stereotype)	대상 범주집단에 대하여 그 집단구성원의 공통된 특징이라고 사회에서 널리 수용되고 있는 인식
낙인 (Stigma, Labeling)	고대 그리스 시대에 범죄자나 노예들에게 찍는 도장을 의미하는데, 특정 사람이나 집단을 시각적으로 쉽게 구분하기 위해 사용
신화 (Myth)	사회구성원들의 희망과 열망 · 염원, 즉 가치가 투영된 관념(notions)이나 신념(beliefs) 중 특히 부정적인 측면을 강조한 개념
사람우선언어	장애인이 경험하는 구체적인 어려움이나 기구를 사용하여 장애인을 설명한 것
평등 (Equality)	모든 학생들에게 동일한 기회를 제공하거나 동일한 기준에서 평가하는 것
공평 (Equity)	개개인의 다양성을 고려하여 차별화된 기회의 제공이나 평가의 적용을 의미
통합교육 (Mainstreaming)	적당한 시기와 장소에 특정 학습자를 배치하는 것
통합교육 (Inclusion)	특정 학습자를 통합교실 상황에 두고 필요한 서비스나 지원을 제공하는 것
교수적합화	다양한 학습자에게 효과적인 교육을 위한 교육내용이나 방법 혹은 평가에서의 조절과 수정
부분참여의 원리	장애학생들도 비록 장애 때문에 제한된 수준이겠지만 어떠한 학습활동이든 참여하여 필요한 것을 습득할 할 수 있도록 하는 것
보편적 학습설계	모든 학습자의 요구를 고려하여 각 학습자에게 적절한 교육과정, 교육방법, 교육환경을 설계하는 것

6 연습문제

1. 만약 지적장애를 가진 학생 A가 선생님 반에 있고, 다음은 선생님이 관찰한 관찰 내용이다. 학생 A를 위한 교수적 고려로 적절하지 않은 것은?

> • 학습한 내용을 일반화하는 데 어려움이 있음.
> • 과제 수행 시 집중하는 시간이 짧고, 선택적 주의집중이 어려움.
> • 학습 의지가 부족하고 수동적이며, 학습한 내용을 잘 기억하지 못함.
> • 정해진 일정은 잘 따르지만 갑작스러운 환경 변화에는 민감하게 반응함.

① 기억에 어려움이 있는 것을 고려하여 시연전략을 사용한다.
② 과제와 관련된 적절한 자극과 부적절한 자극을 구별할 수 있도록 지도한다.
③ 과제수행에 대한 자기점검과 자기강화를 통해 과제 참여도와 학습동기를 높인다.
④ 여러 가지 색깔 단서를 사용하여 과제 수행에 대한 일반화를 높이고 흥미를 유도한다.
⑤ 과제를 단계별로 나누어 쉬운 내용을 먼저 지도하고, 과제의 난이도를 서서히 높인다.

2. 다음은 어느 학교 교무실에서의 대화이다. 교실 내 다양성에 대해 옳은 것으로 묶은 것은 무엇인가?

> ㄱ. 사실 다양해 보이지만 단순화해서 보면 복잡하지 않아요. 보다 효율적인 교실 운영과 학생들의 요구를 충족하기 위해서는 이분법적으로 구분하여 지원하는 것이 효율적입니다.
> ㄴ. 다양성은 단순히 외모가 다른 것만을 의미하는 것은 아닌 것 같아요. 제가 말한 학생은 동유럽 국가에서 왔는데 국가나 역사에 대한 이해가 저희와는 다르더라고요. 그 학생 덕에 역사 수업 시 보다 풍성한 대화가 가능했어요.
> ㄷ. 장애학생도 우리 사회의 풍성함을 더 하는 것 같아요. 우리가 낙인하여 구별하는 것이 문제지요.
> ㄹ. 교실을 스펙트럼으로 보면 보다 풍성해질 것 같습니다. 하나의 연속선상에 놓인 양극단 학생들은 교실 내 다양성을 높여주지요.
> ㅁ. 사회적 현상으로서 보편성은 인정하지만 교실은 매우 유사한 집단입니다.

① ㄴ ㄷ ② ㄷ ㄹ ③ ㄱ ㄴ ㄷ ④ ㄱ ㄹ ㅁ ⑤ ㄴ ㄷ ㅁ

3. 교실 내 다양성을 보지 못하게 하는 요인으로 가장 부적절한 것은 무엇인가?

① 다양성을 보는 인식론적 틀 부족
② 명명을 통한 집단화와 무리화
③ 타자화 현상
④ 편견과 고정관념
⑤ 비범주화 접근 현상

4. 다음 설명 중 가장 옳은 것은 무엇인가?

① 낙인의 문제점은 대상자 역시 스스로를 피해자로 만든다는 것이다.
② 현재의 교사양성 체제는 교실 내 다양한 학습자 교육에 매우 효과적이다.
③ 현대 사회에서는 소위 '신화'라는 것이 존재하지 않는다.
④ 편견과 고정관념은 보다 정교한 범주화를 통해 극복 가능하다.
⑤ 사람우선언어는 소수자에 대한 낙인을 주는 효과가 있다.

5. 다음은 일반적으로 편견과 고정관념이 생기는 과정이다. 가장 적절하지 않은 것은 무엇인가?

① 구분과 분류는 인간의 사회적 인지에 대한 테마(성별, 종교 등)를 형성한다.
② 동일 그룹은 자신들을 과장하여 동일한 '우리'로 간주하고, 다른 그룹은 과장하여 매우 다른 동질적인 '그들'로 간주((illusion of out-group homogeneity)한다.
③ 자신이 속한 집단의 구성원을 보며 자존감을 높인다.
④ '그들'은 '우리'와 다르다는 이유만으로 배척의 대상이 됨. 그들에 대해 부정적 정서를 형성한다.
⑤ 다른 집단에 대한 부정적 태도를 반박하는 정보는 구성원들의 부정적인 태도를 약화한다.

참고문헌

김여라(2010). 신종플루 뉴스 이용 정도가 감염자에 대한 사회적 거리감에 미치는 영향에 관한 연구: 낙인효과(stigma effect)를 중심으로. 한국언론학보, 54(3), 206-227.

이기범(2014). 국제법상 '형평'(equity) 개념에 대한 '실증적인' 고찰. 국제법학논집, 59(1), 91-118.

이선자(2007). 영화 속의 장애인 이미지 분석. 한국장애인복지학, 7, 77-111.

이소현, 박은혜(2008). 특수아동교육. 서울: 학지사.

이자형, 김경근(2013). 중학생의 다문화 수용성 영향요인. 교육사회학연구, 23(1), 53-77.

지방행정 종합정보공개시스템(2007). www.laiis.go.kr/

한병철(2014). 투명사회. 서울: 문학과지성사.

허유성, 송경오(2014). 과학적 증거기반 살린(EBP)을 위한 전제로서 학교현장에 실재하는 사회적 통념의 근거분석. 미간행 출판물.

현주, 유지연, 전신영(2010). 모든 학생들을 위한 보편적 학습설계. 교육정책네트워크, 10.

Allport, G. W. (1954). *The nature of prejudice.* Cambridge, MA: Addison-Wesley.

Banks, J. (1993). Approaches to multicultural curriculum reform. In J. Banks & C. Banks (Eds.), *Multicultural education: Issues and perspectives* (2nd ed., pp. 195-214). Boston: Allyn & Bacon.

Ben-Zeev, A., Dennehy, T., Goodrich, R., Kolarik, B., & Geisler, M. (2014). When an "Educated" black man becomes lighter in the mind' s eye: Evidence for a skin tone memory bias. SAGE open, January-March, 1-14.

Bond, C., DiCandia, C., & Mackinnon, J. (1988). Responses to violence in a psychiatric setting: The role of the patient' s race. *Personality and Social Psychology Bulletin, 14,* 448-458.

Bowles, M. L. (1989). Myth, meaning, and work organization. *Organization Studies, 10*(3), 405-421.

Combs, A. (1995). 교육신화: 교육개혁을 방해하는 그릇된 믿음. 이성호 역. 서울: 서원.

Corrigan, P., & Watson, A. (2002). The paradox of self-stigma and metal illness. *Clinical Psychology: Science and Practice, 9*(1), 35-53.

Goffman, E. (1963). *Stigma: Notes on the management of spoiled identity.* Englewood Cliffs, NJ: Prentice Hall.

Goldberg, S. (1968). Are women prejudiced against women? *Transactions, 5*, 28-30.

Goldberger, S., & Manski, C. (1995). Review article: The bell curve by Herrnstein and Murray. *Journal of Economic Literature, 33*(2), 762-776.

Martines, D. (2008). *Multicultural school psychology competencies: A practical guide*. Sage.

Mehl, M., Vazire, S., Ramirez-Esparaza, N., & Slatcher, R. (2007). Are Women Really More Talkative Than Men? *Science, 317*(5834), 82.

Nisbett, R. (2011). 생각의 지도(최인철 역). 파주시: 김영사(원출판년도 2004). The geography of thought. NY: Free Press.

Petty, R., Brinol, P, Tormala, Z., & Wegener, D. (2007). The role of meta-cognition in social judgement. E. T. Higgins & A. Kruglanski (Eds.). *Social Psychology: Handbook of basic principles* (2nd ed.). New York: Guilford Press.

Steele, C., & Aronson, J. (1995). Stereotype threat and the intellectual test performance of African Americans. *Journal of Personality and Social Psychology, 69*(5), 797-811.

Tajfel, H., & Wilkes, A. (1963). Classification and quantitative judgement. *British Journal of Psychology, 54*, 101-114.

US Bureau of the Census (2000). http://www.census.gov/

Wenglinsky, H. (2002, February 13). How schools matter: The link between teacher classroom practices and student academic performance. *Education Policy Analysis Archives, 10*(12); retrieved from http://epaa.asu.edu/epaa/v10n12/

제10장

'좋은 교사'에 대한 이해

비슷해 보이지만 다른 두 교사

김 교사와 박 교사는 초등학교 교직 경력이 20년 정도의 경력교사이다. 두 교사 모두 학생들에게 인내심을 가지고 따뜻하게 대하는 교사이다. 그러면서도 원칙을 가지고 학생들이 지켜야 할 것은 분명하게 짚고 넘어가는 교사이다. 두 교사의 수업에서 학생들은 즐겁게 수업활동에 참여한다. 겉으로 보기에 두 교사는 모두 뛰어난 역량을 가지고 있는 것 같다. 그러나 조금 더 자세히 살펴보면 상황은 달라진다. 김 교사의 학급에서는 국어나 수학에서 어려움을 겪는 아동들이 거의 없으며 자신의 학년수준을 뛰어넘는 독해실력을 보인다. 작문이나 과학에서도 상당히 심도 있는 지식이나 사고수준을 보일 때도 있다. 그러나 박 교사의 학급은 김 교사의 학급과 가정배경이 유사한 아동들로 구성되어 있지만 읽기나 수학에서 어려움을 겪는 학생들이 많았으며 작문도 그저 그런 수준이었고 과학에 대해서는 전혀 배운 적이 없었다.

이런 차이는 어디에서 비롯된 것일까? 교직 경력 초반기에 이 두 교사의 차이는 미미한 것이었다. 교직 경력 초반에 두 교사는 주로 학급운영문제에 매달렸다. 수업이 원활하게 진행되도록 하기 위해 규칙을 정하고 아이들의 행동을 바람직한 방향으로 이끄는 데 노력을 기울였다. 학급운영이나 아이들의 훈육문제에 대해 자신감이 생기면서 김 교사는 아이들이 학습의 문제에 주의를 기울이고 다양한 방법과 절차에 대해 실험하였다. 학생들이 이해하기 힘들어 하는 것, 피하려고 하는 과제, 김 교사가 생각하는 결과를 이끌어내지 못하는 수업활동들을 면밀하게 관찰하고 이를 극복할 수 있는 새로운 아이디어들을 실험하였다. 끊임없이 새로운 수업기법을 배우고 그것을 자신의 수업과 조화를 이룰 수 있는 방식으로 적용하는 노력을 지속하고 있다. 최근에는 학생들이 서로 협동하는 능력에 대해 관심을 가지고 있다.

이에 비해 박 교사는 아직도 수업에서 학생의 행동을 지켜보고 관리하는 데 대부분의 시간을 할애하고 있다. 학생들은 자습을 하는 데 주로 시간을 보낸다. 박 교사는 학생들이 서로 조용히 있기만 하면 학습이 어떻게 진행되든 상관하지 않는다.

출처: Bereiter & Scardamalia, 1993, pp. 78-80.

1 '좋은 교사'란?

"의식적인 측면에서 교사는 자신이 알고 있는 교과지식을 가르친다. 그러나 무의식적인 측면에서 교사는 자신이 어떤 사람인지를 아이들에게 가르친다." (Hamachek, 1999, p. 209)

가. '좋은 교사'란?

교사란 의도한 계획에 따라 교육적 경험을 제공하는 전문적 실천가이다.

'좋은 교사'란 어떤 교사일까? 학생들은 어떤 교사를 '좋은 교사'라고 생각할까? 많은 경우, 교사의 인성을 중심으로 '좋은 교사'를 규정한다. 예를 들어, 이해심이 많고 친절하고 열정적이며 용기를 북돋아 주고 마음이 통하는 교사를 좋은 교사라고 생각할 수 있다. 그러나 이러한 특징은 굳이 교사가 아니더라도 누구라도 갖추면 좋을 인성적 특성이다.

교사는 학생의 전인적 성장을 돕는 것을 자신의 일로 살아가는 사람이다. 특히 학교의 교사는 단순히 가르치는 사람이 아니라 "의도한 계획에 따라 교육적 경험을 제공하는 전문적 실천가"이다(Cooper, 2012). '좋은 교사'가 되기 위해서는 가르침의 결과가 학생의 전인적 성장으로 이어져야 한다. 이 과정에서 교육에 대한 교사의 열정과 학생에 대한 신뢰가 전해지고 학생은 교사의 열정을 통해 교과에 대한 흥미를 지니게 된다. 그리고 자신에 대한 교사의 신뢰에 보답하기 위해 노력하게 되는 교육적 상호작용이 가능해진다.

'좋은 교사'란 교과에 대한 지식, 교육학적 지식, 효과적인 수업행동, 교육적 신념을 갖추어야 한다.

이처럼 '좋은 교사'는 교육의 결과인 학생의 성장을 의식적으로 추구하면서도 교육의 과정이 '교육적'으로 이루어지도록 학생들에게 유의미한 경험을 제공하여야 한다. 스미스(Smith, 1969)는 교사가 의도한 학생의 성장을 이루기 위해서는 아래의 네 가지 영역의 역량이 필요하다고 보았다.

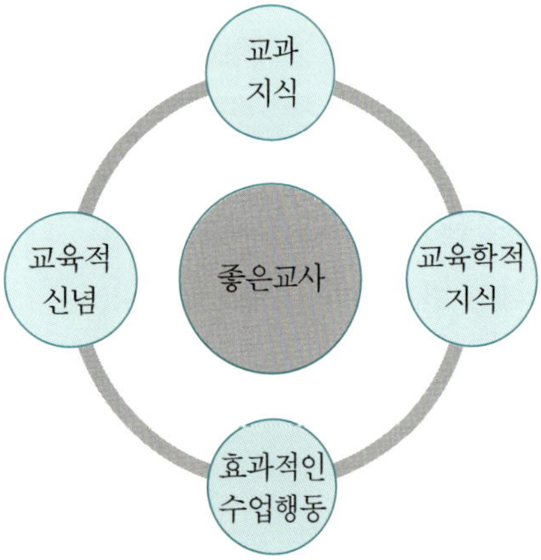

그림 10-1 교사에게 필요한 역량

- 교과에 대한 지식: 가르칠 교과목의 지식에 대한 장악력
- 교육학적 지식: 인간의 학습과 행동에 대한 이론적 지식의 장악력
- 효과적인 수업행동: 학생의 학습을 촉진하는 각종 수업기능 레퍼토리
- 수업, 학습, 학생에 대한 신념: 학습과 진정한 인간관계를 조성하는 태도

교사 전문성 연구에 기반하여 미국의 신규교사 평가 및 지원 협회(INTASC: The Interstate New Teachers Assessment and Support Consortium)는 신규교사가 갖추어야 할 지식과 성향, 수행을 아래와 같이 제시하였다.

- **제1원칙**–주요한 개념, 조사 도구, 가르칠 교과의 구조를 이해한다. 학생들에게 유의미한 학습 경험을 창안한다.
- **제2원칙**–아이들이 어떻게 학습하고 발달하는지를 이해하고 그들의 발달을 지원하는 학습기회를 제공한다.
- **제3원칙**–학생들이 학습방식이 어떻게 차이가 나는지 이해하고 다양한 학습자를 아우르는 교육적 기회를 창안한다.
- **제4원칙**–다양한 수업전략을 이해하고 활용한다.
- **제5원칙**–긍정적인 사회적 상호작용, 적극적인 학습참여, 자기 동기화를 장려하는 학습 환경을 조성한다.
- **제6원칙**–적극적 탐구, 협력, 교실 상호작용을 지지하는 분위기 조성을 위해 미디어 의

사소통 공학에 대한 지식을 활용한다.
- **제7원칙**–교과목, 학생, 지역사회, 교육과정 목적에 대한 지식을 기초로 하여 수업을 계획한다.
- **제8원칙**–형식적이거나 비형식적인 평가의 전략을 이해하고 활용한다.
- **제9원칙**–수업을 반성한다.
- **제10원칙**–동료교사, 학부모, 지역단체와의 바람직한 관계를 조성한다.

나. 교사의 수업실천에 영향을 미치는 지식

슐만(L. S. Shulman)은 교사가 갖추어야 할 전문적 지식의 범주를 교과내용지식, 교육학적 지식, 내용교수지식으로 구분한다(Shulman, 1986, 1987).

1) 교과 내용지식(content knowledge)

교과내용지식은 해당 교과의 지식의 구조를 이해할 수 있는 수준의 지식이다.

가르치는 과목에 대해 교사가 가지고 있는 지식을 교과내용지식이라고 한다. 사실이나 개념에 대한 지식자체보다는 그 해당 교과분야의 있는 지식의 구조를 이해할 수 있는 수준의 지식을 가리킨다. 교사는 교과를 구성하는 원리들을 알아야 할 뿐 아니라 그러한 원리를 뒷받침하는 근거들을 파악할 수 있어야 한다. 주어진 현상에 대

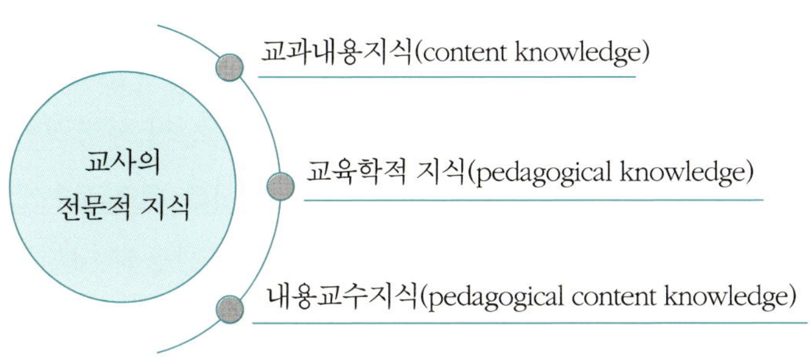

그림 10-2 수업실천에 영향을 미치는 교사의 전문적 지식

한 여러 가지 설명 중에서 어떠한 설명이 타당하고 그렇지 않은지를 판단할 수 있고 그에 비추어 교육과정에서 상대적으로 중요하게 다루어야 할 것과 그렇지 않은 것들을 판단할 수 있는 능력이 교사의 교과내용지식이다.

2) 교육학적 지식(pedagogical knowledge)

교육학적 지식이란 교과내용을 가르칠 때 수업방법을 결정짓는 지식으로 교육학에 대한 일반적인 지식이다.

교육학적 지식은 교육학에 대한 일반적인 지식으로, 학습자의 특성, 교실환경, 교수·학습법에 대한 전반적인 지식을 말한다. 학습자의 발달에 따른 인지적, 정서적, 사회적 특성의 변화, 학습이론에 따른 효과적인 학습법, 다양한 교수법 등 교과내용을 가르칠 때 교과의 수업방법을 결정짓는 지식을 가리킨다.

3) 내용교수지식(pedagogical content knowledge)

내용교수지식은 특정 교과내용을 특정 학생들이 이해할 수 있도록 가르칠 수 있는 교사의 지식이다.

해당 분야에 대해 깊은 수준의 지식을 갖추었다고 해서 그 지식을 잘 가르칠 수 있는 것은 아니다. 내용교수지식은 교과에 대한 내용지식을 학생들이 이해할 수 있도록 재조직하는 능력이다. 특정 내용을 특정 학생들이 이해할 수 있도록 가르칠 수 있는 방법에 대한 교사의 지식이다. 해당 내용을 설명하는 가장 효과적인 방식이 무엇인지, 수업내용에 가장 적절한 사례나 설명이 무엇인지에 대한 지식이 포함된다(양미경, 2009). 교과지식을 학생들이 이해할 수 있도록 드러내고 조직화하는 방식에는 단 한 가지의 방법만 있는 것이 아니다. 그래서 연구물이나 자신의 현장경험을 통해 상황마다의 효과적인 교수법을 도출해 내어야 한다. 뿐만 아니라 내용교수지식은 어떤 지점에서 학생들이 이해하기 어려워하는지, 연령에 따른 학생들의 사전경험이나 지식의 경향은 무엇인지, 사전지식을 효과적으로 다루는 교수전략이 무엇인지 등, 구체적인 교수맥락을 구성하는 요소(학생의 수준, 연령, 교과의 내용 등)에 따라 적용해야 하는 교수법에 대한 다양한 레퍼토리와 관련되어 있다.

다. 교사의 수업실천에 영향을 미치는 신념

교실의 순간적인 의사결정 상황에서 교사는 내면화된 신념에 기반하여 행동한다. 내면화된 신념이 교육적일 때, 교사의 판단과 행동이 바람직하게 이루어질 수 있다.

슐만(Shulman, 2004)은 교실수업을 인류가 만들어 낸 활동 중에서 가장 복잡하고 도전적이며 미묘하고 두려운 활동이라고 표현하였다. 그만큼 교실 수업은 동시다발적인 사건과 자극의 연속이다. 복합적인 요소들이 역동적으로 작동하는 교실수업에서 교사는 수많은 의사결정의 순간에 직면한다. 일상적으로 교사는 하루에 수백 건의 의사결정을 내린다고 한다. 교사의 의사결정에는 교사의 지식과 경험을 통해 형성된 교사의 신념이 중요한 역할을 한다. 생각할 겨를 없이 대처해야 하는 상황 속에서 내면화된 신념이 신속한 의사결정을 하도록 도와주기 때문이다. 그러나 잘못된 신념에는 부작용이 따른다. 어떤 신념이 보다 교육적인지에 대해 숙고할 필요가 있다(김민성, 2012).

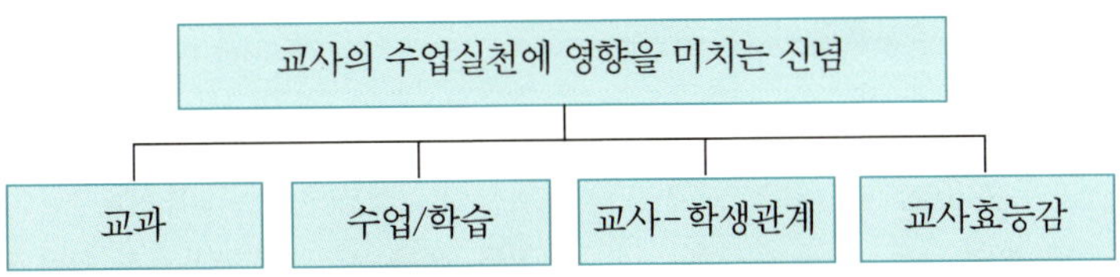

그림 10-3 교사의 신념의 유형

1) 교과에 대한 교사의 신념

교과의 성격과 목적에 대한 교사의 신념은 교과의 내용을 수업 속에서 변환하고 그에 맞는 수업방식을 연계하는 교사의 능력에 영향을 미친다.

교과에 대한 교사의 지식은 수업상황, 학생의 수준과 연결되어 형성된다. 교사는 정해진 시간, 계획된 교육과정, 학생의 사고수준, 사전지식을 고려하여 수업에서 '큰 줄기'나 '맥'에 포함될 수 있는 내용과 부차적으로 가볍게 넘어갈 내용들을 구분하여 수업을 조직한다(이혁규, 2005). 따라서 '좋은 교사'는 자신이 가르치는 교과에 대한

▶▶ 교과에 대한 신념에 따른 수업실천 사례

박 교사(지리전공교사)

〈지리교과의 성격과 목적〉

지리과목은 공간과 공간의 비교이다. 한 지역의 특성을 다른 지역과 함께 살펴봄으로써 비로소 올바로 이해될 수 있다...자연환경적인 요소로 설명할 수 없는 차이는 인간활동과 관련시켜서 그 원인을 찾아보고 공간상의 차이를 규명해야 한다. 지리수업은 학생들이 배워야 할 '큰 줄기', '맥'을 잡아주는 것이다. 거기다가 잎사귀를 붙이고 열매는 다는 것은 아이들의 몫이다. 교과서에 수록되는 사실적 정보는 보편적인 지리적 현상을 설명할 수 있는 사례인가를 기준으로 하여 수업내용을 조직해간다. '큰 줄기'나 '맥'에 포함될 수 있는 지리적 정보를 개념들이 상호연결성을 가짐으로써 한 지역의 전체적인 지리적 현상을 조망해 줄 수 있는 것들을 의미하는 것이다.

〈수업의 예〉

교사: 군산에는 무슨 공업이 발달하고 있죠?

학생: 제지, 합판, 양조

교사: 제지나 합판공업 등이 왜 군산에서 발달하고 있을까요?

학생: ??

교사: 제지나 합판은 모두 나무를 이용하는 공업이죠?

학생: 예.

교사: 그런데 우리나라에서 나는 나무만으로 부족하기 때문에 주로 수입에 의존해요. 군산은 이러한 원료를 수입하여 가공하기에 좋은 항구이기 때문에 제지나 합판공업이 발달한 거예요.

오 교사(일반사회 전공교사)

〈지리교과의 성격과 목적〉

중학교에서 다루는 지리는 깊은 배경지식이 필요하다기 보다는 세상 경험을 하면 알 수 있는 그런 내용이다. 이런 수준의 내용에서 이해가 곤란한 것은 용어뿐이다. 어려운 용어는 지리용어사전을 찾아 해결한다... 지리는 사실의 나열이라서 더 쉽게 느껴진다...단순한 사실만 암기시키면 되니까. 그렇지만 그렇게 되지 않아야 되겠다고 생각했다. 사실만 나열하는 것은 지리 전공교사나 지리교수가 좋아하는 방법이 아닐테니까. 내가 어른으로서 사회생활을 하는 데 필요하다고 생각하는 것을 가르친다. 지나치게 사소하고 주변적인 정보는 암기하고 나면 곧 까먹기 때문에 가르칠 필요가 없다.

〈수업의 예〉

교사: 군산에는 무슨 공업이 발달하고 있죠?

학생: (책을 보고 대답한다) 제지, 합판, 양조.

교사: (이하에 특별한 설명을 하지 않음)

(이혁규, 2005, pp. 364-371에서 부분 발췌)

충분한 지식을 가져야 할뿐 아니라 수업의 맥락에 맞게 교과내용을 구조화하고 변환하는 능력을 지녀야 한다. 교과의 성격과 목적에 대한 교사의 신념은 교과의 내용을 수업 속에서 변환하고 그에 맞는 수업방식을 연계하는 교사의 능력에 영향을 미친다. 위의 사례는 중등학교에서 사회과 교사들이 교과의 목적을 인식하는 내용에 따라 교과의 내용을 '변환'하고 학생들에게 설명하는 방식이 어떻게 달라지는지를 보여준다(이혁규, 2005). 지리교과의 본질에 맞게 지리교과의 목적을 설정하고 수업내용을 재구성하는 박 교사와 상식적인 차원에서 지리교과의 성격을 이해하고 수업을 하는 오 교사를 비교해 보라. 지리교과를 바라보는 목적에 따라 학생들에게 제기하는 질문과 그에 따른 상호작용의 내용이 달라짐을 알 수 있다.

2) 수업/학습에 대한 신념

지식의 성격과 습득방법에 대한 교사의 신념은 교사의 수업방식과 학생을 바라보는 태도에 영향을 미친다.

'지식이란 무엇이며, 어떻게 습득되는가'에 대한 개인의 신념은 '인식론적 신념(epistemological belief)'이라고 불린다. 교사의 인식론적 신념은 가르친 내용을 학생들이 어느 정도 학습하였는지, 어떻게 가르치는 것이 보다 효과적인지에 대한 교사의 의사결정에 영향을 미친다.

소머(M. Schommer, 1994)는 개인의 인식론적 신념은 다섯 가지의 차원-지식의 확실성, 지식의 구조, 지식의 원천, 학습능력, 학습속도-으로 이루어지며 이들 차원의 연속선 상에서 소박한(naive) 인식론과 세련된(sophisticated) 인식론이 위치한다고

하위 요소	소박한 인식론	← 인식론적 성향 →	세련된 인식론
지식의 확실성	지식은 절대적으로 불변	↔	지식은 지속적으로 변화
지식의 원천	절대적 권위로부터 부여	↔	주관적 방법을 통해 추론
지식의 구조	객관적인 진리의 수용	↔	학습자 스스로 개념 형성
학습능력	생득적이고 선천적인 것	↔	후천적이고 획득하는 것
학습속도	신속한 습득의 과정	↔	점진적인 구성의 과정

출처: 이순덕, 정은경, 오선아(2009).

바라보았다.

소박한 인식론을 지니고 있는 교사는 지식이 변하지 않는다고 생각한다. 권위를 가진 인물이 지식을 소유하여 다른 사람에게 전달하는 방식으로 지식을 가르칠 수 있다고 생각한다. 학생들의 학습능력은 고정되어 있어 변하지 않는다고 생각한다. 이에 비해 세련된 인식론을 가진 교사는 지식은 복잡하고 불확실하며 임의적인 것이며, 추론의 과정을 통해 점진적으로 습득되는 것이며 학습자에 의해 구성되는 것으로 바라본다.

인식론적 신념은 수업이나 학습의 본질에 대한 교사의 신념과 연결되어 수업진행 방식, 학생과 상호작용하는 방식, 의사결정을 내리는 과정에 영향을 미친다(Chan & Elliott, 2004). 소박한 인식론을 가진 교사는 내용전달이 수업의 가장 중요한 역할이라고 생각하는 경향이 높다. 그에 비해 세련된 인식론을 가진 교사는 가르친다는 것은 수업내용을 구조화해서 잘 전달하는 수준에 머무르지 않고 배움에 대한 동기를 자극하고 학생들이 스스로 자신의 학습을 주도할 수 있도록 도와주는 것이라고 생각한다(Dunkin & Precians, 1992). 학습능력이 변한다고 생각하는 교사는 노력과 학습과정을 중요하게 생각하며 학생들의 이해와 노력을 강조하는 수업환경을 조성한다. 반면, 학습능력이 타고난 것이며 변하지 않는다고 생각하는 교사는 능력을 비교하고 경쟁하는 학습환경을 조성하는 경향이 있다(조윤정, 양명희, 2008).

3) 교사-학생관계에 대한 신념

교사-학생관계의 중요성을 인식하고 이에 대해 노력하는 교사는 학생의 상태에 민감하고 학생의 성장에 대한 책임을 느끼기 때문에 교과의 내용이나 수업방법에 대한 전문성도 높은 경향이 있다.

사범대학이나 교육대학 학생들이 교직을 선택한 이유로 가장 많이 언급하는 것이 과거에 자신을 가르친 교사의 배려와 그와 관련된 개인적인 경험이었다(Goldstein & Lake, 2000: Lortie, 1975). 그리고 교생실습에서 학생들과의 관계에서 느끼게 된 보람때문에 교직에 대한 열정을 가지게 되었다고 언급하기도 한다. 교사-학생관계를 어떻게 인식하는가는 교직에 대한 소명의식, 열정을 불어넣는 에너지의 역할을 하면서 동시에 교사가 수업이나 학생에 대한 의사결정을 내릴 때 중요한 판단기준의 역할을 한다.

교사-학생관계를 중요하게 인식하는 교사는 수업활동이 학생의 상태와 참여에 의존하고 있다는 것을 깊이 인식하고 있기 때문에, 학생의 상태에 민감하고 그들을 이해하려는 '배려'의 태도를 지닌다. 교사-학생관계가 교육적으로 형성되었을 때, 학생들은 교사에게 신뢰를 보내며 교사의 말을 경청하려는 태도를 보인다. 교사 역시 학생들의 의견을 소중하게 생각하며 학생을 믿음으로 대한다. 학생을 배려하는 교사는 학생의 반응에 따라 수업을 조정하는 '유연함'을 보여주며, 수업이 "딱딱하지" 않고, 학생들의 수준에 맞게 예시를 제시하거나 수업내용의 난이도나 수업 속도를 조정하기 때문에 학생들은 교사의 수업이 "머릿속에 쏙쏙 들어온다"고 표현하였다(김민성, 엄채윤, 박은정, 2009).

교사-학생관계의 중요성을 인식하고 이에 대해 노력하는 교사는 교과의 내용이나 수업방법에 대한 전문성도 높은 경향이 있었다(Beijaard, Verloop, & Vermunt, 2000). 이는 학생의 상태에 민감하고 학생의 성장에 책임을 느끼는 교사일수록 교과내용을 학생의 수준에 맞게 변환하고 학생의 상태에 따라 수업방법을 유연하게 변화시키기 위한 노력을 기울이고 있다는 것을 의미한다.

4) 교사효능감

교직수행능력에 대한 교사 자신의 믿음(교사효능감)이 높은 교사는 어려운 상황에서도 좌절하지 않고 학생을 가르치는 일에 큰 의미를 부여하며 성취감을 맛본다.

교사가 스스로 자신이 학생들의 성취에 긍정적인 영향을 미칠 수 있고 문제 있는 학생들까지도 학습하도록 도울 수 있다는 믿음(Ashton & Webb, 1986)은 '교사효능감'으로 불린다. 교사효능감은 교사로서 교직수행능력에 대한 교사 자신의 믿음으로, 학생의 학습에 대한 책임감과 효율적인 훈육에 대한 자신감 등을 포함한다. 교사효능감은 여러 가지 교사의 내적인 신념이나 태도 중에서 학습자의 성취정도에 지속적으로 영향을 주는 신념 중에 하나다. 교사효능감이 높은 교사는 어려운 상황에서도 타협하거나 좌절하지 않고 구체적이고 도전적인 목표를 설정하여 바람직한 방향으로 나아가고자 한다. 학생의 능력과 발전에 대해 믿음을 가지며 대부분의 학생들이 그 믿음을 충족시켜줄 것이라고 기대한다. 학생개개인의 학습에 대해서 책임감을 느끼기 때문에 학생을 가르치는 일에 큰 의미를 부여하며 교직 생활 속에서 성취감을 맛본다. 이에 비해 효능감이 낮은 교사는 학생들의 학습능력을 신뢰하지 않기 때문에 학생을 엄하게 통제하거나 외부의 유인가나 보상을 통해 학습활동에 참여하도록 강제한다(Ashton, 1984; Bandura, 1997).

라. 효과적인 교사의 수업행동

교사효과성연구들은 학생의 학업성취를 향상시키는 효과적인 교사의 수업행동들을 유능한 교사의 특성으로 규정하였다. 초기의 연구들은 교사의 인성적 특성(온화함, 성실, 관대, 사려깊음)을 '좋은 교사(good teacher)'의 기준으로 삼았으나, 이후의 연구들은 수업과 관련된 구체적인 수업행동들을 중심으로 잘 가르치는 교사, 좋은 교사의 특성을 도출하고자 하였다. 교사효과성연구를 통해 드러난 '좋은 교사', '잘 가르치는 교사'의 행동적 특성은 다음과 같다(Borich, 1990; Hamachek, 1999).

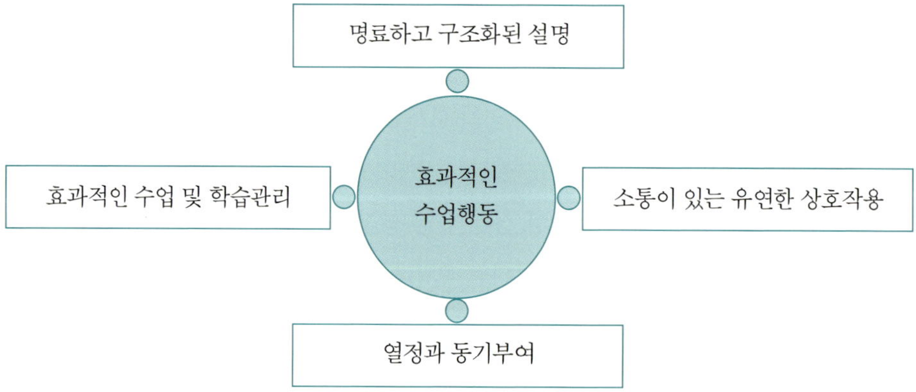

그림 10-4 효과적인 교사의 수업행동

1) 명료하고 구조화된 설명

학생의 학업성취 향상에 효과적인 교사들은 수업내용을 학생들의 이해수준에 맞게 명료하게 제시해 준다. 수업내용을 명료하게 설명하기 위해서는 모호하지 않고 학생들이 이미 알고 있는 용어를 사용하며 중요한 개념을 정의하고, 예를 사용하는 것이 필요하다. 그리고 분명하게 발음하고 표현하는 것도 학생들의 이해를 돕는 효과적인 수업행동이었다.

명료한 설명뿐 아니라 구조화되고 체계적인 수업활동은 학생들의 성취에 도움이 되었다. 예를 들어 이전 시간의 수업내용과의 관련을 밝히거나 수업 시작할 때, 수업내용이 어떻게 전개될 것인지, 수업이 끝날 때 수업내용을 요약하거나 수업의 핵심을 반복해서 언급하는 것이 수업내용을 구조화하는 데 도움이 된다.

2) 소통이 있는 유연한 상호작용

'좋은 교사'들은 다양하고 융통성 있게 수업을 진행한다. 학생들의 흥미나 관심을 촉발하고 유지하기 위하여 다양한 수업자료나 수업방법을 활용하고, 강의뿐 아니라 모둠활동, 토론, 발표 등 다양한 활동을 포함하여 학생의 참여를 독려한다. 학생들과의 상호작용을 위하여 가장 빈번하게 사용하는 방식은 질문을 하는 것이다. 질문은 수업내용을 기억하고 다시 생각하게 만들며 주의를 집중시켜 학습분위기를 유지시키는 기능을 한다. 어떤 질문이 효과적인지는 수업내용, 학생, 상황에 따라 달라질 수 있지만 다양한 사고과정을 경험할 수 있는 다양한 수준의 질문을 활용하는 것이 장기적인 학습효과를 높인다.

3) 열정과 동기부여

'좋은 교사'의 공통적인 특징 중의 하나는 매우 열정적인 모습으로 수업에 임한다는 것이다. 교사가 자신이 가르치는 교과에 대해 진지하고 열성적일 때 학생들은 수업에 집중하면서 흥미를 느끼기 시작한다. 교사의 열정 자체가 학생들에게 수업에 대한 동기부여의 역할을 하는 것이다. 뿐만 아니라 이들 교사는 학생들의 의견을 격려하고 학생들의 의견을 수업에 활용함으로써 학생들의 학습동기를 높이며 자유롭게 자신의 의견을 표현하도록 격려한다.

4) 효과적인 수업 및 학습관리

'좋은 교사'는 수업의 흐름을 지속적으로 유지하기 위해서 교실의 규칙이나 행동 규범을 지속적이고 일관되게 강조한다. 그리고 수업환경의 여러 단서들을 민감하게

잘 가르치는 교사, 좋은 교사의 특성(Hamachek, 1999)

1. 성격특성
   1) 온정, 친절함, 이해심, 개인적 관심과 반응
   2) 교사의 열정
   3) 민주적 태도, 유연하며 합리적 태도
   4) 인간적임

2. 인지적 특성
   1) 교과지식과 교육학적 내용지식 구비
   2) 철저한 준비
   3) 조직적이고 명료한 내용
   4) 학생의 성취에 대한 책임감
   5) 학생을 준비시키기
   6) 학습에 대한 효과적인 안내
   5) 지속적인 자기점검: 수업에 대한 성찰과 자기평가

3. 상호작용적 특성
   1) 구체적이고 개별적 피드백
   2) 학생에 대한 긍정적 기대
   3) 학생에게 학습에 몰두할 수 있는 기회 부여
   4) 단계적으로 학생들의 이해를 점검하여 가르치기
   5) 유연하게 수업 진행

관찰하면서 학생의 일탈행동을 사전에 예방하거나 효과적으로 대처한다. 규칙이나 규범의 차원에서의 수업관리뿐 아니라 학생들의 학습을 관리하는 부분에서도 능숙하다. 교사가 수업내용이나 주제에서 벗어나지 않도록 수업활동을 관리하고 학생들이 과제를 제출하면 꼭 점검하여 학생들이 과제를 성의껏 수행하도록 분위기를 조성한다.

2 '좋은 교사'의 사례

'좋은 교사'는 다양한 모습으로 나타나지만, 공통적으로 교과내용을 학생수준에 맞게 변화시키며 교사와 학생이 서로 신뢰할 때 '교육'이 일어난다는 것을 잘 알고 있으며, 학생에게 배움이 일어나도록 이끄는 교사이다.

교단에서 잘 가르치는 교사, 좋은 교사의 모습은 다양하게 나타난다. 어떤 교사는 강의식이기는 하지만 수업내용을 명료하게 설명하면서 해당 교과의 지식을 깊게 전달한다. 어떤 교사는 학생들이 능동적으로 참여할 수 있는 환경을 조성하여 학생들이 스스로 중요한 지식의 내용을 구성할 수 있도록 안내하는 역할을 한다. 어떤 교사는 질문을 중심으로 학생과의 상호작용하며 해당 교과의 본질적인 내용을 다룬다. 교과나 학생들의 수준, 자신의 스타일에 따라 교사는 각기 다른 모습으로 학생들에게 다가가지만, '좋은 교사'는 해당 교과의 핵심적인 지식의 구조를 학생들의 수준에 맞게 변환시킬 수 있는 전문성과 학생들을 배움으로 이끄는 적절한 방식을 창출해 낼 수 있어야 한다. 그리고 학생들이 교사를 신뢰하고 따르지 않을 때 서로 배우고 성장하는 '교육'이 일어나지 않는다는 것을 알고 있어야 한다.

아래에서는 '좋은 교사'의 다양한 유형을 사례로 제시하였다. 어떠한 유형도 모든 교육상황에서 효과적일 수는 없을 것이다. 하지만 다양한 교사의 유형을 통해 수업주제, 상황, 학생들의 상태에 따라 유연하게 가동할 수 있는 수업레파토리를 축적하는 것은 교사의 전문성 향상에 필수적인 것이 될 것이다.

가. 수업내용을 명료하게 설명하는 교사

흔히 학생중심수업이 좋은 수업의 주된 특징으로 묘사된다. 이에 비해 교사중심 수업은 왠지 구닥다리의 암기위주의 수업일 것 같다는 느낌을 준다. 그러나 교사중심 수업이 반드시 일방적으로 수업내용을 전달하는, 학생의 참여가 부재한 수업이라고 단정 지을 수 없다. 교사중심의 수업이면서도 교사가 학생들의 흥미를 자극하여 수업에 몰입하도록 하는 수업이 가능하나. 교사중심수업에서 학생들이 경험하는 내용은 다양할 수 있다.

아래는 이혁규(2008)가 관찰한 중학교 한 지리교사의 수업이다. 초임교사 시절부터 시행착오를 거치며 자신만의 수업 노하우를 개발하여 학생들의 집중을 끌어내는 선생님이다. 해안지형 형성과정에 대한 수업을 학생들의 삶과 연결시키기 위해 수업내용을 이야기로 시작하고, 질문을 매개로 한 학생과의 상호작용을 통해 수업을 이끌어간다. 교사가 주도하는 수업이지만 학생들의 인지적 참여는 활발하게 일어나는 수업이다.

해안지형 형성과정에 대한 지리수업(이혁규, 2008)

박상용 교사는 오랜 교단생활을 통해 지리수업을 진행하는 자신만의 방식을 아래와 같이 제시하였다.

- 실생활과 관련된 지리적 사실을 끄집어 내 교과내용과 연결하기.
- 수업목표에 대해 구체적이고 실생활에 유용한 내용을 강조하며 동기부여
- 경험을 이야기하는 과정에서 교과내용 설명하기
- 다양한 매체를 활용하여 현실감과 관련성, 이해도를 높이기
- 대화, 질문을 통해 학생들의 경험지를 도출하여 교과내용 연결
- 수업태도 수행평가를 통한 자기 절제력 향상과 자율적 수업태도 기르기

'주요 해안지형의 형성과정'에 대한 수업을 시작하며 박선생님은 학생들의 흥미를 끌기 위해 교사 자신의 연애담을 담은 스토리(음악을 곁들인 연인의 해안가 사진을 같이 보여줌)로 학생들에게 딱

딱한 지리내용과 연애의 경험을 연결시킨다. 사진과 음악까지 결합하여 수업내용과 연결된 이야기를 사전에 준비한 것이다.

이야기를 가미한 수업의 장면들은 수업 곳곳에서 나타난다. 수업의 주요내용인 해안침식 지형을 설명하는 부분에서는 학생들에게 계속 질문을 하고 학생들은 이에 답하는 형태로 활발한 수업의 모습을 보인다.

교사: (제주도 외돌개를 설명하며) 이것이 어떻게 생겨났을까?... 수십만년전에는 어떤 형태였을까 예상해 봅시다.

학생들: 붙어 있을 것 같아요.

교사: 그렇죠. 붙어 있었을 것이라고 추측합니다. 그런데 지금은 다 어디로 갔습니까?

학생들: 사라졌어요.

교사: 그렇죠 사라졌어요. 누가 깎았습니까?

(중략)

교사: 그렇습니다. 이 부분이 약해서. 단단한 놈은 남아 있고 약한 놈은 깎여 나갔습니다. 똑같이 파도를 맞았는데 약한 놈만 깎여 나갔다고 해서 요것을 네 글자로~?

학생들: 차별 침식…

교사: 그렇죠. 차별침식이라고 합니다. 차별침식. 그리고 이렇게 혼자 남아 있는 이것을 따로 부르는 말이 있습니다. (칠판에 필기하면서) 이것을 시스택이라고 합니다. 자 따라해 볼까요? 시스택. 시스택. (학생들은 따라한다). 시스택은 따로 떨어져 있는 돌덩이라고 합니다.

잘 구조화된 질문 덕분에 학생들로부터 지형의 형성원인에 대한 중요한 답을 이끌어 내고 있다. 학생들은 교사가 제시한 정보와 자료, 역동적인 질문-응답과정을 통해 수업내용을 습득한다. 이 수업은 다양한 학습자료(사진, 지도, 석호의 형성과정에 대한 4컷 만화)를 통해 수업내용을 뚜렷하게 기억하고 이해하도록 돕는다. 교사는 수업내용과 학생 사이를 끊임없이 매개하며, 학생 혼자 힘으로 알 수 없는 지리의 세계를 보여주고 있다.

나. 학생의 주도적인 참여를 유도하는 교사

'좋은 교사'는 학생들로 하여금 교과의 지식뿐 아니라 학생들이 살아가는 데 필요한 역량을 키워준다. 학생의 성장을 돕는 수업은 학생이 수업활동에 참여하면서 자신이 수업이나 다른 학생들에게 영향을 미치는 존재라는 것을 느끼도록 하는 수업이다. 수업에서 자신의 영향력이 느껴질 때 학생들은 수업의 운영주체로서 '책임감'을 가지게 된다. 학생들은 수업시간에 능동적이고 주도적으로 참여하면서 교과에 대한 지식을 익히는 것뿐 아니라 타인(교사, 또래)과 자신에 대해서 알게 된다.

"특이한 국어시간? 모두가 선생님!"

자신을 ○○고등학교 에너지 수호단 단장으로 소개한 김희선(17) 학생은 국어시간을 한마디로 '특이하다'고 평했다.

"대박, 완전 특이해요. 정말 이것저것 다양하게 하고 있어요. 자서전부터 시와 소설쓰기, 지난 여름엔 영화도 만들었어요. 고등학교 국어시간에 이런 거 할 거라곤 상상도 못했는데…. 장난 아니죠?"

정말 그랬다. 수업이 시작되자 ○○고등학교 국어 담당 김 교사는 학생들 개개인에게 〈탈핵의 노래〉라 적힌 시집을 나눠줬다. 그는 시집을 건네며 "전 세계에서 하나뿐인 고등학생이 만든 탈핵시집"이라 말했다. 학생들은 조심스레 책장을 넘겼다. 이유가 있었다. 그 안엔 그간 공들여 작성한 생애 최초의 자작시가 있었다. 그것도 '탈핵'이라는 다소 무거운 주제로 작성된 시였다. 한줄한줄 읽어 내려가는 눈빛에서 기대와 흥분이 엿보였다.

이어 서로의 작품에 대한 평가가 이어졌다. 마음에 드는 시 한 편을 골라 추천하는 방식이었다. 자연스레 추천이 몰린 시가 등장했다. 어디선가 "우리 효정이 문학소녀구만"이란 소리도 들려왔다. 여느 고등학교 교실에선 발견하기 어려운 밝은 기운이었다.

이 모든 과정을 학생들 스스로 해냈다. 3인 1조로 구성된 학생들은 교사 역할을 수행했고, 2시간 동안 이어진 수업을 무리없이 진행했다. 그런데 수업에 참여한 학생들의 표정은 당연하다는 모습이었다.

이들뿐 아니라 모든 학생이 예외 없이 한 학기에 최소 한 번은 선생님이 돼 수업을 책임졌다. 모든 학생이 선생님이 되고 학생이 됐다. 수업을 준비하고 참여하는 과정에서 자연스레 함께 공부하고 토론하는 모습이 만들어졌다. 김 교사는 옆에서 수업이 바른 방향으로 갈 수 있도록 조언만 해주고 있었다. 학생들이 무언가 생각하고 창조하고 만들어 낼 수 있도록 끊임없이 자극하고 있었다. 강압이나 강요보다는 자발적으로 학생들이 따라올 수 있도록 충분한 이유를 설명하였다.

(http://www.ohmynews.com/NWS_Web/View/at_pg.aspx?CNTN_CD=A0001930622)

다. 인지갈등을 유발하는 교사

학습은 지식을 단순히 습득하는 것으로 이루어지지는 않는다. 때로는 학습자가 가지고 있는 사전지식이나 개념을 바로잡거나 그 구조를 더 정교하게 만드는 것을 통해 깊이 있는 학습, 성장을 이루기도 한다. '좋은 교사'는 학생들에게 갈등을 일으키거나 딜레마 상황을 제시하여 학생들이 가지고 있는 사전지식의 오류나 사고방식의 허점을 깨닫도록 도와주기도 한다. 인지갈등(cognitive conflict)이나 딜레마(dilemma)는 학생들이 가지고 있는 개념을 변화시키는 데 유용하게 활용되는 교수방법이다(Limon, 2001).

마이클 샌들 교수의 '정의란 무엇인가?'

하버드 대학 정치학과 교수 마이클 샌들(M. Sandel) 교수는 학생들에게 골치아픈 질문을 던지기로 유명하다. 예를 들어 다음과 같은 질문이다.

"전차가 달려가는 방향 선로에 다섯 명의 인부가 작업을 하고 있다. 무서운 속도로 달려가고 있고 전차를 세울 수는 없다. 그러나 오른 쪽 방향의 선로에는 한 명의 인부가 작업을 하고 있다. 전차를 옆으로 돌려서 다섯 명 인부의 생명을 구하고 대신 한 명의 인부의 목숨을 희생할 것인가? 어떤 선택이 정의로운가? 당신이라면 어떤 선택을 할 것인가?"

1000여 명이 들어찬 대형 강의실에서 마이클 샌들 교수는 이러한 질문을 던지며 학생들을 흥미진진한 정치철학의 수업으로 인도한다. 그는 정치철학의 주요 이론이나 쟁점을 전달하는 방식으로 수업하지 않는다. 그는 학생들이 "스스럼없이 질문하고, 강의 내용에 도전하고 궁극적으로는 철학자들의 생각에 도전하길" 원한다. 그의 수업의 목적은 학생들이 앞으로 살아가면서 맞닥뜨리게 될 도덕적, 윤리적, 정치적 문제에 대해 비판적으로 사고할 수 있는 사고력을 길러주는 것이다.

그는 세계적으로 이슈가 되고 있는 화제들을 수업시간에 다룰 이론과의 연관성을 고려하여 수업주제로 선택한다. 현재 쟁점으로 떠오르는 정치, 사회적 주제들을 통해 학생들로 하여금 스스로 생각하게 만들고 철학자들의 이론과 연결시켜 토론하게 하는 것이 샌들 교수 강의의 목표다. 학생들은 자신의 의견을 발표하고 다른 학생들은 그 의견을 지지하거나 반박하면서 자신의 의견을 정리한다. 끊임없는 문답으로 수업은 흥미진진하게 진행되며 학생들은 자신과 타인의 사고과정에 골몰하며 수업의 집중력을 높인다.

"학생들로 하여금 과목에 흥미를 느끼게 해야 한다. 그건 교수의 최우선 의무다. 학생들이 스스로 책을 찾아 읽고 싶게 만들어야 한다. 흥미를 느끼면 교수가 굳이 시키지 않아도 학생들 스스로 해답을 찾아내고 자신만의 표현 방식과 논리로 동료들과 토론하면서 철학에 대해 열정과 의지를 갖게 되기 때문이나."

샌들교수는 학생들이 자신의 강좌에서 흥미를 느끼도록 하기 위해 학생들과 자주 만나 그들의 관심사를 알아본다. 학생들의 호기심을 일깨우는 주제와 자료를 찾기 위해서이다. 그는 배움에 대한 학생들의 열정을 일으키고 도전을 두려워하지 않는 모험심을 일깨우는 것이 교수의 진정한 의무라고 생각한다.

(EBS 최고의 교수 제작팀, 2008)

라. 실천의 맥락을 제공하는 교사

또 다른 유형의 '좋은 교사'는 학생들이 지식을 사용하면서 자신의 것으로 만들어간다고 생각한다. 그래서 지식이 쓰여지는 실생활의 맥락을 수업 속에 가져와서 학생들이 상황에 맞도록 지식을 사용하는 기회를 제공한다. 학생은 구체적인 상황 속에서 행동하고 생각하면서 지식을 알아가고 능력을 개발한다고 믿는다. 이러한 유형의 교사는 학생들이 능력을 발휘할 수 있는 환경을 조직하고 그 속에 참여할 수 있도록 노력을 기울인다.

아래에 제시된 수업은 초등학교 5학년 교실에서 재판의 형태로 이루어진 환경문제에 대한 수업이다. 환경문제에 대한 지식을 전달하기 보다는 우리나라에 실제 일어났던 천성산 터널 작업에 대한 정부와 환경단체와의 대립되는 주장을 재판의 형식을 빌려 다루고 있다. 이 과정에서 학생들은 대립되는 주장의 내용과 근거를 습득할 뿐 아니라 자신과 반대되는 주장을 가진 사람들과 대화하는 법, 합리적인 의사결정을 내리는 과정에 포함된 절차 등을 배우게 된다.

초등학교 5학년 천성산 도롱뇽 소송 재판 수업

아래의 사례는 초등학교 5학년 수업에서 당시 한창 쟁점이 되었던 천성산 터널 건설 사업을 재판의 형태로 다루었다. 학생들은 각각 재판과정에서 자신이 맡은 원고, 피고, 검사, 판사, 배심원의 역할을 수행하며 그 역할 속에서 환경에 대한 지식, 재판과정에서의 비판적 사고, 분석적 사고방식을 배우게 된다.

재판 수업이 이루어지기 전에 정교사와 학생들은 천성산 문제를 이해하기 위해 실제 진행되었던 도롱뇽 소송에 대해 알아보고 이 쟁점에 대해 토론하기도 했다. 이 때 아이들이 토론한 주제는 '산지가 70%인 우리나라에서 개발은 어떻게 해야 하나?', '도롱뇽은 소송을 제기할 수 있는가?', '공존하며 살아가는 방법은 어떻게 가능한가?' 였다. 이어지는 활동으로 '대법원 탄원서 제출하기', '도롱뇽 캐릭터 만들기', '자연물의 권리 선언문 만들기' 등을 수행했다. 이러한 활동을 바탕으로 도롱뇽 소송 재판을 준비하였다. 재판을 위한 예비준비 사항은 아래와 같다.

〈재판을 위한 예비 준비〉

- 원고, 피고, 배심원, 재판부 나누기: 학생의 희망이나 교사의 의사에 따라 아이들은 역할을 맡아 재판 준비를 함
- 원고 나눠 주고 채워 보기: 팀별로 세부 역할을 정하고 재판 원고를 읽어가며 자신의 팀에서 채워야 할 부분을 채움
- 팀별 회의: 증거 찾기, 원고 작성
- 배심원단은 원고 측, 피고 측에 던질 질문을 하나씩 만들어보고 토론을 통해 질문을 여섯 개 뽑아 두고 재판 과정에서 질의함

본격적인 재판 수업이다. 등장인물로 판사가 두 명, 피고가 두 명, 검사가 두 명인 재미있는 법정이다. 도롱뇽과 지율 스님의 모습도 보인다. 정 선생님은 중요한 역할을 복수로 배치해 우수한 몇몇 학생이 토론을 주도하지 않고 많은 학생들이 참여할 수 있도록 하고 있다. 그리고 학생들의 입장이 한 쪽으로 기울지 않도록 개발에 반대했던 은별이를 개발을 옹호하는 건설부 장관 역할을 맡게 했다. 학급 전

체가 균형있는 토론을 통해 논쟁의 다면적 측면을 경험하도록 세밀하게 재판의 구조를 짠 것이다.

재판에 들어가기 전에 정 선생님은 지구상에 우리 말고 함께 존재하는 동식물과 더불어 살아가는 것에 대한 고민이 필요하다며 '공생'이라는 단어를 알려주었다. 아이들이 고민할 거리, 방향을 던져 준 셈이다. 재판이 진행되었다. 실제 재판의 진행순서가 꽤 긴데도 아이들은 이 순서를 훌륭하게 소화해 내었다.

검사가 도롱뇽에게 피해를 준 두 장관을 추궁한다. 이에 맞서 변호사의 변론이 이어진다. 검사의 논고와 변호사 측 변론에 이이 원고와 피고에 대한 심문이 이어진다. 검사는 도롱뇽의 서식지가 파괴되고 있는 점을 부각시키고 변호사 측은 그것이 사실이 아님을 주장한다. 양쪽의 공방이 팽팽한 가운데 재판은 증인 심문으로 이어졌다. 이에 대해 검사와 변호사의 대결이 이어진 후 재판은 배심원 질문 단계로 넘어갔다. 열 명이 넘는 배심원이 각자 질문을 두 가지씩 만든 후에 배심원 회의를 거쳐 이 가운데 여섯 가지 질문을 뽑아 원고 측과 피고측에 공평하게 묻는다. 모든 학생이 소외되지 않고 재판과정에 기여할 수 있도록 재판의 절차와 구조가 기획되어 있다는 것을 알 수 있다.

재판은 종반부로 접어들어 검사의 구형, 변호인의 최후 진술, 피고 최후 진술이 순서대로 진행되었다. 원고측 최후 변론자로 나온 도롱뇽과 피고 측 최후 진술자 중 하나인 건설교통부 장관이 배심원을 향해서 호소력 있는 주장을 펼친다.

도롱뇽: 동식물들이 괴로움을 당하고 있습니다. 또한 거대한 새만금 공사로 인해 철새들과 어민들의 생존이 어려워진 것을 뉴스를 통해 잘 알고 계시리라 믿습니다. 이제는 더 이상 자연을 파괴하는 일이 없도록 우리 국민 모두 힘을 합쳐야 됩니다. 이제 모든 생명이 배심원 여러분에게 달려 있습니다.

건설부 장관: 존경하는 재판장님, 그리고 배심원 여러분! 저는 이 일을 해 돈까지 날렸습니다. 여러분들은 처음에 공사를 하는 것에 동의를 했습니다. 그런데 갑자기 공사 반대를 해 많은 돈을 잃었습니다. 그러니까 공사를 계속해야 한다고 생각합니다. 그리고 습기도 많이 빠져나가지 않고 또 나중에 물을 공급하게 되어 있습니다. 그리고 저희는 생태 다리, 생태 공원 등 동물을 위해 좋은 것도 만듭니다. 그러니 터널을 뚫는 것은 도롱뇽을 죽이는 것이 아니라 교통을 편리하게 하는 것입니다.

배심원들은 교사가 미리 준비한 판결지에 각자의 의견을 적기 시작하고 배심원들의 의견을 모아서 최종 판결지를 작성하고 판사는 어느 쪽 의견이 많은지를 확인한 후에 최종 판결문을 발표했다. 이 판결문은 배심원 판결이 어느 쪽으로 나올지 모르기 때문에 두 가지 경우를 다 준비한 다음 하나를 택해 읽는 것이다.

출처: 이혁규(2008).

3 교사공동체의 역할

> "수업은 날마다 올라야 하는 산이다. 경력이 많으나 적으나 교사에게 수업은 쉽지 않다. 무엇인가를 깨달았다고 생각하는 순간 또 다른 어려움이 밀려들어 오고 보인 듯 하지만 여전히 보이지 않는 존재가 바로 수업이다."(김태현, 2012, p. 13)

'좋은 교사'가 된다는 것은 교사 개인의 능력이나 의지만으로는 힘든 일이다. 열심히 가르친다고 해서 그만큼 학생들의 배움이 따라오는 것이 아니기 때문이다. 특히 우리나라처럼 다인수 학급에다 어려운 교육과정, 사교육과 선행학습에 찌들어 있는 학생들, 교사들에게 가해지는 책임감. 이러한 상황 속에서 '좋은 교사' 가 된다는 것은 수많은 좌절을 수반하는 일이다.

'좋은 교사'가 되는 것은 개인적인 차원에서 이루기 힘들기 때문에 비슷한 고민을 안고 있는 동료 교사들과 협력하여, 함께 배우고 성장하는 문화를 만드는 것이 필요하다. 수업을 공개하고 수업에 대해서 얘기를 나눌 수 있는 교사, 교단에서의 보람과 좌절을 공유하며 격려해주는 교사들의 공동체가 개개인의 교사를 성장시키게 하는 힘이 된다.

경력이 많을수록 저절로 '좋은 교사'가 되는 것은 아니다. 교직수행능력을 교직경력에 따라 살펴본 임현수(2005)는 교직수행능력이 경력과 비례하지 않는다는 것을 발견하였다. 경력이 쌓여갈수록 교직의 여러 일들이 익숙해지지만 반면 교직에 대한 열정이 식고 관성적으로 변하면서 교직을 유능하게 수행하지 못할 수도 있다. 교직수행능력이 신임 때 높았다가 11~15년에 교직수행능력이 가장 낮아지는 것을 보면 교사의 발달주기에 따라 교직에서 닥치는 어려움이나 장애물의 유형이 다르다는 것을 짐작할 수 있다. 이런 부분도 동료교사들과의 대화와 상호작용을 통해 미리 예측하고 준비할 수 있다. '좋은 교사'가 된다는 것은 개인적인 수준의 일이 아닐뿐더러 특정 시기에 이루어지는 일도 아니다. 아마도 교직에 몸담고 있는 내내, 끊임없이 고민하고 성찰하며 동료교사와 함께 나아가며 찾아가는 길이 될 것이다.

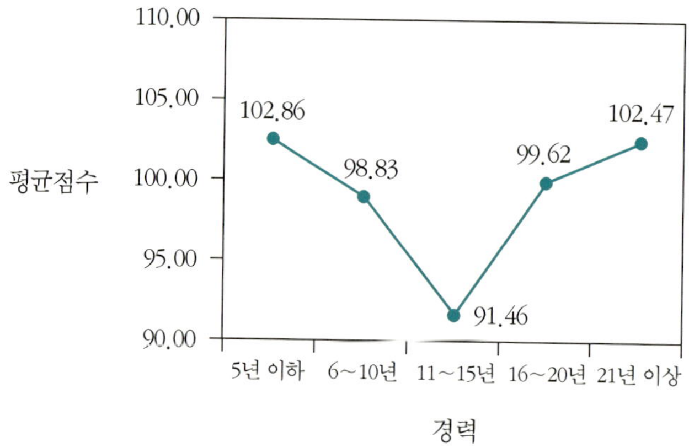

그림 10-5 교사경력에 따른 교직수행능력의 변화(임현수, 2005)

4 사례 분석

사례 1

〈EBS 다큐프라임-선생님이 달라졌어요. 3부 "좋은 관계는 좋은 수업을 만든다."〉

재밌는 수업이 좋은 수업인줄 알았던 국어 선생님. 학원강사처럼 족집게 식으로 수업을 진행하고 학생들이 지겨워하는 것 같으면 농담이나 재밌는 '딴' 얘기로 빠지시는 선생님. 학생들도 그런 국어 선생님을 재밌는 선생님, 잘 가르치는 선생님으로 여기고 좋아하였다. 그러나 정작 교과내용을 다룰 때 학생들은 무기력하게 앉아있거나 졸고 있다. 수업 속에 학생은 없었던 것이다. 진정한 '문학' 교사가 되고 싶은 국어 선생님. 과연 학생들의 감성과 목소리가 살아있는 국어 수업을 어떻게 만들 수 있을까?

출처: http://www.ebs.co.kr/replay/show?prodId=7503&lectId=3086782, 2011.9.15.방영.

질문 1: 위의 동영상을 시청한 후 교사의 지식, 신념, 수업행동적인 측면에서 어떤 변화가 있었는지를 분석해 보시오.

질문 2: 위의 동영상을 시청한 후 '좋은 교사'에 대한 자신의 생각을 작성해 보시오.

사례 2 **아래 기사는 한국예술종합학교에서 학생들을 가르치는 피아니스트 김대진 교수의 인터뷰 내용이다. 스승에게서 가르침의 열정을 오롯이 전수받은 김대진 교수는 제자들에게 헌신적이면서도 엄격한 스승으로 유명하다. 아래의 인터뷰 기사에는 김대진 교수가 자신의 가르침에 대해 성찰하는 내용이 담겨 있다.**

• 상당히 무서운 선생님으로 알려져 있는데요.

"아마도.(웃음) 그런데 지난 9월 영국의 리즈 콩쿠르 심사에 갔다가 가르침에 대한 생각이 많이 바뀌었어요. 국제 콩쿠르 심사를 처음 하는 게 아닌데, 그 전에 못 보던 걸 이번에 보게 되었거든요. 한국 애들과 유럽 애들의 차이가 눈에 확 들어온 거예요. 우리 애들이 무대에 올라오면 일단 무서워요. 어둡고 긴장되어 있는데 거의 살기가 느껴질 정도예요. 안 틀려서 입상해야겠다는 의지가 그만큼 강해요. 그런 애들을 보면 심사위원도 긴장이 돼요. 듣는 사람도 (몸을 바짝 세우고 앞을 무섭게 쳐다 보며) 이렇게 딱 경직이 되기 마련이죠. 저도 그렇게 경직된 상태로 듣다가 '가만있어 봐. 왜 이러는 거지?' 고민을 하게 됐어요. 유럽 애들은 기능적으로는 우리보다 떨어지지만, 어쨌든 자기 이야기를 하거든요. 무대 위에서 즐기며 연주하니까 듣는 사람도 편안하게 거기에 빨려 들어가며 감상을 할 수 있어요. 축구도 똑같더라고요. 축구공을 보면 무서운 코치만 생각나는 우리 애들과 축구공을 놀이로 생각하는 남미 애들의 차이랄까."

• 원인이 뭐라고 생각하세요?

"과거에 저는 불쑥불쑥 튀어나온 특징 있는 애들을 보면 마치 잔디를 깎듯이 그 울퉁불퉁한 부분을 깎아냈어요. 시간도 오래 안 걸렸어요. 6개월이면 완벽하게 깎아서 객관적인 부분만 남길 수 있었죠. 걔네들이 국제 콩쿠르 나가서 실수 없이 상도 타고 그랬어요. 그런데 그런 애들에게 자신만의 얼굴이 있었나 생각해 보니, 잘 모르겠더군요. 후회가 밀려왔어요. 이 아이는 지구상에 딱 한 명이에요. 그 한 명이 자기 느낌을 표출하고 자기주장을 하는 게 진짜거든요. 오리지널! 남이 절대 흉내 낼 수 없는 거죠. 그걸 끌어내는 게 교육이에요. 그런데 우리는 어떻게 하든 튀지 않는 게 중요한 나라잖아요."

• 잔디 기계가 깎기 전에 잔디가 스스로 자기를 깎기도 하죠.

"정확한 표현이에요. 흔히 말하는 정석 코스, 즉 예원, 예고 나온 애들의 피아노 치는 게 다 흡사한 이유가 거기 있어요. 우리는 남과 다를까 걱정하고, 외국 애들은 남과 같아질까 걱정하죠. 물론 그림이 되려면 일단 액자 안에 들어가야 해요. 남에게도 인정받을 수 있는 객관성이라는 틀을 갖춰야 하죠. 그러나 액자 안에 들어가면서도, 어디선가 본 듯한 그림이 아니라, 난생 처음 본 그림이라는 느낌을 줘야 해요. 그런데 제가 지금까지 액자 만드는 방법만 가르친 게 아닌지 반성하고 있어요."

출처: 한겨레신문, 2013년 1월 12일.

질문 1: 위의 대화 속에서 김대진 교수가 지금까지 학생들을 가르칠 때 무엇을 중심으로 가르쳤는지(교과의 목적), 어떤 계기로 자신의 가르침에 대해 성찰하게 되었는지 살펴보시오. 김대진 교수의 이러한 성찰은 교수-학습에 대한 인식론적 신념과는 어떻게 관련되어 있는지 논의해 보시오.

질문 2: 김대진 교수의 인터뷰에서 엿볼 수 있듯이 가르침의 목적이나 가르침과 배움에 대한 신념(교수-학습에 대한 인식론적 신념)에서의 변화가 확고하게 일어났다면 김대진 교수의 구체적인 렛슨 방식에서는 어떠한 변화가 예상됩니까? 이를 통해 교육과 관련된 신념의 중요성에 대해 생각해 보시오.

5 주요 개념

주요 개념	설명
좋은 교사 (Good teacher)	학생의 성장을 위해 교육의 과정이 교육적으로 이루어지도록 학생들에게 교육적 경험을 제공하는교사
교과내용지식 (Content knowledge)	교사가 자신이 가르치는 과목에 대한 지식으로 해당 교과분야의 지식의 구조를 이해할 수 있는 수준의 지식을 가리킨다.
내용교수지식 (Pedagogical content knowledge)	교과에 대한 내용지식을 학생들이 이해할 수 있도록 가르칠 수 있는 방법에 대한 교사의 지식이다.
교육학적 지식 (Pedagogical knowledge)	교육학에 대한 일반적인 지식으로 학습자에 대한 이해, 교실환경, 교수-학습법에 대한 전반적인 지식을 말한다.
교과에 대한 교사의 신념	교과를 가르치는 목적으로 교과의 내용을 수업 속에서 변환하고 그에 맞는 수업방식을 선택하는 능력에 영향을 미친다.
인식론적 신념 (Epistemological belief)	지식이란 무엇이며 어떻게 습득되는가에 대한 개인적 신념으로 교사의 인식론적 신념은 수업에 대한 의사결정에 영향을 미친다.
교사-학생관계에 대한 신념	교사의 수업활동이 학생의 상태와 참여에 의존하고 있다는 것에 대한 인식여부로 이에 대한 인식이 깊을수록 학생의 상태나 반응에 따라 수업을 조정하며 배려하는 모습을 보인다.
교사효과성연구	학생의 학업성취를 향상시키는 효과적인 교사의 수업행동을 중심으로 교사의 효과성을 규정하는 연구이다.

6 연습문제

1. 아래의 영역 중 '좋은 교사'가 갖추어야 할 역량 중 최우선적으로 고려해야 할 것이 아닌 것은?

   ① 교과에 대한 지식

   ② 교육학적 지식

   ③ 수업/학습, 학생에 대한 신념

   ④ 학교행정업무에 대한 신속한 처리능력

2. 슐만(Shulman)이 제기한 교사의 갖추어야 할 전문적 지식 중 교과지식을 학생들의 수준에 맞게 재구성하고 적절한 수업방식을 통해 학생들의 학습에 도움이 되도록 수업을 이끄는 교사의 지식을 가리키는 것은?

① 내용지식

② 교육학적 지식

③ 내용교수지식

④ 교육과정지식

3. 교실에서 교사는 생각할 겨를 없이 의사결정을 내려야 하는 수많은 순간에 직면한다. 이 경우 교사로 하여금 신속한 의사결정을 할 수 있도록 돕는 교사의 내면화된 신념 중 '지식이란 무엇이며 어떻게 학습되는가?'에 대한 신념과 관련된 것은?

① 교과의 목적에 대한 신념

② 수업/학습에 대한 인식론적 신념

③ 교사-학생관계에 대한 신념

④ 교사효능감에 대한 신념

4. 교사효과성연구를 통해 드러난 '좋은 교사', '잘 가르치는 교사'의 행동적 특성과 거리가 먼 것은?

① 교과에 대한 열정

② 명료한 설명

③ 학생들과의 소통

④ 상황에 따라 규칙 바꾸기

5. '좋은 교사'에 대한 진술 중 바람직하지 못한 것을 고르시오.

① '좋은 교사'가 진행하는 수업의 형태는 모두 토론이나 활동이 많은 수업이다.

② '좋은 교사'는 해당 교과의 핵심적이 지식구조를 학생들의 수준에 맞게 변화시킬 수 있다.

③ '좋은 교사'는 학생들이 교사를 신뢰할 때 학습이 효과적으로 일어난다는 것을 잘 알고 있다.

④ '좋은 교사'는 학생의 상태에 따라 유연하게 수업을 진행한다.

참고문헌

김민성(2012). 교사전문성의 '연계' 적 특성과 교사교육의 방향. 교육심리연구, 26(1), 39-61.

김민성, 엄채윤, 박은정(2009). 중학생이 인식하는 '배려하는 교사' 의 특성 및 유형 분석. 한국교원교육연구, 26(2), 45-173.

김태현(2012). 교사, 수업에서 나를 만나다. 서울: 좋은교사.

이순덕, 정은경, 오선아(2009). 대학교수의 인식론적 신념과 교수방법의 관계. 한국교육논단, 8(1), 79-100.

이혁규(2005). 교과교육 현장의 질적 연구 -사회교과를 중심으로-. 서울: 학지사.

이혁규(2008). 수업, 비평의 눈으로 읽다. 서울: 우리교육.

임현수(2005). 교직수행지능검사의 타당화 연구. 서울대학교 대학원 박사학위 논문.

EBS 최고의 교수 제작팀(2008). 최고의 교수. 서울: 예담.

조윤정, 양명희(2008). 교사의 인식론적 신념과 교사효능감, 교수전략과의 관련성 탐구. 열린교육연구, 16(1), 1-20.

Ashton, P. T.(1984). Teacher efficacy: A motivational paradigm for effective teacher education. *Journal of Teacher Education, 35*(5), 28-32.

Ashton, P. T., & Webb, R. B. (1986). *Making a difference: Teachers' sense of efficacy and student achievement.* NY: Longman.

Bandura, A. (1997). *Self-efficacy: the exercise of control.* N.Y.: W. H. Freeman and Company.

Beijaard, D., Verloop, N., & Vermunt, J. (2000). Teachers' perceptions of professional identity: an exploratory study from a personal knowledge perspective. *Teaching and Teacher Education, 16*, 749-764.

Bereiter, C., & Scardamalia, M. (1993). *Surpassing ourselves. An inquiry into the nature and implications of expertise.* Chicago: Open Court.

Bandura, A. (1997). *Self-efficacy: the exercise of control.* N.Y.: W. H. Freeman and Company.

Chan, K., & Elliot, R. G. (2004). Relational analysis of personal epistemology and conceptions about teaching and learning. *Teaching and Teacher Education, 20*, 817-831.

Cooper, J. M. (Ed.) (2011). Classroom teaching skills (9th ed.) Cengage Learning. 서명석, 곽유진, 김외솔, 박상현, 양정은, 장경숙, 한민철(공역).(2012). 수업전문성: 그것의 지형과 맥락.

DeBacker, T. K., & Crowson, H. M. (2006). Influence on cognitive engagement: Epistemological beliefs and need for closure. *British Journal of Educational Psychology, 76*, 535-551.

Dunkin, M. J., & Precians, R. P. (1992). Award-winning university teachers' concepts of teaching. *Higher Education, 24*(4), 483-502.

Goldstein, L. S., & Lake, V. E. (2000). "Love, love and more love for children" Exploring preservice teachers' understanding of caring. *Teaching and Teacher Education, 16*, 861-872.

Hamachek, D. (1999). Effective teachers: What they do, how they do it, and the importance of self-knowledge. In R. P. Lipka & T. M. Brinthaupt (eds.), *The role of self in teacher development* (pp. 189-224). Albany, NY: State University of New York Press.

Limon, M. (2001). On the cognitive conflict as an instructional strategy for conceptual change: A critical appraisal. *Learning and instruction, 11*(4), 357-380.

Lortie, D. (1975). *Schoolteacher.* Chicago: University of Chicago press.

Schommer, M. (1994). Synthesizing epistemological belief research: Tentative understandings and provocative confusions. *Educational Psychology Review, 6*(4), 293-319.

Shulman, L. S. (1986). Those who understand: Knowledge growth in teaching. *Educational researcher, 15*(2), 4-14.

Shulman, L. S. (1987). Knowledge and teaching: Foundations of the new reform. *Harvard educational review, 57*(1), 1-23.

Shulman, L. S. (2004). Professional development: Leaning from experience. In S. Wilson (Ed.), *The wisdom of practice: Essays on teaching, learning, and learning to teach* (pp. 503-522). San Francisco: Jossey-Bass.

Smith, B. O. (1969). *Teachers for the real world.* Washington, D. C.: American Association of Colleges for Teacher Education.

제11장

좋은 수업

내 수업, 무엇이 문제일까?

송 교사가 중등교사로 임용된 지 이제 3년. 학교에서는 3년차 교사들의 수업을 대상으로 수업분석컨설팅을 실시하기로 하였다. 사실 송 교사는 얼마 전부터 자신의 수업에 대해 고민하기 시작했다. 1년차 때는 자신이 열심히 가르치면 학생들의 배움도 자연히 따라올 것이라고 믿었다. 수업이 생각처럼 잘 되지 않는 것은 경험이 없기에 당연한 것이라고 생각했고, 경력이 쌓이게 되면 자연히 수업도 좋아질 것이라고 스스로를 위로하였다. 오히려 작년, 교사 2년차였을 때 송 교사는 스스로의 수업에 대해 어느 정도 자신감을 갖게 되었고, 때로 준비가 부족할 때도 임기응변으로 수업을 잘 마치게 될 때 뿌듯함 마저 느낄 수 있었다. 그러나 올해, 송 교사는 본인의 강의 기술은 늘었으나 수업 속에서 여전히 학생들은 수동적이었고 집중하지 못하며 만족도도 낮다는 느낌을 받고 있었다. 송 교사는 수업분석 컨설팅에 대한 공지를 듣고서 이 기회를 수업 개선의 계기로 삼아보고자 하였다.

컨설팅 한 달 전부터 수업을 꼼꼼하게 계획하고 실제 수업 한 차시를 본인의 비디오 카메라로 녹화하였다. 녹화 후 수업분석에 빈번히 활용된다는 강의 행동 체크리스트를 찾아 녹화된 수업을 살펴보았다. 본인의 수업행동에서 체크리스트 항목으로부터 빠진 부분이 무엇인지, 부족한 부분이 무엇인지 발견하여 이 항목들을 보완하고자 노력하였고 얼마 후 체크리스트의 항목을 거의 모두 충족시켰다고 판단하였다. 그러나 실제 수업컨설팅이 이루어졌을 때 컨설턴트의 지적은 수업에서 내용 전달을 위한 강의는 잘 이루어지고 있으나 학생들의 배움이 이루어지고 있는지에 대해서는 의문이라는 것이었다. 송 교사는 기대와 다른 결과에 매우 낙심하였다. 그리고 매우 혼란스러워졌다. 체크리스트의 모든 항목이 충족되면 좋은 수업이 되는 것 아닌가? 도대체 좋은 수업은 무엇이고, 어떻게 해야 하는 것인가?

이 장에서는 여러 학자들이 좋은 수업을 어떻게 바라보고 있는지를 개괄하고 여러분은 각 관점의 차이와 공통점을 발견할 수 있을 것이다. 이를 바탕으로 각자가 운영해야 할 구체적인 수업의 맥락을 생각하고 '좋은 수업'을 위한 정의와 설계안을 구안하기 바란다. 수업의 설계는 본질적으로 체제적 사고, 전체적 관점, 합리적 의사결정을 필요로 한다. 본 장의 내용이 수업의 준비와 운영에서 최적의 의사결정을 도울 수 있는 판단의 근거로 활용될 수 있을 것이다.

1 좋은 수업

좋은 수업은 수업이 위치한 맥락에 따라 다르게 정의된다.

'좋은 수업' 이란 정의하기 어려운 개념이며 한 문장으로 표현하기도 어렵다. 왜냐하면 수업의 본질이란 매우 복잡하여 단순하게 정의하기 힘들고, 무엇보다 수업의 맥락에 따라 좋은 수업의 모습은 달라질 수 있기 때문이다. 좋은 수업은 그 수업이 누구를 위해서 좋은 것인지, 어떤 교과와 어떤 목표를 위해서 좋은 것인지, 또 어떤 점에서 유용한 것인지에 대해 먼저 대답할 수 있어야 한다(Meyer, 2004). 교사가 가르침을 실천하면서 늘 가지고 있어야 하는 질문이 바로 내가 가르치는 교과와 목표를 위해, 그리고 내가 가르치는 학생을 위해, 그리고 추구하는 수업의 효과를 위해 좋은 수업이 무엇인가이며 그 답을 찾기 위해 끊임없이 노력하는 것이 교사의 책무일 것이다. 단언컨대 그 자체로 좋은 수업은 이 세상에 없다.

좋은 수업은 맥락에 따라 달리 정의될 수 있지만 오래 전부터 많은 학자들은 좋은 수업에 대한 공통적인 특성을 찾아보고, 수업에서 그것이 구현되는 것을 돕기 위해 조건들을 구체화시키기 위해 노력해왔다. 그러한 노력의 결과물이 교수이론, 수업원리, 수업모형 등이다.

수업을 '체제' 로 바라보아야 한다.

체제(system)는 유기체와 같이, 부분의 단순 합(合)이 아닌 상호 유기적으로 관련되어 있는 전체이다. 체제에는 체제의 목표와 이를 달성하기 위한 과정이 수행되고 마지막으로 이 체제의 과정과 목표를 평가하는 행동이 수반된다. 이러한 일련의 활동이 유기적으로 연관되고 피드백(feedback) 과정을 통해 수정되기도 하면서 체제가 존속하게 된다. 수업 역시 유기체와 같은 하나의 체제이다. 체제적 관점에서 수업을 바라보면 수업의 부분이 아닌 전체성, 수업의 개방성과 경계, 역동성, 피드백, 상호연계성 등을 놓치지 않게 된다. 이러한 관점에서 효과적인 수업을 설계하려면 수업과 관련된 요소들을 최적의 수준에서 고려하여야 한다. 우리가 흔히 저지르는 실수는 어떤 교수방법이 보다 효과적인가에 관심을 두고 수업과 관련된 여타 변인들을 고려하지 않고 무조건적으로 특정방법을 적용하는 것이다. 체제적 관점에서의 수업설계는 결국 특정 교수-학습 상황에서 제기되는 문제해결과정이며 체제의 독특성과 요소간의 상호 관련성에 대한 이해를 바탕으로 상황 구체적인 문제해결을 지향해야 한다.

가. 초기 교수이론의 '좋은 수업'

좋은 수업의 특성을 구체화하려는 노력의 결과는 교수이론 혹은 교수설계이론(instructional design theory)으로 나타났다. 교수설계이론은 좋은 수업의 설계를 위한 구체적인 지침을 제공한다. 교수설계이론은 기술적인(descriptive) 성격의 학습이론을 처방적인(prescriptive) 이론으로 변환시키려 노력한 결과물이며 이를 통하여 실천가들에게 구체적인 수업 설계를 안내하고자 하였다. 여기서는 초기 교수설계이론의 형성에 중요한 영향을 미친 몇몇 학자들의 좋은 수업에 대한 생각을 들여다본다.

타일러(Tyler, R. W.): 교육목표, 학습경험, 평가가 유기적으로 연계된 수업

타일러는 교육과정과 수업이 실증적인 연구 결과를 바탕으로 설계되어야 한다고 생각했다. 그는 교육과정과 수업에 1)교육 목표 확인하기, 2)목표 달성에 효과적인 학습 경험 선정하기, 3)경험 조직하기, 그리고 4)학습경험의 효과성을 평가하기의 네 요소가 포함되어야 한다고 주장하였다(Tyler, 1949). 이 네 가지 요소 중 목표의 설정을 가장 강조하였는데 목표설정 시 학생들의 요구, 관심, 발달단계를 포함한 학생에 대한 정보, 현재 삶의 문제에 대한 정보, 내용 전문가가 중요하다고 생각하는 정보를 모두 고려해야 한다고 주장하였다.

수업에서 설계해야 할 효과적인 학습 경험을 위해서는 다음의 일반 원리들을 제시하고 있다(Richey, Klein, & Tracey, 2012, p.160에서 재인용).

- 학생들은 특정 학습 경험을 위해 필요한 적절한 소질과 사전 지식을 보유하고 있어야 함

- 학습자는 학습 경험에 참여하여 목표를 달성하며 그로써 만족감을 얻어야 함
- 하나의 특정 목표를 위해 다양한 학습 경험이 활용될 수 있으며 학습자의 관심을 지속시킬 수 있음
- 학습자는 학습 목표가 의도하는 행동을 연습하고 내용을 다루어 볼 수 있는 기회를 가져야 함
- 각각의 학습 경험은 의도한 하나 이상의 성과를 도출하기도 하고 가끔 기대하지 않은 결과를 나타내기도 함.

타일러는 학습 경험을 연속성(continuity), 계열성(sequence), 통합성(integration)을 고려하여 조직해야 한다고 강조하였다. 연속성은 목표를 달성하기 위해 교수(instruction)와 연습이 지속적으로 반복되어야 한다는 것이고, 계열성은 내용의 학습이 깊이 있고 폭넓게 확대될 수 있도록 구성해야 한다는 것이며, 마지막으로 통합성은 특정 내용이 다른 분야와 관련짓도록 구성해야 한다는 것이다.

마지막으로 학습자가 교수 프로그램에 참여하기 이전, 도중, 이후에 대한 평가가 수업에 포함되어야 한다고 주장하였다. 이를 통해 수업의 효과성을 파악하고 수업에 대한 개선이 이루어질 수 있다는 것이다.

캐롤(Carroll, J. B): 학습자에게 필요한 시간이 충분히 주어져 완전학습에 다다르는 수업

캐롤(1963)은 학습의 정도[1]를 무언가를 배우기 위해 필요한 시간과 학습자가 그 학습을 위해 실제로 사용한 시간의 비율로 설명하고 있다. 실제 학습에 사용한 시간은 학습을 위한 기회(opportunity)와 끈기(perseverance), 두 변인의 함수이며 끈기는 학생이 학습에 자발적으로 사용하고자 하는 시간의 양으로 간주할 수 있다. 캐롤은 수업에 있어 학습자가 학습하기 위해 필요한 시간에 비하여 적은 시간과 부족한 기회가 주

1) 학습정도 = f(실제 사용한 시간/학습에 필요한 시간), 분모의 필요 시간량의 결정 변수는 ① 적성 ② 수업 이해력 ③ 수업의 질이며, 분자의 투입 시간량의 결정 변수는 ④ 학습 기회 ⑤ 학습 지속력이다.

어지는 경우가 빈번하게 있음을 관찰하였다. 그에 따르면 학습에 필요한 시간은 적성(aptitude), 수업 이해 능력(ability), 그리고 수업의 질(quality of instruction)이라는 변인의 함수이다.

특정 학습에 필요한 시간은 내용에 따라 일률적으로 계산되는 것이 아닌 학생 개별 특성에 따라 모두 달리 계산되어야 하는 것이다. 하나의 과제에 필요한 시간이 적은 경우는 학생이 그 과제에 대한 높은 적성과 높은 능력을 가지고 있고 그리고 교수의 질이 우수할 때 나타나게 된다. 캐롤의 학교학습모형을 통해 가늠해볼 수 있는 좋은 수업은 학습에 필요한 시간이 적절히 주어지고, 학생이 집중하고 지속적으로 학습을 할 경우에 이루어지는 것으로 이를 위해서 학생에 대한 면밀한 이해와 그에 기반한 수업 설계가 이루어져야 한다. 나아가 이러한 좋은 수업에서는 학생의 완전학습(mastery learning)이 가능할 것으로 본다.

캐롤은 본인의 학교학습모형에 대한 연구를 통해 얻은 실증적인 증거에 기초하여 그는 다음과 같은 결론을 제시하였다(Carroll, 1989).

- 학습시간은 학생의 성취와 관련된 가장 중요한 요소 중 하나임
- 학습에 사용된 시간은 성취에 대한 중요한 예측 변수임
- 학습에 필요한 시간과 기회를 줄이는 것은 성취에 부정적 영향을 미침
- 학생의 소질을 통제(같게 간주)하더라도 끈기는 학생 간 성취도 차이의 원인이 됨

블룸(Bloom, B. S.): 단서와 지시, 학습자의 적극적 참여, 피드백, 강화가 포함된 수업

블룸(1976)은 캐롤(1963)의 생각을 확장시켜 완전학습에 영향을 미치는 두 요인이 학습자의 인지적 출발점 행동과 정의적 출발점 행동이라고 보았다. 수업을 이루는 중요한 요소인 학습과제의 설계가 학습자의 특성과 학습 결과를 매개한다고 생각했다. 특히 블룸은 복잡한 인지적 학습과제들은 주로 위계적인 특성을 지닌다는 점을 강조하며 과제들 간의 관계성에 주목하였다. 블룸의 교육목표 분류학(taxonomy of educational objectives)은 인지적 학습과제의 목표를 위계적으로 분류하여 제시하고

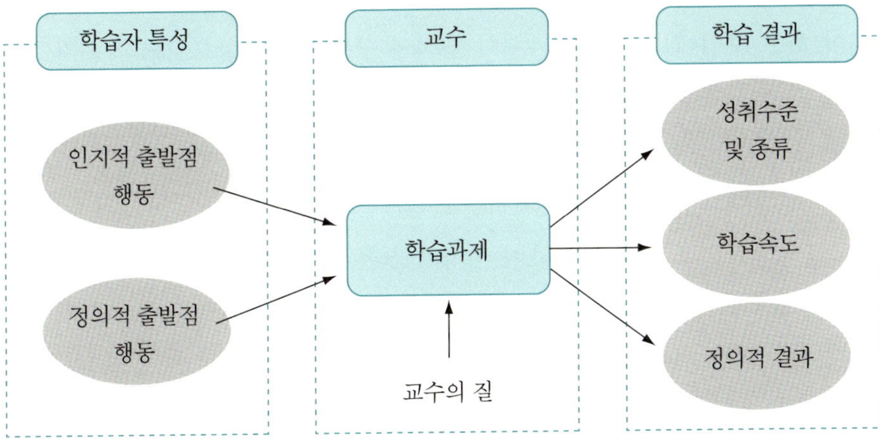

그림 11-1 블룸의 학교학습이론 주요변인

있는 것이다. 그의 교육목표 분류학은 수업설계를 위한 내용분석, 평가계획 등을 수립할 때 자주 사용되는 이원분류표의 행동소를 구분하는 준거로 자주 활용된다.

한편, 블룸은 학습자의 학습과제 숙달 여부에 영향을 미치는 변인으로 교수의 질(quality of instruction)을 들고 있다. 질 높은 교수를 위해서는 다음과 같은 네 가지 핵심적인 구성요소가 포함되어야 함을 주장하였다. 첫째, 학습자에게 제시되는 단서(cue)와 지시(direction), 둘째, 학습자의 적극적인 참여, 셋째, 실수의 교정을 돕는 피드백, 그리고 마지막으로 학습자에게 제공되는 강화가 포함되어야 한다는 것이다.

브루너(Bruner, J.): 학습자의 대안 탐색 동기 촉진, 안전한 환경, 학습목표 지시, 최적의 학습과제가 포함된 수업

브루너는 행동주의 학습이론의 영향과 더불어 인지주의 학습이론에 상당한 영향을 받아 교수이론을 도출하였다. 그는 학습이 학습자의 대안 탐색 성향에 많은 영향을 받는다는 사실에 주목하여 수업은 학습자의 대안 탐색 동기를 촉진하도록 구성되어야 한다고 주장하였다. 그러기 위해서는 학습자의 호기심을 자극하는 활성화(activation), 학습자가 저지를 수 있는 실수에 대한 결과가 심각하지 않음을 보장하는 유지(maintenance), 그리고 학습자에게 학습의 목표를 알도록 하는 지시(direction)를 포함해야 하고 수업에서는 학습 과제의 최적의 구조를 도입함으로써 학습자들의 이해를 도울 수 있도록 해야 한다고 주장한다.

또한, 브루너는 학습자의 특성에 따라 적절한 형태의 표상방식(행동, 그림, 상징)을 사용해야 한다고 주장하고 데일(Dale, E.)의 경험의 원추(cone of experience)[2]를 세 가지 표상방식으로 다시 구분하여 제시하였다. 한편, 브루너의 가장 큰 영향력은 학습 과제 제시의 계열화에 대한 이론에 있다. 학습 과제의 핵심을 다루면서 점차 그 내용의 깊이와 폭을 넓혀가는 나선형 교육과정에 대한 생각이 바로 그것이다. 마지막으로 브루너는 내재적 보상과 학습자에게 유의미한 피드백의 제공을 통해 바람직한 행동을 강화할 수 있다고 주장하였다.

이상 네 가지 주요 초기 교수이론을 다음 〈표 11-1〉에 좋은 수업의 요소를 가지고 비교 요약하였다. 이들의 공통점은 학생의 적극적 참여와 학습자 특성에 대한 고려

표 11-1 초기 교수이론가들의 좋은 수업에 대한 생각(Richey, Klein,&Tracey, 2012, p.167)

요소	타일러	캐롤	블룸	브루너
학생의 적극적인 참여	○	○	○	○
학습목표, 수업, 평가의 연계	○		○	
내용 제시를 위한 대안적 형태				○
피드백			○	○
개별화		○	○	
학습자 특성	○	○	○	○
학습 목표	○		○	
강화			○	○
내용의 계열화	○		○	○
학습소요시간		○	○	

2) 인간의 경험을 구체성과 추상성에 따라 위계적으로 구분하여 제시하고 있는 모형임.

가 좋은 수업을 만든다고 생각한데 있다.

나. 학습이론에서 도출한 좋은 수업 설계의 시사점

앞서 언급했듯이 교수이론은 기술적인 학습이론을 처방적인 지식으로 변환시켜 실제 수업의 설계에 적용할 수 있도록 개발한 가이드라인이라고 볼 수 있다. 따라서 교수이론은 주요 학습이론을 기반으로 하고 있기에 각 학습이론에서 어떠한 시사점을 이끌어냈는지를 이해할 필요가 있다.

행동주의 학습이론의 시사점: 내용의 모듈화, 계열화, 즉각적 피드백, 과제분석, 강화

스키너(Skinner, B. F.) 등의 행동주의 학자들의 연구는 초기 교수설계 분야에 매우 큰 영향을 미쳤고 현재까지도 그러하다. 조작적 조건화, 강화 및 강화 간격, 조형 등의 이론은 다양한 수업 맥락에 활용되었다. 1950년대 개발된 스키너의 티칭머신(teaching machine)은 행동주의의 학습원리 중 조형(shaping)의 원리가 적용된 것이다. 티칭머신은 내용을 작은 단위로 나누고 적절히 계열화하여 제시하며 해당 내용과 관련된 연습문제를 제시하고 있다. 학습자는 제시된 내용을 학습한 후 연습문제를 풀게 되며 답을 맞혔을 경우 다음 단계로 넘어가나 틀렸을 경우는 다시 내용을 반복 학습하도록 프로그램 되었다. 티칭머신은 이후 프로그램 수업(programmed instruction)으로 발전하게 된다. 프로그램 수업의 특징으로는 계열화된 모듈 콘텐츠, 학습자가 직접 답을 적는 형태의 참여활동, 즉각적 피드백, 수업속도의 학습자 통제가 있다.

뿐만 아니라 수업의 과제를 분석할 때도 행동주의 학습이론이 적용된다. 과제분석(task analysis)은 학습할 과제를 명확히 하고 세분화하며 과제 수행에 요구되는 행동을 기술하는 과정을 말한다. 또한 행동적 목표 진술 역시 행동주의 원리가 적용된다. 메이거(Mager, 1962)에 따르면 목표는 학습 성과를 관찰가능한 행동동사로 진술해야 하고, 학습자들이 그 행동을 수행할 때 필요한 조건이 포함되며 학습자에게 기대되는 수행 정도가 포함되어야 한다. 대부분의 수업설계절차 중 학습목표를 수립할 때 이와 같은 접근을 취한다.

그림 11-1 B.F. Skinner(1904-1990)

출처: http://en.wikipedia.org/wiki/B._F._Skinner

연습을 통하여 자극(S)과 반응(R)의 연합이 강화된다는 원리는 수업 설계에 중요한 시사점을 준다. 학습목표를 달성하기 위하여 학습목표에 진술된 기대되는 행동 수준에 다다르기 위해 충분한 시간과 연습기회가 주어져야 한다는 것이다. 또한 이 연습을 통한 학습자의 수행에 대한 즉각적 피드백의 원리 또한 중요한 수업 설계의 원리로 지속적으로 활용되어 왔다.

인지주의 학습이론의 시사점: 수업자료 설계, 기억과 인출을 돕는 전략, 고차적 사고 배양

인지주의 학습이론은 행동주의가 설명하지 않았던 인간의 학습이 이루어지는 과정, 인지의 구조, 표상에 대해 설명하고자 하였다(Smith & Ragan, 2005). 인지주의 학습 이론가들은 학습자의 정신적 과정이 학습을 설명하는 주요 요인이며 학습자의 정보처리 방식은 사고와 내적 정신구조를 변화시킬 수 있다고 본다(Richey, Klein, & Tracey, 2012). 이러한 인지주의 학습이론이 수업설계에 주는 시사점은 다음과 같다. 우선 게슈탈트 원리에 따라 수업 자료의 구조를 지각 및 기억을 도와주도록 메시지를 설계해야 한다는 점이다. 또한 수업에서 중요한 내용의 반복, 질문, 재진술, 복습, 요약 등의 다양한 시연(rehearsal)전략을 사용하여 기억과 인출을 도울 수 있어야 한다. 또한 학습내용을 단기기억의 용량을 고려하여 적절히 나누어 가르치는 청킹(chunking) 전략을 활용하여 학습의 효율화를 꾀할 수 있다. 정보의 저장과 인출을 촉진하는 기억술(mnemonics)을 활용하여 관계성이 적은 정보를 기억하기 쉬운 형태로 연결시킬 수 있다. 선행조직자(advance organizer)는 학습할 내용보다 일반적이고 단순화된 도입자료로 본격적인 학습내용의 제시에 앞서 제시되는 것으로 학습을 돕는다(Ausubel, 1978).

인지주의 학습이론에 따라 학습자의 내적인 사고과정을 촉진하고 탐구력, 문제해결력 등 고차적 사고를 배양하기 위한 발견식, 탐구식, 문제중심 교수방법과 모형이 개발되었다. 또한 학습자의 내재적 동기를 강조하고 유의미 학습을 촉진하는 교수방법이 강조되었다.

구성주의 학습이론의 시사점: 상호학습, 협동학습, 스캐폴딩, 학습촉진적 학습환경 설계, 실제적 과제

구성주의 학습이론은 학습과 발달에서 학습자의 자발적 활동이 매우 중요하다는 것을 강조한다. 반두라(Bandura) 등의 사회학습이론은 직접 경험으로 발생하는 모든 학습은 타인의 행동과 행동에 따른 결과를 관찰함으로써 대리적으로 이루어진다고 믿는다(Burton, Moore, & Magliaro, 2004). 학습자는 타인의 행동을 관찰함으로써 필요한 정보를 얻고, 그 행동 가운데 어떤 것을 수용할지 결정하며 이 과정에서 학습자는 새로운 행동을 습득하게 된다. 학습자가 신뢰하고 존경하는 상징적 모델을 통해 추상적 인지규칙, 문제해결전략, 통합적 운동 기술을 가르치는 데 활용할 수 있다(Carroll & Bandura, 1982). 학생에게 긍정적 성과 기대를 가질 수 있도록 한다면 학습자는 학습에 더 높은 가치를 부여하게 된다고 한다(Bandura, 1977). 또한 학습자의 자기효능감을 높일 수 있는 방법으로 학습자와 유사한 능력을 가진 동료 학습자가 성공하는 것을 관찰할 수 있는 기회를 제공하는 것이다. 상호학습이나 협력적 학습활동을 통해 이러한 기회를 수업 내에 마련할 수 있다. 비고츠키(Vygotsky)의 근접발달영역(ZPD)이라는 개념을 통하여 사회적 상호작용이 개인의 학습과 인지발달을 촉진할 수 있다는 점을 강조한 바, 수업에서는 협동학습을 도입하는 것을 적극적으로 고려해야 한다는 것이다.

구성주의 학습이론이 수업설계에 줄 수 있는 시사점은 학습자 중심의 학습 환경으로 설계되어야 하며 다양한 관점을 개발할 수 있는 기회와 적절한 스캐폴딩(scaffolding)이 제공되어야할 필요가 있다는 것이다. 교수설계자의 역할은 내용의 조직에 중점을 두는 것에서 학습자의 학습을 촉진하는 환경을 설계하는 것으로 바뀌어야 한다고 주장한다. 또한 수업에서 다루는 지식은 그 지식이 사용되는 실제 맥락과 함께 제시되어야 유의미한 학습이 이루어질 수 있다는 점이다. 학습자들이 다루어야 하는 과제 역시 실제적(authentic)이어서 학습된 내용이 일상생활로 전이될 수 있도록 해야 한다. 문제해결중심의 학습을 강조하는데 이는 문제가 학습자의 동기를 유발하고 해결을 위해 필요한 지식을 스스로 점검하고 습득하게 되기 때문이다.

그림 11-2 Albert Bandura(1925~)

그림 11-3 Lev Vygostky(1896-1934)

다. 좋은 수업에 대한 최근 메타 연구

메릴(Merrill, D.)의 수업의 제1 원리(First Principles of Instruction)

메릴의 수업 제1 원리는 기존의 성공적인 수업 모형들을 메타분석(meta analysis)하여 공통적인 원리를 추출해 낸 것이다(Merrill, 2002). 이 원리는 학습의 원리에 대한 단순한 서술이 아닌 효과적인 학습 환경과 학습 결과물을 만들어 내기 위한 처방적인 수업 설계의 원리이다. 이 원리에 따르면 수업에는 다섯 가지 요소가 반드시 포함되어야 하는 데 우선 1)문제(Problem)를 중심으로 2)활성화(Activation), 3)시범(Demonstration), 4)적용(Application), 5)통합(Integration)의 기회를 제공하도록 설계되어야 한다는 것이다. 이는 다섯 가지의 학습 원리에 기반하고 있다. 첫째, 학습은 학습자가 실제 문제 해결을 할 때 촉진된다. 둘째, 학습은 새로운 지식을 학습하기 전 관련된 기존 지식이 활성화될 때 촉진된다. 셋째, 학습은 새로운 지식이 학습자에게 적절한 방식으로 시연될 때 촉진될 수 있다. 넷째, 학습은 학습자가 배운 지식을 적용할 때 촉진된다. 마지막으로 다섯째, 학습은 새로운 지식이 실세계의 과제에 통합할 기회가 주어질 때 촉진된다는 것이다. 이러한 학습 원리를 처방적으로 전환하여 이 다섯 가지 학습촉진의 조건이 수업설계로 마련되어야 한다는 것이 메릴의 주장이다.

그림 11-4 David Merrill

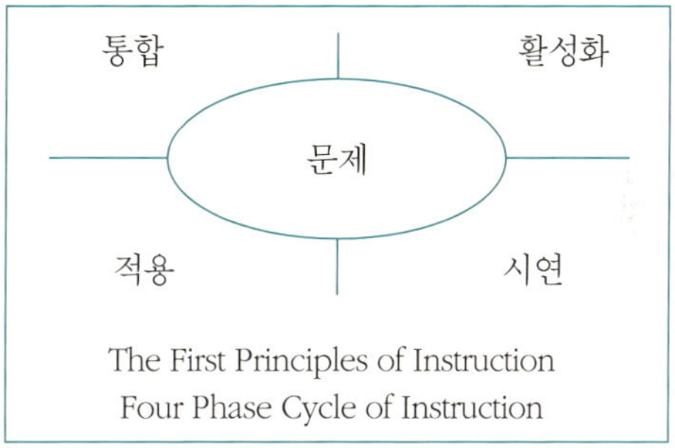

그림 11-5 좋은 수업 설계의 제1 원리

마이어(Meyer, H.)의 좋은 수업의 10가지 준거

마이어(2004)는 실증적인 선행연구들에서 도출된 증거들을 기반으로 10가지 좋은 수업의 준거를 제시하였다. 경험과학적으로 확인되고 이해 가능한 언어로 표현된 기준들에 기초하여 좋은 수업이 갖추어야 할 요소들을 공식화하고 그로부터 수업을 위한 몇 가지 조언들을 이끌어 내려하였다.

한편, 그가 제시하는 좋은 수업의 기준은 반드시 따라야 하는 처방전과 다르며, 로마로 통하는 길이 단 하나가 아닌 여러 갈래인 것처럼 맥락에 따라 교사가 변용할 수 있는 틀로 활용될 수 있을 것이다. 아래 〈표 11-2〉에서 제시한 좋은 수업의 10가지의 기준은 학업성취에 미치는 영향력의 크기가 가장 높은 것부터 순서대로 제시하고 있다. 여기서는 그 중 학업성취에 영향력이 가장 큰 1)과 2)를 소개한다.

표 11-2 마이어의 좋은 수업의 10가지 기준

좋은 수업의 준거	내용
1) 수업의 명료한 구조화	수업의 구조, 목적, 내용의 명료성과 연계성, 규칙에 대한 합의, 교사 역할의 명료성
2) 학습 몰두 시간의 높은 비율	시간 관리와 시간엄수, 수업의 조직화에 드는 시간의 절약, 순조로운 단계의 전환
3) 학습 촉진적인 분위기	상호 존경, 규칙의 준수, 책임 부여, 공정성과 배려
4) 내용적인 명료성	납득할 수 있는 과제 설정, 주제적 전개 과정의 합당성, 수업 결과의 명료하고 구속력 있는 정리
5) 의미 생성적 의사소통	계획 단계에서의 학생 참여, 토론 문화, 의미 회담, 피드백
6) 방법의 다양성	풍부한 연출 기법, 행동 방식의 다양성, 수업 진행 형식의 변용, 방법적 기본 형식들 간의 균형
7) 개별적인 촉진	개별적 학습 상태 분석과 상호 조율된 촉진 계획을 통해 고위험군에 속한 학생들에 대한 특별한 촉진
8) 지능적 연습	학습전략을 스스로 의식하게 함. 명확한 연습 과제, 목적 지향적인 지원과 연습을 장려하는 틀을 통해
9) 분명한 성취 기대	교과 과정이나 교육 기준에 맞는, 학생의 성취 능력에 합당한 학습 내용의 제시 그리고 학업 진보에 대한 계속적으로 촉진적인 피드백
10) 준비된 환경	질서정연함, 기능적인 실내 배치와 학습도구의 완비

▶▶ 수업의 명료한 구조화

수업의 명료한 구조화는 수업의 목적, 내용 그리고 방법 간 조화로운 일치가 이루어질 때 나타나는 특성이다. 또한 수업전개의 '도입-전개-정리' 라는 근본리듬을 따르고, 수업의 내용, 수업 안의 규칙과 수업 구성원들의 역할이 명료하게 정리될 때 비로소 얻어질 수 있는 특성이다. 수업에서의 규칙이 명료하게 되면 학습관계의 신뢰성이 창출될 수 있다. 또한 수업 진행에서 요구되는 각기 다른 역할을 학생과 교사가 잘 이해하고 준수하고 있을 때 수업 구조의 명료함이 얻어질 수 있다. 때로는 교사가 수업을 방해할 수도 있는데, 이는 수업의 목적과 수업방법에 맞지 않는 역할을 교사가 수행할 경우 초래할 수 있는 결과이다. 예를 들어 학습자가 주도하는 토의를 진행하는 경우 교사가 빈번히 불필요한 개입을 통하여 교사의 의견을 제시할 경우 기대하는 수업의 효과를 얻어내기 힘들 것이다.

마이어는 수업 구조의 명료함의 지표들을 다음과 같이 제시하였다.

- 수업 참여자들의 분명한 역할 분담
- 교사가 약속이나 선언을 일관성 있게 지킴
- 수업의 매 진행 단계의 명료한 구획/ 단계들 간의 이행이 순조로움
- 교수 주도적 수업단계와 학생 주도적 수업 단계의 분명한 구별
- 순조로운 리듬에 따른 수업 진행과 휴식 시간의 준수
- 수업의 목적, 내용 그리고 방법에 적합한 공간배치
- 학생들은 합의된 규칙을 지키는데 어려움을 느끼지 않음
- 학생들은 자신들이 무엇을 하고 있고 무슨 목표를 추구하는지 설명할 수 있음

명료하게 구조화된 수업은 특히 학습 능력이 낮은 학생들이 주의력을 유지하는데 도움이 된다(Brophy, 2002). 그리고 많은 학자들은 수업의 명료한 구조화가 학생들의 학업성취에 대해 다른 어떤 요인보다도 강력한 영향력을 미친다는데 일치된 의견을 보이고 있다. 특히 교사주도적 수업이 아닌 열린 수업일 경우 명료한 수업의 구조화는 더욱 중요하다.

▶▶ 학습몰두시간(Time-on-task)의 높은 비율

학습몰두시간은 의도된 목표의 달성을 위해서 학생이 실제로 사용한 시간을 말한다. 치커링(Chickering)과 갬슨(Gamson)은 학습자가 투여한 시간과 노력의 합이 곧 학습이라고 말하며, 학업성취에 대해 학습몰두시간을 대체할 요인은 없다고 주장하였다. 캐롤(1963)역시 학습성과는 교사가 제공한 학습시간과 학생에 의해 실제 소비된 학습시간 사이의 비례이며 부진한 학생들에게 더 많은 시간을 주면 모든 학생들이 목표를 달성할 수 있다고 믿었다.

수업에서 교사는 학습 속도에 대한 책임을 지게 된다. 너무 빠른 진행은 학생에

게 과도한 부담을 주어 자신감의 감소와 학습 욕구의 저하를 초래하게 된다(헬름케, 1992). 반면 너무 늦은 속도는 교실의 소란이 커지고 비생산적인 딴청피우기를 증가시킨다. 두 가지 모두 학습의 수행과 성취를 방해하는 요소가 된다. 따라서 좋은 수업은 학습 속도가 능숙하게 조절되고, 학습몰두시간의 비율이 높으며, 집중 학습 국면과 이완 국면이 순조롭게 전환되는 특징을 보인다. 이러한 수업의 지표는 다음과 같다.

- 다수의 학생들이 능동적으로 참여
- 사소한 일에 주의를 흩뜨리지 않음
- 지루해 하지 않음
- 학습결과들이 내용적으로 풍부하게 등장함
- 허용된 자유가 남용되지 않음
- 강의가 옆길로 새지 않음
- 교사가 학생의 학습활동을 교란시키지 않음
- 관리상의 일들을 수업 이외의 시간에 해결

유사한 시도로 브로피(Brophy)는 기존 연구의 결과를 통합하여 12가지의 좋은 수업의 특징을 정리하여 제시하고 있다. 1) 학습을 지원하는 교실 분위기, 2) 학습시간, 3) 목적지향성, 4) 수업의 구조화, 5) 내용의 구조화, 6) 의미를 부여하는 대화의 전개, 7) 연습과 응용의 기회제공, 8) 생산적인 학습 참여, 9) 학습 전략, 10) 협동학습, 11) 다양한 성적 평가, 12) 명료한 학습기대가 그것이다. 많은 준거들이 마이어가 제시하고 있는 것과 공통되는 것을 알 수 있다.

2 수업분석

가. 수업분석의 목적 및 특징

수업분석은 수업을 이해하고 개선하기 위한 활동으로 수업의 문제를 다양한 원인에서 찾고 해결하고자 한다.

수업분석은 수업을 이해하고 개선하기 위한 활동이다. 수업분석은 수업장학, 수업컨설팅, 마이크로티칭 등 다양한 용어로 불리고 있다. 대부분의 수업분석은 수업문제의 원인을 교사에게서 찾으려 하고 교사의 수업지식, 수업기술의 결핍이 학습자의 학습저하를 가져오며, 이를 개선하면 수업의 질이 개선될 것이라고 가정한다. 거의 모든 수업분석은 1회 수업 관찰을 통해 이루어지고 대부분 가시적인 교수자의 행동에 분석의 초점이 맞추어져 있다. 그러나 수업을 제대로 분석하기 위해서는 전체적인 교육과정의 흐름과 그 분석 대상 수업의 맥락을 이해하는 것이 선행되어야 한다. 수업분석은 수업을 체제적 관점에서 보고 수업의 문제를 다양한 원인에서 찾고 해결하려는 접근을 취해야 한다.

수업분석의 대상은 수업에 포함된 모든 요소이다.

앞서 언급하였듯이 수업은 하나의 체제이다. 따라서 수업분석을 위해서는 우선 수업을 체제로 이해해야 한다. 수업분석의 대상은 교수자, 학습자, 학습내용을 포함하여 그 외 수업이라는 체제에 포함된 모든 요소, 그 요소 간의 상호연관성 뿐만 아니라 수업에 영향을 미치는 외부 환경요소까지도 포함된다. 대부분의 수업분석의 주요 대상인 교수자의 수업기술은 극히 일부에 불과하다는 점을 주목할 필요가 있다.

수업의 목적은 학습이 일어나게 하는 것이다. 수업의 성패는 학습이 의도한 대로 이루어졌느냐에 달려있다. 이전의 관점은 수업의 문제를 학습자나 교수자에게만 찾으려 했다. 그러나 수업은 학습의 실패가 학습자나 교수자의 문제로만 설명될 수 없으며 수업의 특성과 학습자 특성 간의 부적절한 결합(instructional mismatch)에 의한 것

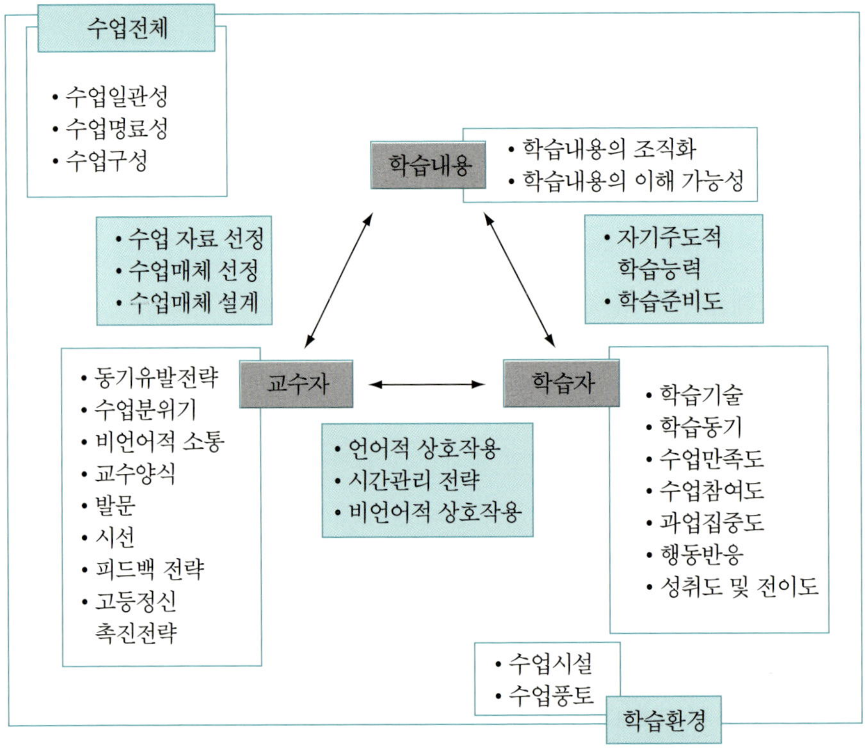

그림 11-6 수업분석의 영역(이상수 외, 2012)

으로 보아야 한다는 주장이 대두되었다(Rosenfield, 1987). 수업분석의 목적은 이러한 수업적 결함의 오류를 체계적으로 찾아내고 해결하는 데 있다(이상수 외, 2012).

나. 좋은 수업을 판단하기 위한 분석틀

수업분석을 통해 수업이 좋은 수업인지 그렇지 못한 수업인지를 판단할 수 있다. 이를 위해서는 체계적이고 과학적으로 접근할 필요가 있다. 분석자의 자의적인 판단이나 개인적 경험에 근거한 판단은 최대한 배제해야 한다. 수업분석에 가장 일반적으로 활용되는 분석도구는 수업관찰 체크리스트이다. 이는 수업 관찰 시 주목해야 할 점

표 11-3 수업관찰체크리스트(교육과학기술부, 2010, pp. 85-86)

연번	평가지표	평가지표문항	매우 우수	우수	보통	미흡	매우 미흡
1	교육과정의 이해 및 교수학습 방법 개선노력	교육과정 분석을 통하여 교과 특성에 맞는 수업을 설계하는가?					
		교과에 적합한 교수학습모형 및 방법 적용을 위해 노력하는가?					
		교수학습방법개선을 위해 연구하고 이를 적용하기 위해 노력하는가?					
2	학습자 특성 및 교과내용 분석	학년 및 교과 특성을 반영한 수업 계획을 수립하는가?					
		학생의 학습능력과 속도를 고려하여 수업계획을 수립하는가?					
3	교수학습 전략수립	수업목표가 교과내용과 일치하고 구체적인가?					
		학습주제에 적합한 수업방법과 자료 계획이 수립되어 있는가?					
4	수업의 도입	학습자의 학습 동기를 유발하는가?					
		학습목표를 명확하게 전달하는가?					
5	교사의 발문	수업 내용을 분명한 어조와 발음으로 전달하는가?					
		교사의 발문이 학생들의 다양한 사고를 유발하는가?					
6	교사의 태도	학생들의 발언에 경청하는가?					
		교사의 태도가 안정되고 자신감이 있는가?					
7	교사학생 상호작용	학생들이 수업활동에 적극적으로 참여하도록 유도하는가?					
		학습에 대해 교정적 피드백을 적절하게 제공하는가?					
8	학습자료의 활용	수업내용과 목표에 적합한 학습자료를 준비하는가?					
		학습 자료를 적절한 시기에 활용하는가?					
9	수업의 진행	학생들의 이해수준을 정기적으로 확인하는가?					
		학습 흥미를 지속시킬 수 있도록 수업내용을 제시하는가?					
10	학습정리	학습내용에 대한 학생들의 이해 정도를 확인하는가?					
		전체적인 학습내용에 대해 요약 정리하는가?					
11	평가내용 및 방법	학생들의 능력과 수준에 적합한 평가 문항이나 도구를 활용하는가?					
		형성평가와 총괄평가를 평가계획에 따라 철저하게 실시하는가?					
12	평가결과의 활용	평가 결과를 정리하여 기록하고 분석하는가?					
		평가 결과를 바탕으로 학생의 학습오류에 대해 추수지도를 실시하는가?					

표 11-4 필터식 수업 분석도구(이상수 외, 2012, p.126에서 수정)

분석영역	분석도구	설명
수업전체	수업일관성분석	수업목표, 수업내용, 학습자, 수업방법, 수업매체, 수업평가 간의 유기적 통합 정도 분석
	수업구성분석	수업과정인 도입, 전개, 정리 단계의 조직성과 각 단계에 따른 세부적인 수업 전략의 효과성 분석
	수업명료성분석	수업이 학습자들에게 쉽고 명확하게 전달되는지 분석
	수업분위기분석	수업 과정의 정서적 또는 행동적 특징을 관찰자가 해석하여 기록하는 것. 수업의 창의성, 활기성, 치밀성, 온화성 등을 파악
교수자	동기유발전략분석	학습동기 유발을 위해 어떤 전략을 활용하고 있는지 분석. 주의집중, 관련성, 자신감, 만족감 등의 영역
	수업분위기분석	교수자가 수업을 진행하는 행위(언어적/비언어적)에 따라 학습자가 수업에서 느낄 수 있는 정서를 온화함과 통제로 구분하여 분석
	비언어적 소통분석	교수자와 학습자 간에 효과적인 비언어적 소통이 이루어지는지 분석
	교사발문분석	교사의 발문을 요구적 발문, 수여적 발문, 확인적 발문으로 구분하고 빈도와 발문내용을 분석
수업매체	수업매체설계분석	프레젠테이션 자료와 판서 전략을 중심으로 분석
	학습자료분석	교사가 사용한 자료를 교사와 학생의 동기, 자료의 내용, 사용목적, 취급방법, 활동 내용 및 반응 등과 관련하여 시간의 흐름에 따라 분석
학습자	학습기술분석	자기관리, 수업참여, 과제해결, 읽기, 쓰기, 정보처리 등 학습기술 분석
	수업만족도분석	수업내용, 수업방법, 수업환경, 수업효과, 교수자의 전문성, 수업평가 등의 만족도 분석
	학습동기분석	학습자들이 수업에 대해서 동기가 있는지에 대해 내재적 및 외재적 동기, 자기효능감, 주의집중, 관련성, 자신감, 만족감의 일곱 가지 영역 분석
	과업집중도분석	학습자들의 좌석 배치에 따라 각 학습자들의 과업집중 경향성을 분석
	학생발문분석	수업 중 학생이 수업에 참여한 정도와 발언방법을 발언자와 함께 기록하는 것
교수자와 학습자 간의 상호작용	언어상호작용분석	교수자와 학습자간 언어적 상호작용의 유형이나 패턴을 찾아 지시적 및 비지시적 형태의 수업 유형을 분석
	시간관리 및 과업분산분석	교수자가 주어진 수업시간을 효과적으로 활용하여 학습자들의 과업 집중도를 어느 정도 확보하는지 분석

을 미리 표로 정리하고 이를 중심으로 관찰하여, 각 준거에 대한 수업의 모습을 평가하여 기록하는 도구이다. 체크리스트를 활용한 수업 관찰법의 장점은 다음과 같다. 첫째, 수업을 종합적으로 관찰할 수 있고, 둘째, 분석적으로 관찰할 수 있으며, 셋째, 객관적으로 관찰할 수 있으며, 넷째, 양적으로 수치화할 수 있고, 마지막으로 다섯째, 누구나 쉽게 사용할 수 있다는 점이다(서근원, 2013). 한편, 체크리스트에 배태된 수업을 보는 특정한 관점으로 인해 수업을 제한적으로 바라보게 되고, 수업기법에만 초점을 맞추고 있으며 무엇보다 학습자의 학습 경험에 대한 이해를 소홀히 한다는 점에서 가장 큰 제한점이 있다. 또한 수업을 탈맥락적으로 관찰하게끔 한다는 비판도 있다(서근원, 2013).

이외에도 수업의 특정한 요소를 선별하여 관찰하고자하는 목적으로 여러 분석도구가 개발되었다. 이처럼 총체적 성격의 수업에서 특정 요소를 뽑아 관찰하는 것을 필터식 수업 관찰이라 부른다(서근원, 2013). 이상수와 동료들은(2012) 수업 분석의 영역을 크게 1) 수업전체, 2) 교수자, 3) 수업매체, 4) 학습자, 그리고 5) 교수자와 학습자 간 상호작용으로 나누고 각 영역의 분석을 위한 도구들을 소개하였다. 아래 〈표 11-4〉는 영역별 분석도구와 그에 대한 설명을 요약하여 제시한다. 여기서는 제시된 모든 분석 도구 중 수업일관성 분석, 수업구성 분석, 수업명료성 분석, 동기유발전략 분석, 수업분위기 분석을 소개한다.

수업일관성분석은 수업목표, 학습자특성, 수업내용, 방법, 매체, 평가 간의 일관성을 타진한다.

수업일관성은 수업의 성공을 위해 반드시 마련되어야 할 특성이다. 여러 수업설계모형에서도 수업목표, 학습자특성, 수업내용, 수업방법, 수업매체, 그리고 수업평가 간의 일관성을 공통적으로 추구하고 있다. 좋은 수업에서는 학습자에게 적합한 수업목표가 규정되고(목표와 학습자간 일관성), 설정된 수업목표를 달성하기 위해 적절한 수업내용이 선정되고(목표와 내용 간 일관성), 수업목표 달성에 효과적인 수업방법이 선정되고(목표와 방법 간 일관성), 목표달성에 효과적인 수업매체가 활용되고(목표와 매체 간 일관성), 마지막으로 목표 달성정도를 파악할 수 있는 평가(목표와 평가 간 일관성)가 이루어진다. 수업 일관성 분석은 이러한 다섯 유형의 일관성을 '불일치, 중립, 일치'의 3단계로 체크하고 그 근거를 기술하도록 한다. 아래 〈표 11-5〉는 영역별 사용가능한 몇몇 준거의 예를 제시하고 있다. 수업의 맥락에 따라 다양한 항목이 개발될 수 있을 것이다.

표 11-5 수업 일관성 분석 예시

분석준거	일관성 여부에 대한 판단내용	일치 여부	근거
수업목표와 수업내용	수업내용이 수업목표를 달성하는데 학습자들에게 필요한 지식과 기술습득에 도움이 되는가?	○	기본적인 기술통계의 개념과 처리방법에 대한 수업내용들이 다루어짐
수업목표와 학습자특성	수업목표가 학습자들의 요구와 관련이 있는가? 수업이 학습자들에게 이해 가능한 것인가? 수업목표의 분량이 학습자들의 능력에 부합하는가?	×	제시된 목표는 학습자의 요구와 부합됨
수업목표와 수업방법	수업목표를 달성하기 위한 충분한 학습경험을 제공하는가?	×	빈도분석에 대한 통계프로그램 시연만 이루어지고 실습이 이루어지지 못했음
수업목표와 수업매체	수업매체는 목표달성을 위한 수업내용을 효과적으로 표상하고 있는가?	×	교수자가 말로 통계프로그램의 메뉴를 설명하여 학생들이 따라가기 어려웠음
수업목표와 평가	수업평가는 수업목표 달성 정도를 평가하고 있는가?	×	학생들의 목표 달성여부에 대한 점검이나 평가가 없었음

수업구성분석은 학습자의 인지과정을 촉진할 수 있는 전략이 포함되었는지를 타진하는 것이다.

수업구성분석은 가네(R. Gagne)의 아홉 가지 수업사태(9 events of instruction)를 틀로 학습을 촉진하기 위한 전략의 적절성을 파악한다. 수업사태는 주의집중 획득하기, 수업목표 제시하기, 선수학습 회상하기, 학습내용 제시하기, 학습 안내하기, 수행 유도하기, 피드백 제공하기, 수행평가하기, 파지 및 전이 촉진하기로 구성되며 이러한 사태들이 수업에 적절히 배치되어 있는지를 파악한다. 가네의 수업사태는 학습자의 학습과정을 인지적 정보처리 과정으로 보고 이를 촉진할 수 있는 적절한 외적 수업 조건을 마련하기 위한 지침으로 제시되었다. 한편, 오해하지 말아야 할 점은 가네의 9가지의 수업사태는 일정한 순서를 따라가며 수업이 조직화되어야 한다고 주장하지 않았다는 것, 그리고 수업의 상황에 따라 특정 사태가 생략되거나 반복적으로 포함될 수 있다는 것이다.

표 11-6 가네의 수업사태에 따른 수업구성분석 예시(이상수 외, 2012에서 수정)

구분	수업사태(외적조건)	존재 여부	관찰된 세부전략
학습을 위한 준비	주의집중 획득시키기 • 자극변화를 주어 학생들을 집중시키기	○	지구 환경 변화에 따른 우리 삶의 변화를 동영상으로 제시함
	수업목표 제시하기 • 학습 후에 무엇을 할 수 있는지 알려주기	○	수업이 끝난 후 학습이 이루어졌다면 대답할 수 있는 질문을 제시함
	선수학습 능력 촉진하기 • 이전 학습한 지식이나 기능을 회상시키기	×	선수지식을 회상하도록 촉진하는 전략이 부재
획득과 수행	학습내용 제시하기 • 학습내용을 효과적으로 제시하기	○	환경오염의 구체적인 유형과 원인을 효과적으로 제시하였음
	학습 안내하기 • 학습내용을 오래 기억할 수 있도록 전략 활용하기	○	오래 기억할 수 있는 기억술을 제시하였음
	수행 유도하기 • 학습 내용을 실행할 수 있도록 학습자에게 연습기회를 제공하기	△	연습기회를 주었으나 충분히 제공되지 못하였음
	피드백 제공하기 • 수행한 경험이나 결과에 대한 성취 정도를 알려주기	×	연습 후 수행에 대한 개별적 피드백은 물론 전체적 피드백이 없었음
재생과 전이	성취행동 평가하기 • 다음 단계의 학습이 가능한지, 학습목표를 달성했는지 정도를 평가하기	×	본 차시 수업목표의 달성여부를 평가하지 않았음
	파지 및 전이 촉진하기 • 학습한 내용을 다른 상황에서도 일반화 할 수 있도록 시간 간격을 두고 다양한 연습과 복습을 제공하기	×	배운 내용이 다른 맥락에서 일반화될 수 있도록 다양한 맥락에서 연습과 과제를 제공하지 못했음

수업명료성분석은 학습자 관점에서 수업이 학습자에게 쉽고 명확하게 전달되는지를 파악한다.

앞서 마이어의 좋은 수업 준거에서도 언급했듯이 수업명료성은 수업의 질에 큰 영향을 미치는 요인이다. 수업명료성을 높이는 수업의 특징은 수업목표가 학습자들에게 정확하게 알려지고, 수업의 전체내용과 세부내용 간의 연계성을 명확히 보여주는 선행조직자[3)]를 제시하고, 선수학습을 확인하며 수업의 정리단계에서 요약과 복습으로 마무리하고, 학습자의 이해수준을 고려하여 수업 속도를 조절하고, 필요할 때마다 학습자의 이해 정도를 점검하는 것이 관찰된다(Borich, 2011). 보리치(Borich)는 수업명료성을 분석하기 위한 도구를 개발하였는데, 분석의 준거로 수업목표 제시여부, 선행조직자 제공여부, 선수학습 점검 여부, 요약 및 복습 여부, 수업속도 조절 및 이해력 점검 여부, 난이도 조절 여부, 사례 · 삽화 · 시범 활용의 일곱 가지 범주가 활용되었다.

표 11-7 수업명료성 분석 예(이상수 외, 2012에서 수정)

	부정적 상태	분석척도					긍정적 상태
		1	2	3	4	5	
1. 수업목표의 명료한 제시	수업목표를 복잡하거나 모호하게 제시하여 무엇을 학습해야 할지 방향성을 잃는다.						수업목표를 수업이 끝난 후 학습자들이 무엇을 할 수 있다는 형태로 명확하게 제시한다.
2. 선행조직자 사용	학습내용을 거시적인 관점과 더불어 소개하지 않고 세부 내용만을 제시한다.						전체적인 관점에서 수업내용을 파악할 수 있도록 학습자에게 선행조직자를 제시한다.
3. 선수학습 확인	수업 도입부에 새로운 학습내용에 대한 선수학습을 제공하거나 선수지식 여부를 점검하지 않는다.						수업 도입부에 새로운 학습 내용에 관련된 선수학습을 점검한다.

3) 선행조직자란 학습자가 이미 알고 있는 정보와 새로운 정보를 연결시켜주는 역할을 하며(Ausubel, 1968) 새로운 정보를 학습하기 전에 교수자가 제시하는 관련정보이다. 이를 통해 학습자는 기존 지식을 기반으로 새로운 정보를 받아들여 정보를 의미있게 조직할 수 있도록 촉진한다.

4. 수준에 맞는 수업속도 조절 및 이해도 점검	수업의 속도가 너무 빠르고 수업 중에 학습자의 이해도를 점검하지 않는다.						적당한 속도로 진행하여 수업 중 학습자의 이해도를 수시로 점검한다.
5. 난이도 조절	내용의 난이도가 너무 높거나 낮아 수업에 집중하지 못한다.						학습자의 능력수준에 비추어 현재의 수준 또는 약간 높은 수준으로 가르친다.
6. 효과적 수업내용 전달위한 사례, 삽화, 시범 사용	교재나 학습자료에 있는 내용을 구두로만 설명한다.						교재나 학습자료에 있는 내용을 명료하게 설명하기 위해 사례, 삽화, 시범을 활용한다.
7. 요약과 복습	수업 마무리 시 학습한 주요 개념을 재진술하거나 요약하지 않는다.						수업 마무리에 복습 또는 요약을 하고 종료한다.

동기유발전략분석은 학습자의 학습동기를 유발할 수 있는 전략이 사용되었는지를 파악한다.

동기유발과 유지는 학생의 학업성취에 상당한 영향을 미친다. 켈러(J. Keller)는 학습동기의 중요성을 강조하며 학습동기의 유발과 유지를 위한 수업설계전략으로 ARCS모형을 제시하였다. A는 주의집중(Attention), R은 관련성(Relevance), C는 자신감(Confidence), 그리고 S는 만족감(Satisfaction)을 뜻한다. 켈러는 각 범주의 동기유발을 위해 구체적인 전략을 구안하였다. 이 모형에 근거하여 수업에서 사용된 전략을 파악한다.

표 11-8 ARCS의 구성범주별 분석 도구의 예(이상수 외, 2012에서 수정)

구분	정의	구체적 전략	관찰			근거
			○	△	X	
주의집중 (Attention)	학습의 호기심을 자극하여 집중을 획득	지각적 주의집중 • 멀티미디어 활용, 언어적 주의	✓			내용과 관련된 동영상 시청
		탐구적 주의집중 • 인지갈등, 호기심 유발 질문 사용			✓	관찰되지 않음
		변화성 • 수업 절차, 방법, 자료 등의 변화	✓			교재, 워크북, 프레젠테이션 자료 등 활용

관련성 (Relevance)	수업목표 및 내용을 학습자의 요구에 부합함으로써 동기화	목적 지향성 • 수업을 통해 학습자가 얻는 잇점, 도움, 미래 직업에 도움			✓	관찰되지 않음
		개인의 요구에 부응 • 인격적 대우, 학습자의 기초요구(인정, 소속감, 안정감 등)를 수업에서 충족			✓	관찰되지 않음
		친밀성 향상 • 학습자의 기존 경험, 선수지식과 새로운 수업내용 연결			✓	관찬되지 않음
자신감 (Confidence)	수업목표를 달성할 수 있거나 성취를 통제할 수 있다고 믿도록 하여 동기화	성공 학습 요건 활용 • 수업 목표의 달성에 필요한 구체적 방법 제시, 평가의 기준 및 유형 사전 공지			✓	관찰되지 않음
		성공기회 제공 • 적절한 난이도, 적절한 도전감의 과제, 목적, 내용, 방법, 평가 간의 일관성 유지, 계열화	✓			정리과정에서 수업 내용에 대한 퀴즈 활용
		개인적 책임감 • 자신의 노력에 따라 결과가 달라질 수 있음을 설득 내용, 방법, 속도에 대한 선택권 부여 및 선택에 대한 책임감 부여	✓			세 가지 난이도를 가진 다른 과제의 선택권 부여
만족감 (Satisfaction)	보상을 통해 성취를 강화하여 동기화	내적강화 • 새로운 학습내용의 적용기회 제공, 자기 스스로와의 경쟁을 통해 발달을 인식하도록 도움	✓			가상상황을 제공하여 연습의 기회 제공
		외적강화 • 과제 성취의 자긍심을 갖도록 강화, 보상 및 칭찬 제공	✓			성취에 대한 언어적 칭찬이 제공됨
		공평성 • 사전 공지 기준과 방식에 따라 평가, 공정한 평가	✓			평가에 대한 기준이 문서로 명확히 공지됨

수업분위기 분석은 교수자의 언어적 또는 비언어적 행동을 파악하여 바람직한 분위기 조성을 위한 제안을 하는데 목적이 있다.

교사의 언어적 · 비언어적 행동은 수업 분위기 조성에 매우 중요한 영향을 미친다. 교사의 행동이 너무 통제적이면 학생들의 불안감을 높이게 되고, 반대로 너무 온화할 경우에는 통제가 되지 못해 산만한 수업분위기가 조성될 수 있다. 수업분위기

분석은 수업 진행 교사의 행동에 따라 학습자가 느끼는 감정을 분석하고 바람직한 분위기 조성을 위한 교사의 행동 전략을 제안하고자 이루어진다. 수업분위기 분석은 교사와 학습자 간의 상호작용을 관찰하는데 주로 교사의 행동을 중심으로 분석이 이루어진다. 분석의 축은 온화함과 통제의 두 가지로, 관찰된 수업을 낮은 온화함, 높은 온화함, 그리고 높은 통제, 낮은 통제의 조합에 의한 네 가지로 분류하게 된다. 더 나아가 이를 수업 진행 과정에 따라 어떻게 변화하는지를 분석하기도 한다.

관찰된 행동의 빈도를 점수화하여 좌표를 찾고 그래프로 그려 분석하게 된다. 예를 들어 높은 온화함의 점수에서 낮은 온화함을 뺀 점수를 온화함의 점수로 하고, 높

표 11-9 수업 분위기를 관리하는 교사 행동 분석 (이상수 외, 2012)

온화함		통제	
높은 온화함	낮은 온화함	높은 통제	낮은 통제
학습자의 행동에 칭찬이나 보상을 줌	비판, 책망하고 꾸짖음	오직 하나의 답만을 정답으로 인정함	학습자에게 문제가 되는 내용/질문을 중심으로 학습하도록 함
수업 중 학습자의 아이디어를 활용함	학습자의 응답을 방해하거나 말을 끊음	교수자 자신에게만 집중하도록 함	학습자 스스로 학습내용을 선정하고 분석하도록 함
학습자의 요구 표현에 대해 적절히 반응함	학습자가 잘못을 하면 전체적으로 모든 학습자에게 주의를 줌	학습자에게 교수자가 생각하는 답만을 말할 것으로 기대함	학습자 스스로 관심 있는 내용을 개별적으로 공부하도록 함
긍정을 표현하는 제스처를 취함	학습자의 말하고자 하는 욕구를 무시함	학습자의 추측을 통한 답이 아닌 정답을 알기를 기대함	유용한 정보를 광범위하게 제공함
학습자가 정확한 답을 찾도록 힌트를 제공함	학습자를 향해 인상을 찌푸리거나 노려봄	전체 학습 범위를 모두 학습해야 답할 수 있는 내용을 질문함	학습자의 관심이나 흥미가 되는 내용을 중심으로 수업함
학습자가 틀린 답을 한 경우에도 격려를 아끼지 않음	학습자에게 명령을 내리는 편임	학습자의 학습결과는 교수자가 규정한 기준에 의해서만 평가함	교수자는 학습자와 함께 평가내용이나 방법에 대해 서로 논의함
학습자의 응답을 긍정적으로 받아들임	학습자의 잘못된 응답에 대해 틀렸다고 비판함	학습내용에 밀접하게 관련된 답만을 인정함	학습자를 적극적으로 학습활동에 참여시키려고 함

은 통제의 점수에서 낮은 통제 점수를 뺀 점수를 통제 정도의 점수로 하여 그래프에 좌표로 표시한다. [그림 11-7]를 보면 수업시간의 흐름에 따라 수업 분위기가 변화하는 양상을 파악할 수 있다. 수업 초반에는 중간정도의 통제정도를 보이고 온화함의 정도도 높은 편이나 20분경과 후 통제의 정도는 높아지고 온화함의 정도는 낮은 쪽으로 이동하며 수업 40분경과 시점에는 가장 높은 통제 정도를 보이는 것으로 나타난다.

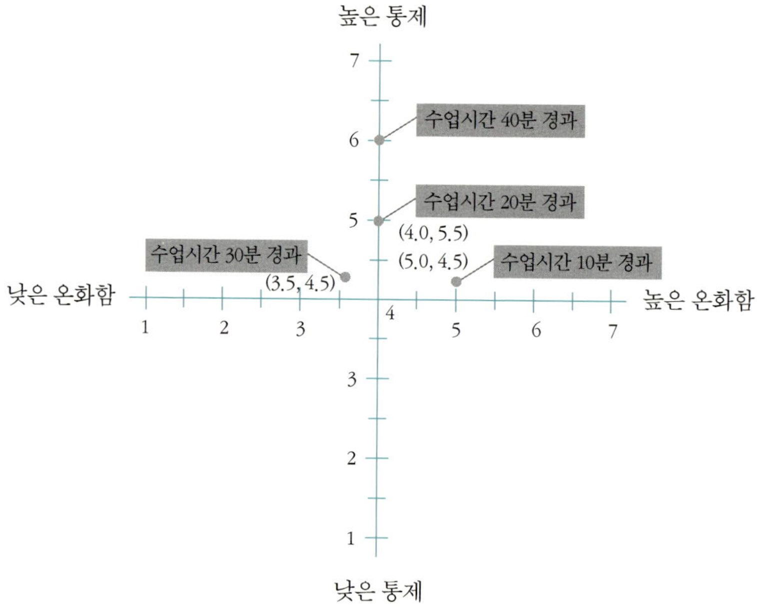

그림 11-7 수업분위기 분석

지금까지 수업의 다양한 영역에 활용될 수 있는 필터식 수업 분석 도구의 사례를 살펴보았다. 수업의 체제적 특성을 감안하면 가능한 다양한 영역의 분석을 통해 통합적인 수업에 대한 파악과 분석이 바람직하다. 여기에 제시한 도구들은 어디까지나 사례일 뿐이며 모든 항목을 포함하고 있다고 볼 수 없다. 또한 모든 맥락에서 적용될 수 있는 것도 아니다. 다양한 도구의 존재에 대해 알고 있으면서 수업의 맥락과 문제 상황을 종합적으로 판단하여 필요한 분석 도구를 적응적으로 활용하는 것이 필요하다.

3 좋은 수업을 파악하기 위한 다른 접근들

좋은 수업에 대한 획일적인 생각을 갖게 하는 기존의 접근은 수업을 제대로 읽는 것을 방해한다는 주장도 있다.

수업을 하고 있는 교사가 자신의 수업을 제대로 파악하는 것은 매우 중요하다. 대부분의 수업을 파악하기 위한 방법은 앞서 소개한 분석틀을 가지고 '평가'의 개념으로 이루어져왔다. 이를 통한 수업개선은 주로 결핍모형에 근거하여 평가 항목에서 낮은 점수를 받았던 항목 단위를 보완하는 방식으로 이루어져 전체적인 수업개선에 그리 효과적이지 못했다는 비판적 시각이 있다. 현장에서는 체크리스트 등의 분석 도구를 통해 수업을 분석하는 것이 용이하고 또 필요하기도 하나 '이 항목대로 수업을 하면 좋은 수업이 된다'라는 암묵적 전제를 갖게 될 수 있다는 점을 우려하며 또한 이런 일정한 평가 기준을 가지고 하는 수업에 대한 파악은 좋은 수업에 대한 우리의 생각을 획일화 시킬 수 있다는 점을 염려한다(김태현, 2013). 이러한 분석방법은 수업의 모습을 자세히 볼 수는 있으나 부족한 부분을 어떻게 하면 개선할 수 있을지에 대해 구체적으로 안내하지 못한다는 제한점이 있다(서근원, 2013). 기존의 수업관찰방법들의 한계점을 요약하면 첫째, 수업을 관찰자의 관점에서 바라보고 있다는 점, 둘째, 수업의 외적인 행동을 대상으로 삼아 관찰하고 있다는 것, 셋째, 수업을 탈맥락적으로 바라본다는 점이다. 각 수업은 고유한 맥락과 상황을 고려해야만 한다는 중요한 원리를 배제하고 있다는 것이다.

수업비평은 수업을 예술행위로 간주하고 교사의 의도를 파악하고 그 의도를 위해 어떤 교육적 행위를 했는지를 살피려는 접근이다.

대부분 수업 분석의 경우 수업 속에서의 교사의 의도를 파악하려는 시도를 하지 않는다. 그 보다는 좋은 수업인지 그렇지 않은 수업인지를 평가하려고 한다. 이러한 접근을 비판하며 대안적인 수업보기의 관점으로 수업비평이 있다. 수업비평은 수업에서 교사가 의도하고 있는 학생들의 배움이 무엇인지를 파악하고 그 의도대로 수업이 설계되고 운영되고 있는지를 판단하고자 한다. 교사가 의도한 배움을 유발하기 위해 교사는 어떤 수업행동을 하고 있는지를 파악한다. 예술 비평가들이 예술작품 속에서 예술가의 신념이 어떻게 구현되었고 어떤 의미가 있는지를 비평을 통해 살피는 것과 마찬가지로 수업비평은 수업 속에서 교사의 신념이 어떻게 수업 속에 펼쳐지고 어떤 교육적 의미가 있는지를 파악하려 한다. 수업을 양적으로 측정 가능한 것으로 바라보는 관점에서는 같은 내용의 수업은 언제나 같은 결과가 나와야 한다고 기대할 수 있다. 그러나 같은 주제의 수업이라 하디라도 학생들에게 어떤 교육적 경험을 줄 것인가에 대한 교사의 생각에 따라 전혀 다른 수업의 모양이 나타나게 된다. 수업을 비평적으로 바라본다는 것은 수업에서 일어나는 수많은 교사의 교육적 의사 결정들이 어떤 교육적 의미를 가지고 있는지를 살펴보는 것이다. 이러한 비평적 접근의 가치는 수업의 의미를 찾아내는 데 있다.

학생의 배움을 중심으로 수업을 파악하려는 접근은 교사의 수업행동 중점 분석에서는 놓치기 쉬운 수업의 중요한 상황을 파악할 수 있다.

수업을 분석할 때 교사의 교수행동을 중심으로 이해하고자 한다면 수업의 궁극적인 목적인 학생들의 배움이라는 중요한 요소를 외면하는 것이다. 수업은 열심히만 한다고 하여 의도한 배움이 일어나는 기계적인 과정이 아니기 때문이다. 기존 수업컨설팅이나 수업 분석의 목적은 특별한 수업 기술만을 습득, 강화하여 수업을 개선하고자 하였다. 그러한 시도가 기대한 효과를 가져오지 못했다는 것은 많은 연구들을 통해 드러났다. 수업방법과 전략은 학생의 배움을 염두에 두고 고민되기 보다는 교사의 관점에서 그럴듯한, 새로운 방법일 경우 채택되는 경우가 많다. 학생들의 배움의 결과인 사고의 수준, 배움에서 소외되고 있는 학생에 대한 파악, 학생들의 배움에 대한 경험을 중심으로 수업을 파악하려는 접근을 통해 보다 수업의 본질을 이해하게 될 것이다. 배움이 가장 크게 만들어지는 수업의 지점이 어디인가? 배움이 더 크게 만들어질 수 있음에도 불구하고 그렇게 되지 않는 지점은 어디이며, 그 이유는 무엇인가? 배움이 가장 크게 만들어진 학생은 누구이며 그 이유는 무엇인가? 배움에서 소외되고 있는 학생은 누구이며 그 이유는 무엇인가? 이러한 질문들이 배움 중심의 수업 성찰을 위해 던져질 수 있을 것이다(김태현, 2013). 다음 〈표 11-10〉는 사토마나부의 "배움의 공동체" 수업에 근거한 수업비평에 활용되는 관찰 양식이다.

표 11-10 배움의 공동체의 수업 공개 참관록(손우정, 2012, p. 150)

분류	질문	기록
I. 학습자의 배움	(1) 학습자는 어디에서 배우고 어디에서 주춤거리고 있는가?	
	(2) 교사의 지시(지도)에 학생들은 어떻게 배우고 있는가?	
	(3) 학생들은 배움의 맥락을 이해하는가?	
	(4) 학습과 관련한 의미있는 모둠활동이 이루어지고 있는가?	
	(5) 학습자의 점프가 있는 배움은 이루어지고 있으며, 어느 지점에서 이루어지고 있는가?	
II. 교사의 활동	(1) 교사는 학습자 한명 한명에게 주목하는가?	
	(2) 학습자와 '학습자, 사물, 사건'과의 연결 및 관계는 어떻게 하고 있는가?	
	(3) 교실에서 배움과 상관없는 불필요한 언어와 행동은 없었는가?	
III. 교실에서의 관계	(1) 교실에 서로 들어주는 관계가 잘 형성되어 있는가?	
	(2) 협동적인 배움이 일어나고 있는가?	
느낀점(배운점)		

4 사례 분석

사례 1 **같은 주제에 대한 수업의 다른 두 장면이다(김태현, 2012). 두 장면을 비교하여 보다 좋은 수업의 장면을 선택하고 마이어의 좋은 수업의 준거를 들어 그 이유를 설명해 보자.**

[장면1]	[장면 2]
교사: 이 소설을 해피엔딩으로 바꾸려면 어떻게 하는 것이 좋죠? 학생1: 주인공이 다른 나라로 도망가면 돼요. 교사: 좋아! 다른 것은? 학생2: 숨어 지내는 것도 있어요. 교사: 좋아요. 또 다른 것을 이야기해 볼 사람. 학생3: 왕을 죽여요. 교사: 왕을 죽인다. 흠. 아주 극단적인 방법이군요. 또 다른 것은 없나요?	교사: 이 소설을 해피엔딩으로 바꾸려면 어떻게 하는 것이 좋죠? 학생1: 주인공이 다른 나라로 도망가면 돼요. 교사: 좋아요. 다른 나라로 도망을 간다. 학생2는 이것에 대해 어떻게 생각해요? 학생2: 그것보다 더 좋은 방법이 있어요. 두 남녀가 신분을 숨기고 시골에 들어가면 좋겠어요. 그게 더 현실적인 것 같아요. 교사: 왜 그것이 현실적이라 생각하는 거죠? 학생2: 도피하려면 국경을 넘어야 하는데, 제 나라에서 숨어 지내는 것이 좋잖아요. 교사: 그렇군요. 학생2의 말에 대해 학생1은 어떻게 생각해요? (계속)

사례 2 **다음 상황은 교사가 수업을 하며 겪을 수 있는 딜레마이다. 여러분이 이러한 상황이라면 어떻게 하겠는가? 그러한 결정에는 어떠한 교육적 의도가 있는가?**

교육공학과목을 담당하는 이 교수. 최근 들어 학생들에게 수업현상을 탐구하고 분석하는 비판적 사고능력, 자기주도적 학습능력, 문제해결력을 길러주는 것이 교육공학과목의 핵심적인 목표라고 생각하게 되었다. 그래서 기존의 개념과 원리를 정리하고 사례를 제시하는 강의식 수업방법을 버리고 학생들 스스로 수업의 문제를 찾아내고 그 문제를 해결하기 위한 솔루션을 찾아낼 수 있는 문제중심학습(PBL)으로 수업설계를 바꾸었다. 팀별로 문제를 명확히 하고 그 문제를 일으킨 원인들을 파악하고, 궁극적으로는 그 문제를 해결할 수 있는 해결안을 도출한 후, 학기말에 전체 팀 학습과정과 결과물에 대한 발표를 하기로 하였다. 한편, 학생들은 학습에 부여된 부담이 너무 크고, 학습과정에서 제대로 잘하고 있는지를 점검받지 못하고 있다는 불안감을 토로하였고, 무엇보다 팀별 학습결과물로 평가받는다는 것에 대해 불만을 표출하였다. 이 교수 역시 이러한 수업을 운영하면서 스스로도 여러 팀별의 학습과정을 모니터링하고 적절한 피드백을 제공하는 것이 굉장히 어렵다는 현실적인 고충이 있었고, 이러한 수업방식을 통해 이 수업을 이수한 학생들의 학업성취가 이전 강의중심 수업에서의 학업성취보다 낮으면 어떨까하는 두려움에 불안해지기 시작하였다. 이 교수는 2주 만에 문제중심학습을 포기하고 다시 예전과 같은 강의식으로 수업으로 돌아가기로 했다.

5 주요 개념

개념	설명
체제적 관점	전체를 부분의 단순합으로 보지 않고 부분이 상호 유기적으로 관련되어있는 전체로 파악하는 관점
캐롤의 학교학습모형	학습에 작용하는 변수를 추출하고 변수간 상호관계를 파악하여 학습효과의 향상을 기하고자 제시한 모형
학습몰두시간 (Time on task)	특정 학습과제에 몰두한 시간
수업의 제1 원리	Merrill이 성공적 수업모형을 메타분석한 결과 도출한 수업설계원리로 문제기반, 사전학습 활성화, 시연, 적용, 통합의 다섯 가지 요소를 포함
완전학습 (Mastery learning)	학교교육과정의 교육목표들은 거의 모든 학생들에 의해 능히 성공적으로 달성될 수 있는 것으로 보고 수업절차가 학생 개개인의 능력과 학습속도에 최적화되어야 한다고 주장하는 교수이론
블루의 교육목표분류학	인지적 영역의 교육목표를 위계적으로 분류한 것으로 단순성과 복잡성의 수준에 따라 지식, 이해, 적용, 분석 종합, 평가의 여섯 가지 행동유목으로 구성
나선형 교육과정 (Spiral curriculum)	지식의 구조를 가르치기 위한 교육과정의 조직 형태. 지식의 구조는 교육의 수준에 관계없이 동일하며, 이 동일성은 학년이 높아짐에 따라 더 폭넓고 깊이 있게 가르쳐야 한다는 원리로 구성된 교육과정
강화 (Reinforcement)	기대하는 반응의 빈도를 높이기 위해 자극을 제시하는 것
계열화 (Sequencing)	수업목표 달성을 위해 수업 내용을 적절하게 배치하는 것
스캐폴딩 (비계, Scaffolding)	아동이 스스로 문제를 해결할 수 있도록 제공하는 성인 혹은 더 유능한 또래의 도움
티칭머신 (Teaching machine)	학습자 개개인이 일대일의 대화모드로 학습하는 기계. 제시된 문제에 학습자가 반응하고, 그 반응에 따른 즉각적 피드백과 적절한 후속 문제가 제시됨
자기효능감 (Self-efficacy)	스스로 상황을 극복할 수 있고 자신에게 주어진 과제를 성공적으로 수행할 수 있다는 신념과 기대
근접발달영역 (ZPD)	아동이 스스로 할 수 있는 수준과 타인의 조력으로 해결할 수 있는 수준 사이의 영역
수업분석	수업을 체제적 관점에서 보고 수업의 문제를 다양한 원인에서 찾고 해결하려는 활동
수업일관성	수업목표, 수업내용, 학습자, 수업방법, 수업매체, 수업평가 간의 유기적 통합 정도

선행조직자 (Advance organizer)	해당 학습과제에 앞서 제시되는 것으로 높은 수준의 일반성, 추상성, 포섭성을 가지며 유의미 학습의 개념적 기반이 됨
가네의 9가지 수업사태	학습자의 내적 정보처리과정을 돕기 위해 교사가 마련하는 아홉 가지지의 외적 수업 촉진전략
ARCS이론	학습 동기 유발과 유지를 위한 네 가지 변인으로 크게 주의집중, 관련성, 자신감, 만족감을 들고 각 변인을 위한 미시적인 수업전략 제시
수업비평	수업에서 일어나는 수많은 교사의 교육적 의사 결정들이 어떤 교육적 의미를 가지고 있는지를 살펴보는 수업분석의 대안적 접근

6 연습문제

1. 다음은 캐롤(J. Carroll)의 학교학습모형이다. 김 교사가 캐롤의 모형을 올바르게 이해한 것만을 〈보기〉에서 있는 대로 고른 것은?

$$\text{학습의 정도} = f\left(\frac{\text{학습에 사용한 시간}}{\text{학습에 필요한 시간}}\right)$$

$$= f\left(\frac{\text{학습기회, (가)}}{\text{적정, 수업이해력, (나)}}\right)$$

〈보기〉

(ㄱ) '학습에 사용한 시간'을 계산하기 위해 김 교사는 학생이 학습에 소비한 총 시간과 능동적으로 학습에 몰두한 시간을 구분할 수 있는 수업관찰기법을 공부하였다.

(ㄴ) (가)를 개선하는 한 방법으로, 김 교사는 우선 학생의 학습동기를 유발하고 유지하는 방법을 집중적으로 다루는 교수설계 기법에 관한 연수를 받았다.

(ㄷ) 김 교사는 '수업이해력'이 교사의 일반지능과 언어능력에 의해 결정되지만 일반지능은 개선하기 어렵다고 판단하여 '교사의 수업 중 화법개선' 연수에 참여하였다.

(ㄹ) (나)와 관련해서, 김 교사는 학습활동의 계열화, 학습단서의 제공, 피드백과 학습교정 활동 등 수업의 질적 수준 향상을 위해 수업 후 협의회, 마이크로 티칭, 동료장학, 수업컨설팅 등의 활동에 참여하였다.

① (ㄱ), (ㄴ) ② (ㄱ), (ㄷ) ③ (ㄷ), (ㄹ) ④ (ㄱ), (ㄴ), (ㄹ) ⑤ (ㄴ),(ㄷ),(ㄹ)

2. 다음은 Merrill의 수업의 제1 원리에 대한 설명이다. 옳지 않은 것은?

① 기존 효과적인 수업원리와 모형들의 공통점을 도출한 것이다.

② 수업의 내용의 유형에 따라 달라지는 내용요소 제시전략이다.

③ 학습의 원리에 기반을 두고 있다.

④ 문제 기반, 활성화, 시연, 적용, 통합의 다섯 가지 요소를 포함한다.

3. 다음 〈보기〉는 수업분석에 대한 설명이다. 옳은 것을 모두 고른 것은?

〈보기〉

(ㄱ) 수업분석의 목적은 수업적 결함의 오류를 체계적으로 찾아내고 해결하는 데 있다.
(ㄴ) 수업일관성 분석은 수업목표와 수업내용, 수업방법, 학습자, 수업매체 간 일관성을 분석한다.
(ㄷ) 수업분석의 대상은 수업에 포함된 모든 요소이다.
(ㄹ) 수업의 질은 교사의 수업기술에 전적으로 달려있다.

① (ㄱ) ② (ㄴ), (ㄹ) ③ (ㄷ), (ㄹ) ④ (ㄱ), (ㄴ), (ㄷ) ⑤ (ㄱ), (ㄷ), (ㄹ)

4. 가네의 수업사태에 관한 진술로 옳지 않은 것은?

① 학습자의 내적 학습 과정을 지원하는 일련의 외적 교수 활동이다.

② 교실수업을 계획할 때 수업사태의 순서를 변경하거나 생략할 수 있다.

③ '학습 안내 제공' 단계에서는 학습을 위한 적절한 자극자료를 제시하고, 교재나 보조자료의 구성과 활용방법을 안내한다.

④ '파지와 전이 촉진' 단계에서는 학습자에게 다양한 종류의 새로운 과제를 제시하여 학습의 전이가 잘 일어날 수 있도록 지원한다.

5. 다음 가네의 9단계수업사태에서 ㉠~㉤에 해당하는 교사의 수업활동에 대한 설명으로 가장 적합한 것은?

㉠ → 학습목표제시 → ㉡ → 자극제시 → ㉢ → 수행유도 → ㉣ → 수행평가 → ㉤

	단계	교사의 수업활동
①	㉠	학생들이 내용의 핵심을 선택적으로 지각하여 용이하게 저장할 수 있도록 안내하였다.
②	㉡	학생들이 유의미한 지식구조를 구축하는데 초점을 맞추어 필요한 기법을 활용하였다.
③	㉢	학생들이 배운 내용을 단기기억에 저장하도록 다양한 흥미 유발 기법을 활용하였다.
④	㉣	성공적 수행에 대해서는 강화를 제공하고, 잘못된 수행은 교정할 수 있도록 정보를 제공하였다.
⑤	㉤	학생들이 선수학습 점검 질문에 답을 못할 경우, 다시 가르치기보다는 일단 새로운 학습을 진행하였다.

6. 다음은 효과적인 질문 기법에 관한 일련의 연구 결과들에서 도출한 내용이다.

> 질문할 때 교사는 자주 질문하되, 가능한 한 모든 학생을 골고루 호명하여 소수 학생이 응답기회를 독점하지 않게 해야 한다. 또한 질문을 먼저 하되 응답할 학생을 호명하기 전과 후에 잠시 침묵하여 생각할 수 있는 시간을 주어야 하며, 학생을 적절히 격려하여 참여를 유도해야 한다. 그러나 질문 내용이 기초 기능의 연습에 관련된 것이라면 대답은 빠를수록 좋다.

위 내용에 근거해서 판단할 때, 수업 상황에서 교사가 바르게 사용한 질문 전략을 〈보기〉에 모두 고른 것은?

〈보기〉

ㄱ. 주 교사: 학생들에게 간단한 암산 문제를 제시하고 가급적 빠른 시간 내에 대답하도록 하였다.

ㄴ. 장 교사: 만유인력의 법칙에 대해 질문하고 호명한 학생이 당황하여 대답을 못하자 안심시킨 후 좀 더 알아듣기 쉽게 질문하였다.

ㄷ. 조 교사: 지구과학 수업 중 질문하기 전에 먼저 한 학생을 지목하여 일어서게 한 후, 지층의 형성 과정에 관해 질문하고 설명하게 하였다.
ㄹ. 정 교사: 특수한 역사적 사건의 의의에 관해 질문하고 잠시 학생들에게 생각할 시간을 준 다음, 학생들을 한 명씩 호명하여 각자의 생각을 말하게 하였다.

① ㄱ, ㄴ ② ㄴ, ㄷ ③ ㄷ, ㄹ ④ ㄱ, ㄴ, ㄹ ⑤ ㄱ, ㄷ, ㄹ

참고문헌

김태현(2012). 교사, 수업에서 나를 만나다. 서울: 좋은수업.

서근원(2013). 수업, 어떻게 볼까? 파주: 교육과학사.

손우정(2012). 배움의 공동체. 서울: 해냄.

이상수, 강정찬, 이유나, 오영범(2012). 체계적 수업분석을 통한 수업컨설팅. 서울: 학지사.

Ausubel, D. P. (1978). In defense of advance organizers: A reply to the critics. *Review of Educational Research*, *48*(2), 251-257.

Bandura, A. (1977). Self-efficacy: Toward a unifying theory of behavioral change. *Psychological Review*, *84*, 191-215.

Bloom, B. S. (1976). *Human characteristics and school learning*. NY: McGraw-Hill.

Borich, G. D. (2011). *Observation skills for effective teaching* (6th ed.). Boston, MA: Allyn & Bacon.

Burton, J. K., Moore, D. M., & Magliaro, S. G. (2004). Behaviorism and isntructional technology, In D. Jonassen (Ed.), *Handbook of research for educational communications and technology* (2nd ed.), 3-36. NY: Simon & Schuster Macmillan.

Carroll, J. B. (1963). A model of school learning. *Teacher's College Records*, 64, 723-733.

Carroll, J. B. (1989). The Carroll model: A 25-year retrospective and prospective review, Educational Researcher, 18(1), 26-31.

Carroll, W., & Bandura, A. (1982). The role of visual monitoring in observation learning of action patterns: making the unobservable. *Journal of Motor Behavior*, 14, 153-167.

Mager, R. (1962). *Preparing instructional objectives.* CA: Fearon Publishing.

Meyer, H. (2004). 좋은 수업이란 무엇인가. 손승남, 정창호 역. 서울: 삼우반.

Merrill, D. (2002). First principles of instruction. Educational Technology Research and Development.

Miller, P. W. (2000). Nonverbal communication in the classroom. Patrick W. Miller & Associates.

Richey, R. D., Klein, J. D., & Tracey, M. W. (2012). 교수설계지식기반. 정재삼 외 역. 서울: 학지사.

Rosenfield, S. A. (1987). Instructional consultation, Hillsdale, NJ: Erlbaum.

Smith, P. L., & Ragan, T. J. (2005). *Instructional design* (3rd ed.). NJ: John Wiley & Sons, Inc.

Tyler, R. W. (1949). Basic principles of curriculum and instruction. Chicago: The University of Chicago Press.

제12장

좋은 수업환경과 테크놀로지

수업에 IT기술을 활용하지 않으면 게으르고 무능한 교사?

새 학기를 앞두고 수업을 검토하고 계획하던 중 박 교수는 고민이 한 가지 생겼다. 박 교수는 강의를 할 때 칠판에 판서를 해가며 하는 것이 훨씬 수업 내용과 상호작용하기 용이하고 또 학생들도 노트필기를 하여 보다 수업에 능동적으로 참여하게 된다고 생각했다. 이런 이유로 지난 몇 년간 슬라이드를 제시하지 않고 판서를 곁들인 강의 방식을 고수해왔다. 그런데 최근 학생들의 수업 평가에 강의내용을 파워포인트로 만들어 활용하고 그 파일을 학생들과 공유했으면 한다는 건의사항이 빈번히 올라왔다. 주변 동료 교수들은 수업 내용의 전달을 할 때 키노트, 파워포인트 등의 프로그램으로 제작된 강의 자료를 쓰고 있으며, 이를 쓰지 않으면 학생들에게 게으른 교수, 수업준비가 덜 된 교수로 여겨지는 것 같다고 토로하였다. 누구보다 열심히 수업을 준비했다고 자부해 온 박 교수는 동료 교수들의 이러한 의견에 당황스러워졌다. 사실 박 교수는 임용 직후 모든 수업을 파워포인트에 내용을 정리하여 수업시간에 활용하고 이를 사이버강의실에 업로드하여 학생들과 공유하였다. 그러나 파워포인트에 제시된 내용을 학생들이 노트필기하지 않으며 때론 스마트폰으로 화면을 사진 찍는 등, 수업 시간에 집중적으로 내용을 소화하려 하지 않는 모습을 관찰하였고, 무엇보다 그것을 공유하면 학생들이 교재를 읽지 않고 요약된 파일의 내용으로만 얕게 공부한다는 것도 알게 되었다. 따라서 이러한 사용은 결코 교육적으로 바람직하지 못하다고 판단하여 사용하지 않기로 결정했던 박 교수, 다시 고민스러워졌다. 박 교수는 어떤 결정을 내려야 할까?

일반적으로 매체의 활용이 학습에 긍정적인 영향을 미친다는 연구결과를 보이고 있다. 매체의 활용은 젊은 교사들 집단에서 활발하게 나타날 것이라는 기대와는 달리 한편, 특수교사들을 대상으로 한 파워포인트 활용정도에 대한 한 연구는 다른 결과를 보였다. 오히려 특수 교육학을 전공하지 않은 50대 교사들이 가장 많이 활용하고 있다는 것이었다. 즉, 수업 내용에 대한 전문성이 부족한 경우, 미리 내용이 포함된 파워포인트를 통한 수업을 더 선호하는 것이다. 학습 효과의 측면에서 파워포인트를 사용한 수업이 전통적 수업방식에 비하여 학생들이 해당 수업 내용을 덜 기억하는 것으로 나타난 연구 결과도 있다. 이처럼, 매체는 그 자체로 교육적 효과를 담보하지 않는다. 테크놀로지의 수업 활용은 교육적 효과성, 효율성, 매력성 측면에서 면밀히 고려하여 이루어져야 한다. 매체의 특성을 고려하여 독특한 수업의 맥락에 그러한 특성을 어떻게 활용할 것인지를 고민해야 한다. 단순히 신기효과, 학생들의 선호도 등에 따라 의사결정을 해서는 안 될 것이다.

1 좋은 수업환경의 특성

가. 물리적 환경과 인간행동

좋은 수업환경은 학생과 교사의 행위와 정서에 긍정적인 영향을 미친다.

교실의 물리적 환경은 그 안에서 활동하는 사람들의 정서, 행동 및 사람들 간의 상호작용 패턴에 영향을 주고 어떠한 방향으로 행동을 유도하기도 한다. 이러한 입장에서 수업 안에서의 주요 행위자인 학생과 교사, 그 간의 관계에 긍정적이고 바람직한 영향을 미칠 때 좋은 수업환경이라고 간주할 수 있을 것이다. 환경과 인간, 수행이 서로 영향을 주고받는다는 생각 아래 기존의 학교시설효과(School Facilities Effect: SFE) 연구들은 사용자에게 유의미한 영향을 주는 환경 요인들을 파악하고자 하였다. 이러한 요인들이 학생들의 학업성취와 교사들의 성취에 직접적으로 영향을 미친다는 결과가 나타났다(신나민, 박종향, 2011). 또한 학교 건물의 조건이 좋을 경우, 그에 비례하여 학생 성취가 높아지고(Berner, 1993), 징계 사건의 빈도가 줄어드는 경향이 나타나며(McGuffey, 1982), 학생들의 자아인식에도 긍정적인 영향을 보인다는 결과가 나타났다(Edgerton & McKechnie, 2004). 교사와 관련된 연구의 결과를 살펴보면, 학교의 환경이 교사들의 사기와 교실에서의 수행(교수방법 등)에 영향을 미칠 수 있고(Corcoran, 1988), 좋은 환경이 학생의 학습과 성취를 향상시킨다고 믿고 있는 것으로 나타났다(Schapiro et al., 2001). 우리나라의 한 학교의 환경 개선 이후 학생들과 교사들의 변화에 대한 질적연구에 따르면 학생들 스스로 애교심, 공공질서 및 교우관계 개선, 학습동기화, 공공질서와 기초질서 의식 측면에서의 긍정적 변화와 교우관계에서의 변화, 학교에서의 긍정적 정서, 문화적 안목의 성장 등을 보고하였고, 교사들은 근무환경에 대한 만족도가 높아졌고 학생들의 정서적 안정으로 인한 학생지도가 수월해졌다는 점을 보고하였다(신나민, 박종향, 2011).

나. 유니버설 디자인

유니버설디자인은 다양한 특성을 지닌 사용자들을 고려한 디자인을 말한다.

유니버설 디자인(Universal Design, UD)은 다양한 특성을 지닌 사용자들을 모두 고려하여 디자인하는 것을 말한다. 이 용어는 미국의 건축가인 메이스(Mace)가 처음으로 사용하였고 유럽에서는 인클루시브 디자인(Inclusive Design)이라 하여 유사한 개념으로 사용한다. 인클루시브 디자인은 배제된 대상을 위한 특별한 디자인보다는 이들을 포용하는 디자인을 통해 사회 통합을 추구한다(고영준, 2011). 일본에서는 'Barrier Free'라는 용어를 사용하기도 하고, 유럽에서는 디자인 포 올(Design for all)이라는 용어를 사용하기도 한다. 메이스는 장애인을 위해 특별히 개발된 제품이나 환경이 오히려 장애인을 소외시키는 현상을 파악하여 장애인을 포함한 모든 사람들이 사용할 수 있는 디자인이 필요하다는 주장을 피력하였다. 그러나 현실적으로 모든 사용자를 만족시키는 디자인은 쉽지 않기에 유니버설 디자인은 가능한 한 많은 사람들의 편리성을 고려한 디자인을 하는 것을 목표로 한다(고영준, 2011).

학습자는 여러 측면에서 다양하다. 이들이 학습하는 수업 환경과 교수매체 자료를 설계할 때 그러한 다양성을 고려한 유니버설 디자인 원리를 적용할 수 있을 것이다. 예를 들어 시력이 좋지 않은 사람도 읽을 수 있도록 글자크기를 다양하게 제공하는 웹자료라든지 외국인을 배려하여 다양한 언어로 콘텐츠를 제공한다든지, 청력이 약한 사람을 배려하여 청각자료의 스크립트를 함께 제공하는 등의 디자인이다.

교수-학습 환경의 설계에도 이러한 원리가 적용될 수 있다. 학습을 위한 유니버설 디자인은(Universal Design for Learning, 이하 UDL)은 수업방법과 교육과정 자료의 문제점을 파악하고 장벽을 제거함으로써 모든 학습자들의 학습을 돕기 위한 목적을 가지고 있다. 미국의 Center for Applied Special Technology(CAST)에서는 학습을 위한 유니버설디자인의 프레임워크를 발표하였다. UDL 프레임워크는 학습과학, 인지과학 등의 연구 결과를 반영하고 있으며, 개별 학습자의 차이를 지원할 수 있도록 융통성 있는 학습 환경 개발을 위해 제안되었다. UDL의 원리로는 첫째, 정보를 제공할 때 다양한 형식과 매체를 활용하고, 둘째, 학습자의 행위와 표현을 위해 다양한 수단을 제공하며, 셋째, 학습자의 관심과 동기를 불러일으킬 수 있는 다양한 방식의 학습 참여기회를 제공할 것을 제안하는 원리이다.

다. 학생활동중심 학습 환경 디자인

인간중심의 학습 환경 디자인은 다양한 학습 및 교수 스타일을 고려하며 가르침과 배움을 촉진하는 것을 목적으로 한다.

학교는 교육기관이면서 산재하는 공공기관이며 학생들이 장시간 거주하는 생활공간이기도 하다. 학교의 공간 중 특히 교실은 교육에 대한 참여자들의 태도에 많은 영향을 미치고 있으나 지금까지 이에 대한 관심과 연구가 많이 이루어지지 못했다(Gee, 2006). 학교의 디자인은 학생과 교사의 요구가 반영되어야 하며 그 안에서 이루어지는 활동에 대한 충분한 고려가 필요한 부분이다. Gee(2006)는 가르침과 배움을 촉진하는 요소들을 명확히 하고 성공적인 수업을 위한 준거가 참여자들 사이에서 명료히 소통되도록 돕고 문제 해결을 위한 의사결정을 도울 수 있도록 인간중심의 학습 환경 설계 가이드라인을 제시하고 있다. 그는 기본적인 육체적, 심리학적 편안함의 추구 등의 인간의 욕구를 우선적으로 고려할 것, 그리고 다양한 학습 및 교수 스타일을 고려하는 것이 인간중심설계의 핵심이라고 밝히고 있다. 그는 인간중심 학습 공간은 인체공학적 고려, 사회적 공간과 개인적 공간의 균형, 목적에 따라 탄력적으로 변화할 수 있는 유연성 등의 특징을 보인다고 하였다.

학습자를 고려하고 학습활동의 다양성을 지원할 수 있는 교실 환경의 설계가 이루어지고 있다.

최근 수업방법의 혁신의 하나로 역진행학습(flipped learning)의 형태가 주목받고 있다. 기존 수업에서 대부분을 차지했던 교수자의 강의 부분을 줄이고 수업시간의 많은 부분을 학생들이 강의에서 습득한 내용을 이해하고 활용하고 실제 문제에 적용하도록 하는 시간을 수업을 재설계하는 움직임이다. 이러한 수업모형은 최근 모 방송에서 '거꾸로 교실'이라는 명칭으로 몇몇 수업에서 파일럿으로 운영된 사례를 방영함으로써 대중에게도 친숙해졌다. 고등교육에서는 우수 과학기술 대학을 중심으로 이 수업모형이 확산되고 있다. 대학 사례로는 MIT의 SCALE-UP 프로젝트(Student-Centered Active Learning Environment with Upside-down Pedagogies), 한국과학기술대학교(KAIST)의 Education 3.0, 울산과기대(UNIST)의 e-Education, 서울대학교의 Flipped Learning 등이 있다. 이러한 수업모형의 핵심은 교수와 학생들이 함께 상호작용하며 활동하는 시간을 확대하는 것이며, 수업 환경 역시 이러한 활동을 보다 적극적으로 지원하는 쪽으로 실계하도록 하는 것이다.

미국 MIT 대학의 TEAL(Technology Enabled Active Learning)은 대형 기초과학 수업를 위한 환경의 형태로 강의, 시뮬레이션, 실습을 포함하여 풍부한 협동 학습의 경험을 제공하고자 하였다. 여기서 주목할 점은 수업 설계와 더불어 수업이 이루어지는 물리적 환경의 설계도 함께 이루어졌다는 것이다. TEAL 교실의 모습은 다음 [그림 12-1]과 같다. 원형 테이블에 9명씩 앉을 수 있고 6개의 디스플레이가 설치되어 있어 학습자가 편안한 자세로 시각자료를 볼 수 있도록 되어 있다. 각 팀은 컴퓨터와 실험을 위한 공간을 가지고 있다. PRS(personal response system)를 제공하여 학생들의 반응을 즉각적으로 수집하여 볼 수 있으며 다양한 수업 형태(컴퓨터 기반의 실험, 시각자료, 지필연습, 토론 등)를 지원한다. 수업을 위한 공간과 별도의 회의실을 함께 가지고 있어서 한 팀의 협업을 지원할 수 있는 공간도 마련하였다. SCALE-UP 프로젝

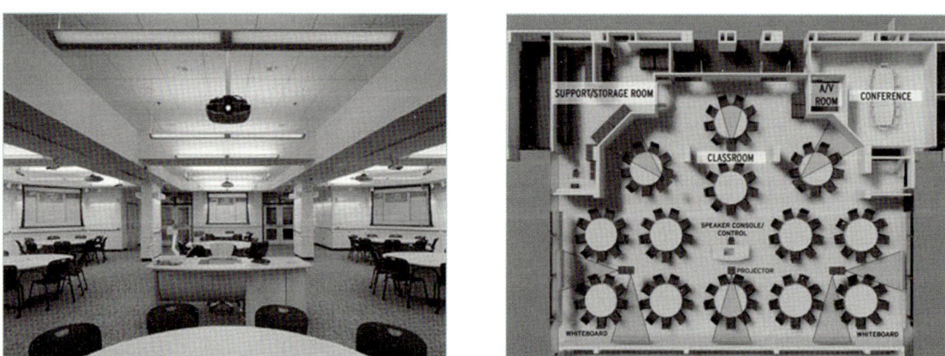

그림 12-1 MIT TEAL 수업공간

트[1]의 효과성을 알아보고자 한 연구의 결과는 학생들의 문제해결 능력의 향상, 개념 이해도의 증가, 태도의 증진, 학습 실패의 급감(특히 여학생과 소수민족 학생의 경우)을 발견하였다고 보고하고 있다.

그림 12-2 KAIST의 Active Learning Room

그림 12-3 개별응답기(Personal Response System)와 활용모습

1) 대학교육개선을 위한 재원으로 이루어진 연구 프로젝트. 더 자세한 정보는 http://www.ncsu.edu/PER/scaleup.html에서 찾을 수 있음.

위와 유사한 공간설계로 한국과학기술대학교(KAIST)의 Education 3.0 프로젝트에서 마련하고 있는 active learning room은 소그룹 토의, 실습 등 협력학습이 가능한 원탁이 놓여있고, 해외대학, 학생들과 공동학습이 가능한 화상강의 시스템, 강의 녹화시스템 및 아이디어 공유를 위한 벽면 보드가 장착되어 있다.

라. 다양한 목적의 학습공간

교과목, 수업목표, 수업방법 등에 따라 적합한 학습공간이 필요하다.

표 12-1 다양한 목적의 교실

교실의 모습	교실명 및 특징
	모의법정(moot court) 대다수의 법대에서 갖추고 있는 모의법정은 가상의 재판을 진행하기 위해 실제 법정과 유사하게 만들어져 있다.
	PBL룸 문제중심학습(PBL:Problem-Based Learning)을 원활하게 진행하기 위한 목적으로 설계되었다. 소그룹이 함께 문제해결학습을 진행할 수 있도록 원탁, 세미나 테이블, 화이트보드, 인터넷 액세스가 가능한 컴퓨터, 무선마우스 키보드, 프로젝터 등이 갖추어져 있다.
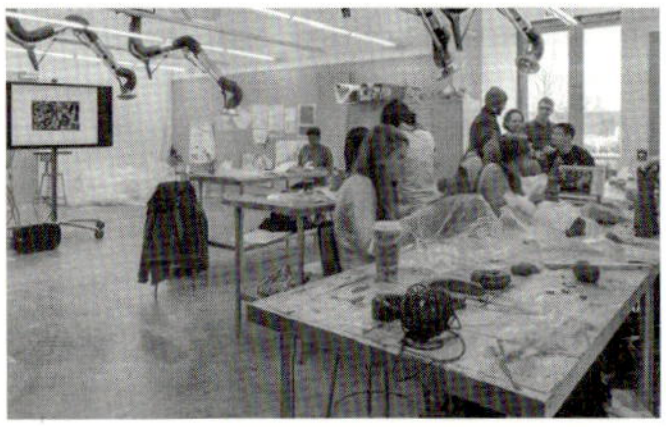 출처:http://facilities.uchicago.edu/construction/recently_completed/performing-arts/	스튜디오 스튜디오(studio)는 전형적인 강의방식이 아닌 소집단 협력 작업이 이루어지며 학생들의 작업을 교수자가 지속적으로 모니터링하며 필요한 경우 개입이 쉽게 이루어질 수 있는 공간으로 설계된다.

교실의 모습	교실명
 	교과전용교실(수학교실 예) 최근 초중등 학교에서는 교과전용교실을 도입하여 학생들이 이동해 수업을 듣는 방식으로 진행되는 경우도 있다. 이러한 교실에서는 수준별 학습 및 다양한 ICT 기자재 활용 수업, 협동 수업 등의 교과 전문성에 부합하는 수업방식이 이루어지도록 환경이 조성되어 있다. 수학교과목 전용교실 같은 경우에는 교실의 3면에 칠판을 설치하여 다른 학생들이 풀어놓은 과정을 다른 학생들이 함께 볼 수 있고, 함께 수학문제를 풀 수 있도록 지원한다. 이러한 공간에서는 학습자의 수행정도를 한눈에 파악할 수 있어 학습에 대한 피드백 역시 용이하게 이루어질 수 있다.

2 수업 효과를 높이는 교수학습 테크놀로지의 활용

가. 매체관련 연구

매체관련 연구는 크게 매체비교연구와 매체속성연구로 구분할 수 있다.

매체비교연구(media comparison studies)는 어떤 매체가 학습에 더 효과적인가를 밝히고자 하는 연구이며, 매체속성연구는 매체의 어떠한 속성이 학습에 어떠한 영향을 미치는 지를 탐구하는 연구라 할 수 있다(박성익 외, 2006). 매체비교연구는 행동주의 패러다임에 기반하고 있어서 특정 매체는 독립변인으로, 학습결과를 종속변인으로 설정하는 연구의 형태를 띠고 있다. 1970년대 후반에 들어서 인지주의 패러다임의 영향으로 매체비교연구는 매체의 속성을 탐구하는 연구로 전환되었다(Clark & Salomon, 1986). 매체가 지닌 속성이 인지과정에 어떤 영향을 주는지, 그리고 매체속성과 학습자특성, 과제특성 간의 상호작용을 탐색하였다.

매체비교연구는 새로운 매체와 전통적 매체와의 학습효과성을 비교하고자 수행되었다.

주로 새로운 매체가 등장할 때마다 이루어진 연구로 전통적 매체와의 학습 효과성을 비교하고자 하는 목적으로 수행되었다. 1920년대에는 전통적 수업과 시각보조물을 활용한 수업과의 학습효과 비교, 1950년대에는 라디오, 60년대에는 TV, 70~80년대에는 컴퓨터보조수업(CAI), 1990~2000년대에는 웹기반수업, 이러닝, 2000년대 이후로는 모바일기기를 활용한 수업(u-learning, m-learning)의 효과에 관한 비교연구가 이루어졌다.

이러한 연구의 기본가정은 교수매체의 효과는 학습자 변인이나 교과목 특성에 관계없이 영향을 줄 것이라는데 있다. 전통수업상황을 통제집단으로 삼고, 새로운 매체를 활용한 수업상황을 실험집단으로 구성하여 사후검사의 점수를 비교하는 실험설계가 주류를 이루었다. Clark(1983)는 이러한 연구들이 교수방법이나 내용의 영향을 통제하지 못해 매체가 아닌 다른 변인들의 영향으로 결과가 나타날 수 있다는 오류를 범하고 있음을 지적한다. 매체연구에 대한 다른 비판은 새로운 매체의 사용으로 인한 신기효과를 통제하지 못하고 있다는 점이다(박성익 외, 2006). 매체비교연구들의 결과는 매체 효과성에 대한 상이한 결과를 보고하고 있고 여러 결과들을 종합해 볼 때 매체에 따른 실험집단과 통제집단의 학습결과에는 유의미한 차이를 나타내지 않는다.

매체속성연구는 매체의 속성이 학습과정과 결과에 어떤 영향을 미치는지 밝히고자 수행되었다.

매체연구에 대한 비판과 매체 간 효과성 비교연구의 유용성에 대한 의문이 커지고 있을 때 인지주의 패러다임과 맞물려 매체속성연구로 매체연구의 주된 흐름이 변화되었다. 매체속성연구는 특정 매체의 속성 자체가 학습자의 인지과정과 학습결과에 어떤 영향을 미치고 있는지를 밝히는 데 목적이 있었다. 각기 다른 학습자 및 학습과제의 특성의 조건에서 어떤 매체의 속성이 영향을 미치는 지 탐구하고자 한 적성-처치 상호작용연구가 주를 이루었다.

매체 속성은 매체가 지닌 기능, 특징으로 동일한 속성이라 하더라도 다른 유형의 매체들로부터 제공될 수 있다. 이러한 패러다임에서는 매체가 전달하는 상징체계가 학습의 과정과 결과에 영향을 줄 것이라고 가정한다. 어떤 연구는 다른 매체의 상징체제표상 속성에 따라 학습결과에 다른 효과가 나타났다고 보고하고 있고, 다른 연구는 공간적 시각화 능력이 낮은 학생들에게는 사진보다 동영상이 효과적임을 보고하였다. 한편 이러한 연구들은 어떤 특정 매체의 속성이 어떤 영향력을 미치는지에 대한 결과의 일반화가 어렵다. 매체의 속성에 대한 연구는 앞으로 더 많은 연구가 이루어질 필요가 있다.

나. 멀티미디어의 교육적 활용에 대한 몇 가지 오해

데일(Dale)의 경험의 원추에 대한 올바른 이해

1900년도 초기부터 여러 학자들은 교수학습매체를 여러 준거에 따라 분류해왔다. 매체 분류의 목적은 매체의 특성에 대한 이해를 돕고, 교수학습과정에서 적절한 매체를 선정하기 위해 필요한 판단 기준을 제시하여 실천에 도움을 주기 위함이다(박성익 외, 2012). 시청각자료는 그 자료가 보여주는 실제성에 따라 그 가치가 정해질 수 있다고 보았다(Hoban, Hoban, Zissman, 1937). 호반은 자료의 추상성과 실제성의 정도에 따라 다양한 시각자료를 분류하였고 데일(1969)은 이 시각매체 분류를 발전시켜 '경험의 원추(Cone of Experience)'라는 모형을 제시하였다. 데일은 우리의 경험을 다양한 매체가 제공하는 구체성의 정도에 따라 직접적-목적적 경험에서부터 구성된 경험, 극화된 경험, 시범, 견학, 전시, 교육TV, 영화, 녹음/라디오/사진, 시각기호, 언어기호의 순으로 분류하여 제시하였다. 실제 경험을 하든, 아니면 사진이나 상징적 대체물로 경험을

그림 12-4 데일의 경험의 원추

하든지 우리의 학습은 아이디어를 요약하거나 상징을 개발하게 되는 추상화의 과정을 거친다(Dale, 1969). 학습자가 관련된 선행 경험이 거의 없는 경우, 제시되는 단어나 공식은 학습자에게 아무런 실제적 의미를 가지지 못한다.

원추에서 분류하여 제시하고 있는 여러 유형의 경험들은 상호배타적인 것이 아니다. 오히려 그러한 경험들은 상호의존적이다. 점차 좁아지는 원추의 모양은 위로 갈수록 점차 학습이 어려워진다는 것을 의미하지 않고 매체가 지닌 추상성의 정도로 매체가 제공하는 직접 감각적 참여의 양이 적어짐을 말한다(Dale, 1969). 따라서 각 수준을 위계나 서열로 여겨서는 안 된다. 또한 이 모델은 모든 교수가 맨 아래의 직접적 경험에서 시작하여 정점으로 체계적으로 이동해야 한다는 점을 의미하고 있지 않다. 언제든지 구체적인 매체와 추상적인 매체를 번갈아 가며 활용할 수 있다. 감각적 경험들은 상호 관련되어있기에 특정 감각적 경험이 교육적으로 더 우수하다고 말할 수 없으며, 정점에 가깝게 위치한 수준은 고학년 학생들을 위한 것이고, 아래에 위치한 수준은 어린 학생들을 위한 것이라는 것도 역시 옳지 못한 해석이다. 마지막으로 구체성과 추상성을 근간으로 한 구분이 추상적 활동을 통한 학습에 대한 가치를 폄하하고 있는 것이 전혀 아니라는 점이다.

경험의 원추는 교수학습과정에서 학습자의 경험을 풍부하게 해주기 위하여 다양한 교수학습매체를 활용해야 한다는 교수의 기본적인 원리를 제시하고 있다는 점을 기억해야 한다.

교수학습매체의 효과성 비교연구는 지양하고 학습매체의 특성에 적합한 활용방안에 대해 고민해야 한다.

새로운 테크놀로지가 소개될 때마다 교육적 활용에 대한 합리적 근거를 찾기 위한 매체비교연구가 많이 이루어졌다. 이러한 연구들은 주로 새로 나온 매체가 활용된 수업과 전통적 수업의 효과성을 비교하려 이루어졌고 일관된 연구결과를 낳지 않았다. 교육 매체 효과성 비교연구의 메타분석한 결과는 '의미 있는 차이 없음(NSD)' 이다. 즉, 테크놀로지 그 자체로서의 우월한 효과가 존재하는 것이 아니라 매체를 어떻게 설계하느냐, 그리고 수업에서 이를 어떻게 활용하느냐에 달린 문제라는 것이다.

대부분의 교육현장에서 많이 활용되고 있는 파워포인트의 교육적 효과에 대한 연구 역시 상당히 많이 이루어졌으나 연구들의 결과는 상반되어 여전히 파워포인트의 교육적 효과에 대해 논쟁중이다. 파워포인트 효과에 대한 부정적 결과를 보고하는 선행연구들에 따르면 학생들은 파워포인트를 활용한 수업의 정보를 전통적 수업보다 덜 기억하는 것(Savoy et al., 2009; Wecker, 2012)으로 나타나 학생들의 성취에는 효과가 없었다는 것이다. 또한 인지적 부하에도 부정적인 영향을 주는 것으로 나타났다(Kalyuga et al., 2004; Wecker, 2012). 특히 파워포인트에 있는 내용을 교수자가 동시에 말로 전달할 경우 오히려 중복효과(redundancy effect)로 인해 정보 습득에 방해가 되고 주의집중에 어려움을 초래하는 결과를 낳을 수 있다. 이러한 연구 결과에도 불구하고 파워포인트의 효과성과 상관없이 학생들은 수업에서 파워포인트를 활용하는 것을 선호하는 것으로 나타났다.

테크놀로지의 현명한 활용은 인지, 수업, 그리고 테크놀로지의 세 가지 요소를 함께 고려할 때 이루어질 수 있다. 즉, 인간은 어떻게 학습하는가(인지적 요소), 어떻게 해야 학습 경험이 촉진되는가(수업 요소), 그리고 수업과 학습을 증진시키려면 어떻게 테크놀로지가 활용되어야 하는가(테크놀로지 요소)라는 세 가지 질문을 고민해야 한다는 것이다(Mayer & Moreno, 2003). 기존의 연구 결과는 매체 자체의 효과보다는 매체를 어떻게 활용하였느냐에 따른 효과이므로 매체 특성과 학습 조건을 부합시키는 올바른 설계와 활용 방법을 찾아내는 것이 필요할 것이다.

다. 멀티미디어 설계 원리

멀티미디어 설계 원리의 핵심은 학습내용을 언어 정보와 그림으로 함께 표상했을 때 학습효과가 높아진다는 것이다.

사람의 작동기억의 처리용량은 제한되어 있어 학습 자료를 어떻게 설계하여 제시하느냐에 따라 인지부하가 발생할 수 있다. 인지부하의 유형으로는 내생적(intrinsic), 본유적(germane), 그리고 외생적(extrinsic) 인지부하가 있는데 과제 자체

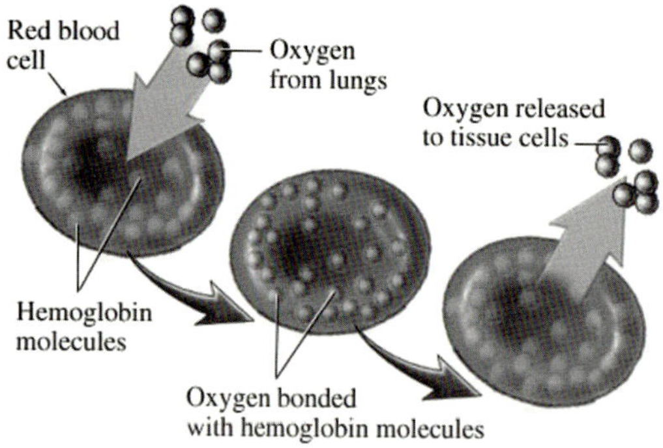

그림 12-5 멀티미디어 원리가 적용된 자료예

의 복잡성으로 인한 내생적 인지부하는 변화할 수 없어 자료의 제시방식에 따라 발생할 수 있는 외생적 인지부하를 줄일 수 있는 원리가 매우 중요하다. 언어 정보와 시각 정보를 함께 적절히 제시할 경우 인지부하를 감소시켜주는 효과가 있으나, 멀티미디어 자료를 함께 활용하는 것이 늘 효과적인 것은 아니며 제시방식과 사용자의 개인차에 따라 설계의 효과가 달리질 수 있다(박성익 외, 2012). 메이어(R. E. Mayer)는 기본적으로 텍스트와 시각자료가 함께 제시될 때 학습이 증진된다고 보았다. 그는 인간의 인지부하(cognitive load)를 최소화하여 학습이 효과적으로 이루어질 수 있도록 하는 멀티미디어 설계원리를 제시하였다. 학습은 하나의 학습 대상이 하나의 방식으로 부호화될 때에 비해 두 가지 방식으로 부호화될 때 학습이 효과적으로 증진된다는 것이다.

이와 같은 맥락에서 메이어(2010)는 멀티미디어의 설계를 위한 열두 가지 원리를 다음과 같이 제시하고 있다.

표 12-2 메이어의 멀티미디어 설계원리

구분	원리	더 나은 학습이 이루어지는 조건
외재적 프로세싱을 감소시키기 위한 원리	① 일관성 원리(coherence principle)	불필요한 단어, 그림, 소리가 배제될 때
	② 신호 원리(signaling principle)	핵심적 자료의 구조를 드러내는 신호가 제공될 때
	③ 중복 원리(redundancy principle)	그림, 나레이션과 함께 화면상 텍스트가 중복되어 제시될 때보다 그림과 나레이션이 제시될 때
	④ 공간인접 원리(spatial contiguity principle)	관련된 단어와 그림이 멀리 떨어진 경우보다 인접해 제시될 때
	⑤ 시간인접원리(temporal contiguity principle)	관련된 단어와 그림이 따로 연속적으로 제시될 때 보다 동시에 제시될 때

핵심적 프로세싱을 관리하기 위한 원리	⑥ 분절의 원리(segmenting principle)	학습자의 속도에 맞추어 분절되어 내용이 제시될 때
	⑦ 사전 학습원리(pre-training principle)	주요 개념의 이름과 특성을 미리 알고 있을 때
	⑧ 양식 원리(modality principle)	그림이 복잡할 경우, 애니메이션과 텍스트가 함께 제시될 때 보다 나레이션으로 설명이 제시될 때
발생적 프로세싱을 촉진하기 위한 원리	⑨ 멀티미디어 원리(multimedia principle)	단어 혼자보다 단어와 그림이 함께 제시될 때
	⑩ 인간화 원리(personalization principle)	격식있는 스타일보다 친근한 대화식으로 내용이 제시될 때
	⑪ 목소리 원리(voice principle)	기계음보다 친근한 사람의 목소리로 나레이션이 제시될 때
	⑫ 이미지 원리(image principle)	강의자의 모습이 스크린에 제시되어야 반드시 학습이 잘 이루어지는 것은 아님

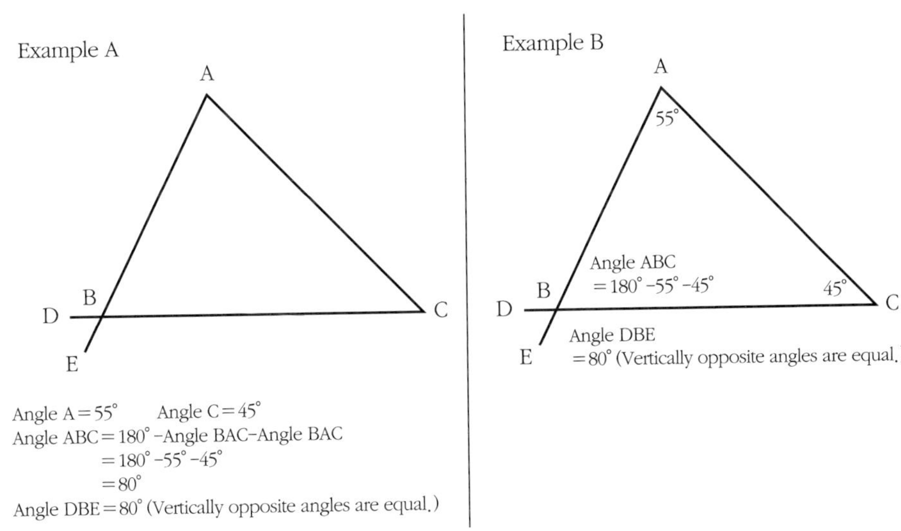

그림 12-6 **공간인접원리(spaticalcontiguity principle)**

위 그림은 공간인접원리가 적용되지 않은 자료(Example A)와 적용된 자료(Example B)를 나타낸 것이다. A에 비하여 각 부분에 텍스트가 인접하여 배치된 경우가 훨씬 이해가 빠름을 알 수 있다.

라. 매체별 설계원리

텍스트 자료의 설계원리

텍스트 자료는 일반적으로 교재에 보충적인 정보를 제시하거나, 학습활동을 안내하거나, SQ3R(Survey, Question, Read, Recite, Review) 방법을 시행할 때 사용하면 효과적이다(Smaldino et al., 2011). 이러한 텍스트 자료를 설계할 때 참조할 수 있는 기본적인 원리는 다음과 같다.

- 명확한 한두 가지의 글자체만을 선택하여 사용
- 넓은 여백과 줄 간격을 활용하여 가독성을 높임
- 주의를 분산시키는 배경을 사용하지 않음
- 중요한 정보의 글자를 두껍게 처리하여 쉽게 찾을 수 있도록 함
- 내용이 명료하게 표현되고 잘 조직화해야 함
- 목차와 순서를 제시하여 정보접근에 도움을 줌

시각 자료의 설계원리

다음의 설계원리는 컴퓨터 화면, 멀티미디어 프로그램, 인쇄자료, 프레젠테이션 슬라이드 등에 적용될 수 있다(Smaldino 외, 2011).

- 단순한 구성과 일관성 있는 배열
- 수평/수직적 평형감, 즉 균형
- 색의 조화 및 대비
- 모든 청중이 볼 수 있도록 충분히 큰 시각자료
- 주의를 이끌어내고 유지할 수 있는 호소력
- 다양한 수준의 학습자들에게 유용한 유니버설 디자인 원리의 반영
- 간결한 내용, 내용과 관계없는 부가적 요소의 최소화
- 적절한 그래픽 사용, 관련성 없는 이미지의 사용은 피함

- 절차나 방법을 제시할 경우, 관찰자의 시점이 아닌 학습자의 시점에서 제작

청각자료의 설계원리

오디오는 그 특성상 순간적이고 연속적이다. 최신 다양한 오디오 매체의 발전에 따라 기술과 기록장치 등이 변화했지만 교수학습에서 오디오를 사용하는 상황과 적용되는 설계 원리는 크게 다르지 않다. 오디오 자료는 목소리, 스피치, 음악, 소리 등으로 구성될 수 있다.

오디오를 통한 의사소통은 부호화, 청각, 청취, 해독의 과정으로 이루어지며, 이 과정 중 어느 시점에서도 의사소통 단절의 가능성이 있다. 부호화 단계에서는 화자의 표현 기술의 부족에 의해, 청각단계에서는 장애물, 청각 피로, 청각 장애에 의해, 청취 단계에서는 청취자의 청취기능 부족에 의해, 마지막으로 해독단계에서는 메시지 이해 기능의 부족으로 인한 손실이 일어날 수 있다. 따라서 오디오 자료는 각 단계에서의 소통 손실이 일어나지 않도록 제작되어야 하며 다음과 같은 점을 고려해야 한다(Smaldino 외, 2011).

- 적정한 소리크기
- 청각피로를 유발하는 단조롭고 지루한 소리 지양
- 학생에게 익숙한 단어와 학생이 이해할 수 있는 언어 양식을 사용
- 오디오 자료에 대한 지시문을 함께 제공
- 긴 자료는 가능한 짧은 부분으로 나누어 제작
- 학생의 읽기 능력, 경험 정도, 매체 선호도, 신체적 장애를 고려

동영상자료의 설계원리

최근 학습자가 스스로 학습 자료를 제작하여 공유하는 UCC가 증가하고 있으며 다양한 주제의 동영상 자료가 공유되어 교육적으로 활발히 활용되고 있는 추세이다. 동영상의 제작에는 다음과 같은 점을 고려해야 한다.

- 동영상으로 제작하기에 적절한 주제인지를 판단해야 함
- 너무 많은 촬영 및 편집효과 및 기법으로 주의집중을 방해하지 않도록 함
- 내용의 조직화에 중점을 두어야 함
- 정확한 정보 전달과 몰입을 위해 선명한 화질로 제작
- 너무 긴 내용은 지루할 수 있으므로 짧은 길이로 제작
- 연령에 따라 적절한 동영상의 길이를 고려
- 필요한 경우 자막을 함께 제시하여 정보 전달력을 높임

프레젠테이션을 위한 슬라이드의 설계원리

프레젠테이션의 슬라이드는 MS 파워포인트나 Google 문서도구, 그리고 키노트(Keynote), 프레지(Prezi)와 같은 소프트웨어를 활용하여 만들 수 있다. 이러한 자료는 주로 스크린에 프로젝터를 통해 투사하여 제시하며 스피치를 보조하는 시각 보조물로 활용된다. 프레젠테이션을 위한 슬라이드의 설계원리는 다음과 같다.

- 핵심적인 내용만 포함
- 주요 메시지와 배경이 뚜렷한 대조를 이루도록 색상을 선택
- 한 슬라이드에 너무 많은 텍스트나 많은 정보를 포함하고 있는 다이어그램은 피함
- 말과 슬라이드에 포함된 텍스트가 서로 겹치지 않도록 제작
- 텍스트를 문장으로 전달하기에 적절한 매체가 아니므로 요약의 형태로 진술
- 여백을 충분히 제공
- 가급적 텍스트보다는 도식(표, 도형, 차트 등)을 이용
- 비교적 밝은 곳에서 실행할 경우, 밝은 배경을 선택하고, 어두운 장소나 그래픽, 도형이 많이 사용된 슬라이드의 경우 어두운 배경을 사용
- 장식효과(애니메이션, 클립아트 등)를 남용은 주의집중에 방해가 될 수 있으니 적절히 사용

한편, 프레젠테이션을 수업 중에 활용할 때, 판서를 대체하는 용도로만 사용하기보다는 수업 내용 중 강조할 부분이나, 그림, 동영상 등 시각 자료를 보조적으로 활용할 필요가 있을 때 선택적으로 사용하는 것이 바람직하다.

마. 매체의 선택과 활용을 위한 ASSURE 모형

수업에 활용할 매체를 선정하기 위해서는 명확한 기준을 가지고 평가해야 한다.

매체의 선정 과정은 체제적인 교수학습체제개발 모형(예: ADDIE모형, Dick과 Carey의 모형 등)을 구성하는 주요 단계 중 하나이다(Higgins & Reiser, 1985). 다시 말하면 매체의 선정은 전체적인 교수학습체제(예: 수업, 교육프로그램, 이러닝 등)를 설계하고 개발하는 과정에서 분리되어 별도로 이루어질 수 없고 이 단계에서 상호의존적인 변인들을 총체적으로 고려한 의사결정이 필요하다. 매체를 선정할 때 고려해야 할 요인들은 교수의 상황이나 교실 구성(대집단, 소집단 등) 학습자 특성(독서능력, 시청각 선호도 등), 학습목표의 특성(인지적, 정의적, 심동적) 등이며 각 매체의 속성도 포함된다(Smaldino 외, 2011).

한 연구자는 매체 선정 보조도구를 개발한 후, 선정 보조 도구(job-aid)를 사용하지 않고 매체를 선정한 경력 교사와 그것을 사용하여 매체를 선정한 예비 교사들의 수행을 비교하였다(Romiszowski,1979). 그 결과 수행 지원 도구를 사용한 예비교사들의 매체 선정이 훨씬 훌륭했다. 이러한 연구결과는 매체의 선정에는 전문성이 필요하며 이를 위한 트레이닝이 필요하다는 점을 시사한다.

리서(Reiser)와 딕(Dick)은 여러 가지 교수매체 선정요인들을 요약하여 1) 실용성(practicality), 2) 학습자 적절성(student appropriateness), 3) 교수 적절성(instructional appropriateness)의 세 가지 준거를 제시하였다. 첫 번째, 실용성은 사용하고자 하는 매체가 가용한가, 비용 및 시간 효율적인가, 그리고 교수자가 활용방법을 알고 있는가에 대한 준거이다. 두 번째, 학습자 적절성은 학생의 발달, 경험 수준에 적절한지 여부이다. 마지막으로 교수 적절성은 매체가 교수전략에 적합한가, 수업 내용을 효과적이고 효율적으로 전달할 수 있는가, 궁극적으로 특정 학습 목표의 달성을 촉진할 수 있는가에 대한 준거이다.

원격교육분야의 학자인 베이츠(Bates, 1995)는 매체 선정을 위한 'ACTIONS' 모델을 제시하고 있는데, ACTIONS은 각각 접근성(Access), 비용(Cost), 교수학습(Teaching and Learning), 상호작용성 및 사용자 지향성(Interactivity and user-friendliness), 조직의 이슈(Organizational issues), 참신성(Novelty), 그리고 속도(Speed)를 나타내는 약어이다.

리시와 가네(1983)는 매체 선정이 매체의 특성과 학습 과제 유형과의 관련성에 기반하여 이루어져야 한다고 보고 교수학습매체 선정의 기본원리를 다음과 같이 제시하였다(Smith & Ragan, 1999).

- 특정 학습내용의 전달에 어떤 특정의 매체만이 최선인 것은 아니다.
- 교수목표의 유형에 따라 신중하게 선택하고 적절히 사용해야 한다.
- 교과내용의 특성을 깊이 있게 이해해야 한다.
- 선정된 교수학습 방법에 적합한 매체인지를 판단해야 한다.
- 교수자의 개인적 선호도나 편의에 치우쳐 선정하면 안 된다.
- 우수한 매체라도 매체활용의 환경이나 조건에 따라 적합하지 않을 수 있다.
- 학습자의 경험, 능력수준, 학습스타일 등에 따라 매체활용 결과가 다를 수 있다.

여러 학자들은 교수학습매체의 선정에 도움을 주기 위해 다양한 형태로 선정 기준을 제시하였다. Newby, Stepich, Lehman, 그리고 Russell(2000)은 미디어의 교수 적절성에 기반하여 매체 선정과정에 고려해야 할 여러 가지 매체의 특성을 다음 〈표 12-3〉과 같이 제시하고 있다.

표 12-3 교수학습 효과성에 따른 매체 분류(Newby 외, 2000)

	실물	텍스트	칠판	OHP	슬라이드	비디오	그래픽	오디오	컴퓨터 S/W
동작을 보여줌						■			■
소리 재생								■	■
실제적 이미지					■	■	■		■
휴대성		■			■				
수업 후 참고자료로 사용		■							
그리기, 쓰기, 줄치기를 허용		■	■	■					
학습자와 상호작용			■						■
독립적으로 사용가능		■			■	■		■	■
검토와 속도조절가능				■	■	■	■	■	■
직접 만지고 볼 수 있음	■								
위험한 절차나 원거리 장소의 관찰						■			■
수정이 용이함		■	■	■					
재구매가 용이함		■		■	■		■		
여러 참여자가 동시에 반응할 수 있음		■	■						
태도의 조형						■			
문제해결안을 제시						■			■

매체를 활용한 학습경험설계를 위해 ASSURE모형이 제안되었다.

매체의 선정과 활용을 위한 수업설계 절차에 대한 모형은 여러 가지가 존재하나 ASSURE모형은 교육 현장에서 가장 널리 활용되고 있는 모형이다. 하인니히 등(1996)의 ASSURE 모형은 매체의 유형과 관계없이 매체를 활용한 수업의 설계를 안내한다. 이 모형의 적용은 강의식 수업에 국한되지 않으며 다양한 교실 밖 자원의 통합이 가능하고 온라인 수업의 설계에도 가능하다. ASSURE라는 모형의 명칭은 여섯 단계 설계활동의 앞 글자를 딴 것이다. ASSURE모형의 각 단계와 구체적인 설계활동은 다음과 같다.

- 학습자 분석 (Analyze learners): 학습자의 일반적 특성, 주제에 관한 지식, 기술 태도에 대한 구체적 출발점 행동, 그리고 학습스타일에 대한 분석 등이 이루어진다.
- 목표 진술 (State Objectives): 수업의 목표를 진술한다. 목표는 교수방법, 매체, 자료의 선정 및 평가를 위한 기초가 된다.
- 전략, 테크놀로지, 매체, 자료 선정 (Select Strategies, Technology, Media and Materials): 학습목표 성취를 돕기 위해 적절한 수업전략, 테크놀로지, 매체와 자료를 선택한다. 가용한 자원을 선정하고, 기존 매체와 자료가 존재할 때 필요한 경우 수정하거나 새로운 자료를 설계한다. 이 단계는 매우 복잡한데 가용한 자원이 방대하며, 학습자의 특성도 다양할 뿐만 아니라 추구해야 할 학습목표는 매우 구체적이기 때문이다. 특정한 매체의 질을 체계적으로 판단하기 위해 앞서 언급한 선정평가표 등을 활용할 수 있다.
- 테크놀로지, 매체, 자료의 활용 (Utilize Media and Materials): 선택한 매체와 자료를 활용하기 위한 수업을 계획한다. 이를 위해 '5P'과정을 수행한다. 매체와 자료를 사전에 검토하고(Preview), 준비하고(Prepare), 환경을 준비하고(Prepare), 학습자를 준비시키고(Prepare), 학습경험을 제공한다(Provide).
- 학습자 참여 요구(Require Learner Participation): 학습자의 능동적인 참여를 요구한다. 평가 전에 학습자들에게 연습기회를 제공하고, 학습자의 반응에 대한 피드백을 계획한다. 수업 중, 수업 후 활동을 계획한다.
- 평가와 수정 (Evaluate and Revise): 이 단계에서 이루어지는 평가는 크게 두 가지로, 우선 학습자 성취도 평가와 수업에 활용한 전략, 테크놀로지, 매체 및 자료에 대한 평가이다. 수업 후 학습을 평가하여 매체와 자료가 학습목표 성취에 도움을 주었는지 판단한다. 의도와 실제 행해진 것 사이에 불일치가 있을 경우 수업계획을 수정한다.

바. 최신 테크놀로지를 활용한 수업환경과 미래학교의 모습

최신 테크놀로지를 활용하여 교육적 자원에 쉽게 접근하며 학생들에게 많은 학습 기회를 제공하며 효과적, 효율적으로 학습할 수 있다는 면에서 IT통합의 교육적 근거가 있다.

스마트러닝(Smart Learning)이란 기존의 이러닝 개념을 포함하는 용어이며 최신 ICT 기술을 활용하여 사회적 학습과 적응적 학습을 접목한 학습형태를 말한다.

SMART라는 용어는 자기주도적(Self-directed), 동기화(Motivated), 맞춤형(Adaptive), 풍부한 자료(Resource Enriched), 정보기술활용(Technology Embedded)의 첫 영문자를 따서 정책명으로 정한 것이다(교육과학기술부, 2011). 지식을 일방적으로 수용하기 보다는 지식 구성 활동에 적극적인 생산자로 학생을 역할을 재정의하고, 창의적 문제해결과 학습동기를 높이고, 학습자의 개별화된 특성을 적극적으로 고려하고자 한다. 또한 교실내외에 존재하는 다양한 학습자원을 활용하고, 클라우드 컴퓨팅 등을 활용하여 교수학습 인프라를 체계적으로 관리하는 교육을 말하며 기존의 이러닝을 포괄하는 용어이다.

디지털 교과서는 서책형 교과서보다 풍부한 멀티미디어 학습자료를 제공하고 다양한 측면에서 교수학습을 촉진하기 위해 개발되었다.

디지털 교과서는 웹 교과서, 온라인 교과서, 전자 교과서로도 불리는데 우리나라에서는 2007년 이후 디지털 교과서라는 명칭으로 통일되어 사용되기 시작하였다. 디지털 교과서는 기존 서책형 교과서를 디지털화하여 책이 가지는 장점을 유지하고 모든 학습 자원 및 경험과의 통합과 확장을 전제로 컴퓨터 보조학습, 교육 데이터베이스, 멀티미디어 자료, 평가문항, 학습자 관리 프로그램 등의 기능을 구비한 디지털 학습 교재로 정의된다(한국교육학술정보원, 2007).

2011년 발표된 교육과학기술부의 스마트교육 추진전략에 따르면 2015년까지 디지털 교과서의 개발이 완료될 것이며 초중고의 모든 교과의 교과서는 디지털 교과서로 전환될 것이다. 현재는 e-교과서라는 서비스가 있어 일부 교과목에 대한 교과서를 다운로드해 활용할 수 있다.

디지털 교과서의 도입에 대한 근거는 최신 정보와 다양한 멀티미디어 자료를 활용함으로써 풍부한 학습 자료를 제공하고 자료수집, 내용전달, 학습방법, 접근성, 재사용성 등의 측면에서 기존 종이교과서보다 나은 특성을 가지고 있다는데 있다. 서책형 교과서와 디지털 교과서의 특성은 〈표 12-4〉와 같이 비교할 수 있다.

표 12-4 서책형 교과서와 디지털 교과서의 특성비교(임정훈, 2010)

기준	디지털교과서	서책형교과서
자료유형	생동감 있는 멀티미디어 학습자료	텍스트와 이미지 중심 인쇄기반 학습자료
자료변환	학습자 필요에 따라 다양한 자료 변환용이	자료가 고정되어 있어 변환 불가능
자료수집	디지털교과서와 연동되는 다양한 교육자료, 풍부한 학습자원 수집 및 활용	교과서 외에 다른 자료를 찾기 위해 많은 시간과 노력이 요구
전달방법	컴퓨터 및 인터넷을 통해 전달	교사를 통해 전달
자료연계	교육 자료들을 관련 주제 등에 따라 연계시키는 구조	개별적이고 독립적인 형태의 구조
학습방법	컴퓨터와 학생 간, 교사와 학생 간, 학생 상호간, 학생과 집단 간의 쌍방향 상호작용, 협동학습	지식전달 위주의 단방향적 학습 중심
수업방식	학습자의 능력에 따른 수준별 학습가능	학습자의 능력에 따른 수업이 어려운 일제식 수업

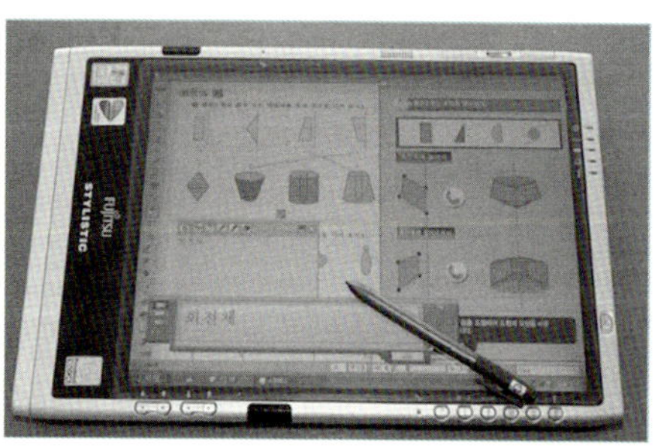

그림 12-5 수학 디지털 교과서

디지털 교과서의 설계 원리는 내용구성, 교수설계, 기능설계 측면으로 분류하여 제시되었다(변호승, 최정임, 송재신, 2006). 내용구성 측면에서는 기존의 서책형 교과서의 내용과 구조를 유지하되, 관련 내용 간의 연결을 원활히 하고, 교과서과 보조 자료의 내용을 연결하고, 학습자의 사고력을 촉진하는 활동 중심의 설계가 이루어져야 하고, 수준별 학습 지원을 위해 수준별 보충자료 및 심화자료가 제공되어야 한다. 교수설계 측면에서는 서책형 교과서의 한계인 다양한 멀티미디어 기능의 활용을 극대화하고, 자기주도적 학습 지원이 원활히 이루어지도록 설계되어야 한다. 기능설계 측면으로는 용어사전기능, 멀티미디어 자료를 학습객체(learning object)의 형태로 제작하여 재사용이 가능하게 하며, 이용자의 편의성을 고려한 검색, 확대보기, 펜으로 글쓰기, 메모장, 책갈피 등의 전자책 기능을 포함할 것을 원리로 제시하고 있다.

디지털 교과서의 효과성에 대한 경험적 연구의 결과는 아직 부족하다.

한편, 디지털 교과서의 효과성에 대한 연구의 결과는 여전히 소수의 연구학교를 중심으로 이루어지고 있고 서로 상이한 결과들을 보고하고 있다. 문제해결력, 학업성취, 학습만족도 측면에서 디지털 교과서가 더 효과적이라고 보고하고 있는 경우(김수민, 2010)도 나타난 차이의 효과크기는 작은 것으로 나타나고 있어 정책 입안자들이 기대하는 괄목한 수준의 효과에 대한 경험적 근거를 제공하지 못하고 있다.

일부에서는 디지털 교과서의 도입이 학생, 학교 및 사회 전반에 가져오게 될 파급효과에 대한 우려를 표하고 있다. 디지털 교과서는 텍스트의 재빠른 해독은 가능하게 하나 문서가 함축한 바에 대한 깊은 이해를 기대할 수는 없다는 점, 끊임없이 이어지는 외부적 자극으로 인한 산만함을 처리하느라 인지적 부담을 증가시킬 수 있다는 점, 다양한 상징체계를 통해 내용을 표상해도 이해와 지식 획득이 높아지는 것은 아니라는 점 등이 지적되고 있다(Jonnassen & Mandl, 1989;1999, 양미경, 2013에서 재인용). 중요한 것은 디지털 교과서라는 매체의 특성을 올바로 이해하고 그 사용의 효과를 극대화하고 염려되는 부작용을 최소화할 수 있는 방법을 고려하여 교실 수업 내에서 선택적으로 활용해야 한다는 점이다.

최근의 트렌드는 하나의 공간이 각기 다른 목적에 따라 자유롭게 변형될 수 있는 공간을 설계하는 것으로 옮겨가고 있다.

미래학교는 스마트러닝 기반 지능형 학교를 표방하며 더불어 안전성, 즐거움, 지역사회 연계성, 생태지향성을 추구한다(서울특별시교육청, 2011). 최신 테크놀로지를 활용하여 교과군별로 특화된 학습 공간, 다른 교과군과의 융합되는 공간, 학생간의 교류를 지원하는 공간이 마련되고, 개별화 학습, 맞춤형 학습, 다양한 소집단 학습, 국내외 교육자원의 원활한 활용이 가능하고 기능별 다양한 형태로 변형이 가능한 교실 환경을 주요 특징으로 하고 있다. 한국교육학술정보원의 미래학교 웹페이지(http://future.keris.or.kr)에 가면 미래학교의 모습을 구체적으로 제시하고 사용자가 가상으로 체험해볼 수 있다.

미래의 수업환경은 개별학습자의 특성을 고려한 맞춤형 교육과정 운영을 지원하고, 그룹의 규모와 종류에 따라 다양한 활동이 가능한 가변형 교실을 가진다. 가변형 교실은 공간을 수업 형태와 목적, 참여 인원에 따라 자유롭게 조정할 수 있으며, 벽 역시 여닫기가 가능하여 공간의 형태 및 넓이를 조정할 수 있고 디지털 칠판 기능을 탑재하고 있다. 기능별로 특화된 교실, 다양한 규모의 세미나, 토론, 프로젝트 학습, 프레젠테이션, 수행 공간을 배치하고 있다. 또한 맞춤형 학습을 위한 이러닝 학습 환경과 국내외 교육자원을 쉽게 활용할 수 있는 원격 학습 환경도 갖추고 있다. 개방성과 안전성을 동시에 고려하고 생태친화적 환경 및 지역민에게도 개방하여 공동으로 활용할 수 있는 야외 학습 문화공간을 배치하고 있다. 시뮬레이션 등 가상현실 시스템이 구비된 돔(dome)형태의 체험교실로 몰입형 체험 학습 환경도 제공할 수 있게 된다.

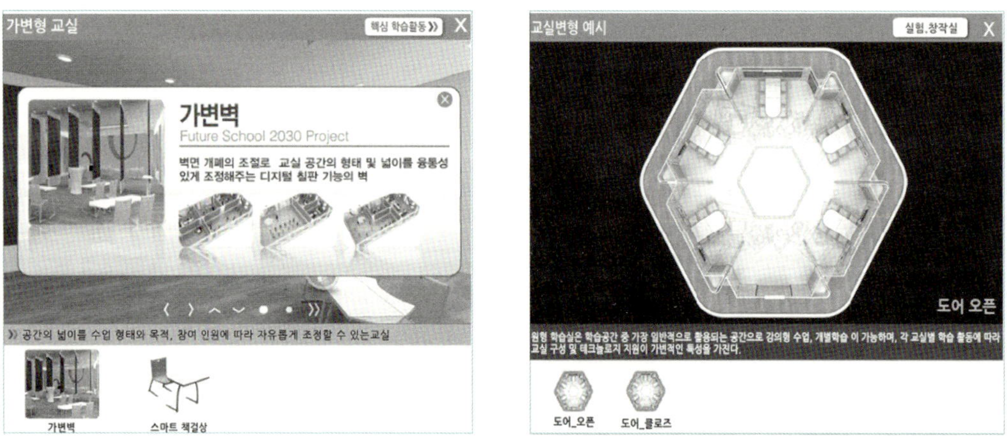

그림 12-1 미래학교의 가변형 교실의 모습

출처: 교육학술정보원 홈페이지.

3 사례 분석

사례 1 **다음은 많은 사람들이 옳다고 믿는 신화가 있다. 각 신화가 틀렸음을 근거를 통해 설득하시오.**

신화 1. 매체의 설계와 관련 없이 매체가 가진 특성 자체가 학습의 과정과 결과에 영향을 미친다.

신화 2. 매체의 선정에서 가장 중요하게 고려해야 할 것은 교사의 활용능력 여부이다.

신화 3. 새로운 매체는 전통적인 매체에 비하여 학습에 늘 긍정적인 영향을 미친다.

신화 4. 모든 학습은 구체적인 경험으로부터 순차적으로 추상적인 경험으로 진행되므로 매체의 사용 역시 이 순서를 따라야 한다.

사례 2 **여러분이 다음과 같은 상황이라면 어떻게 하겠는가? 그러한 결정에는 어떠한 교육적 근거가 있는가?**

A대학은 요새 공간부족 문제의 해결에 총력을 기울이고 있다. 여러 방도를 고민하던 중 1학년 전 재학생을 대상으로 한 교양필수 과목인 '대학영어'를 면대면 학습에서 이러닝으로 바꾸면 공간부족의 문제에 큰 도움이 될 수 있으리라는 생각을 갖게 되었다. 가장 강의평가 점수가 높은 교수에게 강의를 촬영하여 이러닝으로 이 교과목을 운영하면 공간문제 뿐 아니라 강사채용에 드는 비용까지 획기적으로 줄일 수 있으리라고 생각하였다. 이러한 생각을 가지고 학교는 지난 학기 가장 강의평가가 좋았던 당신에게 이러한 생각에 대해 전하고 의향을 물었다. 당신은 이러한 생각이 결코 좋은 결과를 낳지 못할 것이라고 생각하여 학교에 반대의 생각과 더불어 그 이유에 대해 설명하고자 하였다. 당신은 어떻게 반박할 것인가?

4 주요 개념

개념	설명
학습의 유니버설 디자인	수업방법과 교육과정 자료의 문제점을 파악하고 학습자의 특성에 기인한 장벽을 제거함으로써 모든 학습자들의 학습을 돕기 위한 수업설계원리
역진행학습 (Flipped learning)	수업내용의 전달을 미리 제작한 강의자료로 자율적으로 학습하게 하고 수업시간에는 학습자의 활동을 통해 습득한 개념을 실제로 연습하고 문제 해결에 할애하는 수업방식을 일컬음. 학문적 용어는 아님
스마트러닝 (Smart learning)	모바일 기기를 이용한 학습 콘텐츠와 솔루션을 통칭. 스마트 기기의 장점을 활용 기존 e러닝과 차별화된 서비스를 제공함
경험의 원추 (Cone of experience)	경험은 구체적인 경험에서부터 점차 추상성의 정도가 높아져 마지막에는 언어 기호와 같은 경험을 원추형태로 도식화한 Dale의 인간경험 분류모형
ASSURE모형	효과적인 교수매체 선정과 활용을 위해 고안한 모형으로 학습자분석, 목표진술, 교수방법선정, 매체 활용, 참여유도 및 평가와 수정의 6단계로 구성됨
멀티미디어 설계원리	Mayer가 제안한 멀티미디어 설계원리로 기본적으로 시각적 자료와 텍스트가 함께 제시될 때 학습의 효과가 높아진다는 것
ICT	Information & Communication Technology의 약자로 정보통신기술을 뜻함
PRS	Personal Response System의 약자로 수업에서 모든 학생들의 응답을 수집하고 수업자료로 활용할 수 있는 교육용 시스템
학습객체 (LO: Learning object)	'학습내용을 담은 가장 최소 단위'로 학습자는 하나의 학습객체를 통해 개념, 원리 등과 같은 학습목표를 달성할 수 있음. 학습객체는 마치 낱낱의 레고 블록과 같아서, 학습객체의 조합에 따라 다양한 콘텐츠를 제작할 수 있음
인지부하 (Cognitive load)	인지적 처리 과정에서의 정신적 요구량 정도
내재적 부하 (Intrinsic load)	학습 내용의 복합성으로 인해 발생하는 인지부하의 유형
본유적 부하 (Germane load)	학습자에게 유의미한 내용과 관련된 인지부하의 유형
외생적 부하 (Extrinsic load)	주요 내용과 관련 없는 정보 등에 의해 일어나는 인지부하의 유형
디지털교과서 (Digital textbook)	기존 서책용 교과서 내용은 물론 참고서, 문제집, 학습사전 등 학습 자료를 갖추고 있는 휴대용 단말기를 교과서로 이용하는 것

5 연습문제

1. 다음은 연구학교 교사들의 대화이다. 교사들의 연구 관심사에 해당하는 교육매체연구의 유형에 대한 설명으로 옳지 않은 것은?

> (가) 김 교사:
> 상이한 매체 간의 효과를 비교하고 싶습니다. 디지털 교과서를 활용한 컴퓨터 기반 수업이 서책형 교과서를 활용한 전통적 수업보다 학생들의 학업성취도에 더 효과가 있는지 알아보고 싶습니다.
> (나) 홍 교사:
> 디지털 교과서의 속성들이 학생들의 학업성취에 어떠한 영향을 주는지 관심이 있습니다. 그래서 영어 디지털 교과서에서 그림과 글을 활용한 연습 방식과 동영상을 활용한 연습 방식이 특히 영어점수가 낮은 학생들의 말하기와 듣기 향상에 효과가 있는지 알아보고 싶습니다.

① (가)와 같은 유형은 특정 매체가 다른 매체에 비해 일관되게 효과를 보인다고 가정한다.
② (가)와 같은 유형은 학업성취도가 새로운 매체만의 효과인지 다른 영향 때문인지 증명하기 어렵다는 비판을 받는다.
③ (나)와 같은 유형은 매체의 상징체계가 학습자의 인지적 처리 과정에 영향을 줄 것이라고 가정한다.
④ (나)와 같은 유형은 학습자의 신념, 가치, 태도가 학습동기에 어느 정도 영향을 주는지에 초점을 둔다.
⑤ (가)와 같은 유형은 행동주의 패러다임을, (나)와 같은 유형은 인지주의 패러다임을 토대로 연구되기 시작하였다.

2. 교육매체 연구에 관한 설명으로 옳은 것을 〈보기〉에서 모두 고른 것은?

〈보기〉

ㄱ. 교육매체 선호 연구에서는 매체 개발의 경제적 비용이 개발콘텐츠의 질에 어떤 영향을 미치는지 연구한다.
ㄴ. 교육매체 속성 연구에서는 매체의 물리적 속성이 학습자의 인지적 과정에 어떤 영향을 미치는지 연구한다.
ㄷ. 교육매체 비교 연구에서는 새로운 매체의 사용으로 인한 흥미 유발 등의 신기성 효과(novelty

effect)가 비교 결과에 섞여 들어갈 수 있다.
ㄹ. 교육매체 비교 연구에서는 흔히 새로운 매체가 효과적이라고 결론을 내리는데, 새로운 매체는 교수법의 변화도 수반하는 경우가 많아 매체만의 효과를 가려내기 어려운 경우가 있다.

① ㄱ, ㄴ ② ㄱ, ㄹ ③ ㄴ, ㄹ ④ ㄱ, ㄷ, ㄹ ⑤ ㄴ, ㄷ, ㄹ

3. 〈보기〉에서 매체 선정 및 활용을 위한 ASSURE 모형에 관한 설명으로 옳은 것끼리 묶인 것은?

〈보기〉

ㄱ. 요구사정 및 학습양식 분석을 실시한다.
ㄴ. 학습자가 수업 중에 경험하게 될 일련의 학습활동을 수업목표로 제시한다.
ㄷ. 수업목표 달성을 위한 교수방법과 매체를 선택하고, 그에 따라 구체적인 교수학습 자료를 선정한다.
ㄹ. 학습자에게 습득한 지식이나 기능을 연습할 기회와 피드백을 제공하여 적극적인 사고활동을 유도한다.

① ㄱ, ㄴ ② ㄱ, ㄹ ③ ㄴ, ㄷ ④ ㄷ, ㄹ

4. 교수매체의 효과적이고 효율적인 활용 방안을 모색하고자 하는 다양한 연구가 진행되어 왔다. 다음 중 '매체비교연구'에 대한 진술로 옳은 것은?

① 인지주의 패러다임의 영향을 받아 시작된 연구이다.
② 상이한 매체 유형이 학업성취도에 미치는 효과를 탐색한다.
③ 교수매체에 대한 학습자의 태도, 가치, 신념 등의 정의적 특성 변인들이 학습에 미치는 효과를 탐색한다.
④ 매체가 지닌 속성 자체가 학습자의 인지적 기능을 조인시켜서 학습효과를 높일 것이라는 가정을 증명하고자 수행된다.

5. 교육매체에 대한 설명으로 옳은 것을 모두 고른 것은?

〈보기〉

ㄱ. 실물화상기와 빔프로젝터는 투사매체로 분류된다.
ㄴ. ASSURE 모형은 교육매체 활용을 위한 모형이다.
ㄷ. OHP 사용 시 화면왜곡현상이 발생할 경우 초점조절나사를 조작한다.

① ㄱ ② ㄴ ③ ㄱ, ㄴ ④ ㄱ, ㄴ, ㄷ

6. ASSURE 모형을 활용하여 교수매체를 사용하고자 할 때, 다음에 제시된 교사의 활동 단계는?

- 수업자료가 학습자와 학습목표에 적절한가를 사전에 검토한다.
- 교수매체를 이용할 교실의 주변 환경을 점검한다.
- 학습자에게 학습 준비를 위해 학습내용과 교수매체에 관한 정보를 제공한다.

① 목표진술 ② 학습자 분석 ③ 평가와 수정 ④ 매체와 자료의 활용

7. 코스웨어를 개발할 때 컴퓨터 화면설계의 원리로 옳은 것은?

① 한 화면에 되도록 많은 텍스트를 사용한다.
② 텍스트는 학습자의 특성에 따라 다르게 제시한다.
③ 기본 화면은 사실성, 대비성, 복잡성이 있어야 한다.
④ 그림과 관련된 텍스트는 그림과 별도로 제시하는 것이 좋다.

8. 멀티미디어의 교육적 특성과 가장 거리가 먼 것은?

① 컴퓨터와 학습자간의 상호작용이 매우 높다.
② 학습자는 미리 설계된 경로에 따라 학습하게 된다.
③ 다양한 유형의 교수-학습 환경을 구현하기에 적합하다.
④ 학습자료를 문자, 그래픽, 음성, 영상 등 다양한 매체 형태로 이루어져 있다.

참고문헌

고영준(2011). 사용자 중심의 유니버설디자인 방법과 사례. 파주:이담북스.

교육과학기술부(2007). 디지털교과서 상용화 추진 방안. 서울:교육과학기술부.

교육과학기술부(2011). 스마트교육 추진 전략 실행계획 보도자료(2011.10.12).

김수민(2010). 디지털교과서의 학습만족에 대한 장의존 및 장독립적인 인지양식의 조절효과 검증. **디지털정책연구**, 8(3), 79-93.

박성익, 왕경수, 임철일, 박인우, 이재경, 김미량, 임정훈, 정현미(2006). **교육공학탐구의 새지평**. 서울: 교육과학사.

박성익, 임철일, 이재경, 최정임, 임정훈, 정현미, 송해덕, 장수정, 장경원, 이지연, 이지은(2012). **교육공학의 원리와 적용**. 파주: 교육과학사.

변호승, 류지헌, 송연옥(2011). 디지털교과서 연구동향 분석. 한국교육정보미디어학회 춘계학술대회 발표자료집.

신나민, 박종향(2011). 학교공간 개선이 학생, 교사, 학교 및 지역사회에 미치는 다면적 효과에 관한 연구. **한국교육시설학회지**, 18(6), 45-56.

안순선, 임정훈(2012). 디지털교과서 활용 수업의 핵심성공 요인에 관한 질적분석. **한국컴퓨터교육학회 학술발표대회논문집**, 16(2), 49-54.

양미경(2013). 디지털 교과서의 특성과 난점에 대한 비판적 검토. **교육과정연구**, 31(4), 51-75.

임정훈(2010). 초등학교에서의 디지털교과서 활용 수업: 쟁점과 과제. **한국교육논총**, 9(1), 87-114.

한국교육학술정보원(2007). **디지털교과서 원형개발 사업제안서**. 서울: 한국교육학술정보원.

Barret, P., Zhang, Y., Moffat, J., Kobbacy, K. (2013). A holistic, multi-level analysis identifying the imapct of classroom design on pupils' learning. *Building and Environment, 59*, 678-689.

Bates, A. W.(1995). *Technology, Open Learning and Distance Education*. London: Routledge.

Burner, M. (1993). Building conditions, parental involvement and student achievement in the District of Columbia public school system. *Urban eudcation, 28*(1), 6-29.

Clark, R. E. (1983). Reconsidering research on learning from media. *Review of Educational Research, 53*(4), 445-459.

Clark, R. E., & Salomon, G. (1985). Media in teaching. In M. C. Wittrock (Ed.), *Handbook of research on teaching* (3rd ed.). NY: Macmillan.

Corcoran, T. (1988). *Working in urban school.* Washington, DC: Institute for Educational Leadership.

Dale, E. (1969). *Audiovisual methods in teaching* (3rd ed.). NY: Holt, Rinehart & Winston.

Dwyer, F. M. (1978). *Strategies for Improving Visual Learning.* State College, PA: Learning Services.

Edgerton, E., & McKechnie, J. (2004). *Glasgow's PPP School initiative (Project 2002): An evaluation of school environments and their impact on students and staff,* Paisley, University of Paisely.

Gee, L. (2006). H*uman-centered design guidelines.* Retrieved from http://classmod.unm.edu/external/educause/Educause_Chapter10_Human-CenteredDesignGuidelines.pdf

Higgins, N., & Reiser, R. A. (1985). Selecting media for instruction: An exploratory study. *Journal of Instructional Development, 8*(2), 6-10.

Hoban, C. G. Sr., Hoban, C. F. Jr., & Zissman, S. B. (1937). *Visualizing the curriculum.* NY: Dryden.

Mayer, R. E., & Moreno, R. (2003). Nine ways to reduce cognitive load in multimedia learning. *Educational Psychologist, 38*(1), 43-52.

Mayer, R. E. (2009). *Multimedia Learning.* Cambridge University Press.

McGuffey, C. (1982). *Facilities, In proving educational standards and productivity: The research basis for policy,* ed. H. Walberg. CA: McCutchan Pub. Corp.

Moldenda, M. (2003). Cone of experience. In Kovalchick, A., & Dawson, K.(Ed.) *Educational Technology: An Encyclopedia.* CA: ABC-Clic.

Pavio, A. (1971). *Imagery and verbal process.* NY: Holt, Rinehart & Winston.

Reiser, R. A., & Gagné, R. M. (1983). *Selecting media for instruction.* Englewood Cliffs, NJ: Educational Technology Publications.

Reiser, R. A., & Dick, W. (1996). *Instructional Planning: A Guide for Teachers (2nd Ed.),* Boston: Allyn and Bacon.

Romiszowski, A. J. (1988). *The selection and use of instructional media.* London: Kogan Page.

Savoy, A., Proctor, R. W., & Slavendy, G. (2009). Information retention from PowerPoint™ and traditional lecture. *Computers & Education, 52,* 858-867.

Schapiro, B., & Associates. (2001). *National survey of public school teachers,* Retrieved from http://www.carpet-hearlth.org/pdf/teacherSurvey.pdf

Smaldino, S. E., Lowther, D. L., & Russell, J. D. (2011). *Instructional Technology and Media for Learning*. Allyn & Bacon.

Sweller, J., Van Merriëboer, J., & Paas, F. (1998). Cognitive architecture and instructional design. *Educational Psychology Review, 10*(3), 251-296.

Wecker, C. (2012). Slide presentaions as speech suppressors: When and why learners miss oral information. *Computers & Education, 59*(2), 260-273.

제13장

심리 상담을 통한 학생이해

"풍성해지는 상담, 시작은 무엇으로 할까?"

금빛 고등학교 1학년 학생을 담당하고 있는 이가을 교사는 최근 고민이 많다. 학생들과 평소 좋은 관계를 맺어 개별 학생을 제법 잘 이해한다고 믿고 있었는데, 막상 1달 후 '학생 상담' 주간이 다가오자 걱정이 앞선다. 학생에 대한 제한적인 정보와 경험으로 학생의 성격 특성을 제대로 이해하고, 더욱이 개별 학생들에게 가장 적합한 진로를 선택할 수 있도록 돕는 것이 쉽지 않아 보였기 때문이다. 특히 아래의 두 학생 때문에 마음이 무겁다.

〈학생 1〉

오솔길은 2달 전 다른 학교에서 새로 전학 온 학생이다. 오솔길은 학교 수업 및 기타 교내 활동에서 세부 사항에 대해 주의를 기울이지 못하여 부주의한 실수를 자주하고, 학습 과제에 대해 지속적으로 집중하기 어려워한다. 이러한 이유 때문인지 또래에 비해 성적이 낮다. 오솔길은 공부를 열심히 하려고 하지만 집중하기 어려운 상황에서 성적이 오르지 않아 친구들에게 열등감을 느끼고 학교에 오기 싫어한다. 특히 오솔길은 전학 온지 얼마 되지 않아 이가을 교사는 이 학생의 성격적 특성이나 장단점 등을 잘 알지 못한다.

〈학생 2〉

같은 반에 있는 박이슬은 최근 자신이 졸업 후 무엇을 하며 살 것인가에 대해 고민을 많이 한다. 자신이 무엇을 잘하는지 잘 모르겠고, 무엇을 준비하고, 자신의 꿈을 달성하기 위해 어떻게 해야 하는지 알지 못해 불안해한다. 당장 고등학교에서 문과를 선택할 것인지 이과를 선택할 것인지 결정하기 어렵다. 또한 자신에게 적합한 직업이 무엇인지도 잘 모르겠다. 가끔 교사에게 이야기하는 희망 직업은 평소 박이슬을 지켜본 이가을 교사의 입장에서 보면 잘 맞지 않는다. 더욱이, 박이슬의 성격적 특성이나 여건 등을 고려해 볼 때 지나치게 높은 수준이다.

1 교사의 지원과 관심이 필요한 학생

교사들은 다양한 문제에 직면한 학생들을 만나게 된다. 어떤 학생은 노력만큼 좋아지지 않는 성적 때문에 힘들어 한다. 실제 과반수가 넘은 우리나라 학생들에게 가장 고통스러운 경험 중 하나는 학업에서의 실패이다(박영신 등, 2005). 어떤 학생들에게는 또래와의 관계를 형성하고 유지하는 것이 너무 어려울 수 있고, 또 자신의 적성과 진로에 대해서 궁금하고 불안해서 고민이 많은 학생도 있다. 어떤 학생은 전학 후 새로운 환경에 쉽게 적응하지 못해 어려움을 호소하기도 하고, 가정 내 문제로 힘들어 할 수 있다. 간혹 자신이 통제할 수 없을 정도로 수업에 집중하기 힘들고, 부산한 행동으로 교사에게 자주 지적을 받아 스트레스를 받는 학생도 있다. 드물지만 큰 상처가 되는 경험(예를 들어, 가정폭력, 학교폭력, 성폭력 등)으로 학업은 물론 사회 · 정서적으로 어려움을 호소하는 학생도 있다.

학생이 직면한 문제를 해결하도록 지원하는 것은 복잡한 문제해결 과정이다.

이처럼 다양한 어려움을 가진 학생들을 위한 생활지도와 상담에는 개인의 환경적, 인지적, 정서적, 사회적 요인들이 복잡하게 영향을 미치기 때문에 매우 어려운 문제해결 활동이다. 본 장에서는 다양한 이유로 교사들을 찾는 학생들을 지도 및 상담할 때 어떻게 하면 보다 적절한 의사결정을 통해 학생들의 요구와 필요에 부합하는 도움과 지원을 제공할 수 있는가에 대해 다룬다. 교사의 반응에 따라 학생들의 학교생활은 물론 전반적인 삶의 질 역시 크게 달라질 수 있기 때문에 이는 매우 중요한 교사의 책임이라고 할 수 있다. 특히 본 장에서는 교사들이 개별 학생들의 성장과 발달에 도움을 제공할 때 의사결정을 도와줄 수 있는 유용한 검사도구들을 소개하고 검사결과에 따른 상담방법에 대해 간단히 다룬다.

2 학생 생활지도 및 상담

가. 생활지도, 상담, 심리치료의 개념

생활지도, 상담, 심리치료는 상호 배타적이기보다는 보완적이다.

생활지도, 상담, 심리치료가 무엇인가에 대해서는 어떤 이론적 입장을 취하느냐에 따라 차이가 있다. 학교현장에서 혼동하기 쉬운 생활지도, 상담, 심리치료를 비교해서 보면 각각의 속성이 보다 잘 드러난다. 우선, 생활지도(guidance)란 학생들의 성장과 발달을 촉진하기 위한 예방적 차원의 활동으로 학생들에게 정보나 조언을 제공하여 그들의 의사결정을 돕는 활동이다. 세르쩌와 스톤(Shertzer & Stone, 1981)은 생활지도를 학생들이 자신과 자신을 둘러싼 세계를 이해할 수 있도록 도와주는 과정이라고 보았다. 이에 비해 심리치료(psychotherapy)는 주로 비교적 심각한 정신적인 문제를 가지고 있는 학생들을 대상으로 하며 진단과 치료에 초점을 둔다. 이 둘과 비교해 보면 상담(counseling)은 학생이 직면한 문제의 심각한 정도로 보면 생활지도와 심리치료의 중간 정도로 학교생활 적응에 문제가 되는 행동이나 태도의 변화, 사고나 심리적 갈등의 해결을 목표로 한다.

생활지도, 상담, 심리치료는 별개라기보다는 성격과 정도가 조금씩 다른 다양한 문제들 내에서 서로 중첩되는 그러나 동일하지는 않은 활동이라고 볼 수 있다. 특히 교사의 활동으로서 생활지도와 상담을 명확히 구분하기는 쉽지 않다. 따라서 학교현장에서 흔히 생활지도 및 상담을 혼용하여 사용한다. 이 둘 모두 궁극적으로 학생들이 추구하는 교육목적에 도달하기 위해 적절한 방향을 선택하고, 사회의 구성원으로서 역할을 다 할 수 있도록 지원하고, 방해가 되는 요소를 제거하는 활동으로 볼 수 있기 때문이다.

생활지도, 상담, 심리치료는 학생의 의사결정에 영향을 미친다.

학교에서 제공하는 효과적인 생활지도나 상담은 학생의 의사결정에 영향을 미치고, 이는 학생의 전반적인 발달과 학교에서 요구하는 성취에 긍정적인 영향을 미친다. 따라서 상담이나 생활지도는 소수의 특별한 학생만을 대상으로 하기보다는 모든 학생을 위한 것이다. 학교에서 이루어지는 생활지도나 상담에 대한 연구들의 전반적인 결과를 보면, 학교상담 프로그램이 다양한 측면에서 효과가 있는 것으로 나타났다. 예를 들어, 생활지도나 상담은 학업성취도 향상, 부적절한 행동 감소, 학교폭력 예방, 괴롭힘이나 놀림 감소, 교실 갈등 감소, 과제 집중과 같은 생산적 활동 증가, 자살 예방 및 감소, 학생의 중도이탈 예방 및 감소, 학교에 대한 긍정적 태도, 학생의 진로 개발, 학생과 교사의 관계 개선 등에 효과가 있는 것으로 나타났다. 학교에서의 생활지도나 상담은 학생의 학업발달, 개인적 · 사회적 발달, 그리고 진로발달에 관한 내용을 포함한다.

나. 생활지도와 상담의 기본원리 및 상담자의 역할

생활지도와 상담은 학생 특성과 차이를 존중하고 자율, 관계, 형평성을 강조한다.

학교에서 생활지도와 상담의 목표 및 기본원리를 비교하여 정리하면 〈표 13-1〉과 같다. 생활지도와 상담의 기본원리는 크게 다르지 않다. 단, 생활지도가 보다 예방에 초점을 둔다는 점에서 차이를 보인다. 그러나 둘 모두 개별 학생의 특성과 차이를 존중하고 학생들의 자율적인 활동과 협력적 관계, 형평성 등을 강조한다는 점에서는 매우 유사하다.

표 13-1 학생지도 및 상담의 목표 및 원리

구분	생활지도	상담
목표	• 학생의 전인적 인간발달 • 학생 스스로에 대한 이해 • 합리적이고 현명한 선택 능력 신장 • 학생의 적응 능력 신장 • 학생 개개인의 잠재능력 개발 • 자율적인 문제해결 능력 신장 • 학교의 학업목적을 지원 • 학교생활에서 예측가능 한 문제 예방	• 학생의 전인적 인간발달 • 학생의 자기성장 및 문제해결 • 학생의 심리적 상처에 대한 치료 • 발달과정에서 예측가능 한 문제 예방 • 인간 간의 갈등 해소 • 긍정적 행동의 변화 • 합리적 의사결정 • 학교의 학업목적을 지원

기본 원리	• 모든 학생의 전인적 발달 대상 • 치료나 교정보다 예방에 초점 • 개별 학생을 존중하고 개성 발달 초점 • 학생과 상호협력을 기반으로 지도 • 학교교육과 통합, 과학적 접근 • 학교, 학생, 가정의 특수성 고려 • 학생들의 자율성 존중 • 학부모 및 지역사회와 협력 및 연계 • 모든 학생들의 형평성과 접근성	• 개별학생의 특성과 차이를 존중 • 학생이 긍 · 부정적 감정을 자유롭게 표현 • 상담자는 따뜻하고 명랑하며 친절해야 함 • 학생의 문제에 대해 '네가 잘못 했다.' '너의 책임이다.' 등의 표현을 하지 않음 • 학생 스스로 자기가 나아갈 방향을 결정하고 선택하도록 하며, 결과를 존중 • 학생과의 상담 내용을 비밀로 함 • 모든 학생들의 형평성과 접근성
차이	• 생활지도가 상담에 비해 일반적, 포괄적이다. 생활지도의 개념에 상담을 포함할 수 있다. • 보통 상담에 앞서 생활지도를 한다. 즉, 상담이 보다 원활히 일어날 수 있도록 한다. • 상담은 보다 학생-교사의 개인적인 관계를 강조한다.	

교사의 역할과 상담자의 역할은 구분할 필요가 있다.

학생들은 왜 교사가 아닌 학교 상담자를 찾아 이야기를 나누려 할까? 이 질문을 잘 생각해보면, 왜 교사일 때와 상담자일 때의 역할이 달라야하는 지 알 수 있다. 우선, 상담자들은 학생들의 일상에서 벗어나 있다. 그리고 상담자들은 학생을 판단하거나, 비판하거나 하지 않는다. 단지 중립적인 입장을 취하려 애쓴다. 또한 그들은 학생들에게 유용한 정보만을 제공한다. 따라서 학교에서 상담사의 역할은 교사의 역할과 차이가 있다.

한편, 학교 내 문제가 점점 심각해지는 상황에서 이를 해결하기 위한 보다 전문적인 지원체제를 마련하기 위해 전문상담교사의 역할이 중요하게 인식되고 있다. 더욱이 정서 · 행동특성검사 결과에서 우리나라 청소년들이 심각한 정서행동문제에 직면하고 있다는 것이 드러나면서 보다 확대되고 있다. 전문상담교사는 학교 내에서의 소통 창구의 역할을 한다. 특히 전문상담 교사는 전문적인 상담을 할 수 있는 교사로서 담임교사 홀로 해결하기 힘든 상황을 협력적 상황에서 해결할 수 있고, 이 과정에서 보다 전문화된 도움과 지원책을 사용할 수 있다는 장점이 있다. 대표적인 'Wee 프로젝트'를 들 수 있는데 간단히 정리하면 다음과 같다.

Wee 프로젝트

Wee는 We(우리들), education(교육), emotion(감성)의 합성어이다. Wee 프로젝트는 2008년부터 위기 학생 예방 및 지원체제를 갖춘 학교 안전망 구축 사업이다. Wee 프로젝트의 가장 핵심적인 역할은 학생들의 적응력 향상을 위한 다양하고 전문적인 상담 서비스를 제공하는 것이다. Wee 프로젝트는 3가지 서비스로 구성된다. Wee 서비스는 무료로 제공된다.

- Wee Class(1차 safe-net): 학교생활에 어려움이 있거나 고민이 있는 학생 모두를 대상으로 하는 서비스로 학습부진, 따돌림, 대인관계 미숙, 학교폭력, 미디어 중독, 비행 등으로 인한 학교부적응 학생 및 징계대상자. 직접 방문하거나 담임선생님과 상의하여 이용 가능함.
  - 단위학교 내 상담실 설치 및 운영, 전문상담교사 및 전문상담사 배치
  - 개인상담/집단상담/체험 프로그램 운영, 잠재적 위기학생에 대한 학교생활 적응조력
  - 문제발생 가능성에 대한 초기 진단 및 대처

↓

- Wee 센터(2차 safe-net): 단위학교에서 선도 및 치유가 어려워 학교에서 의뢰한 위기 학생 및 상담 희망 학생. 전화 사전 접수 후 직접 방문 혹은 학교를 통해 공문으로 신청
  - 시 · 도교육청 및 교육지원청에 설치
  - 전문상담교사, 전문상담사, 임상심리사, 사회복지사 등 전문 인력 구성
  - 위기학생에 대한 전문적인 진단-상담-치유 실시 및 심층적인 심리 진단 및 평가 서비스 제공
  - 지역사회 내 유관기관과의 연계를 통한 경제적 · 사회적 문제 해결 지원
  - 교사 및 학부모를 대상으로 하는 교육 및 자문 서비스 제공

↓

- Wee 클래스(3차 safe-net): 심각한 위기 상황으로 장기적인 치유, 교육이 필요한 학생. 학교나 Wee 센터에서 의뢰한 학생 또는 학업 중단자
  - 장기위탁교육기관에 교원, 전문상담교사, 전문상담사, 임상심리사, 사회복지사 등 전문가팀 상주
  - 고위기 학생의 장기간 교육, 치유, 교과활동, 직업진로교육, 방과후활동, 상담활동 운영

- 신청방법: 소속학교 → 위탁의뢰 → 접수 → 사전상담 → 심의 및 위탁학생 선정 → 중 · 장기 교육 과정 참여 및 평가 → 수탁해제 → 추수지도
- Wee 프로젝트에 대한 자세한 내용은 홈페이지 www.wee.go.kr에서 확인할 수 있음.

출처: www.wee.go.kr

3 학생 유형별 생활지도 및 상담 도구를 활용한 의사결정 전략

가. 자신의 진로를 고민하는 학생을 위한 상담

이 장의 두 번째 사례에서 본 박이슬 학생은 자신이 무엇을 하고 싶은지, 무엇을 잘 할 수 있는지, 그리고 선택한 진로목표를 달성하기 위해 어떻게 해야 하는지를 알고 싶어한다. 박이슬과 같은 학생은 교사들에게 자신의 진로에 대해 물어볼 가능성이 높다. 이러한 상황에서 교사가 어떤 정보를 어떻게 제공하는가에 따라 박이슬 학생의 진로결정과 이후 삶은 달라질 수 있다. 즉, 진로상담은 학생에게 매우 중요한 경험이 될 수 있다. 따라서 교사는 학생에 대한 오랜 경험뿐 아니라 보다 객관적인 자료를 통해 해당 학생에게 어떤 정보를 제공할 것인가와 같은 매우 중요한 의사결정을 해야 한다.

최근 진로상담에서는 진로성숙, 생애역할의 중요성, 직업적 흥미와 성격 등에 대한 관심이 높아지고 있는데, 이는 기존의 개인 특성을 확인한 후 이에 맞는 직업을 서로 맞추는 접근에서 학생이 스스로 진로를 선택하고 생애과정 동안 스스로 나이와 발달에 맞는 과제에 대처할 수 있는 의사결정능력을 높이는 것을 강조한다. 특히 진로와 관련된 유능감을 획득하는 것을 무엇보다 중요하다고 본다.

진로지도를 위해서는 적절한 진로검사 도구와 단계를 거치는 것이 중요하다.

학생의 진로상담 시 적절한 검사도구를 사용하는 것은 매우 유용하다. 적절한 목적에 부합하는 검사는 단순히 학생의 특성이나 문제를 진단하는 것만이 아니라 학생 스스로 합리적인 의사결정을 할 수 있도록 지원한다. 즉, 적절한 검사도구의 활용은 학생에 대한 정보를 보다 포괄적이고 통합적으로 이해할 수 있는 골격을 제공해 준다. 또한 면담을 통한 정보 수집에 비해 검사도구를 사용할 경우 정보의 신뢰도와 타당도를 높일 수 있다. 특히 상담전문가가 아닌 교사들의 경우 학생들에 대한 편견이나 정보부족으로 잘못된 판단을 할 수 있으며, 학생들 역시 면담 시 자기방어나 표현력 부족으로 면담만을 통해서는 학생을 보다 정확하게 이해하는 데 어려움이 있을 수 있다. 그러나 검사결과로 나타난 수치를 지나치게 맹신하거나 개별학생들의 특성이나 상황에 대한 고려 없이 기계적으로 해석하는 것은 오히려 학생상담에 방해가 될 수 있다(Brown & Brooks, 1991).

진로검사 사용에는 몇 가지 원칙이 있다.

진로검사를 사용하는 데는 몇 가지 원칙을 준수할 필요가 있다(안창규, 박성미, 1999). 첫째, 진로사회화의 원리이다. 이는 검사를 통한 상담은 학생들이 현재 당면한 문제를 해결하는 것도 중요하지만 학생들이 자기 자신, 학업, 여가, 직업 등과 같은 진로세계에 대한 이해를 더욱 확장시켜 나가는 과정이라는 것이다. 둘째, 주도적 참여의 원리이다. 학생들은 검사의 선택, 실시, 해석, 의사결정은 물론 검사 전 · 후 모든 과정에서 자율적, 자기주도적 역할을 해야 한다. 셋째, 생활양식의 통합원리이다. 이 원리는 검사는 단순한 의사결정이나 문제해결의 정답을 얻기 위해서 사용할 수 있지만, 발달적 관점에서 보면 검사는 학생에게 여러 가지 정보를 통합, 조직, 이해할 수 있는 틀을 제공한다. 따라서 보다 융통성 있고 폭넓은 선택의 범위를 다루어야 급변하는 사회의 변화에 융통성 있게 대응할 수 있다는 측면을 강조하는 것이다.

진로검사 도구를 활용한 상담과정은 9단계로 볼 수 있다.

진로검사를 통한 상담과정은 학생이 처한 상황이나 학교의 상담 조건 등에 따라 차이가 있을 수 있다. 안창규와 박성미(1999)는 9단계로 구성된 진로상담 과정을 제시하였다. 각 단계에서의 주요 활동 및 내용을 정리하면 〈표 13-2〉와 같다.

표 13-2 진로검사를 사용한 진로상담의 단계 및 주요 내용

단계	주요 내용
1단계: 초기면접	• 진로탐색의 목적과 내용을 설명한다. • 촉진적 관계형성, 내담자의 자기개방과 관점수용, 다양한 경험과 생활양식의 확인을 통한 문제 이해, 문제의 구체화와 검사선택, 상담의 구조화와 계획을 세운다.
2단계: 검사 실시 및 해석을 위한 준비	• 검사를 실시하고 결과해석 상담을 위한 준비를 한다. • 학생들로 하여금 목표에 내하여 논의할 수 있도록 자극하고, 제공하는 정보가 신뢰할만하고 타당한 정보로서 자신을 이해하고, 진로결정 과정에 도움을 줄 수 있다는 것을 이해하도록 한다.
3단계: 프로파일 형태 확인	• 검사결과에 의한 점수 프로파일은 학생들이 진로를 결정하는 근거가 된다. 상담 전에 프로파일의 형태에 따른 해석의 정확성과 타당성을 위해 내용을 숙지한다. 특히 프로파일이 뚜렷한 특성을 드러내지 못할 경우에는 진로성숙의 부족이 원인일 수 있다. 이때는 다양한 활동을 통해 자신의 특성을 발견하도록 돕는다. • 다른 영역(예, 성격)에 문제가 있다면 적절한 검사를 시행한다.
4단계: 진로유형의 결정	• 학생이 검사 전에 생각했던 진로유형과 일치할수록 검사결과는 보다 신뢰할만하다. • 진료유형과 성격검사결과, 직업흥미, 활동흥미 등의 검사와 비교해 본다. 특히 활동 흥미와 유능감 영역은 중요한 정보를 제공해 준다.
5단계: 자신의 유형 익히기 및 자기이해	• 분명한 특성을 보일 경우 그 결과를 같이 논의하고, 그렇지 않은 경우 다양한 기타 검사결과를 참고로 학생들이 자신의 특성을 보다 잘 이해하고, 이해 적합한 진로를 알 수 있도록 지원한다.
6단계: 학과 및 직업탐색	• 학생의 진로유형에 따른 학과 및 직업에 대해 탐색한다. 유형에 맞는 직업을 소개하고 학생들 스스로 자신의 능력, 경제적 여건, 시간적 여건, 만족감과 행복감 정도, 생활방식, 가족들의 생각 등에 대해 생각할 수 있는 기회를 제공한다.
7단계: 실제 탐색결과 나누기	• 진로와 관련된 탐색결과나 경험을 나누고 학생들이 개별화된 의미를 찾을 수 있도록 한다. 이때 소집단으로 진행하면 효과적이다. 이 과정에서 보다 구체적인 전공학과와 직업의 실제를 탐색하는 과정은 직업세계를 보다 잘 이해하여 학생들의 의사결정에 실제적인 도움을 제공할 수 있다.

8단계: 진로선택 및 진로결정	• 교사(상담사)는 학생과 공동으로 프로파일 확인, 진로유형 결정, 학과 및 직업 탐색, 실제 탐색결과 나누기 등의 작업을 통해 학생 진로선택 및 결정을 하도록 돕는다. 비록 일시적인 목표일지라도 학생들이 진로통로를 이해하고, 만족스러운 삶을 살 수 있도록 도와주며, 추후 다른 진로로 변경할 때에 보다 현명한 결정을 내리는 데 도움을 준다.
9단계: 진로상담의 종결	• 상담을 통해 배운 학습을 강화하는 역할을 하므로 반드시 수행한다. 특히 이 과정에서는 학생과 좋은 관계로 끝맺는 것이 중요하다. • 진로결정 결과가 다른 활동(e.g., 교육이나 훈련 등)과 연결되도록 한다.

출처: 안창규, 박성미(1999).

Holland 검사는 직업적 성격이론에 근거하여 제작된 진로 및 적성탐색검사이다.

홀랜드(Holland)

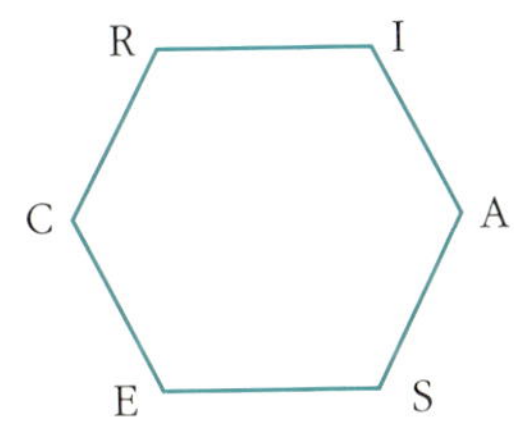

(홀랜드 육각형)

John Lewis Holland(1919. 10. 21.9~2008. 11. 27) 존스 홉킨스 대학 명예교수. Holland Codes 개발자

Holland의 이론은 직업적 흥미는 성격의 일부분이기 때문에 개인의 직업적 흥미에 대한 설명은 곧 개인의 성격에 대한 설명이라고 보았다. 즉, 진로는 성격적 특성과 밀접하게 연관되었다고 본다. 홀랜드(1985)는 성격이론에서 유형론에 초점을 두고 다음과 같은 기본 가정을 설정하였다. 첫째, 대부분의 사람들은 여섯 가지 유형 중 하나로 분류될 수 있다. 둘째, 여섯 가지 종류의 환경이 있다. 각각의 유형에 일치하는 환경 속에 사람들이 머물고 있다. 셋째, 사람들은 자신의 능력과 기술을 발휘하고 태도와 가치를 표현하고 자신에게 맞는 역할을 수행할 수 있는 환경을 찾는다. 넷째, 개인의 행동은 성격과 환경의 상호작용에 의해서 결정된다. 따라서 사람의 성격과 그 사람의 직

업 환경에 대한 지식은 진로선택, 직업변경, 직업성취 등을 예측가능하도록 한다.

Holland 검사는 〈표 13-3〉과 같이 다양한 직업에 종사하는 사람들의 특성에 따라 실재형(Realistic), 탐구형(Investigative), 예술형(Artistics), 사회형(Social), 기업형(Enterprising), 관습형(Conventional)의 6개 직업적 유형인(RIASEC)으로 구분한다(안창규, 박성미, 1999). 이러한 유형은 기질적 특성과 성장기의 환경적인 요인과의 상호작용에 의해 형성된다. 교사는 이 검사를 통해 파악한 학생의 적성을 통해 학령기 이후 보다 만족스러운 삶을 살아갈 수 있는 길을 안내하는 자료로 사용할 수 있다.

표 13-3 Holland의 RIASEC 유형

구분	실재형 (Realistic)	탐구형 (investigative)	예술형 (Artistics)	사회형 (Social)	기업형 (Enterprising)	관습형 (Conventional)
특징	남성적/솔직/검소/과묵/냉정한/성실한/기계적 구체인/실리적/비사교적/고집	탐구심, 호기심 많음/논리적/분석적/합리적/내성적/신중함/정확한/비판적인	상상력/감수성/개방적/독창적/비협동적/직관적/충동적/자유로움/변화 즐김	사람을 좋아함/친철/이해심/봉사적/감정적/이상주의적/외향적/재치/협동적	지배적/통솔력/말 잘함/설득적/경쟁적/야심적/외향적/낙관적/열정적	정확/빈틈없음/조심성/세밀/계획적/변화를 좋아하지 않음/완고함/책임감
적성유능감	• 기계적 운동능력은 있으나 대인관계 부족 • 기술적 능력은 높으나 교육적 능력 부족	• 학구적 지적인 자부심을 가지고 있으며 수학이나 과학적인 능력은 높으나 지도력, 설득력 부족 • 연구능력 높음	• 미술적 음악적 능력은 있으나 사무적 기술부족 • 상징적 자유적 능력은 있으나 체계적 능력 부족	• 사회적 교육적 지도력과 대인관계 능력은 있으나 기계적 과학적 능력 부족	• 적극적, 사회적, 지도력과 언어 능력은 있으나 과학적 능력부족 • 대인 간 설득적 능력 있으나 체계적 능력 부족	• 사무적, 계산적 능력은 있지만 예술적, 상상력 부족 • 체계적, 정확성은 있으나 탐구적, 독창적 능력 부족
생의 목표	기계나 장치의 발견 및 기술사, 전문인, 뛰어난 운동선수	사물이나 현상의 발견 및 과학에 대한 이론적 기여	예술계의 유명인, 독창적인 작품 활동	타인들을 돕고 희생, 존경받는 스승, 치료전문가	사회의 영향력 있는 지도자, 금융과 상업 분야의 전문가	금융과 회계의 전문가, 사무행정 전문가
대표직업	기술자, 자동기계 및 항공기 조종사, 정비사, 농부, 엔지니어, 운동선수	과학자, 인류학자, 지질학자, 의료기술자, 의사	예술가, 작곡가, 음악가, 무대감독, 작가, 배우, 소설가, 미술가	사회복지사, 교육자, 간호사, 유치원 교사, 종교지도자, 상담가, 언어치료사	경영인, 정치가, 판사, 영업사원, 연출가, 관리자 상품구매인, 판매원, 보험회사원	공인회계사, 경제분석가, 은행원, 세무사, 경리사원, 감사원, 안전관리사, 사서, 법무사

출처: 안창규, 박성미(1999), p. 39.

Holland 검사는 진로상담을 위한 하나의 도구이다.

Holland 검사는 개인 및 집단으로 실시 가능하며 총 258문항으로 구성된다. Holland 적성탐색검사는 대학생, 성인, 고3용, 고1-2, 중2-3용이 있으며, Holland 전공발달검사는 초4-중1용이 있다. Holland 적성탐색검사II는 고1-2, 중2-3을 대상으로 사용할 수 있다. 교사는 Holland 검사 결과를 다음과 같은 측면에서 활용 가능하다. 첫째, 학생들의 진로성숙정도를 파악하여 보다 효과적인 진로지도를 할 수 있다. 둘째, 중학교 3학년 학생이 고등학교의 유형(인문계, 실업계 등) 중 어느 것을 선택해야 할지를 결정해야 하는 경우 도움이 된다. 마찬가지로 고등학생의 경우 소위 문과와 이과를 선택할 때 도움이 된다. 셋째, 적성에 맞는 고등학교 진학계열 프로파일 및 특기적성 계발방향에 대한 정보를 제공해줍니다. 넷째, 어떤 직업을 선택할 것인가를 결정하거나 직업의식의 개발 내지는 직업세계에 대한 이해를 촉진시켜 자신의 진로를 명료히 해 줄 수 있는 프로그램에 좋은 지침이 된다(안창규, 안현의, 2005).

RIASEC 각 유형 유형에 따라 진로 상담 전략이 달라질 수 있다.

RIASEC 각 유형 유형별 진로상담 전략을 정리하면 다음과 같다. 단, 개별학생의 유형은 단지 유용한 참고자료라는 것을 인지하고 고정관념과 편견 없이 접근하는 것이 중요하다. 개별 학생별 상담전략을 정리하면 〈표 13-4〉와 같다.

표 13-4 RIASEC 학생유형별 상담전략

유형	상담 전략
실재형	개념적 추상적인 언어를 사용한 진로상담이나 학문적으로 깊이 있는 상담을 피하고, 가능하면 직접경험을 제공해 준다. 체험을 통해 학생 스스로 생각하고 토의하는 것이 보다 효과적이다. 직업에 대해 검증하는 일이 필수적이므로 상담회기는 길어야 한다. 이 유형은 의사결정 과정에서 계획과 고도의 구조화를 요구한다. 보조 자료가 필요하다.
탐구형	자신의 진로를 결정하기 위한 방법론적, 문제해결적 접근방법을 선호한다. 이 유형은 책을 읽거나 교사와의 토론을 통해 정보를 수집하는 경향이 있다. 모험심을 조장하고 해결방안을 탐색해 보도록 한다. 일단, 의사결정 과정을 습득하면 스스로 할 수 있으므로 이것에 맞추어 상담계획을 조정한다.

예술형	자연스럽고 비구조적인 방법이 효과적이다. 이 유형은 직접보거나 듣는 것을 선호한다. 이들의 의사결정은 확실하게 이루어지지 않고, 정보 수집은 창의적으로 이루어지는 경향이 있다. 진로결정을 서두르지 말고 예술과 관련된 이야기나 경험을 조장한다.
사회형	다른 유형보다 상담을 즐기며 상담을 길게 한다. 이 유형에게는 관련 있는 직업에 종사하는 사람들과 이야기해 볼 수 있는 기회를 제공한다. 의사결정 전에 다른 사람과 자신의 경험, 가치 등에 대해 이야기해 보는 것이 필요하다.
기업형	도전적인 특성이 있으므로 도발적인 생각을 불러일으키는 질문을 한다. 자신의 입장을 말하는 것을 보다 좋아한다. 이들은 장기간의 상담을 좋아하지 않으므로 짧게 한다. 책을 통한 정보보다는 직업종사자를 만나거나 장소를 방문해 보도록 한다. 다소 충동적이기 때문에 의사결정 및 계획 수립시 실제적인 조언이 필요하다.
관습형	구조적인 방법에 의한 상담이 효과적이다. 이들은 상담자를 권위자로 여기고, 진로상담 결과가 곧 의사결정이 되는 경향이 있다. 다른 유형에 비해 자기추구를 하지 않으므로 자기발견을 증진시키는 훈련이 도움이 된다.

진로상담 시 교사는 다양한 문제 상황에 직면할 수 있다.

진로상담 시 교사는 흥미가 없거나 낮은 학생, 비현실적인 소망을 가진 학생, 다양한 잠재력을 가진 학생 등을 만날 수 있다. 이러한 학생들에 대해 안창규와 박성미(1999)가 제안하는 주요 상담 전략은 다음과 같다.

◎ 흥미가 없거나 낮은 학생

진로 및 적성에 대해 흥미가 없거나 낮은 학생들은 Holland 검사결과를 보면 긍정응답률이 낮고, 평평한 프로파일을 보이는 경향이 있다. 이들은 세상일이나 직업에 대해 제한된 정보를 가지고 있으며, 자신의 적성이나 진로에 대해 무관심을 보인다. 또한 낮은 자아존중감, 정체성 혼란, 우울증 등을 보이는 경향이 있다. 이런 학생의 경우, 정서나 성격의 문제를 조사하는 MMPI(Minnesota Multiphasic Personality Inventory) 통해 성격검사를 수행할 수 있다. 구체적인 전략을 제시하면 다음과 같다. 첫째, 진로흥미를 파악하여 대화를 통해 참여를 유도한다. 둘째, 한주간의 생활을 기록하도록 한다. 구체적으로 어떻게 시간을 보냈는지에 대해 기록하도록 한다. 학생들은 자신이 경험하는 활동, 장소, 선호 등을 생각하고 교사는 학생에 대한 자료를 수집할 수 있다. 셋째, 흥미를 확인하다. 학생들로 하여금 30~50개의 직업목록을 작성하

한국가이던스

Holland report
적성탐색검사 결과표

안창규 · 안현의 교수 공저

전 세계적으로 진로지도와 상담에서 가장 많이 사용되고 있는 John L Holland의 직업적 성격 유형론에 근거하여 제작된 검사로 미국의 Psychological Assessment Resources, Inc.(PAR)로 부터 한국 저작권 및 출판권을 허가받아 제작된 검사입니다.

학교명/기관명	학년	단과대	과	번호	성 명	검사일
건본대학교				남	홍길동	2011년 06월 17일

>> 나의 Holland 진로코드 유형

S 사회형 77%	E 기업형 75%	I 탐구형 60%

>> 검사결과의 타당도 –검사결과의 신뢰도를 의미합니다.

당신의 진로유형은 몇개의 진로유형으로 말할수 있기 때문에 좀더 자신의 흥미나 가치,성격등을 검토하여 진정한 자신의 진로유형을 찾아내 장래학업,직업,여가생활및 대인관계등에서 일관된 생활방식을 가지게 될때 만족스럽고 성공적인 생활이 될수 있을 것입니다.

>> 검사 전후 우선순위 유형비교

• 검사전에 생각한 나의 진로코드 순위

1	2	3	4	5	6
S	E	C	A	I	R

• 검사를 통해 나타난 나의 진로코드 순위

1	2	3	4	5	6
S	E	I	A	C	R

검사전후간 진로유형이 같게 나타나고 있어서 평소 진로에 관한 자기 이해가 매우 높은 편입니다.

>> 긍정응답률 긍정응답률 설명보기

57 %

>> 영역별 유형 백분율 (단위:%)

영역	전체	활동	성격	유능감	가치	직업	능력평정
유형	SE	EI	SE	SE	AS	ES	SA
R실재형	25	9	50	9	20	21	36
I탐구형	60	64	70	64	80	50	50
A예술형	60	55	60	45	100	43	79
S사회형	77	64	80	91	100	57	86
E기업형	75	82	80	82	80	64	71
C관습형	51	64	40	45	60	43	57

>> 직업적 성격특성 Holland의 직업 성격 유형 직업탐색 및 적용

사람들과 어울리기 좋아 하고, 친절·이해심이 많아 남을 도와 줄려고 하며, 사람들을 잘 설득하고 통솔하여 이끌어 가며, 열성적입니다. 일에 관한 흥미는 남을 이해하고 돕고 봉사하며 가르쳐 주는 활동을 좋아합니다. 또한 단체이익을 위해 다른 사람들을 이끌어가고 통제하여 권력과 명예를 얻거나 경제적 보상을 추구합니다. 능력은 사회적, 교육적 헌신과 대인관계 기술과 능력이 있고, 적극적 열성적인 지도능력과 설득력, 언어능력이 있습니다.

>> 적성에 맞는 직무분야 및 직업 S E

직무분야
교육,훈련,연수,종교,복지,간호,대인봉사,상담,자문,보호,교류협력업무

1. 추가상세자료
보험설계사 경찰관 대학교수 중등교사 직업능력개발훈련교사 초등교사 특수교사 학원강사 아나운서 취재기자 조주사 헤어디자이너 간호사 간호조무사 작업치료사 멀티미디어PD 상품판매원 레크리에이션지도자 여행안내원 이벤트기획자 직업상담사

2. 동영상자료
경영컨설턴트 공인노무사 보험모집인 스포츠마케터 스포츠에이전트 이벤트전문가 파티오거나이저 경찰관 공인중개사 관광상품플래너 독서지도사 레크리에이션지도자 뷰티플래너 브루마스터 예술심리치료사 청소년지도사 학습지교사 웨딩매니저 커피바리스타 애견미용사

>> 적성에 맞는 여가활동

사회게임,종교활동,친목모임,취미단체활동,펜팔,운동모임,동물기르기,후원단체기금조성,노인복지관봉사,오락활동,각종 자원봉사활동,인터넷채팅,노래방,상담자원봉사,교회활동,가족방문하기,캠프상담원 활동,파티참석,모임활동,친목게임,사교댄스,공원산책,수화배우기,일일교사,숙제지도,아이돌보기,요리,레크리에이션 활동,쇼핑하기 등.

>> 적성에 맞는 전공계열

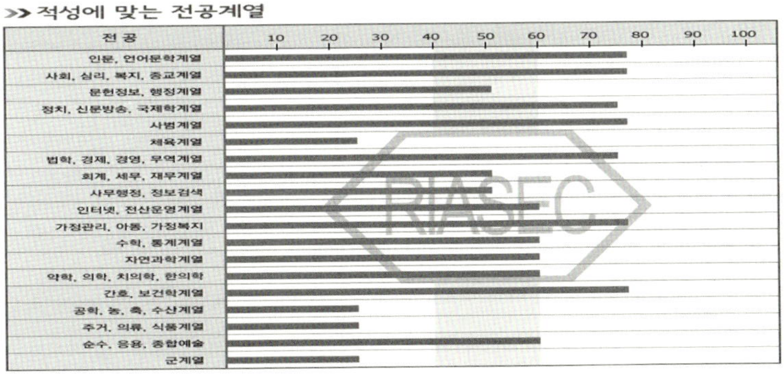

그림 13-1 Holland의 RIASEC 검사결과표 예(출처: http://www.guidance.co.kr)

도록 한다. 가나다 순 혹은 자신이 잘 아는 사람 순으로 작성할 수 있다. 그 중에서 좋아하는 것 10가지와 싫어하는 것 10가지를 고르도록 한다. 넷째, 일과 관련된 경험을 하도록 유도한다. 직업인과의 면담, 직업장소에서 관찰, 시간제 아르바이트 등을 할 수 있다. 다섯째, 의사결정은 후반부에 하며 학생들에게 직업세계를 탐색하면 다양한 일들이 가능하다는 것을 알려준다.

◎ 비현실적인 소망을 지닌 학생

비현실적인 소망을 지닌 유형은 지나치게 낮은 소망을 지닌 학생과 지나치게 높은 소망을 가진 두 유형의 학생이 있다. 이들에게 필요한 것은 현실적 진로선택이다. Holland 검사 결과 비현실적인 소망을 지닌 학생의 경우 긍정응답률이 높고, 비교적 평평한 프로파일을 보이며, 낮은 일관도를 보인다. 이는 잘못된 자기인식, 부적절하거나 잘못된 직업 정보 보유, 하나 이상의 직업선택에 대한 반감을 가진 경향이 있다. 이러한 학생들을 위한 일반적인 상담전략은 다음과 같다. 첫째, 비현실적인 소망에 대해 비판보다는 격려의 분위기로 진행한다. 이 과정을 거쳐 자신의 강점과 약점을 발견하도록 한다. 둘째, 자기지각을 높일 수 있는 검사를 실시한다. 셋째, 능력과 소망이 맞지 않으면 자신의 능력에 대해 과대평가하거나 과소평가한다. 자신의 능력을 과소평가하는 학생은 주로 잘못된 귀인을 한다. 따라서 재귀인 훈련 등을 한다. 넷째, 과대평가하는 경우에는 현실적 감각을 촉진시킨다. 적합성과 접근가능성에 대한 평가가 도움이 된다. 더 많은 직업정보가 필요하다는 것을 이해시키고 진로탐색을 통해 진로결정에 이르게 한다.

◎ 다양한 잠재력을 지닌 학생

다양한 잠재력을 가진 학생은 진로의 과다선택에 직면하며, 의사결정 과정이 쉽지 않을 수 있다. 가치 검사를 통해 직업 가치에 대해서 생각해보도록 권고하며, 첫 번째 선택과 계획을 발전시키도록 한다. 개인의 일생 동안 직업을 바꾸는 것이 가능하다는 것을 알려주고, 미래 진로결정을 미리 할 필요가 없음을 알려준다. 결단력 부족은 문제가 아니라 선택지연을 통해 보다 나은 선택이 가능할 수 있음을 설명하고 격려한다.

나. 자신의 성격적 특성과 강점 및 단점을 잘 모르는 학생

성격검사는 지능이나 적성, 흥미를 측정하는 검사와 달리 개인의 정서적, 사회적 특성과 행동을 중심으로 평가하는 검사를 말한다.

일상에서 '성격(personality)'은 흔히 사용하는 용어이다. 예를 들어, "저 사람은 참 성격이 좋아!" 혹은 "이 일은 내 성격에는 안 맞아!"와 같은 말을 자주 사용한다. 이처럼 성격은 매우 다양한 의미로 사용된다. 그러나 일반적으로 '성격검사'라고 할 때는 지능, 적성, 흥미를 측정하는 검사와 달리 개인의 정서적, 사회적 특성과 행동을 중심으로 평가하는 검사를 말한다. 교육현장에서 학생들의 정서 · 행동, 사회적 특성을 보다 객관적으로 이해하여 학생들을 위한 보다 정확한 의사결정을 수행하기 위해서는 교사들이 필요한 성격검사 도구를 적절히 선택하고 활용할 수 있어야 한다.

성격검사의 활용도는 두 가지 측면에서 볼 수 있다.

성격검사 도구는 어떻게 활용하느냐에 따라 두 가지 측면으로 나누어 볼 수 있다. 첫째, 검사를 통해 자신이나 타인을 보다 잘 이해하기 위해 사용할 수 있다. 예를 들어, 에니어그램(Enneagram)이나 MBTI 검사가 대표적이다. 둘째, 보다 전문적인 상담이나 도움이 필요한 학생에 대한 성격적 특성과 관련한 정보를 얻거나 프로그램의 효과 검증 등 평가를 위한 목적으로 활용할 수도 있다(김동민 외, 2013). 예를 들어, 16PF, CPI, NEO-PI-R 등의 성격검사는 개인에 대한 이해뿐 아니라 평가를 위해 사용할 수 있는 보다 전문적인 성격검사이다. 본 장에서는 학생들에 대한 이해를 돕기 위한 비교적 활용하기 용이한 검사도구를 간단히 소개하고 활용방법을 제시한다.

(1) MBTI 검사

MBTI(Myers-Briggs Type Indicator)는 마이어스(Myers)와 브릭스(Briggs)가 융(Jung)의 심리유형론을 적용하여 일상 속에서 개개인의 성격을 보다 쉽게 검사하여 활용할 수 있도록 개발한 자기보고식 성격유형지표이다.

융은 인간의 행동이 복잡해보이지만 개인의 특성에 따라 몇 가지 유형으로 분석할 수 있다고 보았다. 즉, 사람들이 사람, 사물, 사건, 사실이나 생각을 인식하게 될 때 나타나는 독특한 차이점에 따라 감각(Sensing)과 직관(iNtuition)으로 구분이 가능하며, 이후 인식한 정보에 근거하여 행동을 결정할 때 선호하는 방법에 따라 사고(Thinking)와 감정(Feeling)으로 구분할 수 있다고 보았다. 그리고 이러한 기능을 사용할 때 어떤 태도를 취하는가에 따라 외향(Extraversion)과 내향(Introversion) 및 판단(Judgement)과 인식(Perceiving)으로 구분한다. 외향과 내향은 심리적으로 흐르는 에너지의 방향을 의미하며, 판단과 인식은 생활양식이라고 볼 수 있다. 각 개인은 자신의 선호경향에 따라 4가지 양측지표에 따라 둘 중 하나에 속하게 된다.

성격유형은 4가지 지표에 따라 총 16가지 성격유형이 도출될 수 있다. 16가지 성격유형의 제시는 내향형(I)과 외향형(E), 감각형(S)과 직관형(N), 사고형(T)과 감정형(F), 판단형(J)과 인식형(P)의 순으로 제시한다. 한편, MBTI Form K는 Form G에 문항수를 추가하여 다면척도를 측정하였다. 즉 기존의 선호지표에 다면척도를 덧붙였다. 이때 다면척도는 보다 복합적인 다면성을 보여주기에 적합하여 선호지표에 따른 유형 내에서의 차이를 보다 자세히 설명하는 데 유용하다. 〈표 13-5〉는 이러한 내용을 기반으로 하는 MBTI를 요약 · 정리한 것이다. 음영은 다면적 척도를 보여준다.

표 13-5 MBTI의 성격유형 및 특징과 다면적 척도

EI: 주의 초점 – 주의 집중과 에너지의 방향에 대한 선호		
외향형(E: Extraversion) 폭넓게 사람들과 사귀며, 사교적이고 적극적이며 활동적인 유형. 자신 내부보다는 외부로 관심을 쏟는 편임	능동성-수동성 표현적-보유적 다양한 관계-밀접한 관계 참여적-반추적 열성적-정적	내향형(I: Introversion) 깊이 있는 대인관계를 유지하며, 조용하고 신중하게 집중력 있는 작업을 좋아하는 유형. 에너지 초점이 외부세계보다 자기내부로 향함
SN : 인식기능 – 정보를 인식하는 방식에서의 경향성		
감각형(S: Sensing) 오감에 의존하고 실제의 경험을 중시하며 지금, 현재에 초점을 맞추어 살아가고자 함. 실제적이며 정확한 것을 좋아하고, 관찰 능력이 뛰어나서 상세한 것까지 기억함	구체적-추상적 현실적-창의적 실용적-추론적 경험적-이론적 전통적-독창적	직관형(N: iNtuition) 육감이나 영감에 의존하고 미래지향적이며 현실보다는 가능성과 의미를 추구함. 다양한 아이디어를 가지고 있으며 신속, 비약적으로 일을 처리하는 경향이 있음

TF: 판단기능 – 인식된 정보를 가지고 판단을 내릴 때 쓰는 기능의 선호		
사고형(T: Thinking) 객관적 사실에 관심을 기울이며 사사로운 감정이나 인정에 얽매이기보다 원리원칙에 입각하여 논리적, 분석적으로 판단하려 함	논리적–정서적 이성적–감성적 질문지향–협응지향 비평적–허용적 강인한–온건한	감정형(F: Feeling) 사람과의 관계에 관심이 있으며, 옳고 그름이나 원칙보다는 주관적인 가치와 상대방의 입장을 배려, 조화를 고려하여 판단함
JP: 생활양식 – 외부세계에 대한 태도나 적응에 있어 선호하는 과정		
판단형(J: Judging) 분명한 목적과 방향이 가지고 행동하고자 하며, 계획을 잘 짜며 신속하게 의사결정을 하고 체계적인 생활을 하는 편임	체계성–유연성 목표 지향적–개방적 조기착수–임박착수 계획성–자발성 방법적–가정적	인식형(P: Perceiving) 목적과 방향에 대해 변화의 가능성을 열어놓고 상황에 따라 융통성 있게 행동하며 개방성과 포용성을 가지고 여유롭게 생활하는 편임

출처: http://www.mbti.co.kr

검사의 실시와 활용에 대한 숙지가 중요하다.

MBTI Form K는 온라인 및 지필 검사로 실시가 가능하되, 채점은 컴퓨터 채점만 가능하다. 수기 채점을 원할 경우에는 MBTI Form G를 활용해야 한다. MBTI는 한국 MBTI 연구소가 실시하는 교육과정을 이수한 MBTI 전문가에게 검사의 사용 및 해석 권한을 부여하고 있다. 온라인으로 통해 검사를 할 때에도 전문가를 통해 이용할 수 있다. MBTI의 교육적 활용은 다음과 같다. 첫째, 교육 장면에서 학생들의 성격유형을 이해함으로써 교사와 학생 간, 교사와 부모 간에 원활한 의사소통 및 협조를 가능하게 한다. 둘째, 개개 학생들의 성격유형에 적절한 교수방법을 개발할 수 있다. 셋째, 상담 장면에서 개별 학생의 성격적 특징, 장 · 단점, 선호경향을 보다 잘 이해하여 보다 효과적인 상담이 가능하다. 특히 상담자의 의사결정 과정에 유용한 정보를 제공할 수 있다. 넷째, 학교뿐 아니라 가정에서 가족 구성원들이 서로 보다 잘 이해하여 일상생활에서 발생하는 갈등과 오해를 줄이고 보다 성숙한 관계를 발달시키도록 할 수 있다. 다섯째, 진로지도 및 직업선택 측면에서 학생의 성격 유형을 보다 잘 이해하여 적합한 전공, 직업, 작업환경을 찾는데 도움을 줄 수 있다. 여섯째, 팀워크 측면에서 집단 구성원들의 성격유형을 서로 이해함을 통해 갈등이나 장애를 유발할 수 있는 서로의 성격상 차이점을 이해하고 효율적인 관계를 형성하도록 도울 수 있다.

(2) 에니어그램(Enneargram) 검사

에니어그램은 아홉 개의 점이 있는 그림을 뜻하는 말로 "9"를 의미하는 그리스어 "ennea"와 "점 또는 그림"을 뜻하는 "grammos"의 합성어를 말한다.

에니어그램은 원과 아홉 개의 점, 그 점들을 잇는 선으로 구성된 도형으로 표현될 수 있으며, 이 도형은 서로 연관되어 있는 9개의 성격 유형군을 내포하고 있다. 에니어그램은 중동지방에서 BC 2500년경에 발생한 것으로 추정된다. 1900년대 초에 러시아의 그루지예프(Gurdjicff)가 서구 사회에 처음 소개한 것으로 알려져 있다. 현대 에니어그램 사상을 정립한 것은 이하조(Ichazo)이나, 심리학과 접목시켜 현재 사용하는 심리검사의 이론적 기반을 정립한 것은 예수회에서 에니어그램을 배운 후 스탠포드 대학에서 에니어그램을 연구한 리소(Riso)이다. 국내에는 2001년에 윤운성이 개발한 한국형 에니어그램 성격유형검사(KEPTI: Korean Enneagram Psychological Type Indicator)와 2007년 이은하가 개발한 에니어그램 심리역동검사(Enneagram Psychological Dynamic Indicator: EPDI)가 활용되고 있다. 여기에서는 EPDI를 중심으로 살펴보도록 하겠다.

9개 성격 유형

에니어그램을 이해하기 위해서는 우선 힘의 중심에 따른 세 가지 분류와 아홉 가지의 기본 성격 유형을 파악해야 한다. 에니어그램에서는 성격 유형을 힘의 중심에 따라 장중심, 가슴중심, 머리중심의 세 가지로 나누고 있다. 사람들은 누구나 이 세 중심을 모두 가지고 있으나 그 중 한 중심에서 나오는 힘이 다른 두 중심의 힘보다 우세하며, 특히 스트레스 상황이나 부정적인 상황일 때 먼저 사용하는 의식과 관련된 신체기관이 그 사람의 중심이 된다고 본다. 힘의 중심과 성격 유형을 간단하게 정리하면 〈표 13-6〉과 같다.

표 13-6 에니어그램의 힘의 중심 및 성격유형

힘의 중심	성격 유형	특성	장·단점
가슴 중심	2유형 협조형	자신보다는 타인의 욕구를 돌보고 타인에게 도움을 주고자 함	• 장점: 정이 많고 마음이 넓음. 친절하고 세심함. 사람을 잘 돌봄. 눈치가 빠름. 다른 사람의 기분을 잘 이해하고 칭찬해 줌 • 단점: 헌신의 뒷면에 대가를 바란다는 욕구가 있음. 남을 돌보느라 자신의 문제를 보지 못함. 뭐든지 돌려서 표현함. 타인을 조종하고 독점하려함. 감정이 너무 강해 논리적이지 못함. 히스테리가 심함
	3유형 성공형	효율을 중시하며 성공하기 위해 노력하며, 인간관계에서 좋은 인상을 주고자 함	• 장점: 유능하고 어디서나 주목받음. 자신감이 많고, 판단력과 화술이 뛰어남. 정열적이고 실용적임 • 단점: 남을 쉽게 믿지 않고 자기도취에 빠지기 쉬움. 자만과 잘난 척이 심함. 지나치게 경쟁적이고 적대적임. '성공이냐 실패냐'만을 인생의 가치로 봄. 약삭빠르고 자신에게 이익이 되는 행동만을 함
	4유형 개인형	특별한 사람이라고 스스로 자부하며 느낌과 표현력이 풍부함	• 장점: 따뜻하고 이해심이 많음. 자기성찰이 뛰어나고, 독창적이고 개성이 뚜렷함. 예술적 재능이 있고, 감수성이 풍부함 • 단점: 사소한 일에도 쉽게 상처받고 우울해지고, 자의식과 죄책감이 지나치게 심함. 지나치게 내성적임. 감정의 기복이 심하고, 자신에게 지나치게 몰입해서 다른 사람에게 무심함
머리 중심	5유형 관찰형	지식을 쌓아가는 것을 좋아하며 뛰어난 분석력과 통찰력을 바탕으로 객관적으로 파악하고자 함	• 장점: 분석적이고 객관적임. 현명하고 끈기가 있음. 통찰력과 자제력이 뛰어나고 지적이고 사려 깊다. 지식이 풍부함 • 단점: 오만하고 고집이 세며 지식을 나누기를 아까워한다. 흠잡기를 좋아하고 지나치게 내성적이고 소극적임. 참여하지도 않은 일에 대해 한걸음 물러서서 판단만 함. 행동하기 전에 항상 생각을 너무 하느라 막상 행동하지 못할 때가 많음
	6유형 수호형	책임감이 강하며, 신뢰를 중요하게 여기며 약속, 체계, 틀을 지키고자 함	• 장점: 규범과 규칙에 충실하며 공동체의식이 강함. 주변과 조화롭게 지내며 정이 많고 다른 사람을 잘 돌봄. 책임감 있고 호감을 줌 • 단점: 지나치게 신중하고 피해 망상적이다. 자기방어가 심하고 사고에 융통성이 없음. 화를 잘 내고. 안전하고 확실한 것이 아니면 절대 하지 않음. 자신감과 주체성이 없이 남이 시키는 대로만 하려고 함. 우유부단하고 지나치게 보수적임. 자립심이 부족함
	7유형 이상형	낙천적이며 밝고 명랑하고, 아이디어가 풍부하며 호기심이 많아 즐거움을 추구함	• 장점: 항상 남들을 즐겁게 해 주고 자신감과 자주성이 강함. 상상력과 호기심이 많고 건설적이고 변화를 추구함. 다재다능함 • 단점: 자기도취적이고 충동적임. 한 가지에 오래 집중하지 못하고 낙관주의가 과장되어 있음. 깊은 인간관계를 회피하는 경향이 있음. 쉽게 열광적인 상태에 빠지고 고통에 대한 공포가 지나치게 심함

장 중심	8유형 대결형	용기와 힘이 넘치며, 성실하며 약자를 보호하고자 하며, 자신이 옳다는 것을 위해 전력을 다해 싸움	• 장점: 단도직입적이고 단호함. 자신감이 넘치고 성실하며 게으름을 피우지 않음. 상대방에게 안정감을 주고 남다른 행동력이 있음 • 단점: 남을 조종하려 하고 지나치게 반항적이고 오만함. 고집이 세고 자신이 원하는 것만을 중요하게 생각함. 자신만의 정의를 너무 추구하며 자신의 행동을 부끄러워하지 않음. 자신의 약점과 한계를 인정하지 않고 파괴적이고 독재적임.
	9유형 보존형	갈등과 긴장을 피하고자 하며 인내심이 강한 조화와 평가를 바람	• 장점: 붙임성이 있고 온순하며 인내심이 강하다. 포용력이 많고 편견이 없음. 타인의 입장에서 생각함 • 단점: 현실적 대처능력이 부족하고, 자신에게 무관심함. 강박관념이 심하고, 둔감하고 수동적임. 타인에게 지나치게 쉽게 동일시하며 자신의 의견을 표현하지 못함. 자아존중감이 낮고 게으르고 나태함
	1유형 성취형	공정함과 정의, 자제력을 바탕으로 매사에 완벽을 추구함	• 장점: 매사에 완벽하고 끝맺음이 정확함. 공정하고 정직하며 깔끔하다. 자제력이 있으며 믿음직함 • 단점: 세부사항에 지나치게 집착하고 지나치게 비판적임. 인간관계를 별로 중요시하지 않고 독선적이고 강박적임. 매우 완고하며 사소한 일에 걱정이 많고, 흠잡기를 좋아함

에니어그램의 아홉 가지 성격 유형은 원에 나열되어 있으며, 자신의 유형의 좌우에 있는 유형들을 날개라고 표현한다. 기본 성격 유형이 같더라도 우세한 날개가 다름으로 인해 전체적 성격이 달라질 수 있으며, 양쪽 날개가 균형을 이룰 때에 최고의 능률을 발휘한다고 본다. 아홉 가지 성격 유형은 개인의 심리적 성장과 퇴보에 따라 역동적으로 움직이며, 스트레스가 없는 편안한 상태와 스트레스 상황에 따라 통합 방향과 퇴보 방향으로 달리 움직인다고 한다. 이러한 이론적 배경 하에 에니어그램의 정량적 접근을 택한 심리검사들은 아홉 가지 유형을 판별해 내기 위한 유형검사를 개발하였다.

에니어그램 검사의 실시와 활용법

2007년 이은하가 개발한 EPDI는 초등학교 4학년부터 성인을 대상으로 표준화되었으며, 5점 척도로 구성되어 있다. 초등학교 4학년~6학년 대상인 아동용 EPDI는 총 108문항, 청소년용은 135문항, 대학생과 성인용은 108문항으로 이루어져 있다. 아래 그림은 성인용 EPDI검사의 결과표이다. 9개 유형을 힘의 중심으로 구분하여 점수를 표현하고 있으며, 9개 유형간의 균형 있는 발달여부를 원의 모양을 통해 가시화하여

기관명	성별	성명	검사일
견본대학교	남자	홍길동	2011.06.17

>>_ 검사결과 프로파일 (A형) <타고난 기질> - 내가 타고난 욕구가 무엇인지 알려줍니다.

홍길동님의 기본성격유형은 5유형에 최고점수 37점입니다. (힘의 중심: 머리중심, 날개성향: 6 날개, 통합 방향- 8번 영역) 일반적으로 각 기질별 평균점수는 35-40점정도이며 이 점수는 자신성격유형의 발달정도를 나

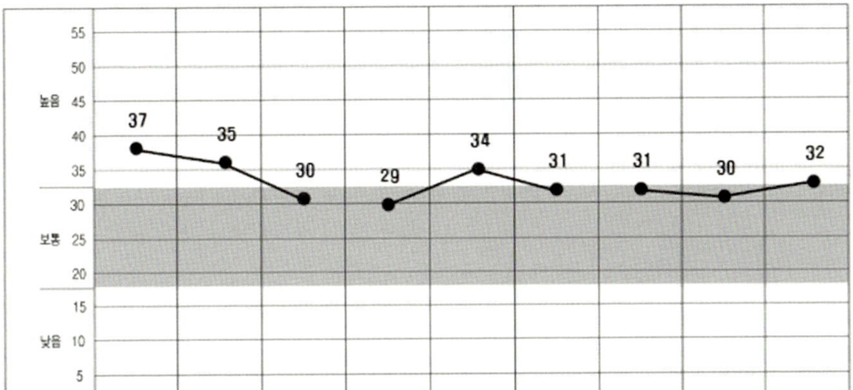

성격유형	5(전지)	6(안전)	7(행복)	4(독특)	3(성공)	2(사랑)	1(완전)	9(평화)	8(힘)
척도명	머리중심 (생각)			가슴중심 (감정)			배중심 (행동)		

1) 점수의 범위
: 전체 원에서 표현하는 점수의 범위에 따른 성향

① 43 - 50점
- 지나치게 성향이 드러나 돌출됨
② 37 - 42점
- 안정적인 성향을 보임.원만
③ 36 - 25점
- 소극적인 성향을 보임.불안
④ 25점 이하
- 극도로 위축된 성향

2) 원의 모양

① 원만한 원모양의 경우
:균형적인 자아기능.모나지 않은 원만한 경향을 의미합니다.
② 윤곽이 불규칙한 원모양의 경우
:전체적으로 쓰는 성향은 자주 쓰고 쓰지 않는 성향은 표현되지 않는 모습입니다.
③ 경사가 교차한 원모양의 경우
:표면적으로 표출되는 강한 성향과 내면적으로 부족감을 느끼는 약한 성향의 차가 심하게 나타남.충동적으로 보이거나 불안할 수 있습니다.
④ 원은 원만하나 점수가 매우 낮은 작은 원의 경우
:자신감.힘이 부족하고 자신이 결여되어있는 모습입니다.

▼ 균형 있는 내 모습 살펴보기

타고난 욕구를 얼마나 골고루 발휘하고 있는가를 살펴볼 수 있습니다.
- 전체적으로 굵은 원에 가까울수록 타고난 욕구를 균형적으로 쓰는 것으로 보입니다.

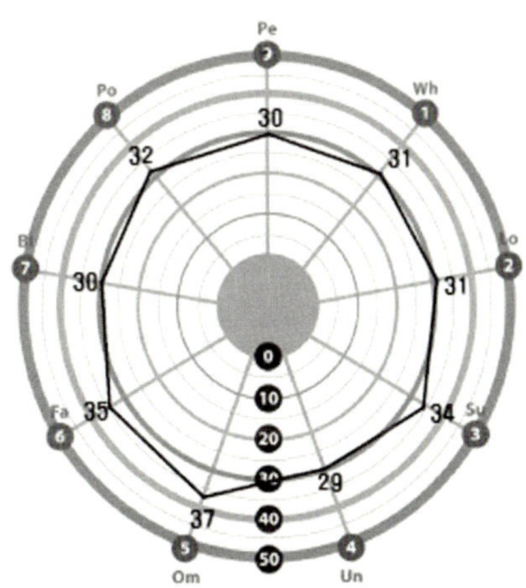

그림 13-2 에니어그램 EPDI(성인용) 검사결과표 예

출처: http://www.guidance.co.kr

보여주고 있다.

(3) 표준인성검사

표준인성검사는 한국행동과학연구소에서 2000년 개발한 것으로 학교 현장에서의 아동지도에 도움을 제공하고자 제작한 것이다.

초등학교 3학년에서 6학년을 대상으로 하며 일상생활, 학교생활과 관련된 성격 파악을 통해 교사는 물론 학부모 역시 학생 상담에 유용하게 사용할 수 있도록 제작하였다. 표준인성검사에서 측정하는 성격 요인은 10개로 구성된다. 표준인성 이외에 2004년에는 학교생활적응도와 학습습관 척도를 개발하였다, 〈표 13-7〉은 이를 간단히 정리한 것이다. 학교생활적응정도에 따라서는 '소극적이고 위축된 태도' '활달하

표 13-7 성격요인 및 내용

척도	내용
사교성	사교적이고 활달하며 낯선 상황에서도 사람들과 잘 어울리고 자기를 표현하는데 주저하지 않는 정도
지배성	대인관계에서 주도권을 잡고 리더십을 발휘하기를 좋아하고 다른 사람과의 경쟁을 두려워하지 않는 정도
활동성	사교성과 밀접한 관계가 있으며 사회적 상호작용에서의 활력, 표현력과 외부활동의 선호 정도
성실성	규칙과 질서에 대해 철저하며, 양심적이고 주인의식이 강한 정도
자기존중감	사회적인 활동성 정도와는 관계없이 안정되어 있고 개인적 가치관을 가지고 있으며 자신에 대해서 확신감을 갖는 정도
정서적 안정성	자기감정에 대해 스스로 판단, 인식하고 조절할 줄 알아, 감정에 치우치지 않고 자신의 생활태도를 유지해 나가는 정도
충동통제력	자기통제의 적절성 정도, 충동성과 자기중심에서 벗어날 수 있는 정도, 규칙과 규율에 동조하는 정도
스트레스 인내력	정서적 안정성과 관련되어 있으며, 스트레스 상황에서 견뎌낼 수 있는 정도
흥미성향	흥미의 남성지향성, 여성지향성의 정도로, 점수가 높을수록 전통적으로 남성적이라고 평가되는 흥미나 특성이 강함
개방성	어떤 사실에 대해 성급히 판단하기를 삼가고, 다양한 관점과 가치를 개방적으로 수용하는 사회적 태도와 신념의 정도

나 독단적인 교우관계' '공동생활 참여의식 부족' '책임의식, 성실성 부족'으로 구분하였고, 학습습관은 '인내심, 끈기 부족' '자신감, 의욕부족' '정서적 불안, 스트레스'로 구분하였다.

지필검사와 온라인 검사 모두 가능하다. 지필검사 구매 및 온라인 검사 실시는 아이진로(www.ijinro.com)의 홈페이지를 통해 가능하며, 약 30분 이내에 검사를 실시할 수 있다. 표준인성검사는 검사 개발 단계부터 일선 교사 및 학부모 입장에서 도움이 될 만한 학업문제 및 교우문제와 관련한 성격 특성 관련 정보를 제공하고자 하는 목적으로 개발되었기 때문에 활용도 역시 이와 관련되어 생각해볼 수 있다. 첫째, 성격적으로 부적응 상태에 빠져 있거나 일상생활에서 학업문제와 교우문제 등의 여러 어려움을 겪고 있는 지 파악해볼 수 있다. 둘째, 성격적으로 건강하다고 판단되는 학생들의 경우도 각자의 성격특성을 충분히 살려 자신의 능력을 발휘할 수 있도록 도움을 주기 위한 개인 이해용으로 활용될 수 있다.

다. 정서 · 행동 문제를 가지고 있는 학생

중학교 2학년인 여름이는 교사로부터 지우개를 교실 바닥에 던지는 문제행동 때문에 자주 혼이 난다. 교사 역시 왜 여름이가 교사의 지적과 타임아웃 등 처벌에도 불구하고 끊임없이 지우개를 던지는 문제행동을 하는지 알 수 없다. 특히 여름이는 만약 교사가 혼내면 심하지는 않지만 지속적으로 코를 킁킁거리는 행동을 보인다.

정서 · 행동에 문제가 있는 학생이 교사에게 가장 어려운 학생유형 중 하나이다.

정서 · 행동 문제는 학습문제와 함께 나타나는 경향이 있다. 학생의 정서 · 행동 문제를 지원하기 위한 일반적인 접근전략은 크게 생태학적 진단과 효과적인 중재로 구분할 수 있을 것이다. 우선 학생들이 생활하고 있는 다양한 환경과 상태에 대한 종합적인 정보 수집과 평가를 해야 한다. 이후 다양한 정보를 기반으로 다양한 검사 도구를 병행하여 아동의 구체적인 정서적인 약점을 진단 및 평가해야 한다. 이후 개별 학생의 정서 · 행동인 문제를 해결하기 위한 효과적인 중재전략 개발이 필요하다. 이러한 접근이 가능하기 위해서는 보다 엄밀한 수준의 정서·행동에 대한 특성 평가와 문제행동의 원인을 알아내기 위한 다양한 방법이 필요하다. 한편, 학교 현장에서 접할 수 있는 정서·행동 문제의 유형을 간단히 보면 아래와 같다.

- 불안장애: 지나친 두려움과 걱정 등에 의하여 나타나는 부적응적인 정서적 상태나 행동으로 일반화된 불안장애, 공포증(물건이나 상황에 대해 비현실적으로 과도한 두려움을 보임), 강박장애, 섭식장애, 공황장애(명백한 이유 없이 극단적인 불안이 매우 빨리 그리고 자주 강하게 나타나며 심박수 증가, 떨림, 극도의 두려움 등 신체적, 인지적 증상이 동반됨), 외상후 스트레스 장애(극도로 스트레스를 받거나 충격적인 사건 후에 나타나는 정서적 불안), 선택적 함묵증 등이 해당
- 기분장애: 정서적으로 과도하게 의기소침하거나 반대로 지나치게 고취된 상태로 때때로 양극단의 정서적 상태를 번갈아 보이기도 함. 양극장애와 우울증이 해당함
- 반항장애: 거부적이고 적대적이며 불순종적이고 반항적인 행동을 보임
- 품행장애: 학교생활, 가정생활 등 사회적 기능을 심각하게 방해하는 반사회적 행동을 지속적으로 보임
- 정신불열증: 망상, 환각 및 환청, 근거 없는 공포감, 체계적이지 못한 언어사용, 제한된 정서표현, 무감각이나 근육 긴장으로 나타나는 긴장성 분열증, 현실 감각의 상실, 위축 등을 보임
- 뚜렛증후군: 얼굴 찡그리기, 목청 가다듬기, 발로 차기, 코 킁킁 거리기 등의 신체 및 음정 틱장애를 보임. 유전적인 신경학적 문제임
- 기분부전장애: 주요 우울증장애와 증상이 비슷하되, 그 정도가 경하면서 2년 이상 지속됨

표준화된 검사도구의 활용이 문제해결의 좋은 출발점이 된다.

학생의 사회 · 정서적인 특징을 알아내기 위한 도구는 매우 다양하다. 간단히 자주 활용되는 도구를 소개하면 다음과 같다. 「K-CBCL」(the Child Behavior Checklist)은 Achenbach(1991)가 아동 · 청소년의 다양한 행동 및 정서적인 문제를 진단하기 위해 개발한 CBCL을 오경자 외(1997)가 한국의 아동과 청소년을 대상으로 번안하여 표준화한 것이다. K-CBCL은 대상아동의 부모가 평정하도록 되어 있다. K-CBCL이 대상아동의 부모가 평정한다면, 「청소년 행동평가척도-자기보고형」(Youth Self-Report; YSR)은 청소년 자신이 평정하며, 「아동 · 청소년 행동평가척도 교사용」(Teacher's Report Form; TRF)은 교사가 평정하도록 되어 있다. 그 외에 청소년 성격평가 질문지(Adolescent Personality Assessment Inventory: PAI-A)는 중 · 고등학생들의 성격 및 적응적 문제를 평가하기 위한 것으로 청소년 자신이 평정하도록 되어 있다(이승희, 2010).

라. 학업 고민하는 학생

우리나라처럼 학업성취가 중요한 사회에서 학생들의 스트레스는 더욱 심할 수밖에 없다. 오르지 않는 성적은 학생들의 학교생활은 물론 일상 속에서 다양한 문제를 유발하는 요인이 된다. 따라서 성적이 오르지 않는 학생의 경우에는 학습의 문제를 보다 정확하게 진단하는 것이 무엇보다 중요하다. 학업으로 고민하는 학생의 유형은 매우 다양하다. 김창대 외(1994)는 12가지 유형을 정리하여 제시하였다.

학업으로 고민하는 학생을 상담할 경우, 일단 교사는 학생들의 행동을 관찰하여 특성을 파악할 필요가 있다. 특성에 대한 파악 후에는 학생들의 문제를 적극적으로 해결하는 과정이 수반되어 한다. 일반적으로 문제해결은 ① 문제찾기 ② 문제의 정의 ③ 대안탐색 ④ 대안의 적용 ⑤ 문제의 해결 순으로 진행된다.

우선, 문제찾기 단계에서는 학생들의 학습기능 및 현행 수준 혹은 학습특성에 대한 데이터를 수집하여 문제를 찾아낸다. 표준화 검사의 경우에는 초등학생은 '기초학습기능검사'와 '기초학습기능수행평가체제', '한국판학습장애 평가 척도' 등을 사용

학업 고민의 유형

- 시험불안: 시험에 따른 불안감과 압박감, 스트레스를 갖는 경우
- 공부 자체에 대해 회의와 의문: 공부가 필요한가에 대한 의문과 회의를 갖는 경우
- 집중력 부족: 주의산만, 잡념 등 집중력이 부족해서 공부에 부정적인 영향을 미치는 경우
- 공부방법 문제: 효과적으로 공부하는 방법을 모르거나 부적절한 방법으로 공부하여 성적에 부정적인 영향을 미치는 경우
- 공부에 대한 반감: 공부하는 것 자체를 싫어해서 공부를 하지 않은 경우로 공부 자체에 대한 회의나 의문을 가지진 않는 경우
- 노력을 했는데 성적이 안 오름: 나름대로 공부를 하려고 하고 또 실제로 했으나 뚜렷한 이유 없이 결과가 좋지 않음
- 성적 저하 및 저조로 인한 걱정과 스트레스: 성적이 떨어지거나 오르지 않아서 걱정과 스트레스를 겪는 경우
- 능력부족: 낮은 지능이나 기억력이 학습에 부정적인 영향을 미치는 경우
- 공부 습관 미 형성: 공부를 하고자 하는 마음은 있는데 단지 그것이 체계적인 습관으로 형성되지 않은 경우
- 공부에 대한 동기 부족: 공부에 대한 반감은 없으나 공부를 하는 마음이 부족한 경우
- 성적에 대한 집착: 공부의 질적인 면에 치중하기보다는 양적인 결과, 즉 점수와 등수에 얽매여서 심한 경쟁심을 느끼고 스트레스를 받는 경우
- 성적으로 인한 관계에서의 문제: 공부나 성적 문제로 인해 친구나 부모, 교사와의 관계에서 어려움이 있는 경우

출처: 김창대 외(2014).

할 수 있다. 문제의 정의 단계에서는 현재의 학생 수준과 도달해야 할 수준을 정하여 그 차이를 분명하게 기술한다. 대안 탐색에서는 어떻게 하면 목표에 도달할 것인가에 대한 계획을 세운다. 대안의 적용에서는 주기적으로 학생의 진전도 상황을 확인하고, 문제가 해결되면 종료한다.

성적이 오르지 않는 학생의 상담의 경우, 상담 내용은 공부 방법 혹은 학습전략에 대한 지도와 오르지 않는 성적으로 인해 발생하는 정서적, 사회적 문제를 진단하

여 도움을 제공하는 것이 중요하다. 공부방법이나 학습전략에 대한 세부적인 지도방법은 본 장의 범위를 벗어나지만 교과 담당교사와 연계하여 학생의 현 학습방법에서의 장 · 단점을 찾아 학생과 함께 해결책을 찾을 필요가 있다. 상담에서 보다 어려운 학생은 학업적인 문제와 정서적인 어려움을 함께 가지고 있는 학생이다. 예를 들어, 자기통제 및 자기규제가 어려운 학생, 자기결정과 자기옹호가 부족한 학생, 방어적 수준이 높은 학생, 불안감이 높은 학생, 학습된 무기력이 있는 학생, 잘못된 귀인을 하는 학생, 사회적 고립을 겪는 학생, 민감한 기질을 가진 학생, 낮은 자아개념을 가진 학생 등이다.

방어적 수준이 높은 학생은 교사의 세밀한 관찰과 지원이 필요하다.

학습에서 어려움을 겪는 학생 중에는 다음과 같은 방어적 수준이 높은 학생을 접할 수 있다. 아래 사례에서 보람이는 학습실패를 더욱 악화시키는 방어적 성향을 잘 보여준다. 보람이가 다른 사람들에게 어리석게 보이지 않기 위해 행하는 전략은 단기적인 효과는 있지만 장기적으로 보람이의 수행능력, 동료와의 관계를 악화시키는 결과를 초래할 수 있다. 방어적 성향이 강한 학생을 위한 일반적인 접근 전략은 다음과 같다.

> 보람이는 초등학교 3학년 학생으로 자신이 학급에서 가장 형편없는 학생 중의 하나라고 생각한다. 그래서 보람이는 다른 학생들에게 자신의 수행수준이 알려질까 봐 항상 전전긍긍한다. 보람이는 친구나 선생님에게 멍청하게 보이지 않기 위해 선생님께 의도적으로 질문을 하고, 과제물을 마치고도 다른 급우보다 오랫동안 가지않고 있다. 시험 중에는 자신이 시험에는 관심이 없다는 것을 보여주기 위해 친구들의 관심을 끄는 행동을 한다. 또한 항상 과제가 주어지면 실패할 경우를 대비해 실패의 다양한 원인을 찾고 변명거리를 준비한다.

방어적 성향이 강한 학생을 위해서는 자신의 힘으로 성공할 수 있다는 신념을 갖도록 하고, 실패를 회피하는 데 노력하기보다는 성공을 추구하는 데 보다 노력하도록 하기 위해 실패에 따라오는 부정적인 결과를 제거해 준다. 그리고 실현 가능한 성공 기준을 제시한다. 특히 실패에 대한 불안을 줄여주기 위해 초기 실패를 적극적으로 수용하도록 하고 비슷한 유형의 학습자를 제시하는 것도 유용하다. 그리고 계속하면 잘 될 거라는 기대감을 제의하면서 공개적으로 자신의 능력과 노력이 인정받을 수 있도록 지속적으로 학습에 참여시킨다. 이 과정을 통해 실패가 아니라 아직 성공하지 못하고 있는 것으로 학생의 인식을 전환시킨다(한국학습장애학회, 2014; Eggen & Kauchak, 2006).

주의력결핍과 과잉행동은 교사들에게도 힘든 학생이지만 학생들 스스로에게도 자신이 설정한 목표를 달성하는 데 심각한 방해요소가 된다.

교육 현장에서 우리는 아래 민준이과 같은 학생을 만날 수 있다. 민준이는 개인의 통제의식의 문제가 아니라 주의력결핍과 과잉행동(Affention Deficit Hyperactivity Disorder: ADHD)이라는 정서 · 행동 측면에서 장애를 가진 경우이다.

민준이는 친구들과 싸우거나 수업 중에 돌아다니는 돌발행동을 보인다. 선생님이 수업내용을 말하는 도중 영 수업내용에 집중을 못하고, 만들기를 하거나 운동은 잘 하지만 수업 중 과제가 주어졌을 때 지시에 따라 집중해서 완수하는데 문제가 있다. 또한 과제를 수행하는 중에 다른 친구들을 방해하는 행동을 자주 보인다. 손발을 가만히 두지 못하고 의자에 앉아서도 계속 몸을 움직이며 부적절한 상황에서 과도하게 뛰거나 기어 올라가기도 한다. 지속적인 정신적 노력이 필요한 과제(학교 과제나 숙제)에 참여하기를 피하거나 싫어한다.

ADHD는 교사는 물론 학생도 매우 어려운 상황에 처하게 한다. 이에 교사는 보다 신뢰로운 검사를 통해 ADHD를 보이는 학생을 진단하여 지원전략을 수립해야 한다. 교사들이 사용할 수 있는 ADHD 진단도구는 다음과 같다. 우선 「K-ADHDDS」는 한국주의력결핍 · 과잉행동장애 진단검사(Korean Attention Deficit Hyperactivity Disorder Diagnostic Scale: K-ADHDDS)로서 미국 정신건강통계편람(DSM-IV-TR)

의 내용을 기초로 국내에서 윤치연(2004)이 국내 실정에 맞게 수정하여 만든 것이다. K-ADHDDS는 과잉행동, 충동성, 부주의로 구성된다. 총 문항은 36개이며 0~2의 척도로 구성되었다. 결과에서는 ADHD 지수와 백분위 점수를 제공한다.

다음으로 「FAIR 주의집중검사」는 유형별 주의력을 측정하기 위해 개발된 검사도구이다. 이 도구는 독일의 Frankfurt Aufmerksamkeitsinventar(FAIR)를 한국 실정에 맞게 표준화 한 것이다. 대상은 8세 이상의 아동, 청소년, 성인들을 대상으로 실시할 수 있다. FAIR 주의력집중검사에서는 주의력의 기능을 구성하는 자기통제, 선택적 주의, 지속적 주의를 측정한다. FAIR 주의력집중검사는 검사1과 검사2로 구성되어 있으며 각 검사는 320개의 문항이 제시되어 있다. FAIR 주의력집중검사는 능력치수(performance value: P), 품질치수(quality value: Q), 지속성치수(continuity: C)를 제공한다. P는 주어진 시간 안에 얼마나 많은 양의 정보를 방해자극에 영향을 받지 않으면서 얼마나 정확하게 수행하는가에 대한 지표이며, Q는 정확성과 속도와의 딜레마 상황에서 정보를 얼마나 정확하게 처리하는가와 관련된 지표이다. C는 뇌 에너지의 활성화 지표이다.

객관적인 검사를 통해 만약 학생이 ADHD를 보이는 경우에는 다음과 같은 전략을 취할 수 있다(한국학습장애학회, 2014; Eggen & Kauchak, 2006).

- 자기통제 의식을 높여주기 위해 절차지향의 칭찬이나 피드백을 제공한다. "이 글은 민수가 이야기하고 싶은 내용을 참 명료하게 썼네!" "민수가 이번 과학시

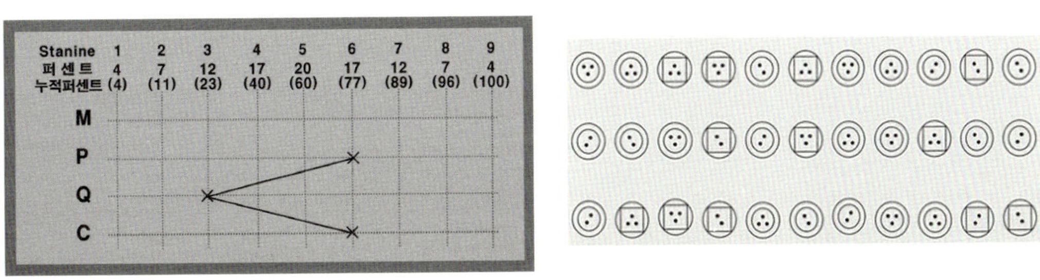

그림 13-3 FAIR 주의력집중검사

험을 잘 보기 위해 공부에 집중하였구나!"와 같은 피드백을 제공한다.

- 학생들 스스로 자신의 성취 혹은 발달 정도를 확인할 수 있는 절차나 전략을 활용한다. 예를 들어, 학생 스스로 자기목표 수준에 도달하는 과정을 확인할 수 있도록 개인 점검표를 시각적으로 제시하면 보다 효과적이다.
- 학생들에게 스스로 목표로 설정한 적절한 행동을 수행하지 못한 실패에 대한 책임감을 느끼도록 조장한다. "민수는 왜 수업 후 학교에 남아 있다고 생각하니?"와 같은 질문을 한 후 분명히 왜 그런지에 대해 설명한다. 동일하게 학생들이 성공에 대한 책임감을 느낄 수 있는 기회를 제공한다.
- 학생들이 스스로 자기통제 및 자기규제에 성공한 사례에 대해 설명하도록 한다. 특히, 다른 사람이 잘한 것을 보여주기보다는 우연이라도 본인이 잘한 것을 보여주는 것이 효과적이다. 이때 교사는 학생이 우연히 잘한 것을 임의로 편집한 동영상 형태로 제공하는 것도 효과적이다.
- 학생의 행위와 결과를 연결시킨다. "민수가 주어진 과제를 10분 동안 집중했더니 아주 잘 마무리하였구나!"와 같이 말한다. "잘했어!" "아주 잘 했네!"보다는 "넌 정말로 과제를 마치기 위해 집중을 잘했구나. 수학 과제를 아주 잘 마무리했네. 만약 더 도움이 필요하면 말하렴." 그리고 과제 수행에 대해 "어떻게 느꼈니?"라는 진술을 통해 학생의 자기반성과 자기통제 의식을 높여준다.

4 사례 분석

사례 1 **박 교사는 이번 방학 중 생활지도 및 학생상담에 대한 20시간 직무연수를 들으면서 지난 학기 했던 진로상담을 되돌아 볼 수 있었다. 특히 연수를 통해 지난 학기 수현이에 대한 진로상담 과정이 그리 효과적이지 않았다는 것을 알게 되었다. 지난 학기 수현이에 대한 박 교사의 상담 경험을 간단히 정리하면 다음과 같다.**

중학교 3학년인 수현이는 박 교사에게 자신의 진로에 대해 상담하고 싶어 찾아왔다. 수현이는 자신에게 어떤 직업이 보다 잘 맞는지 알고 싶었다. 이에 박 교사는 수현이에게 직업은 자신이 좋아하면 무엇이든 좋다고 말하였다. 열심히 공부해서 경제적, 사회적으로 좋은 직업이라고 알려진 것들을 선택하면 좋다고 알려주었다. 그래서 우리 사회에서 인기 있는 공무원, 금융관련 직업, 연구원, 교사 등이 경제적으로 비교적 안정적이고 사회적으로 인정을 받을 수 있는 직업이라고 알려주었다. 수현이는 상담에 대해 만족하는 것으로 보였다. 상담은 1회만 이루어졌고 수현이도 다행히 부모님과 비슷한 상담 내용에 만족하는 것으로 보였다.

질문 1: 박 교사는 직무연수 후 왜 지난 학기 수현이에 대한 진로상담 내용에 대해 만족할 수 없었을까?

질문 2: 박 교사는 새 학기에 이번 직무연수를 통해 배운 내용을 바탕으로 수현이에 대한 진로상담을 다시 시도하려 한다. 특히 이번에는 진로검사 도구를 사용할 예정이다. 수현이의 진로상담을 위해 박 교사는 어떤 문제해결 과정을 거쳐야 할까?

사례 2 **국어를 가르치고 있는 송 교사는 어느 날 지현이의 글짓기를 보았다. 송 교사가 읽은 지현이의 글짓기 내용 중 일부는 다음과 같다.**

> 나는 많은 사람들과 친하게 지내지는 않지만 친한 친구와 아주 깊이 있는 관계를 유지한다. 나는 보고 듣고 만질 수 있는 경험이 무엇보다 가장 중요하다고 생각한다. 나는 육감이나 영감을 중요시하는 사람들이 잘 이해되지 않는다. 요즘 사람들은 분명한 목적과 방향을 가지고 행동하고, 계획을 세우고, 의사결정을 하는 데 나는 그것보다는 변화의 가능성을 열어 놓고 상황에 따라 융통성 있게 행동해야 한다고 생각한다. 나는 왜 다른 사람들과 다를까? 나는 어떤 사람이지?……나는 요즘 걱정이 너무 많다. 학교 성적도, 친구문제도, 앞으로의 진로문제도, 부모님과의 관계도 걱정이 앞선다. 또 이상하게 마음이 위축되어 친구들과 어울리기가 쉽지 않다. 친구들이 가끔 놀리기도 하고, 자주 내가 쓸모없는 사람처럼 여겨진다.……요즘 자주 어머니에게 거짓말을 하는 것이 마음에 걸린다. 나는 왜 이럴까?

질문 1: 송 교사는 지현이에 대한 상담이 필요해 보였다. 우선 두 가지 측면에서 지현이에 대한 상담을 진행할 계획을 세웠다. 송 교사가 지현이의 글짓기를 통해 상담이 필요하다고 생각한 이유는 무엇일까?

질문 2: 송 교사가 만약 MBTI를 통해 지현이의 성격유형과 특징을 알아냈다면, 이 검사결과를 어떻게 활용하는 것이 적합할까?

5 주요 개념

주요 개념	설명
생활지도 (Guidance)	학생들의 성장과 발달을 촉진하기 위한 예방적 차원의 활동으로, 학생들에게 정보나 조언을 제공하여 그들의 의사결정을 돕는 활동
상담 (Counseling)	학생이 직면한 문제의 심각한 정도로 보면 생활지도와 심리치료의 중간 정도로 학교생활 적응에 문제가 되는 행동이나 태도의 변화, 사고나 심리적 갈등의 해결을 목표로 하는 활동
심리치료 (Psychotherapy)	주로 비교적 심각한 정신적인 문제를 가지고 있는 학생들을 대상으로 하며, 진단과 치료에 초점을 둔 활동
Holland 검사	직업적 성격이론에 근거하여 제작된 진로 및 적성탐색검사
성격검사	지능이나 적성, 흥미를 측정하는 검사와 달리 개인의 정서적, 사회적 특성과 행동을 중심으로 평가하는 검사
MBTI 검사	Myers와 Briggs가 Jung의 심리유형론을 적용하여 일상 속에서 개개인의 성격을 보다 쉽게 검사하여 활용할 수 있도록 개발한 자기보고식 성격유형지표
에니어그램 검사	에니어그램은 원과 아홉 개의 점, 그 점들을 잇는 선으로 구성된 도형으로 표현될 수 있으며, 이 도형은 서로 연관되어 있는 9개의 성격 유형군을 내포함
주의력결핍과 과잉행동 (ADHD)	과잉행동, 충동성, 주의력 결핍에서 다양한 증세(6가지 이상의 준거 행동)가 나타나고 6개월 이상 지속되는 정서 · 행동 문제 유형

6 연습문제

1. 다음 세 교사의 대화 중 대화의 내용이 적절한 교사들 누구인가?

(강 교사) 기훈이는 공부한 만큼 성적이 나오지 않는 편이라 공부 방법을 개선하고 싶어 해요. 저는 일단, 기훈이의 학습문제를 진단하기 위해 MBTI를 실행 후 적절한 교수학습 방법을 찾을까 합니다.

(임 교사) 수정이는 평소에 지나치게 예민하고 압박감을 많이 느끼며 불안해하는 것 같아요. 혹시 정서장애를 가지고 있지는 않은지 진단해 볼 필요가 있어요.

(최 교사) 철수는 기말고사를 앞두고, '이번 시험은 틀림없이 망칠 것이고, 난 결국 인생의 실패자가 될 거야'라고 생각하고 있어요. 철수에게 왜 이번 시험을 망칠 것이라고 확신하는지, 또 시험에 한두 번 실패 안 해 본 사람이 어디 있으며, 설령 시험성적이 원하는 만큼 나오지 않는다고 해도 그것이 어떻게 인생의 실패와 관련되는지를 생각해 보도록 하여 합리적인 신념을 갖게 하고자 합니다.

(홍 교사) 에니어그램은 성격검사 도구로 진로지도를 하기에는 적합하지 않은 것 같아요. 그래서 저는 Holland 검사만 사용하려고 합니다.

	(가)	(나)	(다)
①	강 교사	임 교사	최 교사
②	임 교사	최 교사	
③	강 교사	최 교사	홍 교사
④	임 교사	홍 교사	
⑤	최 교사	홍 교사	

2. 다음 내용 중 가장 옳은 것은 무엇인가?

① 학교 내에서 교사의 역할과 상담자의 역할을 실질적으로 구분하기 어렵다. 상담자 역시 교사가 되어야 효과적인 학생지도가 가능하다.

② 생활지도와 상담은 학교 현장에서 명확히 구분하여 진행할 필요가 있다. 이 둘은 실제 구분이 쉬우며, 구분해야 효과적이다.

③ 심리치료는 심리상담에 비해 그 심각성이 덜 할 경우에 해당한다.

④ 진로지도 시 학생은 아직 경험이 부족하기 때문에 교사 주도로 진행하는 것이 효과적이다.

⑤ 진로검사는 학생이 직면한 문제를 해결하기 위한 여러 단계 중 하나로 중요한 정보를 수집하는 과정이다.

3. 진로상담 시 직면할 수 있는 상담이 어려운 학생에 대한 설명이다. 가장 옳지 않은 것은 무엇인가?

① 흥미가 없는 학생은 Holland 검사결과를 보면 긍정응답률이 낮고, 평평한 프로파일을 보이는 경향이 있다.

② 진로 흥미가 없는 경우에는 30-50개의 직업목록을 작성하도록 한 후 자신이 잘 아는 사람 순으로 정리하게 하는 활동을 할 수 있다.

③ 비현실적인 소망을 하는 학생이라도 격려를 통해 자신의 장점과 단점을 파악할 수 있는 기회를 제공한다.

④ 자신의 능력을 과소평가하는 학생의 경우에는 귀인보다는 검사도구의 문제인 경우가 많다.

⑤ 다양한 잠재력을 지닌 학생의 경우에는 가치 검사를 수행한다.

4. 성격적 특성이나 장 · 단점 등을 모르는 학생에 대한 설명이다. 가장 옳은 것은 무엇인가?

① 성격검사는 학생들의 문제해결보다는 특징적인 성격적 문제점을 조기에 진단하는 것이 핵심적인 목적이다.

② MBTI 검사는 16가지 성격유형을 도출할 수 있으며, 이러한 유형에 따라 개개 학생에게 맞는 교육방법을 찾을 수 있다.

③ 에니어그램은 융의 심리학에 기반을 둔 심리분석 도구이다.

④ 에니어그램에서는 9개의 성격유형을 구분하며 스트레스에 상관없이 일관된 모습을 보인다는 장점이 있다.

⑤ 성격검사는 교사들이 보다 객관적인 의사결정을 하는 데 오히려 방해가 되는 제한점이 있다.

5. 다음 중 성격이 다른 것들을 포함하는 것은 무엇인가?

① MBTI-CPI

② K · CBCL-YSR

③ Holland-에니어그램

④ 실재형-탐구형-예술형

⑤ 관찰형-이상형-대결형

6. 정서 · 행동 문제로 학교생활에 적응하지 못하는 학생이 있다. 다음은 정서 · 행동장애 유형의 주요 특성 중 일부이다. (가)~(다)에 해당하는 정서 · 행동 장애 유형이 바르게 짝지어진 것은?

> (가) 여러 사건이나 활동에 대한 지나친 불안이나 또는 걱정(염려스러운 예견)이 적어도 6개월 동안, 최소한 한 번에 며칠 이상 발생한다. 걱정을 조절하는 것이 어렵다는 것을 스스로 인식한다. 안절부절못함, 쉽게 피로해짐, 집중 곤란, 쉽게 화를 냄, 과민 기분, 근육 긴장, 수면 문제 등과 같은 부수적 증상을 3개 이상 동반한다.
>
> (나) 비합리적인 생각을 반복하거나 특정 의식 또는 행동을 반복한다. 이러한 소모적이고 심각한 사고 또는 행동이 과도하거나 불합리하다는 것을 스스로 인식한다. 흔히 오염에 대한 생각, 반복적 의심 등과 더불어 반복적인 손 씻기, 정돈하기 등의 행동을 한다.
>
> (다) 적어도 2년 동안 하루의 대부분이 우울하고 우울하지 않은 날보다 우울한 날이 더 많다. 아동과 청소년은 최소한 1년 이상 과민한 상태를 보이기도 한다. 식욕 부진 또는 과식, 불면 또는 수면과다, 기력 저하 또는 피로감, 자존감 저하, 절망감 등과 같은 부수적 증상을 2개 이상 동반한다.

	(가)	(나)	(다)
①	외상후스트레스장애	기분부전장애	양극성장애
②	외상후스트레스장애	강박장애	주요우울장애
③	범불안장애	강박장애	기분부전장애
④	공항장애	분리불안장애	기분부전장애
⑤	범불안장애	공항장애	주요우울장애

참고문헌

김동민, 강태훈, 김명식, 박소연, 배주미, 선혜연, 이기정, 이수현, 최정윤(2013). 심리검사와 상담. 서울: 학지사.

김창대, 이정윤, 이영선, 남상인(1994). 청소년문제유형분류체계: 기초연구. 서울: 청소년대화의 광장.

박영신, 김의철, 탁수연(2005). 청소년과 부모의 실패와 미래성취 의식을 통해 본 한국인의 성취관련 토착심리. 한국심리학회지: 사회문제, 11(2), 73-108.

안창규, 박성미(1999). 진로 및 적성탐색검사를 활용한 상담모형. 한국진로상담학회지, 4(1), 21-51.

안창규, 안현의(2005). Holland 진로발달검사. 서울: 한국가이던스.

오경자, 이혜련, 홍강의, 하은혜(2001). K_TSR 청소년 자기행동평정척도. (주) 휴노컨설팅.

이승희(2010). 특수교육평가. 서울: 학지사.

한국학습장애학회(2014). 학습장애총론. 서울: 학지사.

Achenbach, T. M. (1991). Child behavior checklist/4-18. Burlington: University of Vermont.

BROWN, G. P., AND R. J. BROOKS. 1991. Thermal and behavioral responses to feeding in free-ranging turtles, *Journal of Herpetology, 25*(3), 273-278.

Connell, J. P., & Wellborn, J. G. (1991). *Competence, autonomy, and relatedness: A motivational analysis of self-system processes.*

Eggen, P., & Kauchak, D. (2006). 교육심리학: 교육실제를 보는 창(신종호 외 역). 파주: 학지사. (원출판년도 2004). Educational Psychology: Windows on classroom. New Jersey: Prentice Hall.

Holland, J. L. (1985). *Making vocational choices: A theory of vocational personalities and work environments.* Englewood Cliffs, N. J.: Prentice-Hall.

제14장

학습동기와 학업상담

"내가 하는 일을 사랑했다."

〈스티브 잡스의 스탠포드 대학 졸업식 연설(2005. 6. 12)〉

나는 내 삶의 이른 시기에 하고 싶은 것을 발견한 행운을 가졌습니다. 우즈(스티브 우즈니액, 애플 공동창업자)와 나는 애플을 우리 부모님의 차고에서 시작했습니다. 그때 나는 스무 살이었습니다. 우리는 열심히 일했습니다. 10년이 지난 후 애플은, 우리 둘만의 차고에서 20억 달러에다 4000명의 직원을 가진 회사로 성장했습니다.

우리는 우리의 가장 훌륭한 발명품인 매킨토시 컴퓨터를 1년 빨리 시장에 출시했는데 그때 나는 막 서른 살이 될 때였습니다. 그리고 나는 해고를 당했습니다... (중략)... 그러나 어떤 것이 내게 떠오르기 시작했습니다. 나는 여전히 내가 하는 일을 사랑하고 있다는 것이었습니다. 애플에서의 일이 그것을 조금도 바꾸진 않았습니다. 나는 거부당했지만, 여전히 내 일을 사랑하고 있다는 것입니다. 나는 새롭게 출발하기로 결심했습니다.

인생이란 때론 여러분들을 고통스럽게 하지만, 신념을 잃지 말기 바랍니다. 나를 이끌어 간 유일한 것은, 내가 하는 일을 사랑했다는 것이었다고 나는 믿습니다. 여러분들은 여러분이 사랑하는 것을 찾아야 합니다. 당신이 사랑하는 사람을 찾는 것과 마찬가지로 일에서도 같습니다.

여러분이 하는 일은 여러분 인생의 많은 부분을 채울 것입니다. 여러분이 진정으로 만족하는 유일한 길은 여러분 스스로 훌륭하다고 믿는 일을 하는 것입니다. 그리고 훌륭한 일을 하는 유일한 길은 여러분이 하는 일을 사랑하는 것입니다. 만일 그것을 아직 찾지 못했다면, 계속 찾으십시오. 주저앉지 마십시오. 언젠가 그것을 발견할 때 여러분은 마음으로부터 그것을 알게 될 것입니다. 그리고 어떤 훌륭한 관계에서처럼, 그것은 해가 지나면서 점점 좋아질 것입니다. 그러므로 그것을 발견할 때까지 계속 찾으십시오. 주저앉지 마십시오.

스티브 잡스는 자신이 사랑하는 일을 했고 그 일 자체가 계속 그 일에 매진하게 만드는 동기가 되었다. 자신이 하는 일을 사랑했을 뿐 아니라, 그 일이 어떤 의미가 있는지를 삶의 고비마다 새롭게 되새겼기에 주저앉지 않고 전진할 수 있었다.

1 동기의 정의

동기는 "목표를 지향하는 활동이 시작되고 지속되고 완수되도록 이끄는 심리적 과정"이다.

우리는 다양한 이유나 목표로 특정 행동을 시작하거나 지속하게 된다.

- 배가 고파서 집 안을 다 뒤지며 먹을 것을 찾았다.
- 동산이는 퍼즐을 조립하는 것을 너무 좋아해서 틈나는 대로 퍼즐을 조립한다.
- 민혁이는 책을 한 권 읽을 때마다 엄마에게 용돈을 받는다. 좋아하는 장난감을 사기 위해 쉽게 읽히는 책들 위주로 책을 읽고 있다.
- 은주는 엄마의 잔소리를 피하기 위해 저녁 먹기 전에 학교숙제를 끝내버렸다.
- 영희는 어렵고 힘든 과제가 자신에게 결국은 득이 될 거라고 생각하고 열심히 과제를 하였다.
- 철수는 자기가 영어를 잘 못하는 것이 드러날까 봐 영어시간에는 될 수 있으면 고개를 숙이고 수업 활동에도 소극적으로 참여한다.

위의 예시에서 개개인은 먹을 것을 찾기 위해, 흥미로워서, 엄마에게 용돈을 받기 위해, 엄마 잔소리를 피하기 위해, 자신의 미래를 위해, 자신의 실력이 드러나는 것을 피하기 위해 행동을 시작하고 지속한다. 이러한 행동의 이유나 목표 때문에 개인은 신체적, 정신적 활동에 참여하고 그 활동을 유지한다. '동기(motivation)'는 이처럼 개인이 어떤 일을 시작하고 지속하며 완수하도록 이끄는 힘으로, 개인의 행동에 에너지와 방향을 제공하는 기반이 된다(Schunk, Pintrich, & Meece, 2008).

동기화된 상태에서는 주어진 활동에 몰두하고 적극적으로 참여한다.

그렇다면 학습에 동기를 가진 학습자는 어떤 모습으로 학습과정에 임할까? 동기는 눈으로 관찰할 수 없기 때문에 행동이나 언어적 표현으로부터 추론할 수밖에 없다

(Schunk, Pintrich, & Meece, 2008). 동기부여된 학습자는 주어진 과제에 집중하고 과제를 해결하기 위해 노력을 기울인다. 이러한 노력은 단기간에 그치는 것이 아니라 해당 과제를 완수할 때까지 지속된다. 그리고 흥미를 가지고 과제에 임하며 과제를 해결하는 과정에서 즐거운 감정을 경험하기도 한다. 자신의 과제를 효과적으로 수행하기 위해 학습계획을 짜거나 노트필기를 하는 등 자신에게 맞는 학습전략을 활용한다. 그리고 자신의 학습태도나 방법을 상황에 맞게 변화시키거나 감정을 다스리는 등 자신을 효과적으로 조절하려고 노력한다. 학습과정에서도 적극적으로 자신의 의견을 표현하며 주도적으로 수업활동에 참여한다.

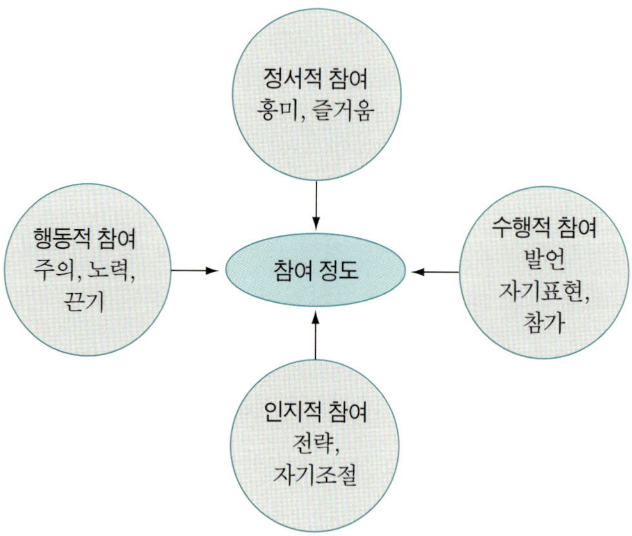

그림 14-1 과제 참여에서 드러나는 동기화된 지표

출처: Reeve, 2009.

2 내재동기와 외재동기

가. 내재동기와 외재동기의 의미

학생들이 공부 하는 것에 흥미를 느끼고 즐거워한다면 교사들에게 가르치는 일은 그렇게 힘든 일이 되지 않을 것이다. 학생들에게 공부는 그 자체가 만족감을 주는 보상의 역할을 하기 때문이다. 그러나 과연 공부를 하는 것이 흥미롭고 즐거워서 학교에 오는 학생들은 얼마나 될까? 아마도 대부분의 학생들은 공부를 하는 즐거움보다는 다른 이유 때문에 수업에 임할 것이다. 부모님의 기대를 충족시키기 위해서, 원하는 학교에 입학하기 위해서, 보장된 미래를 위해서 등, 공부를 하면 얻게 될 앞으로의 결과를 위해 자신을 재촉하며 공부할지도 모른다. 어떠한 상태가 배우고 성장하는 과정에서 더 유익한 것일까? 각각의 동기 상태는 학습자를 어떠한 과정으로 이끌게 될까?

내재동기는 과제 그 자체가 즐겁고 보상의 역할을 하기 때문에 지속하게 되는 동기이다.

동기에 대한 전통적인 관점은 동기를 내재동기(intrinsic motivation)와 외재동기(extrinsic motivation)로 구분한다. 내재동기는 자신이 하고 있는 활동 그 자체가 흥미롭고 즐거워서 그 활동을 하고자 하는 동기를 말한다. 그림을 그리는 것에 흥미를 느끼고 즐겁게 그림을 그릴 때, 그림을 그리는 활동은 내재동기에 의한 것이다. 어린 아이들이 호기심과 재미로 퍼즐조각을 맞추는 놀이에 몰입해 있을 때, 아이들을 움직이게 하는 동기는 내재동기라고 할 수 있다. 내재동기를 가지고 그림을 그리거나 퍼즐을 맞출 때, 더 큰 즐거움을 맛보기 위해 더 높은 난이도의 과제에 도전하는 모험을 감수한다. 그러한 과정이 자신에게 심리적 만족감(유능감, 자율성, 연결됨의 욕구 충족)을 주기 때문이다. 과제에 대한 자신의 흥미, 즐거움, 자율적 태도에 기반한 내재동기는 개인이 보다 창의적으로 과제를 수행하고 깊이 있는 이해에 도달하도록 돕는다.

이처럼 내재동기를 가지고 있는 사람에게는 해당 과제를 하는 자체가 보상의 역할을 하기 때문에 주변의 제약에 흔들리거나 외부적인 보상에 좌우되지 않고 해당 활동에 몰입할 수 있다(Reeve, 2009; Schunk, Pintrich, & Meece, 2008).

외재동기는 해당 활동이 다른 일의 수단이 되기 때문에 그 활동을 하게 되는 동기를 말한다.

외재동기는, 해당 활동을 하는 주된 동기가 다른 목적을 이루는 수단이 되기 때문에 활동을 하는 동기이다. 예를 들어, A학점을 쉽게 받을 수 있기 때문에 특정 과목을 수강하거나, 부모님이나 교사를 만족시키기 위해 공부를 하는 것과 같이 과제 그 자체가 즐겁거나 흥미로워서가 아니라 다른 이유 때문에 그 활동을 하게 되는 동기를 말한다(Wolfolk, 2001). 외적인 동기를 가지고 있는 사람은 그 과제를 통해서 자신이 원하는 결과—과제를 통해서 얻게 될 보상이나 그 일의 결과, 타인의 인정이나 칭찬, 부정적인 결과를 회피하는 것 등—를 얻을 수 있다고 믿기 때문에 해당 과제를 수행한다(Schunk, Pintrich, & Meece, 2008).

외재동기를 가진 사람은 자신이 얻고자 하는 결과를 위해 열심히 주어진 과제에 임할 수 있지만 때로는 원하는 결과만 얻기만 한다면 과제 자체를 충실히 수행하는 것에 큰 가치를 부여하지 않을 수도 있다. 학습과정에서 깊이 있는 이해를 통해 자신을 성장시키려고 도전하기 보다는 보상을 얻을 수 있는 수준에 머무를 수 있다. 예를 들어, 개념에 대한 깊은 이해보다는 사실적 정보를 암기해버리는 것에 만족하고 깊이

표 14-1 내재동기와 외재동기

유형	특성
내재동기	• 해당 활동 자체에 대하여 흥미와 즐거움을 느껴서 활동을 하고자 한다. • 해당 활동 자체가 보상의 역할을 하므로 주변의 제약이나 외부적 보상에 의존하지 않는다.
외재동기	• 해당 활동이 다른 목적을 이루는 수단이 되기에 그 활동을 하고자 한다. • 해당 활동을 통해 얻게 될 보상이나 자신이 원하는 결과를 얻을 수 있다고 믿기에 활동을 한다.

생각하지 않고 빨리 대답해 버리거나, 보상이 없으면 자신의 행동을 조절하기 힘들다거나 하는 모습을 보인다(Reeve, 2009).

나. 외적 보상과 내재동기

과정당화가설(overjustification hypothesis): 내재동기를 느끼는 활동에 보상을 주는 경우 내재동기가 감소할 수 있다.

학생들이 학습과정에서 흥미와 즐거움을 느끼기 위해서는 어느 정도 필요한 지식이나 기술을 터득하고 익숙해 질 필요가 있다. 그러나 많은 학생들이 학습에 대한 내재동기를 느끼기 전에 학습에 대한 어려움을 느끼거나 관심을 잃는 경우가 많다. 이때문에 학교현장에서는 다양한 방법을 통해 학습에 대한 외재동기를 높이려고 노력한다. 내재동기가 없는 학생들에게 다양한 종류의 보상을 통해서 학생들의 학습동기를 끌어올리려고 한다. 예를 들어, 과제를 잘 수행하면 스티커를 주고 일정 숫자의 스티커를 모으면 학생이 원하는 물건이나 보상으로 바꾸어 준다거나, 성적이 높은 학생에게 상장을 수여하는 등 학교나 사회에서 사용하는 보상의 종류는 무궁무진하다.

보상이나 벌을 제공하는 사람의 입장에서 보상은 원하는 행동을 이끌어낼 수 있는 것으로 보인다. 스티커를 받으려고 학생들이 조용히 교실활동에 임하거나 취업에서 필요한 자격을 갖추고자 열심히 영어공부를 하는 것으로 보이기 때문이다. 과연, 보상에 바탕을 둔 외재동기는 내재동기로 연결될 수 있을까? 아래의 실험은 일상적으로 사용하는 보상이 내재동기를 감소시킬 수 있는 가능성을 경고한다.

'과정당화 가설' 에 대한 실험(Lepper, Greene, & Nisbett, 1973)

이 실험에서는 그림을 그리기를 좋아하는 아동을 세 집단으로 나누어 그림을 그리게 하고 집단에 따라 보상을 달리하였다. 첫 번째 집단의 아동에게는 그림을 그리면 상을 주겠다고 설명하고 그림을 다 그리면 선물을 제공하였다. 두 번째 집단에게는 사전에 선물에 대한 언급을 하지 않았지만 아동이 그림을

> 다 그린 후에 첫 번째 집단과 동일한 선물을 제공하였다. 마지막 집단에게는 사전에 선물에 대한 예고를 하지도 않았고 그림을 그린 것에 대한 보상도 제공하지 않았다. 1-2주 후에 이들 아동이 자유롭게 그림을 그리는 시간을 전체 시간과 대비하여 관찰한 결과, 보상을 받지 않은 집단이나 예고없이 보상을 받은 집단의 아동들은 이전과 유사한 정도로 그림 그리는 행동의 비율을 보여주었다. 그러나 보상을 기대하고 그림을 그렸던 집단의 아동들은 다른 집단에 비해 그림을 그리는 행동의 비율이 감소하였다. 뿐만 아니라 사전에 예고된 보상을 받은 집단은 그림에 대한 질적평가에서도 낮은 평가를 받았다. 그림에 대한 노력이나 집중도가 저하되면서 그림에 대한 질적 수준도 낮아진 것이다.

위의 실험은 내재동기를 가지고 있는 활동에 대해 사전에 예고를 하고 보상을 제공하였을 경우 보상이 내재동기를 손상시킬 수 있는 가능성을 보여주고 있다. 자신이 좋아서 하는 행동이 다른 목적을 달성하기 위한 수단이라는 것을 인식하게 되면서 그 활동에 대한 흥미가 떨어진 것이다. 그렇다면 모든 유형의 보상은 내재동기를 감소시키는 것일까?

보상이 수행에 대해 정보적 역할을 할 때 보상은 교육적으로 긍정적인 역할을 하게 된다.

바람직한 행동의 빈도를 늘리기 위하여 보상(물질적 보상, 언어적 보상 등)을 활용하는 방법은 일상에서 가장 빈번하게 활용되고 있다. 그러나 모든 보상이 효과적인 것은 아니다. 인지평가이론(cognitive evaluation theory)에 따르면, 보상이 자신의 수행에 대한 정보를 제공해준다고 여길 때 개인은 자신에 대한 유능감을 향상시키면서 내재동기를 지속할 수 있다. 반면, 보상을 통해 자신이 통제당한다고 느낄 때 보상은 개인의 자율성을 하락시켜 내재동기를 훼손시킨다. 이처럼 통제적인 보상은 내재적인 동기에 부정적인 영향을 미치지만, 정보적인 보상은 내재적인 동기에 긍정적인 영향을 미치게 된다(Schunk, Pintrich, & Meece, 2008).

보상을 효과적으로 활용하기 위해서는 아래 사항을 고려해 보자.

① 학습자가 내재동기를 느끼지 못하는 과제나 행동의 초기 단계에 보상을 활용하되 학습자가 행동습관이 형성되거나 흥미를 느끼기 시작하면 보상을 줄이고 과제의 가치를 깨달을 수 있도록 유도한다.
② 보상을 받게 될 바람직한 행동의 유형을 구체적으로 설명해주어 학습자 스스로 해당 행동에 대한 명확한 상을 그리도록 도와주어야 한다.
③ 보상의 효과는 개인에 따라 달라진다. 학습자의 관심, 발달수준, 흥미를 면밀히 관찰하여 보상의 유형을 결정하되 학습자와 보상에 대해 상의하는 방법도 고려할 수 있다.
④ 과제를 끝냈다거나 활동에 참여했다는 것만으로 보상을 주기보다는 학습자는 수행의 질에 따라 차별적인 보상을 제공한다. 이럴 경우, 보상은 수행에 대한 정보제공의 역할을 하게 된다.
⑤ 다양한 맥락이나 사람에게서 강화를 받는 행동이 효과적으로 형성된다. 학교에서 교사 간 협조체제, 학교-부모 간 협조체제를 통해 공동으로 노력하는 것이 필요하다.

모든 칭찬이 긍정적인 역할을 수행하는 것은 아니다.

칭찬은 '고래도 춤추게 한다'고 할 만큼 칭찬의 긍정적인 역할은 지대하다. 그러나 칭찬의 긍정적인 역할만큼 부정적인 영향력도 간과할 수 없을 만큼 크다. 칭찬이나 피드백을 효과적으로 활용하기 위해 아래의 사항들을 점검해 보자.

① 칭찬이나 피드백의 구체적인 근거를 제시하면 학습자는 수행과정에서 중요한 부분이 무엇인지를 파악하게 되고 다음 수행에서도 고려하게 된다.
② 진심어린 태도로 칭찬이나 피드백을 제공하여야 한다.
③ 능력이나 인격에 대한 칭찬이나 피드백("너, 천재다", "정말 똑똑하구나", "착하구나")보다는 노력하는 모습, 구체적으로 잘 한 부분에 대해 언급한다.
④ 전체적인 피드백이 필요할 때도 있지만 개별화된 피드백을 통해 학생들은 교사가 자신에 대해 관심을 가지고 있다는 것을 느끼고 스스로에 대해서도 더

잘 이해하게 된다.

다. 자기결정성 이론

자기결정의 정도에 따라 외재동기는 크게 타율적 동기와 자율적 동기로 구분된다.

내재동기와 외재동기를 대립적으로 바라보는 입장에서는 내재동기는 바람직하지만 외재동기는 지양하고 극복해야 할 것으로 간주한다. 그러나 주어진 과제에 흥미를 느끼거나 즐거워하지는 않아도 과제가 자신의 세운 목표를 달성하는 데 중요한 역할을 할 것이라는 것을 이해하고 자율적으로 과제를 수행하는 동기는 외재동기이지만 매우 긍정적인 특성을 지닌다.

자기결정이론(self-determination theory)에서는 주어진 과제의 가치를 스스로 이해하고 자율적으로 과제에 임하는 동기는, 비록 내적 흥미나 즐거움에 기반하지 않더라도 자기결정적인 동기라고 간주한다. 자기결정성을 동기의 원천으로 바라보는 자기결정이론에서는 동기를 자율적으로 행동하려는 경향과 외부의 조건이나 타인에 의해 통제 당하려는 경향 간의 상호작용의 산물로 바라본다. 자율성의 정도에 따라 동기의 유형과 행동조절의 유형이 달라지기 때문에 자율성의 여부에 따라 외재동기 내에서도 서로 다른 동기 유형이 존재한다(Ryan & Deci, 2006).

[그림 14-2]에서 제시되었듯이 자기결정과 자신의 행동에 대한 스스로의 통제가 전혀 없는 무동기로부터 점차적으로 자기결정성과 자기통제가 점점 더 강해지는 외적조절(extrinsic regulation), 부과된 조절(introjected regulation), 확인된 조절(identified regulation), 통합된 조절(integrated regulation) 순으로 외재동기의 유형이 나눠진다(Ryan & Deci, 2000). 보상이나 처벌에 의해 동기가 부여되는 외적 조절이나 타인의 관심이나 인정에 의해 과제를 수행하는 부과된 조절이 타율적인 동기의 유형이다. 반면에 과제에 가치를 부여하며 자율적인 목표를 설정하는 확인된 조절과, 이에 더하여 목표들 간에 통합을 이루려는 통합된 조절은 매우 바람직한 형태의 외재동기이며 내재동기만큼 학습이나 과제수행에 긍정적인 역할을 한다.

통제적인 환경보다는 도움과 지원을 제공하며 학생들의 욕구나 감정, 태도를 이

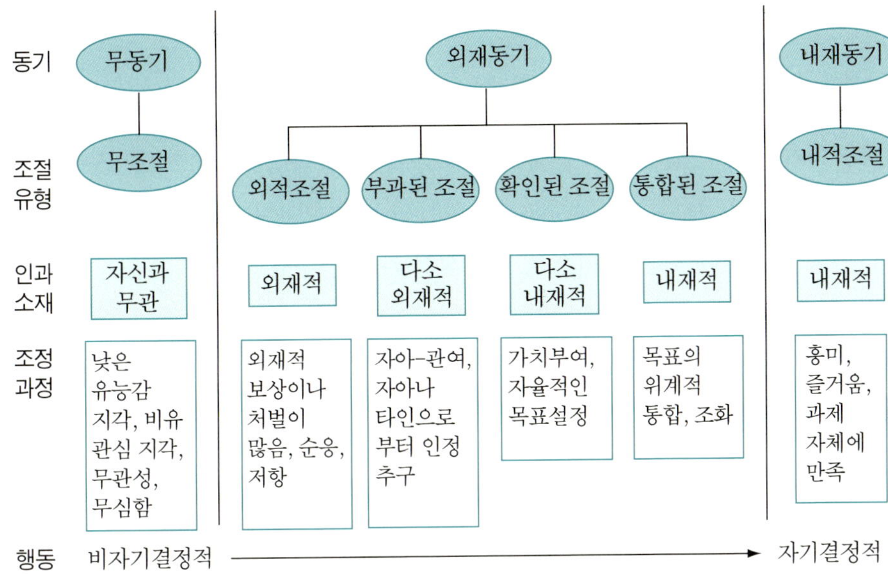

그림 14-2 자기결정성 이론에서의 동기유형

해하고 존중해주는 환경에서 학생들의 자율성, 자기결정성은 증대된다(Deci & Ryan, 1985). 자기결정성이 높은 학생일수록 학교학습이나 학교에서의 대인관계에 잘 적응하며 학업과정에서도 집중력이 높고 수업활동을 즐기며 학교에 대해서도 만족감을 표현하는 것으로 밝혀졌다(Vallerand et al., 1989).

자기결정성 증진 전략

학습자가 자율적으로 학습과제에 임하게 될 때, 과제에 참여하는 집중력이 높아지면서 능동적인 정보처리를 수행하여 인지적 측면에도 도움이 될 뿐 아니라 자신에 대해 긍정적인 정서를 형성하면서 심리적 안녕을 증진시키는 데 도움이 된다. 수업이나 학급운영에서 학생들의 자율성을 증진시키기 위해 교사가 선택할 수 있는 전략은 다양하다.

① 학습자의 내적 자원(느낌, 생각, 의견)을 표현할 수 있도록 격려하고 이를 반

영하여 수업을 진행한다.

② 학습자의 경험이나 수준에 적합한 방식으로 과제나 학습활동의 필요성(중요성, 유용성, 가치, 의미 등)을 설명해 준다.

③ 규칙에 대해 논의하거나 문제 행동을 다룰 때는 학습자가 스스로 문제를 인식할 수 있도록 도와주고 지시적, 통제적, 압력적인 언어 사용을 자제한다.

④ 익숙지 않거나 도움이 필요한 도전적인 과제를 수행할 때는 학습자에게 충분한 시간을 제공하고 인내심을 가지고 지켜봐 준다.

3 매슬로우의 욕구위계이론

인간의 결핍욕구가 충족되어야만 비로소 성장욕구가 발현될 수 있다.

지속적으로 배고픔에 시달리고 위험에 노출된 사람들에게 배움에 대한 욕구가 자연스럽게 발현될 수 있을까? 학교에서 자신을 따돌리고 괴롭히는 또래들에게 둘러싸여 있을 때, 수업 내용에서 흥미를 느낄 수 있을까?

인간의 동기에는 위계가 있다고 바라본 매슬로우(Abraham H. Maslow)는 인간에게는 자신을 성장시킬 수 있는 동기가 잠재되어 있다고 바라보았다. 그러나 이러한 잠재된 욕구가 발현되고 그 충족을 위해 움직이기 위해서는 기본적인 욕구들이 만족되어야 한다. 이런 점에서 인간의 동기에 대한 매슬로우의 이론은 동기의 위계를 가정하는 욕구위계이론이라고 불린다(Kaplan, 1998; Maslow, 1970).

매슬로우 욕구위계이론의 핵심은 인간의 5가지 욕구가 위계적으로 서로 관련을 맺고 있다는 것이다. 하위단계의 욕구인 결핍욕구에는 생리적 욕구, 안전의 욕구, 소속감과 애정의 욕구, 자아존중감의 욕구가 있으며 상위단계인 성장욕구에는 지적욕구, 심미적 욕구, 자아실현의 욕구가 있다. 욕구위계의 아래에 위치할수록 보다 근본적이며 먼저 충족되어야만 다음 단계의 욕구가 발현될 수 있다([그림 14-3] 참조, Reeve, 2009). 즉, 자아실현이라는 성장욕구가 발현되기 위해서는 결핍욕구인 생리적 욕구, 안전의 욕구, 소속감과 애정의 욕구, 자아존중감의 욕구가 충분히 충족되어야

Abraham H. Maslow(1908. 4. 1.–1970. 6. 8)

에이브라함 매슬로우는 "제 3세력의 심리학"이라고 불리는 인본주의 심리학의 창시자로 알려져 있다. 그는 법을 공부하기를 원하는 부모의 소망에 따라 뉴욕 시립대학교에 입학하였지만, 3학기 뒤, 위스콘신 대학교로 옮겨 심리학 학사, 석사, 박사 학위를 받게 된다. 앨프레드 아들러와 에리히 프롬 등 많은 유럽 심리학자들과 교류하면서 현대심리학의 주축인 행동주의 심리학과 정신분석학이 지나치게 분석적이고 해부학적이며 원자론적인 방법에 치우쳐 있다는 문제의식을 가지게 된다. 그는 심리치료의 주된 목표가 자아의 통합이어야 하며 인간을 총체적, 긍정적, 낙관적인 관점에서 이해해야 한다고 주장하였다. 주요 저서로는 〈동기와 성격〉(1954), 〈존재의 심리학을 향하여〉 (1962)가 있다.

한다는 것이다. 결핍욕구는 충족이 되면 해소되는 반면에 성장욕구는 욕구를 경험하면 할수록 점점 더 확장되고 증가하는 욕구이다.

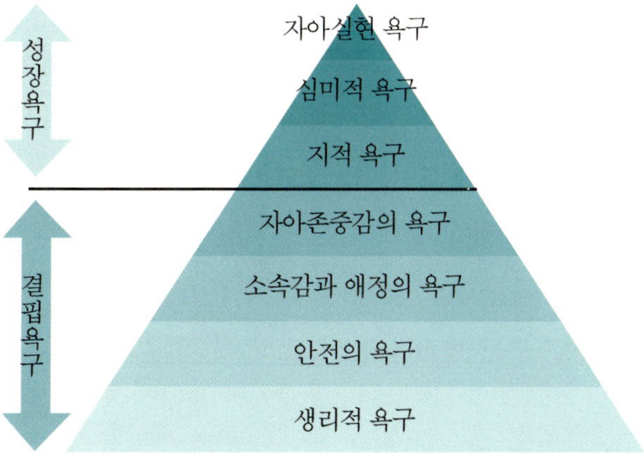

그림 14-3 매슬로우의 욕구위계이론

학습자의 학습동기 향상을 위해 결핍욕구가 충족되었는지를 살펴보라.

결핍욕구가 충족되어야 성장욕구가 발현된다는 욕구위계이론의 기본 가정은 학교교육에 시사하는 바가 크다. 학교현장은 성장욕구를 강조하지만, 그러한 성장욕구가 발현되기 위해서는 학생들의 소속감이나 자존감의 욕구가 건강하게 충족되어야 한다. 학생들이 하나의 인격체로 존중받고 있는지, 누구나 소외되지 않고 학교공동체의 일원으로 받아들여지고 있는지를 살펴보는 것은 학생들의 지적, 심미적, 자아실현의 욕구가 발휘되도록 하는 교육환경을 구축하는 데 꼭 필요하다.

4 인지주의 동기이론

가. 기대*가치이론

과제를 선택하고 노력을 투자하고자 할 때 학습자는 성공에 대한 기대와 과제에 대한 가치를 생각한다.

수강신청을 할 때, 대학생들은 특정 수업을 들으려는 저마다 나름의 이유를 가지고 있다. 해당 강좌가 자신이 관심있어 하는 영역이므로 자신이 좋은 성적을 받을 수 있다는 기대를 할 수도 있고, 선배들의 조언을 들어보니 쉽게 성적을 받을 수 있기 때문일 수도 있다. 한편 해당 과목이 어렵고 성적 받기도 힘들지만 자신이 생각하는 진로와 관련해서 꼭 들어야 하는 수업일 수도 있다. 이처럼 학습과 관련된 상황에서 학생들이 과제를 선택하거나 해당 과제에 시간이나 노력을 투자하고자 할 때, 학생들은 그 수업에서 자신이 얼마나 잘 할 수 있는지, 그 수업이 어떤 가치를 가지고 있는지를 의식적으로든, 무의식적으로든 살펴본다.

기대*가치이론은 기대와 가치의 곱이 학습동기의 정도를 결정짓는다고 본다.

기대*가치이론은 자신의 능력에 대한 기대와 과제의 가치가 동기를 형성하는 중요한 요인이라는 점을 강조한다. '기대'는 과제의 성공적인 수행을 위해 필요한 자신의 능력에 대한 신념이나 판단이다. 학습자는 자신이 반복적으로 실패했던 과제에 대해서는 자신의 능력에 대한 기대가 낮을 것이다. 그 과제에 대한 관심과 흥미가 높아도 실패를 기대하게 된다면 과제를 수행하지 않으려고 할 것이다. '가치'는 "내가 이 과제를 왜 수행하는가?"에 대한 답이라고 할 수 있다. 과제를 수행하는 이유에 해당하는 것으로, 과제에 대한 흥미 때문일 수도 있고, 해당 과제가 다른 일을 수행하는 데 유용하기 때문일 수도 있다. 아니면 과제를 수행하면 외적인 보상을 받거나 처벌을 피할 수 있기 때문일 수도 있다. 기대와 가치의 곱이 동기의 정도를 형성하기 때문에 아무리 성공할 확률이 높은 과제라도 가치가 전혀 없거나, 가치가 높은 과제라도 그 과제를 성공적으로 수행할 능력을 가지지 않았다고 인식하면 학습동기는 낮아지게 된다.

기대를 형성하는 요인으로는 과제 난이도, 해당 과제를 수행할 수 있는 능력을 가지고 있는가에 대한 자기도식이 있으며, 가치를 형성하는 요인으로는 과제에 대한 흥미, 과제를 수행하는 것이 자신에게 얼마나 중요한 것인지, 해당 과제가 얼마나 쓸모가 있는지(효용가치), 해당 과제를 잘하기 위해 필요한 노력이나 시간, 경비 등과 같은 비용이 있다.

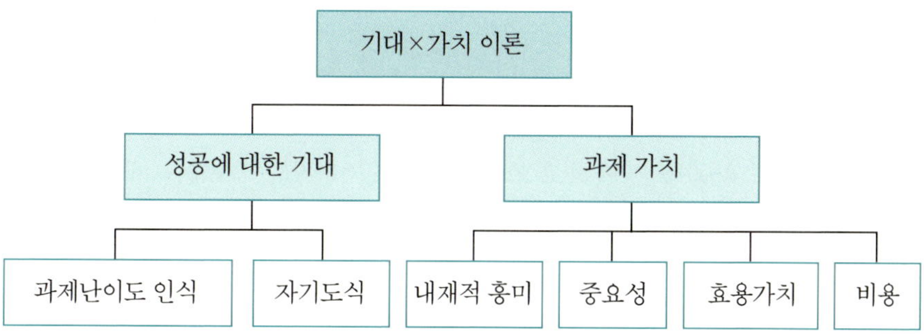

그림 14-4 기대*가치이론에서 기대와 가치의 구성요소

학생들이 성공에 대해 현실적인 기대를 갖도록 도와야 한다.

학생들은 성취상황에서의 경험을 통해 자신의 능력에 대한 기대를 형성하고 과제의 가치를 인식하게 된다. 자신의 능력에 대한 정확한 기대와 여러 정보를 통해 과제가치를 인식하는 것은 적절한 동기를 형성하는 데 도움이 된다(Schunk, Pintrich, & Meece, 2008).

① 학생들이 자신의 능력에 대해 정확하면서도 높은 기대를 형성하도록 돕는다. 그러기 위해 교사의 피드백은 학생의 수행에 근거하여 정확하게 제시되어야 하며 개선할 수 있는 방법을 알려주는 것이 필요하다.
② 능력에 대한 믿음은 도전적 과제에서 성공의 경험을 하였을 때 증진된다. 너무 쉬운 과제에서의 성공은 자신에 대한 유능감을 형성하는 데 오히려 장애가 될 수 있다. 반면에 느끼도록 이끌지 못하며 너무 어려운 과제에서는 좌절을 경험한다.
③ 개인의 능력이나 역량은 노력이나 연습에 의해 변화가능하다는 믿음을 가지도록 돕는다.
④ 수업에서 해당 교과나 수업주제가 어떤 점에서 중요하고 가치가 있는지를 학생들에게 설명해주며 대화를 나누는 것이 필요하다.
⑤ 교과나 수업에 대해 느끼는 교사의 관심, 흥미, 열정이 학생들에게 가치를 알려주는 통로가 된다.
⑥ 과제나 학습활동을 선택하고 스스로 통제할 수 있는 기회를 제공하여 학습자의 흥미를 높이도록 한다.

나. 자기효능감 이론

자기효능감은 과제를 잘 해낼 수 있을 것이라는, 자신의 능력에 대한 믿음이다.

자신의 능력에 대한 생각은 학생들마다 다르다. 어떤 학생들은 수학이 어렵기는 하지만 자신의 능력으로 충분히 이해할 수 있다고 생각하는 반면에, 어떤 학생들은 충분한 능력이 있음에도 수학은 자신이 잘 할 수 없는 과목이라고 단정지어 버린다. 구체적인 과제에서 자신의 능력에 대한 판단은 학습동기와 어떤 관련이 있을까?

자기효능감은 "주어진 과제에 필요한 행위를 조직하고 실행해 나가는 자신의 능력에 대한 판단으로, 성취상황에서 개인으로 하여금 활동을 선택하고 노력을 지속하는 정도"에 영향을 미친다(Bandura, 1977, 김아영, 2010에서 재인용). 자기효능감은 구체적인 과제에서의 자신의 능력에 대한 믿음을 지칭하기 때문에 특정한 과목에서 자기효능감을 가지고 있다고 해서 다른 과목에서도 동일한 수준의 자기효능감을 가지고 있다고 일반화할 수는 없다. 수학에서 자기효능감을 가진 학생이라도 국어나 영어에서의 자기효능감은 낮을 수 있다. 따라서 자기효능감은 구체적인 성취상황, 과제의 특성과 관련하여 살펴볼 필요가 있다.

자기효능감이 높은 학습자들은 자신에게 과제를 수행할 능력이 충분히 있다고 믿기 때문에 실패를 경험해도 쉽게 포기하지 않고 적극적으로 과제를 수행한다. 반면 자기효능감이 낮은 학생들은 자신에게는 과제를 수행할 능력이 낮거나 혹은 없다고 보기 때문에 과제를 회피하거나 쉬운 과제를 선택하려는 태도를 보인다(Schunk, Pintrich, & Meece, 2008). 이처럼 자기효능감은 더욱 어려운 과제를 선택하도록 하고, 노력을 더욱 오랫동안 지속하도록 하며, 학습과정에서 나타날 수 있는 정서적인 스트레스나 긴장 등을 잘 극복하도록 함으로써 학업성취를 향상시키는 것으로 알려졌다(Zimmerman, 2000).

자기효능감의 형성에 영향을 미치는 네 가지의 요인이 존재한다.

일반적으로 자기효능감에 대한 정보는 네 가지 정보원(자신의 성취경험, 대리경험, 사회적 설득, 생리적 지표)을 통해 알아낼 수 있다. 이러한 정보원은 자기효능감을 계속적으로 발달시킬 수 있는 방법과도 연결된다(Bandura, 1977, 1986).

첫째, 자신의 성취와 관련된 성공의 경험은 자신의 능력에 대한 긍정적인 기대를 형성하도록 돕는다. 따라서 교사나 부모가 성공의 경험을 할 수 있도록 과제를 조절하거나 환경을 조성하는 것은 학습자의 자기효능감 형성에 긍정적인 역할을 한다.

둘째, 타인의 수행을 관찰하고 그것을 통해 얻게 되는 자신의 능력에 대한 정보는 자기효능감에 영향을 미친다. 예를 들어, 모델, 특히 자신과 유사한 모델의 성공을 관찰하면서 자신도 할 수 있다는 생각이 들게 된다면 자기효능감은 향상된다.

셋째, 타인의 칭찬이나 격려와 같은 사회적, 언어적 설득은 자신의 능력을 판단하는 근거가 될 수 있다. 예를 들어, "너는 할 수 있어 너는 성공적으로 그 일을 끝낼 수 있을 거야"라는 타인의 격려는 자기효능감 형성에 도움을 준다.

넷째, 과제를 수행하면서 느끼는 생리적 상태에 대한 해석이 자기효능감에 영향을 미칠 수 있다. 발표를 하면서 심장이 두근거리고 땀이 난다는 것을 느낄 때, 그것이 자신의 준비가 부족하거나 언어적 능력이 부족하기 때문이라고 해석하게 된다면 발표자의 자기효능감은 낮아지게 된다.

이처럼 자기효능감은 구체적인 상황, 과제와 관련된 것이기 때문에 자기효능감은 사회적 환경이나 과제가 갖는 특성 등의 외부적인 조건뿐만 아니라 개인의 기분이나 신체적인 상태, 마음 자세에 따라서 변화할 수 있는 동기적 특성이다(Schunk & Pajares, 2002).

다. 귀인이론

사람들은 어떠한 사건이나 결과에 대한 원인을 이해하고 추측하려고 한다.

대부분의 사람들은 자신이 수행한 일의 결과에 대해 그 원인을 파악하려고 한다. 아래의 상황은 학교에서 흔히 관찰할 수 있는 장면으로 학생들이 자신의 시험의 결과에 대해 그 이유를 추측하며 서로 대화를 나누고 있다.

철수: 애들아 시험 잘 봤어? 나 진짜 이렇게 어려운 시험 처음 본 것 같아. 선생님 너무 하지 않아? 나 진짜 망했어.

민재: 나도 공부 열심히 했다고 생각했는데 망했어. 난 진짜 공부머리가 없나봐. 어차피 공부 해봤자 늘 시험 망해서 기대도 안했어. 아휴. 시험도 망했는데 PC방 가서 스트레스나 풀자!

현정: 무슨 PC방을 가~ 내일 볼 시험공부는 안 할 거야? 나는 어제 밤새도록 공부해서 그런지 점수 잘 나왔더라. 내일 과목도 열심히 공부해야지~ 너희도 얼른 집에 가서 공부해!

유빈: 난 그럭저럭 잘 봤어. 어제 공부하다가 깜빡 잠들어버려서 당연히 망할 줄 알았는데. 잘 찍었나봐.

학생들은 각자 시험 결과의 원인을 서로 다른 곳에 두고 있다. 철수는 시험이 어려웠기 때문에, 민재는 공부머리가 없어서 시험을 잘 보지 못했다고 생각한다. 반면에 현정이와 유빈이는 각각 열심히 노력했거나 운이 좋아 시험 결과가 좋은 것이라고 생각하고 있다.

귀인이론(attribution theory)은 인간에게는 사건이나 행동의 원인을 찾으려는 자연스러운 경향이 존재한다고 가정한다. 자신이 왜 성공했는지, 무엇 때문에 원하던 결과를 얻지 못하였는지에 대해 인과적인 설명을 하려 한다. 귀인(attribution)은 그 원인을 찾는 것을 가리키며, 행동이나 사건의 원인을 무엇으로 생각하는지는 후속행동에 영향을 미친다는 점에서 개인의 동기와 밀접한 관련이 있다(김아영, 2010).

대표적인 귀인유형에는 노력, 능력, 과제난이도, 운 등이 있다.

성취 상황에서 학습자들은 자신의 성공과 실패의 원인으로 다양한 요인을 거론한다. 대표적인 귀인 양식에는 노력, 능력, 과제난이도, 운 등이 있다. 학생들이 학업상황에서 가장 빈번하게 언급하는 귀인 양식은 노력("열심히 공부했다", "최선을 다했다")이나 능력("나는 머리가 좋거든", "나는 멍청해")이지만, 운("내가 공부한 부분에서 시험문제가 다 나왔어")이나 과제난이도("공부를 열심히 했는데도 너무 어려웠어")도 자주 언급되는 귀인양식에 속한다. 각각의 귀인양식이 동기에 미치는 역할이나 효과를 이해하기 위해서는 세 가지 차원(원인소재, 안정성, 통제가능성)에서 그 특성을 살펴보는 것이 도움이 된다(Weiner, 1986).

첫째로, 결과에 대한 원인을 내부 혹은 외부로 돌리느냐의 차원인 원인소재이다. 노력과 능력이라는 귀인양식은 성공과 실패를 개인의 내부에 원인이 있다고 간주하는 것(내적 귀인)이며 운이나 과제난이도는 환경에 원인이 있다고 생각하는 것(외적 귀인)이다. 위의 사례에서는 민재는 능력, 현정이는 노력이라는 내적 귀인을, 철수는 난이도, 유빈이는 운이라는 외적 귀인을 행하고 있음을 알 수 있다.

둘째, 안정성 차원으로, 과제에 따라서 또는 시간의 경과에 따라서 결과에 대한 원인이 변할 수 있다고 생각하는지의 차원이다. 사람들은 대체로 능력은 안정적인 것으로 지각하는 반면 노력은 상황이나 개인의 의지에 따라 변할 수 있는 불안정한 것으로 지각한다. 마찬가지로 운은 예측할 수 없다는 점에서 불안정한 것으로, 특정 과제의 난이도는 이미 고정된 것이기 때문에 안정적인 것으로 간주한다. 안정성의 차원은 귀인을 개인의 지속적인 특성으로 바라볼 것인지, 일시적인 상황에 의한 것인지에 대한 해석과 관련된다.

셋째, 개인의지에 따라 결과에 대한 원인이 통제가능한가라는 통제가능성 차원이다. 운이나 난이도, 능력에 대해서는 개인의 통제를 벗어난 것으로 생각하는 반면, 노력은 학습자 스스로 통제가 가능한 것으로 여긴다.

표 14-2 **원인소재, 안정성, 통제가능성 차원에 따른 귀인유형(출처: Weiner, 1992)**

차원 / 귀인	원인의 소재	안정성	통제 가능성
능력	내부	안정	통제 불가능
노력	내부	불안정	통제 가능
난이도	외부	안정	통제 불가능
운	외부	불안정	통제 불가능

성공과 실패의 귀인은 동기에 영향을 미친다.

학습자가 가지는 귀인성향은 학습동기를 형성하는 데 영향을 미친다. 대체적으로 학습동기는 학습자의 귀인이 내적 요인, 변화가능한 불안정한 요인, 통제가능 요인에 해당할 때 긍정적인 방향으로 형성되는 경향이 있지만 성공과 실패의 상황에서 그 효과는 달라진다(Ames, 1992). 성공의 결과를 자신의 능력이라고 생각한다면 개인적인 효능감이 향상되어 이후 동기에 긍정적인 영향을 미친다. 그리고 성공을 노력

때문이라고 생각한다면 계속적인 성공에 대한 희망을 가지며 지속적으로 학습동기를 유지할 수 있다. 그러나 실패의 원인을 자신의 변하지 않는 능력때문이라고 생각한다면 자신이 결과를 통제할 수 없다는 무능감이나 좌절을 유발하여 학습동기에 부정적인 영향을 미칠 수 있다. 반면 자신이 노력하지 않아 실패했다는 생각이 들면 죄책감이나 수치심 때문에 동기가 더 증가할 수 있다(김아영, 2010). 운이나 과제난이도는 학습자 개인이 통제할 수 없는 귀인요인이기 때문에 학습동기에 긍정적인 역할을 한다고 보장할 수 없다. 반면 최선을 다해 노력했지만 실패한 상황에서 운이나 과제난이도로 귀인하는 경우, 자신의 능력으로 귀인하지 않도록 함으로써 개인의 효능감을 손상하지 않는 긍정적인 역할을 수행하기도 한다.

교사의 귀인 피드백

귀인은 학습자의 신념이나 행동, 정서에 영향을 미친다. 특히 교사의 피드백은 학생의 귀인을 형성하는 데 중요한 역할을 한다. 성공과 실패에 대해 교사가 피드백을 제공할 때 다음의 사항을 유념하자(Shunk, Pintrich, & Meece, 2013).

① 우선 정확한 피드백을 제공하여야 한다. 학생이 노력하지 않았는 데도 노력했다고 피드백을 하거나, 최선을 다했음에도 노력하지 않았다고 말할 경우, 학생은 교사의 피드백에 대해 신뢰하지 못하게 된다.

② 성취 상황에서 실패했을 때 처음에는 노력 부족에 귀인하도록 하는 것이 바람직하다.

③ 노력을 충분히 기울였음에도 실패한 경우, 학생에게 부족한 지식이나 학습전략(공부방법)에 원인이 있는지를 살펴본다. 지식이나 전략은 내적인 요소이며 변화, 통제가능한 귀인이기 때문에 학습동기 향상에 긍정적인 역할을 한다.

④ 학생이 노력하지 않았을 경우, 학생의 성공을 노력에 귀인해서는 안 된다. 쉬운 과제에서 열심히 했다는 피드백을 받을 경우 학생은 자신의 능력이 낮다고 생각하거나 교사의 피드백을 신뢰하지 않게 된다.

⑤ 학생들의 지식이나 기술을 습득함에 따라 능력 피드백으로 옮겨가는 것이 효

과적이다.

⑥ 귀인훈련 프로그램에서는 노력귀인, 전략귀인을 거쳤음에도 결과가 좋지 않을 때, 해당과제를 포기하도록 유도하여 학습자 기대 자체를 수정한다. 그리고 새로운 길을 모색하도록 조절할 수도 있다.

라. 목표지향이론

성취상황에서 사람들은 서로 다른 유형의 목표지향(숙달목표, 수행목표)을 추구한다.

희진이는 뛰어난 학생은 아니지만 늘 배우고 성장하는 것을 중요하게 생각한다. 모둠활동을 하면서 아무도 맡으려고 하지 않는 부분을 자신이 맡겠다고 자원했다. 희진이도 자신이 그 부분을 잘 이해하고 있다고 생각하지 않는다. 하지만 평소에 궁금해 하던 부분이라 이번 활동을 통해 이전보다 더 성장할 수 있겠다는 생각에 자원하게 된 것이다. 수아는 희진이하고 달리 자신이 평소에 잘 알고 있는 부분을 맡았다. 그 부분이라면 남들보다 더 잘할 수 있다는 자신감이 있기 때문이다. 다른 친구들보다 잘할 자신이 없는 것은 아예 도전해보고 싶은 생각이 들지 않는 수아다. 벌써부터 자신의 맡은 부분을 보여주었을 때 다른 친구들이 자신에게 칭찬을 해주는 모습을 상상하며 뿌듯해 한다.

목표지향성은 학습활동과 같은 성취상황에서 활동에 임하는 근본적인 원인과 목적으로 "내가 이 과제를 왜 하는가?"라는 질문에 대한 답이라고 할 수 있다. 목표지향성은 학습자의 학습행동과 학습방법을 설명하는 틀의 역할을 한다(Ames & Archer, 1988; Elliot & Dweck, 1988; Maehr, 1989). 목표지향성은 크게 숙달목표(mastery goal)와 수행목표(performance goal)로 구분된다. 숙달목표는 학습목표(learning goal)로도 불리며, 학습에 대한 이해를 도모하고 자신의 능력이나 관련 기술을 개발하고 향상시키는 것을 추구하는 것이라면, 수행목표는 다른 사람들과의 경쟁과 비교를 통해 자신의 능력이 우월하다는 것을 드러내려는 경향성을 의미한다(Ames & Archer, 1988; Elliot & Dweck, 1988).

위의 사례에서 숙달목표를 추구하는 희진이와 같은 학습자는 도전을 추구하고 어려운 상황에서도 지속적으로 노력한다. 과제를 숙달하는 것을 추구하기 때문에 노력을 기울이는 과정에서 뿌듯함을 느낀다. 반면에 수행목표를 추구하는 수아와 같은 학습자는 남들과 비교해서 우월한 자신의 능력을 드러내는 것에 목표를 두기 때문에 자신을 성장시키는 도전적인 과제보다는 자신의 능력을 확실히 드러낼 수 있는 안전한 과제를 택하는 경향이 있다. 그리고 학습과정에서도 남들에게 비치는 자신의 모습에 신경을 쓴다.

숙달목표가 강조될 때 학생들은 노력에 귀인을 하고 도전적 과제를 선호하며 난관에 봉착하더라도 끈기있게 문제해결을 시도한다. 필요한 도움을 요청하고 긍정적인 감정상태를 유지한다. 반면, 수행목표가 강조될 때는 능력귀인을 하고, 과제를 회피하며 아주 쉽거나 매우 어려운 과제를 선호한다. 난관에 봉착하면 쉽게 좌절하고, 도움을 요청하지 않으며 부정적 감정을 표출한다(Ames, 1984; Elliot & Dweck, 1988).

수행목표를 수행접근, 수행회피로 나누어 목표성향을 이해할 수 있다.

일반적으로 숙달목표를 추구하는 학습자는 내재적 흥미를 가지고 과제에 임하며 어려움이 생길 때에도 인내하며 과제를 지속하는 경향을 보이기 때문에 숙달목표가 학교학습상황에서 적응적인 동기유형인 것으로 밝혀졌다(Harackiewicz & Linnenbrink, 2005). 그러나 수행목표역시 상황에 따라 학습결과에 긍정적인 역할을 할 수 있다. 수행목표를 접근과 회피라는 두 축으로 구분하여 수행접근, 수행회피로 나누어 볼 때, 수행접근목표는 학습활동에 적극적인 참여를 유발한다는 면에서 긍정적인 역할을 할 수 있다(조승우, 김아영, 1998). 반면 수행회피목표는 자신의 능력이 부족하다는 것이 드러나는 상황이나 과제를 피하려 하는 성향을 나타나기 때문에 숙달목표나 수행접근목표에 비해 비적응적인 동기유형으로 분류된다.

학습자는 단일목표보다는 두 가지 이상의 목표를 지향한다. 가장 효과적인 목표의 조합은 탄탄한 숙달목표라는 토대를 필요로 한다.

실제 학습상황에서 학습자는 숙달목표와 수행목표 중 어느 하나의 목표지향을 추구하기 보다는 두 가지 이상의 목표를 추구하는 다중목표지향의 경향을 보인다(박병기, 이종욱, 2005). 숙달목표와 수행목표는 독립적인 성향으로, 학습자는 숙달목표와 수행목표를 다양한 수준에서 동시에 추구할 수 있다(Barron & Harackiewicz, 2001). 가장 효과적인 목표지향성의 조합은 높은 수준의 숙달목표지향성, 낮은 수준의 수행목표지향성이라고 알려졌지만 다양한 연구를 통해 숙달목표가 탄탄하다면 수행목표의 수준에 상관없이 학습자는 바람직하고 적응적인 동기유형을 나타내는 것으로 밝혀졌다(Elliot & Church, 1997; Wolters, Yu, Pintrich, 1996).

숙달목표를 증진하는 방향으로 교수-학습환경이 형성될 필요가 있다.

학교현장에서 비교와 경쟁은 만연해 있다. 학업성취의 결과가 등수나 상대적인 서열로 제시되고 학습자가 선택하고자 하는 기회가 제한되어 있을 때, 학습자는 다른 사람과의 비교를 통해 자신의 수행의 정도를 판단하게 된다. 이럴 경우 숙달목표보다는 수행목표를 채택할 가능성이 높아진다. 그러나 숙달목표의 토대가 탄탄할 때, 수행목표의 영향력도 긍정적이며 수행목표의 부정적인 효과도 상쇄된다는 점을 감안한다면 숙달목표를 증진하는 방향으로 교수-학습 환경이 형성될 필요가 있다. 숙달목표를 증진하기 위하여 아래의 전략들을 적용해 보자.

① 과제가 학습자의 배움이나 성장에 어떤 의미를 가지는지를 깨달을 수 있도록 학습자의 생활이나 삶과 연결시켜 준다.

② 학습자가 적절한 노력을 기울이며 충분히 성공할 수 있는 수준의 도전적인 과제를 제시한다.

③ 교실에서 이루어지는 대화에서 '숙달', '배우는 과정', '수업내용을 이해'하는 것이 중요하다는 메시지를 지속적으로 전달한다.

④ 보상이나 평가가 다른 학생들과의 비교나 경쟁을 지나치게 조장하지 않도록

학습자의 발달, 숙달, 성장의 정도를 강조하고 그에 대한 정보를 제공한다.

5 학습동기와 학업상담

가. 학습동기 문제의 진단

1) 검사의 활용

내담자의 학습동기 문제를 이해하기 위해서 표준화된 검사를 활용하는 것도 유용하다. 김아영(2003)의 학업동기검사(Academic Motivation Test: AMT)는 초등학생에서 대학생을 대상으로 학업적 자기효능감과 학업적 실패내성에 대한 정보를 제공한다. 김효창(2011)의 학업동기 및 학습전략검사는 학습자의 학업동기, 학습전략, 학업스트레스 정도를 측정하여 학생 개개인에 대한 정보를 제공한다. 표준화된 검사는 개별 학생의 학습동기나 효능감의 정도가 전체 분포에서 어느 정도인지를 파악하도록 도와준다는 점에서 유용한 정보를 제공한다(김동일 외, 2011; 이재규 외, 2013).

2) 면담을 통한 동기 문제의 원인 진단

학생의 학습동기의 문제를 진단하기 위해서는 학업동기에 미치는 개인 변인, 가정변인, 학교변인, 또래 변인, 지역사회변인 등 다양한 요소를 통합적으로 고려하는 것이 필요하다. 동기문제에 따라, 담임교사나 교과교사, 부모, 또래의 협조를 통해 해당 학생의 동기형성 과정에 미치는 타자나 환경의 영향력을 이해하는 과정이 필요하다.

학습동기를 진단하고 평가하기 위해 고려해야 할 사항들은 다음과 같다(김동일 외, 2011; 이재규 외, 2013).

- 개인 수준
  - 학습자의 학습을 이끄는 주된 동기(내재적 흥미/동기, 부모나 교사의 인정, 외적 보상, 자신의 삶에서의 가치 등)는 무엇인가?

- 학습자가 문제를 느끼는 교과에 대한 자기효능감은 어느 정도인가?
- 학습자는 능력이 변할 수 있다고 생각하는가? 고정되어 있다고 생각하는가?
- 학습자는 해당 교과에서의 성공과 실패의 원인을 무엇이라고 생각하고 있는가?
- 학습자의 숙달목표와 수행목표의 정도는 어떠한가? 숙달목표가 안정적으로 형성되어 있는가?
- 학습자의 학습에 대한 자기결정성의 정도는 어떠한가? 학습이나 수업의 가치를 내면화하고 있는가? 스스로 과제를 선택하고 계획하여 수행하고 있는가?

• 가정, 학교, 또래 수준
- 학습자의 가정에서의 상호작용의 양상은 학습동기를 향상시키는 방향으로 이루어지고 있는가? 숙달목표를 자극하고, 자녀가 스스로 학습을 할 수 있는 자율성 지원이 이루어지고 있는가? 성공과 실패에 대한 부모의 피드백은 바람직한 방향으로 이루어지고 있는가?
- 교과수업이나 학교에서 자율성 지원, 숙달목표 구조의 학습환경이 형성되어 있는가?
- 친하게 어울리는 또래들의 학습동기는 어떠한가?

학습동기 관찰 체크리스트(Good & Brophy, 1986)

아래의 양식을 기입하기 전에 며칠 동안 학생을 관찰한다. 여러 교과나 상이한 맥락에서 여러 명의 교사가 아래의 양식을 함께 평정하면 학생에 대한 유용한 정보를 제공해 줄 수 있을 것이다.

1. _____ 교사에게 주의를 집중한다.
2. _____ 과제를 미루지 않고 바로 시작한다.
3. _____ 과제에 대한 지시를 따른다.
4. _____ 과제를 끝마칠 때까지 계속 주의를 집중한다.
5. _____ 과제를 완료한다.
6. _____ 과제를 시간 내에 제출한다.
7. _____ 문제가 어려워 보여도 포기하기보다는 매달려 본다.
8. _____ 자발적으로 공부한다.
9. _____ 수업 시간에 자진해서 질문에 답한다.
10. ____ 시험성적은 과제에서 보여 준 능력수준과 일치한다.
11. ____ 필요할 때는 도움을 요청한다.
12. ____ 실수나 어려움에 직면해도 당황하지 않는다.
13. ____ 도전적인 일을 즐겨한다.
14. ____ 집중적으로 공부한다.
15. ____ 지식의 폭을 넓히기 위하여 질문을 한다.
16. ____ 요구하지 않은 학습활동을 한다.
17. ____ 과제에 열중한 나머지 하던 일을 중단하려고 하지 않는다.
18. ____ 과제를 끝마치고서도 학습활동을 계속한다.
19. ____ 즐겁고, 자긍심이 있고, 열성적이고, 진지해 보인다.
20. ____ 다른 급우들에 비하여 잘 하면서도 능력을 향상시키기 위해 노력한다.
21. ____ 도전적인 학습활동을 스스로 시작한다.
22. ____ 성적에 포함되지 않은 과제도 열심히 한다.

나. 학습동기 문제의 대표적 유형과 개입전략(Stipek, 1998)

1) 학습된 무기력감에 시달리는 학습자

학습에서의 실패를 장기간 경험하는 학습자는 아무리 노력해도 자신의 능력은 변하지 않을 것이라는 '학습된 무력감'을 겪게 된다. 학습된 무력감은 학습뿐 아니라 학습자의 전반적 생활에 무기력을 동반할 수 있는 위험을 가진다. 아래의 사례를 통해 학습된 무력감을 지닌 학습자의 특성을 이해하고 무력감을 극복할 수 있는 방안을 생각해 보자.

사례	특성
현준이는 수업시간이 자신에게 아무런 의미도 없다. 수업시간에는 멍 때리는 것으로 시간을 때우고 있다. 시험을 칠 때도 문제를 읽어보지 않고 그냥 답을 찍는다. 노력해도 나아지리라는 희망이 없다. 다른 사람들의 시선을 의식하기는 하지만 자신을 잘 보이기 위한 노력을 할 의지조차도 없다. 교사도 이제는 현준이를 거의 무시하고 수업을 진행한다. 이러한 교사의 모습 속에서 현준이는 자신에게 희망이 없다는 것을 재차 확인하게 된다.	• 최선의 노력을 한 경험이 없음 • 자기효능감이 낮음 • 자신의 능력이 변할 수 없다고 생각 • 실패를 노력보다는 능력으로 귀인

• 개입전략
- 세밀한 관심을 가지고 현준이를 이해하고 지지해주며 현준이의 수준에 맞추어 학습과제를 지도할 수 있는 '개인교사'가 필요하다. 교사, 친구, 부모, 형제 등과 협조하여 '개인교사'의 역할을 하도록 돕는다.
- 교과교사나 담임이 학급에서의 위상을 높일 수 있도록 현준이가 잘 하는 것을 발견하기, 그것을 공개하기, 특정한 역할을 부여할 수 있도록 도와준다. 이를 통해 현준이가 스스로에 대한 가치를 인식할 수 있도록 이끌어준다.
- 무엇보다도 현준이는 자신의 학업이 향상되는 경험을 하는 것이 필요하다. 누적된 실패의 경험으로부터 벗어날 수 있도록 쉬운 과제라도 자신의 이해수준이 향상되고 있다는 것을 알 수 있도록 하라. 이러한 과정에서 능력이 변할

수 있으며 성공과 실패를 노력으로 귀인하게 되는 것을 배우게 된다.

2) 실패를 회피하여 자기가치를 보호하려는 학습자

인간에게는 자신의 능력, 자기가치가 위협받을 때 그것을 보호하려는 자연스러운 욕구가 있다(Covington, 1992). 노력하면 성공할 수 있다는 것을 확신하지 못하는 학습자의 경우, 노력하지 않고 실패했을 때, 자신의 능력때문이 아니라는 것을 보여주기 위해 기발한 전략을 구사한다. 그러나 이러한 전략이 오히려 자신을 손상시키고 부정적인 학습태도와 동기로 연결된다.

사례	특성
민수는 자신의 능력이 부족한 것이 드러날까봐 늘 전전긍긍한다. 공부를 하지 않으면서도 만약 자신이 공부를 했다면 좋은 성적을 받았을 것이라는 여운을 남기며 자신의 실패를 정당화 시키려고 한다. 교사의 지시에 주의를 기울이지 않고 노력을 하지 않았다는 것은 은근히 자랑한다. 그래서 자신이 노력만 하면 잘 할 수 있는 능력을 가지고 있다는 것을 드러내려고 한다.	• 남과의 비교와 평가에 민감하다. • 수행목표 추구 • 능력부족을 감추기 위해 실패할 수 밖에 없는 상황을 택하거나 최소한의 노력만 투자한다. • 도전적 과제는 회피한다.

- 개입전략
  - 민수에게는 자신의 노력으로 성공을 경험할 수 있다는 믿음을 가지도록 도와주어야 한다. 그러기 위해서는 성공의 의미를 바꾸어 주어야 한다. 남과의 비교를 통한 성공이 아니라 개인적 향상이 성공이라는 숙달목표 형성을 돕는다.
  - 실수나 실패가 성장의 과정이라는 것을 이해시킨다. 여러 번의 시도를 통해 향상을 경험할 수 있는 기회를 준다.
  - 과제의 난이도를 조정하여 민수의 향상을 확인할 수 있도록 도와준다.

3) 자신이 성공할 수 있는 과제만 선택하는 안전위주의 학습자

우수한 학습자라고 해서 항상 바람직한 학습동기를 가지고 있는 것은 아니다. 충분한 능력을 가지고 있음에도 외부의 인정이나 평가에 연연하여 자신의 잠재력을 발전시키지 못하는 경우도 있다. 특히 어릴 때부터 성공의 경험에만 노출된 학습자의 경우, 다른 사람들이 자신을 어떻게 평가할지에 민감하여 도전적인 과제를 회피하는 경향을 보이기도 한다.

사례	특성
선희는 전국 모의고사에서 상위 5% 이내에 속하는 우수한 학생이다. 그러나 이러한 우수한 성적에도 불구하고 선희는 자신이 성취할 수 있는 것 보다 훨씬 낮은 성적을 받는다. 모든 과목에서 '수'를 받으려고 하지만 만약 '수'를 받지 못할 것 같은 과목은 아무리 중요하고 흥미를 가진 과목이라도 선택하지 않으려고 한다. 조금만 노력하면 좋은 성적을 받을 수 있는 과목만 선택한다. 모든 시험을 철저히 준비하지만 시험과 관련되지 않은 부분은 주의를 전혀 기울이지 않는다. 현재 자신의 지위를 유지하기 위해 안전한 방법만을 선택하려고 한다. 무엇인가를 학습한다는 것은 좋은 성적을 받거나 남들의 인정을 받는 수단일 뿐이며 학습 자체에 가치가 있다고는 전혀 생각하지 않는다.	• 외재적 인정이나 보상에 크게 의존하고 있다. • 눈에 보이는 결과가 보장되지 않는 도전을 회피한다. • 보상에 얽매여 현재의 지위를 위협하는 어떠한 시도도 하지 않으려고 한다.

- 개입전략
  - 칭찬이나 외부의 긍정적 평가에 익숙한 선희와 같은 학생에게는 수행의 기준을 달리 설정하는 것이 필요하다. 도전적인 과제를 수행하거나 자신의 잠재력을 발휘하기 위해 꾸준히 노력을 하는 것이 가치있는 것이라는 점을 이해시킨다.
  - 남들과의 비교에서 우수한 수행을 했을 때보다는 이전의 자신보다 발전하고 성장한 경우 교사가 인정해주고 긍정적인 평가를 제공한다.
  - 유능감의 기준이 비교나 서열에 의한 것이 아니라 발전과 성장에 있다는 것을 내면화하도록 돕는다.
  - 외재적 동기에 대한 의존에서 벗어나도록 교과에 대한 내재적 흥미나 동기를 이끌어 낸다. 이를 위해서는 교사가 교과에 대한 열정과 열의를 보여주는 것이 필요하다.

4) 자신이 좋아하는 활동, 과목만 공부하려고 하는 학습자

자신이 좋아하는 일, 내재적 동기를 가진 활동에는 무섭게 몰입하고 뛰어난 능력을 보이면서도 학교수업에는 흥미나 관심이 없는 학습자들이 있다. 외부의 인정이나 평가에 연연해하지 않는 학생일 경우 이들을 학교수업에 참여하도록 이끄는 것은 쉽지 않은 일이다. 이들의 내재적 동기를 학교학습과 관련시키는 다양한 방법들이 필요하다.

사례	특성
중학교 1학년 범수는 교사들이 보기에 매우 뛰어난 능력을 가지고 있으면서도 학과목에서 '미'나 '우' 정도만 받는 학생이다. 범수는 학교공부에 거의 관심을 보이지 않는다. 자신이 노력하지 않은 상태에서 받는 성적에 대해 대단히 만족하기 때문에 학습태도를 성적에 반영하겠다는 교사의 위협도 효과가 없다. 우수한 성적으로 동료들로부터 선망의 대상이 되거나 교사들의 칭찬을 받는 것에는 전혀 관심이 없고 질책을 받지 않을 정도만 공부를 하고 그것에 만족한다. 그러나 자신이 좋아하는 활동, 레고조립이나 기계조립, 물리와 관련된 실험에 대해서는 무섭게 몰입하여 탐구한다. 그 분야에 대한 지식이나 기술은 그 분야의 전공생도 놀랄 정도이다.	• 지적인 도전을 즐긴다. • 자신이 추구하는 과제나 도전이 학교교육과정과 일치하지 않는다. • 학교교육과정에 대해서는 최선을 다하지 않는다. • 타인과의 비교나 외부의 평가에 연연해하지 않는다. • 자신의 흥미나 내재적 동기만으로 과제를 선택한다.

• 개입전략
  - 범수가 어떠한 활동에서 흥미나 내재적 동기를 느끼고 있는지, 범수의 수준은 어떠한지를 확인한다.
  - 범수의 동기와 열정, 능력을 학교의 교육과정과 연결시킬 수 있는 방법을 찾아본다. 예를 들어, 범수가 물리나 과학에 대해 깊은 관심을 가지고 있다면, 그와 관련된 국어 과제를 제시하거나 수학과 연결된 부분을 찾아서 물리와 과학과 어떻게 연결되는지를 교사가 구체적으로 제시해 줄 수 있다.
  - 내재적 동기와 흥미를 기반으로 학습에 참여하는 학습자에게는 스스로 과제의 유형과 수준을 선택할 수 있는 여지를 많이 제공하는 것이 필요하다.
  - 학교수업이 자신의 관심과 어떻게 연결되는지를 구체적으로 설명해 줌으로써 학교수업의 가치를 인식시킬 수 있도록 한다.

6 사례 분석

사례 1 다음은 초등학교 3학년인 지민이의 학업을 돕는 한 대학생의 튜터링 일지이다.

초등학교 3학년인 지민이는 아직 구구단을 외우지 못한다. 지민이 엄마는 구구단을 익히게 하기 위해 한 장에 구구단 60문제가 적혀있는 한 권짜리 문제집을 풀게 했다. 문제집에는 문제를 푸는 데 걸리는 시간과 점수가 적혀있고, 일주일마다 이에 대한 그래프가 그려져 있었다. 그러나 정확도와 빠르기가 향상되기를 바랐던 엄마의 기대는 충족되지 않았고, 지민이는 늘 이 때문에 꾸지람을 받았다. 지민이는 수학을 싫어하게 됐다. 아니 수학이 무서워졌다는 것이 더 정확한 표현이다.

나는 지민이가 수학에 관심을 가지도록 하기 위해 지민이가 좋아하는 도형문제부터 시작했다. 지민이를 관찰해보니 지민이는 생각하는 것을 좋아하는 아이였다. 나는 지민이가 좋아하는 도형문제를 풀면서도 구구단 문제를 푸는 것을 포기하지 않았다. 지민이에게 구구단의 필요성을 알려주었고 수업이 끝나기 전에 지민이랑 함께 소리 내어 구구단을 외웠다. 혼자 소리 내서 구구단을 외우게 하면 지민이에게 굉장한 부담감으로 작용할 것 같았다. 지민이는 구구단을 아주 잘 외웠다. 그런데, 지민이는 덧셈을 통해 구구단을 외우고 있었다. 그러나 중단시키지는 않았다. 그렇게 해서라도 지민이의 입에 구구단이 익숙해지기를 원했기 때문이다.

동시에 나는 구구단을 외우기 위해 사용한 문제집을 꺼내들었다. 지민이는 이 문제집을 무척 경계했고 거부했다. 나는 문제집을 보여주지는 않았지만, 그 문제집을 보며 지민이에게 문제를 내었다. 덧셈을 사용하는 지민이는 문제를 푸는 데 오랜 시간이 걸렸다. 지민이는 곱셈을 쪼개도 보고 더해도 보고 하는 과정을 통해 곱셈을 접근하는 많은 방법을 시도해 보았다. 나는 이러한 지민이의 태도가 구구단을 사용하는 것보다 좋은 방법이라고 칭찬해 주었다. 지민이의 풀이 방식이 중학교나 고등학교에 나오는 인수분해 방법과 연결되어 있다고 말해 주었다.

그리고 지민이의 자신감을 높이기 위해 지민이가 풀 수 있는 문제부터 접근하였다. 지민이가 풀 수 없는 문제는 어려운 문제라고 먼저 말해 준 후에 지민이에게 열심히 풀어보라고 권했다. 문제를 못 풀면 당연히 풀기 어려운 문제였다고 안심시켰다. 그리고 문제를 풀었다면 정말로 많이 칭찬해 주었다. 그리고 맞은 문제는 크게 동그라미를 쳐

주었고 틀린 문제는 아무런 표시를 하지 않고 지민이에게 다시 풀어보기를 권했다. 맞을 때 까지 기회를 주고 정답일 경우 다른 문제와 같이 크게 동그라미를 쳐 주었다. 지민이는 자신이 푼 문제가 모두 동그라미인 것을 보고 굉장히 자랑스러워했고 문제를 다 맞기 위해 집중하고 공부에 대한 욕심도 부리기 시작했다. 이러한 모습을 보일 때 나는 상을 주었다. 나의 상은 크지 않았다. 단지 숙제를 조금 줄여준 것뿐이다. 이전에 엄마와 수학 공부를 할 때에 지민이는 과도한 과제에 스트레스를 받아 왔다. 하루에 50문제가 넘는 문제를 풀어야 했다. 하지만 나는 지민이가 잘할 경우에는 숙제를 줄여 주었다. 지민이와 나는 교과서를 공부하다가 다른 재밌는 수학이나 과학이야기를 하는 등 아주 재밌게 공부를 이어갔다.

질문 1: 튜터 선생님이 지민이와 상호작용하는 방식은 지민이의 학습동기를 긍정적으로 변화시켰다. 튜터 선생님이 사용한 방법의 효과성을 동기이론과 연결하여 분석해 보시오.

질문 2: 지민이의 엄마가 구구단 암기를 위해 사용한 방법은 어떤 점에서 효과적이지 못하였을까? 교재에서 다룬 동기이론 중 3가지 정도를 활용하여 분석해 보시오.

사례 2 **아래의 대화는 정약용 선생이 강진에 유배되었을 때, 동네 아이들을 가르치던 중 황상이라는 소년과 나눴던 대화이다.**

황상: 선생님! 제게 세 가지 문제점이 있습니다. 첫째는 너무 둔하고, 둘째는 앞뒤가 꽉 막혔으며, 셋째는 답답합니다. 저 같은 아이도 정말 공부할 수 있나요?

정약용: 배우는 사람은 보통 세 가지 큰 문제가 있다. 너는 그 세 가지 중 하나도 없구나. 첫째는 민첩하게 금세 외우는 것이다. 이런 아이들은 가르치면 한 번만 읽고도 바로 외우지. 정작 문제는 제 머리를 믿고 대충 소홀히 넘어가는 데 있다. 완전히 제 것으로 만들지 못하지. 둘째, 예리하게 글을 잘 짓는 것이다. 이런 사람은 질문의 의도와 문제의 핵심을 금세 파악해낸다. 바로 알아듣고 글을 빨리 짓는 것은 좋은데, 다만 재주를 못 이겨 들떠 날리는 게 문제다. 자꾸 튀려고만 하고, 진

중하고 듬직한 맛이 없다. 셋째, 깨달음이 재빠른 것이다. 대번에 깨닫지만 투철하지 않고 대충 하고 마니까 오래가지 못한다.

정약용: 내 생각을 말해줄까? 공부는 꼭 너 같은 사람이 해야 한다. 둔하다고 했지? 송곳은 구멍을 쉬 뚫어도 곧 다시 막히고 만다. 둔탁한 끝으로는 구멍을 뚫기가 쉽지 않지만, 계속 들이파면 구멍이 뚫리게 되지. 뚫기가 어려워서 그렇지 한번 구멍이 뻥 뚫리면 절대로 막히는 법이 없다. 앞뒤가 꽉 막혔다고? 융통성이 없다고 했지? 여름 장마철의 봇물을 보렴. 막힌 물을 답답하게 앞으로 나아가지 못한 채 제자리를 빙빙 돈다. 그러다가 농부가 삽을 들어 막힌 봇물을 터뜨리면 그 성대한 흐름을 아무도 막을 수가 없단다. 얼마나 통쾌하냐? 어근버근 답답하다고 했지? 처음에는 누구나 공부가 익지 않아 힘들고 버벅거리고, 들쭉날쭉하게 마련이다. 그럴수록 꾸준히 연마하면 나중에는 튀어나와 울퉁불퉁하던 것이 반질반질해져서 마침내 반짝반짝 빛나게 된다. 구멍을 어떻게 뚫어야 할까? 부지런히 하면 된다. 막힌 것을 틔우는 것은? 부지런히 하면 된다. 연마하는 것은 어찌해야 하지? 부지런히 하면 된다.

출처: 정민(2011).

질문 1: 정약용 선생은 위의 대화를 적은 '삼근계'를 황상에게 건네주었고, 황상은 스승이 주신 '삼근계'를 가슴에 품고 일흔이 넘도록 학문에 정진했다고 한다. 위의 대화는 어떤 점에서 황상이 학문에 정진할 수 있는 동기를 부여하였을까? 정약용 선생님과 황상의 대화를 통해 황상의 동기를 설명하는 데 가장 유용하다고 생각하는 동기이론을 2개를 선택하고 위의 대화를 동기의 관점에서 분석해 보시오.

질문 2: (짝토론) 짝이랑 서로 자신의 부족한 점을 이야기해 봅시다. 짝이 말한 부족한 점을 중심으로 정약용 선생이 황상에게 써 준 '삼근계'와 같은 글을 작성해서 짝에게 주세요. 자신의 부족한 점이 더 잘 할 수 있는 토대가 된다는 편지를 읽은 후 어떤 기분이 들었나요? 이러한 활동은 자기효능감의 구성요인 중 어디에 해당할까요? 이를 기반으로 교사나 부모로서 학생이나 자녀에게 어떠한 대화적 상호작용을 수행해야 할지에 대해서도 이야기를 나누어 봅시다.

7 주요 개념

주요 개념	설명
동기 (Motivation)	목표를 지향하는 활동이 시작되고 지속되고 완수되도록 이끄는 심리적 과정
내재동기 (Intrinsic motivation)	과제 그 자체가 즐겁고 보상의 역할을 하기 때문에 지속하게 되는 동기
외재동기 (Extrinsic motivation)	해당 활동이 다른 일의 수단이 되기 때문에 그 활동을 하는 동기
과정당화가설 (Overjustification hypothesis)	내재동기를 느끼는 활동에 보상을 주는 경우 내재동기가 감소할 수 있다는 가설.
인지평가이론 (Cognitive evaluation theory)	보상이 자신의 수행에 대한 정보를 제공해준다고 여길 때 자신에 대한 유능감을 향상시키면서 내재동기를 지속할 수 있는 반면, 보상을 통해 자신이 통제당한다고 느낄 때 보상은 개인의 자율성을 하락시켜 내재동기를 훼손시킨다는 이론.
자기결정 (Self-determination)이론	동기를 개인이 스스로 통합적이고 주도적으로 행동하려는 경향과 외부의 조건이나 타인에 의해 통제 당하려는 경향 간의 상호작용의 산물로 바라보는 이론.
무동기 (Amotivation)	자기결정과 자신의 행동에 대한 스스로의 통제가 전혀 없는 동기
외적 조절 (Extririsic regulation)	보상이나 처벌에 의해 동기가 부여됨.
부과된 조절 (Introjected regulation)	타인의 관심이나 인정에 의해 과제를 수행함.
확인된 조절 (Identified regulation)	과제에 가치를 부여하며 자율적인 목표를 설정함.
통합된 조절 (Integrated regulation)	목표들 간에 통합을 이루려함.
욕구위계 (Hierarchy of needs) 이론	인간의 5가지 욕구가 위계적으로 서로 관련을 맺고 있다는 이론
결핍욕구 (Deficiency needs)	충족이 되면 해소 되는 욕구로서 생리적 욕구, 안전의 욕구, 소속감과 애정의 욕구, 자아존중감의 욕구가 있다.
성장욕구 (Growth needs)	욕구를 경험하면 할수록 점점 더 확장되고 증가하는 욕구로서 지적욕구, 심미적 욕구, 자아실현의 욕구가 있다.

기대×가치이론 (Expectancy×value theory)	자신의 능력에 대한 기대와 과제의 가치가 동기를 형성하는 중요한 요인이 된다는 이론
기대	과제의 성공적인 수행을 위해 필요한 자신의 능력에 대한 신념이나 판단
가치	'내가 이 과제를 왜 수행하는가?'에 대한 답
효용가치	해당 과제가 얼마나 쓸모가 있는지에 대한 것
자기효능감 (Self-efficacy)	주어진 과제에 필요한 행위를 조직하고 실행해 나가는 자신의 능력에 대한 판단
귀인 (Attribution)	자신의 수행의 성공과 실패의 근원을 무엇이라고 생각하느냐에 대한 것
귀인이론 (Attribution theory)	인간에게는 사건이나 행동의 원인을 찾으려는 자연스러운 경향이 존재한다고 가정하는 이론.
원인 소재 (Locus of control)	결과에 대한 원인을 내부 혹은 외부로 돌리느냐의 차원
안정성(Stability) 차원	과제에 따라서 또는 시간의 경과에 따라서 결과에 대한 원인이 변할 수 있다고 생각하는지의 차원
통제가능성(Controllability) 차원	개인의지에 따라 결과에 대한 원인이 통제가능한가의 차원
목표지향성 (Goal orientation)	학습활동과 같은 성취상황에서 활동에 임하는 근본적인 원인과 목적
숙달목표 (Mastery goal)	학습에 대한 이해를 도모하고 자신의 능력이나 관련 기술을 개발하고 향상시키는 것을 추구
수행목표 (Performance goal)	다른 사람들과의 경쟁과 비교를 통해 자신의 능력이 우월하다는 것을 드러내려는 경향성
학습된 무력감 (Learned helplessness)	아무리 노력해도 자신의 능력은 변하지 않을 것이라고 믿음

8 연습문제

1. 아래 표는 성공추구동기가 실패회피동기보다 강한 학습자가 과제를 성공 혹은 실패하였을 경우, 동일한 과제를 반복적으로 하고 싶은 동기의 변화를 보여주고 있다. 빈칸에 들어갈 내용으로 적절한 것은?

	성공추구동기 > 실패회피동기
과제의 성공	(가)
과제의 실패	(나)

	(가)	(나)
①	-	-
②	-	+
③	+	-
④	+	+

2. 다음 중 학생의 학습동기를 높여주는 방법으로 가장 적합하지 않은 것은?

① 가능한 쉬운 과제를 부여한다.

② 시험 성적을 본인에게 알려준다.

③ 과목의 중요성을 학생의 진로와 관련지어 설명해 준다.

④ 성적이 좋은 학생에게 열심히 노력한 결과라고 말해준다.

3. 내재적 동기 수준이 높은 학습자를 위한 지도 방법으로 적절하지 않은 것은?

① 학습의 과정보다 결과의 중요성을 강조한다.

② 학습과제에 대한 기대와 호기심을 갖게 한다.

③ 과제 선택의 기회를 주어 자기주도적 학습 환경을 제공한다.

④ 학습자의 수준보다 약간 높은 수준의 곤란도를 가진 학습과제를 제시하여 도전감을 유발한다.

4. 다음은 시험이 끝난 직후 4명의 학생이 한 말이다. 이를 와이너(B. Weiner)의 귀인이론(attribution theory)에 적용해 볼 때, 아래 그림에서 A, B 유형에 해당되는 학생을 바르게 나열한 것은?

ㄱ. "난 역시 똑똑해!"
ㄴ. "이번엔 운이 없었어!"
ㄷ. "이번엔 공부를 너무 안 했어!"
ㄹ. "이번 시험은 너무 어려웠어!"

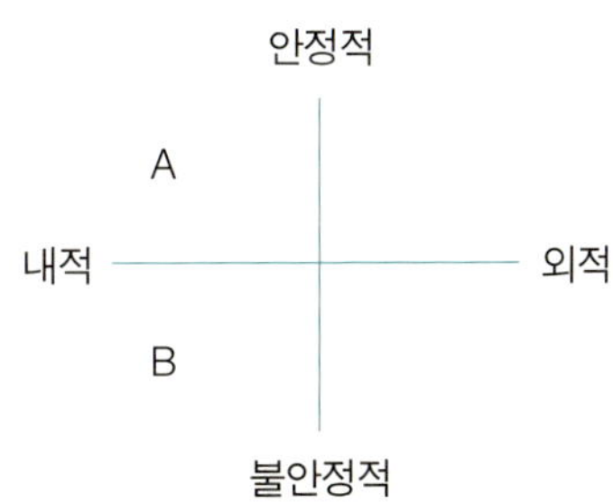

	A	B
①	ㄱ	ㄴ
②	ㄱ	ㄷ
③	ㄴ	ㄹ
④	ㄹ	ㄴ

5. 영희는 "시험칠 때 갑자기 배가 아팠어요."라고 시험점수가 낮은 이유를 부모님께 말씀드렸다. 영희의 말을 와이너(B. Weiner)의 귀인이론에 근거하여 원인의 소재, 안정성, 통제 가능성의 세 차원으로 설명할 때, 바르게 나열한 것은?

	원인의소재	안정성	통제가능성
①	내적	안정적	불가능
②	내적	불안정	불가능
③	외적	안정적	가 능
④	외적	불안정	가 능

6. 동기의 성취목표이론에서는 목표를 수행목표(performance goal)와 학습목표(learning goal)로 구분한다. 〈보기〉에서 학습목표 지향적인 학생들의 특성만을 고르면?

〈보기〉

가. 실수를 했을 때 그것을 인정하지 않고 당황스러워 한다.
나. 어려운 과제에 직면했을 때 타인의 도움을 적극적으로 요청한다.
다. 실패했을 때 자신의 노력보다는 능력의 부족에서 그 원인을 찾는다.
라. 내재적 동기가 높으며, 도전적이고 의미있는 과제에 가치를 부여한다.

① 가, 다 ② 가, 라 ③ 나, 다 ④ 나, 라

7. 다음 세 교사의 견해를 설명할 수 있는 동기이론들이 옳게 연결된 것은?

> 이 교사: 학생들이 새로운 일을 해야 할 때, 그 일을 잘 해낼 수 있는가뿐만 아니라 그 일이 본인에게 얼마나 중요한가에 따라서도 동기 수준이 달라지는 것 같아요.
>
> 최 교사: 학생들은 자율적이고 싶어해요. 자신의 행동을 스스로 통제하고 조절할 수 있다는 믿음에 의해서 동기가 유발되는 것이지요.
>
> 윤 교사: 실수를 해도 새로운 일에 도전하고 그 일을 하면서 느끼는 성취감이 중요하다고 생각하는 학생들이 있는 반면, 어떤 학생들은 점수도 점수지만 항상 친구들과의 비교를 중요하게 생각하더군요.

	이교사	최교사	윤교사
①	귀인 이론	목표지향성 이론	기대-가치 이론
②	귀인 이론	욕구위계 이론	목표지향성 이론
③	기대-가치 이론	자기결정성 이론	목표지향성이론
④	기대-가치 이론	욕구위계 이론	자기결정성 이론
⑤	목표지향성 이론	자기결정성 이론	기대-가치 이론

8. 다음과 같은 견해에 가장 부합하는 학습동기 이론은?

> • 학생들의 자율성, 유능감, 관계 유지 욕구를 자극하고 충족시키면 그들의 내재적 동기가 높아진다.
> • 학생들은 자신이 외재적 보상을 받거나 처벌을 피하기 위해서가 아니라 자신의 의지에 의해 그러한 행동을 한다고 믿고 싶어 한다.
> • 학생들은 과제 자체에 대한 흥미 때문에 특정한 과제를 수행하는 경우도 있지만, 외재적 보상 때문에 시작한 행동이 점차 내면화되어 결국 외재적 보상이 없어도 그러한 행동을 지속하는 경우가 많다.

① 귀인 이론　② 성취목표 이론　③ 욕구위계 이론
④ 자기효능감 이론　⑤ 자기결정성 이론

9. 다음 사례에서 경수의 학습행동에 대한 김 교사의 견해와 가장 부합하는 학습동기이론은?

> 경수는 선생님이나 다른 학생들의 평가에 매우 민감하게 반응한다. 그는 특히 선생님에게 부정적인 평가를 받을까봐 전전긍긍하며, 무엇보다 실패에 대한 불안이 크다. 이 때문에 중요한 시험을 앞두고서도 공부를 하지 않거나 과제를 마지막까지 미루어 자신의 능력을 제대로 드러내지 못하는 경향이 있다.
> 김 교사는 자기존중감이 동기화의 결정적인 요인이라고 생각한다. 그는, 경수가 중요한 시험을 앞두고서 이처럼 자기장애 전략(self-handicapping strategy)을 사용하는 것은 자기 존중감을 보호하려는 동기를 지니고 있기 때문이며, 경수가 이러한 전략을 계속 사용할 경우 심각한 결과를 초래할 수도 있다고 판단하였다. 그래서 경수에게 성공적인 학습을 위해서는 좀 더 적극적인 노력을 기울여 자기존중감을 유지하는 것이 무엇보다 중요하다고 조언하고 지속적으로 격려하였다.

① 강화이론 ② 기대가치이론 ③ 자기가치이론
④ 자기결정성이론 ⑤ 자기효능감이론

10. 학습동기의 성취목표 이론에 근거할 때, 영희가 보여주는 목표지향성의 특성에 부합하는 것을 〈보기〉에서 고른 것은?

> 영희는 자신의 능력이 다른 사람의 능력과 어떻게 비교 되느냐에 주된 관심을 갖고 있고, 학교에서 높은 성적을 받아 자신의 능력이 뛰어나다는 것을 보여주기 위해 공부한다.
>
> 〈보기〉
> ㄱ. 개인의 지적 능력은 변하지 않는다는 관점을 갖기 쉽다.
> ㄴ. 학습과제를 선택할 때 도전적이고 새로운 과제를 선호한다.
> ㄷ. 성공은 '내적이고 통제 가능한 원인'에서 비롯된다고 지각한다.
> ㄹ. '우리 반 광수보다 더 높은 점수 받기'와 같은 목표를 설정한다.

① ㄱ, ㄴ ② ㄱ, ㄹ ③ ㄴ, ㄷ ④ ㄴ, ㄹ ⑤ ㄷ, ㄹ

11. 다음 (가)와 (나)의 대화에서 최 교사가 활용하고 있는 동기 유발 활동에 부합하는 동기이론으로 가장 적절한 것은?

> (가) 은미: 선생님, 처음에는 역사가 재미있어서 열심히 했는데, 요즘에 배우는 고려 시대 내용은 재미도 없고 너무 어려운 것 같아요.
> 최 교사: 그래? 그런데 내가 생각하기로는 잘 하고 있는 것으로 보이는데…… 그리고 너는 고고학자가 꿈이잖아. 아마 지금 배우고 있는 고려 시대 내용은 너에게 중요하고 앞으로 도움이 많이 될 거야.
> (나) 최 교사: 미영아, 다음 주에 배울 6단원의 주제들이 조금 어렵긴 하지만, 이 중 어떤 주제를 언제 발표할지 정해서 알려줄래?
> 미영: 맞아요. 6단원 내용이 어려운 것 같아요. 하지만 해 볼 만한 것 같아요. 저는 6단원 중에서 '조선 시대의 통치 체제'에 대해 준비해서 발표 할게요. 발표는 다음 주 수요일에 할게요.

	(가)	(나)
①	귀인이론	욕구위계이론
②	귀인이론	자기결정성이론
③	기대 가치이론	강화이론
④	기대 가치이론	욕구위계이론
⑤	기대 가치이론	자기결정성이론

12. (서술형 문제) 다음은 박 교사가 담당학급의 쌍둥이 남매인 철수와 영희의 어머니와 상담을 실시한 사례이다. '기대X가치 이론'과 Maslow의 '욕구위계이론'을 각각 활용하여 영희가 학습동기를 잃게 된 원인과 그 해결 방안을 논하시오.

(2013년 특수교사 임용문제 중 동기관련 문제만 제시)

> 어머니: 선생님, 얼마 전에 외부 상담기관에서 받은 철수와 영희의 지능검사 결과에 대해 상의하고 싶어서 왔어요. 철수는 IQ가 130이라고 나왔는데 자기가 생각한 것보다 IQ가 높지 않다며 시무룩해 있네요. 영희의 IQ가 99로 나왔는데 자신의 IQ가 두 자리라고 속상해하고, 심지어 초등학교 때부터 늘 가지고 있던 간호사의 꿈을 포기한다면서 그동안 학교 공부는 철수보다 오히려 성실했던 아이가 더 이상 공부도 안 하려고 해요.
> 박 교사: 그런 일이 있었는지 몰랐습니다. 사실 IQ의 의미에 대한 자세한 설명 없이 검사 점수만 알

려주게 되면 지금 철수나 영희처럼 IQ의 의미를 오해하는 경우가 많습니다. 아이들은 물론이고 일반 어른들도 IQ의 개념을 정확히 이해하기는 좀 어렵거든요.

어머니: 선생님, 그러면 아이들에게 어떻게 이야기해 주어야 할까요? 영희의 IQ가 두 자리라면 문제가 있는 건가요?

박 교사: 10부터 99까지가 다 두 자리인데, IQ가 두 자리라고 무조건 문제가 있는 것은 아닙니다.

어머니: 아, 그렇군요. 더 높았으면 당연히 좋겠지만 그렇게 실망할 일은 아니네요. 그럼, 철수의 IQ는 어떤가요?

박 교사: 철수의 IQ 130은 철수의 지능검사 점수가 자기 또래 학생들 중에서 상위 2% 정도에 해당한다는 것을 말해 줍니다. 따라서 철수가 매우 높은 수준의 지능을 가지고 있다는 것을 알 수 있습니다. 철수가 시무룩해할 이유가 전혀 없는 것이죠.

어머니: 그렇군요. 하여튼 요즈음 영희 때문에 걱정인데, 수업 시간에는 잘하고 있나요? 선생님이 보시기에는 어떤가요?

박 교사: 사실 영희의 경우에는 학습에 더 신경을 써야 할 것으로 보입니다. 그저께 실시했던 중간고사를 채점하는 중인데, 영희의 성적이 많이 떨어졌더라고요. 오늘 어머님의 말씀을 듣고 보니 그 이유를 알겠네요.

참고문헌

김동일, 신을진, 이명경, 김형수(2011). 학습상담. 서울: 학지사.

김아영(2010). 학업동기. 서울: 학지사.

이재규, 김종운, 김현진, 박혜숙, 백미숙, 송재홍, 신을진, 유형근, 이명경, 이자영, 전명남(2013). 학습상담. 서울: 학지사.

정민(2011). 삶을 바꾼 만남. 서울: 문학동네.

Ames, C., & Archer, J. (1988). Achievement goals in the classroom: students' learning strategies and motivation process. *Journal of Educational Psychology, 80*(3), 260-267.

Bandura, A. (1977). Self-efficacy: *Toward a unifying theory of behavioral change. Psychological Review, 84,* 191-215.

Bandura, A. (1986). Social foundations of thought and action: A social cognitive theory. Englewood Cliffs, N.J: Prentice-Hall.

Barron, K. E., & Harackiewicz, J. M. (2001). Achievement goals and optimal motivation: Testing multiple models. *Journal of Personality and Social Psychology, 80,* 706-722.

Covington, M. (1992). *Making the grade: A self-worth perspective on motivation and school reform*. New York: Cambridge University Press.

Deci, E. L., Ryan, R. M. (1985). *Intrinsic motivation and self-determination in human behavior*. New York; Plenum.

Elliot, E. S., & Dweck, C. S. (1988). Goals: An approach to motivation and achievement. *Journal of Personality and social Psychology*.

Elliot, A. J., & Church, M. A. (1997). A Hierarchical Model of Approach and Avoidance Achievement Motivation. *Journal of Personality*, *54*(1), 5-12.

Good, T., & Brophy, J. (1986). *Educational psychology (3rd ed.)* New York: Longman.

Howard, G. (2007). *Multiple Intelligences*. New York: Basic Books. 문용린, 유경재 (역) (2007). 다중지능. 서울: 웅진지식하우스.

Kaplan, A. R. (1998). *Maslow on management*. John Wiley & Sons, Inc.

Lepper, M. R., Greene, D., & Nisbett, R. E., (1973). Undermining children' s intrinsic interest with extrinsic reward: A test of the "overjustification" hypothesis. *Journal of Personality and Social Psychology, 28,* 129-137.

Maslow, A. H. (1943). A theory of human motivation. *Psychological review, 50*(4), 370.

Maslow, A. H. (1970). *Motivation and personality* (2nd). New York: Harper & Row.

Pintrich, P. R., & Schunk, D. H. (1996). *Motivation in education: Theory, research, and application*. Columbus, OH: Merrill.

Reeve, J. (2009). *Understanding motivation and emotion* (5th). New York: Wiley.

Ryan, R. M., & Deci, E. L. (2000). Self-determination theory and the facilitation of intrinsic motivation, social development, and well-being. *American Psychologist, 55*(1), 68-78.

Ryan, R. M., & Deci, E. L. (2006). Self-regulation and the problem of human autonomy: Does psychology need choice, self-determination, and will? *Journal of Personality, 74*(6), 1557-1585.

Schunk, D. H., & Pajares, F. (2002). The development of academic self-efficacy. In A. Wigfield & J. S. Eccles (Eds.), *Development of achievement motivation* (pp. 15-31). San Diego: Academic Press.

Schunk, D. H., Pintrich, P. R., & Meece, J. L. (2008). *Motivation in Education: Theory,*

Research, and Application (3rd ed.). Pearson Education, Inc. 서울대학교 인지학습연구회 (역) (2013). 학습동기: 이론, 연구 그리고 지원. 서울: 학지사.

Sheldon, K. M., Elliot, A. J., Kim, Y., & Kasser, T. (2001). What is satisfying about satisfying events? Testing 10 candidate psychological needs. *Journal of personality and social psychology, 80*(2), 325.

Stipek, D. (1998). Motivation to learn: From theory to practice (3rd). 전성연, 최병연(공역)(1999). 학습동기. 서울: 학지사.

Vallerand, R. J., Blais, M. R., Briere, N. M., & Pelletier, L. G. (1989). Construction and validation of the academic motivation scale. *Canadian Journal of Behavioral Sciences, 21*, 323-349.

Wahba, M. A., & Bridwell, L. G. (1976). Maslow reconsidered: A review of research on the need hierarchy theory. *Organizational behavior and human performance, 15*(2), 212-240.

Weiner, B. (1992). Human motivation: metaphors, theories, and research. Newbury Park, C. A.: Sage.

Wolfolk, A. E. (2001). *Education Psychology*. (8th). Englewood Cliffs, N.J: Prentice-Hall, Inc. 김아영, 백화정, 설인자, 정명숙 (역) (2003). 교육심리학. 서울: 박학사.

Wolters, C. A., Yu, S. L., & Pintrich, P. R. (1996). The relation between goal orientation and students' motivational beliefs and self-regulated learning. *Learning and individual Differences, 8*, 211-238.

Zimmerman, B. J. (2000). Self-efficacy: An essential motive to learn. *Contemporary Educational Psychology, 25*, 82-91.

제15장

학교폭력 및 비행행동

내가 무엇을 잘못한 걸까요?

저는 올해 고등학교 1학년인 여학생입니다. 저는 고등학교에 올라오면서 중학교 친구들과 떨어져 홀로 고등학교를 배정받았습니다. 고등학교 진학 전, 친구들에게 농담 삼아 "고등학교 가서 친구들이 한 명도 없으면 어떡하지?"라는 말을 하기는 했지만 그리 크게 걱정하지는 않았습니다. 중학교에서 학교생활도 열심히 하고, 친구 관계도 좋은 편이였기 때문입니다. 오히려 새로운 곳으로 간다는 설렘이 저에게는 있었습니다.

고등학교로 진학을 하고, 저는 2명의 친구를 사귀었습니다. 저희는 등하교도 같이 하고, 하굣길에는 맛있는 것도 사먹으면서 사이좋게 지내고 있었습니다. 그러던 어느 날, 전 그 중의 한 친구와 다투게 되었습니다. 그렇게 심각한 것은 아니었고, 쉬는 시간에 친구들과 어울리며 이야기를 하던 중에 일어날 수 있는 흔한 다툼이었습니다. 그런데 그 후부터 그 친구는 물론, 다른 친구의 행동도 이상합니다. 이동수업이 있을 때면 항상 같이 가곤 했었는데 이제는 말도 없이 사라집니다. 제가 곁에 가서 말을 걸어보아도 아무런 대답이 없습니다. 그런데 더욱 문제인 것은 저와 함께 놀던 친구들뿐만 아니라 반의 다른 아이들까지 저와 이야기를 하려하지 않습니다. 이야기를 하지 않는 친구들, 저를 째려보며 자기들끼리 속

닥거리는 친구들, 책상에 써져 있는 이상한 낙서까지… 저는 이 모든 것들이 너무 혼란스럽기만 합니다. '대체 왜… 도대체 왜?'라는 물음이 머릿속에서 떠나질 않습니다. 학기 초부터 지금까지 잘 지내왔다고 생각했던 건 저만의 착각일까요? 제가 그 친구와 말다툼을 조금 한 것이 이렇게 큰 잘못일까요? 그 후, 저는 다툰 친구에게 사과도 하고, '다시 친하게 지내자'며 말도 해보았습니다. '내가 무엇을 잘못했냐'고 물어보고, '싫은 것이 있으면 고치겠다'고도 해보았습니다. 그러나 친구들의 대답은 '원래 싫었답니다. 고칠 것도 없다며…' 친구들은 여전히 냉담하기만 합니다. 저는 이제 반에서 혼자가 되었습니다. 다른 반 아이들도 저에게 다가오려 하지 않습니다.

저는 매일 밤마다 다음 날 학교에 갈 생각을 하면 가슴이 너무 답답합니다. 그렇다고 학교에 가지 않을 수는 없고, 제가 할 수 있는 노력들은 다 해보았다고 생각하는데... 이제 무엇을 어떻게 해야 할지도 모르겠습니다. 그저 이 상황을 벗어나고만 싶습니다.

1 학교폭력의 개념, 유형 및 실태

교사는 학생들의 학업성취 뿐만 아니라 학생들의 학교생활적응과 교우관계 및 심리 · 정서적 문제 또한 효과적으로 지도해야 한다. 특히 학교현장에서 지속적으로 문제가 되고 있는 학교폭력문제를 교사들이 제대로 이해하고, 문제를 파악한 후 제대로 된 의사결정을 하는 것이 매우 중요하다. 교사의 잘못된 결정으로 인해 가해학생이 더 심각한 가해행동을 할 수도 있고, 피해학생이 제대로 된 심리적 지원을 받지 못할 수도 있다. 또한 학교폭력에 직접 연루되지는 않았지만, 현장을 목격하고 신고한 학생이 교사의 부적절한 결정 때문에 자신의 신변을 보호받지 못하고 또 다른 피해자가 될 수도 있다. 따라서 학교폭력을 포함하여 학교에서의 생활지도상황에서 교사가 제대로 된 의사결정을 할 수 있도록 도와주는 것이 필요하다.

가. 학교폭력의 개념 및 유형

학교폭력의 개념

학교폭력을 어떻게 정의하느냐의 문제는 교사가 학생생활지도 및 상담과 관련된 교육적인 의사결정을 하는 과정에 직접적으로 영향을 미칠 수 있다. 또한 학교폭력의 개념정의에 따라 조사결과가 달라질 수 있다(Solberg & Olweus, 2003). 예를 들어 매년 학교폭력실태조사를 전국적으로 진행하고 있는데, 어디까지를 학교폭력으로 볼 것인가의 문제가 학교폭력의 가해 및 피해비율 산출에도 영향을 줄 수 있다.

학교폭력의 정의와 관련하여, 학교폭력을 "학교 교내, 주변, 등하굣길, 집주변, 학원 주변 등 물리적인 장소는 물론이고 교육과 관련된 장소 및 현장에서 부모와 교사를 제외한 모든 사람이 학생에게 행사한 정도가 상당히 심각한 유형무형의 모든 폭력"이라고 상당히 포괄적으로 정의하는 경우도 있다(김준호, 2005). 반면 학교폭력을 "교내외에서 학생을 대상으로 일어나는 신체적, 물리적, 심리적 행동"이라고 보기도 한다(송재홍 외, 2013).

이와 같이 학교폭력에 대한 개념정의는 '학교'와 '폭력'을 어떻게 정의하느냐에 따라 달라지기 때문에 법률적인 정의를 고려하는 것이 필요하다. 학교폭력예방 및 대책에 관한 법률에 의하면 "학교폭력"이란 학교 내외에서 학생을 대상으로 발생한 상해, 폭행, 감금, 협박, 약취 · 유인, 명예훼손 · 모욕, 공갈, 강요 · 강제적인 심부름 및 성폭력, 따돌림, 사이버 따돌림, 정보통신망을 이용한 음란 · 폭력 정보 등에 의하여 신체 · 정신 또는 재산상의 피해를 수반하는 행위를 말한다(「학교폭력예방 및 대책에 관한 법률」 제2조제1호).

따라서 이러한 학교폭력의 정의에 따르면 단순히 학교 안에서만 일어난 사건만 학교폭력이 아니고, 공원, 학원, 놀이터 및 공터 등 학교 밖에서 일어난 사건도 학교폭력에 포함된다는 것을 알 수 있다. 또한 동급생뿐만 아니라 선 · 후배들로부터 폭력을 당하는 것도 학교폭력에 포함된다.

학교폭력의 유형

학교폭력의 유형은 많은 학자들이 대체로 신체적, 언어적, 관계적 측면으로 구분하는 경우가 많다. 예를 들어 Berge(2007)는 학교폭력을 물리적, 언어적, 관계적 유형으로 구분하고 있고, 송재홍과 동료연구자들은(2013) 신체적, 언어적, 따돌림, 사이버 폭력으로 구분하고 있다. 주로 신체폭력에는 때리거나 밀치는 행위가 포함되고, 언어폭력에는 놀리거나 욕을 해서 상대방에게 심리적 상처를 주는 것이 해당된다. 따돌림은 주로 집단따돌림을 의미하며 두 명이상의 학생이 특정 개인 또는 집단에게 지속적으로 신체적, 언어적 공격행동 등을 하여 상처를 주는 것을 말한다. 사이버폭력은 전자 메세지를 이용하여 다른 사람에게 의도적이고 반복적으로 해를 끼치는 것을 의미한다(Patchin & Hinduja, 2006). 관계적 측면에서의 폭력은 관계적 공격성 개념과 관련된다. 관계적 공격성은 사회적 상호작용 과정에서 관계를 이용한 공격성의 한 유형으로, 특정인을 배제시키거나 악의적 소문을 퍼뜨려 또래집단 내에서 그 사람의 사회적인 위치나 평판을 해하거나 손상시키는 비신체적 공격성을 의미한다(Crick & Grotpeter, 1995).

따돌림 사례

'친구랑 친하게 지내고 싶어요'

입학성적이 전교 1등이었던 중학교 1학년 여학생 A의 사례

상황: 중학교 1학년 여학생 A는 현재 친구들로부터 따돌림을 당하고 있다. 학기 초에 친하게 지냈던 친구들이 더 따돌려서 A는 요즘 너무 슬프다. A가 사는 아파트는 주변 아파트에 비해 조금 잘사는 사람들이 많이 사는 아파트이다. A와는 다르게 친구들은 대부분 주변 아파트에 살고 있다.

학기 초에 A는 집에 친구들을 초대해서 엄마가 챙겨준 음식과 과자를 함께 먹었는데 결정적으로 그것이 따돌림을 당하게 된 계기가 되었다. 그 날 이후 A가 원하지 않는 시간에 친구들이 A의 집에 와서 음식을 꺼내 먹었다. 더욱 기가 막힌 것은 A의 집에 와서 음식을 꺼내 먹는 친구들이 정작 A와는 함께 놀지 않고 무시한 것이다. 보다 못한 A의 엄마가 친구들을 불러서 맛있는 음식을 해주면서 잘 지내라는 부탁을 했는데 그것 때문에 A는 오히려 더 심하게 따돌림을 받게 되었다. 심지어 아파트 공터에 불려나가 엄마에게 고자질 했다고 협박과 욕설을 들으면서 공포에 떨어야 했다. 결국 담임선생님이 성적이 떨어지고 우울한 모습을 보이는 A를 상담센터에 의뢰하게 되었다.

* 함께 생각해 봅시다!
청소년시기에는 부모와 교사와의 관계보다도 또래들과의 돈독한 우정관계를 형성하는 것이 중요한 사회적 과제이다. 친구들과 잘 지내고 싶은 마음이 있지만, 정작 친구들로부터 따돌림을 받아 외로운 상태에 있는 A를 교사와 학급의 다른 학생들은 어떻게 도와줄 수 있을까?

출처: 학교위기사안처리 가이드북(2013). 대전시 동부교육지원청

괴롭힘 행동과 또래 간의 갈등

학교폭력을 예방하고 개입하는 데 있어서 가장 어려운 문제 중의 하나는 많은 교사와 부모들이 '아이들은 싸우면서 크는 것' 이라고 생각하는 사회적 통념이다(최지영, 2005). 이러한 사회적 통념 때문에 어떤 문제는 심각한 학교폭력임에도 불구하

고 부모나 교사가 그 심각성을 느끼지 못하고 그냥 지나치게 되어 문제를 심각하게 만드는 경우가 있다. 따라서 남을 괴롭히는 행동과 또래들 간에 흔히 일어날 수 있는 갈등, 즉 아이들이 커나가면서 다른 또래들과의 관계에서 생길 수도 있는 갈등을 구별할 필요가 있다. 힘의 관계에서의 차이, 남에게 해를 끼치려는 의도성의 유무, 행동의 결과의 세 가지 기준을 고려해서 괴롭힘 행동과 또래 간에 일어날 수 있는 일상적인 갈등을 구분할 수 있다(Weinhold, 2000).

구분 기준을 좀 더 구체적으로 살펴보면 첫째, 힘의 관계에서 차이가 있는가의 여부이다. 괴롭힘 행동은 힘의 관계에서 더 강한 쪽이 약한 쪽을 향하게 되어 있다. 반면 또래 간의 갈등에서는 힘의 관계가 비교적 비슷한 상황에서 갈등이 유발된다는 점에서 차이가 있다. 둘째, 남을 해치려는 의도가 있는가의 여부이다. 괴롭힘 행동은 남에게 상처를 주기 위해서 의도적으로 가하는 행동인 반면, 또래 간의 갈등은 친구에게 특별히 상처를 주기 위해서가 아니라 어떤 상황에서 의견이 맞지 않거나 의사소통에서 문제가 있어 오해가 생기는 등의 상황에서 갈등이 발생한다는 점에서 차이가 있다. 마지막으로 행동의 결과가 어떠한 양상으로 나타나는가에 따라 차이가 있다. 괴롭힘 행동은 힘의 관계가 불평등하기 때문에 가해자와 피해자가 나오게 되고 부정적인 결과들이 뒤따르게 되는 반면, 또래 간의 갈등에서는 어떻게 문제를 해결하느냐에 따라 건설적인 방향으로 문제가 잘 해결되고 더 돈독한 우정관계가 형성될 수도 있고, 또는 지속적인 오해가 쌓여 부정적인 결과가 생길 수도 있다는 점에서 차이가 있다.

괴롭힘 행동과 또래 간에 일어날 수 있는 일반적인 갈등에 대한 지식을 토대로 특별히 학교에서 담임을 맡고 있는 교사들은 자신이 담당하고 있는 학급 학생들 간의 사회적 관계를 잘 알고 있어야 하며, 학생들 간의 갈등이 어떠한 성격을 지닌 것인지를 파악해야 한다. 일상적으로 일어날 수 있는 갈등이라면 일반적인 갈등해결절차를 따를 필요가 있으며, 학교폭력의 일종인 괴롭힘 행동이라면 학급에서 더 이상 괴롭힘 행동이 일어나지 않도록 가해자와 피해자를 포함한 관련 학생들에 대한 상담 및 교육적 개입을 즉각적으로 진행해야 할 것이다.

나. 학교폭력의 실태

학교폭력 피해경험을 하는 시기가 저연령화되고 있다.

청소년폭력예방재단에서는 전국 17개 시 · 도 초등학교 4학년부터 고등학교 2학년 6,153명을 대상으로 2013년 전국 학교폭력 실태조사를 실시했다. 그 결과에 따르면, 학생들이 가장 심각하다고 생각하는 학교폭력 유형은 신체폭력(29.5%)과 집단따돌림(26.1%)으로 나타났다. 한편 학교폭력 현장을 목격한 적이 있는 학생은 전체의 22.9%이고, 그 중 목격 후에 모른 척 한 학생은 52.6%로 나타났다. 학교폭력을 목격한 학생 중에서 상당수의 학생이 방관자적인 자세를 취하는 것을 알 수 있다. 또한 학교폭력 피해경험을 최초로 한 시기가 초등학교 6학년(16.5%)로 나타났고, 초등학교시기에 학교폭력 피해경험을 당한 경우는 75.1%로 나타나 학교폭력 피해경험이 저연령화되는 것을 알 수 있다(출처: 청소년폭력예방재단 블로그, http://blog.naver.com/bakbht/220007023211).

한편 학교폭력 피해학생 뿐만 아니라 상당수의 학교폭력 가해학생도 초등학교 때 최초로 학교폭력을 경험하는 것으로 나타났다. 2012년 2월 정부 관계부처합동으로 발표한 [학교폭력근절 종합대책]에 따르면 최근의 학교폭력은 학교폭력경험을 최초로 하는 시기가 저연령화되고 있다([학교폭력근절 종합대책] (2012.2.6. 관계부처합동 자료)). 학교폭력 피해학생 중 53.6%가 초등학교 때 최초로 학교폭력 피해를 경험했으며, 학교폭력 가해 학생 중 58.0%가 초등학교 때 최초로 학교폭력 가해를 하는 등 학교폭력 경험 연령이 점점 낮아지고 있다.

중학생의 학교폭력 발생 비율이 급증하고 있다.

학교폭력을 경험하는 최초의 시기가 초등학교인 경우가 증가하는 것과는 별도로 학교폭력대책자치위원회 총 심의건수 중 중학교가 차지하는 비율이 전체 심의건수의 69%에 달하며, 국민신문고에 신고된 학교폭력 관련 민원도 중학생의 증가율이 초등학생의 7배, 고등학생의 2배 수준에 이르고 있어 중학생의 학교폭력발생비율이 다른 학교 급에 비해 높다는 것을 알 수 있다([학교폭력근절 종합대책] (2012.2.6. 관계부처합동 자료)).

언어폭력 피해경험이 증가하고 있다.

청소년폭력예방재단에서 실시한 2013년 전국 학교폭력 실태조사 결과에 따르면, 학교폭력 피해유형 중에서 '욕설이나 모욕적인 말을 들었다'가 24.6%로 가장 많았고, '말로 협박이나 위협을 당했다'는 응답이 10.8%로 나타나 35.4%의 학생들이 언어폭력의 피해경험이 있는 것으로 나타났다. 신체폭력이나 집단따돌림과 같은 학교폭력의 다른 유형에 비해 언어폭력을 경험하는 학생의 비율이 높은 점을 고려해 볼 때, 언어폭력을 인식하고 대처하는 학교폭력예방프로그램 개발이 중요하다는 사실을 알 수 있다(출처: 청소년폭력예방재단 블로그, http://blog.naver.com/bakbht/ 220007023211).

언어폭력 사례

'욕설 문자만 계속 보내도 학교폭력'

• 법원, 봉사명령 취소소송 기각

동급생에게 지속적으로 욕설이 담긴 문자메시지를 보냈다면 학교폭력에 해당한다는 법원 판단이 나왔다. 서울행정법원 행정1부(이승택 부장판사)는 서울 ㄱ중학교 ㄴ양이 학교를 상대로 낸 봉사명령 등 처분취소소송에 ㄴ양의 청구를 기각했다고 24일 밝혔다.

ㄴ양은 2013년 3월 학기 초 친구 2명과 갈등을 빚었다. ㄴ양은 친구 ㄷ양이 자신의 시험성적을 허락없이 봤다는 이유로 따돌리기 시작하고, ㄷ양과 친하게 지내던 ㄹ양에게도 폭언을 했다. 또 두 사람에게 지속적으로 "'찐따'가 나대고 XX이야" 등 욕설과 모욕적 내용이 담긴 문자메시지를 보냈다. 이 사실을 알게 된 교내 학교폭력대책자치위원회는 ㄴ양에게 교내봉사 5일과 상담치료 처분을 내렸다. 이에 ㄴ양은 "비록 모욕적 내용의 문자메시지를 보낸 것은 맞지만 다수 앞에서 한 것이 아니기 때문에 학교폭력법상 폭력으로 규정된 명예훼손 · 모욕에 해당하지 않는다"며 소송을 냈다.

재판부의 판단은 달랐다. 재판부는 "학교폭력은 학생의 신체 · 정신 또는 재산상 피해를 수반하는 모든 행위를 말한다"며 "몇 달에 걸쳐 친구에게 욕설이 포함된 문자메시지를 보내고, 이들을 함께 노는 무리에서 제외하는 등의 행위는 학교폭력법에서 규정하는 학교폭력에 해당한다"고 판단했다. 재판부는 이어 "상대학생들이 먼저 '찐따'라고 놀렸기 때문이라는 원고의 주장을 인정하더라도 이후 행위는 단순방어를 넘어서 새로운 학교폭력을 가한 것에 해당한다"고 덧붙였다.

출처: 경향신문 "욕설 문자만 계속 보내도 학교폭력" 2014. 07. 24. http://news.khan.co.kr/ kh_news/khan_art_view.html?artid=201407242155185&code=940301

사이버 공간에서의 학교폭력이 증가하고 있다.

청소년폭력예방재단에서 실시한 2013년 전국 학교폭력 실태조사 결과에 따르면, 인터넷이나 휴대전화 등 사이버 공간에서 피해를 당했다는 응답이 11%로 나타나 학교 화장실이나 학교운동장보다 높게 나타났다. 또한 사이버 공간에서의 피해경험은 2012년에는 8.4%였으나 2013년에는 11%로 높아져서 사이버 공간에서의 학교폭력이 점차 증가하는 것을 알 수 있다.

또한 한국청소년정책연구원에서 나온 보고서(2014)에 따르면 청소년들은 게임을 통해 괴롭히거나 카카오톡을 통해 친구 신청을 거부하거나 친구 초대시 배제하는 방법으로 사이버 폭력을 행사하는 것으로 나타났다. 한 가지 주목해야 할 점은 오프라인에서 피해를 당하고 있는 청소년들이 사이버공간에서도 피해를 당하고 있다는 것이다.

사이버공간에서의 청소년의 사회적 상호작용

온라인에서의 상호작용은 청소년의 사회성 발달과 어떠한 관련이 있는가?

사이버공간에서의 사회적 상호작용은 청소년들의 사회적 관계에 어떤 영향을 미칠까? 이에 대해서는 두 가지 대표적인 관점이 있다. 하나는 온라인에서의 대화가 현실에서 우정을 쌓는데 필요한 시간을 대치하기 때문에 우정관계를 돈독하게 하는 데 방해가 된다는 관점(Kraut et al., 1998; Valken Burg & Peter, 2011)이 있는가하면, 최근 인터넷상에서의 상호작용은 또래들 간의 상호작용을 촉진시키는 방향으로 설계되어 있기 때문에 또래 간의 친밀성을 증진시키고 우정을 더욱 돈독하게 한다는 관점(Bryant, Sanders-Jackson, & Smallwood, 2006; Peter et al., 2005; Valkenburg & Peter,

2011)이 있다.

이미 존재하고 있는 우정관계에서 온라인 대화는 자기개방을 촉진하는 것처럼 보이기도 한다. 실제로 많은 청소년들이 오프라인에서 자신이 알고 있는 사람들과의 관계를 강화하기 위해 SNS를 사용하는 경우가 있지만(Reich, Subrahamyam, & Espiniza, 2012), 오히려 인간관계에 해가 되는 경우도 있는데 주로 게임을 하거나 인터넷 검색과 같은 오락기능에 치중해서 인터넷을 많이 사용하거나 모르는 사람과 대화를 많이 하는 사람은 우정관계에 해를 끼칠 수 있다(Blais et al., 2008).

온라인상에서의 괴롭힘 행동(cyberbullying)의 위험성

청소년들이 온라인 사용을 많이 할 때 나타날 수 있는 잠재적 위험 중의 하나가 바로 온라인상에서 괴롭힘 행동(cyberbullying)이다. 청소년들이 또래를 모욕하고, 당황스럽게 만드는 데 인터넷이 사용될 수 있다. 일상적인 면대면 상호작용에서 보다 더 많이 또래들이 이러한 광경을 목격할 수 있다.

일반적으로 온라인에서의 괴롭힘행동의 가해자와 피해자는 오프라인에서의 가해자와 피해자와 같은 경향이 있으며, 온라인에서의 괴롭힘행동의 피해자는 오프라인에서의 피해자와 마찬가지로 사회적 불안감, 심리적 고통, 우울증이 높은 경향이 있고, 학교에서 문제를 야기하고, 낮은 분노조절능력, 공격적 경향을 보인다(Valkenberg & Peter, 2011). 그러나 이 둘 간의 인과관계는 확실하게 말하기 어렵기 때문에 이와 관련된 후속연구들이 필요하다.

괴롭힘 상황에 도움이 되는 온라인 상호작용의 장점

비록 사회적 미디어가 종종 또래를 괴롭히는 데 사용된다고 해도 때로는 또래의 거부효과를 상쇄하는 데 도움이 될 수 있다. 즉 오프라인에서 소외된 참여자들을 온라인 게임이나 활동에 참여하도록 함으로써 자존감을 회복시키고 부정적 정서를 감소시킬 수 있다. 이처럼 사이버 커뮤니케이션을 통한 인터넷 관계가 또래 관계에서 어려움을 겪고 있는 학생들에게 도움이 될 수도 있다.

출처: Siegler 등 (2014).

그 외에도 최근의 학교폭력은 가해학생과 피해학생의 구분이 불분명해지고 있고, 정신적 폭력이 증가하고 있다.

특히 언어적, 정신적 폭력은 휴대전화문자 등 SNS 등을 통해 손쉽게 반복적으로 이루어지고 있다. 또한 학교폭력의 집단화경향도 강해져서 학교폭력 피해학생 중 66.2%가 2명 이상의 가해학생에게 학교폭력을 당하고, 가해학생의 수가 '6명 이상'인 경우가 16.3%에 이르고 있다. 학생들이 학교폭력 피해를 입지 않기 위해 일진 등 조직에 가입하고, 학교별 일진이 정보를 공유해서 피해학생을 지속적으로 괴롭히는 문제가 발생되는 것을 알 수 있다([학교폭력근절 종합대책] (2012.2.6. 관계부처합동 자료)).

2 학교폭력의 이론적 관점

- 참여자 역할 이론: 학교폭력 및 괴롭힘 행동을 이해하는 새로운 관점으로 참여자 역할 이론이 있다(Salmivalli, 2001). 이 이론에서는 학교나 교실에서 학교폭력과 괴롭힘이 계속 일어나는 이유는 가해자와 피해자 이외의 다른 학생들이 학교폭력과 관련된 일정한 역할들을 수행하기 때문이라고 본다. 참여자 역할 이론에서는 학생들의 역할을 다음과 같이 구분하고 있다.

  - 가해자: 적극적, 주도적으로 남을 괴롭히는 행동을 시작하는 사람이다.
  - 가해자의 조력자: 가해자를 추종하고 가해자를 도와줌으로써 남을 괴롭히는 행동에 참여하는 사람이다.
  - 가해자의 강화자: 가해자 주변에서 괴롭힘 상황을 지켜보고 웃으며 가해자의 행동을 격려하는 사람이다.
  - 피해자의 방어자: 피해자에게 '신경쓰지 말라'고 이야기하거나 가해자에게 괴롭힘 행동을 그만두라고 말하면서 피해자 편을 드는 사람이다.
  - 방관자: 대체로 괴롭힘 상황에 없거나 그 상황 자체에 대해 잘 알지 못하는 사람으로 괴롭힘 상황에 대해 반응하지 않고 피하는 사람이다.
  - 피해자: 남에게 괴롭힘을 당하는 사람으로서 괴롭힘 행동의 체계적인 희생자이다.

따라서 참여자 역할 이론에 근거하여 학교폭력예방 및 대처 프로그램의 방향을 고려해본다면 피해자나 가해자 중심의 프로그램개발과 함께 학급의 모든 학생들을 대상으로 한 학교폭력예방 및 대처에 관한 교육프로그램이 개발될 필요가 있다. 또한 교실 환경 자체를 좀 더 협동적이고 지지적인 분위기로 바꾸는 것이 중요하다.

- 학교폭력에 대한 생태학적 접근: 학교폭력에 대한 생태학적 접근(정종진, 2012; Benbenishty & Astor, 2005)에서는 학교폭력의 발생은 특정한 하나의 요인에 의해서가 아니라 개인, 가정, 학교, 지역사회 요인 등 다양한 요인이 복합적으로 작용한 결과라고 본다. 대표적인 생태학자인 브론펜브레너의 생태학적 이론을 학교폭력환경에 비추어 설명하면 다음과 같다(Losey, 2011).

미시체계 목표	중간체계 목표	외체계 목표	거시체계 목표
• 피해자, 방관자의 역량 강화 • 효과적인 리더십 증대 • 교직원의 개입능력 개발 • 지지와 개인적 자원의 증대 • 괴롭힘과 폭력에 대한 수용적 태도의 변화	• 괴롭힘과 괴롭힘 예방프로그램에 대한 부모교육 • 학부모와 정기적 의사소통 • 괴롭힘 가해 및 피해 사건 보고 • 공동체 구축 • 관련 학생의 부모와 작업 • 학교의 괴롭힘 예방 계획과 활동에 학부모 참여	• 행동의 기저선 파악 • 괴롭힘 예방 정책과 절차 개발 • 괴롭힘 예방위원회 결성 • 전 교직원 교육 • 내부 및 외부 전문가 활동	• 정책과 법에 맞게 적용 • 괴롭힘 예방 노력을 알리기 위한 미디어 활동 • 학교 폭력 감소 지지

- 지배성 이론: 지배성 이론에서는 권력관계의 위계성을 중시한다. 이 이론에서는 남을 괴롭히는 행동은 지배적인 위치에 있는 사람이 지속적으로 자신보다 약한 위치에 있는 사람을 괴롭히는 사회적 공격성의 한 형태라는 점을 강조한다(Pellegrini, Bartini, & Brook, 1999). 또한 집단 내에 위계적 질서가 존재할 때 사람들은 집단 내에서 자신의 위치를 깨닫고 자신보다 높은 위치에 있는 사람에게 반항하거나 싸움을 걸지 않아서 집단 내의 갈등을 줄이는 데 도움을 준다는 점을 지적한다(Hawley, 1999; Hawley & Little, 1999). 가령 초등학교에서 중학교에 진학하거나 중학교에서 고등학교에 진학하는 등 학교급이 바뀌는 상황이나 전학을 가게 되는 경우, 새로운 환경에 진입하게 되면서 특히 남학생

들은 힘의 서열관계를 확인해보고 싶은 마음에서 폭력행동을 더 많이 하게 될 수 있다는 것이다. 이 이론에 따르면, 일단 어느 정도 시간이 지난 후 힘의 서열관계가 안정되면, 학교폭력이 다소 줄어드는 것도 같은 맥락으로 이해할 수 있다.

3 학교폭력의 가해자와 피해자의 심리적 특징

가해학생은 왜 다른 학생을 따돌리고 괴롭히는가?

가해학생은 공격적 가해자와 이전에 피해를 당한 경험이 있는 가해-피해학생으로 구분할 수 있다. 공격적 가해자는 힘의 관계에서 자신의 우위를 입증하기 위해서 또는 자신이 목표로 하는 것을 성취하기 위해서 피해자를 괴롭힌다. 반면 가해-피해학생은 이전에 피해경험이 있는 아동이 가해자가 되는 경우이다. 청소년폭력예방재단에서 실시한 2013년 전국 학교폭력 실태조사 결과에 따르면, 학교폭력의 피해경험이 있는 학생 중에서 75.4%의 학생이 가해학생에게 복수하고 싶은 충동을 느낀 적이 있다고 응답했다. 이러한 사실은 학교폭력의 피해학생들이 가해학생에 대해 보복하거나 자신보다 더 약한 또래들에게 가해자가 될 가능성이 있다는 점을 의미한다.

피해학생은 수동적 피해자와 도발적 피해자로 구분할 수 있다.

수동적 피해자는 화를 잘 내지 않고 유약한 모습을 보이는 피해자인 반면, 도발적 피해자는 가해자의 공격을 유도하고 촉발하는 것이 무엇인지 아는 피해자이다(Boulton & Smith, 1994). 가령 타인을 무시하거나 괴롭히는 행동을 통해서 자신이 피해자가 되는 경우이다. 교사들은 학급에서 특히 도발적 피해자인 학생에 대해 관심을 가질 필요가 있는데, 그들이 또래들에 의해 가장 거부되는 비율이 높고 그러한 사회적 관계에서의 부적응 때문에 더 심각한 문제행동을 할 수 있는 학생들이기 때문이다(Pellegrini, 1998).

피해학생과 가해학생 모두 심리적 문제를 가지고 있다.

피해학생의 경우: 피해학생의 경우에 부정적 자아개념, 학습된 무기력, 우울 등의 문제가 생길 수 있다(강진령, 유형근, 2000)

- 부정적 자아개념: 피해학생이 가해학생으로부터 '바보', '사이코' 라는 말을 자주 들으면 진짜 자신의 모습이 그렇다고 생각하게 되어 부정적 자아개념 등을 갖게 되고, 수치심 때문에 피해사실을 숨기게 되어 일이 점점 악화되는 경향이 있다.

- 학습된 무기력: 피해학생이 지속적으로 피해를 당하게 되면 그 상황에서 자신이 아무것도 할 수 없다는 무력감을 느끼게 된다. 특히 문제해결을 위해 교사나 부모에게 도움을 요청하기 힘든 상황에서는 더 심한 무력감을 느끼게 된다.

- 우울: 학교폭력상황에서 지속적으로 피해를 당한 학생은 우울증이 심해지고 심해지면 자살까지 이르게 되는 경우가 많다. 이러한 증상은 특히 여학생의 경우에 더 심각한 것으로 알려져 있다.

가해학생의 경우: 가해자의 심리적 문제로는 충동성, 공감능력의 부족 등을 포함하여 사회적 고립감, 반사회적 성격 등이 있다. 가해학생은 과장된 방식으로 다른 사람을 무시하거나 큰 소리를 내는 등의 행동을 하여, 교사나 또래들로부터 자신을 인정받으려는 욕구가 강한 편이다.

4 학교폭력 및 청소년의 비행관련 요인

학교폭력 및 비행과 관련된 요인에는 많은 요인이 포함될 수 있지만, 교사의 입장에서 중요하게 고려해야 할 몇 가지 요인을 소개하고자 한다. 학교폭력이 발생했을 때, 교사는 관련 학생 및 학부모, 학급의 다른 학생 등을 면담할 필요가 있고, 학교의 학교폭력정책도 검토해야 한다. 이 때 관련학생의 개인적 문제, 가정에서의 문제, 또래관계에서의 문제, 학교폭력에 대한 학교의 대처의 문제 등을 고려해야 할 것이다.

가. 개인관련요인

학교폭력 및 비행과 관련된 대표적인 개인적 요인으로 자아존중감과 충동성을 들 수 있다. 우선 자아존중감과 관련해서는 상반된 연구결과들이 혼재하고 있다. 가해자가 자아존중감이 높다는 연구(Olweus, 2000)와 자신의 지적 영역 및 행동과 같은 특정 영역에서는 가해자들의 자아존중감이 낮다는 연구결과(O' Moore & Kirkham, 2001)가 있다. 교사는 학교폭력의 가해자의 자아존중감의 특성을 파악하여 왜곡된 자아존중감은 없는지, 특정 영역에서의 낮은 자아존중감이 가해자의 문제행동과 연결되는 것은 아닌지 등을 살펴볼 필요가 있다.

한편 앞서 2장에서도 설명하였듯이, 청소년 시기에는 아직 전두엽의 발달이 완성된 상태가 아니라 계속적으로 발달중인 상태이다. 전두엽은 충동적 행동을 조절하는 기능을 하는데, 이러한 기능에 문제가 있으면 문제행동을 많이 하는 것으로 나타났다(Herrenkohl et al., 2000). 충동적인 행동을 자주 하는 학생들은 분노를 조절하는 능력도 부족하고, 자신의 충동적인 행동이 야기한 결과 때문에 결국 더 큰 어려움에 처하기도 한다.

나. 가정관련요인

가정관련요인은 크게 가족의 구조와 가족의 기능과 관련된 요인으로 구분할 수 있다. 우선 가족의 구조와 관련해서는 가정의 경제적 수준이 영향을 미친다. 지나치게 빈곤한 가정에서는 청소년들이 부모에게서 적절한 물질적, 사회적 지원을 받기 힘들기 때문에 가정에서 소속감을 느끼지 못하고 비행친구들과 어울리면서 회복하려는 경향이 있다(Catalano & Hawkins, 1996).

가족의 기능과 관련해서는 비일관적인 훈육, 가정폭력경험 등이 자녀의 문제행동에 영향을 미치는 것으로 알려져 있다. 우선 비일관적인 훈육은 자녀로 하여금 인생에 대한 철학을 정립하는 데 어려움을 겪게 하기 때문에 문제가 심각하다. 부모가 자신의 기분에 따라 자녀의 같은 행동에 대해서도 그 때 그 때 다른 방식으로 훈육한다면 결국 자녀는 부모의 눈치만을 볼 뿐 삶에 대한 일관된 철학을 갖기가 힘들다.

또한 학교폭력의 가해학생 중의 일부는 본인이 가정폭력의 피해경험을 가지고 있거나 부모 간에 일어난 가정폭력의 모습을 목격한 것으로 나타났다(이유미, 2005). 이처럼 가정폭력을 목격한 것 자체만으로도 자녀의 가해행동에 영향을 줄 수 있다.

다. 또래관련요인

또래관련요인 중 가장 중요한 것은 비행친구와의 애착을 들 수 있다. 중 · 고등학교 학생들은 부모보다 또래로부터 영향을 더 많이 받는 편이다. 따라서 청소년시기에는 어떤 친구들과 사귀는가가 매우 중요한 문제가 된다. 특히 비행친구들과 정서적으로 유대관계가 잘 형성되어 있는 경우에 비행친구들로부터 많은 영향을 받게 된다.

이러한 비행친구와의 애착은 자신의 가족이 정상적으로 기능을 하지 못할 때 더욱 심해진다. 가족에게서 받을 수 없는 심리적 지지를 비행친구집단으로부터 받을 수 있고 유대감과 소속감을 느끼면서 자신의 가치를 비로소 확인할 수 있기 때문이다(Keijsers et al., 2012).

라. 학교관련요인

학교관련요인으로는 학교에 대한 낮은 애착, 학업에 대한 무관심, 폭력에 대한 학교의 애매한 태도 등을 들 수 있다. 중 · 고등학교 학생들은 교사와 다른 또래들과 함께 가정보다도 학교에서 더 많은 시간을 보내게 된다. 따라서 학교가 즐거운 곳이 될 필요가 있는데, 학교에 대해 별로 애착이 없고, 학업에도 큰 흥미가 없는 학생들에게 학교는 지루하고 피하고 싶은 장소일 것이다. 따라서 지나치게 경쟁적인 학급문화나 학교문화를 지양하고 협동적이고 지지적인 학교분위기를 만들 필요가 있다.

또한 학교관련요인 중에서 가장 중요한 것 중의 하나는 학교폭력에 대한 학교의 태도 및 대처방식이다. 학교가 어떠한 학교폭력도 용납하지 않는다는 단호한 태도를 취할 필요가 있으며, 교사들도 학교폭력이 발생했을 때 학교에서 준비된 매뉴얼에 따라 정확하고 분명하게 절차를 따라야 하며, 평소에도 학교폭력예방교육에 관심을 가질 필요가 있다.

Benbenishty와 그의 동료 연구자들이 수행한 연구(2002)에 따르면, 교사의 지지, 학교폭력을 감소시키기 위한 학교정책에 대한 학생들의 인식, 학생참여, 학교시설유지 · 보수 등의 학교풍토가 학교폭력 피해경험에 영향을 미치는 것으로 나타났다. 즉 긍정적인 학교풍토는 교사 및 직원에 의한 피해경험과 부적 상관이 있는 것으로 나타났다. 한편 또 다른 연구(Vieno et al., 2011)에서는 학교규칙이 공정하고 일관되게 적용되는 학교의 학생들은 폭력행동에 덜 가담하는 것으로 나타났다. 규칙을 위반했을 때 학생들이 기대할 수 있는 바에 대해 학생들에게 분명하게 메시지를 전달함으로써 학교폭력예방에 대한 보호요인이 될 수 있다. 또한 많은 학교에서 종종 엄격한 처벌위주의 생활지도방식을 채택하면서 학교폭력을 예방하거나 감소하려는 노력을 하고 있지만, 엄격한 규제위주의 생활지도보다는 학생들이 자신의 행동에 책임을 지도록 하는 존중과 배려의 학교문화가 학생들의 괴롭힘 행동을 감소시키는 경향이 있다(Orpinas & Horne, 2006).

5 학교폭력 개입과 대처

학교폭력을 예방하고 적절하게 개입하기 위해서는 다양한 학교 급에 있는 학생들을 대상으로 하는 학교폭력예방 및 대처 프로그램을 효과적으로 활용해야 한다.

학교폭력예방과 관련하여, 국내에서는 국내 NGO 기관 및 국책 연구소, 교육부 및 법무부에서 개발한 다양한 프로그램이 있다. 초등학생부터 고등학생까지 학교 급별로 프로그램이 세분화되어 있고, 어울림 프로그램의 경우는 학부모용과 교사용 프로그램이 별도로 구성되어 있다. 외국의 경우는 노르웨이에서 Olweus가 개발한

Olweus Bullying Prevention Program과 핀란드의 KiVa 프로그램 등이 있다. 학교폭력 예방과 관련된 국내·외 프로그램에 대한 소개는 〈부록〉에 제시되어 있다.

학교폭력상황에서 피해를 당했을 때 어떻게 해야 하는가?

경찰청 117센터는 학교·여성폭력 및 성매매피해자 긴급지원센터로서 전국에서 국번 없이 117번을 무료로 이용하여 신고할 수 있다.

또한 아동여성장애인 경찰지원센터 홈페이지인 "안전 Dream"을 통해 학교폭력을 신고할 수 있고, 일 년 365일 1:1 실시간 채팅상담서비스를 받을 수 있다. 온라인상에서 또는 1:1전화 상담을 통해 학교폭력피해자에 대해 ONE-STOP 지원이 가능하며, 학교폭력피해자들이 상담, 수사, 의료 및 법률지원을 받을 수 있다. 학교폭력관련 주요 사이트는 〈부록〉에 제시되어 있다.

Wee 프로젝트는 Wee 스쿨, Wee 센터, Wee 클래스로 구성되어 있다.

Wee는 We(우리들)+education(교육), We(우리들)+emotion(감성)의 합성어로서, 학교, 교육청, 지역사회가 연계하여 학생들의 건강하고 즐거운 학교생활을 지원하는 다중의 통합지원 서비스망이다. 학습부진 및 학교부적응 학생뿐만이 아닌 일반 학생들도 Wee를 통해 행복한 학교생활을 할 수 있도록 학교에는 Wee클래스, 지역교육청에는 Wee센터, 시·도 교육청에는 Wee스쿨이 배치되어 있다(http://www.wee.go.kr/home/intro/intro01001v.php).

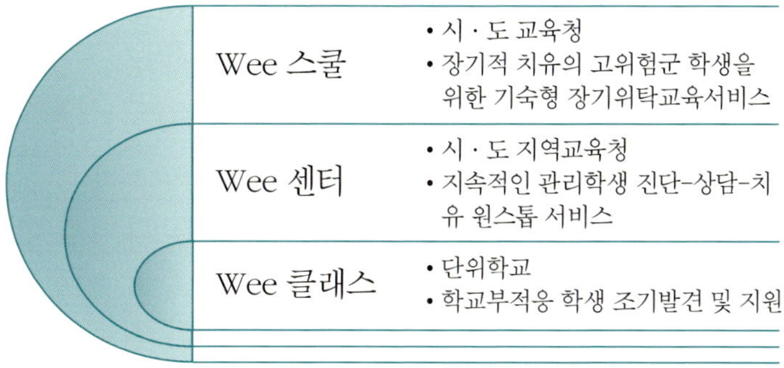

그림 15-1 Wee 프로젝트 체계도

자료출처: http://www.wee.go.kr/home/intro/intro02001v.php

6 사례 분석

사례 1 유진이의 사례

유진이는 올해 중학교 3학년의 여학생이다. 최근 들어 유진에게는 학교에 가고 싶지 않은 이유가 하나 생겼다. 같은 반 학생인 응용이는 유진이를 '못난이 인형'을 닮았다며 놀려댄다. '저러다가 말겠지. 내일이면 괜찮을 거야'라고 생각했지만 이제는 다른 학생들까지 유진이를 '못난이'라고 부른다. 유진이는 친구들이 자신을 그렇게 부르는 이유가 자신의 체형이 키가 작고, 곱슬머리에 주근깨가 있는 것을 놀리는 것이라고 생각한다. 유진이는 평소 자신의 외모에 콤플렉스가 있던 데다가 다른 학생들이 자신을 '못난이'라고 부르며 웃는 모습에 스트레스를 받는다. 하루는 자신을 '못난이'라고 부르며 놀리는 아이에게 밀치며 화를 냈더니, 도리어 자신에게 '장난인데 왜 그러냐. 쿨하지 못하다. 다른 애들은 다 그냥 넘기는데 너만 이상하다'며 화를 낸다. 유진이는 이 상황이 너무 싫고 견디기 힘든데, 다른 친구들은 그저 가벼운 장난정도로만 여기니 오히려 자신이 이상해지는 느낌이다. 유진이는 이 문제를 상의하기 위해 선생님께 상담을 요청해 놓은 상황이지만, 이런 이야기를 하는 것이 자신이 유독 예민한 것처럼 여기실까 망설여진다.

질문: 유진이 사례의 경우 겉으로 드러나는 신체폭력은 거의 발견할 수 없지만 언어폭력으로 인해 스트레스를 많이 받고 있다. 이 상황이 어떠한 점에서 심각한 학교폭력 상황이라고 볼 수 있는지 생각해보자.

사례 2 다음은 ○○신문에 게재되었던 신문기사의 일부이다.

'사이버 지옥'

오전 3시 중학교 2학년 B 양(15)은 잠을 이루지 못했다. 카카오톡 메신저 알림음이 '카톡, 카톡'하며 수시로 울려댔다. 하지만 열어보지 않았다. 잠시 졸음에 빠져든 순간 다시 카톡 알림음이 시끄럽게 울렸다. 카톡에는 "자냐?" "미친 ×" "너 오늘 학교에서 보자?"는 글들이 올라와 있었다. B 양은 재빨리 메시지를 입력했다. "아니야, 읽고 있었어…. 미안해." 매일 늦은 밤 카톡은 B 양에게 악몽이다. 그는 학교에서 왕따였다. 그의 부모는 이 사실을 모른다.

자료출처: 동아일보 2014. 4. 10. "어른들은 몰라요, 우리가 왜 스마트폰만 들여다보는지"

질문: 학생들 간에 발생하는 사이버 폭력은 교사들이 파악하기 힘들기 때문에 사이버 폭력의 위험성을 간과하는 경우가 있다. 사이버 폭력은 학교폭력과는 별개의 문제일까?

7 주요 개념

주요개념	설명
학교폭력 (School violence)	학교 내외에서 학생을 대상으로 발생한 상해, 폭행, 감금, 협박, 약취 · 유인, 명예훼손 · 모욕, 공갈, 강요 · 강제적인 심부름 및 성폭력, 따돌림, 사이버 따돌림, 정보통신망을 이용한 음란 · 폭력 정보 등에 의하여 신체 · 정신 또는 재산상의 피해를 수반하는 행위
집단따돌림(Group harassment)	두 명 이상의 학생이 특정 학생에 대해 신체적, 심리적 해를 끼치고 집단에서 배제하려는 현상
괴롭힘 행동 (Bullying)	힘의 불균형을 이루며, 해를 끼치고자 의도를 가지고 반복적 발생하는 여러 종류(사이버상, 관계적 및 사회적)의 공격적 행동의 하위 형태

신체폭력 (Physical violence)	신체의 일부분을 때리거나 밀치기 등의 폭력 행동
언어폭력 (Verbal violence)	놀리거나 욕을 해서 상대방에 심리적 상처를 주는 폭력 행동
사이버폭력 (Cyber-bullying)	전자메세지를 이용하여 다른 사람에게 의도적으로 반복적으로 해를 끼치는 폭력 행동
관계적 공격성 (Relational aggression)	사회적 상호작용 과정에서 관계를 이용한 공격성의 한 유형
참여자 역할 이론 (Participant role theory)	어떤 학급에서 괴롭힘 행동이나 학교폭력이 지속된다면 그 학급의 구성원들이 괴롭힘 상황에 대해 일정한 역할을 담당한다고 보는 이론
가해자 (Bully)	적극적, 주도적으로 남을 괴롭히는 행동을 시작하는 사람
가해자의 조력자 (Assistant of bully)	가해자를 추종하고 가해자를 도와줌으로써 남을 괴롭히는 행동에 참여하는 사람
가해자의 강화자 (Reinforcer of bully)	가해자 주변에서 괴롭힘 상황을 지켜보고 웃으며 가해자의 행동을 격려하는 사람
피해자의 방어자 (Defender of victim)	피해자에게 '신경쓰지 말라'고 이야기하거나 괴롭힘 행동을 그만두라고 말하면서 피해자 편을 드는 사람
방관자 (Outsider)	대체로 괴롭힘 상황에 없거나 그 상황 자체에 대해 잘 알지 못하는 사람으로 괴롭힘 상황에 대해 반응하지 않고 피하는 사람
피해자 (Victim)	남에게 괴롭힘을 당하는 사람으로서 괴롭힘 행동의 체계적인 희생자
공격적 가해자 (Aggressive bully)	자신의 우월성을 입증하거나 목표로 하는 것을 성취하기 위해 피해자를 괴롭히는 가해자
가해-피해학생 (Bully-victim)	이전에 피해 경험이 있는 아동이 나중에 가해자가 되는 경우
수동적 피해자 (Passive victim)	화를 잘 내지 않고 유약한 모습을 보이는 피해자
도발적 피해자 (Provocative victim)	가해자의 공격을 촉발하는 것이 무엇인지 아는 피해자

8 연습문제

1. 학교폭력 발생 시, 취할 수 있는 방법으로 적절한 것은?

① 학부모의 개입은 문제를 커지게 하므로 비밀로 한다.

② 가해학생과 피해학생의 화해의 자리를 즉시 마련한다.

③ 피해사실에 대해 전체 학생에게 알려 도움을 요청한다.

④ 학교차원에서의 학교폭력 사안에 대해 신속히 종결한다.

⑤ 가해학생과 피해학생 모두에게 심리 상담을 실시한다.

2. 다음 중, 학교폭력의 정의에 대한 설명으로 옳은 것은?

① "학교폭력"이란 학교 내에서만 발생하는 것으로 상해, 모욕, 따돌림, 갈취 등을 포함한다.

② "사이버 따돌림"이란 정보통신기기를 이용하며 상대방이 고통을 느끼도록 하는 일체의 행위를 뜻하지만, 아직까지 우리나라에서는 학교폭력으로 인정되고 있지 않다.

③ "가해학생"이란 직접 학교폭력을 행사한 학생만을 말한다.

④ "피해학생"이란 학교폭력으로 인하여 피해를 입은 학생을 말한다.

3. 학교폭력대책을 위한 방안으로 적절하지 않은 것은?

① 학생 눈높이에 맞는 학교폭력 예방교육 실시

② 학교폭력 유형에 따른 맞춤형 대응

③ 학교 지원 및 관리 강화

④ 가해학생의 무조건적인 전학

⑤ 학교폭력에 대한 전 사회적 대응 강화

참고문헌

강진령, 유형근(2000). 집단괴롭힘. 학지사.

김준호(2006). 학교폭력의 정의 및 현상. 문용린 외 공저. 학교폭력 예방과 상담. 학지사. (pp. 27-46).

송재홍 외(2013). 학교폭력의 예방 및 대책. 학지사.

이유미(2006). 가해학생 대상 특별교육 프로그램. 문용린 외 공저. 학교폭력 예방과 상담. 학지사. (pp. 367-396).

정종진(2012). 생태학적 측면에서 본 학교폭력의 유발 요인. 초등상담연구, 11(3), 331-350.

청소년폭력예방재단 블로그 http://blog.naver.com/bakbht/220007023211

최지영(2006). 괴롭힘 행동의 새로운 이해. 문용린 외 공저. 학교폭력 예방과 상담. 학지사. (pp. 91-111).

한국정보화진흥원(2013.12.18). 학교폭력 2.0,사이버불링실태와 해법 세미나 자료집.

한국청소년정책연구원(2014). 청소년 사이버불링 실태 및 대응방안 연구. 연구보고 14-R07.

Benbenishty, R., Astor, R. A., Zeira, A., & Vinokur, A. D. (2002). Perceptions of violence and fear of school attendance among junior high school students in Israel. *Social Work Research*, *26*(2), 71-87.

Benbenishty, R., & Astor, R. A. (2005). *School violence in context: Culture, neighborhood, family, school, and gender.* Oxford: Oxford University Press.

Boulton, M. J., & Smith, P. K. (1994). Bully/victim problems in middle-school children: Stability, self-perceived competence, peer perceptions, and peer acceptance. *British Journal of Developmental Psychology*, *12*, 315-329.

Catalano, R. F., & Hawkins, J. D. (1996). The social development model: A theory of antisocial behavior. In J. D. Hawkins. *Delinquency and crime: Current theories.* Cambridge: Cambridge University Press. (pp. 149-197).

Crick, N. R., & Grotpeter, J. K. (1995). Relational aggression, gender, social-psychological adjustment. *Child Development*, *66*, 710-722.

Hawley, P. H. (1999). The ontogenesis of social dominance: A strategy-based evolutionary perspective. *Developmental Review*, *19*, 97-132.

Hawley, P. H., & Little, T. D. (1999). On winning some and losing some: A social relations approach to social dominance in toddlers. *Merrill-Palmer Quarterly, 42*(2), 185–214.

Herrenkohl, T. I., Maguin, E., Hill, K. G., Hawkins, J. D., & Abbott, R. D. (2000). Developmental risk factors for youth violence. *Journal of Adolescent Health, 26*, 176–186.

Keijsers, L., Branje, S., Hawk, S. T., Schwartz, S. J., Frijns, T., Koot, H. M., van Lier, P., & Meeus, W. (2012). Forbidden friends as forbidden fruit: Parental supervision of friendships, contact with deviant peers, and adolescent delinquency. *Child Development, 83*(2), 651–666.

Losey, B. (2011). *Bullying, suicide, and homicide: Understanding, assessing, and preventing threats to self and others for victims of bullying.* New York: Routledge Taylor & Francis Group.

O' Moore, M., & Kirkham, C. (2001). Self-esteem and its relationship to bullying behavior. *Aggressive Behavior, 27*, 269–283.

Olweus, D. (2000). Norway. In P. K. Smith et al. (Eds.). *The nature of school bullying: A cross-national perspective* (pp. 22–48). London: Routledge.

Orpinas, P., & Horne, A. M. (2006). *Bullying prevention: Creating a positive school climate and developing social competence*, Washington, DC: American Psychological Association.

Patchin, J. W., & Hinduja, S. (2006). Bullies move beyond the schoolyard: A preliminary look at cyberbullying. *Youth Violence and Juvenile Justice, 4*(2), 148–169.

Pellegrini, A. D. (1998). Bullies and victims in school: A review and call for research. *Journal of Applied Developmental Psychology, 19*, 165–176.

Pellegrini, A. D., Bartini, M., & Brooks, F. (1999). School bullies, victims, and aggressive victims: Factors relating to group affiliation and victimization in early adolescence. *Journal of Educational Psychology, 91*(2), 216–224.

Salmivalli, C. (2001). Group view on victimization: Empirical findings and their implications. In J. Juvonen & S. Graham (Eds.). *Peer harassment in school: The plight of the vulnerable and victimized*, pp. 398–419. New York: The Guilford Press.

Siegler, R., DeLoache, J., Eisenberg, N., & Saffran, J. (2014). *How children develop.* 4th Edition. New York: Worth Publishers.

Solberg, M. E., & Olweus, D. (2003). Prevalence estimation of school bullying with the Olweus bully/victim questionnaire, *Aggressive Behavior, 29*, 239–268.

Vieno, A., Gini, G., Santinello, M., Lenzi, M., & Nation, M. (2011). Violent behavior and unfairness in school: Multilevel analysis of Italian schools. *Journal of Community Psychology, 39*, 534–550.

Weinhold, B. K. (2000). Bullying and school violence: The tip of the iceberg. *Teacher Education, 35*(3), 28–33.

부 록

1. 강의시간에 활용할 수 있는 학교폭력예방 관련자료

https://www.kyci.or.kr/fileup/lib_pdf/2012-99.pdf
학교폭력 및 청소년상담 위기개입 매뉴얼. 2012년도. 한국청소년상담복지개발원.
내용: 학교폭력, 사이버 폭력, 가정폭력, 자살, 성문제, 가출에 대한 위기개입 매뉴얼

http://www.kyci.or.kr/fileup/lib_pdf/2011-135.pdf
'법으로 들여다보는 학교폭력' 2011.
내용: 학교폭력 관련법의 이해(학교폭력의 정의, 내용)와 적용(가 · 피해학생에 대한 적용) 등

http://www.kyci.or.kr/fileup/lib_pdf/2009-116.pdf
'학교폭력' 2009. 한국청소년상담복지개발원
내용: 학교폭력 유형과 사전 징후, 대처방안, 도움을 받을 수 있는 관련기관에 대한 정보 수록

https://www.cyber1388.kr:447/new/school/school_03_1.asp
내용: '학교폭력 예방 및 대처' 관련 설명

https://www.cyber1388.kr:447/new/school/school_08_1.asp
내용: 청소년사이버상담센터 1388에서 공모한 학교폭력 STOP에서 수상한 UCC들
'Together'
'무관심대신 관심으로! 폭력대신 포옹으로'
'청심국제고등학교(또래상담동아리)'

'작은 손길의 힘'

'우리의 좋은 친구들'

'내가 그 때 그랬다면 어땠을까?

'좋은날'

'왕따없는 행복한 세상'

'공감, 배려, 소통, 실천'

http://stopbullying.or.kr/index.php?mid=mest_data&category=218272&document_srl=1098164

'학교폭력 예방교육 핵심매뉴얼(초저, 초고 학생용 지도자료) ppt' 교육부. 2013.

http://stopbullying.or.kr/index.php?mid=mest_data&category=218272&document_srl=1098095

'학교폭력 예방교육 핵심매뉴얼(중고등학생용 지도자료) ppt' 교육부. 2013.

http://stopbullying.or.kr/index.php?mid=mest_data&category=218272&document_srl=138290

'해피콘서트(학교폭력 예방교육용 영상물 제1탄_코너별)' 교육부. 2012.

- 불편한 진실
- 용감한 녀석들
- 멘붕스쿨
- 정여사

http://stopbullying.or.kr/index.php?mid=mest_data&category=218272&document_srl=442483

'다큐멘터리 "이제 네가 말할 차례" (학교폭력 예방교육용 영상물 제2탄)' 교육부. 2013.

내용: 중학생 및 고등학생 교육용으로 적합. 상영시간 42분.

http://stopbullying.or.kr/index.php?mid=mest_data&category=218272&document_srl=450951
'드라마 "미안해"(학교폭력 예방교육용 영상물 제3탄)' 교육부. 2013.
내용: 학부모를 주 교육대상으로 제작되었으며, 상영시간 50분 내외. 학교폭력 사안에 연관된 가해학생 학부모와 피해학생 학부모의 입장을 통해 진정한 사과와 반성, 용서에 대한 메시지

http://stopbullying.or.kr/index.php?mid=mest_data&category=218272&document_srl=865
'학교폭력 예방 교육 리플렛(학생용, 학부모용)' 교육과학기술부. 2012.

http://stopbullying.or.kr/index.php?mid=mest_data&category=218272&page=3&document_srl=2337993
'해피콘서트 시즌2(학교폭력 예방교육용 동영상)' 교육부. 2014.
내용: KBS 개그콘서트의 인기코너를 활용하여 유형별 학교폭력 예방 및 대응에 대해 쉽게 재미있게 설명

http://stopbullying.or.kr/index.php?mid=mest_data&category=218272&page=3&document_srl=806
'학교폭력 근절 핵심매뉴얼 PPT자료' 법무부와 교육과학기술부. 2012.
내용: 학교폭력 근절을 위한 핵심매뉴얼 교육을 위한 교원용, 학부모용 PPT자료

http://stopbullying.or.kr/index.php?mid=mest_data&category=218272&page=3&document_srl=790
'학교폭력예방 초등학생용 핵심매뉴얼' 2012. 법무부와 교육과학기술부.

http://stopbullying.or.kr/index.php?mid=mest_data&category=218272&page=1&document_srl=2334640
'사이버폭력 예방교육 자료(초, 중, 고)' ppt

http://stopbullying.or.kr/index.php?mid=mest_data&category=144&document_srl=2386293
'학교폭력 방관자 인식개선 교육영상 "난 상관없어?!"'
내용: 동영상+활용 지도안, 친근한 동물 캐릭터를 활용하여 학교폭력을 모른 척 하지 말고 적극적으로 예방, 대응하자는 내용

http://stopbullying.or.kr/index.php?mid=mest_data&category=144&document_srl=824
'소니픽처스-어메이징 스파이더맨 "학교폭력 예방 캠페인"' 동영상 탑재

http://stopbullying.or.kr/index.php?mid=mest_data&category=144&document_srl=2383345
'학교폭력 예방교육 영상(샌드 애니메이션, 셀 실루엣 뮤비)' 교육부. 2014.
내용: 2014년 제1차 학교폭력 실태조사와 관련하여 제작한 학교폭력 예방교육용 영상
초등용(샌드 애니메이션), 중등용(셀 실루엣 뮤비)

http://stopbullying.or.kr/index.php?mid=mest_data&category=218272&page=3&document_srl=787
'학교폭력 예방 교원용 핵심 매뉴얼' 법무부와 교육과학기술부. 2012.

http://stopbullying.or.kr/index.php?mid=movie&page=3
KBS2 TV 일일시트콤 '일말의 순정' 97부 '의문의 전학생' 편 7월 5일 방영. 2013.

내용: 대상고등학교에 다니는 준영(이원근)의 반에 호식이라는 학생이 전학 오면서 학교폭력 문제가 발생하게 됩니다. 겉으로 강해보이는 호식이는 사실 전 학교에서 왕따와 학교폭력을 당한 피해자였습니다. 그 사실을 알게 된 준영과 친구들은 전학 온 학교까지 찾아와 호식이를 괴롭히려는 친구들로부터 호식을 보호하고 도와줍니다. 이야기를 전해들은 대상고등학교 선생님 선미(전미선 분)과 우성(김태훈)도 호식이를 도와줄 방법을 함께 찾는다는 내용입니다.

http://stopbullying.or.kr/index.php?mid=mest_data&category=145&page=3
내용: 어울림 프로그램

2. 학교폭력예방 및 대책에 관한 법률

학교폭력예방 및 대책에 관한 법률
[시행 2014.11.19] [법률 제12844호, 2014.11.19. 타법개정]
교육부(학교폭력대책과) 044-203-6898

제1조(목적) 이 법은 학교폭력의 예방과 대책에 필요한 사항을 규정함으로써 피해학생의 보호, 가해학생의 선도 · 교육 및 피해학생과 가해학생 간의 분쟁조정을 통하여 학생의 인권을 보호하고 학생을 건전한 사회구성원으로 육성함을 목적으로 한다.

제2조(정의) 이 법에서 사용하는 용어의 정의는 다음 각 호와 같다. 〈개정 2009.5.8, 2012.1.26, 2012.3.21〉

1. "학교폭력"이란 학교 내외에서 학생을 대상으로 발생한 상해, 폭행, 감금, 협박, 약취 · 유인, 명예훼손 · 모욕, 공갈, 강요 · 강제적인 심부름 및 성폭력, 따돌림, 사이버 따돌림, 정보통신망을 이용한 음란 · 폭력 정보 등에 의하여 신

체 · 정신 또는 재산상의 피해를 수반하는 행위를 말한다.

1의2. "따돌림" 이란 학교 내외에서 2명 이상의 학생들이 특정인이나 특정집단의 학생들을 대상으로 지속적이거나 반복적으로 신체적 또는 심리적 공격을 가하여 상대방이 고통을 느끼도록 하는 일체의 행위를 말한다.

1의3. "사이버 따돌림" 이란 인터넷, 휴대전화 등 정보통신기기를 이용하여 학생들이 특정 학생들을 대상으로 지속적, 반복적으로 심리적 공격을 가하거나, 특정 학생과 관련된 개인정보 또는 허위사실을 유포하여 상대방이 고통을 느끼도록 하는 일체의 행위를 말한다.

2. "학교" 란 「초 · 중등교육법」 제2조에 따른 초등학교 · 중학교 · 고등학교 · 특수학교 및 각종학교와 같은 법 제61조에 따라 운영하는 학교를 말한다.
3. "가해학생" 이란 가해자 중에서 학교폭력을 행사하거나 그 행위에 가담한 학생을 말한다.
4. "피해학생" 이란 학교폭력으로 인하여 피해를 입은 학생을 말한다.
5. "장애학생" 이란 신체적 · 정신적 · 지적 장애 등으로 「장애인 등에 대한 특수교육법」 제15조에서 규정하는 특수교육을 필요로 하는 학생을 말한다.

제3조(해석 · 적용의 주의의무) 이 법을 해석 · 적용함에 있어서 국민의 권리가 부당하게 침해되지 아니하도록 주의하여야 한다.

제4조(국가 및 지방자치단체의 책무) ① 국가 및 지방자치단체는 학교폭력을 예방하고 근절하기 위하여 조사 · 연구 · 교육 · 계도 등 필요한 법적 · 제도적 장치를 마련하여야 한다.

② 국가 및 지방자치단체는 청소년 관련 단체 등 민간의 자율적인 학교폭력 예방활동과 피해학생의 보호 및 가해학생의 선도 · 교육활동을 장려하여야 한다.

③ 국가 및 지방자치단체는 제2항에 따른 청소년 관련 단체 등 민간이 건의한 사항에 대하여는 관련 시책에 반영하도록 노력하여야 한다.

④ 국가 및 지방자치단체는 제1항부터 제3항까지의 규정에 따른 책무를 다하기

위하여 필요한 행정적 · 재정적 지원을 하여야 한다. 〈개정 2012.3.21〉

第5조(다른 법률과의 관계) ① 학교폭력의 규제, 피해학생의 보호 및 가해학생에 대한 조치에 있어서 다른 법률에 특별한 규정이 있는 경우를 제외하고는 이 법을 적용한다.

② 제2조제1호 중 성폭력은 다른 법률에 규정이 있는 경우에는 이 법을 적용하지 아니한다.

第6조(기본계획의 수립 등) ① 교육부장관은 이 법의 목적을 효율적으로 달성하기 위하여 학교폭력의 예방 및 대책에 관한 정책 목표 · 방향을 설정하고, 이에 따른 학교폭력의 예방 및 대책에 관한 기본계획(이하 "기본계획"이라 한다)을 제7조에 따른 학교폭력대책위원회의 심의를 거쳐 수립 · 시행하여야 한다. 〈개정 2012.3.21, 2013.3.23〉

② 기본계획은 다음 각 호의 사항을 포함하여 5년마다 수립하여야 한다. 이 경우 교육부장관은 관계 중앙행정기관 등의 의견을 수렴하여야 한다. 〈개정 2012.3.21, 2013.3.23〉

1. 학교폭력의 근절을 위한 조사 · 연구 · 교육 및 계도
2. 피해학생에 대한 치료 · 재활 등의 지원
3. 학교폭력 관련 행정기관 및 교육기관 상호 간의 협조 · 지원
4. 제14조제1항에 따른 전문상담교사의 배치 및 이에 대한 행정적 · 재정적 지원
5. 학교폭력의 예방과 피해학생 및 가해학생의 치료 · 교육을 수행하는 청소년 관련 단체(이하 "전문단체"라 한다) 또는 전문가에 대한 행정적 · 재정적 지원
6. 그 밖에 학교폭력의 예방 및 대책을 위하여 필요한 사항

③ 교육부장관은 대통령령으로 정하는 바에 따라 특별시 · 광역시 · 특별자치시 · 도 및 특별자치도(이하 "시 · 도"라 한다) 교육청의 학교폭력 예방 및 대책과 그에 대한 성과를 평가하고, 이를 공표하여야 한다. 〈신설 2012.1.26, 2013.3.23〉

第7조(학교폭력대책위원회의 설치 · 기능) 학교폭력의 예방 및 대책에 관한 다음 각 호의 사항을 심의하기 위하여 국무총리 소속으로 학교폭력대책위원회(이하 "대책위원회"라 한다)를 둔다. 〈개정 2012.3.21〉

1. 학교폭력의 예방 및 대책에 관한 기본계획의 수립 및 시행에 대한 평가
2. 학교폭력과 관련하여 관계 중앙행정기관 및 지방자치단체의 장이 요청하는 사항
3. 학교폭력과 관련하여 교육청, 제9조에 따른 학교폭력대책지역위원회, 제10조의2에 따른 학교폭력대책지역협의회, 제12조에 따른 학교폭력대책자치위원회, 전문단체 및 전문가가 요청하는 사항

[제목개정 2012.3.21]

第8조(대책위원회의 구성) ① 대책위원회는 위원장 2명을 포함하여 20명 이내의 위원으로 구성한다.

② 위원장은 국무총리와 학교폭력 대책에 관한 전문지식과 경험이 풍부한 전문가 중에서 대통령이 위촉하는 사람이 공동으로 되고, 위원장 모두가 부득이한 사유로 직무를 수행할 수 없을 때에는 국무총리가 지명한 위원이 그 직무를 대행한다.

③ 위원은 다음 각 호의 사람 중에서 대통령령이 위촉하는 사람으로 한다. 다만, 제1호의 경우에는 당연직 위원으로 한다. 〈개정 2013.3.23〉

1. 기획재정부장관, 교육부장관, 미래창조과학부장관, 법무부장관, 행정자치부장관, 문화체육관광부장관, 보건복지부장관, 여성가족부장관, 국민안전처장관, 방송통신위원회 위원장, 경찰청장
2. 학교폭력 대책에 관한 전문지식과 경험이 풍부한 전문가 중에서 제1호의 위원이 각각 1명씩 추천하는 사람
3. 관계 중앙행정기관에 소속된 3급 공무원 또는 고위공무원단에 속하는 공무원으로서 청소년 또는 의료 관련 업무를 담당하는 사람
4. 대학이나 공인된 연구기관에서 조교수 이상 또는 이에 상당한 직에 있거나 있었던 사람으로서 학교폭력 문제 및 이에 따른 상담 또는 심리에 관하여 전문지

식이 있는 사람

5. 판사 · 검사 · 변호사
6. 전문단체에서 청소년보호활동을 5년 이상 전문적으로 담당한 사람
7. 의사의 자격이 있는 사람
8. 학교운영위원회 활동 및 청소년보호활동 경험이 풍부한 학부모

④ 위원장을 포함한 위원의 임기는 2년으로 하되, 1차에 한하여 연임할 수 있다.

⑤ 위원회의 효율적 운영 및 지원을 위하여 간사 1명을 두되, 간사는 교육부장관이 된다. 〈개정 2013.3.23〉

⑥ 위원회에 상정할 안건을 미리 검토하는 등 안건 심의를 지원하고, 위원회가 위임한 안건을 심의하기 위하여 대책위원회에 학교폭력대책실무위원회(이하 "실무위원회"라 한다)를 둔다.

⑦ 그 밖에 대책위원회의 운영과 실무위원회의 구성 · 운영에 필요한 사항은 대통령령으로 정한다.

[전문개정 2012.3.21]

제9조(학교폭력대책지역위원회의 설치) ① 지역의 학교폭력 문제를 해결하기 위하여 시 · 도에 학교폭력대책지역위원회(이하 "지역위원회"라 한다)를 둔다. 〈개정 2012.1.26〉

② 특별시장 · 광역시장 · 특별자치시장 · 도지사 및 특별자치도지사는 지역위원회의 운영 및 활동에 관하여 시 · 도의 교육감(이하 "교육감"이라 한다)과 협의하여야 하며, 그 효율적인 운영을 위하여 실무위원회를 둘 수 있다. 〈개정 2012.1.26〉

③ 지역위원회는 위원장 1인을 포함한 11인 이내의 위원으로 구성한다.

④ 지역위원회 및 제2항에 따른 실무위원회의 구성 · 운영에 필요한 사항은 대통령령으로 정한다.

제10조(학교폭력대책지역위원회의 기능 등) ① 지역위원회는 기본계획에 따라

지역의 학교폭력 예방대책을 매년 수립한다.

② 지역위원회는 해당 지역에서 발생한 학교폭력에 대하여 교육감 및 지방경찰청장에게 관련 자료를 요청할 수 있다.

③ 교육감은 지역위원회의 의견을 들어 제16조제1항제1호부터 제3호까지나 제17조제1항제5호에 따른 상담 · 치료 및 교육을 담당할 상담 · 치료 · 교육 기관을 지정하여야 한다. 〈개정 2012.1.26〉

④ 교육감은 제3항에 따른 상담 · 치료 · 교육 기관을 지정한 때에는 해당 기관의 명칭, 소재지, 업무를 인터넷 홈페이지에 게시하고, 그 밖에 다양한 방법으로 학부모에게 알릴 수 있도록 노력하여야 한다. 〈신설 2012.1.26〉

[제목개정 2012.1.26]

제10조의2(학교폭력대책지역협의회의 설치 · 운영) ① 학교폭력예방 대책을 수립하고 기관별 추진계획 및 상호 협력 · 지원 방안 등을 협의하기 위하여 시 · 군 · 구에 학교폭력대책지역협의회(이하 "지역협의회"라 한다)를 둔다.

② 지역협의회는 위원장 1명을 포함한 20명 내외의 위원으로 구성한다.

③ 그 밖에 지역협의회의 구성 · 운영에 필요한 사항은 대통령령으로 정한다.

[본조신설 2012.3.21]

제11조(교육감의 임무) ① 교육감은 시 · 도교육청에 학교폭력의 예방과 대책을 담당하는 전담부서를 설치 · 운영하여야 한다.

② 교육감은 관할 구역 안에서 학교폭력이 발생한 때에는 해당 학교의 장 및 관련 학교의 장에게 그 경과 및 결과의 보고를 요구할 수 있다.

③ 교육감은 관할 구역 안의 학교폭력이 관할 구역 외의 학교폭력과 관련이 있는 때에는 그 관할 교육감과 협의하여 적절한 조치를 취하여야 한다.

④ 교육감은 학교의 장으로 하여금 학교폭력의 예방 및 대책에 관한 실시계획을 수립 · 시행하도록 하여야 한다.

⑤ 교육감은 제12조에 따른 자치위원회가 처리한 학교의 학교폭력빈도를 학교의

장에 대한 업무수행 평가에 부정적 자료로 사용하여서는 아니 된다.

⑥ 교육감은 제17조제1항제8호에 따른 전학의 경우 그 실현을 위하여 필요한 조치를 취하여야 하며, 제17조제1항제9호에 따른 퇴학처분의 경우 해당 학생의 건전한 성장을 위하여 다른 학교 재입학 등의 적절한 대책을 강구하여야 한다. 〈개정 2012.1.26, 2012.3.21〉

⑦ 교육감은 대책위원회 및 지역위원회에 관할 구역 안의 학교폭력의 실태 및 대책에 관한 사항을 보고하고 공표하여야 한다. 관할 구역 밖의 학교폭력 관련 사항 중 관할 구역 안의 학교와 관련된 경우에도 또한 같다. 〈개정 2012.1.26, 2012.3.21〉

⑧ 교육감은 학교폭력의 실태를 파악하고 학교폭력에 대한 효율적인 예방대책을 수립하기 위하여 학교폭력 실태조사를 연 2회 이상 실시하여야 한다.〈신설 2012.3.21〉

⑨ 교육감은 학교폭력 등에 관한 조사, 상담, 치유프로그램 운영 등을 위한 전문기관을 설치 · 운영할 수 있다. 〈신설 2012.3.21〉

⑩ 교육감은 관할 구역에서 학교폭력이 발생한 때에 해당 학교의 장 또는 소속 교원이 그 경과 및 결과를 보고함에 있어 축소 및 은폐를 시도한 경우에는 「교육공무원법」 제50조 및 「사립학교법」 제62조에 따른 징계위원회에 징계의결을 요구하여야 한다. 〈신설 2012.3.21〉

⑪ 교육감은 관할 구역에서 학교폭력의 예방 및 대책 마련에 기여한 바가 큰 학교 또는 소속 교원에게 상훈을 수여하거나 소속 교원의 근무성적 평정에 가산점을 부여할 수 있다. 〈신설 2012.3.21〉

⑫ 제1항에 따라 설치되는 전담부서의 구성과 제8항에 따라 실시하는 학교폭력 실태조사 및 제9항에 따른 전문기관의 설치에 필요한 사항은 대통령령으로 정한다. 〈개정 2012.3.21〉

제11조의2(학교폭력 조사 · 상담 등) ① 교육감은 학교폭력 예방과 사후조치 등을 위하여 다음 각 호의 조사 · 상담 등을 수행할 수 있다.

1. 학교폭력 피해학생 상담 및 가해학생 조사
2. 필요한 경우 가해학생 학부모 조사
3. 학교폭력 예방 및 대책에 관한 계획의 이행 지도
4. 관할 구역 학교폭력서클 단속
5. 학교폭력 예방을 위하여 민간 기관 및 업소 출입 · 검사
6. 그 밖에 학교폭력 등과 관련하여 필요로 하는 사항

② 교육감은 제1항의 조사 · 상담 등의 업무를 대통령령으로 정하는 기관 또는 단체에 위탁할 수 있다.

③ 교육감 및 제2항에 따른 위탁 기관 또는 단체의 장은 제1항에 따른 조사 · 상담 등의 업무를 수행함에 있어 필요한 경우 관계 기관의 장에게 협조를 요청할 수 있다.

④ 제1항에 따라 조사 · 상담 등을 하는 관계 직원은 그 권한을 표시하는 증표를 지니고 이를 관계인에게 보여주어야 한다.

⑤ 제1항제1호 및 제4호의 조사 등의 결과는 학교의 장 및 보호자에게 통보하여야 한다.

[본조신설 2012.3.21]

제11조의3(관계 기관과의 협조 등) ① 교육부장관, 교육감, 지역 교육장, 학교의 장은 학교폭력과 관련한 개인정보 등을 경찰청장, 지방경찰청장, 관할 경찰서장 및 관계 기관의 장에게 요청할 수 있다. 〈개정 2013.3.23〉

② 제1항에 따라 정보제공을 요청받은 경찰청장, 지방경찰청장, 관할 경찰서장 및 관계 기관의 장은 특별한 사정이 없으면 이에 응하여야 한다.

③ 제1항 및 제2항에 따른 관계 기관과의 협조 사항 및 절차 등에 필요한 사항은 대통령령으로 정한다.

[본조신설 2012.3.21]

제12조(학교폭력대책자치위원회의 설치 · 기능) ① 학교폭력의 예방 및 대책에

관련된 사항을 심의하기 위하여 학교에 학교폭력대책자치위원회(이하 "자치위원회" 라 한다)를 둔다. 다만, 자치위원회 구성에 있어 대통령령으로 정하는 사유가 있는 경우에는 교육감의 보고를 거쳐 둘 이상의 학교가 공동으로 자치위원회를 구성할 수 있다. 〈개정 2012.1.26〉

② 자치위원회는 학교폭력의 예방 및 대책 등을 위하여 다음 각 호의 사항을 심의한다. 〈개정 2012.1.26〉

1. 학교폭력의 예방 및 대책수립을 위한 학교 체제 구축
2. 피해학생의 보호
3. 가해학생에 대한 선도 및 징계
4. 피해학생과 가해학생 간의 분쟁조정
5. 그 밖에 대통령령으로 정하는 사항

③ 자치위원회는 해당 지역에서 발생한 학교폭력에 대하여 학교장 및 관할 경찰서장에게 관련 자료를 요청할 수 있다. 〈신설 2012.3.21〉

④ 자치위원회의 설치 · 운영 등에 필요한 사항은 지역 및 학교의 규모 등을 고려하여 대통령령으로 정한다. 〈개정 2012.3.21〉

第13조(자치위원회의 구성 · 운영) ① 자치위원회는 위원장 1인을 포함하여 5인 이상 10인 이하의 위원으로 구성하되, 대통령령으로 정하는 바에 따라 전체위원의 과반수를 학부모전체회의에서 직접 선출된 학부모대표로 위촉하여야 한다. 다만, 학부모전체회의에서 학부모대표를 선출하기 곤란한 사유가 있는 경우에는 학급별 대표로 구성된 학부모대표회의에서 선출된 학부모대표로 위촉할 수 있다. 〈개정 2011.5.19〉

② 자치위원회는 분기별 1회 이상 회의를 개최하고, 자치위원회의 위원장은 다음 각 호의 어느 하나에 해당하는 경우에 회의를 소집하여야 한다. 〈신설 2011.5.19, 2012.1.26, 2012.3.21〉

1. 자치위원회 재적위원 4분의 1 이상이 요청하는 경우
2. 학교의 장이 요청하는 경우
3. 피해학생 또는 그 보호자가 요청하는 경우

4. 학교폭력이 발생한 사실을 신고받거나 보고받은 경우
5. 가해학생이 협박 또는 보복한 사실을 신고받거나 보고받은 경우
6. 그 밖에 위원장이 필요하다고 인정하는 경우

③ 자치위원회는 회의의 일시, 장소, 출석위원, 토의내용 및 의결사항 등이 기록된 회의록을 작성 · 보존하여야 한다.〈신설 2011.5.19〉

④ 그 밖에 자치위원회의 구성 · 운영에 필요한 사항은 대통령령으로 정한다.〈개정 2011.5.19〉

[제목개정 2011.5.19]

제14조(전문상담교사 배치 및 전담기구 구성) ① 학교의 장은 학교에 대통령령으로 정하는 바에 따라 상담실을 설치하고, 「초 · 중등교육법」 제19조의2에 따라 전문상담교사를 둔다.

② 전문상담교사는 학교의 장 및 자치위원회의 요구가 있는 때에는 학교폭력에 관련된 피해학생 및 가해학생과의 상담결과를 보고하여야 한다.

③ 학교의 장은 교감, 전문상담교사, 보건교사 및 책임교사(학교폭력문제를 담당하는 교사를 말한다) 등으로 학교폭력문제를 담당하는 전담기구(이하 "전담기구"라 한다)를 구성하며, 학교폭력 사태를 인지한 경우 지체 없이 전담기구 또는 소속 교원으로 하여금 가해 및 피해 사실 여부를 확인하도록 한다. 〈개정 2012.3.21〉

④ 전담기구는 학교폭력에 대한 실태조사(이하 "실태조사"라 한다)와 학교폭력 예방 프로그램을 구성 · 실시하며, 학교의 장 및 자치위원회의 요구가 있는 때에는 학교폭력에 관련된 조사결과 등 활동결과를 보고하여야 한다. 〈개정 2012.3.21〉

⑤ 피해학생 또는 피해학생의 보호자는 피해사실 확인을 위하여 전담기구에 실태조사를 요구할 수 있다. 〈신설 2009.5.8, 2012.3.21〉

⑥ 국가 및 지방자치단체는 실태조사에 관한 예산을 지원하고, 관계 행정기관은 실태조사에 협조하여야 하며, 학교의 장은 전담기구에 행정적 · 재정적 지원

을 할 수 있다. 〈개정 2009.5.8, 2012.3.21〉

⑦ 전담기구는 성폭력 등 특수한 학교폭력사건에 대한 실태조사의 전문성을 확보하기 위하여 필요한 경우 전문기관에 그 실태조사를 의뢰할 수 있다. 이 경우 그 의뢰는 자치위원회 위원장의 심의를 거쳐 학교의 장 명의로 하여야 한다. 〈신설 2012.1.26, 2012.3.21〉

⑧ 그 밖에 전담기구 운영 등에 필요한 사항은 대통령령으로 정한다. 〈신설 2012.3.21〉

第15조(학교폭력 예방교육 등) ① 학교의 장은 학생의 육체적 · 정신적 보호와 학교폭력의 예방을 위한 학생들에 대한 교육(학교폭력의 개념 · 실태 및 대처방안 등을 포함하여야 한다)을 학기별로 1회 이상 실시하여야 한다. 〈개정 2012.1.26〉

② 학교의 장은 학교폭력의 예방 및 대책 등을 위한 교직원 및 학부모에 대한 교육을 학기별로 1회 이상 실시하여야 한다. 〈개정 2012.3.21〉

③ 학교의 장은 제1항에 따른 학교폭력 예방교육 프로그램의 구성 및 그 운용 등을 전담기구와 협의하여 전문단체 또는 전문가에게 위탁할 수 있다.

④ 교육장은 제1항부터 제3항까지의 규정에 따른 학교폭력 예방교육 프로그램의 구성과 운용계획을 학부모가 쉽게 확인할 수 있도록 인터넷 홈페이지에 게시하고, 그 밖에 다양한 방법으로 학부모에게 알릴 수 있도록 노력하여야 한다. 〈개정 2012.1.26〉

⑤ 그 밖에 학교폭력 예방교육의 실시와 관련한 사항은 대통령령으로 정한다. 〈개정 2011.5.19〉

[제목개정 2011.5.19]

第16조(피해학생의 보호) ① 자치위원회는 피해학생의 보호를 위하여 필요하다고 인정하는 때에는 피해학생에 대하여 다음 각 호의 어느 하나에 해당하는 조치(수개의 조치를 병과하는 경우를 포함한다)를 할 것을 학교의 장에게 요청할 수 있다. 다만, 학교의 장은 피해학생의 보호를 위하여 긴급하다고 인정하거나 피해학생이 긴급

보호의 요청을 하는 경우에는 자치위원회의 요청 전에 제1호, 제2호 및 제6호의 조치를 할 수 있다. 이 경우 자치위원회에 즉시 보고하여야 한다. 〈개정 2012.3.21〉

1. 심리상담 및 조언
2. 일시보호
3. 치료 및 치료를 위한 요양
4. 학급교체
5. 삭제〈2012.3.21〉
6. 그 밖에 피해학생의 보호를 위하여 필요한 조치

② 자치위원회는 제1항에 따른 조치를 요청하기 전에 피해학생 및 그 보호자에게 의견진술의 기회를 부여하는 등 적정한 절차를 거쳐야 한다. 〈신설 2012.3.21〉

③ 제1항에 따른 요청이 있는 때에는 학교의 장은 피해학생의 보호자의 동의를 받아 7일 이내에 해당 조치를 하여야 하고 이를 자치위원회에 보고하여야 한다. 〈개정 2012.3.21〉

④ 제1항의 조치 등 보호가 필요한 학생에 대하여 학교의 장이 인정하는 경우 그 조치에 필요한 결석을 출석일수에 산입할 수 있다. 〈개정 2012.3.21〉

⑤ 학교의 장은 성적 등을 평가함에 있어서 제3항에 따른 조치로 인하여 학생에게 불이익을 주지 아니하도록 노력하여야 한다. 〈개정 2012.3.21〉

⑥ 피해학생이 전문단체나 전문가로부터 제1항제1호부터 제3호까지의 규정에 따른 상담 등을 받는 데에 사용되는 비용은 가해학생의 보호자가 부담하여야 한다. 다만, 피해학생의 신속한 치료를 위하여 학교의 장 또는 피해학생의 보호자가 원하는 경우에는 「학교안전사고 예방 및 보상에 관한 법률」제15조에 따른 학교안전공제회 또는 시·도교육청이 부담하고 이에 대한 구상권을 행사할 수 있다. 〈개정 2012.1.26, 2012.3.21〉

1. 삭제〈2012.3.21〉
2. 삭제〈2012.3.21〉

⑦ 학교의 장 또는 피해학생의 보호자는 필요한 경우 「학교안전사고 예방 및 보상에 관한 법률」 제34조의 공제급여를 학교안전공제회에 직접 청구할 수 있

다. 〈신설 2012.1.26, 2012.3.21〉

⑧ 피해학생의 보호 및 제6항에 따른 지원범위, 구상범위, 지급절차 등에 필요한 사항은 대통령령으로 정한다. 〈신설 2012.3.21〉

제16조의2(장애학생의 보호) ① 누구든지 장애 등을 이유로 장애학생에게 학교폭력을 행사하여서는 아니 된다.

② 자치위원회는 학교폭력으로 피해를 입은 장애학생의 보호를 위하여 장애인전문 상담가의 상담 또는 장애인전문 치료기관의 요양 조치를 학교의 장에게 요청할 수 있다.

③ 제2항에 따른 요청이 있는 때에는 학교의 장은 해당 조치를 하여야 한다. 이 경우 제16조제6항을 준용한다. 〈개정 2012.3.21〉

[본조신설 2009.5.8]

제17조(가해학생에 대한 조치) ① 자치위원회는 피해학생의 보호와 가해학생의 선도·교육을 위하여 가해학생에 대하여 다음 각 호의 어느 하나에 해당하는 조치(수개의 조치를 병과하는 경우를 포함한다)를 할 것을 학교의 장에게 요청하여야 하며, 각 조치별 적용 기준은 대통령령으로 정한다. 다만, 퇴학처분은 의무교육과정에 있는 가해학생에 대하여는 적용하지 아니한다. 〈개정 2009.5.8, 2012.1.26, 2012.3.21〉

1. 피해학생에 대한 서면사과
2. 피해학생 및 신고·고발 학생에 대한 접촉, 협박 및 보복행위의 금지
3. 학교에서의 봉사
4. 사회봉사
5. 학내외 전문가에 의한 특별 교육이수 또는 심리치료
6. 출석정지
7. 학급교체
8. 전학
9. 퇴학처분

② 제1항에 따라 자치위원회가 학교의 장에게 가해학생에 대한 조치를 요청할 때 그 이유가 피해학생이나 신고·고발 학생에 대한 협박 또는 보복 행위일 경우에는 같은 항 각 호의 조치를 병과하거나 조치 내용을 가중할 수 있다. 〈신설 2012.3.21〉

③ 제1항제2호부터 제4호까지 및 제6호부터 제8호까지의 처분을 받은 가해학생은 교육감이 정한 기관에서 특별교육을 이수하거나 심리치료를 받아야 하며, 그 기간은 자치위원회에서 정한다. 〈개정 2012.1.26, 2012.3.21〉

④ 학교의 장은 가해학생에 대한 선도가 긴급하다고 인정할 경우 우선 제1항제1호부터 제3호까지, 제5호 및 제6호의 조치를 할 수 있으며, 제5호와 제6호는 병과조치할 수 있다. 이 경우 자치위원회에 즉시 보고하여 추인을 받아야 한다. 〈개정 2012.1.26, 2012.3.21〉

⑤ 자치위원회는 제1항 또는 제2항에 따른 조치를 요청하기 전에 가해학생 및 보호자에게 의견진술의 기회를 부여하는 등 적정한 절차를 거쳐야 한다. 〈개정 2012.3.21〉

⑥ 제1항에 따른 요청이 있는 때에는 학교의 장은 14일 이내에 해당 조치를 하여야 한다. 〈개정 2012.1.26, 2012.3.21〉

⑦ 학교의 장이 제4항에 따른 조치를 한 때에는 가해학생과 그 보호자에게 이를 통지하여야 하며, 가해학생이 이를 거부하거나 회피하는 때에는 「초·중등교육법」 제18조에 따라 징계하여야 한다. 〈개정 2012.3.21〉

⑧ 가해학생이 제1항제3호부터 제5호까지의 규정에 따른 조치를 받은 경우 이와 관련된 결석은 학교의 장이 인정하는 때에는 이를 출석일수에 산입할 수 있다. 〈개정 2012.1.26, 2012.3.21〉

⑨ 자치위원회는 가해학생이 특별교육을 이수할 경우 해당 학생의 보호자도 함께 교육을 받게 하여야 한다. 〈개정 2012.3.21〉

⑩ 가해학생이 다른 학교로 전학을 간 이후에는 전학 전의 피해학생 소속 학교로 다시 전학올 수 없도록 하여야 한다. 〈신설 2012.1.26, 2012.3.21〉

⑪ 제1항제2호부터 제9호까지의 처분을 받은 학생이 해당 조치를 거부하거나 기

피하는 경우 자치위원회는 제7항에도 불구하고 대통령령으로 정하는 바에 따라 추가로 다른 조치를 할 것을 학교의 장에게 요청할 수 있다. 〈신설 2012.3.21〉

⑫ 가해학생에 대한 조치 및 제11조제6항에 따른 재입학 등에 관하여 필요한 사항은 대통령령으로 정한다. 〈신설 2012.3.21〉

제17조의2(재심청구) ① 자치위원회 또는 학교의 장이 제16조제1항 및 제17조제1항에 따라 내린 조치에 대하여 이의가 있는 피해학생 또는 그 보호자는 그 조치를 받은 날부터 15일 이내, 그 조치가 있음을 안 날부터 10일 이내에 지역위원회에 재심을 청구할 수 있다. 〈신설 2012.3.21〉

② 자치위원회가 제17조제1항제8호와 제9호에 따라 내린 조치에 대하여 이의가 있는 학생 또는 그 보호자는 그 조치를 받은 날부터 15일 이내, 그 조치가 있음을 안 날로부터 10일 이내에 「초 · 중등교육법」 제18조의3에 따른 시 · 도학생징계조정위원회에 재심을 청구할 수 있다. 〈개정 2012.3.21〉

③ 지역위원회가 제1항에 따른 재심청구를 받은 때에는 30일 이내에 이를 심사 · 결정하여 청구인에게 통보하여야 한다. 〈신설 2012.3.21〉

④ 제3항의 결정에 이의가 있는 청구인은 그 통보를 받은 날부터 60일 이내에 행정심판을 제기할 수 있다. 〈신설 2012.3.21〉

⑤ 제1항에 따른 재심청구, 제3항에 따른 심사 절차 및 결정 통보 등에 필요한 사항은 대통령령으로 정한다. 〈신설 2012.3.21〉

⑥ 제2항에 따른 재심청구, 심사절차, 결정통보 등은 「초 · 중등교육법」 제18조의2제2항부터 제4항까지의 규정을 준용한다. 〈개정 2012.3.21〉

[본조신설 2012.1.26]

제18조(분쟁조정) ① 자치위원회는 학교폭력과 관련하여 분쟁이 있는 경우에는 그 분쟁을 조정할 수 있다.

② 제1항에 따른 분쟁의 조정기간은 1개월을 넘지 못한다.

③ 학교폭력과 관련한 분쟁조정에는 다음 각 호의 사항을 포함한다.

1. 피해학생과 가해학생간 또는 그 보호자 간의 손해배상에 관련된 합의조정

2. 그 밖에 자치위원회가 필요하다고 인정하는 사항

④ 자치위원회는 분쟁조정을 위하여 필요하다고 인정하는 때에는 관계 기관의 협조를 얻어 학교폭력과 관련한 사항을 조사할 수 있다.

⑤ 자치위원회가 분쟁조정을 하고자 할 때에는 이를 피해학생·가해학생 및 그 보호자에게 통보하여야 한다.

⑥ 시·도교육청 관할 구역 안의 소속 학교가 다른 학생 간에 분쟁이 있는 경우에는 교육감이 해당 학교의 자치위원회위원장과의 협의를 거쳐 직접 분쟁을 조정한다. 이 경우 제2항부터 제5항까지의 규정을 준용한다.

⑦ 관할 구역을 달리하는 시·도교육청 소속 학교의 학생 간에 분쟁이 있는 경우에는 피해학생을 감독하는 교육감이 가해학생을 감독하는 교육감 및 관련 해당 학교의 자치위원회위원장과의 협의를 거쳐 직접 분쟁을 조정한다. 이 경우 제2항부터 제5항까지의 규정을 준용한다.

제19조(학교의 장의 의무) 학교의 장은 교육감에게 학교폭력이 발생한 사실 및 제16조, 제16조의2, 제17조, 제17조의2 및 제18조에 따른 조치 및 그 결과를 보고하고, 관계 기관과 협력하여 교내 학교폭력 단체의 결성예방 및 해체에 노력하여야 한다. 〈개정 2012.3.21〉

제20조(학교폭력의 신고의무) ① 학교폭력 현장을 보거나 그 사실을 알게 된 자는 학교 등 관계 기관에 이를 즉시 신고하여야 한다.

② 제1항에 따라 신고를 받은 기관은 이를 가해학생 및 피해학생의 보호자와 소속 학교의 장에게 통보하여야 한다. 〈개정 2009.5.8〉

③ 제2항에 따라 통보받은 소속 학교의 장은 이를 자치위원회에 지체 없이 통보하여야 한다. 〈신설 2009.5.8〉

④ 누구라도 학교폭력의 예비·음모 등을 알게 된 자는 이를 학교의 장 또는 자

치위원회에 고발할 수 있다. 다만, 교원이 이를 알게 되었을 경우에는 학교의 장에게 보고하고 해당 학부모에게 알려야 한다. 〈개정 2009.5.8, 2012.1.26〉

⑤ 누구든지 제1항부터 제4항까지에 따라 학교폭력을 신고한 사람에게 그 신고행위를 이유로 불이익을 주어서는 아니 된다. 〈신설 2012.3.21〉

제20조의2(긴급전화의 설치 등) ① 국가 및 지방자치단체는 학교폭력을 수시로 신고받고 이에 대한 상담에 응할 수 있도록 긴급전화를 설치하여야 한다.

② 국가와 지방자치단체는 제1항에 따른 긴급전화의 설치 · 운영을 대통령령으로 정하는 기관 또는 단체에 위탁할 수 있다. 〈신설 2012.1.26〉

③ 제1항과 제2항에 따른 긴급전화의 설치 · 운영 · 위탁에 필요한 사항은 대통령령으로 정한다. 〈개정 2012.1.26〉

[본조신설 2009.5.8]

제20조의3(정보통신망에 의한 학교폭력 등) 제2조제1호에 따른 정보통신망을 이용한 음란 · 폭력 정보 등에 의한 신체상 · 정신상 피해에 관하여 필요한 사항은 따로 법률로 정한다.

[본조신설 2012.3.21]

제20조의4(정보통신망의 이용 등) ① 국가 · 지방자치단체 또는 교육감은 학교폭력 예방 업무 등을 효과적으로 수행하기 위하여 필요한 경우 정보통신망을 이용할 수 있다.

② 국가 · 지방자치단체 또는 교육감은 제1항에 따라 정보통신망을 이용하여 학교 또는 학생(학부모를 포함한다)이 학교폭력 예방 업무 등을 수행하는 경우 다음 각 호의 어느 하나에 해당하는 비용의 전부 또는 일부를 지원할 수 있다.

1. 학교 또는 학생(학부모를 포함한다)이 전기통신설비를 구입하거나 이용하는 데 소요되는 비용
2. 학교 또는 학생(학부모를 포함한다)에게 부과되는 전기통신역무 요금

③ 그 밖에 정보통신망의 이용 등에 관하여 필요한 사항은 대통령령으로 정한다.

[본조신설 2012.3.21]

제20조의5(학생보호인력의 배치 등) ① 국가 · 지방자치단체 또는 학교의 장은 학교폭력을 예방하기 위하여 학교 내에 학생보호인력을 배치하여 활용할 수 있다.

② 다음 각 호의 어느 하나에 해당하는 사람은 학생보호인력이 될 수 없다. 〈신설 2013.7.30〉

1. 「국가공무원법」 제33조 각 호의 어느 하나에 해당하는 사람
2. 「아동 · 청소년의 성보호에 관한 법률」에 따른 아동 · 청소년대상 성범죄 또는 「성폭력범죄의 처벌 등에 관한 특례법」에 따른 성폭력범죄를 범하여 벌금형을 선고받고 그 형이 확정된 날부터 10년이 지나지 아니하였거나, 금고 이상의 형이나 치료감호를 선고받고 그 집행이 끝나거나 집행이 유예 · 면제된 날부터 10년이 지나지 아니한 사람
3. 「청소년 보호법」 제2조제5호가목3) 및 같은 목 7)부터 9)까지의 청소년 출입 · 고용금지업소의 업주나 종사자

③ 국가 · 지방자치단체 또는 학교의 장은 제1항에 따른 학생보호인력의 배치 및 활용 업무를 관련 전문기관 또는 단체에 위탁할 수 있다. 〈개정 2013.7.30〉

④ 제3항에 따라 학생보호인력의 배치 및 활용 업무를 위탁받은 전문기관 또는 단체는 그 업무를 수행함에 있어 학교의 장과 충분히 협의하여야 한다.〈개정 2013.7.30〉

⑤ 국가 · 지방자치단체 또는 학교의 장은 학생보호인력으로 배치하고자 하는 사람의 동의를 받아 경찰청장에게 그 사람의 범죄경력을 조회할 수 있다.〈신설 2013.7.30〉

⑥ 제3항에 따라 학생보호인력의 배치 및 활용 업무를 위탁받은 전문기관 또는 단체는 해당 업무를 위탁한 국가 · 지방자치단체 또는 학교의 장에게 학생보호인력으로 배치하고자 하는 사람의 범죄경력을 조회할 것을 신청할 수 있다. 〈신설 2013.7.30〉

⑦ 학생보호인력이 되려는 사람은 국가 · 지방자치단체 또는 학교의 장에게 제2항 각 호의 어느 하나에 해당하지 아니한다는 확인서를 제출하여야 한다.〈신설 2013.7.30〉

[본조신설 2012.3.21]

제20조의6(영상정보처리기기의 통합 관제) ① 국가 및 지방자치단체는 학교폭력 예방 업무를 효과적으로 수행하기 위하여 교육감과 협의하여 학교 내외에 설치된 영상정보처리기기(「개인정보 보호법」 제2조제7호에 따른 영상정보처리기기를 말한다. 이하 이 조에서 같다)를 통합하여 관제할 수 있다. 이 경우 국가 및 지방자치단체는 통합 관제 목적에 필요한 범위에서 최소한의 개인정보만을 처리하여야 하며, 그 목적 외의 용도로 활용하여서는 아니 된다.

② 제1항에 따라 영상정보처리기기를 통합 관제하려는 국가 및 지방자치단체는 공청회 · 설명회의 개최 등 대통령령으로 정하는 절차를 거쳐 관계 전문가 및 이해관계인의 의견을 수렴하여야 한다.

③ 제1항에 따라 학교 내외에 설치된 영상정보처리기기가 통합 관제되는 경우 해당 학교의 영상정보처리기기운영자는 「개인정보 보호법」 제25조제4항에 따른 조치를 통하여 그 사실을 정보주체에게 알려야 한다.

④ 통합 관제에 관하여 이 법에서 규정한 것을 제외하고는 「개인정보 보호법」을 적용한다.

⑤ 그 밖에 영상정보처리기기의 통합 관제에 필요한 사항은 대통령령으로 정한다.

[본조신설 2012.3.21]

제21조(비밀누설금지 등) ① 이 법에 따라 학교폭력의 예방 및 대책과 관련된 업무를 수행하거나 수행하였던 자는 그 직무로 인하여 알게 된 비밀 또는 가해학생 · 피해학생 및 제20조에 따른 신고자 · 고발자와 관련된 자료를 누설하여서는 아니 된다.〈개정 2012.1.26〉

② 제1항에 따른 비밀의 구체적인 범위는 대통령령으로 정한다.

③ 제16조, 제16조의2, 제17조, 제17조의2, 제18조에 따른 자치위원회의 회의는 공개하지 아니한다. 다만, 피해학생 · 가해학생 또는 그 보호자가 회의록의 열람 · 복사 등 회의록 공개를 신청한 때에는 학생과 그 가족의 성명, 주민등록번호 및 주소, 위원의 성명 등 개인정보에 관한 사항을 제외하고 공개하여야 한다.〈개정 2011.5.19, 2012.3.21〉

제22조(벌칙) ①제21조제1항을 위반한 자는 300만원 이하의 벌금에 처한다. 〈개정 2012.3.21〉

② 제17조제9항에 따른 자치위원회의 교육 이수 조치를 따르지 아니한 보호자에게는 300만원 이하의 과태료를 부과한다. 〈신설 2012.3.21〉

부칙 〈제11948호,2013.7.30〉

제1조(시행일) 이 법은 공포 후 6개월이 경과한 날부터 시행한다.

제2조(학생보호인력에 대한 적용례) 제20조의5제2항 및 제5항부터 제7항까지의 개정규정은 이 법 시행 후 최초로 배치하는 학생보호인력부터 적용한다.

3. 학교폭력예방 관련 국내 · 외 프로그램

프로그램명	목적	특징 및 내용	대상	회기	개발기관 (개발연도)
무지개 프로그램	• 피해학생의 심리적 치유 및 재활	• 자신의 긍정적 잠재성 발견 • 대인관계 기술 • 학교폭력 대처 능력	초등학생 중학생 고등학생	5	청소년폭력예방재단 (2004)
시우보우	• 인원교육 • 학교폭력 이해	• 동영상 활용 • 학교폭력에 대한 내용 및 학교폭력 유형에 대한 대응전략 모색	초등학생 중학생 고등학생	10	서울대학교 발달연구실 (2005)
자! 이제 시작이야	• 피해학생의 심리적 자유	• 학교폭력에 대한 이해 • 학교폭력 예방을 위한 긍정적 역량 개발	중등학생	7	한국교육개발원 (2007)
학교폭력 예방 프로그램	• 사회적 기술 • 문제해결력 • 학교폭력예방 역량	• 동영상 활용 및 주제관련 토론 활동 • 학교폭력에 대한 이해 • 공감능력, 타인배려, 갈등해결력 증진	초등학생 중학생	4	한국교육개발원 (2007)
초등학생용 학교폭력 가해학생 교육 · 상담 프로그램	• 가해학생의 심리적 치유	• 학교폭력에 대한 이해 • 학교폭력 예방을 위한 긍정적 역량 개발 - 피해학생에 대한 공감, 욕구이해 및 분노조절, 경청 및 대화기술 등	초등학생	9	한국교육개발원 (2008)
초등학생용 학교폭력 피해학생 교육 · 상담 프로그램	• 피해학생의 심리적 치유	• 학교폭력에 대한 이해 • 심리적 치유 및 학교폭력 대응 역량 개발 - 긍정적 자아형성, 부정적 정서 해소, 의사소통기술, 주장훈련 등	초등학생	9	한국교육개발원 (2008)
우리들의 행복한 교실	• 집단따돌림 예방	• 학교폭력에 대한 이해 • 긍정적인 학급문화 형성	중학생	4	교육과학기술부 (2012)

행복나무	• 방관자의 학교폭력 개입 능력 향상	• 학교폭력의 방관자가 또래 중재자 역할을 하도록 학교폭력 중재능력 향상 • 학교폭력에 대한 이해 및 빈번히 발생하는 중요 사안에 대한 역할극을 통해 개입 능력 향상	초등학생	10	법무부 (2012)
어울림 프로그램	• 사회성과 정서, 학교폭력 예방 역량 강화	• 학교폭력예방교육 중점 • 학생용, 교사용, 학부모용 3종으로 구성 • 공감, 의사소통, 갈등해결, 자기존중감, 감정조절, 학교폭력 인식 및 대처 6모듈 구성	초등 저학년 초등 고학년 중학생 고등학생 학부모 교사	학생용 4 교사 · 학부모2	한국교육개발원 (2013)

프로그램명	핵심내용	운영특징	대상	회기		개발기관 (개발연도)
				회기	실시 기간	
Olweus Bullying Prevention Program (OBPP)	• 학교의 학교폭력 실태 파악 • 학교, 학급, 학생, 학부모, 지역사회의 협력기반 수립 • 'hot spots' 운영을 통한 학교폭력 위험군에 대한 체계적 감독 강화	• 교사주도로 운영 → 담임교사와 한 명의 지원 교사(상담사, 전문 강사 등)와 협력적으로 운영	초등학생 중학생	–	장기간	교육부 Olweus (노르웨이) 1983
KiVa	• 자아효능감 • 비폭력 태도 • 건전한 학교문화 • 학교폭력 대응전략 향상	• 이틀간 교사 전달연수 프로그램 운영 • 교사운영 • 학생은 입학 후, 4학년, 7학년의 총 3회 참여 의무화	초등저학년 (1~3학년) 초등고학년 (4~6학년)	10 (20 단원)	새 학기 시작 후 1년	University of Turku (핀란드) 2006
			중학생 (7~9학년)	4		
ViSC	• 유능감 • 책임감 • 주장기술	• ViSC 전문코치의 개별 학교 교사 연수 및 관리(Top-down 전달 방식) • 교사운영	중등 (secondary) (5~8학년)	13	1학기	University of Vienna (오스트리아) 2008~2011
Be-Prox	• 학교폭력 상황에 대한 민감성 • 학교폭력 대응전략 향상	• 교사 간의 학교폭력, 학급운영 및 주제 토론, 실습 • 전문가 운영	교사	6	4개월	University of Berne (스위스) 1998
Second Step	• 공감 • 문제해결력 • 분노조절 • 학부모 연계 프로그램 제공	• 교사 워크숍 운영 • 교사나 전문상담사 운영 • 학부모 연계 프로그램 운영	유치원 초등학교 중학교 고등저학년	15~ 20	장기간	Committee for Children (미국, 캐나다)

4. 학교폭력 관련 주요 사이트

명칭	소개
스톱불링	http://www.stopbullying.or.kr/ : 학교폭력예방 종합포털사이트. 학교폭력예방 프로그램 개발 · 교육, 학교폭력 자료제공, 사이버 상담공간 제공
Wee 프로젝트	http://www.wee.or.kr/home/main.php : 학교, 교육청, 지역사회가 연계하여 학교생활을 지원하는 통합지원 서비스. 학생상담지원, 학교관련 자료제공 등의 서비스 제공
청소년폭력예방재단	http://www.jikim.net/ : 우리나라 최초로 학교폭력 예방과 치료를 목적으로 하는 청소년 비영리공익법인(NGO)단체. 학교폭력예방 교육, 상담지원, 후원금모집 등의 활동
학교폭력SOS지원단	http://www.jikim.net/sos/ : 교육과학기술부와 청소년폭력예방재단의 학교폭력예방 및 근절을 위한 협약으로 개소. 상담지원(전화상담, 사이버 상담), 위기지원(긴급출동, 법률, 의료, 사안처리) 등
스쿨로	http://schoolaw.lawinfo.or.kr/ : 재단법인 법령정보관리원이 개설한 사이트. 학교폭력의 정의 및 법령 소개, 고민상담 농촌학생지원, 진로활동 지원 등 서비스 제공
안전Dream	http://www.safe182.go.kr/index.do : 아동 · 여성 · 장애인 경찰지원센터. 학교폭력 · 성폭력 · 가정폭력의 피해신고접수와 상담, 실종아동찾기 등의 서비스 제공
한국청소년 상담복지개발원	https://www.kyci.or.kr/index.asp : 전국 청소년상담 · 복지 관련기관을 총괄하는 국책기관. 청소년상담 · 복지정책 연구, 상담 · 복지 전문인력양성, 위기청소년 통합지원

정답 및 해설

제1장

● **사례** 1

질문 1: 자신이 사랑하는 제자들을 위해 유용한 정보를 제공해주어야겠다는 의무감과 그에 따른 조바심 등, 모르는 일에 부딪히게 되면 과거의 전례를 따르는 것이 최고라고 생각하는 자신만의 지론을 추구하는 성향, 기타 합리적이고 과학적인 근거에 의존하지 않고 직관에 의존한 의사결정을 내리게 하는 다른 요인들

질문 2: 닻 효과(매년 수 없이 변하는 입시 경향을 무시하고 작년의 수치에만 초점을 둔 채 현재의 의사결정을 내렸기 때문)

질문 3: ① 바로 쉽게 떠올릴 수 있는 직관에만 의존하는 의사결정 경향성을 줄이고 과학적 근거에 기초하여 합리적 의사결정 가능성을 높일 수 있는, 인지적으로 여유가 있는 결정 상황

② 의사결정의 근거가 되는 기준이나 자료를 선정함에 있어서 비과학적인 신념이나 막연한 생각에 의존하지 않고 객관적인 근거를 확인할 수 있는 기준과 자료 활용

● **사례** 2

질문 1: 상관관계는 어느 특정한 두 변인 사이에 특별한 관련성이 있어서 일정한 방향성을 가지고 함께 변화하는 모습을 보이는 것을 의미하며, 어느 방향이든 상관없이 두 변인이 동시에 변하는 패턴 자체만을 의미한다. 반면에 인과관계는 두 변인 중 어느 한 변인이 원인이 되고, 다른 변인은 결과가 되어 한 변인이 다른 변인의 변화에 영향을 미치는 것을 의미하며, 여기에는 방향성이 존재하여 영향을 주는 변인과 영향을 받는 변인이 따로 있기에 인과의 방향이 바뀌면 관계가 성립하지 않기도 한다.

질문 2: 만약에 이 교사가 연구 문제를 정할 때에 '타고난 지능이 학업 성취도에 영향을 준다.'는 식으로 두 변인을 원인과 결과의 관계를 가지는 것으로 설정하지 않고 '지능과 학업 성취도 사이에는 밀접한 관련이 있다.'는 식의 연구 문제를 설정했다면 상관연구를 진행한 것이 크게 문제가 되지 않는다. 그러나 단순히 관련성을 보는 것이 아니라 원인과 결과로서 지능과 학업성취도의 관계를 확인하고자 했다면, 이 교사가 관심을 가지는 변수 이외의 다른 변인들을 통제한 후에 집단별 변화를 살펴보는 실험 연구를 실시했어야 한다.

질문 3: 이 교사가 처음에 의도한 바대로 타고난 지능이 학업 성취도에 영향을 미치는 변수인지 확인하기 위해서는 주어진 변인 이외의 다른 변인들을 통제한 후에 실제로 나타나는 변화를 확인하는 실험연구를 진행할 필요가 있다. 간단하게는 학생들을 무작위로 표집해서 그들에게 지능검사를 실시하고 그 결과에 따라 상위 집단과 하위 집단을 나눈다. 그리고 다른 조건은 모두 통제한 채로 각 집단의 학생들에게 학업 성취도를 체크하기 위한 시험을 실시하여 집단별로 나타나는 시험 점수의 차이를 확인하여 그 결과를 통해 가설이 지지될 수 있는지 확인할 수 있다.

● **연습문제**

1. ④ (2010 중등임용)
2. ② (2008 중등임용)
3. ② (2012 초등임용)

제2장

● **사례 1**

질문: 발달의 개인차 원리 중에서 개인 내에서의 개인차와 발달의 각 측면의 상호관련성과 관련하여 설명할 수 있다. 진성이가 비록 인지발달, 신체발달, 사회성 발달영역에서 발달이 잘 이루어졌다고 해도 정서발달영역에서 발달이 제대로 이루어지지 않으면 정서조절에 실패하고, 충동적인 행동을 하게 되어 결국 친구들과의 관계가 안좋아지는 등 건강한 사회적 관계를 발달시켜나가는 데 어려움을 겪을 수 있다. 따라서 여러 영역에서 고르게 발달하는 것이 건강한 삶을 영위해 나가는 데 필요하다는 점을 이해할 필요가 있다.

● **사례 2**

질문: 인간의 뇌 발달에 있어서 문제해결과 의사결정, 계획, 욕구충족 지연, 충동적 행동 조절의 역할을 하는 전두엽의 발달은 적어도 20세까지 계속된다. 청소년기에는 아직 전두엽이 완성된 상태가 아니고 지속적으로 발달하고 있는 중이기 때문에 청소년들이 때로는 충동을 못 이겨 과격한 행동을 하거나 경솔한 의사결정을 할 때가 있다. 따라서 중 2병의 경우도 이러한 맥락에서 이해할 수 있다.

● 사례 3

질문 : 발달은 유전과 환경의 상호작용에 의해 이루어진다. 기존의 연구들 중 유전과 또는 환경의 어느 한 쪽 영향력을 상대적으로 강조하는 연구들도 있지만, 유전과 환경이 어떠한 방식으로 결합하여 발달이 이루어지는지를 이해할 필요가 있다. 유전 요인은 인간이 성장할 수 있는 잠재력과 한계를 정하는 것이라면, 환경요인은 개인이 살아가면서 자신의 잠재력을 실현할 수 있는 정도와 범위를 규정한다. 따라서 유전적으로 타고난 특성도 환경적으로 발현되지 않도록 뒷받침해준다면 유전 요인이 밖으로 드러나지 않을 수 있다.

● 연습문제

1. ④
2. ②
3. ③ (2011년 사회복지사1급 기출문제)
4. ③
5. ②
6. ①

제3장

● 사례 1

질문 : 피아제의 인지발달이론에서는 연령이 증가하면서 아동의 지식에 대한 이해수준이 질적으로 변화한다고 본다. 따라서 피아제이론에 따르면 연령별로 인지발달 단계별 특징에 적합하게 교육내용을 접하는 것이 효과적이다. 과도한 선행학습은 아동이 학습에 대한 심리적 스트레스와 지적 부담을 갖게 할 수 있다. 비고츠키 이론에 따르면 아동은 특정 시점에 혼자서 다룰 수 있는 과제에 한계가 있고, 이 때 교사나 유능한 또래의 도움으로 새로운 과제에 도전할 수 있다. 따라서 과도한 선행학습의 경우, 교사나 유능한 또래의 도움을 기대하기 어렵고, 아동 스스로 과제를 해결하는 데도 문제가 있기 때문에 충분한 인지발달이 이루어지지 않을 수 있다.

● 사례 2

질문 : 피아제는 언어를 사고를 표현하는 수단으로 본 반면 비고츠키는 언어를 사고와 인지발달을 촉진하는 매개역할을 한다고 보았다. 비고츠키는 혼잣말 형태로 나타나는 언어를 사적 언어(private speech)라고 정의했는데, 이러한 사적 언어는 아동이 자신의 행동을

조절하고 통제할 수 있게 되면서 점차 내면화되어 사라지게 된다고 보았다. 반면 피아제는 유아의 혼잣말은 자기중심적 사고의 특성을 나타내는 미성숙한 것이라고 보며 연령이 증가하고 사회적 경험이 많아지면서 혼잣말이 줄어든다고 보았다. 따라서 피아제는 경민이의 혼잣말을 미성숙한 자기중심적 사고를 나타내는 것으로 볼 것이고, 비고츠키는 경민이가 혼잣말을 하는 것이 장난감 조립에 도움을 준다고 볼 것이다.

● 사례 3

질문 : 아들은 만일 동시에 출발한 두 대의 차 중에서 어느 한 대가 앞서서 달리기 시작한다면 앞에 있는 차가 빠르다는 사실은 인식하고 있지만, 앞의 차가 계속해서 빨리 달릴 경우에 뒷 차와의 간격이 일정하게 유지되지 않고 점점 더 크게 벌어진다는 사실은 깨닫지 못하고 있다. 즉 자신의 기존 도식에 비추어 앞 차가 더 빠르다고 생각하지만 속도와 간격의 관계를 고려하지 못하고 있기 때문에 속도와 간격에 대한 자신의 기존 도식을 조절하는 것이 필요하다.

● 연습문제

1. ④ (2001 초등임용)
2. ② (2005 초등임용)
3. ① (2005 초등임용)
4. ② (2006 초등임용)
5. ④ (2007 초등임용)
6. ④ (2007 영양임용)
7. ④ (2007 초등임용)
8. ② (2008 초등임용)
9. ④ (2010 초등임용)
10. ④ (2003 중등임용)
11. ④ (2004 중등임용)
12. ③ (2005 중등임용)
13. ② (2006 중등임용)
14. ② (2007 중등임용)
15. ④ (2011 중등임용)
16. ② (2013 중등임용)

제4장

● 사례 1

질문 : 에릭슨은 인간이 어린 시절 뿐만 아니라 전생애동안 발달해 간다고 보았다. 특히 진수처럼 성인초기(20~40세)에 있는 사람의 주요한 사회적 과업은 친밀감을 획득하는 것이기 때문에, 자신이 속한 세계에서 주변사람들과 강력한 우정을 형성하고 다른 사람들과의 관계에서 사랑과 공유된 정체감을 느끼도록 노력해야 한다. 이 시기에 우정이나 친밀한 관계를 형성하지 못하면 외로움이나 소외감을 느끼게 된다. 진수의 경우에도 주변사람들과 단절된 느낌이나 소외감을 극복하기 위해서는 이성 또는 동성 친구들과의 우정관계를 돈독하게 할 필요가 있다.

● 사례 2

질문 : 마샤의 이론에 따르면 수미는 현재 정체감 폐쇄 상태이다. 위의 사례에서 수미는 어린 시절부터 엄마에게 영어교사를 하면 좋겠다는 얘기를 듣고 자신의 장래직업으로 영어교사를 자연스럽게 선택했지만, 실제로 자신이 무엇을 하고 싶고, 무엇을 잘 할 수 있는지에 대해 진지하게 고민해 본 적이 없기 때문에 정체성위기를 경험하지 않고 엄마의 희망에 따라 진로를 결정한 상태이다. 따라서 과업에 대한 헌신과 몰입은 있지만, 위기를 경험하지 않은 정체성 폐쇄 상태이다.

● 사례 3

질문 : 콜버그 이론에 따르면 도덕적 딜레마 상황에서 어떻게 하는지에 따라, 즉 행동경향성에 따라 그 사람의 도덕판단수준을 결정하기는 힘들다. 따라서 콜버그 이론에 따르면 '약을 훔치겠다' 또는 '약을 훔치지 않겠다' 라는 결정에 따라 도덕성 발달 수준을 판단하기는 어렵다. '어떻게 하는가'보다는 '왜' 그렇게 하려고 하는가를 질문하여 그 이유가 콜버그 이론의 1~6단계 중 어디에 해당하는지를 보고 도덕성 수준을 판단하기 때문이다. 즉 콜버그는 반응자들의 응답내용보다 사람들이 자신의 결정을 정당화하기 위해 사용하는 논리나 사고 구조에 관심을 가졌다.

● 연습문제

1. ③ (2001 초등임용)
2. ① (2002 초등임용)
3. ① (2005 초등임용)

4. ① (2007 초등임용)

5. ① (2011 초등임용)

6. ③ (2004 중등임용)

7. ① (2006 중등임용)

8. ③ (2013 중등임용)

제5장

● **사례 1**

질문 1: 재윤이는 아마도 어릴 때부터 성적에 대한 압박을 강하게 받아온 탓으로 평가 상황에서 불안증상을 나타내는 듯하다. 재윤의 부모님은 재윤이가 아픈 상황에서도 성적을 먼저 염려할 정도로 성적을 그 무엇보다 중요하게 생각하시는 분들이기에 재윤이가 좋지 못한 성적을 받는 날에는 추측컨대 매우 꾸짖거나 크게 실망하는 모습을 자주 보여주었을 것이다. 따라서 처음에는 아무런 정서도 불러일으키지 못하던 평가 상황(CS)이 혼나는 상황(US)과 연합되면서 혼나는 상황에서만 유발되던 정서(UR)가 이제는 평가 상황(CR)에서도 나타나게 된 것이다. 이를 간략히 표로 나타내면 다음과 같다.

구분	평가상황에 대한 불안반응
UR 무조건반응	꾸지람에 대한 불안 반응
CR 조건반응	평가 상황에 대한 공포반응
US 무조건자극	평가 상황
CS 조건자극	혼나는 상황

질문 2: 필기시험 상황에서의 불안이 말하기시험 상황으로까지 일반화되었기 때문이다. 자극일반화란 특정 자극과 반응을 연합한 유기체가 원래의 자극과 유사한 새로운 자극에 대해 비슷한 반응을 보이는 현상이다. 즉, 말하기시험 역시 평가라는 점에서 필기시험과 유사하기 때문에 처음 '필기시험(자극) – 불안(반응)'을 연합한 재윤이가 자극일반화를 통해 이제는 말하기시험에서도 불안을 경험하게 된 것이다.

질문 3: • 고전적 조건화 방법: 체계적 둔감법

– 처음에는 즐거운 추억을 상상하게 하면서 시험이라는 단어를 가끔 떠올리도록 요청한다. 그리고 점차적으로 시험 장소를 상상하게 하거나 시험 장소에 직접 가보

게 한다. 물론 모든 과정은 갑작스럽거나 지나치지 않아야 하며, 오랜 기간을 두고 점진적으로 진행되어야 한다. 결국 재윤이는 시험을 치르는 상황에서도 더 이상 불안을 느끼지 않게 될 것이다.

- 기타 방법: 인지적 도식 확인
  - 재윤이가 "1등 하지 못하면 부모님은 더 이상 나를 사랑하지 않을 거야." 혹은 "1등 하지 못하면 내 인생은 끝이야."와 같은 비합리적인 인지 도식을 가지고 있다면 이를 확인하여 자신의 가지고 있던 인지적 도식을 수정할 수 있는 기회를 제공한다.

● **사례 2**

질문 1: • 조작적 행동주의 관점

- 조작적 행동주의에 따르면 특정 행동 뒤에 뒤따라오는 결과에 의해 행동의 빈도나 지속시간에 변화를 가져올 수 있다. 따라서 나리가 수업에 잠시라도 집중할 때, 즉시 학습 태도를 칭찬함으로써 집중이라는 행동과 칭찬이라는 보상이 연합되도록 하면, 나리의 집중행동이 증가할 수 있다. (집중–칭찬 연합)

• 사회인지학습 관점

- 사회인지 학습이론에 따르면, 타인의 행동을 관찰하거나 또는 타인이 특정 행동을 한 결과로서 보상 또는 처벌을 받는 것을 대리경험하게 되면 개인의 행동이 변화하게 된다. 따라서 최교사와 이 교사는 민경이와 나리가 수업에 집중하도록 하기 위해 또래들 중 학습태도가 좋은 학생을 선정하여 그 학생의 수업태도를 관찰하게 하고, 그 학생이 바람직한 수업태도로 인해 칭찬이나 청소면제와 같은 보상을 받는 모습을 보여줌으로써 바람직한 수업태도를 학습하도록 유도할 수 있다.

질문 2: (1) 자기통제력

(2) 자기효능감

질문 3: 자기조절이란, 목표를 달성하기 위해 체계적으로 인지, 정서, 행동을 유지하고 조절하는 것으로 목표설정, 자기관찰, 자기판단, 자기반응의 총 4가지 과정을 통해 이루어 진다. 자기조절은 특히, 민수와 같이 학습에 방해가 되는 행동특성을 지닌 학생들이 이를 수정하고 학습목표를 달성하는 데 도움이 될 수 있다. 우선 교사는 민수가 스스로"수업시간에 2회 이상 떠들지 않기", "수업내용을 필기하기"와 같이 문제행동을 개선하기 위한 적절한 목표를 세울 수 있도록 도와야 한다. 다음으로 자기관찰을 통해 앞서 설정한 목표에 비추어 수업시간에 몇 회를 떠들었는지, 문제행동을 억제하는데 무엇이 도움이 되고 무엇이 방해가 되는지 파악하도록 유도할 수 있다. 다음으로 자신이 목표에 얼마나 근접해 있는지를 평가하도록 하고, 자기관찰 및 평가 내용을 다음 목표를 설정할 때 반영할 수 있다.

● **연습문제**

1. ⑤ (2012 초등임용)
2. ④ (2009 초등임용)
3. ③ (2011 중등임용)
4. ④ (2012 중등임용)
5. ④ (2006 중등임용)
6. ① (2004 중등임용)
7. ② (2006 초등임용)
8. ④ (2007 중등임용)
9. ① (2006 중등임용)
10. ③ (2007 중등임용)
11. ③
12. ④

제6장

● **사례 1**

질문 1: • 정보를 유의미한 방식으로 부호화할 때, 장기기억에의 정보 저장 및 인출이 효과적으로 일어날 수 있다. 따라서 현수는 정보를 부호화 할 때 심상, 조직화, 정교화 등의 효과적인 부호화 전략을 사용하지 못한 결과 단어를 잘 기억해내지 못했다.

• 간섭이론에 따르면 새로운 학습이 이전의 학습내용을 방해할 수 있다. 현수의 새로운 단어학습이 이전에 일어난 단어학습을 간섭하여 단어를 잘 기억해내지 못했다.기억술은 정보를 저장하고 인출하는 데 도움이 되는 전략이다. 현수는 단어암기 를 할 때 장소법, 걸이단어법 등 기억을 촉진해주는 전략들을 활용하지 못해서 단어를 잘 기억해내지 못했다.

질문 2: • 단어가 실제 맥락에서 어떻게 사용되는지 예문을 통해 공부하도록 안내한 것은 상황학습의 원리가 적용된 것으로 볼 수 있다. 상황학습이론에 따르면 학습내용이 사용될 상황맥락과 연결될 때, 보다 효과적인 학습이 이뤄질 수 있다.

- 사진과 그림을 활용하는 방식을 지도한 것은 부호화 전략 중 심상을 활용한 이중부호화를 촉진시켜줄 수 있는 전략이다. 언어 정보(단어)와 시각 정보(사진, 그림)를 함께 부호화함으로써 학습자는 학습내용을 더 잘 기억하고 인출할 수 있다.

질문 3:
- 시험을 통해 학생들에게 인출기회를 제공하여 학습내용 기억을 촉진하는 시험효과를 활용할 수 있다.
- 영어단어 학습을 효과적으로 하는 다른 친구의 단어학습 방식을 관찰하고 효과적인 전략들을 모델링하도록 제안할 수 있다.
- 학습자의 기억 및 인출은 맥락의존적인 특성이 있으므로, 모의고사가 진행될 교실 환경 내에서 단어학습을 하도록 제안할 수 있다.

● 사례 2

질문 1: 사회적 구성주의: 타인과의 상호작용을 통해 지식을 구조화한다고 보는 이론

질문 2:
- 상보적 교수: 교사와 학생이 교대로 교사역할을 하면서 대화를 통해 학습을 하는 방법을 제안할 수 있다.
- 인지적 구성주의: 학생들이 기존에 가지고 있는 지식 또는 개념들에 불균형을 초래할 수 있는 새로운 내용들을 제시함으로써 학생들이 학습과정에 더욱 몰입하도록 할 수 있다.

● 연습문제

1. ① (2009 중등임용)
2. ④ (2010 중등임용)
3. ④ (2004 중등임용)
4. ① (2003 중등임용)
5. ④ (2003 중등임용)
6. ③ (2006 초등임용)
7. ③ (2009 초등임용)
8. ① (2001 초등임용)

9. ② (2004 초등임용)

10. ①

제7장

● 사례 1

질문 1: 조 교사와 최 교사의 2차시 수업결과에 차이가 나타난 가장 큰 이유는 문제 확인 및 문제표상 단계에서의 차이 때문이다. 문제를 얼마나 정확하고 명료하게 확인 및 인식하느냐에 따라 이후 전략 선택과 실행, 평가가 달라지기 때문이다. 조 교사의 경우 문제상황을 논리적, 합리적으로 분석하여 문제의 요점을 정확히 파악했지만, 최 교사는 문제규명과정을 충분히 거치지 않고 해결책부터 찾으려 하였다. 결과적으로 최 교사는 문제의 핵심을 파악하지 못해 효과적인 전략을 사용할 수 없었으며, 문제를 성공적으로 해결할 수 없었다.

질문 2: 조 교사는 5단계 문제해결과정을 거쳐 수업을 준비하였다. 문제 확인(학생들의 저조한 테스트 결과 확인), 문제 표상(중력 가속도의 추상성으로 인한 학생들의 개념이해 부족에 대한 재진술), 전략 선택(명료한 개념 설명, 일상생활 예시 및 그림 제공, 질의응답 시간 제공), 전략 실행(계획한 전략들을 모두 실행함), 결과평가(2차 테스트를 통해 학생들의 문제가 해결되었는지 확인)

질문 3: 속성이론을 적용하여 지구가 물체를 잡아당기는 힘(중력)과 단위 시간당 물체의 속도 변화량(가속도)과 같이 '중력 가속도'라는 개념이 갖는 속성을 밝혀줌으로써 학생들의 개념이해를 도울 수 있다. 또는 상황학습이론의 원리를 적용하여 번지점프와 같이 중력 가속도 개념이 적용된 실생활 예시를 제시함으로써 학생들의 개념 이해를 도울 수 있다.

● 사례 2

질문 1: 원형이론에 의해 설명할 수 있다. 진수는 포유류의 원형으로 고양이와 같이 다리가 네 개 달린 동물을 떠올렸고, 원형과는 다른 모습의 박쥐, 고래 등을 포유류로 인식하지 못했다.

질문 2: 개념이해를 돕기 위한 시각적 조직자로 개념도를 활용할 수 있다. 개념도는 개념 간 위계나 속성 관계를 명확히 알 수 있게 해주며, 학생들은 개념도를 그리는 과정에서 스스로 무엇을 명확히 알고 있고, 모르고 있는지를 파악할 수 있다. 또한 교사 역시 개념도를 하나의 평가도구로 활용할 수 있다.

질문 3: 전이이론들 중 메타인지이론에 따르면, 학습자가 선행지식을 능동적으로 문제해결에 적용할 수 있을 때 전이가 촉진된다. 자신의 인지과정을 점검, 조절, 통제하는 메타인지전략을 활용해 수업시간에 배운 생물의 종류에 대한 지식을 문제에 적용함으로써 전이를 촉진했다고 볼 수 있다.

전이이론들 중 인출이론에 따르면, 학습자가 선행학습에서 획득한 지식이나 기능을 인출하는 경험은 전이를 촉진할 수 있다.

● **연습문제**

1. ④ (2008 중등임용)
2. ④ (2007 중등임용)
3. ③ (2006 중등임용)
4. ① (2008 초등임용)
5. ②

제8장

● **사례** 1

질문 1: 상담기관에서 실시한 지능검사 점수는 편차지능지수로 또래집단에서의 상대적 위치에 따라 점수가 부여된다. 편자지능지수는 평균이 100점이고 표준편차가 15(혹은 16)인 점수체계로 철수의 IQ점수는 평균에서 약 2표준편차가 떨어진 위치로 상위 3% 이내에 해당하는 점수이다. 영희의 IQ는 99점으로 또래집단의 평균정도에 해당된다. 모든 지능검사점수는 개인의 지능을 완벽하게 측정하는 것이 아니기 때문에 항상 오차가 개입되기 마련이며, 지능검사가 측정하는 개인의 지능도 지능검사 문항이 대표하는 인간의 능력의 일정부분을 측정할 따름이다.

질문 2: 기존의 지능검사는 분석능력을 주로 측정하지 인생에서 성공에 필요한 실제적 능력이나 창의적 능력을 제대로 측정하지 못한다. 분석능력에 대해서도 그것의 일부분만을 측정할 뿐이다. 분석적 능력, 창의적 능력, 실제적 능력의 하위 요소들을 설명해 주면서 철수와 영희에게 인생에서의 성공을 위해 필요한 능력을 키우기 위해 어떤 노력이 필요할지를 함께 생각해 본다.

● **사례 2**

질문 1: 설리반 선생님의 교육은 지식이나 개념을 헬렌켈러가 그 의미를 충분히 느낄 수 있도록 가르치셨다. 단어의 의미를 알 때까지 다양한 자극을 통해 헬렌켈러가 온몸으로 그 의미를 느낄 수 있도록 가르쳤고, 설리반 선생님 스스로 행동하고 본을 보이는 방식으로 헬렌켈러를 가르쳤다. 함께 느끼고 함께 기뻐하며 놀이처럼 학습하도록 이끌어 주었다. 다중지능이론의 관점에서 본다면 언어지능면에서 헬렌켈러가 단어의 의미나 느낌에 민감한 능력을 키워나가도록 도와주었을 것이다. 늘 자연 속에서 단어의 의미, 느낌을 직접 체험하도록 이끈 교육은 자연의 아름다움을 세밀히 느낄 수 있는 자연친화지능의 계발에도 영향을 주었을 것이다(다른 지능부분에 대해서도 생각해 보세요).

질문 2: 창의적 인물에 대한 연구가 공통적으로 언급하는 성격적 요소는 내재적 동기, 열정, 모호함을 견디고 장애물을 극복하고자 하는 의지 등이다. 설리반 선생님의 교육은 주어진 과제에 대한 헬렌켈러의 내재적 동기(과제 그 자체를 즐기는 태도)를 이끌어내며, 더디지만 하나의 단어의 의미와 느낌을 깨닫도록 하며 그 과정에서 배우는 것에 대한 열정을 이끌어 내었다. 창의적 환경이 보여주는 특성들(사고격려, 자율성지원, 충분한 자원, 도전적인 과제, 지지적 분위기, 즐거움과 기쁨을 함께 나누기, 독립성 지원 등)도 설리번 선생님에게서 찾을 수 있다.

● **연습문제**

1. ③ (2007 중등 교육학)
2. ③ (2003 중등 교육학)
3. ② (2008 유초특 교육학)
4. ③ (2002 중등 교육학)
5. ② (2002 중등 교육학)
6. ① (2004 중등 교육학)
7. ③ (2007 중등 교육학)
8. ③ (2002 유초특 교육학)
9. ① (2002 중등 교육학)
10. ③ (2003 중등 교육학)

제9장

● 사례 1

질문 1: 오 교사와 최 교사는 비슷한 문제상황에 직면하였다. 그렇지만 오 교사는 교수적합화가 개별학생의 특성, 필요, 요구에 맞추어야 한다는 가장 기본적인 원리를 적용하기보다는 장애학생에 대한 일반적인 특성에 초점을 맞추어 접근하였다. 또한 교수적합화의 단순히 수업의 적합화뿐 아니라 교수환경, 교수집단, 교수방법, 교수내용, 그리고 평가방법을 포괄하는 넓은 개념임에도 불구하고 다소 제한적인 영역에서 접근하고 있다. 반면 임 교사는 개별학생의 문제를 해결하기 위해 포괄적이면서도 체계적인 문제접근 전략을 수립하여 수행하였다.

질문 2: 오 교사는 체계적인 문제해결 절차보다는 주관적인 판단에 따라 문제를 해결하고자 하였다. 이에 반해 임 교사는 ① 학생에 대한 심층적인 자료수집을 통해 학생의 장단기적인 교수목표 검토, ② 일반학급 환경에 대한 정보 수집, ③ 해당 교과에서 학생의 학업수행 정도 및 예상 가능한 어려움 등 평가, ④ 해당 학생에게 적합한 학습 목표 설정, ⑤ 학생의 수업참여를 위한 교수적합화 유형의 결정 및 실제 고안, ⑥ 교수적합화의 적용과 적용된 수업에 대한 평가 등을 체계적으로 적용함.

질문 3:
- 교수-학습을 잘 보고, 따라갈 수 있는 가장 효율적인 자리 제공
- 교사의 입술을 잘 볼 수 있는 자리배치. 교사는 학생의 얼굴을 보면서 말함
- 교실 내 소음을 최소화(유리창 닫기 등)
- 학생들에게 신호를 줄 경우에는 벨소리와 함께 불빛을 같이 제공
- 비디오나 동영상을 보여 줄 경우 자막 제공(필요시 별도로 제작한 텍스트 제공)
- 가능하면 시각적 자료 제공.
- 실물, 사진, 챠트, 비디오, 그래픽 조직자 활동
- 프로젝터를 활용
- Hands-on 경험 제공
- 학생들에게 교과서의 주요 개념, 질문, 단어, 사실 등을 소개할 때는 페이지 번호를 제공
- 교사의 노트를 제공
- 지시 사항을 간단하고 짧게 제공. 긴 경우, 여러 단계로 제공
- 평가 시 수정하여 사용. 특히 시각적인 단서 활용

● **사례 2**

질문 1: 박 교사의 학급 학생들이 장애학생과 소년원을 다녀온 학생들에 대해 부정적인 인식과 태도를 보이는 것은 다양한 원인에서 기인한다. 우선, 우리 사회 내에 다양한 구성원을 충분히 이해할 수 있는 사회적, 인식론적 틀의 부재에서 그 원인을 찾을 수 있다. 둘째, 사회에 존재하는 '장애학생', '소년원' 즉 '전과자'와 같은 부정적 명명 때문에 그들에 대해 좋지 않은 인식을 가지게 되었다고 볼 수 있다. 셋째, '장애'와 '소년원' 즉 '전과자'에 대한 사회적 편견과 고정관념이 부정적인 영향을 미쳤을 가능성이 있다. 그 외에 지나친 범주화와 타자화의 영향으로 해석할 수 있다.

질문 2: 박 교사는 직면한 문제를 체계적인 문제해결 과정을 통해 해결할 수 있을 것이다. 우선 학급 내 문제상황을 정확하게 확인한다. 이후 문제의 원인에 대한 가설을 설정한 후 필요한 정보를 수집하여 설정한 가설의 타당성을 확인한다. 타당한 가설이 설정된 경우 문제를 해결할 수 있는 대안적인 전략을 수립한다. 이 과정에서 박 교사는 학생들 스스로 자신들이 가지고 있는 사회적 편견과 고정관념에 대해 반성적으로 성찰할 수 있는 기회를 제공하고, 장애학생 및 소년원을 다녀 온 학생과 접촉할 수 있는 기회를 늘리고, 학급 내에 통용할 수 있는 적절한 명명이나 언어를 학생들 스스로 합의를 통해 도출하여 사용할 수 있도록 유도하며, 학생들이 공평과 형평에 보다 민감해질 수 있도록 교육하고, 교수적합화, 보편적 학습설계를 적용하여 모든 학생들이 함께 배움의 경험을 공유할 수 있도록 한다. 이후 양적, 질적인 방법을 통해 적용한 대안의 결과를 평가한 후 수정 및 보완한다.

● **연습문제**

1. ④ (2011 중등특수임용)
2. ①
3. ⑤
4. ①
5. ⑤

제10장

● **사례 1**

질문 1: (아래에 제시된 것 외에 더 다양한 측면에서 교사의 변화를 살펴보세요.)

국어교사는 학생들이 자신의 느낌을 표현하고 서로의 의견을 공유하는 과정이 국어수업의 목적을 달성하는 효과적인 방식이라는 것을 알게 되었다.

신념의 측면에서 국어교사는 교사가 일방적으로 지식을 전달하기 보다는 학생들 스스로 생각하고 느끼고 서로 공유하는 것을 통해 더 잘 배운다는 인식론적 신념을 가지게 되었다. 그리고 교사-학생 간에 신뢰관계가 형성되었을 때 수업에서 학생들이 더 몰입하고 참여한다는 것을 깨닫게 되었다.

수업행동의 측면에서 학생들에게 장난스럽게 험한 말을 하는 것을 줄이고 학생들의 의견을 존중하고 경청하려는 태도를 보였으며, 교사-학생 간, 학생 간 소통을 통해 수업을 진행하는 형태로 수업행동이 바뀌게 되었다.

질문 2: (답안 없음)

● **사례** 2

질문 1: 김대진 교수가 과거에 제자를 가르친 방식은 철저하게 연주기법 위주였다. 자신만의 스타일이나 개성보다는 엄청난 연습으로 뛰어난 기교를 가진 연주자로 키우는 것이 김대진 교수의 가르침의 목적(교과의 목적)이었을 것이다. 그러나 외국 연주자들이 자기만의 표현으로 편안하게 연주하는 것에 자신도 모르게 빠져드는 경험을 하게 되면서 예술가를 키우는 것이 기교를 가르치는 것뿐 아니라 더불어 자신만의 스타일로 연주를 할 수 있도록 돕는 것이라는 생각을 하게 된 것 같다(교과 목적의 변화). 이러한 변화는 예술가로서의 자신의 제자, 즉 학습자를 어떻게 바라보는가와 연결된다. 제자들이 "이 세상의 단 하나뿐인 연주"를 하기 위해서는 제자(학습자)가 스스로 자신만의 방식으로 '곡'을 해석하고 연주할 수 있는 능력을 지니고 있다는 것을 믿어야 하며, 스승(교사)은 제자의 그러한 능력을 펼칠 수 있도록 도움을 주는 '조력자'의 역할을 하는 존재라는 인식이 필요하다.

질문 2: 가르침과 배움에 대한 인식이 이상과 같이 변했다면 김대진 교수가 제자들을 가르칠 때 이전보다는 제자들의 곡 해석에 더 관심을 많이 기울일 것이다. 자신의 곡 해석을 강요해서는 제자 자신만의 연주스타일을 만들어 낼 수 없기 때문에 제자들이 곡을 어떻게 받아들이는지에 대해 대화를 나누게 될 것이다. 아마도 이전보다 훨씬 대화가 많아질 것이고 제자의 의견을 바탕으로 렛슨이 이루어지는, 쌍방향적 상호작용이 더 빈번하게 일어날 것이다. 물론 기교를 익히는 것이 곡의 표현을 위해 중요하지만 이전보다는 기법에 대해 덜 엄격해지거나 실수에 대해서도 관대해질 것이다. 이러한 사례는 교육에 대한 신념이 교육방법, 학습자에 대한 태도와 연결되어 있다는 것을 말해준다.

● **연습문제**

1. ④
2. ③
3. ②
4. ④
5. ①

제11장

● **사례 1**

장면 1: 흔히 발견되는 수업 속의 대화의 모습

학생들과 대화하기 위해 교사는 적절한 질문을 찾았고 학생들의 생각을 들어줌. 수업의 여백 속에서 학생들의 대답도 잘 일어남. 그러나 사람과 사람이 단절됨. 학생과 교사, 학생과 학생이 대화를 통해 서로 하나가 되어 점차 깊은 수준의 배움으로 나아가야 하는데 이 수업에서는 그런 지점이 보이지 않음. 학생의 발표는 병렬적으로 나열됨.

장면 2: 교사는 학생1과 학생2의 연결을 시도했고, 두 학생의 이야기를 자신의 생각과 연결했고, 다시 이 내용을 학생 3과 연결하여 수업을 진행(위 예문의 생략부분)함. 배움이 있는 수업에서는 교사와 학생간, 학생과 학생간에 이와 같은 의미생성적 의사소통이 많이 일어남. 마이어의 좋은 수업 준거 다섯 번째의 '의미생성적 의사소통'이 발견됨.

● **사례 2**

질문 : 목표에 부합하는 수업모형이라면 초기의 학습자 반응에 좌지우지 되지 않고 고수할 것이다. 우선 새로운 시도에서 겪을 수밖에 없는 학생들의 난감함, 새로운 변화에 대한 저항들을 예상하고, 이를 완화시키기 위한 문제중심학습에 대한 오리엔테이션, 전체 학기가 아닌 소규모 프로젝트를 통한 두려움의 완화, 경험 등을 주어 새로운 방식에 점차 적응하는 전략을 활용할 것이다. 새로운 수업모형에 대한 교육적 의미와 의도를 학생들과 의사소통할 것이고, 그 당위성에 대해 설득할 것이다. 새로운 혁신의 도입은 늘 이러한 저항을 가져온다. 이때마다 저항에 부딪혀 새로운 방식을 포기한다면 수업상황에서의 개선을 가져오기는 어려울 것이다.

● **연습문제**

1. ④ (2012 중등임용)
2. ②
3. ④
4. ③ (2008년 중등임용)
5. ④ (2009년 중등임용)
6. ④ (2010년 중등임용)

제12장

● **사례 1**

신화 1: 매체에 대한 연구는 크게 매체비교연구와 매체속성연구로 나뉠 수 있다. 매체비교연구는 어떤 매체가 학습에 더 효과적인가를 밝히고자 하는 행하는 연구로 새로운 매체나 기술이 나왔을 때 기존 방법보다 효과가 있는지를 검증하기 위하여 많이 행해졌다. 많은 연구들은 주로 새로운 매체나 기술이 기존 것에 비하여 효과가 있다는 결과를 보고하기도 하였으나 메타분석 결과 새로운 매체와 기존 매체 간에는 의미 있는 차이가 없다는 결과가 도출되었다. 긍정적 차이를 보고하는 연구들은 매체 자체의 영향이 아닌 다른 요인(교수자 요인, 학생요인, 설계 요인 등)에 의한 효과일 수 있다. 다시 말하면, 매체 자체의 특성 자체가 무조건적으로 교육적 효과를 낳는 것이 아니라는 점이다. 중요한 것은 매체가 지닌 속성을 연구하여 특정 수업맥락에서 적절하게 활용할 수 있도록 설계하는 데 있다.

신화 2: 매체의 선정에서 우선적으로 고려해야 할 것은 수업의 목표, 학습자 특성, 교수 상황, 교실 구성 등이다. 교사의 활용능력 여부 역시 고려해야겠으나 가장 중요하게 고려할 사항은 아니다. 오히려 교사가 활용할 수 있는 매체를 무조건적으로 선정하는 것을 주의해야 한다. 교사는 다양한 매체의 활용능력을 갖추며, 매체가 어떤 맥락에서 가장 효과적이고 효율적인지를 판단하여 신중하게 선정하여야 한다.

신화 3: 그렇지 않다. 새로운 매체의 등장에 매체효과성 비교연구가 자주 이루어졌고 긍정적 효과를 보고한 연구사례가 많으나 신기효과(novelty effect), 연구맥락의 수업의 보다 체계적 설계, 교사의 열정 등의 효과일 수 있다. 매체는 어느 상황에서 같은 효과를 내는 것이 아니다. 수업이라는 체제 안에서 매체의 효과는 늘 달라질 수 있다. 매체 선정

시 새로운 매체를 전통적인 매체보다 우위에 놓고 고려하는 것보다는 수업의 맥락에 따라 보다 적절한 매체를 선정하는 것이 바람직하다.

신화 4: 데일의 경험의 원추를 잘못 오해한 경우 이러한 해석을 할 수 있다. 학습은 반드시 어떤 방향으로 이루어지는 것은 아니다. 구체적인 경험이 없이도 추상적인 경험이 가능할 수 있다. 다만, 구체적인 경험이 있을 때, 추상적인 학습이 보다 용이하게 이루어질 수 있기에 매체의 사용으로 학습을 촉진할 수 있다는 것이다. 그러나 매체의 사용을 반드시 이 순서를 따라서 할 필요는 없다. 언제든지 구체적인 경험과 추상적인 경험을 제공하는 매체를 번갈아가며 사용해도 된다.

● **사례** 2

질문: 수업 방법 혹은 모드(mode)의 선정은 수업목표를 우선적으로 고려해야 한다. 면대면 학습이 줄 수 있는 장점과 이러닝이 제공하는 장점이 서로 다르다. 면대면 학습을 이러닝으로 전환한다면 지금 면대면 학습에서 기대할 수 있는 여러 교육적 장점(즉각적 피드백, 학습자의 반응을 고려한 순간적 수업전략의 변용, 상호작용, 연습기회 등)이 구현되지 못할 수 있다. 또한 면대면 수업과 이러닝 수업의 설계는 전혀 다르다. 면대면 강의 평가가 좋았던 교수가 이러닝 수업에서 효과적으로 수업을 진행하지 못할 수도 있다.

● **연습문제**

1. ④ (중등, 2011)
2. ⑤ (중등, 2009)
3. ④ (중등, 2008)
4. ② (중등, 2007)
5. ③ (중등, 2005)
6. ④ (중등, 2004)
7. ② (중등, 2004)
8. ② (중등, 2002)

제13장

● **사례** 1

질문 1: 박 교사의 수현이에 대한 진로상담은 수현이의 독특한 성격이나 적성에 대한 분석에 근거한 체계적이고 객관적인 진로상담이라고 보기 어렵다. 박 교사와 같이 단 1회의 상담으로는 수현이에 대한 진로상담의 효과를 담보하기 어렵다. 박 교사는 가정에서 일상적으로 이루어지는 사회적으로 인정받고, 경제적으로 보다 풍요로운 삶을 위해 잘 알려진 직업군들을 소개하는 수준에서 이루어졌다. 수현이는 진로상담을 통하여 생애 목표를 확인하고 자신의 특성과 적성에 보다 잘 부합하는 직업에 대해 스스로 탐색하고 진로를 결정해 보는 경험을 할 수 없었다.

질문 2: 박 교사는 우선 초기면접을 통해 수현이에게 진로탐색의 목적과 내용을 잘 알려주고 검사도구를 포함한 상담에 대한 구체적인 계획을 세운다. 둘째, 신뢰할 수 있는 도구를 선택하여 검사를 실시하고 해석을 위해 필요한 활동을 수행한다. 셋째, 진로검사 결과에 따른 수현이의 프로파일 형태를 확인한다. 넷째, 진로유형을 결정한다. 다섯째, 수현이가 자신의 유형을 익히고 자기이해 과정을 갖도록 지원한다. 여섯째, 학과 및 직업을 탐색한 후, 일곱째, 실제 탐색결과를 박 교사와 나눈다. 여덟째, 진로선택 및 진로결정을 한 후 상담을 종결한다. 특히 진로상담의 결과가 다른 교육이나 훈련활동과 연결되도록 한다.

- **사례 2**

질문 1: 첫째, 지현이는 자신이 다른 사람들과 다르다는 것에 대해 또 자신이 어떤 사람인지에 대해 고민하고 있다. 이에 우선 송 교사는 성격검사를 통해 지현이가 자신이나 타인을 보다 잘 이해할 수 있는 기회를 제공한다. 예를 들어, MBTI를 통해 지현이가 소위 'ISTP' 유형에 속하며 그러한 사람들이 갖는 특성을 알려주어 본인과 타인을 보다 잘 이해하도록 지원한다. 둘째, 지현이가 최근 경험하고 있는 불안, 위축 등의 심각성을 확인하게 위해 CBCL과 같은 정서검사 도구를 사용한다. 만약, 검사결과 심각한 정서문제를 보인다면 전문상담 기관이나 WEE 센터를 활용한다.

질문 2: 지현이의 성격유형과 특징에 대한 검사결과는 첫째, 교사가 학생의 행동과 태도를 이해하는 데 유용하며 특히 학부모와 원활한 의사사통 및 협조를 가능할 것이다. 둘째, 학생의 성격유형에 맞는 교수-학습 방법을 개발하거나 정서적 지원 전략을 수립하는 데 유용할 수 있다. 셋째, 상담 장면에서 지현이의 선호경향, 장점, 단점 등을 이해함으로써 갈등과 오해를 줄이고 보다 성숙한 관계로 발달시킬 수 있다. 넷째, 진로지도 및 직업선택 측면에서 활용할 수 있다. 다섯째, 팀워크 측면에서 집단 구성원들의 성격유형을 서로 이해함으로써 갈등이나 장애를 유발하는 성격상 차이점이 보다 효과적으로 극복할 수 있다.

● **연습문제**

1. ②
2. ⑤
3. ④
4. ②
5. ③
6. ③ (2012 중등특수임용)

제14장

● **사례 1**

질문 1: ① 내적동기: 지민이가 좋아하는 도형문제부터 시작해서 수학시간 자체에 대한 내재동기를 가질 수 있도록 도왔다. 지민이랑 함께 구구단을 소리내어 외워줌으로써 구구단에 서툰 지민이의 모습이 드러나지 않도록 도와주었다. 구구단을 입으로 암기하는 시간이 튜터랑 함께 하는 즐거운 시간이라는 것을 느낄 수 있도록 해 주었다.

② 자기결정성: 구구단을 덧셈을 통해 푸는 지민이의 방식을 인정해 주었다. 그리고 그러한 방식이 중고등학교 때 인수분해와 연결되어 있다는 것도 알려주었다. 자신의 풀이방식을 스스로 선택하도록 하고 그 방식의 가치를 알게 함으로써 자연스럽게 구구단에 대한 동기가 생길 수 있도록 도왔다.

③ 보상의 활용: 문제를 풀었다는 것에 보상을 주지 않고 수학공부에 집중하는 모습을 보일 때 보상을 주었다. 보상의 유형도 숙제를 줄여주는 것이었다. 늘 많은 과제에 시달리는 지민이에게는 너무도 효과적인 보상이었을 것이다.

이 외에도 동기이론의 여러 측면과 연결시켜 보세요. 다른 학생들과 분석한 것을 비교해 보세요.

질문 2: 지민이의 엄마는 지민이의 자율성이 발휘될 기회를 제공하지 못하였다. 엄마가 일방적으로 구구단 학습양과 학습방법을 정하였고 그에 따라 상벌이 정해졌다. 구구단이 왜 필요한 것인지를 충분히 이해하지 못한 상태에서 엄마의 강제에 의해 구구단 학습이 이루어졌기 때문에 지민이는 자기결정성 동기는 타율적 동기(외적 조절 또는 부과된 조절)에 머무르고 있다. 기대*가치이론의 관점에서 볼 때도, 엄마의 공부방식은 지민이로 하여금 구구단을 잘 하지 못한다는 생각만 키워놓았다. 즉 과제에 대한 긍정적인 기대를 형성하지 못하게 하였고, 과제의 가치 측면에서도 왜 구구단이 중요한지를 깨닫도록 돕지 못하였다(욕구위계이론, 목표지향성, 귀인이론 등으로도 분석해 보세요).

● **사례 2**

질문 1: 어떠한 동기이론도 적용가능합니다.

① 목표지향이론/귀인이론: 정약용 선생의 말씀은 부지런히 노력하면 학문적 능력이 향상될 것이라고 말한다. 노력의 중요성을 강조하는 말씀으로 '숙달목표'를 세워주고 있다. 뿐만 아니라 성공과 실패의 중요한 원인 역시 '노력'이라는 것을 강조하고 있다.

② 자기효능감: 황상은 자신이 부족한 점을 부끄러워하고 있지만 정약용 선생은 오히려 그러한 점이 학문적으로 대성할 수 있는 자질이라고 말하고 있다. 학문정진에 필요한 태도와 능력을 충분히 지니고 있다는 것을 알게 된 황상은 학문에 대한 자기효능감이높아졌을 것이다.

질문 2: 자기효능감은 타인의 언어적 설득, 즉 피드백에 의해서 형성됩니다. 삶 속에서 자연스럽게 주어지는 자신에 대한 타인의 피드백을 통해서 자신의 능력에 대한 기대가 형성됩니다. 자신이 부족한 점이 곧 발전의 동력이 될 수 있다는 짝의 편지는 자신의 부족한 점을 건설적으로 바라볼 수 있는 기회를 제공하면서 자기효능감 향상에 기여할 수 있을 겁니다.

● **연습문제**

1. ② (2001 유초특 교육학)
2. ① (2002 중등 교육학)
3. ① (2004 중등 교육학)
4. ② (2005 중등 교육학)
5. ② (2006 유초특 교육학)
6. ④ (2008 유초특 교육학)
7. ③ (2010 유초특 교육학)

8. ⑤ (2011 유초특 교육학)

9. ③ (2012 유초특 교육학)

10. ② (2012 중등 교육학)

11. ⑤ (2013 중등 교육학)

제15장

● **사례** 1

질문 : 학교폭력예방 및 대책에 관한 법률에 따르면 "학교폭력"이란 학교 내외에서 학생을 대상으로 발생한 상해, 폭행, 감금, 협박, 약취 · 유인, 명예훼손 · 모욕, 공갈, 강요 · 강제적인 심부름 및 성폭력, 따돌림, 사이버 따돌림, 정보통신망을 이용한 음란 · 폭력 정보 등에 의하여 신체 · 정신 또는 재산상의 피해를 수반하는 행위라고 정의하고 있다. 이같이 학교폭력의 유형으로는 신체적인 폭력뿐만 아니라 정서적인 폭력, 경제적인 폭력도 포함하고 있다.

위의 사례의 경우는 언어폭력인 동시에 정서적인 학교폭력에 해당된다고 할 수 있다. 정서적인 폭력은 겉으로 드러나는 폭력의 피해는 없을지라도 피해학생이 느끼는 모욕감, 스트레스, 정서적인 충격 등을 동반하는 명백한 학교폭력이라는 점을 인지하여야 한다. 또한 정서적 폭력에서 주의할 점은, 가해학생의 입장이 아닌 피해학생의 입장에서 상황을 이해하고 접근해야 한다. 교실에서 흔히 벌어지는 친구가 싫어하는 별명 부르기, 한 친구를 놓고 뒤에서 수군대기, 학교활동에서 한 친구만 제외하기 등은 피해학생이 이러한 상황에 대해서 어려움을 가지고 있다면 학교폭력으로 이해하고 접근해야 한다. 이러한 정서적인 폭력은 추후에 다른 유형의 학교폭력으로 발전될 수 있는 위험성을 가지고 있으며, 가해학생들이 자신의 행동이 학교폭력에 해당된다는 사실을 간과하고 있는 경우가 많기 때문에 조기에 적절한 개입이 필요하다.

● **사례** 2

질문 : 흔히 사이버 폭력을 사이버 상에서만 행해지는 괴롭힘으로 생각하고 직접적인 물리적인 접촉이 발생하지 않기 때문에 사이버 폭력의 심각성에 대해서 간과하기 쉽다. 그러나 사이버 폭력은 엄연히 학교폭력의 한 유형으로서 분류될 수 있다. 학교폭력 예방 및 대책에 관한 법률을 기초로 판단한다면, '사이버폭력'은 넓게 "정보통신망을 통해 부호, 문언, 음향, 화상 등을 이용하여 타인의 명예 또는 권익을 침해하는 행위"로 파악될 수 있으며, 이는 학교폭력 예방 및 대책에 관한 법률에서 정의하고 있는 학교폭력에 해당된다.

● 연습문제

1. ⑤
2. ④ 자료출처 : 학교폭력예방 및 대책에 관한 법률
3. ④ 자료출처: '현장중심 학교폭력대책' 주요대책 제공: 교육부 http://www.stopbullying.or.kr/countermeasure

〈주요대책〉

학생 눈높이에 맞는 학교폭력 예방교육 실시

학교폭력 유형에 따른 맞춤형 대응

가해학생의 선도조치 강화

안전한 학교 구축

현장의 자율성 강화

피해학생의 보호와 치유 지원 확대

학교 지원 및 관리 강화

학교폭력에 대한 전 사회적 대응 강화

찾아보기

〈인명〉

박성미 475

안창규 475
이선자 328

Albert Bandura 166
Amabile 296

Baddeley 219
Bandura 22, 167, 178, 523
Bower 220
Bowlby 51
Bransford 224

Cattell 18, 277
Csikszentmihalyi 296

Duncker 257

Ebbinghaus 200, 215
Elkind 86
Erikson 109, 110, 111, 112, 114, 115

Gardner 278
Gick 256
Gilligan 128
Godden 219
Goodwin 219
Guildford 275, 300

Hall 17
Holland 477
Holyoak 256

James 17, 30, 200

Kahneman 25
Kapicke 218
Kohlberg 120, 123, 124, 127, 129
Kounin 23

Lorenz 47
Luchins 259

Mackinnon 297
Maier 257
Marcia 115
Martines 345
Maslow 518

Osborn 306

Pavlov 144, 147
Pearlstone 217
Pfeiffer 297

Piaget 77, 78, 82, 83, 85, 87, 89, 94, 120, 127, 199

Raven 288
Reitman 216
Roediger 218
Rossman 297
Rowe 23
Russell 220

Schommer 367
Shulman 363, 365
Skinner 152, 157, 158
Spearman 274
Stein 225

Teasdale 220
Thorndike 18, 154, 247
Thurston 275
Torrance 300
Tulving 217
Tversky 25

Vygotsky 22, 89, 90, 91, 93, 95, 221

Wallas 296
Watson 151
Witkin 288
Wundt 30

〈내용〉

ADHD 496
ASSURE 모형 449
GIFFI(Group Inventory For Finding Interest) 302
Holland 검사 477
ICT 458
IQ(intelligence quotient) 285
MBTI 검사 483
PBL룸 438
SCAMPER 306, 307
SOMPA 288
UDL 434
Wee 프로젝트 570

가변형 교실 456
가설-연역적 사고 87
가소성 55
가역성 83
가역적 사고 84
가용성 어림법 26, 28
가해자 561
가해자의 강화자 563
가해자의 조력자 563
가해-피해학생 565
각인 47
간섭이론 216
감각기억 202
감각동작기 80
강점지능 281, 290
강제연결법 305
강화 154
강화계획 156
개념 239
개념도 241
개념학습 239
개발한 GIFT 302
개인적 우화 86
개인지능검사 287
거시체계 62, 64
걸이단어법 214
결정적 시기 46, 47, 48, 48, 49
결정적 지능 277
경험과학연구 29
경험의 원추 398, 441
경험하위이론 283

고전적 조건화 145
고정간격계획 156
고정관념 333, 335
고정비율계획 156
공간지능 280
공격성 개념 556
공격적 가해자 565
공평 344
과제분석 399
관점채택능력 116, 117, 118
관찰학습 170
괴롭힘 행동 558
교과 내용지식 363
교과에 대한 지식 362
교과전용교실 439
교사공동체 381
교사의 수업실천 365
교사의 신념 365
교사-학생관계에 대한 신념 368
교사효과성연구 370
교사효능감 369
교수설계이론 394
교수적합화 347
교육목표 분류학 396
교육적 경험 361
교육학적 지식 362, 363, 364
구성주의 학습이론 221
구체적 조작기 80, 84
규칙지향이론 239
근면성 대 열등감 111
근접발달영역 91, 92, 401
기능적 고착 257
기본적 신뢰감 대 불신감 111
기본정신능력 275
기분의존효과 220
기분일치효과 220
기술 연구 31
기억술 213, 400
기억저장소 201

나선형 교육과정 398
내용교수지식 363, 364
논리수학지능 280
논리적 사고 84
뉴런 57

다양성 323
다중지능의 평가 290
다중지능이론 278, 290
단서 과부하 208
닻 효과 26, 28
대리강화 171
대리처벌 171
대리학습 171
대상영속성 81, 89
대안적 지능검사 289
대표성 어림법 26, 27
도구적 상대주의 지향 125
도덕적 동기화 128, 129
도덕적 민감성 128, 129
도덕적 판단력 128, 129
도덕적 품성 128, 129
도발적 피해자 565
도식 79
도형검사 300
독창성 300, 301
동기유발전략분석 415
동기화단계 172
동일요소설 242
동화 79, 80
디지털 교과서 453
딜레마 377

망각 215
매체비교연구 439
매체속성연구 440
맥락의존기억 219
멀티미디어 설계 원리 443
메타인지 208
메타인지이론 244
명명(naming) 효과 329
명시적 기억 211
모의법정(moot court) 438
무조건반응 146
무조건자극 146
문제해결단계 252
문제해결학습 224
문지방이론 294, 295, 294
문화평형검사 288
미시체계 62, 63
민감기 46, 47

반성적 사고 24
반응 갖춤새 259
반응대가 162
발달 45
발생론적 인식론 77
발판(또는 비계) 92
방관자 563
배려의 도덕성 128
벌 155
범주화 334
변동간격계획 157, 156
보보인형 실험 167
보존개념 84
보편적 윤리 원칙 지향 126
보편적 학습설계 349
부분참여의 원리 348
부적 전이 245
부호화 201, 205
부화효과 260
분석적 능력 283, 284
불평형 79
브레인스토밍 전략 304
브레인스토밍 304
비가역성 81, 83
비네검사 273
비네-시몬검사 285
비언어적 검사 288
비율지능지수 285
비판적 관점 23

사람우선언어 341
사이버 공간 561
사이버폭력 556
사적 언어 94, 95
사전지식 211
사회계약 지향 126
사회문화이론 77, 89, 93
사회인지 116
사회인지 학습이론 143, 165
사회인지이론 119, 120
사회적 격리 162
사회적 낙인 337
사회적 상호작용 401
사회적 편견 338
사회질서유지 지향 126
사회학습이론 401
삼원지능이론 281, 284
상관 연구 32
상담 470
상보적 교수학습 223
상보적 인과관계 165
상상의 청중 86
상징적 사고 82
상태의존기억 219
상황하위이론 283
상황학습 225, 260
상황학습이론 244
생산성 대 침체감 112
생태학적 체계이론 60
생활지도 470
선언적 지식 210
선행조직자 400
성격검사 483
성공지능이론 282
성숙 46
성장 46
세련된 인식론 368
세포체 57
소거 149
소박한 인식론 368
쇠잔이론 216
수단-목표 분석 255
수동적 피해자 565
수반성 계약 179
수상돌기 57
수업, 학습, 학생에 대한 신념 362
수업/학습에 대한 신념 367
수업관찰 408
수업구성분석 412
수업명료성분석 414
수업분석 407
수업분위기 분석 416
수업비평 419
수업의 명료한 구조화 404
수업의 제1 원리 402
수업일관성 411
수여성 처벌 155
수준별 수업 292
수직적 전이 246
수평적 격차 84
수평적 전이 246
스마트러닝 453

스캐폴딩 401
스탠퍼드-비네검사 287, 285, 287
스튜디오 438
시냅스 가지치기 57
시연 203, 205, 400
시행착오이론 247
시험효과 217
신체운동지능 280
신체폭력 556
신화 338
실례이론 241
실제적 관점 24
실제적 능력 284
실제적 발달 수준 89, 91
실제적 지능 283
실천의 맥락 378
실험 연구 32
심상 206

알고리즘 254
암묵적 기억 211
약점지능 281, 290
양육 49
어림법 26, 27, 254
언어검사 300
언어적 검사 288
언어지능 280
언어폭력 556, 560
에니어그램(Enneargram) 검사 486
역동적 검사 289
역동적 체제 이론 52
역동적 평가 93
역진행학습 435
완전학습 396
외체계 62, 63
요소하위이론 283
우울 566
운동재생단계 172
원형이론 240
웩슬러 검사 287, 288
유니버설 디자인 434
유동적 지능 277
유연성 300
유의미 학습 206
유창성 300, 301
유추하기 255
육색사고모자 기법 306
융통성 301
음악지능 280
응용행동분석 159, 160
의미기억 210
의사결정 15, 23
의사결정 편향 24
이득손실맥락 26
이상주의적 사고 87, 89
이중부호화이론 206
이차 강화물 155
이차적 기억 200
인간적 다양성 모델 329
인간중심 학습 공간 435
인간친화지능 280
인습적 수준 125
인식론적 신념 367, 368
인지갈등 377
인지발달이론 77, 119, 120
인지부하 443
인지적 도제학습 223
인지주의 학습이론 195
인출 208
인출단서 208
인출실패이론 217
인클루시브 디자인 434
일반 전이 245
일반요인 274
일반요인이론 274
일반화설 243
일차 강화물 155
일차적 기억 200
일화기억 210

자극 변별 150
자극 일반화 150
자기성찰지능 280
자기조절학습 169
자기중심성 81, 82, 86
자기중심적 언어 95
자기참조 213
자기효능감 168
자발적 회복 149
자아개념 117
자아정체감 112, 117

자아존중감 117
자아통합 대 절망감 112
자연친화지능 280
자율성 대 수치심 및 회의감 111
자율적 도덕성 120, 121, 122
작업기억 202
잠재적 발달 수준 89, 91
장기기억 203
장소법 214
장애 338
재스퍼 시리즈 262
저장 201
적응 79
적응 가소성 56
전두엽 58, 59
전망 이론 26
전문적 실천가 361
전이 242
전인습적 수준 125
전조작기 80, 81
절차적 지식 210
정교성 300, 301
정교화 207
정보처리이론 199
정서 예측 26, 29
정서 · 행동 문제 491
정신분석학 119
정신연령 285
정신적 조작 82
정의의 도덕성 128
정적 전이 245
정체감 대 역할 혼돈 112
정체감 상태 115
정체감 성취 115
정체감 유예 116
정체감 폐쇄 116
정체감 혼란 115
제거성 처벌 155
조건반응 146
조건자극 146
조건적 지식 210
조작적 조건화 153, 399
조절 79, 80
조직화 79, 207
조형 399
좋은 교사 358, 361, 370, 373, 375, 377, 381
좋은 수업 393
주관적인 측정방법 303
주도성 대 죄의식 111
주의 204
주의력결핍과 과잉행동 496
주의집중단계 172
중간체계 62, 63
중립자극 146
중심화 81, 82
지각 204, 273, 293
지능검사 291
지능구조모형 275
지능의 다요인설 275
지능의 프로화일 290
지능지수 285
지배성 이론 564
진로검사 474
진로상담 474, 480
집단따돌림 556
집단지능검사 287

착한 소년 착한 소녀 지향 126
참여자 역할 이론 563
창의성 292, 293, 294
창의성 측정 300
창의성 훈련 기법 304
창의성의 체제모형 299
창의적 능력 283, 284
창의적 사고검사 300
창의적 사고과정 296
창의적 산물 297
창의적 산물검사 303
창의적 성격검사 302
창의적 인물 295
창의적 환경 298
처벌과 복종 지향 125
천성 49
청킹 203
체계적 둔감법 151
체제 393
체제모형 299
추상적인 사고 87
축색돌기 57
친밀감 대 고립감 112
칭찬-무시 접근 161

타율적 도덕성 120, 121, 122
타자화 331
탈제지 효과 175
탈중심화 84
토랜스 창의성 검사 300
토큰경제 159
통찰 243
통합교육 345
통합적 접근 299
특수 전이 245
특수요인 274
틀 효과 26
티칭머신 399

파지단계 172
편견 333, 335, 341
편차지능지수 286
편향 24, 26, 27
평등 344
평형화 79, 80
포화 162
표준인성검사 490
프로그램 수업 399
프리맥 원리 161
플린효과 51
피해자 563
피해자의 방어자 563

학교시설효과 433
학교폭력 555, 556, 559, 562
학교학습모형 396
학생의 주도적인 참여 375
학습된 무기력 566
학습몰두시간 405
학습의 정도 395
학습잠재력평가도구 290
학업 고민 493, 494
합의적 측정기법 303
행동경제학 25
행동주의 119
행동주의 학습이론 143
행동형성 161
현장 연구 34
협동학습 225, 401
형식도야설 242
형식적 조작기 80, 87, 88
형태이조설 243
형태주의 심리학 198
형평 340
확산적 사고 300, 301
회복 가소성 56
회상 201
효과의 법칙 154
효과적인 교사의 수업행동 370
효과적인 수업행동 362
후인습적 수준 126

■■ 저자 소개 ■■

신종호(申宗昊)

- (현) 서울대학교 교육학과 교수
- 주요 저역서: 교육심리학서설(공저, 교육과학사), 연구로 본 교육심리학(학지사)
- 연구관심: 창의인재, 전문성, 공동체지향목적

김민성(金玟成)

- (현) 조선대학교 교육학과 조교수
- 주요 저역서: 교육심리학서설(공저, 교육과학사), 학습과학(공역, 학지사)
- 연구관심: 수업에서의 상호작용, 교사-학생관계, 교사전문성, 교사교육

최지영(崔枝英)

- (현) 한남대학교 교육학과 부교수
- 주요 저역서: 인간발달과 상담(공저, 학지사), 학습과학(공역, 학지사)
- 연구관심: 사회성 및 도덕성 발달, 학교폭력, 협동학습

허유성(許有成)

- (현) 조선대학교 특수교육과 부교수
- 주요 저역서: 학습장애 총론(공저, 학지사)
- 연구관심: 학습장애, 통합교육

이지은(李知恩)

- (현) 조선대학교 교육학과 조교수
- 주요 저역서: 교육공학의 원리와 적용(공저, 교육과학사)
- 연구관심: 블렌디드러닝 교수설계, 학습전략, 학습전이

교육심리학

2015년 3월 10일 1판 1쇄 발행
2025년 3월 25일 1판 8쇄 발행
저 자 • 신종호 · 김민성 · 최지영 · 허유성 · 이지은
발행자 • 한정주
발행처 • 교육과학사

경기도 파주시 광인사길 71
전화 • 031) 955-6956~8 / 팩스 031) 955-6037
Home-page • http://www.kyoyookbook.co.kr
E-mail • kyoyookbook@daum.net
등록 • 1970년 5월 18일 제2-73호

정가 28,000원
ISBN 978-89-254-0930-6